욥기에 대한 모든 '해설'은 '정답 없음'으로 결론 난 문제를 굳이 새로 풀어 보려는 시도처럼 보인다. 그런데도 자꾸 손을 댄다. 문제 자체가 모습을 바꾸며 새로 출제되기 때문이다. 여기 또 하나의 욥기 해설서가 나왔다.

잘 알려진 것처럼, 저자는 매우 능숙한 해설가다. 욥기 전체의 흐름 속에서 해당 본문의 자리를 알려 주고 모호하거나 어려운 대목을 친절하게 풀어 주며 본문의 의도를 선명하게 이해하도록 돕는다. 모든 장에 '메시지' 항목을 넣어 전체 논의를 요약하기도 하고, 중요한 사안을 위해서는 별도의 '보설'을 덧붙여 독자의 고민을 함께 나누기도 한다. 한마디로, 매우 친절하면서도 숙련된 욥기 해설서다. 해설서지만 전혀 밋밋하지 않다. 독창적이고도 활기찬 사유의 흔적이 문장마다 여실히 묻어난다. 본문 해설을 폭넓은 신학적, 인문학적 논의와 연결하는 모습 역시 재미있다.

저자의 해설 속에는 독자를 위한 목회적, 신학적 관심이 짙게 깔려 있다. 본문에 대한 주석적 해설도 모자라지 않지만, 이는 곧잘 관련된 주제에 대한 목회적, 신학적 사유와 연결된다. 한마디로 캠퍼스 선교단체 간사의 열정을 가진 사람이 성서학자가 되었을 때 쓸 법한, 그런 성서 해설서다. 저자는 학문적 대화의 부족을 '변명'하지만, 성서학자가 아닌 대부분의 독자는 저자의 이런 결정이 도리어 반가울 것이다. 욥기에 대한 우리의 관심은 대부분 바로 이런 목회적, 신학적 또는 철학적 물음에 놓여 있기 때문이다.

욥기 자체에 대한 해설을 넘어, 욥기의 계시사적 위상에 대한 (결론 부분의) 설명도 흥미롭다. 저자에 따르면 욥은 억울한 재난이나 친구들과의 논쟁, 하나님과의 극적인 대면을 통해 전통적(신명기적) 관심의 틀을 깨고 그야말로 "대황량 초법칙적 야생우주 신학"을 수용하는 지혜 신학의 단계로 개안한다. 원인은 없지만 목적은 있는 고난이다. 이 전형적 체험은 '신명기적 역사관'에서 시작하여 '고난의 종 역사관'을 거쳐 '묵시문학적 역사관'에 이르는 발전 과정의 중간 단계에 해당한다. 궁극적으로 이는 부조리한 고통의 절정에 해당하는 예수 그리스도의 십자가를 위한 준비과정으로 이해된다. 문제 자체에 대한 신정론적 해명과는 별개로, 성서 전체의 거대한 흐름 속에서 혹은 하나님 나라 신학의 관점에서 욥기의 큰 의미를 찾는 셈이다. 저자의 주장에 대한 동의 여부와는 별개로, 기독교 신학자로서 성서와 구원의 역사를 읽고, 그 거대한 맥락 속에서 욥기라는 독특한 이야기의 의미를 찾아내려는 시도는 곰곰이 새겨볼 만한 가치가 있다.

권연경 숭실대학교 기독교학과 교수

욥기는 삶의 고통 때문에 절규하며 세상과 하늘을 향해 울부짖는 한 인간의 신앙 전기라고 할 수 있다. 수천 년 전의 텍스트가 오늘까지도 호소력을 지니고 읽히는 까닭은 옛날이나 지금이나 인간에게 삶의 고난은 다양한 물음을 일으키기 때문이다. 세속화된 현대 사회에서도 고난은 인생의 모순과 세상의 부조리에 대한 탄식을 낳고 인간의 도덕적 신념을 뒤흔들어 놓기도 한다.

욥기는 고난 앞에 선 인간의 항변이라는 보편적 주제를 다루지만, 욥과 친구들의 긴 논쟁은 생사화복을 주장하는 신의 정체성을 묻는 신학적 담론으로 채워져 있다. 그렇기 때문에 욥기는 쉽게 이해되는 책이 아니며, 오랫동안 서구 신학자들이나 심리학자들 그리고 문학가들이 다양한 해석을 통해 욥기가 인류에게 전하는 지혜를 풀어 보려고 했다.

이번에 출간되는 김회권 교수의 책은 국내외의 누적된 연구를 반영하면서도 저자의 새로운 통찰을 통해 욥기라는 지혜문서에 담긴 지혜를 풀어내어 독자들에게 전달한다. 이 책이 본문에 대한 구약학적 주석으로 출발해서 신학적 해석으로 나아가고 있기 때문에, 독자들은 욥기에 대한 풍부한 지식을 얻으면서 동시에 깊은 신앙의 세계에 들어가게 되는 경험을 하게 될 것이다. 설교자나 일반 신도들에게 큰 도움이 되리라는 점을 믿어 의심치 않는다.

양명수 이화여자대학교 기독교학과 명예교수

본서는 저자가 4학기 동안 강의하면서 욥기 본문과 씨름하여 얻은 통찰을 집대성한 것이다. 이 책에서 독자들은 그 어떤 욥기 주석에서도 볼 수 없는 저자의 특별한 이해와 해설을 만날 수 있다. 저자는 욥기의 모든 본문에 대한 고찰을 통해 욥기가 '서사의 전진감'을 가지고 있으며 그 어떤 발언도 무의미한 것이 없음을 증명해 보인다. 저자는 자신만의 용어를 통해 욥기의 발언들이 진부하지 않고 힘찬 에너지를 가진 외침들로 되살아나게 한다. 욥기는 현시대를 이해하고 우리의 신앙을 돌아보게 하는 검증 렌즈와 같다. 이 책을 통해 독자들이 욥기를 새롭게 경험하고 하나님을 '눈으로 보는' 기쁨을 얻게 되길 희망한다.

하경택 장로회신학대학교 구약학 교수

하나님 나라 신학으로 읽는 욥기

하나님 나라 신학으로 읽는 욥기

김회권 지음

욥記

복 있는 사람

하나님 나라 신학으로 읽는 욥기

2023년 2월 20일 초판 1쇄 인쇄
2023년 2월 28일 초판 1쇄 발행

지은이 김회권
펴낸이 박종현

(주) 복 있는 사람
주소 서울특별시 마포구 연남동 246-21(성미산로23길 26-6)
전화 02-723-7183(편집), 7734(영업·마케팅) 팩스 02-723-7184
이메일 hismessage@naver.com
등록 1998년 1월 19일 제1-2280호

ISBN 979-11-92675-43-5 (03230)

일러두기

본 주석에서 빈번하게 사용되는 히브리어들과 그 의미

아노키(אָנֹכִי): 1인칭 대명사이다. 히브리어는 인칭대명사를 사용하지 않고 동사의 격변화/접미어 변화를 통해 인칭과 성수를 표시하는데, 인칭대명사를 특별히 강조하려고 할 때 돌출시켜 사용한다.

붜(ו), **우**(ו): '그리고', '그러나', '하는 동안에' 등 대부분 등위접속사로 사용되지만 때로는 부대상황을 도입하는 접속사로도 사용된다. 드물게는 종속절을 이끄는 기능도 갖는다.

헨(הֵן): '보라'를 의미하는 영탄 발어사로서, 놀랍고 충격적인 상황을 보도하거나 소개할 때 화자가 쓰는 용어다.

키(כִּי): 이 단어는 주로 세 가지 기능을 한다. 첫째, '왜냐하면'을 의미하는 이유접속사 역할이다. 둘째, 영어의 that처럼 목적절을 도입하는 접속사 역할을 한다. 셋째, 주로 시문에서는 '정녕', '실로'를 의미하는 부사 역할을 수행한다.

탄닌(תַּנִּין), **얌**(יָם): 중기 청동기시대^{주전 17-14세기} 시리아 북부지역에서 통용된 우가릿 신화에 나오는 신화적 괴물들을 가리키는 용어들로서 탄닌은 '거대한 수생 바다 괴물'을 가리키며 가나안 신화의 창조자 신인 바알의 대적으로 등장한다. 얌은 땅의 질서를 어지럽히고 교란하는 창조질서의 잠재적 전복세력으로서 바알의 신화적 적대자인 '바다' 혹은 '혼돈'을 의미한다. 유사한 기능을 하는 신화적 괴수들로서는 리워야단과 베헤못이 있다.

미쉬파트(מִשְׁפָּט): '정의', '공평', '공도' 등으로 번역되는 말로서 사법적 절차를 통해 강자를 억제하고 견제하며 강자들에게 짓밟힌 약자들을 옹호하는 포괄적인 행위를 의미한다. 개역개정에서는 대부분 '정의'라고 번역한다.

체데크(צֶדֶק): '공의' 혹은 '의'라고 번역되는 말로서 언약적 의리를 의미한다. 언약적 돌봄 밖으로 팽개쳐진 사람들에게 언약적 의리를 베풀어 다시 언약적 혜택과 돌봄의 수혜자가 되게 하는 자애로운 행위를 의미한다. 미쉬파트의 후속 행동인 셈이다. 왕하 8장에서 수넴 여인이 7년 만에 땅을 찾으려고 할 때 엘리사의 사환 게하시가 도와준다.^{1-6절} 왕이 재판을 통해 과부의 땅을 되찾아준 것은 '미쉬파트'이며 게하시가 도와준 행위는 '체데크'이다. 왕의 최고사명이 미쉬파트와 체데크 집행이다.^{시 72편}

에차(עֵצָה): '계획하다', '도모하다' 등을 의미하는 히브리어 동사 아아츠(יָעַץ)의 명사형이며 이사야, 시편, 잠언, 그리고 욥기 등에서 자주 사용된다. '도모', '모략', '계획', '뜻', '경영' 등으로 번역된다.사 28:29; 46:10 욥기에서는 하나님의 창조질서 계획, 혹은 창조질서 경영이나 통치 원리 등을 가리키는 말로 사용된다.욥 38:2; 48:2

와우연속법 미완료(waw consecutive imperfect): 히브리어 구문은 대부분 등위접속사 와우(ו)로 연결되는데, 앞 절에서 만일 완료형 동사가 사용되었다면 뒤에 따라오는 와우 이하의 절에서는 미완료형을 씀으로 앞의 완료시제를 계속 유지하게 만드는 구문법이다. 와우연속미완료는 항상 '봐'(וַ)로 시작되며 뒤따라 나오는 동사의 첫 자음에 다게쉬 포르테(경강점)을 찍어준다.

와우연속법 완료(waw consecutive perfect): 반대로 앞의 절에서 미완료형 동사가 사용되면 와우 이하의 절에서도 이 미완료형 시제를 유지하기 위해 완료형 동사를 사용하게 하는 구문법이다. 와우연속법 완료는 항상 '붸'(וְ)로 시작한다.

자주 사용하는 단어들과 그 의미

상황절(circumstantial clause): 주어가 등위접속사를 바로 뒤따라 나오는 절로서 앞절의 상황과 동시에 벌어지는 부대상황을 묘사한다.

사역(私譯): 이미 나와 있는 번역들과 달리 주석자가 새롭게 시도하는 번역을 가리킨다.

신명기 역사가, 신명기 역사가의 신학: 신명기 28장의 원리(이스라엘이 언약율법에 충실할 때 복과 번영을 누리고 그것을 위반할 때 저주와 심판재앙을 초래한다)에 근거하여 이스라엘 민족의 가나안 정착시대 역사(주전 1200-600년)를 통사체로 저술한 책이 신명기 역사서다. 여호수아, 사사기, 사무엘상하, 열왕기상하 여섯 권이 신명기 역사서에 해당한다. 이 여섯 권을 쓴 저자(들)를 20세기 독일 구약학자 마틴 노트(Martin Noth)와 그의 동료들이 '신명기 역사가'라는 가상의 명칭을 붙였다. 이 여섯 권에 반영된 신학을 '신명기 역사가의 신학'이라고 한다. 학자들은 인과응보, 권선징악의 원리를 주창하는 신학을 신명기 역사가의 신학이라고 부른다.

히브리어 맛소라 본문(Hebrew Massoretic Texts): 4-6세기 경 맛소라(전통 보존자) 학자들이 히브리어 자음본문에 모음점을 첨가하여 필사한 구약 39권의 히브리어 성경을 가리킨다.

BHS: *Biblia Hebraica Stuttgartensia*의 약어로, 독일 구약학자들이 편집한 연구용 성경 제4판이다. 독일의 쉬투트가르트에서 출간되었기에 이런 이름이 붙었고, 독일어 발음에 따라 '베하에스'라고 부른다. 베하에스는 히브리어 본문 아래에 각종 사본들과 역본 등을 맛소라 본문과 자세히 비교한 결과를 비평장치(apparatus)라는 이름으로 제공하고 있다.

BDB: *The Brown-Driver-Briggs Hebrew and English Lexicon*의 약어이다. 프랜시스 브라운(Francis Brown)이 사무엘 드라이버(Samuel R. Driver)와 찰스 브릭스(Charles A. Briggs)의 도움으로 편찬한 구약성서 히브리어-영어 사전을 가리킨다. 세 사람의 성의 첫 글자를 따서 BDB라고 부른다.

흠정역(King James Version): 1611년에 영국 왕 제임스 1세가 당시에 존재하는 영어역본들을 모두 통합해서 모든 교파들이 통용할 수 있는 표준영어성경으로 출간한 책이다. 당시에는 왕실이 모든 교파들의 갈등과 투쟁을 중재하는 역할을 했기에 왕의 이름으로 공인영어성경이 출간된다. 신약은 주로 틴데일(William Tyndale)이 번역한 신약성경을 중심 토대로 삼았고, 구약은 독일어 성경을 영어로 번역했던 커버데일 구약을 토대로 삼아 완성한 영어성경으로 이후에 나오는 모든 영어성경의 조상이다.

NRSV: New Revised Standard Version의 약어로 Revised Standard Version의 개정번역본이다. 모든 영어성경은 1611년에 발간된 킹 제임스 성경(흠정역)에서 발전된 번역본으로 이 흠정역을 개정한 번역본이 RSV이며, 미국성서공회가 이것을 한 번 더 개정해 발간한 역본이 NRSV이다. NIV에 비하여 학술적 번역본이다.

NASB: New American Standard Bible의 약어로서 이 또한 흠정역에서 발전된 역본이다. 위의 두 번역본에 비해 히브리어 맛소라 본문을 존중하는 직역위주의 번역본이다. '의미가 불확실한 구절'은 이탤릭체로 번역해 원문부식 정도를 미리 알려주는 학술용 번역이다.

Tanakh Hebrew-English Bible: 정통 유대교의 입장이 반영된 번역으로 구약성서만으로 구성되어 있다. NASB만큼이나 히브리어 본문 존중태도를 보이고 본문 부식이 심한 곳에서는 언제든지 "의미가 불확실하다"는 난외주를 덧붙인다.

ANET: *Ancient Near Eastern Texts Relating to the Old Testament*의 약어로서 제임스 프리처드(James B. Pritchard)가 1960년대에 편집한 책이다. 구약성경과 연관된 고대근동의 역사, 법률, 신화, 제의 관련 문헌 선집이다. 구약성경의 율법, 관습, 신학, 세계관 등이 고대근동의 공통종교 및 법, 제도의 유산을 어느 정도 창조적으로 상속했는지를 보여주는 고전이다.

욥기는 아주 오래전 고대 시리아-가나안 지역에 살았던 한 사람에게 일어난 재앙과 그 참혹한 고난을 중심으로 전개되는 이야기다. 이 이야기의 주인공은 야웨 하나님, 전능자,^{샤다이, 엘 샤다이} 사탄, 욥, 그리고 욥의 친구들이다. 욥기의 저작 연대는 확정하기 쉽지 않지만 욥기의 스토리가 전개되는 시대는 아브라함, 이삭, 야곱 등 이스라엘 족장시대^{주전 18-16세기}와 거의 동시대처럼 보인다. 하나님을 '샤다이'^{창 17:1}로 부르는 점, 성숙한 유일신 야웨 신앙에 이르지 않은 다신교 세계관, 전문제사장 대신 가장이 제사장 역할 수행하는 관습, 재산 규모를 가축의 수로 산정하는 점, 성읍에 사는 사람들과 성 밖의 거주민들로 사회가 분화되어 있는 점으로 미루어 보아 창세기 12-50장의 족장시대와 욥의 시대가 거의 동시대, 곧 주전 18-16세기 무렵임을 짐작할 수 있다.

욥기는 문학의 형태를 띠고 하나님 말씀을 전하는 신학책이다. 겉으로 볼 때 욥기는 억울하게 고통당한 개인의 항변과 울분 토설의 이야기다. 그런 점에서 여전히 억울하고 부조리한 고통의 희생자들이 넘치는 우리 시대에도 욥기는 적실성이 있는 이야기다. 오늘날에도 욥의 아우성이 세계만민의 심금을 울리기 때문이다. 그래서 이토록 먼 옛날, 먼 곳에서 일어난 욥의 고난과 항변 이야기를 우리는 성경으로 읽는다. 지금 우리가 욥기를 읽어도 아무런 이질감을 느끼지 못하는 이유는, 부조리한 고통과 그것에 대한 응답을 다루는 욥기의 보편적 호소력 때문이다.

지난 20여 년 동안 욥기에 대한 국내 학자들의 연구는 질적으로나 양적으로나 증가 추세에 있다. 욥기에 대한 연구논문들 외에 국내외 학자들의 욥기 연구 단행본과 주석도 증가 추세에 있다. 영어권 주석 서로는 데이빗 클린스David J. A. Clines의 WBC 시리즈 욥기 주석 1-3권, 사무엘 발렌타인Samuel E. Balentine의 주석, 트렘퍼 롱맨 3세Tremper Longman III 의 주석, 그리고 존 하틀리John E. Hartley의 NICOT 시리즈 욥기 주석이 있는데, 모두 견실한 주석들이다. 독일어권의 대표적인 욥기 주석으로는 프리드리히 호르스트Friedrich Horst와 한스 쉬트라우스Hans Strauss가 이어달리기식으로 완성한 Biblischer Kommentar 시리즈 주석이 있는데, 이것은 독일학계의 역사-비평학적 입장이 반영된 주석이다. 독일어 주석서 대부분이 그렇듯 이 주석서는 한국 목회자들이 사용하기에는 지나치게 학문적이며 비평적이다.

그에 비해 히브리어 원문을 자세히 읽고 신학적 해석을 시도한 영어권 주석서들은 목회자들에게 유익한 신학적 해설을 상당히 많이 제공하고 있다. 데이빗 클린스는 욥기 주석을 모두 세 권으로 출간했는데 역사비평적 접근보다는 대체로 문학적-신학적 해석을 병치시키고 있다. 이 책의 장점 중 하나는, 엄청난 양의 욥기 선행연구물들을 총망라하여 소개하고 있다는 점이다. 그러나 불행하게도 클린스의 욥기 주석은 세 권을 모두 합하면 2,700페이지가 넘는 대작으로서 과유불급이다. 욥기 주석과 욥기 주석/해석사 총람을 겸한 책이다. 이 책은 참고문헌 외에 본문 각 절 혹은 각 단락의 원문주해와 반드시 원문해석에 당장 도움이 되지 않을 수도 있는 2차적 정보(다른 학자들의 견해, 문헌비교, 본문비평 등)를 지나치게 제공함으로써 독자들을 압도한다. 독자가 관심을 갖고 특정한 한 절의 의미를 파악하기 위해 한 페이지 이상의 긴 글을 읽어야 할 판이다. 바로 이런 이유 때문에 클린스의 욥기 주석은 독자에 대한 배려가 전혀 없는 책이라고 비판받는다. 한마디로 이 책은 각장과 각 구절들의 연결과 전환을 생각하면서 욥기의 신학적 메시지를 명료하게 파악하기에는 너무 불편하다. 이런 약점은 C. L. 씨아우^{Seow}의 욥기 1-21장 주석에도 어느 정도 발견된다. 씨아우의 욥기 주석의 특징은 욥기를 고대근동의 부조리 신학, 부당 토로 문학의 큰 틀 안에서 해석한다는 데 있다. 씨아우의 문헌적 연구, 비교문학적 접근은 욥기가 다루는 주제가 고대 메소포타미아인들을 공통적으로 사로잡은 쟁점이었음을 잘 보여준다. 원어본문 분석, 문헌비교, 종교사적 비교자료 제시, 욥기 본문 영향사와 해석사 등 모든 면에서 볼 때 씨아우의 주석은 욥기 전문연구자들에게 상당히 유익하다.

또한 사무엘 발렌타인의 스미스 & 헬위스^{Smith & Helwys} 시리즈 욥기 주석은 주해와 더불어 목회적이고 신학적으로 적실성 있는 주제를 따로 다룬다. 이 주석서는 인간의 이성으로 납득되지 않고 해명되지 않는 복합성과 모순성, 비의성, 신비성을 띠고 인간의 삶과 역사에 개입하는 하나님의 섭리에 대해 천착하고 있다. 그래서 하나님의 창조질서에는 인간이 간단하게 해명할 수 없는 복잡성이 있다고 보는 욥기의 신학적 시좌^{視座}를 부각시킨다. 더 나아가 이 책은 별도 공간 편집을 통해 상당수의 신학적 쟁점들과 주제들에 대해 해설을 곁들임으로써 독자들의 정보취득 욕구에 어느 정도 부응한다. 별도 공간 논평에서 저자는 역사적 정보, 문학적 구조, 전문적 또는 신학적 용어와 주제에 관한 정의와 논의, 통찰력 있는 인용들, 해석사에 관한 언급, 본문의 역사적 상황이나 중요성을 이해하는 데 도움이 되는 그림이나 사진, 본문을 해석한 예술작품 정보 등을 풍부하게 제공하고 있다. 그런데 안타깝게도 이 장점이 곧 단점이 된다. 이 책 또한 너무 많은 정보들을 제공하려는 저자의 의도 때문에 욥기 본문에 대한 몰입을 어렵게 한다.

트렘퍼 롱맨 3세의 욥기 주석서는 욥기 히브리어 본문을 자세히 읽고 원전을 바탕으로 해석을 시도하므로 발렌타인의 주석서보다는 더 어렵다. 욥기 관련 선행연구를 집대성하며 가장 자세한 욥기 주석서를 쓴 데이빗 클린스의 주석을 광범위하게 참조하면서도, 이 책은 목회적인 적실성이 있는 주제들에 대해 자신의 독창적 성찰을 제시한다. 그는 목회자들에게 통찰력을 주는 마흔네 편의 신학적 성찰 단상을 따로 제공한다. 이 목회적 성찰 에세이들은 욥기의 신학적 풍요로움을 음미하도록 도와준다.

클린스, 발렌타인, 롱맨 3세의 욥기 주석보다 더 보수적인 영어권 주석으로는 영국의 존 하틀리의 욥기 주석이 있는데, 클린스의 주석만큼 원전 읽기에 충실하며 견실하다. 이 책은 저작 연대를 주전 7세기로 산정하는 등 대부분의 해석 판단에서 앞의 주석서들보다 보수적이고 전통적이다. 단락별 주석을 시도하면서도 각 절별 주석을 독립적으로 배치해 설교자들이 읽기에 편하도록 편집되어 있다. 신학적으로 토론이 필요한 쟁점들에 대해서는 보설補說을 두어 다루고 있다. 다만 이 주석서도 욥기 서사의 전진감을 음미하면서 읽도록 도와주는 주석이라기보다는 저자 자신이 관심을 갖는 분야는 자세히 다루고 나머지는 대충 넘어가는 경향을 보인다.

하지만 전체적으로 볼 때 위의 서구 학자들이 쓴 주석들은 대체로 원문해석에 집중하며 욥기의 문헌적 정보를 제공하는 데 치중한 반면 상대적으로 목회적, 신학적으로 유용한 통찰을 제공하는 데는 다소 부족하고 건조하다. 그들은 욥기의 서사구조나 등장인물들의 긴 담론들에 작동하는 논리적 전진감을 느끼며 욥기의 신학적 심오함을 누려 보려는 독자들에게 무거운 짐을 지우고 있다. 그들은 개별 구절이나 특정 쟁점에 대해서는 지나치게 집중하지만, 욥기의 신학적 대지나 전체 의미를 부각시키는 데는 다소 소극적이다. 그럼에도 그들의 주석서들은 욥기가 쓰인 시대의 문화적, 역사적 환경에 대해서 자세히 알기 원하는 독자들의 정보 취득 욕구에 잘 봉사한다.

국내학자들의 욥기 연구 성과도 점차 풍성해지고 있다. 이군호는 학문적 성격을 띤『성서주석 욥기』1998를 출간했다. 이군호는 서론에서 서양 주석서들의 편제를 따르는데, 저작 연대, 저자, 히브리어 본문 특징 등을 논한 후 저작 연대를 주전 7-5세기로 보는 최신의 욥기 연구 결과를 수용한다. 이 주석의 특장은 본문해석 시 중요한 히브리어를 골라 해설하며 특정 구절을 주석할 때 빈번히 칠십인역과 맛소라 본문을 비교한다는 점이다. 반면에 욥의 말이나 욥의 친구들의 말, 그리고 하나님의 폭풍우 강론에서 비슷한 분량의 간략한 해설을 제공하는 데 그친다. 특히 욥기의 문학적 긴장을 음미하거나 38-41장에서 욥과 하나님이 화해에 이르는 과정을 거의 다루지 않는다.

민영진의『설교자와 함께 읽는 욥기』2002는 설교자들이 욥기를 본문으로 하여 설교하는 데 도움을 받을 수 있도록 여러 자료들과 본문주석의 예들을 보여준다. 이 책은 각 장, 각 절을 해석하는 재래적인 형태의 주석서는 아니지만 신학적으로는 흥미롭고 풍성한 통찰을 제공한다. 이군호의 욥기 주석에 비해 확실히 이 책은 목회자들에게 더 적실성 있는 통찰을 제공하고 있다. 4장에서 히브리어 욥기와 그리스어 욥기를 비교하는 점에서 전문 욥기 연구가들에게도 유익한 책이다.

하경택의『질문과 응답으로서 욥기 연구』2016 [개정증보판]는 한국인 저자가 쓴 책으로는 간결하지만 유익한 강해서다. 그는 이후 한국장로교출판사에서『욥기』2018 주석을 따로 출간했는데, 전자에 비해 다소 건조하고 표준적인 문체가 두드러져 있다. 하경택의 욥기 강해서는 '신학'과 '인간학'과 관련해 욥기에서 제기되는 질문과 응답의 구조에 주목하며, 욥의 탄식에 응답하시는 하나님의 발언을 통해 욥기의 신학을 이해하고자 한다. 두 책 모두 간결하면서도 목회자들을 염두에 두고 쓴 저작들이어서 잘 읽힌다.

안근조의 『지혜말씀으로 읽는 욥기』[2020]는 주석서는 아니지만 욥기를 이해하는 데 도움이 되는 논문들을 묶어 만든 책이다. 이 책은 지혜문학적인 측면을 강조하며 신언설을 통해 욥기가 말하고자 하는 바가 무엇인지에 특별히 주목한다. 안근조는 다른 고대근동의 유사 장르의 문서와는 달리 욥기가 대화와 논쟁의 형식을 띠고 전개되는 이유는, 끝내 신 현현을 촉발시킨 욥 항변의 의미와 정당성을 강조하려는 욥기의 저작 의도 때문이라고 주장한다.

본 주석서는 히브리어와 개역개정성경 욥기 본문을 바탕으로 모든 절들을 해석하려고 했다. 일부 영어 주석서들처럼 히브리어 본문 비평이나 전체 사역을 시도하지는 않았다. 본서는 서구 학자들만큼은 아니지만, 욥기 히브리어 텍스트의 구문과 단어, 화법 등을 주목해 욥기 전체의 주제 구축을 위해 어떤 기능을 하는지를 살폈다. 본 주석서의 특장은 욥기 단원과 단원의 연결과 전환, 장과 장 사이의 연결과 전환, 그리고 매 구절의 전후 연결맥락 관계를 자세히 다루는 데 있다. 특히 1-2장에서 제기된 사탄의 질문, 세 친구들과 욥의 논쟁, 엘리후의 논쟁, 그리고 하나님의 폭풍우 현현 및 강론에 이르기까지 서사적 전진감을 부각시키는 데 상당한 애를 썼다. 보설들은 이 서사적 전진감을 느껴 보려는 독자들을 위한 추가물이다. 더 나아가 본서는 모든 본문 각 구절에 대해 동등 분량의 주석을 제공하지 않는다. 욥의 말과 하나님의 강론에 비해 욥의 친구들의 반복된 논변을 덜 자세하게 다룬다. 마지막으로 본서는 일부 단락과 구절에 대해 서구 학자들에 비해 더 진지한 신학적 해석을 시도한다. 이 점에서는 서구 학자들에 비해 본 주석서가 신학적 과잉 해석을 시도한다고 볼 수도 있을 것이다. 특히 본서는 욥기에 나타난 하나님의 우주적 시좌와 인격성에 대한 신학적 성찰을 개진함에 있어서 신학적 상상을 주저하지 않았다.

저자는 2012년부터 네 학기 동안 숭실대 기독교학과 대학원 과목으로 "성문서"를 개설해 욥기를 집중적으로 연구하고 가르치면서 본서를 준비했다. 본서는 위에서 언급한 좋은 선행연구들이 이미 나와 있음에도 불구하고 두 가지 이유 때문에 이러한 2차 자료를 본서에 거의 활용하지 못했다. 무엇보다도, 저자 자신이 히브리어 원전을 직접 읽고 해석하는 과정에서 준비한 원고가 이미 너무 많았기 때문이다. 또한 여러 주석가들의 견해를 비교하고 나열하는 것이 독자들의 성경 본문이나 본서 읽기를 어렵게 할 것이라는 염려 때문이다. 히브리어 원전 욥기는 난해한 본문으로 정평이 나 있어 번역본들의 차이가 심한 편이다. 따라서 개역개정성경도 원전과는 다르게 읽는 경우도 많다. 개역개정성경의 번역들을 비판적으로 재검토하는 경우가 자주 나오는 것은 불가피하다. 이 과정에서 본서는 중요한 의미 차이를 발생시키는 부분에서 사역私譯을 시도하여 개역개정성경의 부족을 채워 보려고 했다. 먼저 이 책으로 독자들의 평가와 질정을 겸허히 받아들이고 고명한 주석가들의 해석과 견해도 더욱 진지하게 경청할 것이다.

본서는 일차적으로 욥기에서 하나님의 말씀, 경계하고 경책하고 격려하는 하나님의 음성을 듣기 원하는 하나님의 백성을 위한 신학적이고 목회적인 강해서다. 본문의 각 장은 욥기 장별 본문, 주석, 메시지, 그리고 보설補說로 구성되어 있다. 보설은 욥기를 좀 더 학문적으로 연구하려는 독자나 드라마 같은 욥기의 전진감을 보다 세밀하게 음미하려는 독자들을 위한 글이다. 또한 주석으로 다루기 힘든 주제나 이론의 여지가 있는 저자의 주장은 보설에서 다루었다. 메시지는 욥기를 두고 설교하거나 주일학교 등에서 가르치려는 목회자와 주일학교 교사들에게 유익한 해석과 적용점을 제공하고 있다.

욥기는 반복이 심한 책이다. 모든 등장인물의 반복화법이 독자들의 인내를 시험할 것이다. 본서는 등장인물들의 반복된 말들도 생략하거나 축소하지 않고 해석했기 때문에 반복한다는 혐의를 면하기 어려울지 모르겠다. 부디 독자들에게 욥의 인내를 기대해 본다. 앞에서 언급했듯이 좋은 주석서들을 더 자세하고 광범위하게 참조했더라면 본서는 훨씬 더 좋은 주석서가 되었으리라고 확신하지만, 지면 관계상 앞선 학자들의 통찰과 지혜를 다 담지 못한 것이 안타깝다.

이 원고를 읽고 교정을 도와준 숭실대 학부 및 대학원 제자들에게 감사드린다. 항상 그렇듯이 이 책의 원고를 인내로 기다려준 복 있는 사람 박종현 대표의 배려에 고마움을 전한다. 이 책이 독자들에게 잘 읽힐 수 있도록 온갖 수고를 다한 편집 실무자들, 특히 초고부터 원고 검토, 의견 제시 등을 통해 이 책이 개선되도록 도움을 준 전성현 편집자에게 심심한 사의를 표한다. 언제나처럼 마지막 저자 교정까지 꼼꼼하게 원고를 읽어주고 히브리어 본문에 대한 해석의 정확도를 높이도록 세심하게 원고를 검토해 준 아내 정선희에게 감사드린다.

2023년 2월
저자 김회권

서론

1. 하나님의 응답을 촉구하는 인간의 아우성, 항변, 탄식, 신음도 하나님 말씀이 된다:[1] 성문서 장르의 특징

구약성경 서른아홉 권 중에서 모세오경^{율법서} 다섯 권과 예언서 스물한 권, 모두 스물여섯 권을 제외한 나머지 열세 권을 성문서^{聖文書}라고 부른다. '거룩한 책들'the holy writings이라는 뜻이다.[2] 모세오경과 예언서가 권위 있는 규범을 제시하려는 교훈적이고 훈도적 목적을 드러내는 데 비해 성문서는 하나님에 대한 인간의 성찰, 사색, 질문, 그리고 비평적 논평으로 구성되어 있다. 성문서는 역사설화 일곱 권, 시문^{詩文} 세 권, 지혜문서 세 권, 모두 열세 권으로 구성되어 있다. 역사설화 성문서는 역대기상하, 에스라, 느헤미야, 룻기, 에스더, 다니엘이며, 시문 성문서는 시편, 아가, 예레미야애가이고, 지혜 성문서는 욥기, 잠언, 전도서다. 한국 독자들에게 잘 알려져 있지 않지만 역대기상하, 에스라, 느헤미야, 룻기, 다니엘서는 모두 성문서로 분류된다. 이 열세 권을 성문서라는 장르로 묶어 분류하는 것은 쉽지 않다.

그런데 가장 중요한 사실은, 성문서에는 모세오경이나 예언서들에 비해 하나님이 인간에게 수직 강하적으로 내려 주신, 곧 초월의 자리에서 아래 인간들에게로 내려 주신 하나님 말씀들이 거의 나타나지 않는다는 사실이다. 오히려 굳이 방향을 말하자면, 성문서는 인간에게서 하나님께로 상향적으로 실행된 의사소통을 주목한다. 인간이 하나님께 터뜨린 말들, 인간이 하나님에 대해 갖는 사변과 성찰들이

성문서에서 많은 분량을 차지한다. 한마디로 성문서에는 하나님의
응답말씀을 촉구하고 기대하며 간청하는 인간의 말들이 하나님 말씀
의 일부로 기록되어 있다. 모세오경이나 예언서가 위에 계신 하나님
이 땅에 사는 인간에게 내려 주시는 말씀을 담고 있다면, 성문서는 아
래 인간으로부터 하나님께로 올라가는 하나님의 말씀을 담고 있다.
하나님의 귀에 들리는 인간의 아우성도 하나님의 말씀이라고 말하
는 셈이다.^{시 56:8} 이처럼 성문서에는 하나님이 인간에게 내려 주신 말
씀보다 인간이 하나님께 올려 보낸 말, 곧 하나님을 향한 비판, 야유,
항변, 기도가 상당히 많이 들어 있다. 즉, 하나님의 응답을 촉구하고
급기야 촉발시키는 인간의 아우성과 울부짖음도 하나님의 말씀이라
는 것이다. 창세기 4:10에서 하나님은 "네 아우의 핏소리가 땅에서부
터 내게 호소하느니라"고 말씀하시며 아벨을 살해하고 암매장한 가
인을 추궁하신다. 아벨의 핏소리는 하나님이 후속적으로 모종의 행
동을 하게 만든 인간의 아우성이다. 이런 점에서 인간의 아우성도 하
나님 말씀이 된다. 출애굽기 2:23도 같은 이치로 노예들의 울부짖음
이 하나님의 말씀이 된다고 말한다. "여러 해 후에 애굽 왕은 죽었고
이스라엘 자손은 고된 노동으로 말미암아 탄식하며 부르짖으니 그
고된 노동으로 말미암아 부르짖는 소리가 하나님께 상달된지라." 이
부르짖음에 응답해 하나님은 출애굽기 3:6-13에서 모세를 불러 출애
굽의 사명을 맡기신다. 즉, 하나님께 상달되어 하나님의 행동을 유발
시킨 인간의 부르짖음도 하나님 말씀이라는 것이다. 마지막으로 시
편 56:7-8은 심지어 억울하고 원통한 삶을 살아낸 다윗의 파란만장
한 삶의 이야기가 하나님의 책에 기록된다고 증언한다. "그들이 악을
행하고야 안전하오리이까. 하나님이여, 분노하사 뭇 백성을 낮추소
서. 나의 유리함을 주께서 계수하셨사오니 나의 눈물을 주의 병에 담
으소서. 이것이 주의 책에 기록되지 아니하였나이까." 다윗이 흘렸던

눈물과 억울한 사연이 주의 책에 기록되었다.

　대표적으로 시편, 잠언, 욥기, 전도서, 예레미야애가가 이러한 의미의 하나님 말씀을 많이 담고 있다. 시편은 인간이 하나님께, 혹은 하나님에 대해 쏟아낸 말들을 많이 담고 있다. 외견상 하나님을 찬양하는 시편이지만 그 찬양의 내용에는 하나님을 찬양하는 말만 있는 것이 아니라, 하나님에 대한 불평과 저항 언어도 포함되어 있다. 잠언은 지배 엘리트들, 궁중 관리들을 길러낼 때 사용되었을 법한 고급 교양교육 교과서다. 인간의 경험, 관찰, 그리고 관습적 지혜습득에서 결정화結晶化된 지혜가 잠언서의 대부분을 구성한다. 욥기는 주인공 욥이 하나님 나라가 공평과 정의가 심각하게 무너진 세상이라고 선언하며 하나님께 저항하는 내용이다. 전도서도 하나님의 공평과 정의의 원칙이 무너진 것처럼 보이는 세상에 대한 비판철학적 수상록이다. 예레미야애가는 우리 죄보다 훨씬 더 과잉되게 집행된 심판과 징벌에 관한 저항이자 탄식이다. 애가의 항변, 시편의 불평언어, 욥기의 따지고 묻는 태도, 전도서의 비판적 성찰어조 모두 하나님을 향하여 인간이 쏟아낸 말들의 파노라마다. 이런 것들이 하나님 말씀이라는 사실이 매우 중요하다. 하나님이 인간에게 하신 말씀만 하나님 말씀이 아니라, 인간이 하나님께 터뜨린 모든 언어도, 하나님 귓전에 들리는 그 말들도 하나님 말씀이 된다는 사실이 매우 중요하다. 인간으로부터 하나님을 향해 위로 토로된 울분, 항변, 아우성, 그리고 문제 제기 등은 하나님의 마음을 드러내는 결정적인 통로가 되고, 교훈, 책망, 교정, 격려, 그리고 의로 교육하는 데 유익한, 영감 받은 성경의 핵심이 된다. 딤후 3:16-17; 4:1-2 욥기는 로마서 15:4-5, 13이 증언하는 대표적인 성경이다. "무엇이든지 전에 기록된 바는 우리의 교훈을 위하여 기록된 것이니 우리로 하여금 인내로 또는 성경의 위로로 소망을 가지게 함이니라. 이제 인내와 위로의 하나님이 너희로 그리스도 예수를 본받아 서로 뜻이 같게 하여 주사……소망의 하나님이 모든 기쁨과 평강을 믿음 안에서 너희에게 충만하게 하사 성령의 능력으로 소망이 넘치게 하시기를 원하노라." 야고보서 또한 영감 받은 욥기를 이렇게 확증한다. "형제들아, 주의 이름으로 말한 선지자들을 고난과 오래 참음의 본으로 삼으라. 보라, 인내하는 자를 우리가 복되다 하나니 너희가 욥의 인내를 들었고 주께서 주신 결말을 보았거니와 주는 가장 자비하시고 긍휼히 여기시는 이시니라."약 5:10-11

2. 욥기의 메시지와 구조

(1) 욥기의 무대
문학적 무대로 보자면, 욥기는 이스라엘 민족이 탄생하기 전에 동방 우스Uz라고 하는 지방에서 일어난 이야기다. 욥기에 언급된 풍습과 관습에 비추어 볼 때 욥은 아브라함과 거의 같은 시대의 사람인데, 그가 살았던 동방의 우스라는 지역이 정확하게 어디인지는 모른다. 다만 이스라엘과 인접한 에돔 지역, 지금의 요르단 지역 중 하나가 아닐까 추측할 뿐이다.애 4:21 이 책에는 이스라엘 민족의 선민의식이 나타나지 않으며, 이스라엘 민족이 특별히 만민과 구별된 배타적 선민이라는 의식은 더더욱 없다. 그런데 욥기는 어떤 구약성경의 책보다 더 중요한 책이며 실로 인류역사를 관통하는 핵심 쟁점, 곧 억울한 자들이 당하는 고난과 그 억울한 자의 고난을 방치하는 신에 대한 기소 문제를 전면에 부각시키고 있다. 욥기는 왜 억울하고 죄 없는 자가 이렇게 가차 없는 고난을 당하며 죽음의 땅까지 끌려가는 엄청난 부조리를 겪어야 하는가를 다루고 있다. 동방에서 가장 의롭고 경건하고 사회적으로 가장 정직한 사람인 욥이 졸지에 참담한 고난의 굴레로 떨어지는 이유가 무엇인가? 이 가시 돋친 질문이 욥기를 관통하고

24

있다. 결국 성문서는 이 세상이 하나님의 공평과 정의대로 잘 굴러가고 있다고 하는 모세적 엄숙주의와 교조주의에 대한 일종의 문제 제기인 셈이다. 모세적 엄숙주의와 교조주의는 율법을 잘 지키면 만사에 형통하게 된다는 확신으로 표현된다. 이 확신에 대항해서 욥기는 "그렇지 않다. 이 세상에는 율법을 잘 지켜도 고난을 많이 받는 사람이 있고, 율법을 지키지 않고 죄를 많이 지어도 번영을 누리는 사람도 또한 많다"라고 말한다.

(2) 욥기의 메시지

욥기는 문학 장르상 희곡으로 분류되는 작품이다. 이스라엘이 이 세계에 출현하기 오래전에 고대 동방의 우스라는 성읍에 살던 의인義人 욥이 하나님을 향하여 쏟아내는 불평과 질문들을 감동적으로 제시하고 있다. 의인 욥은 하루아침에 열 명의 자녀들과 재산을 다 잃고 자신은 나병과 유사한 병에 걸려 버린다. 졸지에 욥은 가족, 재산, 사회적인 신망과 존경, 건강, 그리고 하나님에 대한 믿음까지 잃어버린다. 욥기는 이처럼 까닭 없는 고난을 연속적으로 겪은 욥이 하나님께 하나님의 정의가 어디 있느냐고 항의하는 이야기다. 자신에게 닥친 고난들을 원인론적으로 접근하던 욥은, 욥을 위로하러 왔다가 그의 참혹한 고난을 보고 그것을 죄에 대한 하나님의 심판이라고 주장하는 세 친구와 격렬한 논쟁에 빠진다. 욥의 고난을 욥의 숨은 죄, 욥 자녀들의 죄, 그리고 인간 일반이 하나님 앞에서 짓는 죄에 대한 하나님의 심판이라고 믿는 세 친구들은, 욥을 강제로 회개시키려고 하는 종교적 보수주의를 대표하는 인물들이다. 욥을 하나님께 회개시키려고 하다가 욥과 세 차례의 신학적 논쟁을 벌이게 된 세 친구는 사태의 핵심을 파악하지 못한 채 처음부터 끝까지 교조적인 완고함에 머물고 있다. 뒤늦게 양방의 논쟁에 끼어든 젊은 변사 엘리후의 책망 섞인

서론

강론도 사태의 핵심에 접근하지 못한다는 점에서는 세 친구들의 입장과 별로 다를 것이 없다. 고난의 원인을 찾지 못한 욥은 탄식과 자기 연민, 항변과 자기 변호 사이를 오간다. 그 사이에 하나님께서 욥을 찾아오신다. 폭풍과 흑암 속에서 현현하신 하나님은 욥에게 감히 상상할 수 없는 질문들을 퍼부으신다. 창조의 신비에 속한 엄청난 질문공세를 받고서야 욥은 자신이 지적으로 해명할 수 없는 질문을 하나님께 제기한 사실을 알고 회개한다. 욥 자신의 고난은 창조의 신비에 속한 고난임을 깨닫게 되자 하나님께서 자신에게 허락하신 신비로운 '고난'을 받아들이고 하나님께 승복한다. 문학적으로 보면 다소 싱겁게 끝나 버리지만, 욥기는 적어도 신학적으로는 두 가지 사실을 긍정한다. 첫째, 이 세상에는 죄와 상관없이 모호하고 억울하고 부조리한 고난을 경험하는 사람들이 많이 있다는 사실이다. 둘째, 이 부조리하고 억울한 고난은 인간의 머리로는 이해할 수 없는 일이며 창조의 신비에 속한다는 사실이다. 다만 하나님께서는 자신의 무죄함(적어도 자신이 겪은 고난들과 관련해서는)을 주장하며 하나님을 원망하던 욥, 그리고 하나님의 절대 정의와 공평을 옹호하며 시종일관 욥을 정죄하고 회개를 유도하는 세 친구들 간의 논쟁에서 욥의 손을 들어 주심으로써 욥을 위로해 주신다. 하나님께서는 모든 환난과 고통을 하나님의 신적인 인과응보 혹은 징벌론적인 관점으로만 파악하려는 교조주의적 독단을 더욱 비판하신 것이다. 욥기는 잠언서, 신명기 28-29장, 그리고 일부 예언서 신학의 중심 골격을 이루는 원칙, 곧 하나님께서는 죄에는 벌, 선행(하나님께 복종)에는 상급(복)을 주신다는 전통적이고 인습적인 교리에 대한 회의를 제기한다. 욥의 고통은 욥의 죄 혹은 욥의 자녀들의 죄와 분명히 직간접적으로 관련되어 있다고 주장한 욥의 세 친구들의 주장들은 결국 하나님에 의하여 비판받는 입장임이 드러난다. 32-37장에서 맹활약하는 양비론兩非論의 사도

26

인 엘리후의 입장은 이중적이다. 한편으로는 세 친구의 악인필망론을 욥에게 적용시키면서 욥의 회개를 촉구한다. 또 다른 한편 그의 지루한 변론은 38-39장에 나오는 하나님의 강론을 이해하도록 준비시키면서 세 친구의 교조주의적 입장을 다소 누그러뜨리는 신비주의적 모호성을 드러낸다. 전체적으로 욥기의 주제는 "하나님은 왜 의인에게 고통을 주실까"라는 질문이라기보다는 "어떻게 하면 고난의 시기를 의미 있게 보낼 수 있을까"라는 다소 실용적인 고민이다.

욥기를 읽을 때 한 가지 조심할 것은 이 책에 등장하는 하나님의 대사들 자체를 교조적으로 이해하면 안 된다는 점이다. 특히 욥기 1-2장에 나오는 사탄과 내기를 벌이는 하나님의 대사들은 그 자체만 분리시켜 이해하면 안 된다. 하나님께서 사탄과 내기하다가 욥이 얼마나 강한 믿음의 소유자인가를 증명하기 위하여 욥과 그의 재산과 가족을 사탄의 공격에 넘겨주는 장면을 교조적으로 이해하면 곤란하다. 욥기의 하나님의 궁극적인 모습은 38-41장에서 그려지듯이 폭풍우 속에서 나타나시는 신비한 하나님이시다. 고난의 원인을 사람에게 알려 주시기보다는 고난 중에 있는 욥과 함께하시는 하나님 자신이 욥의 고난에 대한 응답인 것이다. 욥기는 어떤 시대의 개인이나 집단에게도 일어날 수 있는 일을 다루고 있으나, 아마도 성경 안에서 욥기는 바벨론 포로살이와 같은 엄청난 환난이 과연 죄에 대한 하나님의 심판의 결과인지, 아니면 인간이 해명할 수 없는 심오하고 신비한 하나님의 섭리[신 29:29]가 개입된 일인지에 대한 신학적 고투와 성찰을 반영하고 있는 것처럼 보인다. 바벨론 포로 1세대는 분명 바벨론 유수를 자신의 죄에 대한 하나님의 심판으로 이해하였으나, 그들의 자녀 세대에게는 바벨론 포로살이가 억울하고 모호한 고통이었을 수도 있다. 참혹한 바벨론 포로살이가 길어지면서 바벨론 포로 2-3세대들에게 그들의 바벨론 포로살이가 대속적이고 신비로운 하나님의

뜻을 이루는 고난일 수도 있다는 생각이 일어났을 수 있다.^{사 53장 참조}

(3) 욥기의 구조

> 서언: 의롭고 행복한 욥에게 닥친 악한 시험^{1-2장}
>
> 세 친구들과의 논쟁^{3-26장}
>
>> (1) 욥의 기조 탄식^{3장}과 1차 논쟁^{4-14장}: 욥의 대답^{9-10장, 12-14장}
>>
>> (2) 논쟁^{15-21장}: 욥의 대답^{19장, 21장}
>>
>> (3) 3차 논쟁^{22-26장}: 욥의 대답^{23-24장, 26장}
>
> 욥의 결론적 담화와 긴 독백^{27-31장}
>
>> (1) 욥의 결론적 담화^{27장}
>>
>> (2) 지혜시적 간주곡^{28장}
>>
>> (3) 욥의 탄원: 결백을 밝혀 달라는 아우성^{29-31장}
>
> 엘리후의 양비론적 장광설^{32-37장}
>
> 하나님의 폭풍우 강론^{38-41장}
>
> 결언: 욥의 회개와 하나님의 욥 위로^{42장}

서언: 의롭고 행복한 욥에게 닥친 악한 시험 1-2장

1장은 하나님이 하나님의 아들들과 사탄 앞에서 동방의 우스 땅에 사는 욥의 신앙을 칭찬하자 사탄이 이의제기를 하면서 시작된다. 1:6-12은 신앙의 진실성과 순전성에 대한 하나님과 사탄의 논쟁을 보도한다. 사탄은 사람들이 하나님을 믿고 공경하는 것은 하나님이 복을 주시고 사랑을 베풀어 주시기 때문이며, 하나님이 주시는 복과 독립적으로 순전히 하나님만을 경외하는 이는 단 한 사람도 없다고 주장한다. 하나님은 사탄의 주장을 반증하기 위하여 욥을 내세우신다. 사탄은 욥을 쳐서 욥이 하나님을 원망하는지 신앙을 지키는지 시험해

보자고 제안하며 하나님은 이 제안을 받아들이신다. 사탄은 욥의 목숨을 앗아가는 일은 제외하고 모든 종류의 악한 시험을 가하여 욥이 신앙을 포기하도록 유도하는 역할을 맡게 되었다. 1:13-22은 욥에게 가해진 사탄의 첫 시험을 보도한다. 천재지변과 약탈자들의 침략으로 욥의 모든 재산이 상실된다. 또한 단란한 욥의 자녀들 7남 3녀가 순식간에 죽임을 당하는 참담한 환난이 연쇄적으로 욥을 타격한다. 욥은 겉옷을 찢고 머리털을 밀고 땅에 엎드려 하나님께 경배한다.

2:1-6은 욥을 향한 사탄의 두 번째 시험이 욥을 타격하는 상황을 보도한다. 사탄은 욥에게 악창과 종기가 돋아나게 하여 욥은 온종일 실성한 사람처럼 기와조각으로 자기 몸을 긁고 있다. 그러나 2:7-10은 이런 참혹한 곤경 속에서도 믿음을 지키려는 욥을 증거한다. 2:11-13은 드디어 욥의 세 친구들이 욥을 위하여 위로 방문길에 오르는 상황을 보도한다. 데만 사람 엘리바스와 수아 사람 빌닷과 나아마 사람 소발이 바로 그들이다.

세 친구들과의 논쟁 3-26장

이 단원은 처음에는 욥의 처지를 위로하러 왔던 세 친구들이 욥의 고난을 보수적이고 교조적인 신학의 빛 아래 징벌론적인 관점에서 이해한 나머지, 하나님께 숨은 죄를 고백하고 하나님의 용서를 구하도록 욥을 강압하는 상황을 점층적으로 자세히 보도한다. 세 친구들의 신학은 흔히 신명기 역사가 신학이라고 불리는데,신 28장 이는 모든 고난은 죄의 결과라고 보는 입장이다. 욥의 고난은 욥 자신의 숨은 죄, 혹은 그의 자녀들의 죄, 혹은 피조물 일반이 하나님께 대하여 근본적으로 갖는 불완전성과 피조물적인 누추함에 대한 하나님의 공평한 대응이라는 것이다. 이들의 교조적인 주장에 대하여 욥은 처음부터 끝까지 자신의 무죄와 결백을 주장하며 하나님께 오히려 자신의 고난 원인을 명쾌하게 해명해 달라고 거칠게 덤벼든다.

(1) 욥의 기조 탄식³장과 1차 논쟁⁴⁻¹⁴장: 욥의 대답⁹⁻¹⁰장, ¹²⁻¹⁴장

(2) 2차 논쟁¹⁵⁻²¹장: 욥의 대답¹⁹장, ²¹장

(3) 3차 논쟁²²⁻²⁶장: 욥의 대답²³⁻²⁴장, ²⁶장

3-26장 단원은 욥과 세 친구들과의 교차 논쟁을 담고 있는데, 일종의 소나타 형식으로 진행된다. 기본 주제는 동일하지만 세부 논쟁이 약간씩 바뀔 뿐이다. 욥의 핵심 주장은 자신에게 닥친 연쇄적이고 참혹한 고난은 자신의 죄에 대한 하나님의 심판일 수가 없다는 것이다. 반면, 세 친구들의 주장의 핵심은 세 가지다. 첫째, 욥의 숨은 죄가 이 고난의 원인이다. 욥은 어서 빨리 회개하여 하나님과 화목해야 한다. 둘째, 욥의 자녀들의 명시적 혹은 숨은 죄에 대한 하나님의 응징일 수 있으니 욥은 회개해야 한다. 하나님은 절대 공평하신 하나님이기에 까닭 없는 고난이나 환난을 내리실 수 없다. 셋째, 하나님 앞에서 모든 피조물은 추하고 유한한 존재이므로 하나님 앞에서 자신의 의로움을 과도하게 주장하면 안 된다. 따라서 욥은 침묵해야 하며 더 이상 하나님을 고소하는 도발적인 오만을 멈춰야 한다는 것이다.

욥의 결론적 담화와 긴 독백²⁷⁻³¹장
(1) 욥의 결론적 담화²⁷장
(2) 지혜시적 간주곡²⁸장
(3) 욥의 탄원: 결백을 밝혀 달라는 아우성²⁹⁻³¹장

이 단원은 세 친구들에 대한 욥의 답변과 하나님께 영혼을 쏟아붓는 듯한 감동적이고 긴 독백이다. 이 단원을 읽으면 독자들은 욥의 입장

에 더욱 동정을 느끼게 된다. 하나님을 향한 거칠고 독설적인 불평과 항의가 다소 거슬리지만, 욥의 언어는 불신앙이 아니라 하나님과 대면하여 해결하고 싶은 강한 열망을 드러낸다. 또한 세 친구들이 하나님을 옹호하고 욥에게 죄를 자백하도록 압박하지만, 욥의 정곡을 찌르는 반론과 하나님 규탄언어는 멈출 줄 모른다. 세 친구와 벌인 논쟁에서 욥의 자기 변호는 두 가지 극단점을 왕래하고 있다. 자신의 결백에 대한 주장과 하나님의 부당한 역사하심에 대한 규탄, 그리고 피조물로서의 인생(자신)의 본질적 곤궁함과 유한성에 대한 탄식과 자기 연민으로 가득 찬 넋두리 사이를 왔다 갔다 한다. 이 두 극단의 중간 지점에 욥기 23장이 놓여 있다. 자신이 겪고 있는 이 형용할 수 없는 불행과 환난의 참 의미를 언젠가 해명해 주실 구속자, 중보자가 땅 위에 나타날 것을 믿으며 욥은 하나님의 은닉 상황을 견딘다.

엘리후의 양비론적 장광설 32-37장

이 단원은 논쟁의 첫 순간부터 욥과 세 친구들의 논쟁을 지켜보다가 뒤늦게 논쟁에 뛰어드는 젊은 변사 엘리후의 다소 장황하고 산만한 강론이다. 양비론적인 성격을 가진 엘리후의 강론은 첫째, 거칠고 오만하게 들리는 욥의 불평이나 태도를 비판한다. 둘째, 욥의 고난에는 징벌 이상의 의미가 있을 수 있다고 말한다. 엘리후는 고난 속에 시달리는 욥에 대한 욥의 친구들의 무자비한 율법주의적 단죄를 비판하는 동시에, 욥이 자기 의義에 입각하여 하나님의 정의를 의심하는 것도 비판한다. 그럼에도 불구하고 엘리후는 욥의 고난이 욥의 죄악에 대한 하나님의 심판이라는 세 친구들의 견해로 심각하게 경사되었다. 또한 욥의 억울함과 원통함에 대한 공감이나 이해는 모자란 반면, 하나님의 무한절대 순수정의만 옹호하려고 욥을 압박한다. 그래서 엘리후는 먼저 욥에게 죄를 회개하여 그의 환난이 멈출 수 있게 하라고 다그친다. 또 한편 엘리후의 논리가 세 친구들의 논리와 다른 점은, 한마디로 인생과 자연 속에는 인간이 도저히 궁구할 수 없는 신비가 있다는 것이다. 엘리후는 자신의 고난의 원인을 지적[知的]으로 해명하려는 욥의 시도를 책망한다. 엘리후는 구름의 생성과 역할에 대하여 아느냐고 묻는다. 신비하게 생성되는 구름은 그 안에 무서운 번개를 감추고 비를 내리는데 때로는 심판의 비를 내리기도 하고, 때로는 피조물을 살리려는 하나님의 사랑을 표현하는 비를 내리기도 한다.[37:13] 이 세상에는 하나님이 행하시는 신비로운 일들이 많다는 것이다.[37:14, 23] 다만 한 가지 믿어야 할 것은, "사람을 대하실 때에 의롭게 대하시고 공의롭게 대하여 주신다"[37:23]는 사실이다. 따라서 엘리후는 욥이 하나님을 의심하거나 불공평하다고 불평하지 말고 하나님을 경외해야 한다고 주장한다. 마지막으로 엘리후는 하나님이 스스로를 지혜롭다고 간주하는 사람들, 곧 욥이나 욥 친구들을 공히 무시하신다고 주장한다. 결국 욥의 고난도 하나님의 공평하심의 표현이기 때문에 욥은 자신의 의로움을 과신하지 말아야 한다는 것이다. 이런 점에서 엘리후의 강론은 뒤따라 나오는 하나님의 강론[39-41장]을 준비시키는 역할을 한다. 이 세상 안에는 하나님이 행하시는 신비로운 일들이 많기 때문에 믿음으로 참고 견뎌야 하며, 하나님의 궁극적인 공평하심과 공의로우심을 의심하지 말고 믿어야 한다는 것이다. 이 점이 바로 엘리후의 강론이 갖는 신학적 무게다.

하나님의 폭풍우 강론 38-41장

하나님의 강론은 두 강좌로 구성되어 있다. 하나님 강론의 주제는 삼라만상 온 피조물이 하나님의 절대적 주권과 창조주적 권능을 증거하고 있다는 것이다. 38장[4-38절]은 주로 하나님의 절대적 주권과 창조주적 권능을 증거하는 무생물들(땅, 바다, 태양, 지하세계, 빛과 어둠 등)

을 나열하고, 39장^{38:39-39:30}은 생물들을 나열한다. 40-41장은 엄청난 지혜와 지식으로 고난의 원인을 알고자 하는 욥에게 세상의 미묘한 이치들과 원리들에 대한 질문을 퍼부으시는 하나님을 보여준다. 하나님께서는 욥이 대답할 수 없는 질문들을 제기하심으로써 욥 자신이 고난의 원인을 머리로 이해하려고 했던 것이 얼마나 무모했는지를 깨우쳐 주신다. 욥은 이제 폭풍우 속에서 현현하셔서 신묘막측한 피조세계에 관한 질문을 퍼붓고 계시는 하나님 앞에서, 자신이 하나님을 정죄하듯이 하나님께 불평하고 고난의 원인을 해명해 달라고 강청한 것이 잘못된 요구임을 알게 된다.

결언: 욥의 회개와 하나님의 욥 위로 42장

42장은 재와 티끌 사이에서 회개하는 욥을 꾸짖으시고 욥의 친구들을 정죄하시는 하나님의 모습을 보여준다. 하나님은 세 친구들에 비하여 욥이 더 옳고 의로웠음을 인정하시며 욥을 위로해 주신다. 오히려 욥은 세 친구들을 위하여 중보기도를 드림으로써 세 친구들에 대한 용서를 구해야 할 상황이 발생한 것이다. 그러자 욥의 중보기도를 들으신 하나님은 어리석고 무식한 말로 욥을 정죄했던 세 친구들을 용서해 주신다. 세 친구들은 욥의 고난이 그의 악행에 대한 하나님의 심판처분이 아님을 깨닫게 되었다. 즉, 욥의 잘못은 자신의 무죄를 확신한 것이 아니라, 하나님께 자신의 고난을 해명해 달라고 요청한 방법과 태도임을 깨닫게 된다. 42:10-17에서 하나님께서는 욥의 가정을 완전히 새롭게 창조해 주실 뿐만 아니라 그에게 갑절의 부와 명예를 선사하심으로써 억울한 고난으로 망가진 세월을 회복해 주신다.

3. 욥기 신학 태동의 역사적 맥락

욥기를 제대로 이해하려면 욥기가 참여하고 있는 신학적인 논쟁 및 대화 맥락을 주목해야 한다. 구약성경 서른아홉 권은 단색적이거나 단음적이지 않고, 다성多聲음악적이고 다중음성적인 교향곡 구조를 갖고 있다. 심지어 구약에는 모순병치적이고 모순포용적 대화의 맥락에서 이해해야 할 책들도 있다. 게르하르트 폰라트Gerhard von Rad는 욥기의 저작 연대를 오래전, 곧 솔로몬 왕국 시대, 고대 이스라엘판 계몽주의 시대로 보았지만, 최신 연구 경향은 욥기 저작 연대를 바벨론 포로기 이후 시대로 본다.[3] 존 벌퀴스트Jon L. Berquist는 『페르시아 시대의 구약성서』[4]라는 책 14장에서 욥기는 바벨론 포로기 이후 예후다 시대, 신학적 백가쟁명百家爭鳴 시대에 저작되었다고 주장한다. 우리는 이 후자 입장을 지지한다.

욥기의 저작 연대로 추정되는 바벨론 포로기 이후 시기는 다성음악적 신학적 목소리들이 분출하던 때였다. 그때에 일어난 신학적 백가쟁명의 중요한 주제 중 하나가 바벨론 포로살이의 원인에 대한 논쟁이었다. "바벨론 유수가 과연 우리의 죄 때문에 일어난 심판인가, 아니면 우리 이스라엘을 성장시키고 성숙시키기 위해 하나님이 의도적으로 조성하신 고난의 여정인가?" 전자라고 주장하는 입장이 신명기 역사가의 신학이며, 후자라고 믿는 입장이 욥기나 이사야 53장 신학이다. 전통적으로 신명기 역사가 신학은 신명기 28장 1-14절과 15-68절에서 대조되고 천명되는 하나님의 역사주재 원칙을 원리화한 신학을 지칭한다. "하나님께 순종하면 복과 번영이 오고, 하나님과 맺은 언약을 깨뜨리는 죄를 범하면 징벌이 온다"는 신학이다. 신명기 역사가 신학의 주안점은 하나님의 심판정당화요마틴 노트 이스라엘의 회개촉구다. 회개만이 미래를 담보할 수 있다는 신학이다.한스 발터 볼프

이에 반해 욥기는 신명기 역사가의 인과응벌론과 그의 하위명제인 회개촉구 및 자책강요 신앙을 상대화시키려고 한다. 욥기 저작 당시의 이스라엘 주류 신학 담론, 곧 예언자들과 제사장들의 주류 신학은 회개, 자책, 통회, 자복, 제의적 정화淨化에 방점이 찍혀 있었다. 예언서 대부분은 이스라엘의 죄악에 대한 하나님의 분노를 대변하고 하나님의 대파국적 심판을 정당화한다. 또한 바벨론 포로기 이후 제사장 신학의 핵심 주제는 대속죄일 신학에서 발견된다. 그것은 민족적 회개만이 이스라엘의 미래를 담보해 줄 수 있다는 신학이다. 물론 예언자들의 회개촉구 신학은 전 민족을 회개의 자리로 불러내지 않았다. 예언자들은 전 민족 구성원을 동일한 수준의 죄인이라고 규정하고 그들 모두를 회개의 자리로 불러내지 않았으며, 오히려 지배층 집단을 나라를 멸망시킨 실체적인 악인들과 죄인들로 지목했다. 예언자들은 자신들의 탄핵과 질책을 특정 집단을 향해 정조준하는 표적화법을 사용했고, 민족과 나라의 멸망을 재촉한 죄를 구체적으로 적시했다. 탐욕, 뇌물탐닉, 부당한 재판, 권력남용, 거짓된 제사 행위 등을 국가 멸망을 초래한 죄악들이라고 지적했다. 더 나아가 예언자들은 거짓 예언자, 제사장, 왕, 지주들의 죄와 악행이 국가 멸망을 초래한 원인이라고 주장했다. 그런데 바벨론 포로기 전후 시기에는 죄책감을 전 민족 구성원에게 등분하는 신학이 등장했다. "모든 이에게 죄가 있고, 모두가 죄인이다."Everybody is guilty and sinful 이처럼 죄책감을 n분의 1씩으로 확산시키고 죄책감을 민주적으로 나누는 신학democratization of guilty feeling이 주류로 떠올랐다. 이런 신학을 반대하고 상대화하는 것이 욥기 신학이다. 욥기 신학은 이렇게 주장한다. "그렇다. 우리 민족의 멸망은 일반적으로 우리 죄와 관련되는 건 맞다. 그렇지만 70년째 바벨론에서 포로살이를 하면서 죽도록 고생하고 가혹하게 박해받는 것은 우리 죄에 대한 심판 이상의 고난이다." 이런 논쟁의 일단을 보여주는 구절이 에스겔서에 나온다. "모든 영혼이 다 내게 속한지라. 아버지의 영혼이 내게 속함 같이 그의 아들의 영혼도 내게 속하였나니 범죄하는 그 영혼은 죽으리라."^{겔 18:4; 비교. 개인별 죄책론: 렘 31:29-30;} 출 20:22-23:33 이 논쟁의 발단은 일부 바벨론 포로들의 불평이었다. "너희가 이스라엘 땅에 관한 속담에 이르기를 아버지가 신 포도를 먹었으므로 그의 아들의 이가 시다고 함은 어찌 됨이냐."^{겔 18:2; 렘 31:29} 이것은 "아버지가 지은 죄 때문에 아들이 심판받는 게 온당하냐?"고 묻는 것이다. "아버지가 신 포도를 먹었으므로 그의 아들의 이가 시다"라고 말하는 자들에게 에스겔은 "어찌 됨이냐?"라고 힐문^{詰問}했다. 이것은 욥기가 저작되기 이전에 일어난 논쟁이지만, 욥기 저자가 응답하려고, 혹은 참여하려고 했던 논쟁이다. 욥기 이전의 질문, "아버지가 지은 죄 때문에 아들이 심판받는 것, 이것이 정의로운가?"라는 질문에 대한 당대의 답변은 에스겔 18:4이다. "아니다. 각자 자기가 지은 죄만큼 죄 지은 당사자가 심판을 받는다." 이처럼 욥기 신학은 "아버지 세대가 죄를 지었는데 벌 받는 세대는 후손이다"라는 비아냥거림을 받아 회개자책 신학을 보완하려고 하는 데서 생겨났다. 에스겔 18:4이 "각자 자기 죄 때문에 심판받지, 죄를 짓지 않는 사람은 부모의 죄 때문에 연좌제로 심판받지 않는다"고 말하자, 바벨론 포로들 중 일부에게는 "바벨론에서 죄 없이 태어나 70년째 종살이 하고 있는 우리는 죄와 상관없는 고난을 받고 있다"라는 생각이 싹트기 시작했다. 시간이 흐르고 세대가 진행되면서 점차 욥기 신학으로밖에 설명할 수 없는 고난의 경험자들이 나오기 시작한 것이다. 바벨론 포로 1세대의 고난은 신명기 역사가 신학으로 설명하면 된다. 그런데 이사야 40:2은 이렇게 말씀한다. "너희는 예루살렘의 마음에 닿도록 말하며 그것에게 외치라. 그 노역의 때가 끝났고 그 죄악이 사함을 받았느니라. 그의 모든 죄로 말미암아 여호와의 손에서 벌을 배나 받았느니라 할지니라 하시니라." 한 세대가 징벌을 받아 복역할 기간은 30년이지만 바벨론 유배생활을 70년 동안이나 강요당했기 때문에, 갑절로 벌을 받았다는 논리가 나왔을 가능성이 있다. 바벨론 유배 이후에 태어난 포로 후손세대는 이렇게 계산하여 나머지 40년은 죄와 상관없이 고난을 받은 기간이라고 생각하게 된 것이다. 즉, 욥기의 신학적 상상에 불을 지피는 실마리가 바벨론 포로기 때의 논쟁 속에 이미 나타났을 가능성이 있다. 다시 말해서 욥기는 신명기적 자책 신학을 전 계층을 넘어 후세대에게까지 확산시키려고 하는 경향에 대한 반발이었다. 즉, 신학적 연좌제 죄책론에 대한 반대였다. 따라서 욥기는 갑자기 튀어나온 게 아니다. 욥기는 바벨론 유배와 이스라엘의 멸망을 신명기 역사가의 신학을 바탕으로 원인론적으로 설명하려는 방식에 균열과 파열을 냈던 작은 논쟁들이 합해져서 나온 신학이다.[5] 어떤 고난의 원인을 찾는 과정에서 모든 사람에게 죄책을 n분의 1씩 나누려고 하는 교조적이고 경직된 회개자책 신학, 통회자복 신학에 대한 반발이었다. 다만 욥기는 신명기 역사가 신학 전체를 폐기하려고 한 것이 아니라 비판적으로 보완하려고 했다.[6]

1장.

천상어전회의 논쟁의 희생자 욥

1

¹우스 땅에 욥이라 불리는 사람이 있었는데 그 사람은 온전하고 정직하여 하나님을 경외하며 악에서 떠난 자더라. ²그에게 아들 일곱과 딸 셋이 태어나니라. ³그의 소유물은 양이 칠천 마리요 낙타가 삼천 마리요 소가 오백 겨리요 암나귀가 오백 마리이며 종도 많이 있었으니 이 사람은 동방 사람 중에 가장 훌륭한 자라. ⁴그의 아들들이 자기 생일에 각각 자기의 집에서 잔치를 베풀고 그의 누이 세 명도 청하여 함께 먹고 마시더라. ⁵그들이 차례대로 잔치를 끝내면 욥이 그들을 불러다가 성결하게 하되 아침에 일어나서 그들의 명수대로 번제를 드렸으니 이는 욥이 말하기를 혹시 내 아들들이 죄를 범하여 마음으로 하나님을 욕되게 하였을까 함이라. 욥의 행위가 항상 이러하였더라. ⁶하루는 하나님의 아들들이 와서 여호와 앞에 섰고 사탄도 그들 가운데에 온지라. ⁷여호와께서 사탄에게 이르시되 네가 어디서 왔느냐. 사탄이 여호와께 대답하여 이르되 땅을 두루 돌아 여기저기 다녀왔나이다. ⁸여호와께서 사탄에게 이르시되 네가 내 종 욥을 주의하여 보았느냐. 그와 같이 온전하고 정직하여 하나님을 경외하며 악에서 떠난 자는 세상에 없느니라. ⁹사탄이 여호와께 대답하여 이르되 욥이 어찌 까닭 없이 하나님을 경외하리이까. ¹⁰주께서 그와 그의 집과 그의 모든 소유물을 울타리로 두르심 때문이 아니니이까. 주께서 그의 손으로 하는 바를 복되게 하사 그의 소유물이 땅에 넘치게 하셨음이니이다. ¹¹이제 주의 손을 펴서 그의 모든 소유물을 치소서. 그리하시면 틀림없이 주를 향하여 욕하지 않겠나이까. ¹²여호와께서 사탄에게 이르시되 내가 그의 소유물을 다 네 손에 맡기노라. 다만 그의 몸에는 네 손을 대지 말지니라. 사탄이 곧 여호와 앞에서 물러가니라. ¹³하루는 욥의 자녀들이 그 맏아들의 집에서 음식을 먹으며 포도주를 마실 때에 ¹⁴사환이 욥에게 와서 아뢰되 소는 밭을 갈고 나귀는 그 곁에서 풀을 먹는데 ¹⁵스바 사람이 갑자기 이르러 그것들을 빼앗고 칼로 종들을 죽였나이다. 나

천상어전회의 논쟁의 희생자 욥

만 홀로 피하였으므로 주인께 아뢰러 왔나이다. ¹⁶ 그가 아직 말하는 동안에 또 한 사람이 와서 아뢰되 하나님의 불이 하늘에서 떨어져서 양과 종들을 살라 버렸나이다. 나만 홀로 피하였으므로 주인께 아뢰러 왔나이다. ¹⁷ 그가 아직 말하는 동안에 또 한 사람이 와서 아뢰되 갈대아 사람이 세 무리를 지어 갑자기 낙타에게 달려들어 그것을 빼앗으며 칼로 종들을 죽였나이다. 나만 홀로 피하였으므로 주인께 아뢰러 왔나이다. ¹⁸ 그가 아직 말하는 동안에 또 한 사람이 와서 아뢰되 주인의 자녀들이 그들의 맏아들의 집에서 음식을 먹으며 포도주를 마시는데 ¹⁹ 거친 들에서 큰 바람이 와서 집 네 모퉁이를 치매 그 청년들 위에 무너지므로 그들이 죽었나이다. 나만 홀로 피하였으므로 주인께 아뢰러 왔나이다 한지라. ²⁰ 욥이 일어나 겉옷을 찢고 머리털을 밀고 땅에 엎드려 예배하며 ²¹ 이르되 내가 모태에서 알몸으로 나왔사온즉 또한 알몸이 그리로 돌아가올지라. 주신 이도 여호와시요 거두신 이도 여호와시오니 여호와의 이름이 찬송을 받으실지니이다 하고 ²² 이 모든 일에 욥이 범죄하지 아니하고 하나님을 향하여 원망하지 아니하니라.

욥의 행복한 가정 •1-5절

1장 첫 단락은 주인공 욥을 자세히 소개한다. 욥은 동방 우스라는 땅의 의인이다. 에스겔 14:14-20은 노아, 다니엘과 함께 중보기도의 능력과 권위자로 '의로운 욥'을 언급한다. 하나님의 심판을 철회케 하도록 하나님과 예언자적 담판을 벌일 정도로 영험 깊은 중보자였다는 것이다. 이 점에 비추어 볼 때 욥기가 비록 문학적 분식^{粉飾}이나 과장을 포함하고 있을지라도 허구적 이야기라고 단정할 필요는 없다. 예레미야애가 4:21은 우스가 에돔에 속한 성읍임을 말한다. "우스 땅에 사는 딸 에돔아, 즐거워하며 기뻐하라. 잔이 네게도 이를지니 네가 취하여 벌거벗으리라." 욥기에서 "요단"이 언급되는 것^{40:23}도 우스가 가나안 땅 동편 어느 지역일 가능성을 높인다. 가축의 수로 재산을 측정하는 관습으로 볼 때 욥은 청동기 시대의 고대 가나안 동편 지역에 살았던 인물이었을 것이다. 또한 욥은 '의인'이 어떤 사람인가에 대한 공유된 이해가 있던 시대의 인물이다. 욥기에 묘사된 풍습, 법, 도시 거주자와 사회불의 현실 등을 볼 때 욥은 도시화가 진전되고 사회적 계층 분화가 공고해진 시대의 인물처럼 보인다. 많은 학자들이 욥을 아브라함과 이삭과 야곱과 같은 시기의 인물이라고 간주하지만 확정적으로 밝혀진 사실은 아니다.

1절 하반절에 따르면, 그는 "온전하고 정직하여 하나님을 경외하며 악에서 떠난 자"다. 욥기 29장과 31장은 욥이 얼마나 온전하고 의로운 의인이었는지를 자세히 예시한다. 2절은 욥의 7남 3녀 자녀들을 소개하며 생육하고 번성한 욥을 보여준다. 3절은 그의 재산 규모를 말한다. 목축업의 관점에서 볼 때 양 칠천 마리는 초거대 부자의 재산이다. 사무엘상 25장에 등장하는 "심히 부한" 나발도 양 삼천 마리를 가지고 있었을 뿐이었다. 즉, 욥은 나발이 소유한 것보다 두 배 이상 많은 양을 갖고 있는 것이다. 또 욥은 낙타 삼천 마리, 소 오백 겨리(천 마리), 암나귀 오백 마리를 보유했다. 당연히 종도 많았다. 3절 마지막 소절은 욥이 동방 사람 중에서 '가장 훌륭한 자'(가돌 미콜-쁘네-퀘뎀[גָּדוֹל מִכָּל-בְּנֵי-קֶדֶם])라고 말한다. '가장 훌륭하다'는 말은 '가장 부자'라는 의미로 이해해야 한다. 히브리어 가돌(גָּדוֹל)은 재산 규모를 묘사한 맥락에서 사용된 단어이기 때문에 재산과 관련하여 '가장 큰 자'로 이해되어야 한다. 4절은 일곱 아들이 모두 결혼해 가정을 이루고 있음을 보여주며, 그들은 동기간 우애가 돈독했다고 한다. 누이 셋은 미혼인지 혼인을 하여 분가했다는 말은 없다. 일곱 아들이 각자 자기 생일에 잔치를 베풀어 나머지 아홉 형제자매를 모두 초청해 먹고 마셨다. 5절은 아버지 욥이 아들들의 삶에도 흠결이 없도록 각별히 보살펴 왔다는 점을 강조한다. 아들들이 차례대로 생일잔치를 끝내면 아버지 욥은 그들에게 사람(종)을 보내 그 자녀들을 성결하게 하되 일곱 아들의 명수대로 하나님께 번제를 드렸다. 자신의 "아들들이 죄를 범하여 마음으로 하나님을 욕되게 하였을까" 하는 노파심 때문에 잔치 후에는 정결케 하는 번제를 꼭 드리게 한 것이다. 제사장들의 정결규례를 기준으로 볼 때 욥은 무흠했다는 말이다. 5절 하반절은 "욥의 행위가 항상 이러하였더라"고 평가한다. 여기까지는 목가적이고 평화로운 완전체 행복을 이룬 욥의 가정 분위기가 독자들의 마음에 부러움을 불러일으킨다. 그런데 6절부터는 갑자기 하나님의 천상어전회의 장면으로 무대가 바뀐다.

하나님 천상어전회의에서 벌어진 논쟁 • 6-12절

6절은 욥기 독자들이 천상어전회의 장면에 친숙한 것처럼 곧장 독자들을 천상어전회의로 인도한다. 6절은 "하루는"으로 시작한다. 하나님의 아들들이 와서 야웨 앞에 섰고 사탄도 그들 가운데에 섰다. 하나님의 아들들은 분명히 천상어전회의에 출입하는 천상적 존재들이다(창 2:1의 만물로 번역된 히브리어 콜-츠바암[כָּל־צְבָאָם=그것들의 군대]; 창 6:2, 4; 시 103:21; 비교. 벧전 2:4-5). 이때 사탄은 하나님과 대립된 논리를 가지고 논쟁을 일삼는 존재다. 욥기의 사탄은 하나님과 불구대천 원수가 아니다. 사탄은 '대적자'라는 의미를 갖는 단어로 하나님의 논리와 주장에 반대되는 의견을 내는 하나님의 아들인 것처럼 보인다. '그'the를 의미하는 히브리어 정관사 하(ה)가 붙어 있는 것을 볼 때 '그 사탄'의 역할이 욥기 독자들에게 이미 알려져 있다고 봐야 한다.[1] 따라서 이 사탄은 신약성경에 나오는 사탄이 아니다(눅 10:18: 하늘로부터 번개처럼 떨어지는 사탄). 이 사탄을 신약성경의 여러 곳에(마 4:1-11; 막 3:22-27; 눅 4:1-13; 10:18; 요 8:44; 고후 4:4; 엡 2:2; 요일 3:8; 유 6절; 계 20:2-3) 나오는 그 사탄과 동일 존재라고 보려면 상당한 상상력을 갖고 신약성경을 읽어야 한다.[2] 이 욥기의 사탄이 천상어전회의 석상에서 하나님과 논쟁을 벌이고 어느 순간에 반역을 일으켜 나중에 천상에서 쫓겨난 사탄이라고 봐야 하기 때문이다. 복음서나 요한계시록의 사탄은 구약 욥기의 사탄에 비하여 상당히 악하고 반역적 천사로 급진적인 성격변화character change를 거친 존재로 묘사된다. "예수께서 이르시되 사탄이 하늘로부터 번개 같이 떨어지는 것을 내가 보았노라."눅 10:18 따라서 욥기의 사탄과 복음서나 요한계시록의 사탄을 동일시하는 것은 신약 성경의 정보를 구약 욥기 본문에 역방향으로 무리하게 삽입하여 읽는 방법으로 적절하지 못한 접근이다. 욥기에서 사탄은 악마가 아니라 욥을 평가하는 면에서 하나님과 대립적인 의견을 가진 천사 중 일원이기 때문이다. 적어도 욥기의 사탄은 아직 신약의 사탄과 동일자라고 보기에는 이르다.

하나님의 아들들과 사탄이 "(와서) 섰고"라고 할 때 그 행위를 묘사하는 히브리어 구문은 '서다'를 의미하는 동사 야차브(יָצַב)의 재귀강세형 부정사인 히트야첩 알-아도나이(הִתְיַצֵּב עַל־יְהוָה)다. 히트야차브는 '의례적인 목적을 갖고 도열하다', '질서 있게 서다'를 의미한다. 하나님의 아들들이 야웨 앞에 질서 있게 시립侍立했다는 것은, 무언가를 보고하려는 목적을 갖고 서 있다는 의미다. 6절 하반절에는 주어인 '사탄' 앞에 '심지어'를 의미하는 히브리어 감(גַּם)이 붙어 있다. '심지어' 사탄도 보고하러 야웨 앞에 와서 서 있다는 말이다. 6절 하반절은 사탄이 하나님께 특별감찰 보고를 할 태세라는 것을 시사한다. 아니나 다를까 7절이 이런 추측을 지지한다. 7절에서 야웨가 돌연히 사탄에게 물으신다. "네가 어디서 왔느냐?" 사탄은 지구를 두루 여기저기 다녀왔다고 대답한다. 여기까지는 왕과 신하 사이에 있을 법한 사무적인 질문과 대답이다. 그런데 8절을 보면 하나님과 사탄 사이에 이미 모종의 긴장 어린 논쟁이 있었다는 인상을 받게 된다. 그렇지 않다면 8절의 돌연스러운 욥 언급은 이해하기 어렵다. 아마도 사탄은 이

1

천상어전회의 논쟁의 희생자 욥

장면보다 앞선 한 상황에서 '세상에는 참다운 의미의 의인은 없다'라고 주장했을 것이다. 여기서 주석적 상상력을 발휘하자면 5절과 6절 사이에 혹은 7절과 8절 사이의 어느 지점에서 하나님과 사탄의 앞선 논쟁이 있었음을 추론해 볼 수 있다.

7절에서 8절로 넘어가면서 하나님과 사탄 사이에 대화가 빠르게 진행되는 것을 볼 때 좀 더 정확하게는 5절과 6절 사이에 이미 하나님과 사탄의 논쟁이 있었다고 보아야 한다. 5절과 6절 사이에 어떤 일이 일어나지 않았다면 8절은 너무 엉뚱한 질문처럼 들리기 때문이다. "내 종을 유의하여 보았느냐?" 만일 사탄이 하나님께 모종의 자극적 도발을 하지 않았다면 하나님이 갑자기 욥을 언급할 수 없었을 것이다. "여호와께서 사탄에게 이르시되 네가 어디서 왔느냐. 사탄이 여호와께 대답하여 이르되 땅을 두루 돌아 여기저기 다녀왔나이다"라는 문답 직후에 하나님이 사탄에게 욥과 관련된 질문을 던지신다. 야웨가 사탄에게 하신 질문은 중립적 질문이 아니라 책망 성격을 띤 질문이다. '네가 한 말을 반박하는 사례, 욥의 경우를 잘 보았느냐'는 의미를 담고 있기 때문이다. 아마도 5절과 6절, 혹은 7절과 8절 사이의 어느 시점에 사탄은 하나님을 순전하게 경외하는 사람은 아무도 없다고 주장해 하나님의 통치권에 흠집을 내려고 했을 것이다. 그래서 하나님은 사탄의 도발적 문제 제기를 봉쇄하기 위해 욥의 사례를 들었을 것이다.[3]

즉, 사탄은 이 세상 어딘가에는 순전한 의미에서 하나님을 경외하는 의인이 있다는 하나님의 말씀에 대적하는 주장을 펼쳤을 가능성이 크다. 사탄은 하나님의 세계 통치가 순전하지 않다고 주장했을 것이다. 하나님이 인간에게 뇌물에 해당되는 복을 주시고 인간의 경외와 경배를 산 것이라고 주장했을 것이며, 하나님은 이 사탄의 말을 반박했을 것이다. 사탄은 "하나님, 당신의 자체 발광으로는 인간을 통치할 수 없습니다. 당신이 뭔가 반대급부를 기대하고 먼저 인간을 몰래 챙겨주시니까 인간의 하나님 경배가 가능한 것입니다"라고 도발했을 가능성이 있다. 하나님에 대한 인간의 신앙을 기복적, 상호호혜적 거래라고 폄훼했을 것이다.

8절은 이런 앞선 논쟁을 이어받고 있다고 보는 것이 자연스럽다. 하나님은 자신이 생각하는 완전체 의인으로 욥을 지명하고 당신의 종 욥을 주의하여 보았느냐고 물으신다. 하나님은 욥을 '내 종'이라고 부르신다. 아브라함, 모세, 다윗 등에게, 그리고 메시아 예수에게 붙여졌던 '내 종'이라는 애칭을 욥에게 사용하신다. 하나님은 당신의 종 욥에게 마음으로 소통함으로써 지상 통치를 위탁해 두고 평안을 누리셨다는 말이다. "하나님, 당신은 지상에서 아무도 당신을 마음으로 경외하지 않고, 충직하게 당신의 명령을 수행하는 종이 하나도 없는 현실을 받아들여야 합니다." 이렇게 도발적으로 대적하는 사탄에게 당신의 종 욥을 주의하여 보았느냐고 물으신 것이다. 하나님은 자신감 있게 물으신다. "네가 주의하여 보았느냐"로 번역된 히브리어 어구는 '하샴타 리브카 알'(הֲשַׂמְתָּ לִבְּךָ עַל)이다. '무엇인가에 마음을 고정시키다'를 의미한다. 즉, '마음을 기울여 관찰하다'는 뜻이다. 하나님은 욥에 대한 무조건적 신뢰를 드러내신다. "그와 같이 온전하고 정직하여 하나님을 경외하며 악에서 떠난 자는 세상에 없느니라." 8절 하반절의 히브리어 구문은 욥을 수식하는 두 개의 형용사(탐 뷔야샤르)와 두 개의 분사(여레 엘로힘 뷔싸르 메라아)로 구성되어 있다. 이쉬 탐 뷔야샤르 여레 엘로힘 뷔싸르 메라아(אִישׁ תָּם וְיָשָׁר יְרֵא אֱלֹהִים וְסָר מֵרָע). "온전하고"를 의미하는 히브리어 형용사 탐(תָּם)은 '항구여일한 품성'을 가리키고 "정직하여"는 '어떠한 경우에도 하나님의 마음에 합하고 하나님과의 언약에 충실한 결정을 내리는 행위'를 가리킨다. "하나님을 경외하며"라고 번역된 '여레 엘로힘'은 분사형이다. '매사에 야웨를 경외하는 자'라는 의미다. "악에서 떠난"으로 번역된 싸르 메라아('악에서 떠난 자')에서 싸르는 '떠나다'를 의미하는 동사 쑤르(סור)의 남성단수 분사형이다. '싸르 메라아'는 당시의 우스의 법적인 기준으로 볼 때 욥이 하나님을 항상 두려워하여 어떤 악도 범하지 않았던 사람이라는 뜻이다. 이처럼 하나님은 욥을 객관적으로 자세하고 철두철미하게 보신 후 욥에 대해 지극히 높은 평가를 내리셨다. 사람은 보통 자세히 관찰당할 때 약점이 다 드러나게 된다. 그런데 하나님께서는 욥을 자세하게 관찰하셨음에도 오히려 욥을 "온전하고 정직하여 하나님을 경외하며 악에서 떠난 자"라고 평가하셨다. 이처럼 하나님은 사람을 믿으신다.[4]

9절은 하나님에 대한 인간의 천의무봉한 신뢰를 의심하는 사탄의 논리를 제시한다. "욥이 어찌 까닭 없이 하나님을 경외하리이까?" "까닭 없이"라고 번역된 히브리어 형용사 힌남(חִנָּם)은 '임금도 받지 않고', '빈손으로' 등을 의미한다. 결국 9절은 하나님과 인간의 관계를 주인과 임금을 받고 일하는 종으로 격하시키는 발언이다. 이것은 고대 바벨론의 인간관을 생각나게 한다. 바벨론 창세기에 해당되는 『에누마 엘리쉬』나 『아트라하시스』에서는 인간은 열등한 신들의 노동을 대신 해주는 육체노동자로 창조되었을 뿐, 거기에서 인간은 창조주 하나님과 서로 마음으로 소통하거나 창조주 하나님을 신뢰하고 사랑하는 인격적 동역자가 아니었다. 사탄은 고대 바벨론의 창조주와 야웨 하나님을 은근히 동격으로 보는 셈이다.

그러면 하나님은 왜 하나님의 자녀들 모임에서 돌출된 사탄의 '까닭 없이 하나님을 경외하는 행위'라는 개념에 자극을 받으셨을까? 토마스 아퀴나스의 스콜라 신학은 하나님이 하나님 자신에 관해서 어떻게 생각하는지를 끊임없이 물었다. 스콜라 신학에 따르면, 하나님은 자기 자신이 피조물에게 어떻게 받아들여지는지 매우 신경 쓰시는 하나님이라는 것이다. 하나님은 피조물을 진리로 설복하기를 원하셨지, 강압적으로 하나님 경외심을 피조물에게 주입시키기를 원하지 않으셨다. "하나님이 세상을 통치하십니다. 하나님의 세상 통치는 정의롭습니다. 하나님의 세상 통치는 잘 작동되고 있습니다." 하나님은 피조물로부터 이런 평가를 기대하셨다. 하나님이 원했던 이런 자기음미적 확신을 사탄이라는 대적자가 부정할 때, 하나님은 그 사탄을 책망하거나 축출하지 않고 사탄마저도 납득시키기 원하셨다. 하나님은 당신 스스로에게도 만족스러운 방식으로, 곧 하나님 성품에 맞는 방식으로 이 질문에 답변하기 원하셨다. 여기가 가장 큰 위기다. 하나님의 성품에 맞는 방식이라는 말이 중요하다. 하나님 성품에 맞는 방식으로 사탄을 납득시키려면, 까닭 없이 하나님을 경외하는 한 사람을 찾아야 했다. '까닭 없이 하나님을 경외하는 사람'이 하나도 없다욥 1:9는 사탄의 말이 틀렸다는 것을 입증하기 위해 하나님은 까닭 없이, 혹은 마이너스 까닭(하나님을 경외하는 것을 어렵게 만드는 부조리한 고난과 역경)에도 불구하고 하나님을 경외하는 사람을 찾아내야 했다. 하나님은 당신이 "내 종"이라며 친애하시는 욥이 그런 사람이라고 보셨다.1:8

10절은 욥의 신실함, 의로움, 하나님 경외, 악에서 떠난 삶 자체는 하나님의 물질적 보상 때문이라고 주장하는 사탄의 논리를 말한다. 사탄은 야웨가 모든 물질적 부유함으로 욥과 욥 가문에 울타리 쳐주심으로, 그의 손의 노동을 복되게 하사 소유물이 넘치게 하심으로 욥의 정직함, 의로움, 하나님 경외, 악 결별 미덕을 샀다고 주장하는 것이다. 울타리를 쳐준다는 말은 재산을 보호해 준다는 말이다. 13절 이하에서 밝혀지듯이, 소유물이란 자녀들도 포함해서 욥에게 속한 모든 것을 의미한다. 따라서 11절에서 사탄은 하나님이 손을 펴서 욥의 모든 소유물을 치시면 욥이 틀림없이 야웨를 향해 욕을 할 것이라고 주장한다. '욕하다'로 번역된 히브리어는 '복을 주다', '복을 빌다', '송축하다' 등을 의미하는 '바라크'(בָּרַךְ) 동사의 능동강세형 3인칭 남성 단수 미완료(여바라케카[יְבָרֲכֶכָּ])다. 직역하면, "욥이 하나님을 송축할 것"이라는 의미다. 고대 이스라엘 사람들은 하나님을 저주하고 욕하는 행위를 표현하는 동사를 따로 갖고 있지 않았다. 그들은 하나님을 욕하고 저주하는 행위를 묘사할 때도 '바라크' 동사를 사용했다. 이때 하나님을 비아냥대듯이 송축하는 행위가 하나님을 저주하고 욕하는 행위라고 본 것이다. "틀림없이"라고 번역된 히브리어 임-로(אִם-לֹא)는 '만일의 상황에도 예외 조건 없이', '반드시', '확실히'를 의미한다. 사탄은 무지하고 단순화된 논리에 기댄 채 확신의 강도를 과장해서 표현하고 있다. 12절은 독자들을 다소 놀라게 만드는 하나님의 허락이다. 사탄에게 욥의 모든 소유물 처분을 맡기되 욥의 몸에는 손대지 말 것을 명하신다. 사탄은 소기의 성과를 거둔 듯한 인상으로 하나님 존전을 떠난다. 욥의 인생이 하나님과 사탄의 논쟁의 시시비비를 따지는 과정에서 실험 대상이 된다. 고대나 현대의 많은 독자들은 야웨의 신적 임의성에 절망하고 분개한다.

욥의 소유물을 치는 사탄 • 13-22절

이 단락은 욥의 소유물을 가차 없이 파괴하는 네 가지 연쇄적인 재앙을 다룬다. 본문의 무대는 천상어전회의에서 다시 우스 땅 욥 가정으로 옮겨 온다. 13절에서는 욥의 행복한 하루를 묘사한다. 욥의 행복은 자녀들의 행복한 가정 분위기에서 감지된다. 14절은 맏아들 집에서 열린 잔치 분위기를 묘사한다. 욥 자녀들의 우애와 함께 먹고 마시는 동기사랑은 부러움을 자아낸다. 그런데 갑자기 한 사환이 스바 사람들[5]의 농장 습격 및 약탈, 그리고 종 살상 비보를 욥에게 전한다. 곧, 그들이 가축을 빼앗고 한 명을 제외하고 종들을 모두 몰살했다는 소식이다.[15절] 맏아들의 소와 나귀와 종들에 대한 습격이었다. 이 비보 전달이 끝나기도 전에 둘째 사환의 비보가 날아든다. 하나님의 불(번개)이 하늘에서 떨어져 양들과 종들을 살라 버렸다.[16절] 둘째 사환의 비보 전달이 끝나기도 전에 셋째 사환의 비보가 날아든다. 갈대아 사람들이 세 무리를 지어 낙타[f]를 공격해 약탈하고 종들을 죽였다.[17절] 갈대아 사람들은 주전 6세기 느부갓네살이 이끄는 바벨론의 핵심 족속을 지칭하며,[7] 욥 당시에는 '갈대아인'으로 불리는 족속이 존재하지 않았다. '세 무리'를 지었다는 말은 갈대아인들의 세 차례 유다 침략[주전 597, 587-586, 582년]을 에둘러 말하는 것처럼 보인다.[8] 셋째 사환의 비보 전달이 끝나기도 전에 마지막 사환이 최악의 비보를 전한다. 맏아들 집에서 잔치가 진행되는 동안 거친 들에서 불어온 큰 바람에 집 네 모퉁이가 무너지는 바람에 7남 3녀 자녀들이 다 몰살당했다는 소식이었다.[18-19절]

독자들은 여기서 다시금 욥의 모든 소유물에는 욥의 재산, 가축, 그리고 자녀들까지 포함되어 있다는 사실을 순식간에 깨닫는다. 욥의 자녀들은 아직 "청년들"[19절]인데 한날한시에 몰살당했다. 셋째 재앙까지는 순전히 가축들과 종들에게 닥친 재난이었다. 그런데 넷째 재앙은 차원이 달랐다. 비현실적으로 급작스럽게 닥친 연쇄적인 재앙이 욥을 강습했다. 천문기상 현상을 주관하는 하나님을 말하는 욥기 38:25-38에 비추어 보면, 13-19절에서 일어난 이 재난은 하나님이 주도하신 재난임을 알 수 있다. 한편으로는 사탄의 짓이지만,[1:12] 또 다른 한편으로는 야훼가 행하신 일[2:3]이라는 것이다. 욥은 이 재난의 원천이 자신이 아니라 하나님임을 직감하고 욥답게 응답했다.[9]

욥의 반응은 놀랄 정도로 간결하다. 이 반응이 더 비현실적이다. 욥은 일어나 겉옷을 찢고 머리털을 밀고 땅에 엎드려 경배한다.[20절] 이 무언극 같은 몸짓을 설명하는 욥의 반응이 21절에 각주처럼 첨가된

천상어전회의 논쟁의 희생자 욥

다. "내가 모태에서 알몸으로 나왔사온즉 또한 알몸이 그리로 돌아가올지라. 주신 이도 여호와시요 거두신 이도 여호와시오니 여호와의 이름이 찬송을 받으실지니이다." 너무나 구체적인 불행과 고통을 당한 사람의 입에서 나온 것이라고 믿기 힘든 스토아 철학자의 아파테이아 같은 초탈언어다. 불교나 노장사상의 도를 터득한 사람의 반응처럼 보인다. 그는 자신의 불행에 오열하기보다는 오직 "야웨의 이름"이 찬송받기를 기대한다. 야웨의 이름은 출애굽기 34:6-8과 시편 103:7에 나온다. '인자하고 긍휼이 풍성하며, 노하기를 너니하시며 인간 죄를 초극할 정도로 항구적인 인애를 베푸시는 분.' 이것이 야웨의 이름이다. 욥은 의인인 자신에게 닥친 재난 때문에 하나님이 오해받거나 비난받는 것을 염려한다. 그래서 야웨의 이름이 비난받거나 원망의 대상이 되지 않도록 오히려 "찬송을 받을실지니이다"라고 축원한다. 21절의 마지막 소절은 3인칭 명령문^{jussive}으로 간청 어조를 드러낸다. '야웨의 이름이 찬송을 받으실지니이다'라고 번역된 히브리어 어구(예히 셈 아도나이 므보라크[יְהִי שֵׁם יְהוָה מְבֹרָךְ]) 중 마지막 단어 므보라크는 '기리다', '축복하다'를 의미하는 동사 바라크(בָּרַךְ)의 강세수동(푸알) 남성단수 분사형이다. 야웨의 명예가 중단 없이 지속적으로 찬송받기를 간청하는 것이다. 그런데 전 재산과 7남 3녀를 하루아침에 다 잃은 사람이 비통과 충격의 감정을 이토록 억제할 수 있을까? 더욱 놀라운 것은 자신의 전 재산과 자녀들을 다 앗아간 구체적 재앙들을 전혀 탓하지 않는 것을 넘어 그 재앙의 원천일 가능성이 있는 하나님을 원망하지도 않는다는 사실이다. 그는 이 자녀 몰살과 재산 소실 및 약탈은 그저 하나님이 주신 선물을 다시 회수하신 것이라고 믿는다. 자신이 알몸으로 왔다가 알몸으로 되돌아가는 것은 죽음의 순간에 받아들일 수 있는 진리일 뿐인데, 죽음의 순간이 아직 당도하지 않은 인생의 전성기에 이런 초탈의 자세가 과연 합당한

가? 우는 자들과 함께 우는 측은지심이 인간 본성의 일부이건만, 욥은 하루 만에 모든 자녀를 잃은 아버지가 되어 이토록 냉정하게 자제력을 유지하고 있다. 그래서 일부 독자들은 욥에게서 살아 있는 인간을 보기보다는 욥이 인위적으로 만들어진 허구적 인물인 것처럼 낯설게 느낄 것이다.

22절은 욥을 더욱 비현실적인 존재로 묘사한다. 이 모든 일에도 불구하고 "욥이 범죄하지 아니하고 하나님을 향하여 원망하지 아니하니라." '원망하지 않다'라고 번역된 히브리어 구문은 '어리석음을 드러내지 않다'라는 말이다. 이 불행한 사태를 두고 하나님의 의도를 오판해서 어리석은 판단을 내리지 않았다는 말이다. 현대 독자들에게면 과거의 낯선 세계에서 툭 튀어나온 인물처럼 비치는 욥에 비해 오히려 욥의 아내는 매우 공감을 불러일으킨다. "하나님을 욕하고 죽으라"(욥 2:9). 비현실적으로 경건한 욥에 비해 그녀는 차라리 현대인의 감수성을 표출한 것 같다. 그러나 한 단계 더 생각하면, 7남 3녀를 잃은 욥이 자아 소멸을 겪었기에 이런 냉정을 유지했을 것이라고 생각해 볼 수도 있을 것이다. 7남 3녀 모두가 한날한시에 죽을 때는 슬플 수가 없다. 그런 사건은 인간의 감정 전체를 소멸시키는 것이기 때문이다. 즉, 7남 3녀가 전부 죽을 때는 울 수 있는 단계가 아닌 것이다. 울 수 있는 감정적 표현 주체가 증발되어 버렸기 때문이다. 자아가 파괴된 후에는 울 수 없다. 슬픔을 느끼고 울 수 있으려면 자아가 있어야 한다. 니콜라스 월터스토프 Nicholas Wolterstorff는 아들을 잃고 『나는 사랑하는 사람을 잃었습니다』라는 책을 썼다. 월터스토프는 25세 아들이 오스트리아 알프스를 등반하다가 생명을 잃었다는 소식을 듣고는 아들 방에 들어가서 아들과 보낸 감미로운 시간들을 회상하는데, 독자들은 이 장면을 읽을 때면 눈물을 억제하기 힘들다. 한 명의 아들이 죽은 재앙에 직면해 척추가 부러지는 듯한 고통에 휘청거리는 저자

에게 독자는 격하게 공감한다. 그런데 7남 3녀를 잃은 아버지의 경우
에는 아예 슬픔을 느끼고 표현할 자아가 증발된다. 울려면 자아가 있
어야 하는데 욥은 그런 애통감정을 표현할 자아가 소멸된 것처럼 보
인다. 욥은 7남 3녀를 잃고 몸에 악창이 나도 순전함을 지켰다. 욥은
그리스도인이 아니라 스토아 철학자 같은 인물로 보인다.

메시지

하나님의 논리에 대해 기능적으로 대적하는 천사는 현세적 기복신앙
을 논리적으로 공격했다. 사탄은 하나님의 자기 확신에 도전한다. 아
무리 신인동형론적 표현이라고 해도, 하나님이 천사에 의해 도발당
하는 상황은 제사장 신학이나 모세적 예언자 신학의 관점에서 볼 때
도저히 상상할 수 없다. 욥기 저자는 동방 우스라는 지역을 무대로 이
런 논쟁이 가능했다고 함으로써 이스라엘의 경건한 독자들의 비난을
피해 간다. 하나님은 세계를 창조하시고 안식에 들어가셨다. 하나님
이 지으신 세계는 피조물의 반역가능성을 전혀 걱정하지 않아도 될
정도로 평화로웠기 때문이다. 피조물의 순복과 신뢰, 경외와 사랑이
하나님을 안식에 들어가게 하는 조건이었다. 그런데 하나님의 안식에
도전하는 대적자가 등장했다. 사탄이라고 불리는 하나님의 천사다.
"하나님이 물질적인 복을 주지 않았는데도 순전히 하나님만을 경외
하는 것이 가능한가? 물질적인 복을 받지 않았는데도 하나님이기에
순전한 마음으로 하나님을 경외하는 사람은 없다." 이것이 사탄이 하
나님께 도발하면서 던진 질문이었다. 1:8에서 하나님이 선제적으로
"내 종 욥을 유의하여 보았느냐"라는 질문을 하시는 것을 볼 때, 사탄
이 이보다 앞선 어느 순간에 하나님을 자극하는 문제 제기를 했음이
틀림없다. "하나님이 세상을 통치하시는 방식이 세상 사람들로 하여

금 하나님을 믿게 만들 만큼 충분히 정의롭지 못하다. 이 세상에는 하나님을 진짜 믿는 사람은 아무도 없다. 사람들은 하나님이 복의 울타리를 둘러 주시니 믿는 척할 뿐이다. 하나님의 공의를 의심할 정도까지 부조리한 경험을 당하고 온갖 환난을 당해도 하나님을 여전히 경외해야 진짜 하나님을 믿는 사람이다."

욥기의 사탄은 하나님의 논쟁 상대자 곧 하나님과 대립되는 입장을 가진 자로서, 하나님의 천상어전회의 일원이면서 하나님과 맞서는 역할을 하는 대항천사다. 그는 인간의 약점을 잡고 인간을 하나님께 참소하여 하나님으로 하여금 인간의 신앙심을 없앨 만큼 가혹하게 징벌하도록 부추긴다. 그런데 하나님은 사탄의 인간 참소를 너무 진지하게 받으셨다. 1:8 이전 어느 순간에 사탄의 인간 참소에 맞서서 이런 논리의 대답을 사탄에게 하신 것처럼 보인다. "그래, 네 말이 맞다. 대부분의 사람들은 기복신앙을 갖고 있다. 그렇지만 내 종 욥은 다르다. 내 종 욥이 지금 경건하게 살면서 복을 누리고 살지만, 내가 그를 위해 복의 울타리를 둘러쳐 줬기 때문에 그가 경건한 삶을 사는 것은 아니다." 그래서 신명기 역사가의 신학 관점으로 욥의 번영과 형통은 설명할 수 있다. 욥의 성공은 신명기 28장의 원칙에 따라 설명 가능하다. 욥은 가장 경건했고, 가장 의로웠으며, 하나님께 가장 큰 충성을 바쳤던 사람이다. 하나님이 약속대로 욥에게 번영을 허락하셔서 많은 자녀와 엄청난 재부財富를 주시고, 사회적 존경까지 누리게 하셨기 때문이다. 욥은 인간이 바라는 모든 것을 가졌지만 깨끗한 사람이었다. 시종일관 하나님을 두려워하는 사람이었다. 그렇게 많은 재산을 가지고도 종들을 압제하지도 않고 갑질하지도 않았다. 종들로부터 진심으로 존경받았다. 자녀들로부터 존경받았다. 이 세상에서 이렇게 많은 재산을 가지고도 겸손했다. 욥은 하나님이 보실 때 어떤 환난이 와도 신앙적 절개와 지조를 포기할 사람이 아니었다. 하나님은 이런 욥이야말로 어떤 극한적인 상황, 곧 하나님의 정의를 의심할 수밖에 없는 상황에 몰리더라도 끝까지 하나님을 믿을 사람으로 보셨다. 그래서 1:8에서 하나님은 "내 종 욥"이라고 말씀하신다. "내 종 욥은 사탄 네가 말하는 그런 부류의 사람이 아니다. 그는 극한 부조리에 처할지라도 하나님에 대한 신심을 포기하지 않을 것이다." 이처럼 하나님이 아주 당차게 사탄을 질책하신다.

그랬더니 사탄이 두 번째로 도전한다. "한번 쳐볼까요? 욥을 고난에 한번 빠트려 볼까요? 그래도 하나님에 대한 믿음을 유지하는지 확인해 볼까요"라고 도발한다. 그래서 "그래, 한번 해보자"라고 말하면서 하나님이 사탄의 도발적 자극에 못 이긴 척 사탄으로 하여금 욥에게 고난을 가하는 것을 허용하신다. "욥 주변은 모두 고난에 빠뜨려도 되지만, 욥의 생명은 해치지 마라"라고 하나님은 말씀하신다.

온 땅을 감찰하시는 야웨의 눈과 사탄의 이스라엘 단련 및 시험에 관한 서사는 바벨론 포로기 이후의 예언자 스가랴의 예언에서도 암시적으로 언급되고 있다. 이 점이 욥기를 바벨론 포로들의 경험의 빛 아래서 읽도록 이끄는 요소 중 하나이기도 하다. 스가랴 3-4장은 바벨론 귀환포로 공동체를 대표하는 영적 지도자이자 "여호와께 성결"이라는 글자를 새긴 면류관을 쓴 대제사장 여호수아 옆에 사탄이 '서 있다'고 말한다. "대제사장 여호수아는 여호와의 천사 앞에 섰고 사탄은 그의 오른쪽에 서서 그를 대적하는 것을 여호와께서 내게 보이시니라."슥 3:1 바로 사탄의 대적을 받아가면서 순전을 지키려고 시험당하는 사람이 이스라엘이고, 이스라엘의 언약대표자가 바로 대제사장 여호수아다. 이 본문의 취지는, "바벨론 포로들의 귀환 이후에 사탄이 여호수아를 대적했다. 즉, 사탄이 우리 바벨론 귀환포로들을 대적했다"는 것이다. 바벨론 유배 기간에 이스라엘 고토에 남아 있던 사람들이(비유배파), 바벨론 귀환포로들을 자신들의 죄악 때문에 70년간의 바벨론 유배 심판을 받았다고 생각했을 법한 상황을 암시한다. 이사야 53:1은 비유배파가 바벨론 포로들의 고난의 참된 의미를 깨닫고 참회하고 회개하는 장면을 보여준다.[10] 이런 비유배파의 편견을 질책하는 상황이 바로 스가랴 3장 상황이다. 이런 문맥에서 스가랴 3:2을 읽으면 대제사장 여호수아에 대한 사탄의 도발 의도를 파악할 수 있다. 스가랴 3:2에서 야웨께서 명하신다. "여호와께서 사탄에게 이르시되 사탄아, 여호와께서 너를 책망하노라. 예루살렘을 택한 여호와께서 너를 책망하노라. 이는 불에서 꺼낸 그슬린 나무가 아니냐 하실 때에." 이 불에서 꺼낸 그슬린 나무가 무엇인가? 곧, 고난의 풀무에서 건져낸 바벨론 포로들을 가리키며, 그 바벨론 포로들을 대표하는 제사장인 여호수아다. 스가랴 3:3에 따르면, "여호수아가 더러운 옷을 입고 천사 앞에 서 있"다. 불에서 끄집어냈기 때문에 여호수아는 더러운 옷을 입고 있는 것이다. 스가랴 3:4-5에서 야웨의 명령은 이어진다. "여호와께서 자기 앞에 선 자들에게 명령하사 그 더러운 옷을 벗기라 하시고 또 여호수아에게 이르시되 내가 네 죄악을 제거하여 버렸으니 네게 아름다운 옷을 입히리라 하시기로 내가 말하되 정결한 관을 그의 머리에 씌우소서 하매 곧 정결한 관을 그 머리에 씌우며 옷을 입히고 여호와의 천사는 곁에 섰더라." 스가랴 예언자는 사탄이 이스라엘을 대적했다고 믿는 인물이었다. 욥기 저자도 이 믿음을 공유한 사람이었을 것이다. 스가랴 4:10은 말한다. "작은 일의 날이라고 멸시한 자가 누구냐. 사람들이 스룹바벨의 손에 다림줄이 있음을 보고 기뻐하리라. 이 일곱은 온 세상에 두루 다니는 여호와의 눈이니라 하니라." 제2성전 건축을 앞둔 시기[주전 538-515년]의 귀환포로 공동체에게 스가랴서와 욥기는 당시에 경합했던 두 가지 관점을 대조적으로 보여준다. '온 세상에 두루 다니는 여호와의 눈과 온 세상을 두루 돌아다니는 대적자 사탄의 눈.' 이것이 욥기와 스가랴서 사이에 일종의 평행이론을 생각해 볼 수 있게 만드는 실마리다. 하나님은 일곱 등잔대를 통해서 온 세상을 두루 감찰하시는 정확한 눈이다. 그런데 사탄은 편향된 눈으로서 온 세상을 두루 다니는 듯 하면서 인간 참소에만 몰두한다.[11]

왜 하나님은 사탄의 도발적 자극에 그토록 민감하게 반응
하시는 것처럼 보일까?

신약성경 야고보서는 욥기에 나오는 하나님에 대한 독자들의 오독과
오해를 막으려고 '하나님은 인간을 공연히 시험하시지도 않고 악에
게도 시험을 받지 않으신다'라고 단언한다. 야고보는 하나님이 시험
받으시는 욥기 1-2장의 장면에 대한 오해를 막기 위해 다음과 같이
경고한다. "시험을 참는 자는 복이 있나니 이는 시련을 견디어 낸 자
가 주께서 자기를 사랑하는 자들에게 약속하신 생명의 면류관을 얻
을 것이기 때문이라. 사람이 시험을 받을 때에 내가 하나님께 시험을
받는다 하지 말지니 하나님은 악에게 시험을 받지도 아니하시고 친
히 아무도 시험하지 아니하시느니라."약 1:12-13 야고보의 경고에도 불
구하고 욥기 독자들은 1장에 나오는 하나님과 사탄의 대화를 모르
는 체할 수 없다. 하나님은 사탄에게 시험당하신다. 이 사탄은 야고
보서가 말하는 "악"이 아니라고 말함으로써 이 딜레마를 피해갈 수는
있다. 그럼에도 불구하고 하나님과 사탄의 대화는 분명히 "욥"을 시
험해 보는 실험으로 귀결된다. 여기서 우리는 야웨 하나님의 충격적
인 사탄의 욥 시험 허락 결정에 경악하며 실족하지 않기 위해 구약
성경의 내러티브 생략기법을 고려하지 않으면 안 된다. 앞서 언급했
듯이,1장 주3 욥기 1장은 구약성경의 내러티브 기법 중 생략기법을 전
제하고 읽어야 한다. 1장은 그보다 앞선 상황에서 이미 어떤 사태가
벌어지고 있었음을 암시한다. 1:8에서 야웨께서 사탄에게 "내 종 욥
을 유의하여 보았느냐"라고 갑자기 물으시는 것은 그 앞에 예비 논

쟁이 있었음을 암시하며, 그 예비 논쟁은 하나님 통치의 완전성에 대한 사탄의 도전이었을 것이다. "하나님, 인간의 하나님 경외는 당신이 이 세상을 완전히 통치하신다는 것을 증명하는 것이 아닙니다. 인간의 하나님 경외와 경배는 하나님 당신이 각종 복과 선물로 인간의 환심을 사서 취득한 반대급부 성격의 응답일 뿐입니다." 이렇게 도발하는 사탄의 논리는 다음과 같았을 것이다. "하나님은 피조물에게 완전한 경배를 받는 데 실패했다. 하나님과 인간의 관계는 히타이트의 종주-봉신 관계와 다를 것이 없다. 하나님은 종주宗主일뿐이지 순수하게 사랑받거나 신뢰받는 분이 아니다. 하나님과 피조물과의 관계는 거래 관계이지 하나님이 그렇게 자랑스러워할 만한 순수한 하나님 경외가 아니다." 하나님이 이런 사탄의 선제도발을 받으신 다음 1장이 이어진 것이다.

이 도발이 있었다는 것을 어떻게 알 수 있는가? "내 종 욥을 유의하여 보았느냐"는 질문 이후에 야웨 하나님과 사탄 사이에 오고간 대화가 이런 추론을 가능케 한다. 욥의 질문은 고난의 원인에 관한 것이지만, 욥기 전체는 '하나님의 통치의 본질은 무엇인가?' '순수 신앙과 순수 경배의 가능성은 있는가?' '하나님의 세계 지배는 온전한가?' 등 상당히 우주론적이며 신학적인 질문들을 다루는 신학적 탐구서다. 즉, 욥기 전체의 주제는 '신앙의 본질이 무엇인가'에 대한 추구이자 질문이라는 것이다.

그런데 사탄의 도발적인 도전과 질문이 어떻게 창조주 하나님께 자극이 되는가 하는 문제는 신비 중의 신비다. 정의로운 세계통치에 대한 하나님 자신의 확신을 흔드는 사탄의 도발적인 질문에 충동적으로 응답하시는 모습을 볼 때, 하나님의 확신에도 뭔가 빈틈이 있는 것처럼 보인다. 하나님도 자기 확신으로 똘똘 뭉쳐 있는 절대 의식이나 절대 주체가 아니라는 것이다. 하나님도 인격적 상대자로부터 영향을 받으며 때로는 스스로 자기다움을 확증하는 과정에서 의심에 빠지는 것처럼 보인다는 것이다. 경건한 그리스도인들은 여기서 '전지하신 하나님이 사탄과의 내기를 통해서 기어코 욥의 하나님 경외의 진정성 여부를 확인할 필요가 있었을까'라는 답답한 질문을 제기할 수 있다. 그들의 불편함은 이내 경악과 충격으로 바뀐다. 욥기 1-2장에서 가장 충격적이고 경악스러운 장면은 하나님이 사탄의 도발적 자극에 휘둘리시는 것처럼 보이는 상황이다. 창조주 하나님이 지존자의 자리에 올라선 것처럼 보이지 않고, 아직은 논쟁과 각축 중에 있는 것처럼 보인다. 하나님의 절대주권적 세계 통치와 경영 자체가 피조물 사탄에게 평가받고 도전받는 것처럼 보이는 이 정황은 성경 전체에서 가장 생소하고 낯선 풍경이 아닐 수 없다. 하나님이 스스로 충족적, 자존적 존재가 아니라 누군가와의 대화를 통해 자기를 확신하고 피조세계에 대한 당신의 통치권을 견고하게 확증해야 할 부담감을 떠안으시는 모습이 경건한 성경 독자들을 당혹스럽게 하는 면이 있다. 하나님이 누군가의 도발적 발언에 영향을 받을 수 있다는 수동성^{affectability}은 확실히 낯설다. 하지만 더 깊이 생각해 보면, 이 수동성과 자발적 피被도발 처신이야말로 인격적이고 겸손하신 하나님의 면모이기도 하다. 하나님은 절대자의 자기폐쇄적인 불변성에 감금되기보다는, 상대적인 절대자로서 피조물들의 언동에 영향받는 인격적이고 대화적인 하나님이 되기를 결단하셨다는 것이다. 민수기 13장에서 야웨는 "우리를 죽이려고 이 무인지경 광야로 끌고 나왔는가"라는 이스라엘 백성의 항의를 받았을 때 진노하셨다. 주후 2세기 로마의 기독교 사상가 마르시온에게 오해받은 이래 인간의 도발적 언동에 영향을 받아 즉각 진노하시는 하나님은 사람들에게 실족거리가 되기도 했다.[1] 특히 누군가에게 영향을 받아 행동하는 하나님의 이 신적 수동성은 토마스 아퀴나스 신학에서는 상정되거나 착상되기가 거의 불가능한 개념이다. 그에 따르면, 하나님은 절대 주체이지 객체가 아니시기 때문이다. 그런데 욥기의 하나님은 창세기 2장의 하나님과 비슷하다. 두 곳 모두에서 하나님은 인간의 순종 여하에 따라 영향을 받으신다(창 6장에서도 아담 인류의 죄악 창궐로 인간 창조를 후회하신다).

창세기 2장의 하나님은 인간의 반응에 따라 에덴 동산의 미래가 결정되도록 아담에게 모든 것을 위탁하시는 하나님이다. 인간이 어떻게 반응하느냐에 따라서 하나님의 기쁨과 슬픔이 갈리는 하나님, 곧 인간에게 심대하게 영향을 받으시는 하나님이다. 욥기 1-2장의 하나님도 주권적, 자족적, 자존적 절대자처럼 행동하시지 않는 것처럼 보인다. 오히려 관계적, 대화적, 응답적 하나님이시다. 즉, 홀로 충만하시고 절대적으로 거룩한 하나님이시지만, 동시에 하나님은 인간과 피조물 등의 행동 여하에 따라 영향을 받는 수동적이고 응답적인 하나님이시기도 하다. 인간의 어떤 도발과 배반에도 하나님은 당신의 거룩하고 절대적인 의로움과 사랑을 감소시키거나 철회하시지 않는 절대자 하나님이시다. 그런데도 절대자 하나님은 또한 인간의 망언과 망자존대妄自尊大에 화를 내시는 분이다. 자극적 질문, 혹은 약점을 파고드는 질문에 자극당하시는 분이다. 예를 들면 이렇다.

"당신의 통치는 완전하지 않습니다."
"내 종 욥을 보았는가?"(그런 말에 영향을 받아 발끈하면서 하시는 말씀)

이런 대화가 오고갔다는 것 자체가 하나님이 빈틈을 보이시고, 하나님 존엄이 훼손되는 것을 방치하시는 것처럼 보인다. 그런데 이처럼 수동적으로 응답하시고 행동하시는 하나님은 인간에게 언약을 맺자고 제안하시는 피조물 친화적인 하나님이다. 언약을 통해 인간과 신뢰를 주고받으시는 하나님은 하나님 자신이 인간을 비롯한 피조물과 상호작용interaction하면서 하나님다워지는 과정을 인간에게 알리기를 원하셨다. 하나님도 인간과 상호작용을 통해 스스로 높고 거룩하신 절대주권적인 창조주이지만, 동시에 피조물 인간과 사랑을 주고받기를 원하는 인격적인 하나님임을 계시하신다는 것이다. 그렇다면 자기검열적인 과정을 거치기 이전에는 창조주 하나님이 충분하고도 온전한 의미에서의 하나님이 아니었다는 말인가? 결코 그런 의미가 아니다. 하나님이 당신의 존재론적 성장이나 성숙을 위해(더 완전한 하나님이 되기 위해) 인간을 필요로 하신다는 말이 결코 아니다. 하나님과 피조물의 상호작용을 통해 인간의 하나님 이해가 깊어진다는 것을 의미한다. 곧, 하나님이 인간 및 피조물과의 상호교섭을 통해 하나님 당신을 더 잘 표현하고 알리신다는 말이다. 언뜻 듣기에 이런 생각은 과정신학(하나님의 진화)처럼 보일지 모르나 그것과는 다르다. 사탄과 피조물에게 영향을 받고 심지어 자극당하는 상황 조성은 하나님 진화론을 말하는 과정신학의 테제를 말하는 것이 아니라, 하나님의 층위적이며 점증적인 자기 계시의 과정이자 절차라는 것이다. 그것은 일종의 하나님의 점진적인 자기 계시 방법이지 인간과의 교섭을 통해 하나님이 더 온전한 하나님이 된다거나 신적으로 더 충만해진다는 뜻이 아니다. 오히려 하나님은 이러한 방법으로 당신을 드러내심으로 인간의 말과 행동이 하나님에게 매우 중요하다는 것을 인간에게 알려 주기 원하셨다. 이 방법을 통해 하나님은 인간 행동의 우주적 의미와 차원을 높이 평가하고 계심을 인간에게 가르치신다.

신학이라는 말을 신조어로 만들어 썼던 그리스 철학자 아리스토텔레스에 따르면, 하나님은 절대로 외부 자극에 영향을 받지 않는 제1원인이자 궁극절대자다. 아리스토텔레스는 신을 '궁극의 모든 존재를 움직이게 만들지만, 자신은 외부 세력에 절대로 휘둘리지 않고 변동되지 않는 부동의 동자'unmoving mover라고 정의했다. 신의 본질은 '영향받지 않음성'에 있다고 본 것이다. 이런 신관을 이어받은 에피쿠로스학파 철학자들은 신의 본질을 아포니아aponia 또는 아타락시아ataraxia라고 불렀고, 스토아 철학자들은 아파테이아apatheia라고 불렀다. 이런 개념들은 외부의 영향을 받지 않는 신적인 절대 고요를 뜻한다. 이와 반대로 구약성경의 예언자들을 깊이 연구했던 아브라함 요슈아 헤셀Abraham J. Heschel은 『예언자들』이란 책의 서론에서 바로 이 부분을 비판한다.[2] 위르겐 몰트만Jürgen Moltmann의 『십자가에 달리신 하나님』도 이것을 비판한다.[3] 헤셀과 몰트만 둘 다 하나님의 수난불가능성, 곧 하나님은 외부의 영향을 받지 않으신다는 교설을 비판한다. 그들은 오히려 하나님 피被공격가능성, 수난가능성을 옹호한다. '하나님은 영향받으신다'는 것이다. 욥기에서 하나님은 피조물에 불과한 사탄에게 자극당하도록 스스로를 허용하신다. 하나님의 영향받는 수동성, 피도발가능성, 그리고 수난가능성은 하나님의 절대자적 위엄의 이미지에는 손상을 가하지만, 그것은 피조물을 창조하고 사랑하고 통치하는 하나님이 감수하기로 작정하신 고난이다. 신약성경의 하나님 아들 수난과 죽음, 그리고 부활 드라마를 통해서 하나님이 자발적으로 감수한 고난의 의미가 환히 드러난다. 그것은 창조주 하나님의 자기 비움, 겸손, 사랑의 표현이었다.

2장.

그는 질고^{疾苦}를 아는 자라

2

¹ 또 하루는 하나님의 아들들이 와서 여호와 앞에 서고 사탄도 그들 가운데에 와서 여호와 앞에 서니 ² 여호와께서 사탄에게 이르시되 네가 어디서 왔느냐. 사탄이 여호와께 대답하여 이르되 땅을 두루 돌아 여기 저기 다녀 왔나이다. ³ 여호와께서 사탄에게 이르시되 네가 내 종 욥을 주의하여 보았느냐. 그와 같이 온전하고 정직하여 하나님을 경외하며 악에서 떠난 자가 세상에 없느니라. 네가 나를 충동하여 까닭 없이 그를 치게 하였어도 그가 여전히 자기의 온전함을 굳게 지켰느니라. ⁴ 사탄이 여호와께 대답하여 이르되 가죽으로 가죽을 바꾸오니 사람이 그의 모든 소유물로 자기의 생명을 바꾸올지라. ⁵ 이제 주의 손을 펴서 그의 뼈와 살을 치소서. 그리하시면 틀림없이 주를 향하여 욕하지 않겠나이까. ⁶ 여호와께서 사탄에게 이르시되 내가 그를 네 손에 맡기노라. 다만 그의 생명은 해하지 말지니라. ⁷ 사탄이 이에 여호와 앞에서 물러가서 욥을 쳐서 그의 발바닥에서 정수리까지 종기가 나게 한지라. ⁸ 욥이 재 가운데 앉아서 질그릇 조각을 가져다가 몸을 긁고 있더니 ⁹ 그의 아내가 그에게 이르되 당신이 그래도 자기의 온전함을 굳게 지키느냐. 하나님을 욕하고 죽으라. ¹⁰ 그가 이르되 그대의 말이 한 어리석은 여자의 말 같도다. 우리가 하나님께 복을 받았은즉 화도 받지 아니하겠느냐 하고 이 모든 일에 욥이 입술로 범죄하지 아니하니라. ¹¹ 그 때에 욥의 친구 세 사람이 이 모든 재앙이 그에게 내렸다 함을 듣고 각각 자기 지역에서부터 이르렀으니 곧 데만 사람 엘리바스와 수아 사람 빌닷과 나아마 사람 소발이라. 그들이 욥을 위문하고 위로하려 하여 서로 약속하고 오더니 ¹² 눈을 들어 멀리 보매 그가 욥인 줄 알기 어렵게 되었으므로 그들이 일제히 소리 질러 울며 각각 자기의 겉옷을 찢고 하늘을 향하여 티끌을 날려 자기 머리에 뿌리고 ¹³ 밤낮 칠 일 동안 그와 함께 땅에 앉았으나 욥의 고통이 심함을 보므로 그에게 한마디도 말하는 자가 없었더라.

그는 질고를 아는 자라

열 명의 자녀들과 거의 모든 재산을 한날한시에 빼앗기는 환난 앞에서도 욥은 적신赤身의 신앙고백으로 대처했다.[1:21] 사탄의 첫 번째 시험을 믿음으로 이겨낸 욥에게 더 가혹한 시험이 닥쳐왔다. 하나님의 천상어전회의에 참석한 사탄은 욥의 신앙을 집요하게 시기한다. 대적자 사탄은 욥 신앙의 순전성을 질투하면서 하나님과 욥의 인격적 신뢰관계를 허물어뜨리려고 발악한다. 욥기 전체는 인간의 모호한 고통에 대해 완전하고 만족스러운 해답을 주지 않는다. 그러나 욥기는 고통과 질병의 세계에서 신음하는 인간들은 하나님이 포기해 버리신 쓰레기가 아님을 확실하게 가르쳐 준다. 원인을 알 수 없는 기막힌 고통이 하나님 앞에서 신앙의 순전을 과시할 기회가 될 수도 있다는 적극적인 신앙으로 인도해 준다.

그런데 본문에서 우리가 오해하면 안 될 것은, 인간의 모든 불행과 고통과 질병이 하나님과 사탄의 내기나 논쟁의 부산물이 아니라는 것이다. 신들의 변덕이나 내기승부 때문에 우리가 운명의 망치 아래 산산조각 난다는 생각은 신화적 사고방식일 뿐이다. 오늘날에도 자신의 고통을 절대화하면서, "왜 하필이면 내가 이런 치명적인 질병의 표적이 되어야 하는가"라며 하늘을 향해 저주를 퍼붓는 사람이 적지 않다. 왜 순결하고 의로운 사람들의 가정에 애통의 장애를 가진 자녀들이 태어나는가? 아우슈비츠의 독가스실에서 빅터 프랭클 박사의 가족이 몰살되어야 하는 이유는 무엇인가? 이와 같이 해명하기 힘든 고통의 신비 앞에 우리는 망연자실한다. 물론 이 질문에 속시원한 대답은 욥기에 나오지 않는다. 욥을 방문한 세 친구의 위로와 충고도 아무런 힘이 되지 못한다. 어떤 천사도 욥의 고통에 공명할 수 없는 것이다.[히 2:14-16; 요 5:4] 2장은 욥의 영적 순전성을 지탱하는 척추를 부러뜨릴 만한 재난 상황을 묘사한다.

2:1-3은 1:6-8을 반복한다. 하나님의 아들들과 사탄이 어딘가를 순찰하고 보고하러 천상어전회의장으로 들어서고, 하나님은 사탄에게만 직접 물으신다. 다만 3절에는 하나님의 욥에 대한 강력한 옹호가 덧붙여져 있다. "네가 나를 충동하여 까닭 없이 그를 치게 하였어도 그가 여전히 자기의 온전함을 굳게 지켰느니라." 3절의 마지막 두 소절의 히브리어 구문을 음역하면 이렇다. 뷔오덴누 마하지크 뻐툼마토 봐터시테니 보 러발로 힌남(וְעֹדֶנּוּ מַחֲזִיק בְּתֻמָּתוֹ וַתְּסִיתֵנִי בוֹ לְבַלְּעוֹ חִנָּם). 직역하면 "그는 여전히 자신의 순전을 집요하게 지키는데도 너는 욥을 아무 이유도 없이 그를 삼킴으로써 그를 치도록 나를 충동했다"이다. 여기서 하나님 스스로도 자신이 아무 까닭 없이 욥을 타격했으며, 그의 자녀와 재산을 다 삼켰음을 인정하셨다. 이 구절은 신인동형론적인 어조가 너무나 심해 후대의 제사장 신학이나 예언자 신학의 초월적 거룩의 하나님 이미지에 익숙한 성도들이 상처를 받는 장면이다. 사탄이 하나님을 충동하는 것처럼 보이는 이 상황이 경건한 성도의 감수성에 상처를 내기 때문이다. 이 낯선 하나님 이미지 때문에 하나님을 오해하고 욥기 자체를 싫어하는 신자들도 적지 않다. 충분히 이해할 만하다. 그러나 독자들은 욥기 전체를 정독하기까지 잠시 판단을 유보하고 욥기와 본 주석서의 논의와 끝까지 동행해 주기를 기대한다. 하나님은 억울한 욥의 오해도 풀어 주시지만, 욥기 1-2장에서 놀란 경건한 독자들의 오해를 능히 풀어 주시기 때문이다. 3절의 마지막 소절은 하나님의 욥 시험 허락의 숨은 동기를 엿보게 한다. 하나님은 욥의 하나님 경외가 사탄의 의심을 분쇄하는 절대적인 의미로 순전한 하나님 경외임을 입증하려고 작정하신 것이다. 3절의 핵심 메시지는 욥의 순전한 하나님 경외에 대한 신적 승인과 옹호다. 욥의 하나님 경외를 본보기 삼아 하나님은 사탄의 도발을 은

근히 질책하신다. "그는 여전히 자기의 온전함을 굳게 지켰느니라."3절

이에 사탄은 한층 더 자극적인 어조로 하나님께 맞선다. 자신의 소유물과 자녀들을 삼켜 버린 재앙을 당하고도 평정을 유지하는 욥도 재난의 강도가 심화되면 하나님께 반역할 것이라고 맞선다. "가죽으로 가죽을 바꾸오니 사람이 그의 모든 소유물로 자기의 생명을 바꾸올지라."4절 사탄은 욥이 자기 생명과 소유물을 맞바꾼 것에 불과하며, "이제 주께서 그의 뼈와 살을 치시면 틀림없이 주를 욕할 것입니다"라고 강변한다.5절 "욥도 자신의 뼈와 살의 고통 앞에서는 하나님을 저주할 수밖에 없을 것입니다!" 이에 하나님은 사탄을 영원히 침묵시키고 결박하시기 위해 욥에 대한 공격을 허락하신다. 하나님 자신의 언질言質3절로 인해 욥에게 고난을 강요하는 셈이다. 그러나 여기서 우리는 인간의 불행을 신들의 전쟁 혹은 갈등의 산물이라고 보는 그리스 신화적 사고를 경계해야 한다. 3-5절은 인간의 행복이 신과 사탄의 사소한 논쟁 끝에 돌연한 재앙으로 돌변할 수 있음을 의미하지 않는다는 것이다. 하나님은 욥을 사탄의 손에 맡기신다.6절 생명을 빼앗지 않는 조건하에서는 욥의 뼈와 살을 치는 것을 허락하신다.

7절에서 마침내 사탄은 하나님 존전에서 물러나와 욥을 발바닥에서 정수리까지의 악창으로 짓이겼다. 가장 처참한 질병이 욥을 덮쳤다. 그토록 덕망 있고 기품 있는 신앙인이었던 욥은 어느새 잿더미 가운데 처박혔다. 하루 종일 썩어가고 있는 자신의 몸을 기와조각으로 긁는 처지로 굴러떨어졌다.8절 옛날의 영화는 사라지고 수치와 오욕의 기운이 그를 감돌고 있다. 피조세계에 활동하는 모든 질병들이 일시에 욥을 덮친 듯, 사망의 권세가 그 영혼을 사로잡은 것이다. 마침내 욥의 아내가 폭발했다. 그녀의 입에서 가시 돋친 저주가 터져 나왔다. "당신이 그래도 자기의 온전함을 굳게 지키느냐! 하나님을 욕

하고 죽으라!" 욥의 아내가 "하나님을 욕하고 죽으라"고 말했을 때 쓴 '욕하다'라는 말은 히브리어 바라크(בָּרַךְ)의 강세능동(피엘) 명령형 바레크(בָּרֵךְ)다.[1] 바라크는 사실 '축복하다'를 의미한다. 욥의 아내는 욥에게 사실 하나님을 '축복하고' 죽으라고 한 것이다. 이것은 "잘 먹고 잘 살아라!"라는 말과 같은 화법이다. 이 말은 겉으로는 복을 비는 말 같지만, 실은 빈정거리는 악담에 가까운 말이다. 욥의 아내는 욥에게 '하나님을 축복하라'고 말하면서 사실 하나님께 저항하듯이 욕하라고 요구한 셈이다. 사탄이 욥에게 기대한 것도 바로 하나님을 저주하며 죽는 것이었다. 욥의 아내는 1:20-22에서 억울한 고난을 당해 놓고도 욥이 유순하게 하나님께 예배드리는 태도를 조롱한 것이다. 욥이 여전히 1:21에서 "야웨의 이름이 찬송받을지어다"(예히 셈 아도나이 므보라크[יְהִי שֵׁם יְהוָה מְבֹרָךְ])라고 기도하는 모습을 본 그의 아내가 분노를 터뜨린 것이다. 므보라크는 바라크(בָּרַךְ) 동사의 강세수동(푸알) 남성단수 분사형이다. '야웨의 이름이 지속적으로 찬양받을지어다'라는 의미다. 욥의 아내는 여기서 욥이 지속적으로 야웨의 이름을 찬송하는 경건을 보고 경악했다. 그녀는 7남 3녀를 다 잃고도 하나님을 찬양하는 욥의 초경건을 보고 충격적인 좌절감을 느낀 것이다. 욥의 아내는 사탄의 시험에 정확하게 걸려들었다. 하나님께 대들면서 하나님을 욕하고 죽는 것은 '저항적 무신론'이라고 부른다.[2] 아마도 이것이 사탄이 욥에게서 기대했던 반응이었을 것이다. 이 저항적 무신론은 현대인의 혈맥에 흐르고 있다. 저항적 무신론은 1-2차 세계대전 후에 유럽 교회를 휩쓸었고, 유럽 교회는 대부분 욥의 아내처럼 실족해 버렸다. 사탄은 전쟁과 참혹한 재앙, 폭력, 살인을 이용하여 인간(신자)과 하나님 사이를 결사적으로 이간질한다. 요 8:44; 10:10 1986년 노벨평화상 작가인 엘리 위젤Elie Wiesel이 쓴 『흑야』Black Night를 보면, 독가스실에서 혹은 교수대에서 능욕당하며 죽어가는 가족들을 보고 많은 유대인들이 실족했다고 기록되어 있다. 그럼에도 실족하지 않은 사람들이 있었는데, 그들은 "도대체 하나님 당신은 이 참상 앞에 무엇을 하고 있으며, 어디에 있는가?"라는 저항적 무신론자들의 질문들에 주어진 다음과 같은 대답을 들었던 자들이었다. "나는 바로 저 독가스실에서, 교수대에서 매일 죽어가고 있다. 나는 저 교수대에서 죽어 싸늘하게 매달려 있는 시체처럼 무기력한 하나님이다. 나는 너희에게 닥친 죽음과 희생의 대열에 함께 서 있다."

10절은 아내의 저항적 무신론에 대한 욥의 응답이다. 아내의 말을 어리석은 자의 말이라고 판단한다. 어리석은 자는 하나님이 없다고 말하고 행동하는 자들이다.시 14:1; 53:1 욥은 1:21의 논리를 반복하며 자신에게 닥친 참혹한 고난을 보고도 하나님께 순전을 지킨다. 욥은 하나님께로부터 복을 받는다면 화도 받을 수 있다는 체념적 운명론자 같은 입장을 드러낸다. 하나님을 복과 화를 임의대로 내리는 절대자로 보는 것이다. 절대자 하나님의 자의적인 처분이라도 자신은 감내하겠다는 입장인 것이다. 그는 '입술로 하나님께 범죄하지 않았다.'

멀리서 온 위로자들 •11-13절

이 단락은 멀리서 온 세 친구들의 위로방문을 다룬다. 욥에게 닥친 참혹한 재앙 소식을 듣고 욥의 세 친구가 각각 자기 지역에서부터 욥을 위로하기 위해 서로 약속하고 동시에 욥을 찾아왔다.11절 이들은 지혜의 고장 데만 사람 엘리바스, 수아 사람 빌닷, 나아마 출신 소발로서 내로라하는 당대의 현인들이었다. 이들은 처음에는 식별조차 어려운 욥을 간신히 알아보고 일제히 통곡하고 같이 회개했다. "일제히 소리 질러 울며 각각 자기의 겉옷을 찢고 하늘을 향하여 티끌을 날려 자기 머리에 뿌리고",12절 "밤낮 칠 일 동안" 욥과 "함께 땅에 앉아 있었다." 그들은 욥의 극심한 고통을 보면서도 한마디 위로하는 말조차 할 수 없었다.[13절] 인간의 수준에서 보여줄 수 있는 최고 수준의 위문이요 공명이었다. 그들은 7일 밤낮으로 욥 곁에 앉아 침묵의 기도를 드렸다. 이 얼마나 진실되고 감동적인 위문인가. 그러나 욥의 고난은 이 세 친구의 위로로 경감되지 않았다. 인간들의 위로와 공감에는 한계가 있다. 욥의 고난 앞에 친구들의 위로는 너무나 무기력했다.

메시지

욥기 1장의 사탄은 히브리어로는 정관사 하(ה)가 붙어 하사탄(הַשָּׂטָן)으로 불린다. '그 대적자'라는 의미다. 저자나 독자/회중에게 이미 알려진 '대적자'라는 뜻이다. 사탄은 피조물의 결함 혹은 하나님과 피조물 인간 사이의 불완전한 관계성을 발견하여 하나님으로 하여금 당신의 완전성을 스스로 평가하고 입증하도록 자극하는 존재다. 욥기에서 하나님은 이 대적자를 '악하다'고 보지 않으신다. 사탄은 인간의 결함을 발견하여 참소하며 대적 기능을 수행하는 존재이기 때문이다. 오히려 사탄이 하나님께 도전할 수 있는 이유는 하나님의 본성 때문이다. 욥기에서 암시되거나 전제되는 하나님의 본성 가운데 가장 신비로운 면모는 자기 평가와 자기 의식성이다. 하나님은 자신에 대해서 자의식을 갖는 하나님이시기 때문에 자기 자신으로부터 평가받으며, 피조물로부터도 평가받기를 원하신다. 심지어 사탄으로부터 도전적 평가가 내려지는 것도 용납하신다. 인간 결함 발굴 천사인 사탄은 하나님께 "이 세계가 하나님의 뜻대로 통치가 잘 이루어진다고 생각합니까"라며 도전한다. 즉, 사탄은 인간의 결함을 발견하여 하나님께 대적하지만, 하나님은 사탄의 도전으로부터 하나님과 인간의 언약이 제대로 작동하고 있음을 증명하려고 하신다. 이 사탄의 도전에 직면한 하나님은 과연 욥의 믿음이 진짜인지 가짜인지를 숙고하며 자신의 세상 통치를 스스로 평가하려고 하신다. 하나님이 자기 자신에 대해서 의심하는 것처럼 말하는 것은 고도의 '신인동형론적 표현'이라고 할 수 있다. 신인동형론神人同形論은 신에게 인간의 본질이나 속성이 있다고 인정하는 사상으로서, 어떤 이야기 속에서 신의 행동을 그것과 가장 유사한 인간의 행동에 비추어 묘사하는 수사기법이다. 하나님이 사탄에게 시험을 허용하셨다는 표현도 어디까지나 인간의 행동을 기준으로 유비적으로 이해되어야 하는 표현이다. 절대자 하나님께서 당신이 만든 피조물에게 다가와 피조물과 교제하기 위해 피조물이 사용하는 언어를 사용하시는 상황이라고 봐야 한다. 인간의 언어는 하나님에게 낯선 외국어인 셈이다. 인간의 언어로 절대자이자 창조주이신 하나님의 행동이나 속생각을 묘사하는 것은 사진을 찍는 모사模寫행위도 아니고, 동영상 촬영을 통한 재현행위도 아니다. 욥기 저자는 어디까지나 하나님에게 낯선 인간의 말로 하나님의 행동과 생각을 근사치적으로 가깝게 표현해 낼 뿐이다. 그래서 성서학자들은 하나님에 대한 모든 인간의 담론은 인간의 언어라는 특수한 은유 도구를 사용하여 형성되기 때문에 "모든 하나님 담론은 은유다"라고 말하기까지 한다.[3]

앞서 욥기 1장 강해에서 우리는 1장 천상어전회의를 제대로 파악하기 위해서는 1장 이전에 이미 진행 중인 사태를 전제해야 한다고 말했다. 즉, 욥기 1장은 욥기 −1장(욥기가 시작되기 전의 장면을 이렇게 부르기로 한다)을 염두에 두어야 한다는 것이다. 욥기 −1장에서는 사탄이 인간의 결함을 찾고 하나님의 통치에 도전했던 상황이 전개되었을 것이다. 사탄이 하나님의 통치에 대해서 아무리 의심한다고 할지라도, 하나님은 필승 카드가 있다고 사탄에게 대답하셨을 것이다. "그는 바로 내 종 욥이다. 사람은 욥만큼의 부와 출세를 얻으면 타락할 수밖에 없지만, 타락하지 않은 완전한 자, 나의 종 욥이 있다. 내 종 욥은 악에서 떠났다. 이 한 사람만 있어도, 사탄 너의 도전적 비방은 근거가 무효화된다." 즉, 하나님의 통치는 온전히 잘 이루어지고 있다고 사탄에게 증명하시는 것이다.

이런 관점에서 우리는 욥기 1장에서는 욥기 −1장의 사탄 도발이 이어지고 있는 상황임을 짐작할 수 있다. '그 사탄'이라고 불리는 대적 천사의 역할은 하나님께 대적하는 것이 아니라 하나님에게 자기 검열적 의심을 불러일으키는 것이었다. 이것은 하나님이 당신의 세계 통치 자체에 대해 확신을 갖지 못하신다는 말이 아니다. 오히려 사탄과 인간 등 모든 피조물에게 하나님이 지으신 세계의 거룩한 역동성(하나님이 지으신 세계는 피조물의 반역으로 손상당할 수 있다는 진실)을 보여주고, 하나님의 세계 통치 가운데 피조물의 역할을 부각시키기 위한 극적 상황 조성이다.

대적자는 이러한 하나님께 욥을 둘러싼 복의 울타리를 무너뜨려 보라고 제안한 것이다. 그러면 "하나님의 종 욥의 진짜 민낯을 볼 것이고, 그가 하나님을 진심으로 예배하는 것이 아님을 볼 수 있을 것입니다"라고 도발한 것이다. 여기서 하나님은 욥의 생명에는 손대지 말고 자녀에게는 손을 대도 괜찮다고 하셨다. 실로 이 장면은 신비스럽고 다소 불길하다. 믿음이 좋은 사람일수록 실족하기 좋은 상황이기 때문이다. 즉, 하나님께 인정받는 의인일수록 "하나님이 나에게도 이유 없이 과도한 징벌을 내리심으로 내 믿음의 견고성을 검증하실 수 있다"고 생각할 가능성이 있기 때문이다. 그래서 우리는 이 비유적 내기 장면을 문자적으로 읽어서는 안 된다. 욥기 1-2장 산문단원에 등장하시는 하나님은 비유언어로 묘사된 문학적 등장인물로서의 하나님이라고 봐야 한다는 것이다. 하나님에 관한 모든 언어는 '인간의 이해와 인식 수준'에 최적화된 은유^{metaphor}이기 때문이다.[4] 따라서 성경에 등장하는 하나님의 언어 혹은 하나님에 대한 언어적 묘사는 하나님의 본심에 대한 진술로 생각해서는 안 된다. 그렇다고 해서 욥기 1-2장에서 뚜렷한 개성과 의지를 갖고 욥의 의로운 삶을 평가하는 야웨 하나님을 단지 문학적 등장인물로만 생각하라는 것은 아니다. 사탄과 내기하는 장면에 등장하는 야웨의 말과 행동은 인간의 이해 수준에 최적화된 방식으로 '문학적'으로 묘사되었다는 의미다. 하나님을 절대주권적 통치권을 가진 절대군주처럼 생각하던 욥기 당시 사람들의 인식과 이해 수준에 맞게 축소적으로 묘사된 하나님 이미지라는 것이다. "내 마음은 호수다"라는 은유문에서 '마음'과 '호수'는 실재적 동일체가 아니다. 지극히 작은 요소 하나가 마음과 호수를 동일시하는 은유 표현을 가능케 할 뿐이다. 욥기에서 사탄과 내기하는 하나님의 행동은 인간의 이해와 인식 수준에 맞게 축소적으로 묘사된 하나님의 행동이다. 욥기 38장 이후에 나오는 하나님은 1-2장의 야웨 하나님의 이미지와 전혀 다르다. 38-41장의 하나님은 욥에게 질문하시는 하나님이다. 욥에게 70가지 질문을 제기함으로써 욥의 자리, 곧 하나님과 피조세계의 중간에 선 하나님의 동역자로서의 지위를 성찰하게 하신다. 하나님은 욥 같은 백절불굴의 의인과 함께 당신이 창조하신 이 야생적인 세계를 다스리기를 원하신다는 것이다. 당신이 창조하신 야생적인 세계는 욥 같은 억울한 희생자가 발생하는 미완성된 세계다. 하나님은 욥에게 왜 인간에게 땅을 정복하고 다스리며 동물들을 통치하라고 명령하셨는지^{창 1:27-28} 그 이유를 슬며시 보여주신 셈이다. "하나님이 지으신 세계는 몽환적인 행복 가득한 낙원이 아니다. 억울한 일도 일어나는 야생지다. 심지어 사랑과 공의의 하나님의 존재를 의심하게 만들 정도로 긴장 넘치는 재난도 돌발하는 땅이다."

그래서 야고보서는 하나님은 악으로부터 시험당하시지 않고 시험하시지도 않는다고 말하면서, 유대인들이 욥기를 하나님의 시험 기사로 읽는 것을 엄히 경계했다. 그럼에도 불구하고 유대인들 중 더러는 욥기를 읽으면서 실족했고, 그래서 욥기를 정경에서 제외하려는 시도가 있었다. 이에 욥기에 대한 정경 퇴출 투표가 진행되었으나 아슬아슬하게 다득표를 함으로써 욥기는 가까스로 정경 지위를 유지하게 되었다.

2

그는 질고를 아는 자라

욥기 1장을 이해하려면 욥기 -1장[1]을 전제해야 한다

구약성경은 여러 곳에서 천군 천사들의 창조와 그 사역을 언급하고 있다. 먼저 개역개정성경의 창세기 2:1에서 "만물"이라고 번역된 단어는 '콜-츠바암'(כָּל־צְבָאָם)인데, 직역하면 "그것들(하늘들)의 군대"이다. 창세기 2:1을 보면 하나님이 하늘과 땅을 만드시고 그것들을 통치할 차바(צָבָא)를 만드셨다. 이사야 40:26은 이 히브리어 단어 차바를 "만상"이라고 번역한다. "너희는 눈을 높이 들어 누가 이 모든 것을 창조하였나 보라. 주께서는 수효대로 **만상**을 이끌어 내시고 그들의 모든 이름을 부르시나니 그의 권세가 크고 그의 능력이 강하므로 하나도 빠짐이 없느니라."[사 40:26] 시편 103:20-21은 천사와 천군을 언급하는데, 천사는 '말아크'(מַלְאָךְ)를 직역한 말이며, 천군은 '차바'(צָבָא)를 직역한 말이다. "능력이 있어 여호와의 말씀을 행하며 그의 말씀의 소리를 듣는 여호와의 천사들이여, 여호와를 송축하라. 그에게 수종들며 그의 뜻을 행하는 모든 천군이여, 여호와를 송축하라." 하나님이 자기가 만드신 모든 피조물을 불러 집합시켜서 명령을 하달하시면,[사 40:26] 천군 천사는 그 명령을 집행하기 위해서 대기한다는 내용이 시편 103:20-21이다. 하나님은 천군 천사를 창조하셔서 무량대수만큼 많은 별들로 된 우주를 통치하시되, 무량대수만큼 많은 천사들로 하여금 대리 통치하게 하신다. 대리 통치성이 하나님의 전능성의 또 다른 표현이다. 하나님은 왜 전능하신가? 무량대수만큼의 별을 만드신 것도 전능하지만, 그 별들이 충돌하지 않고 궤도를 따라 돌도록 천군 천사를 통하여 중력을 조종하시기 때문이다. 모든 별들이 각기 다르게 자전하고 공전하도록 조종하셔서 우주의 평화를 확보하신다. 자전과 공전의 목적은 거리두기에 있다. 자전과 공전 때문에 무량대수의 별들이 무량대수보다 더 넓은 우주 공간 안에서 충돌 없이 궤도를 따라 돌고 있다. 찬송가 75장 "저 높고 푸른 하늘과"가 노래하듯이 수없이 많은 별들이 저마다 궤도를 따라 돌고 있다.

그래서 우리는 욥기 전에 미리 창조주 하나님을 생각해야 하고, 인간의 악과 고난을 생각하기보다는 우주의 무량대수의 별과 무량대수의 천군 천사를 부리시는 하나님을 생각해야 한다. 우리는 악과 고난을 인간의 관심사로만 축소시켜 생각하지 말고 우주 통치자이신 하나님 관점을 먼저 고려해야 한다. 악의 문제를 인간의 윤리적 문제로 보지 말고, 지구적 사건으로도 보지 말고, 하나님의 우주 통치 과정이요 그 우주 통치의 일부로 일어나는 사건으로 봐야 한다. 욥기는 창세기를 배경으로 쓰여졌지만, 창세기에서처럼 창조주의 명령에 일사불란하게 순종하는 지구보다 그 이전의 야생적 지구와 우주를 보여준다. 욥기는 우주적인 시좌視座를 가지고 천군 천사를 거느리고 무량대수만큼의 별들을 지휘, 통제하시는 그 하나님이 태양계 중에서도 지구적 삶을 유난히 주목하고 계신다는 사실을 주지시킨다.

하나님이 천상어전회의에서 무량대수의 별들 중 하나인 지구 통치에 관한 논의를 하신다. 하나님은 천군 천사를 만조백관으로 거느리시고 지구 안에서 일어나는 일들에 대한 품평회를 여신다. 이 천상어전회의는 욥이 태어나기 전부터 있었다. 그래서 욥기 1장은 욥기 –1장을 전제한다. 욥기 1장 전에 있었던 이야기를 전제한다는 것이다. 욥기 –1장을 전제하지 않으면, "내 종 욥을 주의하여 보았느냐"는 하나님의 느닷없는 말이 이해되지 않을 수 있다. 그런 점에서 욥기는 우주의 역사 이야기의 시초가 아니라 중간부라고 할 수 있다. 하나님의 천상어전회의에서 이미 무언가가 진행되고 있는 동안에 끼어든 이야기라고 할 수 있다. 욥기 1장은 서사 구조의 전형적인 시작 부분이라기보다는 중간 부분에 해당된다. 욥기 1장 이전에 있었던 논쟁이 욥기 1장에서 수면 위에 떠오른 것이다. 이 생략된 이야기, 곧 욥기 −1장에는 자기음미적이고 자기평가적인 하나님이 등장했을 것이다.

하나님은 부족한 것이 없는 자기충족적인 하나님이시다. 자기충족적인 하나님은 자기 자신에게 만족해야 하기 때문에, 타인의 시선을 통해서도 자신을 만족시키셔야 한다. 하나님은 인격적이시기 때문에 스스로 자신이 좋은 하나님이 맞는지 계속 검열하신다. 하나님은 자신이 창조하신 것을 보고 음미하시는 분이다. 창세기 1장에서 하나님은 자신이 창조하신 것을 보고 일곱 번이나 "좋다"라고 말씀하시며, 자기평가를 하신다. 왜 하나님은 자기평가적이실까? 하나님이 인간에게 칭찬받는 것이 하나님에게 대체 무엇이 좋을까? 하나님은 누구에게 칭찬받으면 스스로 자존감이 높아지는 그런 의존적인 하나님이 아니다. 그럼에도 하나님이 우리에게 찬양을 받고 감사하다는 말을 들으시면 기분이 좋아진다는 것은, 하나님의 해명할 수 없는 신비다. 다시 말하지만, 하나님은 스스로 충족적인 분이시지 누구에게 칭찬받아야만 기분이 좋아지거나 자존감이 높아지는 분이 아니다. 하나님은 이미 충분히 높아진 분이지만 또한 겸손하시고 인격적이신 하나님이기 때문에 자기의식적이면서도 그만큼 타자의식적이기도 하시다. 이런 이유로 홀로 완전하신 하나님이 또한 사람의 찬양, 인간의 믿음을 원하신다는 것이다. 하나님은 인간과 교제하기 위해서 자발적으로 자기결핍적 존재가 되기로 작정하셨기 때문이다. 즉, 인간의 찬양과 믿음으로 기분 좋아지실 여지를 남겨 두셨다는 것이다. 하나님은 한 사람의 죄인이 회개하면 천국에서 잔치가 벌어진다고 하실 만큼 인간의 회개를 엄청나게 기뻐하신다. 이런 하나님은 아리스토텔레스나 토마스 아퀴나스가 말하는 신이 아니다. 하나님은 인간의 우발적인 행동을 통해서 놀라시는 인격적인 하나님이다.

하나님은 요나가 열정을 가지고 니느웨 거민들에게 "회개하라"고 외치기를 바라셨다. 그런데 요나는 마지못해 니느웨에 가서 회개하라고 외쳤다. 요나의 이러한 미지근한 순종에도 불구하고 예기치 않게 급진적으로 회개하는 니느웨 사람들의 우발적인 행동에 대해 놀라셨다. 그래서 요나를 거짓말하는 사람으로 만들어 버리셨다. 하나님은 당신의 예언자가 거짓말쟁이가 되어도 좋으니, 사람 살리는 것이 더 좋다고 결정하셔서 요나를 거짓 예언자로 오해받도록 내버려두셨다. 하나님은 인간의 우발적 행동에 따라 자신의 절대주권적인 결정마저도 취소할 수 있는 분이시다. 홀로 완전하신 하나님은 인간에게 영향받기로 결정하신 겸손한 하나님이시다. 전지하신 하나님은 인간의 우발적 행동에 대해서 놀랄 능력이 없는 하나님이 아니라, 인간이 이렇게 할 줄 몰랐다는 듯이 놀라시는 하나님이다. 인간 행동의 우발성 앞에 하나님이 경악하고 놀라신다. 전지하시면서도 스스로 무지한 하나님처럼 놀라신다. 인간의 우발적 행동(회개)은 하나님을 놀라게 만든다. 내가 기도하지 않고 인생을 맘대로 살았던 사람인데, 우발적으로 하나님께 돌아가겠다는 결심을 하면 하나님은 놀라시는 것이다. 하나님은 욥과 같은 사람이 세상을 책임지기 때문에 안정감을 느끼신다. 하나님은 인간의 대리 순종, 대리 행위를 통하여 우주적 안정감을 누리고 싶어 하시는 분이다. 그래서 향기로운 제물을 태우면 냄새를 맡으시는 분이시다. 레위기 1:9은 하나님이 인간이 바친 번제의 향기를 맡고 안식을 경험한다고 증언한다. "그 내장과 정강이를 물로 씻을 것이요 제사장은 그 전부를 제단 위에서 불살라 번제를 드릴지니 이는 화제라. 여호와께 향기로운 냄새니라." 번제처럼 자신의 삶을 바치는 사람이 풍기는 향기로운 냄새는 하나님을 거룩하게 이완시키고 위무한다. 즉, 인간의 신실한 삶은 하나님을 이완시키고 안식에 들어가게 한다.

반면에 하나님은 무량대수의 별을 만들어 놓고도 인간에게 인정을 받지 못하면 고독감을 느끼시는 것처럼 보인다. 우리가 집단 불순종을 하면 하나님은 스스로를 버려진 존재처럼 느끼신다. 그래서 하나님은 어떤 사람이 치욕적인 고통을 느끼면 그것을 모른 체하실 수 없다. 이 세계 만민이 하나님이 보낸 독생자 예수를 '주'라고 고백할 날을 앙망하며, 하나님을 아버지로 인정하는 날을 기다리신다. "하늘에 있는 자들과 땅에 있는 자들과 땅 아래에 있는 자들로 모든 무릎을 예수의 이름에 꿇게 하시고 모든 입으로 예수 그리스도를 주라시인하여 하나님 아버지께 영광을 돌리게 하셨느니라."빌 2:10-11 믿음이 없이는 하나님을 기쁘시게 하지 못한다.히 11:6 인간의 신실한 삶은 하나님을 기쁘게 한다. 인간의 자발적인 순복과 하나님 경외의 삶은 하나님으로 하여금 기쁨을 주체할 수 없게 만든다.습 3:17 반면에 하나님은 인간의 협조와 지지, 협력 없이는 황량한 고독을 느끼신다. 하나님은 우리가 인간의 언어로 표현할 수 없을 만큼 인격적이시기 때문에, 하나님의 전지전능성을 강조해서 하나님의 인격성을 놓치면 욥기를 이해하지 못한다.

욥기 —1장에서 하나님은 천상어전회의에서 만조백관을 모아 자신이 창조하신 창조의 기쁨을 노래하고, 만든 세계가 자신의 뜻대로 잘 통치되는 것을 보고 흡족해 하신다. 창세기 1장에서 일곱 번 나오는 "좋다"를 반복했을 것이다. 이에 모든 천군 천사가 "아멘"이라고 했을 것이다. 그런데 그 속에는 사탄의 "아니요"라는 반대가 있었다. 하나님의 자기긍정적인 평가에 대한 사탄의 대항 논리는 하나님의 신적 자기평가를 훼손시켰다. 하나님의 존재 효능감에 균열, 분열, 갈등을 일으킨 것이다. 이 세계가 하나님의 통치대로 돌아간다고 믿는 하나님에 대해 사탄이 "나는 그렇게 생각하지 않습니다"라고 이의를 제기한다. 왜 그랬을까? "당신이 사람들에게 경배를 받는 이유는 당신이 물질과 재산 등으로 사람들의 존경을 샀기 때문입니다. 당신 자체를 알고 당신을 사랑하고 경외하는 사람은 없을 것입니다." 이것이 욥기 −1장의 아젠다였을 것이다. 이것을 이해해야 욥기 1장에서의 하나님의 느닷없는 공격적 발언을 이해할 수 있다.

3장.

고통스러운 삶도 살 만한 가치가 있는가?

3

¹ 그 후에 욥이 입을 열어 자기의 생일을 저주하니라. ² 욥이 입을 열어 이르되 ³ 내가 난 날이 멸망하였더라면, 사내아이를 배었다 하던 그 밤도 그러하였더라면, ⁴ 그 날이 캄캄하였더라면, 하나님이 위에서 돌아보지 않으셨더라면, 빛도 그 날을 비추지 않았더라면, ⁵ 어둠과 죽음의 그늘이 그 날을 자기의 것이라 주장하였더라면, 구름이 그 위에 덮였더라면, 흑암이 그 날을 덮었더라면, ⁶ 그 밤이 캄캄한 어둠에 잡혔더라면, 해의 날 수와 달의 수에 들지 않았더라면, ⁷ 그 밤에 자식을 배지 못하였더라면, 그 밤에 즐거운 소리가 나지 않았더라면, ⁸ 날을 저주하는 자들 곧 리워야단(악어)을 격동시키기에 익숙한 자들이 그 밤을 저주하였더라면, ⁹ 그 밤에 새벽 별들이 어두웠더라면, 그 밤이 광명을 바랄지라도 얻지 못하며 동틈을 보지 못하였더라면 좋았을 것을, ¹⁰ 이는 내 모태의 문을 닫지 아니하여 내 눈으로 환난을 보게 하였음이로구나. ¹¹ 어찌하여 내가 태에서 죽어 나오지 아니하였던가. 어찌하여 내 어머니가 해산할 때에 내가 숨지지 아니하였던가. ¹² 어찌하여 무릎이 나를 받았던가. 어찌하여 내가 젖을 빨았던가. ¹³ 그렇지 아니하였던들 이제는 내가 평안히 누워서 자고 쉬었을 것이니 ¹⁴ 자기를 위하여 폐허를 일으킨 세상 임금들과 모사들과 함께 있었을 것이요 ¹⁵ 혹시 금을 가지며 은으로 집을 채운 고관들과 함께 있었을 것이며 ¹⁶ 또는 낙태되어 땅에 묻힌 아이처럼 나는 존재하지 않았겠고 빛을 보지 못한 아이들 같았을 것이라. ¹⁷ 거기서는 악한 자가 소요를 그치며 거기서는 피곤한 자가 쉼을 얻으며 ¹⁸ 거기서는 갇힌 자가 다 함께 평안히 있어 감독자의 호통 소리를 듣지 아니하며 ¹⁹ 거기서는 작은 자와 큰 자가 함께 있고 종이 상전에게서 놓이느니라. ²⁰ 어찌하여 고난 당하는 자에게 빛을 주셨으며 마음이 아픈 자에게 생명을 주셨는고. ²¹ 이러한 자는 죽기를 바라도 오지 아니하니 땅을 파고 숨긴 보배를 찾음보다 죽음을 구하는 것을 더하다가 ²² 무덤을 찾아 얻으면 심히 기뻐하고

즐거워하나니 ²³하나님에게 둘러 싸여 길이 아득한 사람에게 어찌하여 빛을 주셨는고. ²⁴나는 음식 앞에서도 탄식이 나며 내가 앓는 소리는 물이 쏟아지는 소리 같구나. ²⁵내가 두려워하는 그것이 내게 임하고 내가 무서워하는 그것이 내 몸에 미쳤구나. ²⁶나에게는 평온도 없고 안일도 없고 휴식도 없고 다만 불안만이 있구나.

자기 생일을 저주하는 욥 •1-12절

동방에서 가장 덕망 있고 경건했던 욥, 하나님 앞에서나 사람 앞에서 지극히 겸손하고 사랑과 정의감이 투철했던 욥은 실로 참혹한 환난에 내던져졌다. 사탄은 욥의 신앙을 의심하고 그의 하나님 경외 자체의 한계를 검증하기 위해 악랄하게 공격했다. 스바 사람의 약탈,^{1:15} 하늘에서 내려온 하나님의 불,^{1:16} 갈대아 사람의 침략과 약탈,^{1:17} 거친 들에서 불어온 대풍으로 인한 자녀들의 몰살^{1:19}이라는 감당하기 어려운 재앙이 연속적으로 쇄도했다. 사탄은 이토록 참혹한 재앙 앞에서도 신앙의 중심이 흔들리지 않자 욥을 더욱더 가혹하게 악창으로 공격했다. 발바닥에서 정수리까지 악창(가려움증, 악성피부병)이 욥을 덮쳤고 마침내 욥은 재 가운데 앉아서 기와 조각을 가져다가 몸을 긁고 있다. 욥이 당한 이 처참한 추락과 고난의 운명은 동방의 제사장 나라 이스라엘 민족 운명의 축소판이었다. 다윗과 솔로몬 시대로 상징되는 7남 3녀의 풍성한 자식과 많은 재산과 덕망과 경건으로 그 명성을 이방 지역까지 널리 떨치던 1장 전반부의 욥은, 제1기 이스라엘과 거의 동일시된다.

스바¹ 사람, 갈대아 사람(바벨론 제국, 합 1:6)의 약탈과 침략으로 재산을, 하늘에서 내려온 불과 거친 들에서 불어온 대풍으로 자녀를 잃은 욥은 멸망기 역사를 경험한 이스라엘 민족을 대변한다. 이러한 재앙의 순서와 구성 속에는 이스라엘 민족의 몰락이 역사적인 이유(스바 사람과 갈대아 사람의 침략)와 초월적인 하나님의 절대주권적 섭리 (하나님의 불, 거친 들에서 불어온 대풍) 때문에 일어난 일이라는 신앙고백이 들어 있다. 인간의 모든 고난에는 죄와 벌이라는 인과응보의 자연법칙에서 비롯되는 면이 있는 반면에, 하나님의 초월적인 절대주권에서 비롯되는 면도 있다는 것이다. 이 하나님의 초월적인 절대주권의 영역은 우리가 완전히 해명하기 어려운 신앙의 신비에 싸여 있다. "감추어진 일은 우리 하나님 여호와께 속하였거니와 나타난 일은 영원히 우리와 우리 자손에게 속하였나니 이는 우리에게 이 율법의 모든 말씀을 행하게 하심이니라."신 29:29 이처럼 하나님의 역사는 무한 입방체와 같은 구조로 되어 있어, 한두 가지 단순한 범주로 해명해낼 수 없다. 이 세상에서 일어나는 도저히 이해할 수 없는 고난의 신비가 우리를 얼마나 자주 전율케 하는가? 신자들은 인간의 이성이 미치지 못하는 이 초월적인 주권의 영역을 겸손히 인정하는 자들이다.

칼 구스타프 융C. G. Jung이라는 심리학자는 '악마'란 없고 다만 하나님의 뒷모습, 곧 알려지지 않은 하나님의 또 다른 진면목이 있을 뿐이라고 주장했다. 그는 이 하나님의 뒷모습이 사탄이라고 말했다. 그래서 그는 심지어 성부, 성자, 성령(하나님의 전면), 사탄(하나님의 배면)을 가리켜 하나님의 4위 1체라고까지 주장할 정도였다.² 융의 예에서 보듯이, 하나님의 주권적이고 초월적인 역사에 대한 계시의 조명 없이 벌거벗은 이성으로 돌진하는 자는 다 실족한다. 예수님의 십자가의 그 수치스런 고난은 바로 지혜롭다고 여겨지던 바리새인들에게 넘어지게 하는 걸림돌이었다. 계시의 조명이 없는 벌거벗은 이성의 행보는 예수의 처참하고 혹독하며 부조리한 십자가 죽음 앞에 실족할 수밖에 없었다. 본문에 나오는 '자기의 생일을 저주하는 욥'과 그 주변에 있는 친구들, 그의 아내는 이 압도적인 고난 앞에 실족했으며 동요하기 시작했다.

2장까지만 해도 자제력을 유지하며 충격과 당혹으로 실족해 가던 아내를 타이르던 욥도 마침내 자제력을 잃기 시작했다. 자기 생일을 저주하는 욥을 통해서 인간이 견딜 수 있는 고난의 강도가 어디까지인지를 짐작해 볼 수 있다. 왜 하나님은 자기 생일을 저주할 정도까지 그토록 극심한 환난풍파를 욥에게 허용하실까? 공리주의적이고 실용주의적인 고난 이해를 가진 사람들은 손쉽게 대답할 수 있을지 모른다. 그들은 하나님이 더 큰 복을 주시기 위해 잠깐 동안의 고난도 허락하신다고 믿는 사람들이다. 그들은 인생의 최고 목적이 현세적 행복이라고 믿는 인본주의적 사상을 극복하고, 이생의 행복을 넘어 그 이상의 무엇이 있음을 보여주시려는 하나님의 섭리 때문에 현세의 고난이 주어진 것이라고 대답한다. 인생은 행복을 위한 것이 아니라 창조주 하나님의 신비로운 뜻과 의지를 펼쳐내는 도구로 만들어졌다는 것이다. 즉, 인생은 행복의 포도주만 담도록 만들어진 그릇이 아니라 하나님의 신비롭고 이해할 수 없는 사랑을 담아 펼쳐내어 보이도록 창조되었다는 것이다. 약간 다른 어조이긴 하지만 욥의 친구들도 이따금씩 이런 생각을 피력하기도 한다. 그래서 그들은 욥으로 하여금 하나님이 주신 고통을 계기로 회개하고 개과천선해 더 나은 복을 누리라고 조언한다. 하지만 이런 공리주의적이고 실용주의적인 고난 이해는 욥의 참혹한 고난에는 전혀 해당되지 않는 한가한 담론이다. 욥은 단지 자녀들과 재산만 다 잃은 것이 아니라 자신의 최고보화인 하나님에 대한 신앙도 빼앗길 위기에 내몰렸기 때문이다. 자신의 생을 선물로 주셨다가 다시 부서뜨리는 창조주 하나님의 불가해한 공격에 척추가 부서진 듯한 존재 위기에 직면한 욥에게는 "존재와 생명이 고통의 근원이라면 차라리 죽어 버리자. 내 생일을 저주하자"라고 말하는 편이 차라리 현실적 대응이었을 것이다. 물론 하나님은 욥의 자기 생일 저주를 액면 그대로 자기 저주로 보지 않으시고 창조주 하나님에 대한 호소로 받으셨음이 곧 밝혀지겠지만, 욥의 항변은 처음부터 처절하다. 놀랍게도 하나님은 자신의 인생살이를 가능케 했던 첫날, 곧 자기 생일을 저주하는 사람을 단지 불경하고 신성모독적인 자가 아니라 하나님의 무궁한 자비를 강청하는 사람으로 간주하신다.

3장 첫 단락은 마침내 입을 열어 자기의 생일을 저주하는 욥의 육성을 그대로 전달한다.[1-2절] 3-8절은 욥의 원시우주 흑암 예찬이다. 이 여섯 절에서 개역개정성경이 "날"이라고 번역한 히브리어 '욤'(םוֹי)은 "낮"이라고 번역하는 것이 더 낫다.[3] 개역개정성경은 이 여섯 절에서 네 차례나 언급되는 '욤'을 "낮"이 아니라 "날"이라고 번역함으로써, '낮과 밤'의 대구관계를 흐리고 있다. 욤을 "낮"이라고 번역해야 3-8절에서 낮과 밤의 대구가 더 선명하게 부각된다.

3 내가 난 **낮**(욤)이 멸망하였더라면, 사내아이를 배었다 하던 그 **밤**(라열라)도 그러하였더라면,

4 그 **낮**(욤)이 캄캄하였더라면, 하나님이 위에서 돌아보지 않으셨더라면, 빛도 **그것을**(알라이브) 비추지 않았더라면,

5 어둠과 죽음의 그늘이 **그것을**(알라이브, 낮) 자기의 것이라 주장하였더라면, 구름이 그 위에 덮였더라면, 흑암이 그 **낮**(욤)을 덮었더라면,

6 그 **밤**(라열라)이 캄캄한 어둠에 잡혔더라면, 해의 날 수와 달의 수에 들지 않았더라면,

7 그 **밤**(라열라)에 자식을 배지 못하였더라면, **그것**(밤)에 즐거운 소리가 나지 않았더라면,

8 **낮**(욤)을 저주하는 자들, 곧 리워야단을 격동시키기에 익숙한 자들이 **그것**(욤)을[4] 저주하였더라면.

위에서 보듯이, 3-8절의 낮(욤)과 밤(라열라)은 서로 온전한 한 날을 구성하는 대구적 평행어다. 구약성경 다른 곳에서처럼 여기서도 하루를 구성하는 낮과 밤을 대구로 말하는 화법은 연속적인 혹은 영구적인 시간 범위를 표현한다. 따라서 '욤'과 '라열라'를 "낮"과 "밤"으로 번역하여 대구를 살리는 것이 저자의 의도를 파악하는 데 더 유리하다. 욥은 3절에서 자신이 태어난 낮 자체가 멸망의 낮이었다면, 어머니가 자신을 잉태한 그 밤도 멸망의 밤이었더라면,[3절] 그 낮이 캄캄해 하나님이 위에서 돌아보지 않은 날, 빛도 없는 흑암천지였더라면 얼마나 좋았을까[4절]하며 아쉬워한다. 여기서 욥이 낮에 태어났는지, 밤에 태어났는지는 전혀 중요하지 않다. 욥이 하루를 구성하는 두 요소인 낮과 밤 모두가 어둠과 흑암에 삼켜져 버렸었기를 바란다는 사실이 더 중요하다. 5절에서 욥은 어둠과 죽음의 그늘이 자신이 태어난 낮을 자기의 것이라 주장하였더라면, 구름이 그 위에 덮였더라면, 흑암이 그 낮을 덮었더라면, 더 좋았을 뻔했다며 아쉬워한다.

6절은 자신을 잉태하는 그 밤이 어둠에 잡혀 해의 날수와 달의 날수에 들지 않았었기를 비는 욥을 보여준다. 7절은 자신을 잉태한 그 밤이 없었기를, 8절은 낮을 저주하는 자들, 곧 리워야단을 격동시키기에 익숙한 자들이 자신이 잉태되던 낮을 저주하여 자신이 잉태되는 일 자체가 없었기를 갈구한다. 창세기, 시편, 이사야, 욥기 등에서 리워야단은 하나님의 창조질서에 대적하는 세력이다. 리워야단은 하나님의 빛 창조를 필두로 피조물의 안정된 거주지인 땅을 침수시키는 잠재적인 위협세력이다. 그는 하나님의 피조물이긴 하지만 하나님의 6일간 창조노동으로 태어난 지구 생명공동체보다는 선재하는 세력이다. 우리가 지금 누리는 이 생명의 터전인 땅이 창조되기 이전부터 있는, 상대적으로 땅보다 더 앞서 존재하는 혼돈세력을 본거지로 삼아 리워야단은 하나님의 땅 창조에 맞서는 세력처럼 묘사된다.

이 구절에서 욥은 리워야단이 깨어나 빛이 지배하는 하나님의 창조 질서를 다시 창조 이전 흑암, 곧 창세기 1:2 상황(흑암이 심연 위에 있는 6일 창조 이전의 선재상황)으로 변전變轉시켜 주었었기를 비는 것이다. 욥은 창세기 1:3의 빛 창조부터 시작되는 낮과 밤의 교체와 그로 인한 날, 달, 해의 전진이 이뤄지는 세상 자체가 없어지기를 바라는 셈이다.[5] 욥이 자기 생일을 저주하고 낮밤에 대해 악담을 퍼붓는 것, 그리고 '깨어난' 리워야단을 통해 창조질서가 교란되기를 갈망하는 것, 이 모든 것은 하나님의 창조 자체에 대한 저항인 셈이다. 자신의 칠흑 같은 인생의 짐이 너무 무거운 나머지 욥은 자기가 태어나기 이전의 가상적 상황을 희구하는 데서 한 걸음 더 나아가, 아예 하나님의 빛 창조, 낮과 밤 경계 설정을 통한 세상 창조 자체가 없었던 일처럼 되기를 바라는 것이다. 욥의 극심한 고난이 욥의 건전한 영성과 이성적 사유를 무자비하게 파괴했음을 시사한다.

일부 주석가들이 흔히 생각하는 것과는 달리, 위의 여섯 구절에서 욥은 단지 낮을 폄하하고 밤을 예찬하는 정도에 머물지 않는다. 어디에서도 밤은 나쁘고 낮은 좋다고 말하거나, 반대로 낮은 미워하고 밤은 선호한다고 말하지 않는다. 오히려 욥은 낮과 밤의 순환을 통해 "날"을 정하신 하나님의 창조질서 그 이전 단계의 원시우주의 흑암이 낮과 밤을 삼켜 주기를 바란다. 그는 낮과 밤의 자연스러운 순환교대가 아니라, 낮과 밤 전체가 더 근원적인 흑암에 삼켜지기를 희구한 것이다. 단순히 자신의 비출생, 사산死産이 일어났더라면 얼마나 좋았을까를 희구하는 것이 아니라, 창조주 하나님에게도 "좋다"고 승인받은 낮과 밤의 질서 자체가 붕괴되어 버렸기를 열망한다. 욥기 전체에서 "밤"(라옐라)이 모두 스물세 번 언급되는 중에서 욥의 입에서 열두 차례 언급되는 것을 볼 때, 3장 이후의 욥은 창조 이전의 그 궁극적인 흑암 예찬자가 되어 버렸음을 알 수 있다. 욥은 낮과 짝을 이루는 그런 밤을 예찬한 것이 아니라 창세기 1:2의 원시우주의 어둠을 예찬함으로써, 하나님의 창조 자체의 선한 의도를 의심한 셈이다.[6]

9절은 자신을 잉태하던 밤에 새벽 별들이 어두워 아예 새벽까지 이어지지 않았었기를 갈구하는 욥을 보여준다. 10절에서 욥은 그런 일들이 일어나지 않아 자신이 태어난 것을 원통하게 생각하며 태어난 것 자체가 바로 자신의 환난을 목도하게 한 사태의 시초라고 주장한다. 11절에서 그는 자신이 사산되어 나오지 않았음을 애통하게 생각한다. 12절은 어머니 무릎이 자신을 받아 어머니의 젖을 빨고 살게 된 것을 원통하게 여기는 욥을 보여준다. 구구절절 환난당한 자의 가슴 속 깊은 곳에서 터져 나온 비수 같은 외침이다. 다음 단락에서 욥은 고통으로 얼룩진 이 세상 너머 무덤의 안식을 사모하기 시작한다. 욥은 죽음의 세계를 안식의 세계로 상상하며 이미 죽어 스올의 안식에 든 자들의 처지를 부러워한다.

죽음을 사모하고 죽은 자들을 부러워하는 욥 • 13-26절

13절에서 욥은 자신의 잉태가 이뤄진 밤이 멸망당했더라면, 자신이 사산되었더라면, 이제는 자신이 평안히 누워서 자고 쉬었을 것이라고 생각한다. 14-16절은 다시 약간 다른 어조로 이미 죽은 자들의 처지를 부러워하는 욥의 장탄식이다. 자신이 이미 죽었더라면, 폐허의 운명에서 입신양명한 세상 임금들과 모사들과 함께 스올(음부)에서 쉬고 있었을 것이라고 생각한다.[14절] 금을 가지며 은으로 집을 채운 고관들과 함께 있었을 것이라고 상상한다.[15절] 또한 아예 낙태되었더라면 땅에 묻힌 아이처럼 자신은 세상에 태어나 존재하지도 않았을 것이며 빛을 보지 못한 아이들 같았을 것이라고 말한다.[16절] 욥의 절망은 죽은 자를 부러워하는 데서 한 걸음 더 나아가 태어나지 않은 사

산아들을 부러워하는 데서 극단적으로 나타난다.

17-19절에서 욥은 죽은 자들의 지하세계를 고통과 차별, 소란이 없는 평등 세상이라고 본다. 가혹한 고통에 시달리는 욥에게 세 절 모두에서 "거기서는"으로 묘사되는 죽은 자들의 세상은 현실 세계와 전혀 다른 평온한 세상이다. "악한 자가 소요를 그치며 거기서는 피곤한 자가 쉼을 얻으며",[17절] "갇힌 자가 다 함께 평안히 있어 감독자의 호통 소리를 듣지 아니하며",[18절] "작은 자와 큰 자가 함께 있고 종이 상전에게서 놓이"[19절]는 세상이다. 과연 스올은 부러워할 만한 세상이다. 현실 세계에는 악한 자의 소요가 그치지 않으며 피곤한 자들에게는 안식이 없다. 갇힌 자는 감독자의 호통 소리에 평안을 빼앗기고 작은 자는 큰 자에게 시달리며 종은 상전에게 매여 산다. 현실의 혐오스러운 추악함에 몸서리치게 시달린 사람들은 죽음을 사모하고 죽은 자들을 부러워한다. 그러나 죽은 자들의 안식처 스올을 애타게 갈망하는 욥이 자살충동을 느끼고 있다고 생각해서는 안 된다. 자신의 삶이 너무 처참하게 붕괴된 것에 대한 통한의 아우성으로 들어야 한다.

20-26절은 죽고 싶어도 죽지 못하고 비참한 고통을 짊어지고 살아가야 하는 자신의 처지를 비관하는 욥을 보여준다. 그는 고난당하여 마음이 아픈 자신에게 하나님이 왜 빛과 생명을 주셨는지를 항변하듯이 탄식한다.[20절] 죽기를 바라도 죽지 못하고 땅을 파고 숨긴 보배를 찾듯이 죽음을 구하다가[21절] 무덤을 찾아 얻으면 심히 기뻐하고 즐거워하는 자신의 가련한 처지를 토로한다.[22절]

20-21절에서처럼 욥은 23절에서도 자신을 3인칭으로 묘사한다. 하나님께 둘러싸여 길이 아득한 자신에게 빛을 주신 하나님께 항변한다. 욥은 음식 앞에서도 탄식이 나며, 자신이 아파 내지르는 앓는 소리는 물이 쏟아지는 소리처럼 격렬하다고 탄식한다.[24절] 25절에서 욥은 자신이 사모하는 죽음 대신에 살아 있는 자신의 몸과 영혼을 갈

가리 찢는 고통이 자신을 분초마다 고문하는 현실을 슬퍼한다. 25절에서 말하는 욥이 "두려워하는 그것"과 "무서워하는 그것"은 욥의 몸과 영혼을 짓이기는 고통이다. 죽지도 못하게 감금한 채 하나님은 무서운 고통이 욥의 영혼과 육체를 패대기치듯 유린하도록 허용하신다. 26절은 이런 욥의 종합소감이다. "평온도 없고 안일도 없고 휴식도 없고 다만 불안만이 있"는 나날이 욥의 형편이다.

메시지

자신의 생일을 저주하던 욥은 "지금이라도 좋으니 당장 죽고 싶다"라고 탄식한다. 이 말 또한 생명을 창조하시고 이 세상에 거룩한 사명을 맡겨 우리를 보내신 창조주 하나님을 민망하고 슬프게 하는 말이다. 하나님이 "생육하고 번성하여 살라"며 창조하시고 복 주신 사람이, 하나님이 마련해 주신 이 세상에서 죽고 싶다고 말하는 것만큼 하나님의 가슴을 저미게 하는 일은 없을 것이다. 그러나 삶 자체가 극도로 절망적인 고통으로 에워싸인 사람들은 죽음으로 돌진하고 싶은 갈망에 시달린다. 너무나 큰 고통에 시달리는 욥은 이 고통에 찬 세계 너머에 있는 평화로운 땅, 죽은 자들의 거소居所를 동경한다. 사실상 무덤의 세계도 안온과 평강만이 있는 곳이 아니지만, 이 지상의 삶이 너무 비참하다보니 욥은 상대적으로 무덤 저편, 죽음의 세계를 이상화하고 있다. 욥의 생일 저주, 낮과 밤에 대한 악담과 저주는 단지 자신의 몰락한 처지를 한탄하는 말처럼 들린다. 그러나 여기에는 그 이상의 의미가 들어 있다.

욥의 자기 생일 저주, 낮과 밤에 대한 악담은 실상 하나님의 창세기 1장 창조를 무효화하고 파괴하는 언동처럼 들릴 정도로 하나님께는 의미심장하고 도발적인 언동이다. 3장에서 욥은 일곱 차례나 저주 기원을 발설함으로써 자신의 출생과 관련된 시간들에게만 악담을 퍼붓는 것이 아니라, 아예 그의 큰 원수인 낮과 밤을 부수려고 시도한다. 이 욥의 태도는 하나님이 저녁과 아침 순서로 창조하신 창조 그 자체를 폐기하려는 듯 도발적이다.[7] 그는 또한 '바다'(얌)의 사제들에게 잠자는 리워야단을 깨워 달라고 강청한다. 혼돈 괴수인 리워야단에게 낮을 삼키고 모든 피조물들을 파괴해 버리라고 요청한다. 하나님으로 하여금 거대한 바다 괴물인 혼돈을 정복해 달라고 소리치는 이사야 51장이나 시편 74편에서와 달리 욥은, 정반대로 하나님의 창조세계를 파괴할 후보자로 리워야단을 깨워 달라고 요청한다. 빛의 창조세계를 다시 어둠으로 변화시켜 달라는 것이다.[8] 3장의 욥은 자기 생일 저주를 통해 하나님의 창조 자체를 대적하는 것이다. 어둠에서 빛을 창조한 후 낮과 밤의 질서와 경계를 정한 하나님의 창조 사역 전체를 교란시키고 파괴해 달라고 요청하는 욥에게서 우리는 자신의 어두운 일면을 본다. 우리에게 닥친 엄청난 재앙과 환난에 압도당하면 우리 또한 창조질서 전체가 붕괴되고 무효화되기를 바라는 열망에 사로잡힐 수 있기 때문이다.

그렇기 때문에 우리는 죽음과 무덤을 동경하며 하나님의 창조 자체가 폐기되었으면 좋겠다고 갈망하는 욥을 섣불리 비난할 수 없다. 그의 죽음 예찬을 소심한 이기주의자의 도피심리라고 단죄해서도 안 된다. 죽음을 예찬해야 할 막다른 고난의 경지로 내몰린 이웃을 향해 논평하거나 비난하는 일에 극도로 신중해야 한다. 우리는 욥이 이 처참한 상황에서 충분히 신앙적이지 못했다고 흠을 잡을 수는 없다. 밤마다 찾아오는 적막과 기가 막힌 슬픔 때문에 영혼을 송두리째 점령당한 나날이 계속되었기 때문이다. 4장 이후에 등장하는 세 친구들은 극한 고난 중에서 불평과 탄식을 토해내는 욥을 율법주의적 표준으로 재단하며 정죄했다. 그러나 하나님은 욥의 이 고난에 찬 한탄을 불신앙이라고만 질책하지 않으셨다. 오히려 하나님은 욥의 불평과 도가 지나친 항변을 욥기가 끝날 때까지 묵묵히 참고 들으셨다. 고통의 나날로 이어지는 인생을 빨리 종지부 찍고자 하는 욥과 같은 사람의 장탄식은 우리의 심금을 울린다. 처참한 '신적 방치와 유기遺棄' 속에 나뒹구는 인생들의 장탄식은 하나님의 심금도 울린다.

그럼에도 고난의 희생자들은 철저하게 고립되어 있다. 우주의 어느 모퉁이에서도 자신을 지지하는 호의를 발견할 수 없다. 그래서 욥 같은 고난의 희생자는 이 고통스런 나날이 과연 계속될 만한 가치가 있는지 다시 한 번 자문한다. "평강도 없고, 안온함도 없고, 안식도 없고, 고난만 임하는 밤, 그 외롭고 괴로운 밤을 견딜 만한 심장이 나에게 남아 있을까?" 우리는 여기서 욥과 같은 마음이 되어 하나님께 격정적인 질문을 제기하고 싶어진다. "하나님은 이 고난의 울타리에 갇혀 원한과 슬픔에 절어 미칠 듯이 포효하는 욥의 절규에 왜 철벽처럼 무감동하셨습니까?" 이 질문에 대한 1차적인 답변은 욥기 38장 이후에 나온다. 그러나 이 질문에 대한 궁극적인 대답은 신약시대 나사렛 예수의 십자가 죽음과 부활 드라마에서 주어진다.

그리스도 예수는 흑암에 앉은 백성, 사망의 그늘에 앉은 자들을 구원하시려고 끝날 줄 모르는 고난의 세계, 악창의 세계에 들어오셨다.마 4:16 욥이 매일 밤 찾아오는 악창의 가려움과 열꽃으로 부어오르고 쑤시는 고통에 진저리치는 그 밤에, 이스라엘 민족이 욥처럼 고통과 흑암 속에 악창으로 진저리치는 그 밤에, 예언자들을 통해 그리고 마침내 하나님의 아들 예수 그리스도를 통해 하나님은 찾아오신다. 당신의 아들 예수 그리스도가 당한 억울하고 부조리한 고난을 통해 죽음을 이기고 부활의 시대를 여신다. '평강도 없고, 안온함도 없고, 안심도 없고, 고난만 임하는 모든 두렵고 괴로운 밤'에 육신을 입으신 예수님이 찾아오신다. 우리가 가장 비참한 악창의 고통과 안식의 박탈로 인한 두려움에 사로잡힌 그 때 예수님은 찾아오신다. 예수님은 하나님의 아들이라도 친히 고난을 앞서 겪고 온전케 되신^{히 5:7-8} 분이다. 그는 고통당하는 인간의 질고^{疾苦}를 아는 구원자시다.

4장.

엘리바스의 1차 변론:

부조리한 고난과 부조리한 하나님?

4

¹ 데만 사람 엘리바스가 대답하여 이르되 ² 누가 네게 말하면 네가 싫증을 내겠느냐, 누가 참고 말하지 아니하겠느냐. ³ 보라, 전에 네가 여러 사람을 훈계하였고 손이 늘어진 자를 강하게 하였고 ⁴ 넘어지는 자를 말로 붙들어 주었고 무릎이 약한 자를 강하게 하였거늘 ⁵ 이제 이 일이 네게 이르매 네가 힘들어 하고 이 일이 네게 닥치매 네가 놀라는구나. ⁶ 네 경외함이 네 자랑이 아니냐. 네 소망이 네 온전한 길이 아니냐. ⁷ 생각하여 보라. 죄 없이 망한 자가 누구인가. 정직한 자의 끊어짐이 어디 있는가. ⁸ 내가 보건대 악을 밭 갈고 독을 뿌리는 자는 그대로 거두나니 ⁹ 다 하나님의 입 기운에 멸망하고 그의 콧김에 사라지느니라. ¹⁰ 사자의 우는 소리와 젊은 사자의 소리가 그치고 어린 사자의 이가 부러지며 ¹¹ 사자는 사냥한 것이 없어 죽어 가고 암사자의 새끼는 흩어지느니라. ¹² 어떤 말씀이 내게 가만히 이르고 그 가느다란 소리가 내 귀에 들렸었나니 ¹³ 사람이 깊이 잠들 즈음 내가 그 밤에 본 환상으로 말미암아 생각이 번거로울 때에 ¹⁴ 두려움과 떨림이 내게 이르러서 모든 뼈마디가 흔들렸느니라. ¹⁵ 그 때에 영이 내 앞으로 지나매 내 몸에 털이 주뼛하였느니라. ¹⁶ 그 영이 서 있는데 나는 그 형상을 알아보지는 못하여도 오직 한 형상이 내 눈 앞에 있었느니라. 그 때에 내가 조용한 중에 한 목소리를 들으니 ¹⁷ 사람이 어찌 하나님보다 의롭겠느냐. 사람이 어찌 그 창조하신 이보다 깨끗하겠느냐. ¹⁸ 하나님은 그의 종이라도 그대로 믿지 아니하시며 그의 천사라도 미련하다 하시나니 ¹⁹ 하물며 흙 집에 살며 티끌로 터를 삼고 하루살이 앞에서라도 무너질 자이겠느냐. ²⁰ 아침과 저녁 사이에 부스러져 가루가 되며 영원히 사라지되 기억하는 자가 없으리라. ²¹ 장막 줄이 그들에게서 뽑히지 아니하겠느냐. 그들은 지혜가 없이 죽느니라.

4-5장은 욥의 고난에 대한 친구 엘리바스의 분석과 처방을 제시한다. 이 단락의 핵심은 7절이다. 하나님의 세상 통치 원리는 죄인 필멸必滅亡, 정직자 필번성必繁盛이라는 주장이다. 욥에게 충고하지 않을 수 없는 지경에 이른 엘리바스는 욥에게 자신의 말에 싫증내지 말고 수용해 주기를 바라며 충고를 시작한다.1-2절 3-5절은 "전에는……이제는" 논법이다. 엘리바스는 여러 사람을 훈계했고 손이 늘어신 자를 강하게 했으며,3절 넘어지는 자를 붙들어 주고 무릎 약한 자를 강하게 해준4절 욥의 이전 의로움과 지도력은 인정한다(욥 29장, 31장 욥 자신의 증언에서도 확인). 그런 후 그는 "이 일"(7남 3녀 몰살, 재산 몰락, 욥의 악창 등 대파국적 몰락) 때문에 놀라는 욥을 위로하려고 한다.5절 엘리바스가 보기에 "이제"는 과거보다 더 중요하다. 이전의 모든 의로운 삶에 대한 칭찬은 "이제" 닥친 환난을 보니 더는 유지될 수 없다는 것이다. 욥이 자랑하는 하나님 경외, 정직함 자체가 쇄도하는 재난을 막아 줄 방벽이 더는 되지 못하기 때문이다.6절 그래서 엘리바스는 "이제" 욥에 대해 전혀 다른 평가를 내리지 않을 수 없다고 말한다. 그는 우선 욥에게 세상 모두가 알고 있는 하나님의 도덕적 공정 통치 원리를 생각하도록 촉구한다.7절 여기서 은근한 삼단논법이 구사된다.

대전제는 "죄 없이 망한 자가 없고 정직한 자의 끊어짐이 없다"이다.7절 악을 밭 갈고 독을 뿌리는 자는 그대로 거둔다.8절 악인이 악행으로 멸망하기까지는 시간이 걸릴 뿐 반드시 망한다. 악인은 하나님의 입 기운에 멸망하고 분노의 콧김에 그 존재가 사라져 버린다.9절 소전제는 "욥은 지금 하나님의 심판으로 대파국을 맞았다"라는 것이다. 결론은 "따라서 욥은 즉시 회개하지 않으면 더 큰 화를 초래할 악인이다"라는 것이다.

10-11절에서 욥은 한때 강장하고 번성을 누리다가 치명상을 입고 사냥에 실패하는 사자 가족으로 비유된다. 욥은 의인처럼 행세했으나 실은 악인이었다는 뉘앙스가 강한 비유다. 현재 하나님의 심판으로 망가져 당황해 하는 욥은 사냥 능력을 박탈당한 사자 같은 처지에 놓여 있다. 사자의 우는 소리, 젊은 사자의 소리, 이가 부러진 어린 사자 등은 사냥에 실패하여 당혹스러워하는 사자 가족을 떠올리게 한다.[10절] 어미 사자는 결국 사냥에 실패해 굶어 죽어가고 암사자의 새끼는 흩어지고 만다.[11절] 독자들은 이 사자 가족 비유가 욥의 가문 몰락을 빗대는 비유임을 깨닫게 된다.

밤의 환상에 기대어 인간 자체의 불결과 불의를 주장하는 엘리바스 • 12-21절[1]

이 단락에서 엘리바스는 다소 기괴한 신학적 논변을 제시한다. 12-16절은 엘리바스가 시청각적으로 경험한 밤 환상을 소개한다. 엘리바스에게 처음 일어난 계시는 어떤 말씀, 가느다란 소리였다.[12절] 13-14절은 말씀과 소리가 들려온 맥락을 말한다. 사람들이 깊은 잠이 드는 한밤중에 자신이 환상을 보고 마음이 번거로워질 때에,[13절] 엘리바스에게 두려움과 떨림이 임하고 뼈마디가 떨렸다.[14절] "사람이 깊이 잠들 즈음 내가 그 밤에 본 환상으로 말미암아 생각이 번거로울 때에."[13절] 이 경험은 창세기 15:12-13에 기록된 아브라함의 밤 환상 경험과 유사한 것처럼 보인다. "해 질 때에 아브람에게 깊은 잠이 임하고 큰 흑암과 두려움이 그에게 임하였더니 여호와께서 아브람에게 이르시되 너는 반드시 알라. 네 자손이 이방에서 객이 되어 그들을 섬기겠고 그들은 사백 년 동안 네 자손을 괴롭히리니."[창 15:12-13] 밤에 잠이 들었을 때 두려움이 임하면서 세미한 음성을 듣는 것은 예언자들에게 일어난 전형적인 환상 경험이다. 환상은 시청각적 계시 수납 경험이다.

'계시 수용적 수면'이라고도 할 수 있는 깊은 수면 동안 두려움이 동반되어 인간의 오판(誤判)이나 잘못된 인식이 끼어들 수 없게 한다. 하나님의 거룩한 현존에 의해 '소독 처리가 된 수면' 동안 계시가 일어난다. 이처럼 깊은 수면에 두려움이 동반되는 환상 경험은 아브라함 시대 때 발생한 계시 수납 경험인데, 엘리바스는 자신이 아브라함급 환상 경험을 했다고 주장하고 있는 셈이다. "그 때에 영이 내 앞으로 지나매 내 몸에 털이 주뼛하였었느니라. 그 영이 서 있는데 그 형상을 알아보지는 못하여도 오직 한 형상이 내 눈 앞에 있었느니라. 그 때에 내가 조용한 중에 한 목소리를 들으니." 욥 4:15-16

　15절에서 엘리바스는 그 두려움과 뼈마디 떨림이 자신의 앞으로 지나가는 "한 영" 때문이라고 말한다. 엘리바스는 자신의 앞에 서 있는 영의 형상을 알아보지 못했지만, 자신의 눈 앞에 그 영이 서 있었다는 사실을 의식했다고 말한다.16절 바로 그 순간에 엘리바스는 한 "목소리"를 들었다고 주장한다. 그 목소리의 내용이 17-21절이다. 그 핵심은 허무하고 연약한 인간 자체가 하나님 앞에 불의하고 불결한 존재라는 것이다.17절 이것은 구약성경의 인간관과는 전혀 다른 왜곡된 인간 이해다. 그 환상 중에 영이 속삭인 메시지는 창조주 하나님과 인간을 불필요하게 아무 근거도 없이 대조하며 인간의 존엄을 근본적으로 부정한다. 사람의 의로움과 정결함이 창조주 하나님의 의로움과 정결함 앞에서 아무런 가치가 없다고 말한다. 1장에서 하나님이 그토록 칭찬하신 욥의 경건과 의로움이 무의미하다는 것이다.² 18절 또한 1장에 나오는 욥에 대한 하나님의 신뢰를 부정한다. "여호와께서 사탄에게 이르시되 네가 내 종 욥을 주의하여 보았느냐. 그와 같이 온전하고 정직하여 하나님을 경외하며 악에서 떠난 자는 세상에 없느니라."8절 하나님은 그의 종도 액면 그대로 믿지 않으시며 천사라도 미련하다고 하대하신다는 것이다.

15-16절과 17-18절은 욥에 대한 하나님의 평가를 정면으로 부정하는 엘리바스의 담대한 거짓 증언이다. 그는 하나님과 피조물의 거리를 불필요할 정도로 무한히 이격離隔시켜, 욥 자신이 거룩하지 못할 뿐 아니라 하나님께 신뢰받지 못한 존재라는 것을 욥에게 주입시키려고 한다. 이것은 하나님의 명예를 훼손하는 발언이며 하나님 성품에 대한 왜곡이다. 하나님에 대한 엘리바스의 거짓 증언의 요지는, "나 하나님은 내가 만든 피조물을 믿지 않는다. 욥도 믿지 않는다"이다.

19-21절은 인간 존재에 대한 엘리바스의 또 다른 경멸을 드러낸다. 19절의 요지는 "하나님은 천사 혹은 천사적인 수종자라도 믿지 않으시며 도리어 미련하다고 책망하시는데, 흙 집(진토로 된 육신의 집)에 살고 티끌(아파르)로 터를 삼고 사는 하루살이 앞에서 부서뜨려지는 자를 믿어주시고 대단하게 여기시겠느냐"이다. 인간에 대한 조롱과 야유다. 20절은 인간 존재의 허무성을 지적한다. 인간은 아침과 저녁 사이 짧은 순간에 와 살다가 부스러져 가루가 되어 영원히 사라지되 기억하는 자가 없는 허무, 그 자체라는 것이다. 장막을 탱탱하게 곧추세우며 지탱하는 장막줄이 뽑히면 장막이 와르르 무너지듯이, 인간은 자신의 존재를 지탱하는 장막줄(건강, 가족, 재산, 사회적 위신과 신망 등)이 뽑히며 영문도 모르게, 사태의 진상도 모른 채 지혜 없이 죽는 존재라는 것이다.[21절]

메시지

4장부터 31장까지는 욥의 친구이자 동방의 현자들인 엘리바스와 빌닷, 소발과 욥 사이에 벌어졌던 세 차례의 변론을 담고 있다. 32장부터는 젊은 엘리후의 종합적인 변론이 나오는데, 이것은 38-41장에서 펼쳐지는 하나님 강론의 신학적인 준비 절차로서의 의미를 지니고 있다. 욥에 대한 엘리바스, 빌닷, 소발의 위로는 침묵(동정), 회개 촉구, 예언자적 정죄를 거쳐 욥의 숨은 죄에 대한 예단과 정죄라는 점층적인 회로를 따라 악담과 저주로 변질된다. 이들은 그 당시 풍미하던 인과응보적, 율법주의적 도그마라는 미시적이고 폐쇄적인 지평 안에서 욥의 고난을 재단했다. 그들은 동기의 순수성에도 불구하고 그들의 인습적 교리를 초월하는 하나님의 신비로운 역사에 대한 철저한 무지로 인해 욥을 위로하기는커녕 번뇌케 했다.

이에 서구 기독교 문명권에서는 "욥의 친구들"Job's Friends이라는 관용어가 생겨났는데, 그것은 경우에 맞지 않는 말을 구사하는 위로자나 충고자, 피상적인 위로자를 의미한다. 욥기의 저자는 욥과 세 친구 간의 논쟁을 통해 정통보수 신학과 정통(보수) 지혜자들의 실존적 인간 이해가 얼마나 옹졸하고 완악해질 수 있는지를 극명하게 보여주려 했다. 정통보수 신학이나 신조 또는 교리(대소요리문답)들은 신앙의 유년기에는 매우 귀중한 지침이 되지만, 신앙의 성년기에는 상당한 한계에 직면하게 만든다. "모든 고난은 죄에 대한 율법적 인과응보적 징벌"이라는 지혜자들의 정통 신학적 처방은 욥의 실존적인 고난의 의미를 해명하는 데 무기력하다. 우리가 겪는 일상적 삶과 역사적 체험들은 정통보수 신앙과 신학의 이해의 틀만으로는 납득될 수 없을 정도로 다양하며, 신비롭고 때로는 불가사의한 면이 있다. 히틀러에 의한 유대인 대학살 행위는 공의롭고 자비로운 하나님이 다스리시는 이 세계 안에서 일어날 수 없는 사건이다. 세계의 구석구석에는 인간의 이성과 상식, 전통적이고 정통적이기까지한 신앙과 신학에 의해 해명되지 않는 엄청난 규모의 부조리한 사태들이 일어나고 있음을 겸허히 시인해야 한다. 욥의 친구들은 욥이 겪는 이 기상천외한 고난의 파도 앞에서 자신이 견지한 신학적 도그마를 정당화하기보다는 그 상황의 참담함 앞에 공감적 침묵과 연대적인 인내를 끝까지 보여주었어야만 했다. 이해할 수 없는 참담한 인간의 불행과 고난 앞에 예수님은 섣불리 신학적 교리나 전통적이고 인습적인 범주로 해석하려고 하지 않으셨다. 민망히 여기고 우셨다. 하나님의 절대주권적이고 비밀스런 계획이 있을 것임을 완곡하고 우회적인 방법으로 말씀하셨을 뿐이다. 인간의 불행과 납득하기 어려운 고난의 상황 앞에서 성육신하신 하나님의 아들 예수님은 공감적 침묵과 그 고통에의 체휼과 연대성을 보이셨다.

개인과 사회에 있어서 전통적이고 인습적인 신앙교리나 경험적 지혜로 이해할 수 없는 전혀 낯설고 새로운 사건들이 끊임없이 발생한다. 전통적이고 인습적인 해명 방법으로 전혀 이해할 수 없을 정도로 '독특하고', '유일회적'인 사건이 일어날 때 우리는 '실존적'인 상황이라고 부른다. 욥의 고난은 그 당시의 신학적이고 신앙적인 범주(인과응보, 율법주의적 고난 이해)로는 도저히 해명하기 힘든 신비의 구름 속에 싸여 있는 사건이었다. '공의로우신 하나님'이라는 인습적 신앙고백, 곧 '악인에게는 벌, 선인(의인)에게는 상급'을 주시는 율법주의적 신관은 욥의 상황에 적용되지 않았다. 세 친구들은 여러 가지 억지 논리와 경험적 사례 제시를 통해 4-31장에 걸쳐서 욥의 불의와 하나님의 정의로움을 증명하려고 발버둥쳤다. 그러나 실패했다. 욥 또한 논쟁의 중반까지는[욥 23:10] 자신의 고난에 연루된 하나님의 불가사의한 성품, 그리고 때때로 부조리한 측면에 대해 완곡하게 항변했다. 엘리후는 욥의 고난 안에는 인과응보적 차원 이상의 섭리가 작동하고 있음을 암시함으로써 양자 간에 있었던 정서적 대치 상태를 해소시키려고 시도했다.

결국 4-31장에 전개되는 세 친구들과 욥 간의 세 차례에 걸친 논쟁과 잇따른 욥의 독백과 자기 변호는 신명기적 하나님 이해에 머무는 신앙의 유년기 구약신자들을 나사렛 예수의 십자가 신앙으로 이끌어 가는 기관차 역할을 하고 있다. 반복되는 듯하고 지루한 일면도 없지 않으나, 대사 한 구절 한 구절은 충분히 음미되어야 한다. 아픔과 고통은 모든 시대의 신앙과 신학의 핵심적 관심사였다. 우리 시대도 가히 아픔과 비통의 시대다. 전쟁, 기아, 대규모 실업 사태, 4년째 계속되는 코로나19 바이러스 재난 등으로 세상의 연약한 자들은 죽음을 살아내고 있다. 지금은 전 세계가 아픔을 호소하는 신학적 상황이다. 이 아픔과 비통은 신학이나 교리^{dogma}보다 더 크다. 이 아픔과 비통의 상황을 성경 한두 구절로 재단하거나 이해하려는 것은 무리다. 욥의 고통에의 성육신적 참여 없는 세 친구의 스콜라주의적이고 학자적인 태도는 너무 차갑고 잔인하게 느껴진다. 우리 시대의 고통과 비통은 학자적 연구의 대상이기 전에 성육신적 참여를 통해 먼저 공감되고 이해되어야 한다. 비통과 고통은 연구 대상이기 이전에 나눔과 공감의 대상이다.

5장.

욥을 억지로 회개시키려는 엘리바스의 조급한 충고

5

¹ 너는 부르짖어 보라. 네게 응답할 자가 있겠느냐. 거룩한 자 중에 네가 누구에게로 향하겠느냐. ² 분노가 미련한 자를 죽이고 시기가 어리석은 자를 멸하느니라. ³ 내가 미련한 자가 뿌리 내리는 것을 보고 그의 집을 당장에 저주하였노라. ⁴ 그의 자식들은 구원에서 멀고 성문에서 억눌리나 구하는 자가 없으며 ⁵ 그가 추수한 것은 주린 자가 먹되 덫에 걸린 것도 빼앗으며 올무가 그의 재산을 향하여 입을 벌리느니라. ⁶ 재난은 티끌에서 일어나는 것이 아니며 고생은 흙에서 나는 것이 아니니라. ⁷ 사람은 고생을 위하여 났으니 불꽃이 위로 날아 가는 것 같으니라. ⁸ 나라면 하나님을 찾겠고 내 일을 하나님께 의탁하리라. ⁹ 하나님은 헤아릴 수 없이 큰 일을 행하시며 기이한 일을 셀 수 없이 행하시나니 ¹⁰ 비를 땅에 내리시고 물을 밭에 보내시며 ¹¹ 낮은 자를 높이 드시고 애곡하는 자를 일으키사 구원에 이르게 하시느니라. ¹² 하나님은 교활한 자의 계교를 꺾으사 그들의 손이 성공하지 못하게 하시며 ¹³ 지혜로운 자가 자기의 계략에 빠지게 하시며 간교한 자의 계략을 무너뜨리시므로 ¹⁴ 그들은 낮에도 어두움을 만나고 대낮에도 더듬기를 밤과 같이 하느니라. ¹⁵ 하나님은 가난한 자를 강한 자의 칼과 그 입에서, 또한 그들의 손에서 구출하여 주시나니 ¹⁶ 그러므로 가난한 자가 희망이 있고 악행이 스스로 입을 다무느니라. ¹⁷ 볼지어다. 하나님께 징계 받는 자에게는 복이 있나니 그런즉 너는 전능자의 징계를 업신여기지 말지니라. ¹⁸ 하나님은 아프게 하시다가 싸매시며 상하게 하시다가 그의 손으로 고치시나니 ¹⁹ 여섯 가지 환난에서 너를 구원하시며 일곱 가지 환난이라도 그 재앙이 네게 미치지 않게 하시며 ²⁰ 기근 때에 죽음에서, 전쟁 때에 칼의 위험에서 너를 구원하실 터인즉 ²¹ 네가 혀의 채찍을 피하여 숨을 수가 있고 멸망이 올 때에도 두려워하지 아니할 것이라. ²² 너는 멸망과 기근을 비웃으며 들짐승을 두려워하지 말라. ²³ 들에 있는 돌이 너와 언약을 맺겠고 들짐승이 너와 화목하게 살

것이니라. ²⁴ 네가 네 장막의 평안함을 알고 네 우리를 살펴도 잃은 것이 없을 것이며 ²⁵ 네 자손이 많아지며 네 후손이 땅의 풀과 같이 될 줄을 네가 알 것이라. ²⁶ 네가 장수 하다가 무덤에 이르리니 마치 곡식단을 제 때에 들어올림 같으니라. ²⁷ 볼지어다. 우리 가 연구한 바가 이와 같으니 너는 들어 보라. 그러면 네가 알리라.

욥을 간접 공격하는 엘리바스의 독설 • 1-7절

4장까지는 엘리바스가 욥을 악인이라고 노골적으로 공격하지 않았 다. 악인필망론, 피조물결함 가설로 욥을 우회공격하며 회개시키려 고 시도했다. 5장은 4장에 비해 엘리바스의 언어가 독설로 변해 가는 과정을 보여준다. 1절에서 엘리바스는 욥의 울부짖음이 아무 소용도 없고 정당성도 없다고 단정한다. 욥은 거룩한 자(천사) 중 누구에게도 하소연할 수 없는 처지라는 것이다. 2절은 엘리바스의 이런 거친 충 고의 동기를 드러낸다. 욥이 자신의 죄 때문에 고난을 당하면서도 어 리석게 자기 생일을 저주하는 분노를 표출하고 있다고 본다. 욥이 분 노 중에서 멸망할 어리석은 자라는 비난이다. 엘리바스가 보기에 욥 은 잠시 뿌리를 내렸다가 창졸간에 집안이 망한 한 미련한 자다. 3절 의 정확한 번역은 "내가 씨 뿌리는 한 미련한 자가 갑자기 가문 전체 가 저주받은 현장을 보았다"이다. 욥이 바로 이 미련한 자라는 것이 다. 여기서 미련한 자는 지적으로 미련한 자가 아니라 도덕적으로 왜 곡되고 뒤틀려진 자를 지칭한다. 미련한 자의 자녀들은 결코 안전하 지 않으며 성문 재판정에서 사정없이 박살난다.⁴절 미련한 자의 추수 는 남의 몫이 되어 버린다. 그것은 주린 자의 몫이 되며 가시덤불에 서 저절로 자란 곡식 추수도 주린 자의 차지가 된다. "올무가 미련한 자의 재산을 향하여 입을 벌"린다.⁵절 5절 하반절은 "목마른 자가 그 의 재산을 차지하려고 숨을 헐떡인다"라고 번역할 수 있다. 6절은 이유접속사 혹은 '정녕', '정말로'를 의미하는 부사어 키(ּכ)로 시작한다. 이 접속사가 전자의 의미라면 6절이 5절 진술의 이유를 제공한다고 볼 근거가 된다. 혹은 이 접속사의 기능이 후자라면, 그것은 6절 내용을 강조하려는 저자의 화법을 부각시키는 기능을 하는 셈이다. 어떻게 보든 욥의 재난이 땅(티끌과 흙)에서 그저 자연스럽게 솟아난 것이 아니며, 욥 자신의 죄 때문에 발생했다고 암시하는 셈이다.

이어지는 7절도 다소 난해하다. "사람은 고생을 위하여 났으니 불꽃이 위로 날아가는 것 같으니라." 7절도 이유접속사 혹은 '정말로'를 의미하는 부사어 키(ּכ)로 시작한다. 전자로 보면 7절은 6절의 이유를 제공하는 셈이 된다. 후자로 보면 이 접속사는 7절 내용을 강조하려는 저자의 화법을 부각시키는 기능을 수행한다. 개역개정성경은 6-7절 모두에서 이 키(ּכ) 접속사를 후자의 기능으로 번역했다. 무리없는 번역이라고 본다. 키 접속사를 후자의 기능으로 보아 7절의 히브리어 본문을 직역하면, "정말로 인간은 고생(아말)을 위해 태어났고 창 3:17-19 숯의 아들들(개역개정은 "불꽃"이라고 번역)은 새처럼[1] 높이 날아오른다" 정도의 의미다. 직역에서 살펴보았듯이, 개역개정이 추가한 "같다"에 해당하는 단어가 히브리어 구문에는 없다. 7절은 두 개의 독립절이 단순히 병행을 이루는 문장이다. 다만 해석하면서 "같다"를 넣어 읽어도 무리는 없어 보인다. 전후 맥락을 고려하면, 7절은 죄를 지은 인간이 고난당하는 것은 불꽃이 위로 날아가는 것처럼 필연적인 운명이라는 정도의 의미다. 무릇 인간으로 태어난 것 자체가 고난당하도록 예정된 운명이기 때문이 아니라, '죄' 때문에 고난을 당한다는 것이다. 이 경우라면 엘리바스가 욥의 고난이 인간 자체의 피조물성에서 기인한 운명이라고 말하는 것은 아닌 셈이다. 오히려 욥과같이 죄 있는 사람이 고난을 당하는 것은 불꽃이 하늘로 치솟아 올라가듯이 자연스럽고 예정된 창조질서라는 정도의 우회적 비난으로 읽힐 수도 있다. 이렇게 읽으면 엘리바스의 이 논법은 4:17-18에서 자신이 말한 논리와 약간 충돌한다. 4:17-18에서는 인간 존재의 열등성과 허무성이 마치 고난의 원인인 것처럼 말했기 때문이다.

억지로라도 욥을 통회자복케 하려고 시도하는 엘리바스 •8-16절

이 단락은 엘리바스의 입장이 다소 모호해지는 부분이다. 욥의 고난을 죄에 대한 하나님의 심판이라고 우회적으로 말하던 엘리바스는, 이 재난의 이유가 어떤 것이든 욥이 하나님과 화해하는 것이 이 재난을 신속하게 종식시키는 길이라고 말한다. 8절에서 엘리바스는 욥이 재앙의 원인을 따지지 말고 하나님을 찾아 자신의 억울한 사연을 하나님께 맡기라고 권한다. 9-10절에서 엘리바스는 욥의 고난의 원인을 따짐에 있어서 스스로 불가지론자가 된 것처럼 말한다. 9절에서 그가 "헤아릴 수 없이 큰 일을 행하시며 기이한 일을 셀 수 없이 행하시"는 하나님을 말할 때, 욥의 고난은 하나님이 행하시는 큰 일 혹은 기이한 일의 하나라고 보는 것처럼 말하기 때문이다. 10절은 하나님이 행하시는 큰 일 중 하나를 예시한다. 하나님은 "비를 땅에 내리시고 물을 밭에 보내"시는 분이다. 11절은 기이한 일의 예시처럼 보인다. "낮은 자를 높이 드시고 애곡하는 자를 일으키사 구원에 이르게 하"신다. 엘리바스는 욥이 이런 큰 일과 기이한 일을 많이 행하시는 하나님께 돌아가면 뭔가 해결책이 있을 것이라고 말하는 셈이다. 지금 욥은 낮은 자이며 애곡하는 자이지만, 구원에 이를 기회가 있다는 것이다.

그런데 13-16절은 다시 욥을 정죄하는 말투로 되돌아간 엘리바스를 보여준다. 하나님은 "교활한 자의 계교를 꺾으사 그들의 손이 성공하지 못하게 하시며",[12절] 지혜자로 자처하는 자가 "자기의 계략에 빠지게 하시며 간교한 자의 계략을 무너뜨리"시는 엄정하고 공정한 통치자이시다. 엘리바스는 욥이 자기의 계교가 꺾이고 무너뜨려진 교활하고 간교한 자, 자칭 지혜자인 것처럼 말한다. 14절은 우리의 이런 해석을 지지한다. 교활한 자들, 간교한 자들은 "낮에도 어두움을 만나고 대낮에도 더듬기를 밤과 같이 하"는 자들이다. 엘리바스는 '낮에도 어둠을 만나 밤길을 더듬듯이 비틀거리는' 욥을 비난한 것이다. 하지만 15-16절에서 엘리바스는 욥이 기대할 수 있는 한 가지 회복퇴로를 말한다. 욥이 하나님 앞에서 가난한 자로 자처하면서 입을 다물면 희망이 있다는 것이다. "하나님은 가난한 자를 강한 자의 칼과 그 입에서 또한 그들의 손에서 구출하여 주시"기 때문이다. 가난한 자는 자신의 악행을 반성하면서 스스로 입을 다문 채 하나님께 용서를 비는 자다. 이런 의미의 가난한 자에게 희망이 있다는 것이다.[16절]

5

하나님의 징계를 수용하고 하나님과 화해하라고 다그치는 엘리바스 ● 17-27절

이 단락은 엘리바스가 욥에게 하나님을 찾아 하나님께 자신의 사연을 의탁하라고 권고하는 이유를 명시적으로 드러낸다. 엘리바스가 보기에 욥은 지금 전능하신 하나님께 징계를 받고 있다. 따라서 욥은 즉시 자신의 징계 사유를 받아들이고 하나님께 자비와 용서를 구해야 한다. 17절은 "복되도다! 하나님께 징계 받는 자여"라고 시작한다. 17-18절에서 엘리바스는 전능자의 징계를 업신여기지 말 것을 촉구한다. "볼지어다. 하나님께 징계 받는 자에게는 복이 있나니 그런즉 너는 전능자[2]의 징계를 업신여기지 말지니라. 하나님은 아프게 하시다가 싸매시며 상하게 하시다가 그의 손으로 고치시나니." 이 두 절은 호세아 6:1-3에 나오는 회개효능 신학을 되울리고 있다. "오라. 우리가 여호와께로 돌아가자. 여호와께서 우리를 찢으셨으나 도로 낫게 하실 것이요 우리를 치셨으나 싸매어 주실 것임이라. 여호와께서 이틀 후에 우리를 살리시며 셋째 날에 우리를 일으키시리니 우리가 그의 앞에서 살리라. 그러므로 우리가 여호와를 알자. 힘써 여호와를 알자." 바벨론 포로기 이후에 만연했던 전형적인 회개 신학의 특징은 인간의 능동적 회개를 강조한다는 것이다. 욥기 5:17-18에 호세아의 회개 신학 일부가 되울리고 있다.

19-26절은 징계받는 자가 복되다고 하는 이유를 제시한다. 19절은 아주 상투적인 어투로 된 위로문이다. "(하나님은) 여섯 가지 환난에서 너를 구원하시며 일곱 가지 환난이라도 그 재앙이 네게 미치지 않게 하"신다. 마치 욥이 아직 환난당하기 전인 것처럼 말한다. 이것은 욥이 더 이상 참혹한 재앙을 예상하기도 힘든 최악의 재앙에 처한 사람임을 망각한 영혼 없는 위로다. 20절도 영혼 없는 상투적인 위로인 것은 마찬가지다. "기근 때에 죽음에서, 전쟁 때에 칼의 위협에서 너를 구원하실" 것이다. 기근, 전쟁 이상의 재앙이 이미 욥을 강타해 사경을 헤매고 있는데, 마치 욥이 아직 본격적인 재난을 당하기 이전인 것처럼 상투적인 위로를 하고 있다. 21절에서 엘리바스는, 하나님의 징계를 순순히 받아들인 사람은 남의 중상모략과 비방의 채찍을 피해 숨을 수 있고, 멸망의 순간에도 두려워하지 않을 수 있다고 말한다. 욥에게 마지막 기사회생의 기회가 남아 있는 것처럼 말한다. 하지만 독자들은 이미 욥이 멸망의 순간을 맛보았으며, 그 결과 멸망 한복판에 집어 던져져 있다는 것을 알고 있다. 그래서 엘리바스가 욥의 기사회생 가능성을 언급하는 위로는 욥에게는 전혀 와닿지 않을 위로다. 22절에서 엘리바스는 하나님께 징계를 받고 회복되면 멸망과 기근을 비웃으며 들짐승을 두려워하지 않게 될 것이라고 말한다. 23절은 그 이유를 말한다. 하나님의 징계를 받은 사람은 들에 있는 돌이 하나님과 언약을 맺어 방벽이 되어 주겠고 들짐승이 언약을 맺어

그를 공격하지 않으며 화목하게 지낼 정도로 평화로운 생활을 하게 될 것이기 때문이다. 24절에서 엘리바스는 전능자의 징계를 받았으나 하나님께 돌이키는 자에게 장막의 평안함이 있겠고, 가축을 보호하는 우리가 잘 방비되어 결코 잃는 일이 없을 것이라고 말한다. 25절에서 엘리바스는 회개하는 자에게는 자손이 많아지며 그 후손이 땅의 풀과 같이 될 것이라고 확언한다. 26절에서 엘리바스는 전능자의 징계를 받고 돌이킨 자에게는 장수의 복이 임하고 마치 곡식단이 제때에 추수되듯이 하나님이 정해 주신 천수를 다 누린 후에 하나님께 되돌아갈 것이라고 말한다. 이 청산유수 같이 그럴듯한 위로의 성찬 중 단 한마디도 욥의 마음에 와닿지 않는다. 그럼에도 엘리바스는 자신이 연구한 이 재앙탈출 비법을 수용하라고 압박하며 자신의 충고대로 해보라고 강요한다.^{27절}

결국 5장 마지막 단락인 19-26절에서 개진된 엘리바스의 논지는 이것이다. "욥, 너의 고난은 시차심판을 통해 초래된 고난인데, 네가 독의 밭을 갈고 악을 뿌려서 열매를 거두는 것이다. 네가 한때 의로운 자처럼 보였던 것은 하나님의 심판이 집행되기까지 시차가 있었기 때문이다. 네 고난이 네 죄에 대한 직접적인 하나님의 심판결과가 아니며, 하나님의 기이한 일 중에 하나라고 치자. 그러나 하나님의 심판을 받지 않아도 될 만큼 의로운 자는 아무도 없다. 어쨌든 지금 네가 살 길은 즉시 민첩하게 회개하는 것이다." 전체적으로 엘리바스는 경직된 회개추궁 신학을 만들어 없는 죄를 자백케 하고, 허황된 약속으로 회개 이후의 복락을 노래한다. 이것이 욥기 저자가 볼 때 회개자책 신학의 어두운 요소였다.

4-5장의 엘리바스의 장광설은 장차 독자들의 인내를 바닥나게 하기에 충분히 지루하다. 4-31장에 나오는 친구들 대사는 과녁을 빗나가는 화살처럼 정신없이 쏟아질 텐데, 독자들에게 정신적 인내와 끈

5

기를 요구한다. 그 자체로 볼 때 과히 나쁘지 않은 위로격언들이 욥에게 전혀 와닿지 않음을 보고 친구들에 대한 독자들의 비호감이 점증해 갈 것이다. 그러나 우리는 이런 영혼 없는 상투적 위로를 하거나 듣기도 하는 현실이 낯설지 않다. 세 친구의 말투 속에서 우리 자신의 모습을 본 듯 놀랄 수 있다.

메시지

욥기에서 은근한 악당은 엘리바스다. 42장에서 하나님은 세 친구의 대표자로 엘리바스를 콕 집어 '하나님 자신에 대해' 불의하게 말했다고 단죄하신다.[42:7] 엘리바스는 욥이 일정 기간 동안 평안을 누렸다가 갑자기 닥친 환난을 보고 망연자실하며 자기 운명을 저주하는 지경에 이르자 마음이 조급해졌다. 엘리바스는 의인 욥이 당한 고난을 보고 딜레마에 빠졌다. 두 가지 중 하나의 결론에 도달하지 않을 수 없는 진퇴양난 상황이었다. 첫째, '하나님이 죄 없는 욥에게 재앙을 내리시는 것은 공평하지도, 정의롭지도 않은 처사다.' 이런 경우 하나님은 당신의 성품을 배반하는 것이며, 인간에게 알려진 하나님의 모습을 훼손하는 참혹한 표변이 된다. 엘리바스는 도저히 이 노선을 취할 수 없다. 남은 길은 둘째 노선이다. '욥은 죄인이요 악인이었을 가능성이 크다'는 것이다. 이런 경우 자신이 익히 알아온 욥이 죄인일 리가 없다는 자기 의심과 싸워야 한다. 그럼에도 엘리바스는 욥을 희생시켜 하나님의 정의를 옹호하는 노선이 안전하고 건전한 신학이라고 판단하고 후자 노선을 취한다. 그래서 첫 단락에서 엘리바스는 욥의 고난이 욥이 뿌린 씨앗의 결실이라고 보며 간접 공격하기 시작했다. 그러나 단 한 번도 욥의 죄가 무엇인지를 적시하지 않았고 욥을 "너", "자네" 등 2인칭 단수대명사로 부르며 죄를 지적하지도 않았다. 엘리바스의 간접 단죄에도 불구하고 욥의 자기 결백 확신이 너무 강하자 엘리바스는 억지로라도 욥을 통회자복케 하려고 더 강력하게 욥을 질책한다. 이것이 둘째 단락의 대지다. 그러나 여기서도 엘리바스는 욥의 죄를 적시하지 않는다. 마지막 단락에서는 엘리바스가 욥에게 하나님의 징계를 수용하고 하나님과 화해하라고 다그친다. 엘리바스는 욥의 환난이 닥치기 전까지는 보수적인 신앙지도자로서 그런대로 자존감을 유지하며 살았지만, 하나님이 조성하신 혼돈 상황에서 흑암을 헤매는 실족에 이른다. 하나님은 때때로 하나님을 아는 지식의 심화학습용 환난 상황에서 지혜자들의 총명을 빼앗아 비틀거리게 하신다. 엘리바스는 지금 실족하고 있다.

구약성경의 지혜문서를 자세히 연구한 게르하르트 폰라트는, 구약성경의 지혜신앙의 가장 큰 특징은 지혜의 한계를 인정하는 데 있다는 점을 밝혀냈다.[3] 잠언서 및 지혜 문학자들은, 지혜에도 한계가 있다고 말했으며 지혜를 교조적으로 절대화하거나 지혜를 터득하면 만사형통할 것이라고 주장하지 않았다는 것이다. 엘리바스는 구약성경의 지혜 전통에 비추어 봐도 정통이 아니라 빗나간 이설異說을 내세우고 있는 셈이다.

그럼에도 엘리바스의 변론 같은 본문으로 설교해야 하거나, 뭔가 은혜로운 하나님 말씀을 묵상하려는 성경애호 독자는 어려움을 느낄 수밖에 없다. 모든 성경은 하나님의 감동으로 된 영감 있는 말씀인데 어찌 엘리바스 같은 사람의 말이 이렇게 많은 분량을 차지할 수 있을까? 독자들은 이런 곤혹스러운 질문을 떠올릴 수밖에 없을 것이다. 디모데후서 3:16-17은 분명히 말한다. "모든 성경은 하나님의 감동으로 된 것으로 교훈과 책망과 바르게 함과 의로 교육하기에 유익하니 이는 하나님의 사람으로 온전하게 하여 모든 선한 일을 행할 능력을 갖추게 하려 함이라." 엘리바스의 변론도 하나님의 영감 있는 말씀이라는 뜻인가? 꼭 그렇지는 않다. 여기서 말하는 모든 성경은 구약성경 서른아홉 권을 가리킨다. 서른아홉 권 구약성경의 저작의도가 교훈과 책망과 바르게 함과 의로 교육하기에 유익하다는 말이다. 개별 책의 단락이나 문장, 단어가 모두 하나님의 숨결로 영감을 받았다는 의미가 아니다. 욥기의 저작 의도가 영감을 받았다는 뜻이다. 욥은 인내를 가르치는 책, 고난을 견디고 마침내 의의 면류관을 얻는 데 자극과 통찰을 주는 책이며,^{약 5:11} 믿음의 본질을 가르침으로 의로 교육하는 책이다. 엘리바스의 논변 그 자체가 영감 받아 은혜로운 하나님의 감정과 논리를 다 포함하고 대변한다는 의미가 아니라, 욥기 전체의 저작 의도를 섬기는 기능을 한다는 의미다. 이런 점에서 욥기는 영감 있는 책이며, 욥기의 일부 단락이나 말들은 그 자체로 자기완결적인 하나님의 말씀을 대변하지 않을 수도 있다. 5장의 엘리바스의 말을 아무리 깊이 묵상해도 하나님에 대한 샘솟는 지식이 생성되지 않을 수 있다. 5장을 철저하게 연구하면 연구할수록 엘리바스의 완고함과 영적 우월감에 마음이 불편해지고 급기야 엘리바스를 미워하는 마음이 생길 수도 있다. 이처럼 엘리바스의 말을 배척하고 거부하고 그의 위로 태도를 비판하는 마음을 독자들에게 불러일으키는 것이 욥기 저작 의도이다.

따라서 우리는 엘리바스를 반면교사로 삼을 수 있다. 우리는 엘리바스에게 절대로 배워서는 안 될 태도 두 가지를 발견할 수 있다. 첫째, 억울하고 원통한 고난의 사연을 가진 친구를 보고 그가 죄 때문에 고난당한다는 조급한 판단을 절대로 하지 말아야 한다. 고난당하는 친구의 이야기를 경청해야 함을 배운다. 둘째, 억지로 조급하게 회개시키기 위해 친구를 극단적인 죄인으로 몰아가는 교조적 태도를 멀리해야 한다. 우정의 충고와 폭력적이고 강압적인 회개강요는 전혀 다르기 때문이다.

6장.

친구들이여, 나는 결백하다!

6 ¹욥이 대답하여 이르되 ²나의 괴로움을 달아 보며 나의 파멸을 저울 위에 모두 놓을 수 있다면 ³바다의 모래보다도 무거울 것이라. 그러므로 나의 말이 경솔하였구나. ⁴전능자의 화살이 내게 박히매 나의 영이 그 독을 마셨나니 하나님의 두려움이 나를 엄습하여 치는구나. ⁵들나귀가 풀이 있으면 어찌 울겠으며 소가 꼴이 있으면 어찌 울겠느냐. ⁶싱거운 것이 소금 없이 먹히겠느냐. 닭의 알 흰자위가 맛이 있겠느냐. ⁷내 마음이 이런 것을 만지기도 싫어하나니 꺼리는 음식물 같이 여김이니라. ⁸나의 간구를 누가 들어 줄 것이며 나의 소원을 하나님이 허락하시랴. ⁹이는 곧 나를 멸하시기를 기뻐하사 하나님이 그의 손을 들어 나를 끊어 버리실 것이라. ¹⁰그러할지라도 내가 오히려 위로를 받고 그칠 줄 모르는 고통 가운데서도 기뻐하는 것은 내가 거룩하신 이의 말씀을 거역하지 아니하였음이라. ¹¹내가 무슨 기력이 있기에 기다리겠느냐. 내 마지막이 어떠하겠기에 그저 참겠느냐. ¹²나의 기력이 어찌 돌의 기력이겠느냐. 나의 살이 어찌 놋쇠겠느냐. ¹³나의 도움이 내 속에 없지 아니하냐. 나의 능력이 내게서 쫓겨나지 아니하였느냐. ¹⁴낙심한 자가 비록 전능자를 경외하기를 저버릴지라도 그의 친구로부터 동정을 받느니라. ¹⁵내 형제들은 개울과 같이 변덕스럽고 그들은 개울의 물살 같이 지나가누나. ¹⁶얼음이 녹으면 물이 검어지며 눈이 그 속에 감추어질지라도 ¹⁷따뜻하면 마르고 더우면 그 자리에서 아주 없어지나니 ¹⁸대상들은 그들의 길을 벗어나서 삭막한 들에 들어가 멸망하느니라. ¹⁹데마의 떼들이 그것을 바라보고 스바의 행인들도 그것을 사모하다가 ²⁰거기 와서는 바라던 것을 부끄러워하고 낙심하느니라. ²¹이제 너희는 아무것도 아니로구나. 너희가 두려운 일을 본즉 겁내는구나. ²²내가 언제 너희에게 무엇을 달라고 말했더냐. 나를 위하여 너희 재물을 선물로 달라고 하더냐. ²³내가 언제 말하기를 원수의 손에서 나를 구원하라 하더냐. 폭군의 손에서 나를 구원

하라 하더냐. ²⁴내게 가르쳐서 나의 허물된 것을 깨닫게 하라. 내가 잠잠하리라. ²⁵옳은 말이 어찌 그리 고통스러운고, 너희의 책망은 무엇을 책망함이냐. ²⁶너희가 남의 말을 꾸짖을 생각을 하나 실망한 자의 말은 바람에 날아가느니라. ²⁷너희는 고아를 제비 뽑으며 너희 친구를 팔아 넘기는구나. ²⁸이제 원하건대 너희는 내게로 얼굴을 돌리라. 내가 너희를 대면하여 결코 거짓말하지 아니하리라. ²⁹너희는 돌이켜 행악자가 되지 말라. 아직도 나의 의가 건재하니 돌아오라. ³⁰내 혀에 어찌 불의한 것이 있으랴. 내 미각이 어찌 속임을 분간하지 못하랴.

나는 결백하다 ● 1-13절

이 단락은 욥의 결백 주장과 총체적인 탈진 상황을 다룬다. 욥은 자신의 괴로움, 파멸감을 저울에 달아 본다면,^{1-2절} 바다의 모래보다 무거울 것이라고 말함으로써^{3절} 엘리바스의 비난에 응답한다. 3절 하반절 "그러므로 나의 말이 경솔하였구나"라는 개역개정 번역은 다소 어색하다. "그래서 내 말들이 삼켜졌다." 즉, "내 말들이 내 감정에 의해 삼켜져서 거칠게 나왔다" 정도의 의미다. 자신의 괴로움이 너무 커서 격렬하게 자신의 감정을 토로하는 과정에서 조리 있게 말하지 못했다는 것이다. 4절에서 욥은 자신의 고난이 정확하게 하나님이 가하신 신적 타격임을 분명히 주장한다. "전능자의 화살이 내게 박히매 나의 영이 그 독을 마셨나니 하나님의 두려움이 나를 엄습하여 치는구나." 히브리어 본문은 '화살'이나 '두려움'을 모두 복수로 표현한다. 4절의 직역은 이렇다. "전능자의 화살들이 내게 있으며, 내 영이 '그것들'(화살들)의 독을 마시는구나. 하나님이 촉발시키는 공포들이 나를 패대기치는구나!" 욥은 스바 사람들의 공격, 하늘의 불, 갈대아인들의 세 차례 공격, 그리고 사방에서 불어온 대풍들을 각각 하나님의 독화살들로 느꼈으며, 그것들이 하나님에 대한 공포감들을 촉발시켰다는 것이다. 뿐만 아니라 하나님의 마지막 화살은 자신의 몸을 악창으로 타격하고 오랜 친구들의 비난과 야유를 유발함으로써 굴욕을 강요한다는 것이다. 하나님이라는 절대자의 존재가 자신을 강습한다고 고백한다. 욥은 자신이 살아갈 원기를 공급해 주는 먹이를 빼앗긴 짐승 같은 처지로 전락했다고 말한다. 곧, 풀과 꼴이 없어 우는 들나귀나 소 같은 신세로 전락하고 말았다는 것이다. 욥은 생을 지탱할 원기 넘치는 음식이 없기 때문에 울고 있는 야생짐승으로 전락했다.[5절] 소금 간이 안 된 싱거운 음식, 계란 흰자위 같은 맛없는 음식을 보고 식욕을 느끼지 못하듯이,[6절] 자신이 이렇게 짐승처럼 울부짖는 이유는 자신의 원통한 고통 때문이라는 것이다. 자신에게 닥친 고난은 간이 맞지 않아 회피하고 싶은 음식을 피하듯이 받아들이기 힘든 현실이라고 말한다. 만지기도 싫은 음식을 놓고 먹어야 하는 사람처럼 자신은 생의 의욕을 모두 상실했다는 것이다.[7절] 7절에서 욥은 식사메뉴에 대해 불평하는 것이 아니라, 자신의 고난으로 가득 찬 하루하루에 대해 불평하며 자신이 사실상 영적 영양실조로 고통당한다고 토로한다. 억울하게 당하는 고난은 식욕이 사라지게 하고 하루하루를 살아갈 원기를 앗아간다. 극한 고난에 굴러떨어진 사람들의 우울증은 자기파괴적일 정도로 참혹한 고립감에서 온다. 욥은 자신을 창조한 하나님에게서 날아온 화살들을 보고 하나님이 자신을 멸망시킬 기세로 충천해 있다고 믿을 수밖에 없다. 그래서 8-9절에서 욥은 하나님이 멸망시킬 기세로 자신을 내동댕이치는 기막힌 현실을 원통해 한다. 자신의 간구를 아무도 들어주지 않을 것 같은 현실도 극한 고통이지만, 이보다 더 원통한 것은 죽기를 바라는 자신의 소원조차도 하나님이 들어주시지 않을 것이라는 현실이다.[8절] 하나님은 손을 들어 자신을 멸망시켜 결국 산 자의 땅에서 끊어내실 것이라는 절망적인 생각에 빠진다.[9절] 친구 엘리바스는 이 정도의 극한 고난을 당하면

'기가 꺾여 하나님께 항복하고 무조건 용서를 빌 것'이라고 생각하지만, 욥 자신은 결코 그럴 마음이 없다고 항변한다. 이렇게까지 극도의 절망과 고통에 내동댕이쳐질지라도, 자신은 자신의 결백 주장을 거둬들이지 않겠다고 선언한다. 오히려 욥은 이 상황에서도 뒤로 물러나기는커녕 한 걸음 더 앞으로 나아가 자신의 입장을 밝힌다. 욥은 자신에게 위로가 되는 한 가지 사실은, 자신이 거룩하신 이의 말씀을 결코 거역하지 않았다는 사실이라고 선언한다. 이 사실 때문에 자신은 '이 극도의 환난 속에서도 위로를 받고 그칠 줄 모르는 고통 가운데서도 기뻐한다'는 것이다. 그렇다고 욥은 자신이 이 고난 속에서 오래 버틸 자신이 있다고 호언하는 것은 아니라고 말한다. 자신은 엘리바스가 말한 해피엔딩이 올 때까지 기다릴 기력이 없으며,[11절] 자신은 돌이나 놋쇠처럼 강하지 못함을 인정한다.[12절] 자신을 지탱시킬 도움, 능력은 이미 다 바닥났다는 것이다.[13절]

신기루 같은 헛된 위로자들이여, 제발 그만! • 14-23절

이 단락은 세 친구들에 대한 욥의 실망과 우정이라는 이름으로 가해지는 친구들의 2차 가해언동에 대한 좌절감을 담고 있다. 지금까지 욥이 행한 발언은 자기 생일을 저주하고 죽기를 갈망한 정도의 장탄식이었는데, 엘리바스는 마치 욥이 하나님께 엄청난 반항을 한 것처럼 욥을 질책했기 때문이다. 엘리바스 외에 다른 친구들이 욥에게 가한 질책성 충고는 아직까지 이뤄진 적이 없는데 이 단락은 마치 친구들이 떼 지어 이미 욥을 한바탕 공격한 것처럼 전제한다. 엘리바스의 가혹하고 잔인한 질책과 충고에 다른 친구들이 동조했을 가능성도 있다는 것이다. 15절의 "내 형제들"(개역개정도 복수로 제대로 번역하고 있다), 21절의 "너희는"(2인칭 남성복수)이라는 표현은 욥이 엘리바스에게 답변하는 것이 아니라, 세 친구들을 상대로 답변하고 있음을 암시한다. 엘리바스가 대표하는 세 친구는 한마디로 억울하고 원통한 고난에 빠진 친구를 위로하기는커녕 정죄하기 시작한 것이다. 위로한답시고 정죄하는 친구들에 대한 욥의 실망은 우정이 뭔가를 다시 생각하게 한다. 가장 가까운 친구들로부터 오는 오해와 정죄, 몰이해와 잔혹한 충고는 욥의 탄식과 같은 반응을 일으키기에 충분하다.

14절은 욥의 속마음을 보여준다. 욥 자신이 너무 낙심해 더 이상 전능자를 경외할 수 없다고 불평하더라도 친구들의 동정은 기대했다고 말한다. 그러나 하나님에 대한 경건은 너무나 깊었을지 몰라도, 인간 이해가 천박한 친구들에게는 욥의 고통을 애타는 마음으로 응시하고 공감해 줄 자비가 없었다. 15-20절은 친구들이 사막의 신기루같이 헛된 위로자라고 공박하는 욥의 말이다. 15절에서 욥은 자신의 "형제들"은 변덕스럽고 빨리 흘러가 버리는 개울물 같다고 불평한다. 여기서 "형제들"은 골육지친 형제들일 수도 있으나 세 친구들을 가리키는 것으로 읽는 것이 정확해 보인다. 여기서 "개울"은 평소에는 건천乾川이었다가 비가 오는 때에만 창창한 강이 되어 흐르는 와디wadi를 가리킨다. 욥은 친구들을 우기에 물이 콸콸 넘쳤다가 순식간에 말라 버리는 변덕스러운 건천에 빗댄다. 항구여일하지 않는 친구들이라는 것이다. 16-17절은 이 변덕스러운 건천의 특징을 구체적으로 말한다. 얼음이 녹아 물을 머금은 듯하지만, 그 변덕스러운 개울은 따뜻한 날이 와 더워지면 금방 물이 증발해 건천으로 변해 버린다.16-17절 상황에 따라 쉽게 표변하는 친구들이 바로 이렇게 변덕스러운 건천이다. 18절은 사막의 대상들이 그 삭막한 들에 있는 개울에서 물을 얻으려고 길을 벗어났다가 끝내 멸망당하는 사례를 말한다. 결국 헛된 위로자들은 변덕스러운 건천과 같다. 헛된 위로를 주는 친구들은 생명의 물을 줄 것처럼 유인하지만, 그곳을 찾는 사람들을 죽음에 이르게 하는 건천과 같다. 북쪽에서 남쪽으로 가는 데마의 대상^{隊商}들과 남쪽에서 북쪽으로 올라가는 스바의 행인들도 이 개울물을 사모하여 길을 벗어나 사막 한복판에 있는 개울을 찾아갔지만, 말라 버린 건천을 보고 부끄러워하고 낙심한다.^{20절} 그들은 헛것을 보고 길을 벗어난 것이다. 이처럼 욥의 친구들은 처음에는 자비와 동정심의 물이 넘치는 개울로 보였다. 그런데 욥이 물을 마시려고 개울에 접근하니, 금세 물이 말라 버린 건천으로 바뀌어 있었다는 것이다. 변덕스러운 건천처럼 친구들은 위로를 기대하게 만들어 놓고 정작 정죄한 것이다. 욥을 오도하는 헛것으로 판명되었다.^{21절} "이제 보니, 너희는 아무것도 아니로구나." 친구들이 자신에게 닥친 참혹한 재난을 보고 두려워 겁을 내다가 뭔가 판단착오를 하고 있다는 것이다. 22-23절은 친구들에 대한 욥의 단도직입적 요청이다. "나는 너희에게 뭔가를 달라고 한 적이 없으며,^{22절} 나를 원수와 폭군 손에서 건져 달라고 간청한 적이 없으니,^{23절} 제발 나를 헛된 방식으로 구원하려고 하지 말아라."

친구들이여, 내 허물을 지적해 다오! • 24-30절

이 단락은 욥이 자신을 악인으로 몰아가는 친구들에게 더욱 격렬하게 반발하는 장면을 보여준다. 욥은 친구들이 자신의 허물과 악행이 무엇인지 직접 말해 주면 스스로 침묵하며 자신에게 닥친 환난을 하나님 심판으로 받아들이겠다고 말한다.^{24절} 하지만 친구들의 충고란 과녁을 빗나가는 화살처럼 허무하다. 자신을 위로하려고 온 친구들의 '옳은 말'은 욥 자신을 고통스럽게 한다는 것이다. 책망 대상도 확정하지 못하고 책망하는 셈이라는 것이다.^{25절} 욥은 엘리바스 한 사람의 말을 세 친구의 공동 책망으로 느꼈다. 26절의 히브리어 구문은 의문사 하(ה)로 시작된다. 상반절을 직역하면, "너희들이 말들을 책잡

으려고 하느냐"이다. 영어 흠정역King James Version이 좀 더 정확한 번역이다. "Do you imagine to reprove words, and the speeches of one that is desperate, *which are* as wind?" 이 구절의 의미는, "너희들은 말들과 절망적으로 필사적인 사람의 바람 같은 발언들을 책망하려고 생각하느냐?"이다. 26절의 하반절 히브리어 구문은 직역하면, "희망이 끊어진 자의 말들은 바람 같은 것이거늘"이 된다. 이런 점에서 볼 때 개역개정 번역도 전체 대지는 살린 번역이다. 욥은 자신이 마구 쏟아내는 말을 질책 대상으로 삼는 친구들의 옹졸함과 비열함에 항변하는 셈이다. 5:3 하반절과 같은 의미다. "그러므로 나의 말이 경솔하였구나." 26절에도 자신의 고난이 너무 커서 경솔하게 말하는 자신의 처지를 변명한다. 27절도 히브리어 구문이 다소 어렵다. 직역하면, "너희는 고아들을 덮치고, 너희 친구를 모함하는구나" 정도가 된다. 욥은 자신의 처지를 악한 유력자들에게 압제당하는 고아의 처지에 견주며 신의 없는 친구들에게 배신당해 궁지에 빠진 친구와 동일시한다. 28절에서 욥은 친구들에게 자신을 오해하지 말고 우호적인 우정을 보여 달라고 간청한다. 자신이 친구들 면전에서 절대로 거짓을 말하지 않을 것임을 확언한다. 오히려 욥은 친구들이 자신을 오해하고 무고한 친구를 대적하는 거짓 증언의 악행을 범하지 말라고 간청한다. 자신의 의는 아직도 건재하다는 점을 강조한다.[29절] "돌아오라"는 말은 정죄와 비판의 길을 돌이켜 자신의 결백 주장에 동조해 달라는 것이다. 30절은 의문사로 시작한다. "사악한 것들도 분간하지 못할 정도로 자신의 혀에 불의가 있는가?" 자신은 사악한 말들을 마구 지껄이는 것이 아니라는 주장이다. 자신은 억울한 고난을 당해 하소연하는 중이라는 것이다.

메시지

5장에서 욥을 간접적으로 단죄하는 엘리바스의 입장은 시차심판론이라고 볼 수 있다. '악인에 대한 하나님의 심판에는 시차가 있다.' 악인이 뿌린 씨가 열매를 맺기까지는 시차가 있다는 것이다. 이 시차심판론과 연결된 엘리바스의 입장은 때 이른 회개촉구 신학이었다. 이 두 가지 입장에 대한 욥의 반박은 6:24-25, 29에 집약되어 나타난다. "내게 가르쳐서 나의 허물된 것을 깨닫게 하라. 내가 잠잠하리라. 옳은 말이 어찌 그리 고통스러운고, 너희의 책망은 무엇을 책망함이냐."욥 6:24-25 "너희는 돌이켜 행악자가 되지 말라. 아직도 나의 의가 건재하니 돌아오라."욥 6:29 욥은 정말 위풍당당하다.

앞으로 확인하겠지만, 엘리바스의 세 차례 논변에는 실질적인 면에서는 논리적 진전이 없다. 정상을 향해 전진하는 것이 아니라, 정상 아래 산 둘레를 환상방황Ringwanderung하고 있다. 요점에 이르지 못하고 계속 밑에서 방황하며 오리무중 상태의 진술만 반복한다. 엘리바스는 시차심판론을 갖고 욥의 죄와 욥의 재난을 직간접적으로 연결하지만, 그의 신학적 논리에는 실체적 의미의 진전은 없다. 빌닷도, 소발도 이 점에서는 마찬가지다. 엘리바스에 비해 빌닷과 소발은 욥을 단죄하는 논변의 치열성과 강도에 있어서 덜 단호하고 다소 좌고우면하는 태도를 취하기도 한다. 둘은 이 세상에는 오묘한 일도 있다고 인정하는 것처럼 보이는 말을 하기도 한다. 특히 소발은 "오묘한 일"이라는 말을 함으로써 하나님의 역사役事 안에는 지금 당장은 해명할 수 없는 그 무엇인가가 있다는 것을 은근히 말한다. "지혜의 오묘함으로 네게 보이시기를 원하노니 이는 그의 지식이 광대하심이라. 하나님께서 너로 하여금 너의 죄를 잊게 하여 주셨음을 알라. 네가 하나님의 오묘함을 어찌 능히 측량하며 전능자를 어찌 능히 완전히 알겠느냐."[11:6-7] 그러나 그들의 공통 목적은 욥을 신속하게 회개시켜 하나님께 순복시키는 것이었다. 특히 엘리바스는 회개만능주의 신학자다. "친구 욥아, 지금은 전능자의 심판과 징계의 때이니 잘잘못을 따지지 말고 신속하게 회개하자. 그러면 네게도 좋은 날이 올 것이다." 곧, 회개압박적 충고다.

욥의 세 친구가 하는 말들 중에는 촌철살인의 경구도 있지만, 이 자체만으로 설교해서는 안 된다. 욥의 세 친구의 변론 본문들로 설교할 때, 거기서 기어이 신앙과 건덕建德에 유익한 하나님 말씀을 찾아내려고 시도해서는 안 된다. 친구들의 지루한 주장들은, 적절한 전후 맥락 안에서 잘 배치되지 못한 채 발설된 위로가 오히려 사람을 죽이는 위로, 우정을 파괴하는 위로가 될 수 있음을 경고하는 데 반면교사로 삼기에 유익한 본문들이다. 세 친구의 근원적 문제는 식견의 폐쇄성이고 시야의 협애성이며, 하나님의 새로운 일들에 대해 견문을 넓히지 않고 공부도 하지 않은 지적 태만이다. 그들은 하나님의 신비에 눈뜨지 못한 채 자신들이 아는 것만을 절대화한 지적 완악함의 화신들이다. 세 친구의 신학적 입장은 굳이 말하자면 통회자복 신학과 회개실용론적 신학이다. "신속 회개가 하나님께 받은 복을 회복하는 지름길이다." 즉, 회개만능 신학 또는 회개효용을 극대화하는 신학이라고 할 수 있다. 그들이 욥을 공격하는 목적은 욥의 파괴에 있지 않고 욥을 회개시켜서 회복시키는 데 있다. 그들의 동기까지는 나쁘지 않았다. 다만, 욥이 완강하게 회개하지 않으니 욥을 점점 격렬하게 공격하고 단죄하는 완매함에 빠져 버리는 데서 위로자로서 역부족을 드러낸다. 욥의 완강한 자기 결백 주장에 비례해 친구들의 언어도 점차 독기를 뿜어 낸다. 욥의 완강한 회개 배척 태도가 심화될수록 친구들의 언어적 공격도 거칠어진다. 욥은 친구들과의 대화에서는 해결책이 없음을 알고 친구들의 몰인정과 비인간적인 잔혹성을, 냉혈하고 폭력적인 신학담론을 전적으로 배척한다.

　여기서 우리는 친구란 무엇이며, 우정이 무엇인가를 성찰하게 된다. 친구는 흉금을 나누는 친밀한 사람이다. 때로는 우정의 이름으로 맹목적인 지지와 공감을 표명해 주는 것이 친구 사이의 우정이다. 때로는 면책을 해주고 그릇된 길로 치닫는 친구를 구해 주는 것이 친구 사이에 기대되는 우정이다. 정직한 면책은 바람직한 우정의 한 가지 표현이라는 생각은 잠언 27장에 나오는 우정에 관한 금언들에도 피력되어 있다. 잠언 27장의 우정 잠인들은 고내 이스라엘 사람들의 우정관을 보여준다. "친구의 아픈 책망은 충직으로 말미암는 것이나 원수의 잦은 입맞춤은 거짓에서 난 것이라."6절 "기름과 향이 사람의 마음을 즐겁게 하나니 친구의 충성된 권고가 이와 같이 아름다우니라."9절 욥의 친구들은 아마도 이런 면책 우정을 과시한 것처럼 보인다. 그런데 그들의 면책 우정은 욥에게 적용될 수 없는 우정이었다. 전통적 지혜가 예찬하는 면책 우정도, 비상하고 혹독한 고난이 갑자기 타격한 욥 같은 사람에게는 적용될 수 없었다. 전통적인 지혜가 전혀 예상하지 못한 비상한 환난에 처한 욥에게는 전혀 다른 우정이 필요했는데, 엘리바스는 고지식하게 욥을 회개시키려고 면책 우정을 드러낸다. 그런 점에서 우리는 엘리바스에게서 우리의 모습을 본다. 우리는 대체로 바울 서신의 원죄론에 과도하게 영향을 받았기 때문에, 극심하게 고난당하는 친구를 보면 그에게 뭔가 회개해야 할 죄가 숨어 있지 않나 생각하는 경향이 있다. 극심한 고난에 시달리는 영혼은 구역모임이나 친한 친구들 교제권에서도 안전을 누리거나 보호받고 이해받는 느낌을 갖기가 어렵다. 이런 점에서 우리는 극한 고통을 당한 친구의 말들을 트집 잡기보다는 그의 거친 언어를 만들어내는 쓰라린 마음을 어루만질 수 있는 온유함을 사모할 필요가 있다.

7장.

내가 바다 괴물입니까?
왜 나를 고통의 심연에 감금하십니까?

7

¹ 이 땅에 사는 인생에게 힘든 노동이 있지 아니하겠느냐. 그의 날이 품꾼의 날과 같지 아니하겠느냐. ² 종은 저녁 그늘을 몹시 바라고 품꾼은 그의 삯을 기다리나니 ³ 이와 같이 내가 여러 달째 고통을 받으니 고달픈 밤이 내게 작정되었구나. ⁴ 내가 누울 때면 말하기를 언제나 일어날까, 언제나 밤이 갈까 하며 새벽까지 이리 뒤척, 저리 뒤척 하는구나. ⁵ 내 살에는 구더기와 흙덩이가 의복처럼 입혀졌고 내 피부는 굳어졌다가 터지는구나. ⁶ 나의 날은 베틀의 북보다 빠르니 희망 없이 보내는구나. ⁷ 내 생명이 한낱 바람 같음을 생각하옵소서. 나의 눈이 다시는 행복을 보지 못하리이다. ⁸ 나를 본 자의 눈이 다시는 나를 보지 못할 것이고 주의 눈이 나를 향하실지라도 내가 있지 아니하리이다. ⁹ 구름이 사라져 없어짐 같이 스올로 내려가는 자는 다시 올라오지 못할 것이오니 ¹⁰ 그는 다시 자기 집으로 돌아가지 못하겠고 자기 처소도 다시 그를 알지 못하리이다. ¹¹ 그런즉 내가 내 입을 금하지 아니하고 내 영혼의 아픔 때문에 말하며 내 마음의 괴로움 때문에 불평하리이다. ¹² 내가 바다니이까. 바다 괴물이니이까. 주께서 어찌하여 나를 지키시나이까. ¹³ 혹시 내가 말하기를 내 잠자리가 나를 위로하고 내 침상이 내 수심을 풀리라 할 때에 ¹⁴ 주께서 꿈으로 나를 놀라게 하시고 환상으로 나를 두렵게 하시나이다. ¹⁵ 이러므로 내 마음이 뼈를 깎는 고통을 겪으니 차라리 숨이 막히는 것과 죽는 것을 택하리이다. ¹⁶ 내가 생명을 싫어하고 영원히 살기를 원하지 아니하오니 나를 놓으소서. 내 날은 헛 것이니이다. ¹⁷ 사람이 무엇이기에 주께서 그를 크게 만드사 그에게 마음을 두시고 ¹⁸ 아침마다 권징하시며 순간마다 단련하시나이까. ¹⁹ 주께서 내게서 눈을 돌이키지 아니하시며 내가 침을 삼킬 동안도 나를 놓지 아니하시기를 어느 때까지 하시리이까. ²⁰ 사람을 감찰하시는 이여, 내가 범죄하였던들 주께 무슨 해가 되오리이까. 어찌하여 나를 당신의 과녁으로 삼으셔서 내게 무거운 짐이 되게 하

셨나이까. 21 주께서 어찌하여 내 허물을 사하여 주지 아니하시며 내 죄악을 제거하여
버리지 아니하시나이까. 내가 이제 흙에 누우리니 주께서 나를 애써 찾으실지라도 내
가 남아 있지 아니하리이다.

죽음 이후에는 아무 희망이 없습니다 •1-10절

이 단락은 욥의 독백처럼 들리면서도 하나님을 2인칭으로 거명하
는 대화 구조를 띤 항변으로 구성되어 있다. 1-3절은 의미 없이 길
게 연장되는 고통스런 날들에 대한 욥의 불평이다. 1절 상반절은 땅
에 사는 인생에게 힘든 노동이나 고역도 무한히 연장되지 않고, 정
해진 때에만 고통을 겪는다는 원칙이 있음을 말한다. 1절 하반절은
그 구체적인 예를 말한다. 고생하는 사람들의 날들 끝에도 작은 위로
가 기다린다는 것이다. 하루살이 품꾼이 고된 노동 후에 보상과 위로
를 기대하는 것처럼 극심한 고통 중에 있는 사람에게도 일정한 기간
이 지나면 뭔가 위로가 될 만한 일이 있다는 것이다. 2절도 1절 하반
절을 좀 더 부연한다. 하루 종일 뙤약볕 아래 고생한 종이 저녁 그늘
을 몹시 바라고 품꾼이 그의 하루품삯을 기다리듯이, 욥 자신도 고통
스러운 이 날들을 보낸 후에 뭔가 좋은 일을 기대할 수 있어야 하는
데 그렇지 못하다. 3절에서 욥은 저녁 그늘을 기다린 종이나 삯을 기
다리며 고된 노동을 감내한 품꾼처럼, 자신도 그렇게 고통 후에 찾
아오는 위로와 보상을 기다렸다는 것을 강조한다. 3절의 "이와 같
이"는 그런 의미다. 그런데 욥에게는 전혀 다른 상황이 전개된다. 자
신은 여러 달째 고통을 받았지만 "고달픈 밤"이 자신에게 "작정되었
다"라고 탄식한다. 3절 상반절의 주동사도 사역수동형(호팔) 동사이
다. "상속하다"를 의미하는 나할(נָחַל) 동사의 사역수동형 1인칭이 여
기서 사용된다. 혼할티 리 야르헤-샤붜(הָנְחַלְתִּי לִי יַרְחֵי-שָׁוְא). 직역하

면, "내가 허무함의 달들(거짓의 달들)을 상속받게 되었다"이다. 자신도 뭔가 사태가 호전되기를 기다렸지만, 몇 달 동안 거짓 희망이 자신을 붙들었다는 것이다. 요즘 말로 하면 희망고문을 당했다는 것이다. 4절은 밤을 대면하는 욥의 고통을 말한다. 그는 잠자리에 들면, "언제 일어날까, 밤이 언제 지나갈까" 하고 괴로워하며 새벽까지 잠을 이루지 못한다. 신명기 28:67은 이역만리 열국에 사로잡혀간 이스라엘 포로들의 곤경이 바로 이러했음을 증언한다. "네 마음의 두려움과 눈이 보는 것으로 말미암아 아침에는 이르기를 아하, 저녁이 되었으면 좋겠다 할 것이요 저녁에는 이르기를 아하, 아침이 되었으면 좋겠다 하리라."

5절은 이 고통스러운 밤의 실체를 말한다. 살에는 구더기와 흙덩이가 의복처럼 입혀졌고 욥의 피부는 굳어졌다가 터진다. 피부 악창으로 인한 고통이다. 악성 옻이 오른 사람처럼 굳었다가 진물 흐르는 상처로 뒤범벅이 된 욥의 피부에는 구더기 같은 미생물이 스멀스멀 기어다닌다. 이런 고통 속에서 욥의 날은 베틀북보다 빠르게 희망 없이 지나간다.6절; 사 38:12

7-10절은 탄식 중에 드리는 항변성 기도문이다. 여기서는 하나님을 2인칭 단수로 표현한다. 욥은 지상의 생명이 끝나면 다시 하나님을 뵐 희망이 없다는 절망을 토로하고 있다. 7절은 통절한 기도문이다. 욥 자신의 생명이 한낱 바람 같음을 생각하고 자신을 구해 달라고 간청한다. 자신이 이대로 죽으면 다시는 복락, 곧 하나님의 선하심을 보지 못할 것이라고 슬퍼한다. 뿐만 아니라, 자신이 죽으면 자신을 본 사람들이 다시는 자신을 보지 못할 것이고 심지어 하나님 눈이 자신을 향할지라도 자신은 더 이상 세상에 존재하지 않을 것이라고 말한다.8절 구름이 사라져 없어짐 같이 스올로 내려가는 자는 다시 생명의 땅으로 올라오지 못할 것이기 때문이다.9절 심지어 죽은 자

는 다시 자기가 생전에 살던 집으로 돌아가지 못하겠고, 돌아가더라도 자기 처소도 다시 그를 알지 못할 것이다.[10절] 욥이나 욥기 저자는 내세에 대한 믿음이나 몸의 부활에 대한 신앙을 거의 모르고 있거나 표명하지 않는다.

왜 나를 바다 괴물처럼 감금하십니까? • 11-21절

11절은 욥이 불평하는 이유를 말한다. 욥은 자신의 영혼의 아픔, 마음의 괴로움 때문에 입을 다물 수 없고 불평을 그칠 수 없다고 한탄한다. 12절에서 욥은 고대 가나안의 바알신화를 배경으로 자신이 과연 하나님이 무찌르셔야 할 원수가 되었는지를 반문한다. 고대 가나안 바알신화에 따르면, 바알은 바다(얌[םי])와 바다 괴물 탄닌(תנין)을 잘라서 육지를 만들고 땅의 평화를 창조하는 창조의 신이다.[1] 바알신이 파쇄해야 할 적수가 얌, 곧 바다와 탄닌이었다. 욥은 하나님이 자신을 탄닌이나 얌처럼 대우하시는 것을 불평한다. 자신을 감금하시는 하나님의 처사를 이해할 수 없다고 항변한다. 욥기 38:8-9은 바다를 감금하는 창조주의 처분을 묘사한다. "바다가 그 모태에서 터져 나올 때에 문으로 그것을 가둔 자가 누구냐. 그 때에 내가 구름으로 그 옷을 만들고 흑암으로 그 강보를 만들고." 창조주는 거대한 잠재적 반역성을 가진 바다를 감금한다. 하나님은 힘이 너무 센 피조물, 곧 바다 괴수 탄닌과 리워야단이 세상을 폭력적인 무질서로 농단하지 못하도록 감금하신다. 이는 작고 연약한 피조물을 보호하시기 위해서다. 욥은 하나님께, "하나님, 제가 당신의 절대주권적 통치를 위협하는 태곳적 원수라도 된다고 생각하십니까? 당신은 내가 창조질서를 교란시킬 무슨 잠재적인 괴수라도 된다고 생각해 이렇게 감금하십니까"라고 항의한다.[2] 욥은 하나님이 자신을 정신적, 육체적 고통의 감옥에 감금하고 있다고 불평하고 항의한 것이다.

욥은 침상에서 잠을 잘 때는 혹시 수심에서 풀려날까 기대하고 잠을 청하지만, 밤마다 하나님이 꿈과 환상으로 욥 자신을 놀라게 하고 두렵게 한다고 불평한다.[13-14절] 바로 이런 이유 때문에 욥은 자신이 차라리 질식사라도 당하기를 기대한다고 말한다.[15절] 뼈가 깎이는 고통을 겪으니 차라리 죽고 싶다는 것이다. 자신이 사는 것을 싫어하니 제발 나를 죽게 해달라고 간청한다. 어차피 자신의 인생은 헛된 일이기 때문이다.[16절]

17절은 시편 8:4을 약간 비틀며 인용하는 것처럼 보인다. 시편 8:4에서는 인간의 지위가 갖는 고귀성이 강조되는데, 여기서는 하나님의 권징과 검증 대상,[3] 하나님의 과몰입적인 관심 대상으로 전락한 인간의 지위를 탄식한다. "사람이 무엇이기에 주께서 그를 생각하시며 인자가 무엇이기에 주께서 그를 돌보시나이까."[시 8:4] 시편 8편의 저자는 인간의 지위에 대한 감동 때문에 영탄한다. 반면에 욥은 자신 같은 인간이 하나님께 이처럼 관심받는 것 자체가 너무 고단하다고 불평한다. 하나님이 사람을 크게 하여 마음을 두시기 때문에,[17절] 아침마다 하나님이 사람을 권징하시며 순간마다 단련하신다고 본다.[18절] 하나님은 정말 잠시도 자기에 대한 감시의 눈초리를 거두지 않으시고 침 삼킬 만큼 짧은 순간도 놓아 주시지 않는다고 불평한다.[19절] 욥은 하나님이 인간을 초집중적으로 감찰하시는 분이라고 묘사한다. 설령 자신이 죄를 좀 지었다고 해서, 그것이 하나님께 무슨 해가 되느냐고 반문하면서 자신을 과녁 삼아 공격하여 무거운 징벌의 짐을 안기는 이유가 무엇인지 따져 묻는다.[20절] 21절에서 욥은 자신의 허물을 언급한다. 이 허물 언급은 자신의 허물 때문에 이 참담한 고난이 왔다고 인정하는 맥락에서 이뤄진 것이 아니라 가정법적 상황에서 나온 말이다. 설령 자신이 허물을 범했다고 하더라도 왜 그것을 사하여 주시거나 제거해 버리시지 않고 그토록 철저하게 응징하시느냐고 불평한 것이다. 자신은 이제 죽어 흙에 묻힐 것이기 때문에 하나님이 후에 자신을 애써 찾을지라도 자신은 더 이상 세상에 남아 있지 않을 것이라고 탄식한다.[21절] 21절을 근거로 어떤 사람들은 욥의 고난은 그의 죄악 때문이라고 판단하는 사람들이 있다. 그들은 욥의 횡설수설하는 말로 욥이 죄인이라고 규정하는 오류를 범하고 있다. 그들의 입장은 욥의 세 친구 관점과 같다. 욥을 원죄설에 입각해 죄인이라고 간주하려는 사람들은 여기서 로마서 3:10, 23을 인승하기도 한다. "기록된 바 의인은 없나니 하나도 없으며", "모든 사람이 죄를 범하였으매 하나님의 영광에 이르지 못하더니." 이런 해석은 욥의 어조와 발설 의도, 그 기능 등을 전적으로 도외시하는 읽기의 부산물로서 결코 정확하지 않다.

메시지

"사람이 무엇이기에 주께서 그를 크게 만드사 그에게 마음을 두고 아침마다 권징하시며 순간마다 단련하시나이까."[7:17-18; 참조. 시 8:4-9] 욥의 이 항변은 격한 공감을 불러일으킨다. 광대하고 광활한 우주에 창조주 하나님이 신경 쓰셔야 할 일이 엄청나게 많을 텐데, 도대체 왜 하나님은 우주의 먼지에 불과한 욥의 인생에 이토록 관심을 쏟으실까? 하나님 앞에 인간의 선행과 죄악은 어떤 의미가 있을까? 천지만물의 창조주 하나님의 관점에서 인간은 어떻게 보일까? 극미극소의 존재인가, 아니면 엄청나게 중요한 존재인가? 광대무변한 우주를 창조하신 하나님이 이토록 작은 피조물 인간의 일거수일투족에 왜 그토록 엄청난 의미를 부여하고 계실까? 욥은 설령 자신이 하나님을 향하여 무슨 죄악을 지었다 하더라도, 그것이 하나님께 얼마나 대단한 손해를 끼치겠느냐고 묻는다. 그에 반해서 시편 8편은 동일한 주제(인간의 유한성)를 놓고 아주 밝고 감격에 찬 어조로 말한다. "사람이 무엇이길래 이처럼 인자와 존귀의 면류관을 씌워 주셨는지요!" 시인은 하나님의 돌보심을 만끽하며 만물과 화목하면서 살아간다. 시편 8편 저자의 눈에는 온 땅 만물 안에는 하나님의 "이름"(성품=인자와 성실)이 아름답게 빛나고 있다. 하지만 욥의 영혼은 괴로움과 상처로 도리깨질을 당하고 있다. 그는 하나님의 놀라게 하는 세찬 타격과 질식할 것 같은 고통 속에서 자신의 존엄성에 대해 심각한 의심을 표출한다. 그는 아침마다 하나님의 회초리를 맞으며 분초마다 하나님의 공의와 사랑을 의심할 수밖에 없는 시험거리들로 압박당하고 있다. 그래서 그는 "내가 범죄하였던들 주께 무슨 해를 입었습니까"라고 하나님께 힐문하기에 이르렀다. 이 질문에 대한 답은 본문이나 욥기 전체에서도 명시적으로 주어지지는 않는다. 그러나 우리는 인간이 하나님 앞에 얼마나 중요한 존재인지를 창세기 1:26-28을 통하여 알 수 있다. 첫째, 인간은 하나님의 형상으로 창조된 만물의 영장이요 하나님의 대리자다. 하나님 앞에 인간은 극히 작은 미물이 아니라 하나님의 대리자다. 하나님을 대신하여 눈에 보이는 우주와 삼라만상의 관리자요 통치자로 봉사해야 할 사명자라는 것이다. 부피와 질량으로 말하자면 인간은 극미극소의 존재이지만, 하나님의 창조계획에 의하면, 인간은 거의 반신적半神的인 존재다. 하나님을 믿고 순종하는 인간의 행동은 우주적인 차원에서 변화를 가져온다. 둘째, 중세 유대교의 신비종파 중 하나인 카발라 신학에 따르면, 하나님의 계명에 대한 인간의 순종은 하나님 안에 생긴 대파국적 균열(마음의 상처)을 치유한다고까지 말한다. 인간이 하나님을 믿고 하나님께 순종하는 일은 하나님께 참으로 중요한 일이며, 이 우주 속에 하나님 나라를 세우려고 하는 하나님의 계획 추진에 결정적으로 중요하다는 것이다. 셋째, 그럼에도 불구하고 인간은 고난과 환난을 겪을 때 자신의 존엄성을 깎아내리고 자기파괴적인 충동에 지배당하기 쉽다. 그럴 때일수록 시편 8:4-9의 그림을 기억할 필요가 있다. 만물 속에 아름답게 빛나는 하나님의 이름(하나님의 소유권)을 송축해야 한다. 고난 속에서도 하나님의 인자와 긍휼을 굳게 믿는다면, 우리는 온 땅에 빛나는 하나님의 아름다운 이름을 발견하게 될 것이다.

욥기를 읽는 현대 독자들은 욥기의 결말을 알기 때문에 고난에 대해 이처럼 긍정적인 의미 부여를 할 수 있시만, 욥기 안의 주인공 욥은 이 고통 가득 찬 세상 너머의 삶을 생각할 여유를 전혀 갖지 못하고 있다. "구름이 사라져 없어짐 같이 스올로 내려가는 자는 다시 올라오지 못할 것이오니"7:9라는 푸념에서 보듯이, 욥에게는 부활신앙이 없다. 욥은 아직 내세신앙에 도달하지 못했고, 욥기 저자 자체도 내세신앙에 방점을 찍고 있지 않다. 몇 구절을 갖고 욥기 저자가 내세신앙을 절대적으로 부정했다고 말할 수는 없다. 그러나 분명한 것은, 욥기는 내세에 대한 과도한 관심 또는 치중으로 현재의 부조리를 비껴가려고 하지 않는다는 점이다. 현재가 부조리하면 세상 전체가 부조리한 것이지 내세에는 희망이 있다고 말하지 않는다. 이 세상에서의 정의가 인간이 기대할 수 있는 유일한 정의라는 관점이 욥의 원망과 불평을 지배한다.

8장.

빌닷의 1차 변론:
조상 전래 신학 전통에 호소하여 욥을 정죄하는 빌닷 논법

8

¹수아 사람 빌닷이 대답하여 이르되 ²네가 어느 때까지 이런 말을 하겠으며 어느 때까지 네 입의 말이 거센 바람과 같겠는가. ³하나님이 어찌 정의를 굽게 하시겠으며 전능하신 이가 어찌 공의를 굽게 하시겠는가. ⁴네 자녀들이 주께 죄를 지었으므로 주께서 그들을 그 죄에 버려두셨나니 ⁵네가 만일 하나님을 찾으며 전능하신 이에게 간구하고 ⁶또 청결하고 정직하면 반드시 너를 돌보시고 네 의로운 처소를 평안하게 하실 것이라. ⁷네 시작은 미약하였으나 네 나중은 심히 창대하리라. ⁸청하건대 너는 옛 시대 사람에게 물으며 조상들이 터득한 일을 배울지어다. ⁹(우리는 어제부터 있었을 뿐이라. 우리는 아는 것이 없으며 세상에 있는 날이 그림자와 같으니라.) ¹⁰그들이 네게 가르쳐 이르지 아니하겠느냐. 그 마음에서 나오는 말을 하지 아니하겠느냐. ¹¹왕골이 진펄 아닌 데서 크게 자라겠으며 갈대가 물 없는 데서 크게 자라겠느냐. ¹²이런 것은 새 순이 돋아 아직 뜯을 때가 되기 전에 다른 풀보다 일찍이 마르느니라. ¹³하나님을 잊어버리는 자의 길은 다 이와 같고 저속한 자의 희망은 무너지리니 ¹⁴그가 믿는 것이 끊어지고 그가 의지하는 것이 거미줄 같은즉 ¹⁵그 집을 의지할지라도 집이 서지 못하고 굳게 붙잡아 주어도 집이 보존되지 못하리라. ¹⁶그는 햇빛을 받고 물이 올라 그 가지가 동산에 뻗으며 ¹⁷그 뿌리가 돌무더기에 서리어서 돌 가운데로 들어갔을지라도 ¹⁸그 곳에서 뽑히면 그 자리도 모르는 체하고 이르기를 내가 너를 보지 못하였다 하리니 ¹⁹그 길의 기쁨은 이와 같고 그 후에 다른 것이 흙에서 나리라. ²⁰하나님은 순전한 사람을 버리지 아니하시고 악한 자를 붙들어 주지 아니하시므로 ²¹웃음을 네 입에, 즐거운 소리를 네 입술에 채우시리니 ²²너를 미워하는 자는 부끄러움을 당할 것이라. 악인의 장막은 없어지리라.

네 자녀들이 죄를 지었기 때문이다 • 1-7절

수아 사람 빌닷은 훨씬 더 거칠고 노골적으로 욥을 정죄한다. 욥의 항
변을 거센 바람에 빗대며 욥의 독설을 멈추려고 한다.[1-2절] 빌닷은 '죽
고 싶다'는 희망을 앞세워 하나님을 압박하는 욥의 말투와 정조情調를
빌미로 욥을 비난한다. 엘리바스의 논변을 도입하는 동사가 '대답하
다'를 의미하는 히브리어 동사 아나(עָנָה)인 것과 같이 빌닷의 답변을
도입하는 동사도 이나(עָנָה)이다. 빌닷의 논변도 욥이 하는 말들을 듣
고 대응하는 말이라는 의미다. 2절에서 빌닷은 '말하다'를 의미하는
히브리어 동사 말랄(מָלַל)의 강세능동형(피엘)을 사용한다. '말하다'의
강세능동형 터말렐(תְּמַלֵּל)은 '거칠게 말하다', '지껄이듯이 함부로 말
하다' 등을 의미한다. 2절 첫소절을 직역하면, "어찌하여 이런 것들을
지껄이느냐?" 정도의 의미다. 2절의 하반절은 "어느 때까지"에 걸리
는 문장이 아니다. 2절 상반절과 구분된 독립적인 절이다. 개역개정
의 "어느 때까지 네 입의 말이 거센 바람과 같겠는가"는 히브리어 구
문을 제대로 살리지 못한 불충분한 번역이다. 2절 하반절은 의문문이
아니라 직설법으로 번역되어야 한다. 직역하면, "네 입의 말들은 거센
바람이다"가 된다. 개역개정은 히브리어 구문의 은유를 "바람과 같겠
는가"라고 직유로 번역함으로써 2절 하반절의 의미를 다소 약화시킨
다. 욥의 말들이 거센 바람이라는 은유에는 욥이 마구 내뱉는 말들이
폭력적인 말, 곧 하나님의 위엄을 손상시키는 거친 말이라는 함의가
들어 있다. 3절 "하나님이 어찌 정의를 굽게 하시겠으며 전능하신 이
가 어찌 공의를 굽게 하시겠는가"에 비추어 볼 때 빌닷은 6-7장에서
욥이 하나님의 정의(미쉬파트)와 공의(체데크)를 훼손하는 말들을 마
구 내뱉었다고 비난하는 셈이다. 6-7장에는 빌닷이 느끼기에 거센 바
람에 해당되는 욥의 말들이 상당히 많다.

내게 가르쳐서 나의 허물된 것을 깨닫게 하라. 내가 잠잠하리라. 옳은 말이 어찌 그리 고통스러운고. 너희의 책망은 무엇을 책망함이냐.[6:24-25]

너희는 돌이켜 행악자가 되지 말라. 아직도 나의 의가 건재하니 돌아오라. 내 혀에 어찌 불의한 것이 있으랴. 내 미각이 어찌 속임을 분간하지 못하랴.[6:29-30]

사람을 감찰하시는 이여, 내가 범죄하였던들 주께 무슨 해가 되오리이까. 어찌하여 나를 당신의 과녁으로 삼으셔서 내게 무거운 짐이 되게 하셨나이까.[7:20]

이처럼 빌닷은 6-7장에 나오는 욥의 결백 주장과 하나님의 무고한 타격을 원통해 하는 욥의 항변에 분을 참지 못하고 처음부터 욥을 몰아붙인다. 그도 단도직입적으로 엘리바스처럼 하나님은 절대로 정의를 굽게 하거나 공의를 굽게 하실 분이 아니라고 역설한다.[3절] "하나님이 어찌 정의를 굽게 하시겠으며 전능하신 이가 어찌 공의를 굽게 하시겠는가." 사실 3절은 세 친구의 논리를 관통하는 중심 논조다. 빌닷은 아예 노골적으로 욥의 환난을 그의 자녀들의 죄악에 대한 심판이라고 단정 짓는다.[4절] 따라서 욥이 할 일은 하나님을 찾아 잘못을 빌며 간청하는 일이다.[5절] 욥이 지금이라도 돌이켜 스스로를 청결하게 하고 정직하면 하나님이 욥을 돌보시고 그의 의로운 처소를 평안하게 하실 것이라고 말한다.[6절] 그리고 빌닷은 욥이 회개하면 다시 재기할 수 있다고 위로한다. "네 시작은 미약하였으나 네 나중은 심히 창대하리라."[7절] 주로 개업하는 교우들에게 심방을 가면서 액자에 담아 선물하는 7절은 빌닷이 욥에게 심히 엉뚱하게 주는 충고의 일부다. 욥은 지금은 처참하게 전락했으나 회개하고 돌이키면 하나님이

8

빌닷의 1차 변론: 조상 전래 신학 전통에 호소하여 욥을 정죄하는 빌닷 논법

심히 창대하게 해주실 것이라는 말이다. 빌닷의 발언도 그릇된 진단에 그릇된 충고를 하는 사례에 해당한다.

조상들의 전래 지혜, 악행필벌 원리를 존중하라 •8-22절

이 단락은 조상들에게서 받은 지혜에 의거해 욥의 항변을 멈추게 하려는 빌닷의 시도를 다룬다. 조상들이 살았던 시대는 우리 당대의 짧은 생애에 비하면 유구하기에 조상들이 남긴 지혜가 훨씬 더 소중하다는 논리다.[8-10절] 욥이 배워야 할 조상들이 터득한 일이 11절 이하에서 왕골과 갈대 관련 속담, 격언의 형식으로 나열된다. 조상들이 마음으로 가르쳐 주는 말을 욥이 받아들여야 한다는 논리다.[10절] 11-19절은 왕골과 갈대의 생장에 대한 관찰을 바탕으로, 한때는 왕성한 생명력을 자랑하며 번성하는 듯하다 갑자기 시들고 사라지는 수변식물인 왕골과 갈대의 허무한 생장주기를 악인의 돌연한 몰락에 비유한다. 왕골은 진펄이 아닌 곳에서, 갈대는 물 없는 데서 크게 자라지 못한다.[11절] 이 두 식물은 새순이 돋아 아직 뜯을 때가 되기 전에 다른 풀보다 일찍 마른다. 그만큼 물에 의존하는 정도가 심하다.[12절] 하나님을 잊어버리는 자의 길도 왕골과 갈대처럼 순이 돋자마자 곧 시들어버린다. 저속한 자의 희망도 왕골이나 갈대처럼 무너져 버린다.[13절] 빌닷은 욥을 하나님을 잊어버린 자, 저속한 자에 은근히 빗대며 욥의 몰락은 자연이치라고 말한다. 하나님을 잊어버려 저속하게 된 자가 믿는 것은 거미줄처럼 쉽게 끊어진다.[14절] 그런 하나님 망각자, 비열한 자는 집을 의지할지라도 그의 집이 서지 못하고, 그가 아무리 집을 굳게 붙잡아도 집은 보존되지 못한다.[15절] 16-19절은 뿌리를 내리자마자 쉽게 말라 버리는 다른 식물을 욥에 비유한다. 하나님 망각자, 비열한 자는 햇빛을 받고 물이 올라 그 가지가 동산에 뻗으며[16절] 그 뿌리가 돌무더기 사이에 들어갔을지라도[17절] 그곳에서 뽑히면 흔적도 없이 잊힌다.[18절] 그 식물이 뿌리내렸던 자리도 내가 너를 보지 못하였다고 모른 체한다.[18절] 잠시 뿌리내리고 자라는 식물의 기쁨은 이처럼 쉽게 망각되고 그 후에 다른 식물이 흙에서 난다.[19절]

20-22절에서 빌닷은 다소 어조를 누그러뜨리며 어설프게 욥을 위로하려고 시도한다. 이 단락은 8:5-6에서 빌닷 자신이 제시한 선先회개 요구를 욥이 수용한다면 펼쳐질 회복 시나리오다. "네가 만일 하나님을 찾으며 전능하신 이에게 간구하고 또 청결하고 정직하면 반드시 너를 돌보시고 네 의로운 처소를 평안하게 하실 것이라." 빌닷은 욥의 자녀들이 당한 고난을 보고 욥이 즉시 회개의 기회를 잡아야 한다고 채근한다. 욥이 범하지도 않은 죄를 하나님께 직고하고, 청결하고 정직한 인간으로 개과천선한다면 하나님의 권고를 받아 회복될 것이라는 논리다. 빌닷은 욥을 동방에서 가장 의롭고 명철하여 악을 떠난 사람이라고 공인한 하나님의 증언을 부인하고 있는 셈이다. 그런데 20절에서 마치 욥이 이미 회개라도 한 것처럼, 욥이 의인이 되기라도 한 것처럼 허황된 회복시나리오를 내놓는다. 여기서 빌닷은 욥이 마치 하나님이 버리지 않을 순전한 사람이라도 된 것처럼 말하며 하나님이 욥의 입에 즐거운 노래가 터져 나오게 하실 것이라고 말한다.[21절] 오히려 욥을 미워하는 자가 부끄러움을 당할 것이며 악인의 장막은 소멸될 것이라고 말한다.[22절] 빌닷의 이 어설픈 논리는 논리적으로 전혀 설득력 없는 위로, 영혼 없는 위로의 전형적 사례다.

메시지

8장은 빌닷의 하나님 정의옹호론인데, 그것은 무익하고 오도된 하나님 정의옹호론이다. 그는 하나님의 명예를 보존한답시고 친구이자 의인인 욥을 물어뜯는다. 그는 세 가지 주장을 내세운다. 첫째, 옛 사람들에게 일어나는 일들을 통계적으로 볼 때 욥처럼 갑자기 망하는 것은 필시 숨은 죄에 대한 하나님의 징벌이다. 빌닷의 하나님 정의를 옹호하기 위해 옛 사람에게 물어보자고 말한다. 옛 사람은 전통적 지혜를 보존하고 후세대에게 전해 준 조상 세대이다. 옛 사람들의 속담이나 자연관찰로부터 오는 지혜에 호소해 빌닷은 욥의 고난을 악인 징벌론의 관점에서 해석한다. 과거에 일어난 재난들의 통계에 입각한 욥의 고난 해석인 셈이다. "왕골이 진펄 아닌 데서 크게 자라겠으며 갈대가 물 없는 데서 크게 자라겠느냐."욥 8:11 욥의 고난을 죄(원인)와 벌(결과)로 충분히 설명할 수 있다는 것이다. "네 고난은 하나님을 잊어버리는 자의 길을 극적으로 드러내고 있다." 이런 취지로 빌닷은 욥을 단죄한다. 그는 욥에게 "너는 한때 경건한 척하고 살았지만, 너는 사실 하나님을 망각하며 살았다"라고 말한다. 한 걸음 더 나아가 빌닷은 욥 자녀들의 죄악이 그들의 참혹한 죽음을 초래했다고 주장한다. "네 자녀들이 주께 죄를 지었으므로 주께서 그들을 그 죄에 버려두셨나니."4절 빌닷은 욥 자녀들의 죄로 인한 연좌제적 심판론을 내세운다. 그러면서 마지막으로 빌닷은 느닷없는 제안을 한다. 욥에게 이 재난을 계기로 철저하게 하나님께 돌이켜 영육간의 재활복구와 회복을 누리라고 권고한다. "네가 만일 하나님을 찾으며 전능하신 이에게 간구하고 또 청결하고 정직하면 반드시 너를 돌보시고 네 의로운 처소를 평안하게 하실 것이라. 네 시작은 미약하였으나 네 나중은 심히 창대하리라."욥 8:5-7 참으로 빌닷의 말은 2차 가해자의 전형적인 언동이라고 볼 수 있다. "하나님은 순전한 사람을 버리지 아니하시고 악한 자를 붙들어 주지 아니하시므로"욥 8:20 욥이 회개하면 반드시 욥을 다시 번성케 하실 것이라고 장담한다. 빌닷은 지금은 풍비박산이 났지만, 회개하면 욥에게 희망이 있다고 말한다. 회개 후에 올 복된 회복을 허황된 말로 약속한다. 거짓에 기초한 거짓된 처방이다. 위로한답시고 고문하는 빌닷은 우리에게 낯선 인물이 아니다. 인간의 말은 생명을 살리기보다는 죽이는 데 더 큰 위력을 드러낸다. 척추가 부서져 숨도 쉴 수 없는 희생자에게 다시 한번 쇠망치질을 하는 빌닷은 몰인정과 무자비의 화신이다.

욥기 독자들이나 욥기 본문으로 설교하는 사람들에게 욥의 친구들의 논변은 참으로 다루기가 어려운 난제다. 아무리 깊이 본문을 파헤치고 원전을 파헤쳐도 욥 친구들의 말 어디에도 성도들의 신앙 성장과 건덕에 유익한 교훈을 이끌어 내기가 어렵기 때문이다. 따라서 독자들이나 설교자들은 욥 친구들의 논변은 반면교사의 전형적 언설言說임을 생각하고 우리 성도들이 닮지 말아야 할 행동준칙을 도출하는 데 주력해야 한다. 이러한 맥락에서 빌닷의 충고도 나쁜 위로의 전형을 보여준다는 점에서 유익하다. 먼저 얄밉고 답답한 빌닷에게서 독자는 인간의 무자비, 몰인정을 보고 경악해야 한다. 그리고 독자/설교자 자신의 무자비하고 몰인정한 과거 언동을 돌이켜 보고, 그런 일이 있다면 더욱 더 소스라치게 놀랄 필요가 있다. 욥의 세 친구는 책/전통을 통해 하나님을 아는 지식을 습득했지, 세상 한복판에서 일하시는 하나님의 신비하고 기묘한 역사하심을 속속들이 알지 못한 백면서생이다. 하나님을 이론적으로, 책이나 전통을 통해 아는 신학자들이나 목회자들은 감히 상상도 못하는 일들이 세상에서는 일어나고 있다. 하나님은 공의를 굽게 하실 수 없다는 단 하나의 준칙으로 하나님의 일방적인 공격으로 인생이 부서져 버린 친구 욥의 울부짖음을 그토록 잔인하게 외면하는 폐쇄성은 상식적 동정심의 발동도 막는다. 우리는 빌닷의 위로 실패, 친구 정죄 논변에서 조상 전래 지식만이 다가 아님을 본다. 욥 친구들의 언동으로부터 은혜받는 길은 단 한 가지, 우리가 바로 그들과 같았던 경험을 생각하고 돌이키는 계기를 얻는 것이다.

9장.

까닭 없이 나를 치시는 하나님!

9

¹욥이 대답하여 이르되 ²진실로 내가 이 일이 그런 줄을 알거니와 인생이 어찌 하나님 앞에 의로우랴. ³사람이 하나님께 변론하기를 좋아할지라도 천 마디에 한 마디도 대답하지 못하리라. ⁴그는 마음이 지혜로우시고 힘이 강하시니 그를 거슬러 스스로 완악하게 행하고도 형통할 자가 누구이랴. ⁵그가 진노하심으로 산을 무너뜨리시며 옮기실지라도 산이 깨닫지 못하며 ⁶그가 땅을 그 자리에서 움직이시니 그 기둥들이 흔들리도다. ⁷그가 해를 명령하여 뜨지 못하게 하시며 별들을 가두시도다. ⁸그가 홀로 하늘을 펴시며 바다 물결을 밟으시며 ⁹북두성과 삼성과 묘성과 남방의 밀실을 만드셨으며 ¹⁰측량할 수 없는 큰 일을, 셀 수 없는 기이한 일을 행하시느니라. ¹¹그가 내 앞으로 지나시나 내가 보지 못하며 그가 내 앞에서 움직이시나 내가 깨닫지 못하느니라. ¹²하나님이 빼앗으시면 누가 막을 수 있으며 무엇을 하시나이까 하고 누가 물을 수 있으랴. ¹³하나님이 진노를 돌이키지 아니하시나니 라합을 돕는 자들이 그 밑에 굴복하겠거든 ¹⁴하물며 내가 감히 대답하겠으며 그 앞에서 무슨 말을 택하랴. ¹⁵가령 내가 의로울지라도 대답하지 못하겠고 나를 심판하실 그에게 간구할 뿐이며 ¹⁶가령 내가 그를 부르므로 그가 내게 대답하셨을지라도 내 음성을 들으셨다고는 내가 믿지 아니하리라. ¹⁷그가 폭풍으로 나를 치시고 까닭 없이 내 상처를 깊게 하시며 ¹⁸나를 숨 쉬지 못하게 하시며 괴로움을 내게 채우시는구나. ¹⁹힘으로 말하면 그가 강하시고 심판으로 말하면 누가 그를(나를) 소환하겠느냐. ²⁰가령 내가 의로울지라도 내 입이 나를 정죄하리니 가령 내가 온전할지라도 나를 정죄하시리라. ²¹나는 온전하다마는 내가 나를 돌아보지 아니하고 내 생명을 천히 여기는구나. ²²일이 다 같은 것이라. 그러므로 나는 말하기를 하나님이 온전한 자나 악한 자나 멸망시키신다 하나니 ²³갑자기 재난이 닥쳐 죽을지라도 무죄한 자의 절망도 그가 비웃으시리라. ²⁴세상이 악인의 손에 넘어갔고 재판관의 얼굴

도 가려졌나니 그렇게 되게 한 이가 그가 아니시면 누구냐. 25 나의 날이 경주자보다 빨리 사라져 버리니 복을 볼 수 없구나. 26 그 지나가는 것이 빠른 배(갈대 배) 같고 먹이에 날아 내리는 독수리와도 같구나. 27 가령 내가 말하기를 내 불평을 잊고 얼굴 빛을 고쳐 즐거운 모양을 하자 할지라도 28 내 모든 고통을 두려워하오니 주께서 나를 죄 없다고 여기지 않으실 줄을 아나이다. 29 내가 정죄하심을 당할진대 어찌 헛되이 수고하리이까. 30 내가 눈 녹은 물로 몸을 씻고 잿물로 손을 깨끗하게 할지라도 31 주께서 나를 개천에 빠지게 하시리니 내 옷이라도 나를 싫어하리이다. 32 하나님은 나처럼 사람이 아니신즉 내가 그에게 대답할 수 없으며 함께 들어가 재판을 할 수도 없고 33 우리 사이에 손을 얹을 판결자도 없구나. 34 주께서 그의 막대기를 내게서 떠나게 하시고 그의 위엄이 나를 두렵게 하지 아니하시기를 원하노라. 35 그리하시면 내가 두려움 없이 말하리라. 나는 본래 그렇게 할 수 있는 자가 아니니라.

하나님과 소송을 벌이는 일의 무모함에 대한 욥의 염려 •1-24절

욥기 9-10장은 빌닷의 공격에 대한 욥의 답변이지만, 친구들의 논리를 논박하는 수준을 넘어 하나님과 담판을 지으려고 하는 욥의 진전된 입장을 보여준다. 욥은 자신의 고난의 원인을 설명해야 할 책임이 있는 하나님의 무책임과 침묵을 문제삼는다. 9장에서 욥은 자신과 하나님 사이에서 정당하게 판결해 줄 자가 없다고 하면서, 하나님과 자신을 동시에 심판해 줄 심판자를 기대한다. 물론 욥은 하나님이 자신을 정죄하신다면 자신이 감히 하나님께 맞설 수 없다고 한 걸음 물러난다. 그런데 9장 마지막 절에서 욥은 자신이 두려움 때문에 횡설수설하고 있음을 고백한다. 10장에서 욥은 두려움 없이 육성을 토로한다. 그러나 욥은 자신의 유죄를 인정하지 않는다.

9:1-3에서 욥은 인간이 하나님 앞에서 절대적인 의미로 의롭다고 주장할 수 없음을 인정하고,2절 막상 하나님과 법정 논쟁에 들어가

면 아무리 의로운 인간이라도, 아무리 하나님께 변론하기를 좋아하는 자라도 하나님이 발하시는 천 마디 말에 한 마디도 대답하지 못할 것임을 인정한다.[3절] 엘리바스처럼 욥의 고난을 하나님의 악행필벌 원칙으로 설명하는 빌닷의 주장에 대한 욥의 답변은 빌닷의 논리를 반박하는 데 치중한다. 욥도 하나님이 권선징악 법칙대로 행동하시는 것을 인정하며 더 나아가 자신을 포함한 인간이 하나님 앞에서 절대로 의롭지 않다는 주장 또한 수긍한다. 욥은 자신에게 비극적 사태를 일으킬 만한 죄가 없다는 것이지, 존재론적으로 자신이 하나님보다 더 의로우며 따라서 절대적으로 무흠한 자라고 주장한 것은 아님을 분명히 말한다. 2-3절 때문에 욥기 설교자들 중 더러는 욥의 주장과 정반대의 결론을 내리기도 한다. "욥도 스스로 죄인임을 인정했다! 결국 욥도 로마서적인 의미의 죄인이다.[롬 3:10-23] 욥도 자신의 불의함을 인정하고 자신이 당하는 고난이 자신의 충분히 의롭지 못한 본성 때문임을 수용했다." 하지만 2-3절은 전혀 이런 의미가 아니다. 욥은 하나님 앞에서 절대적 의미로 의롭다고 주장한 것이 아니라는 점을 말한 것뿐이다. 욥이 당한 곤경이 자신의 악행과 허물 때문이라고 고백하는 것은 결코 아니다.

4절에서 욥은 하나님은 마음이 지혜로우시고 힘도 강하시기에 하나님을 거슬러 스스로 완악하게 행동하고도 형통할 인간은 아무도 없다고 말한다. 이것은 욥도 하나님의 절대적 지혜와 능력을 인정하고 있음을 보여주는 진술이다. 하나님은 당신이 창조하신 태산, 천체, 땅 자체의 질서보다 더 크시다. 하나님이 진노하심으로 산을 무너뜨리며 산을 옮기실지라도 산이 깨닫지 못하며 저항할 수 없다.[5절] 땅은 견고성을 상징하지만 창조주 하나님 앞에서는 땅도 흐느적거리는 피조물에 지나지 않는다. 하나님은 얼마든지 땅을 원래 있던 자리에서 움직여 그 기둥들을 흔드실 수 있다.[6절] 하나님은 지진을 통해 땅에게 바쳐지는 인간의 경외심과 땅의 신적 후광도 거둬 가신다. 심지어 하나님은 해에게 명령하여 뜨지 못하게 하며 별들도 가두실 수 있다.[7절] 하나님은 불변할 것 같은 천체질서 자체도 가변적으로 만들어 버리신다. 태양 자체의 항구여일성도 그 자체의 미덕이 아니라 하나님의 권능이며 신실성의 현현顯現이다. 천체질서가 불변적인 창조질서라고 생각하며 해와 별을 경배하는 인간들의 천체숭배는 근거 없다는 것이다. 하나님만 홀로 하늘을 펴시며 바다 물결을 밟으시며[8절] 땅을 만드신다. 하나님만이 북두성과 삼성과 묘성과 남방의 밀실을 만드셨으며,[9절] 측량할 수 없는 큰 일을, 셀 수 없는 기이한 일을 행하신다.[10절] "묘성과 삼성을 만드시며 사망의 그늘을 아침으로 바꾸시고 낮을 어두운 밤으로 바꾸시며 바닷물을 불러 지면에 쏟으시는 이를 찾으라. 그의 이름은 여호와시니라."[암 5:8] 하나님의 천체 운행, 피조물 통솔과 어거御擧는 인간이 세세히 해명하거나 이해할 수 없다. 결국 8-10절의 논지는, 인간은 하나님의 천지창조질서보다 더 크신 창조주 하나님의 권능을 경외하고 찬양해야 한다는 것이다.

11-16절은 하나님의 절대적 권세와 통치권의 크기와 높이, 너비와 깊이를 말하며 하나님과 욥 자신 사이에 있는 절대적 격차를 말한다. 욥은 하나님이 설령 자기 앞으로 지나가시더라도 자신이 보지 못하며 하나님이 자신 앞에서 움직이셔도 그것도 자신은 깨달을 수 없음을 인정한다.[11절] 하나님의 절대강력은 아무도 제지할 수 없다. 하나님이 뭔가를 빼앗으시면 아무도 항의하거나 막을 수도 없다.[12절] 하나님은, 우주 최강 괴수이며 땅의 평화를 위협하는 심연(터홈)의 지배자 라합과 그를 돕는 자들이 굴복할 때까지 그 절대권능 발출을 멈추지 않으신다. 그래서 라합과 그 돕는 자들도 하나님의 절대권능에 항복한다.[13절] 라합은 심연에 거주하는 괴수로서 땅의 평화를 위협하는, 창조질서 내 반反창조세력의 상징이다. 심연과 그 지배자 라합은 땅

의 창조주 하나님께 언제나 반역하여 땅을 심연으로 침수시킬 성향을 갖는다. 라합은 구약에서 다섯 번 나오는 단어인데,^{욥 26:12; 시 87:4; 89:11} [영어성경 및 개역개정 10절]; 사 30:7; 사 51:9 이사야 30:7과 시편 87:4에서는 이집트를 가리키는 제유법적 어구로 사용되기도 한다. 나머지에서는 리워야단^{욥 3:8; 40:25-41[영어성경 41:1-34]}과 탄닌^{욥 7:12; 30:29; 창 1:21; 시 74:13; 사 27:1}과 더불어 땅의 평화를 위협하는 원시적 혼돈 세력의 일부로 간주된다. 구약성경에서는 그것들 모두가 창조주 하나님께 반역하는 잠재적인 반역자들로 취급된다. 고대 가나안이나 바벨론 창조설화에서 이들은 거의 신적 존재로서 창조주 신과 투쟁하는 맞상대들이었다. 그런데 구약에서는 그들이 모두 창조주 하나님이 지으신 피조물로 격하된다. 그들은 심연에 감금된 존재들이다. 그들은 무저갱 같은 심연에 살면서 창조주 하나님의 지상 통치, 세계 통치를 어지럽히며 하나님의 세계 장악권과 통치권을 의심하게 만드는 자들이다. 고대 이스라엘 예언자들은 앗수르와 바벨론 제국을, 터홈(창 1:2의 "깊음"의 히브리어로서 '깊은 바다'를 의미)에 유폐되었던 이 심연 거주 괴수들의 역사적 화육체라고 봤다.^{사 17:12-14; 참조. 사 8:8-10} 결국 라합, 탄닌, 리워야단 등은 모두 하나님에 의해 창조된 피조물이지만, 하나님의 주권적 통치에 고분고분하지 않으며 저항하는 피조물을 대표하는 자들이다. 그들도 나름대로 강한 자들이다. 하나님도 그 최강 괴수들을 제압하는 데 분투하실 정도로 그들은 신적 저항력을 발휘하는 자들이기 때문이다.[1] 이스라엘 사람들에게 라합은 이스라엘이 도저히 맞설 수 없는 절대 강력 원수를 의미했다. 그런데 그런 라합마저도 하나님은 분쇄하고 제압하신다. 그러니 욥 자신은 하나님의 절대권능과 강력에 저항해도 소용이 없다는 체념과 탄식이다. 욥은 자신이 하나님께 "왜 나에게 이렇게 하십니까"라고 물을 수 있는 처지가 아님을 인정한다. 라합, 탄닌, 리워야단, 베헤못은 하나님이 만드신 최강괴력의 피조물들

9

까닭 없이 나를 치시는 하나님!

이다. 하나님이 창조하셨지만 길들이기 매우 힘들 정도로 야생적인 피조물들이다. 이처럼 욥기는 하나님이 만드셨음에도 하나님이 통제하시기 힘든 피조물이 있는 것처럼 말한다. 13절의 취지는, 바다 괴물 라합을 돕는 자마저도 하나님께 굴복하게 되는데, "어찌 내가 하나님께 저항하고 맞설 수 있겠는가" 하는 욥의 탄식이다. 이 논리의 연장선상에서 14절의 탄식 의미가 더욱 두드러진다.

14절은 욥의 체념, 탄식이다. "하물며 내가 감히 대답하겠으며 그 앞에서 무슨 말을 택하랴." 자신에게 내려신 하나님의 처분은 하나님의 절대권능과 절대강력을 기반으로 하기 때문에 자신이 따져 물을 수 없다는 것이다. 설령 자신이 의로울지라도 하나님과 맞서 대답하지 못하겠고, 하나님이 심판 처분을 내리실 때 간구할 뿐이라며 극단적으로 자신을 낮춘다.[15절] 하나님께 따져 묻는 호기가 거의 사라진 저자세다. 하나님의 절대강력과 권능, 절대적 임의성에 절망하는 욥의 모습이다. 이 절망은 의심으로 번진다. 설령 자신이 부르는 소리를 듣고 하나님이 자신에게 대답하셨을지라도, 하나님이 진정 자신의 음성을 참으로 이해하고 들으셨다고는 확신할 수 없다는 것이다.[16절] 결국 욥은 하나님의 절대권능과 절대강력, 절대적 처분권세는 인정하겠지만, 하나님의 정의와 공평, 자비에 대해서는 확신할 수 없다고 탄식하는 셈이다.

17-24절에서 욥은 하나님의 절대적이고 임의적인 피조물 통치 방식과 심판처분에 대해 직접적으로 항의한다. 욥은 하나님이 자신을 까닭 없이 폭풍으로 치고 자신의 상처를 깊게 하시며,[17절] 숨도 쉬지 못하게 괴로움을 가득 채우신다고 불평한다.[18절] 그는 하나님의 절대강력과 임의적 심판처분 앞에 자신이 속수무책임을 고백한다. 아무도 하나님을 소환할 수 없다.[19절] 하나님은 절대자이기 때문이다. 하나님의 절대권능과 절대적 임의성은 자신이 넘을 수 없는 한계라는 것

이다. 그래서 설령 자신이 아무리 의로울지라도 자신이 당한 처참한 곤경을 보면 자신은 입으로 스스로를 정죄할 수밖에 없으며, 설령 자신이 온전할지라도 하나님은 자신을 정죄할 것이라고 염려한다.[20절] 20절 개역개정은 오역에 가깝다. 탐-아니 봐야쿼쉐니(תָּם־אָנִי וַיַּעְקְשֵׁנִי). 봐야쿼쉐니는 '비뚤어지다'를 의미하는 아콰쉬(עָקַשׁ) 동사의 사역(히필)미완료 3인칭 단수에 1인칭 목적접미어가 붙어 있는 형태다. 야야쿼쉐니의 주어는 3인칭 남성단수인데, 그것은 앞 소절에 있는 "내 입"을 가리킨다. "내 입이 내가 잘못되었다고 탓하리라"는 의미다. 그런데 개역개정이 "하나님"을 주어로 보고 번역했는데 오역으로 보인다. 20절은 욥의 자기학대 정황을 다룬다. 21절도 자기학대적 한탄이다. 자신은 온전하며 무죄함을 알지만, 자신의 영혼은 (그것을) '알아주지'(야다) 않고 오히려 자기 목숨을 경멸한다. 사는 것 자체를 경멸할 정도로 인생이 처참하고 고달프다는 것이다. 22절은 전도서 같은 분위기의 말이다. 옥석구분玉石俱焚이다. 보석과 돌이 다 같이 불에 탄다는 말이다. "일이 다 같다"는 말은 "하나님이 온전한 자나 악한 자나 멸망시키신다"는 의미다.[전 3:19] 욥은 스스로에게 이렇게 중얼거린다. 하나님은 이 세상에서 일어나는 인생의 가련한 운명에 대해서 초월적인 거리두기를 하시고 있다고 본다. 갑자기 재난이 닥쳐 죽는 무죄한 자의 절망도 하나님께는 비웃음거리가 된다.[23절] 마침내 욥은 무섭고도 참담한 결론에 도달한다. "세상이 악인의 손에 넘어갔고, 재판관의 얼굴도 가려졌다." 그런데 세상을 이렇게 도착倒着시키는 주체가 바로 하나님이기에 절망한다는 것이다.[24절]

욥은 여기서 자신이 죄 없이 당하는 비참한 고난을 인과론적으로 해석하지 않는다. 1원인 1결과 방식으로 자신의 고난을 이해하려는 태도에서 한 걸음 물러난다. 욥은 38-41장에 나오는 하나님의 기이하고 신비로운 일들을 처음으로 담담하게 진술한다. 그는 하나님의

9

까닭 없이 나를 치시는 하나님!

절대적이며 임의적인 세상 통치 방식을 속수무책으로 인정하면서도 자신의 고난을 당연한 일인 것처럼 순순히 받아들일 정도로 수긍하지는 않는다.

자신의 무죄를 입증하는 데 전혀 무능력한 처지를 개탄하는 욥 • 25-35절

이 단락은 그동안 주석가들과 설교가들에 의해 자주 오해받아 왔다. 욥이 자신의 죄를 직고하고 하나님께 용서를 구하는 장면이라는 것이다. 그런데 자세히 읽어보면 이 단락은 하나님의 절대자적 초월지위에 대한 공포와 두려움의 토로이지, 자신의 죄 고백이 아니다. 욥은 고문당해 강제로 자백하는 양심수 같은 처지에 처한 상황을 괴로워하고 있을 뿐이다. 절대자 엘 샤다이의 전적인 자유의사에 의한 재난 처분은 너무나도 압도적이어서 항의할 수 없는 자신의 피조물적 유한성을 한탄한다. 25-26절은 자신에게 허락된 생명의 날들이 허무할 정도로 빠르게 지나간다는 욥의 탄식이다. 고통 속에 있는 사람은 원래 하루가 천년 같은데, 욥의 고백을 처음 들으면 이상해 보인다. 고통으로 점철된 날(낮)이 어떻게 그렇게 빨리 지나는가? 욥은 인생 자체가 절대자의 영원에 비하면 너무 짧고 찰나적이라고 불평한다. 인생 자체의 허무성과 유한성에 대한 서글픈 토로다. 자신의 인생이 너무 빨리 지나버려 하나님이 주실 복을 볼 수 없다는 것이다.[25절] 속도가 빠른 갈대 배처럼, 먹이를 보고 창공에서 땅으로 날아 내리는 독수리처럼 세월이 빨리 지나간다.[26절] 인생 자체가 너무 짧다는 것이다. 이런 가운데 욥은 자신에게 닥친 억울한 고통으로 인한 불평을 잊고 얼굴빛을 고쳐 즐거운 모양을 한다고 한들,[27절] 자신의 고통은 사라지지 않을 것을 두려워한다. 욥은 자신의 생명을 찢는 모든 고통을 두려워하고, 그 고통은 하나님이 자신의 죄를 정조준하는 심판처분이라고 믿을 수밖에 없도록 궁지로 내몰린 데서 기인한다. "주께서 나를 죄 없다고 여기지 않으실 줄을 아나이다"라는 이 28절 하반절은 욥 자신의 죄책고백이 아니라, 자신의 고통은 자신의 죄(하나님이 어찌어찌하여 절대자의 눈매로 찾아낸 죄이지만, 욥 자신은 인정하지 못하는 죄)에 대한 하나님 심판처분의 일부임을 믿을 수밖에 없다는 점을 강조한다. 이렇게 하나님께 정죄를 당할진대 자신이 얼굴빛을 고쳐 즐거운 모양으로 바꾸는 수고는 헛될 수밖에 없다는 것이다.²⁹절 아무리 자신이 회개하고 정결케 된다 한들, 하나님은 자신을 다시 불결과 오염의 개천과 도랑에 집어 던져 끝내 자신을 죄인으로 만들어 버릴 것이라는 두려움이 떠나지 않기 때문이다. 욥은 자신이 아무리 깨끗하다고 주장해도 하나님이 자신을 다시 개천에 집어 던져서 오물로 가득 차게 할 것이라고 예단한다. 자신이 눈 녹은 물로 몸을 씻고 잿물로 손을 깨끗하게 할지라도,³⁰절 하나님은 얼마든지 자신을 개천에 빠뜨려 옷을 더럽게 하실 수 있다. 그때는 자신의 더러워진 옷이 자신을 싫어할 것이라고 욥은 탄식한다.³¹절 하나님은 죄가 범해진 후 어느 때 그 죄를 심판하시는 것이 아니라, 아예 심판으로 박살날 자를 택해 적극적으로 죄인으로 만들어 박살내신다는 것이다. 하나님을 아주 냉혹한 죄 응징자, 고문 수행자로 묘사하는 욥은, 32-33절에서 절대자 앞에 선 피조물의 한계를 직설적으로 토로한다. "하나님은 나처럼 사람이 아니신즉 내가 그에게 대답할 수 없으며 함께 들어가 재판을 할 수도 없"다.³²절 하나님은 자신이 상대할 수 없는 절대자라는 것이다. 자신과 하나님 사이에 누가 옳은지 맹세하여 재판해 줄, 곧 손을 얹을 판결자(모키아흐[מוֹכִיחַ]; 참조. 40:2 "트집 잡는 자"로 번역)도 없다는 점이 애석하다.³³절 하나님의 행위도 심판하고 재량해 줄 초超절대자를 희구한다. 욥은 하나님과 자신을 동등한 처지에 놓인 재판 당사자로 여긴다. 즉, 하나님도 자신처럼 우주 최고법정에 출두하셔야 한다고 본다. 더 나아가 욥은 이 우주 최고법정에서 하나님과 자신 사이에 벌어진 일의 시시비비를 가릴 재판관을 기대한다. 욥은 하나님이 사람이 아니시기 때문에, 재판의 당사자가 될 수 없음을 인정하면서도 이런 갈망을 피력한다. "하나님과 내가 어떤 최고위급 판결자에게 재판받을 가능성이 없다"라고 말하는 것은 역설적으로 "하나님을 법정에 세우고 싶다"는 말이다. "하나님과 나 사이를 판단하여 시시비비를 가려 줄 판결자가 있었으면 좋겠다"는 뜻이다. 그래서 욥은 드디어 하나님을 재판 당사자, 하나님을 피고로 간주하여 하나님과 자신 사이에 벌어진 이 부조리한 일을 심판해 줄 초^超하나님적 존재가 필요하다고 주장하기에 이르렀다. 욥은 이런 주장을 전개하는 중에도 창조주 하나님은 세상이 돌아가는 법칙을 만드신 분이기 때문에 법칙 바깥에 초월해 있음도 인정한다. 그러면서도 욥은 지구에서 작동하는 법칙, 인과응보의 법칙으로 하나님의 무한히 크신 행동을 재단하고 평가한다.

27-33절에서 욥은 약간 후퇴하는 듯한 모습을 보인다. "어쩌면 친구들 말이 맞을지 모른다. 이 모든 고난이 나의 어떤 죄 때문일 수 있다." 자신의 온전함을 포기하지 않던 욥이 이렇게 횡설수설한다. 자기는 죄가 없다고 생각하지만, 하나님이 정죄하시면 자기가 죄인이 될 수밖에 없는 현실을 받아들이는 것처럼 보인다. 자신이 모르는 절대적 기준으로 하나님이 "너는 죄인이다!"라고 선언하시면, 하나님의 정죄하심을 피할 수 없다는 것이다. 그러나 욥은 마음속으로 수긍하지 않고, 고난이 자기 죄 때문이라고 믿지 않는다. 결국 27-32절은 욥의 진정한 말이라기보다 욥이 궁지에 몰려서 강요된 자백의 일부로 보인다.

34절에서 욥은 다시 현실적으로 실현가능한 소박한 소원을 말한다. 이 절은 3인칭 명령^{jussive} 문장('할지어다', '될지어다' 등으로 번역됨)이다. 하나님을 '떠나다'를 의미하는 동사 쑤르(סור)의 사역미완료

3인칭 단수 야세르(יָסֵר)의 주어로 삼는다. "제발 그가 그의 막대기를 내게서 **떠나게 하시고** 그의 위엄이 나를 두렵게 하지 아니하시기를!" 누군가가(욥이 생각하는 공평한 제3자 재판관) 하나님께 영향을 미쳐서 이런 일이 일어나게 해달라는 뜻이다. 자신과 하나님 사이에 초절대자적인 3자가 개입해서 하나님으로 하여금 욥을 때리는 재난의 막대기와 신적 위협감을 욥으로부터 떠나게 해달라는 소원이다. 35절은 그 이유를 말한다. 욥 자신은 지금 극도의 두려움 때문에 자신의 진정을 토하지 못하기 때문이다. 하나님이 자신에게 가하는 고문을 멈추시면, "두려움 없이 말"할 것이라고 말한다. 개역개정의 35절 하반절, "나는 본래 그렇게 할 수 있는 자가 아니니라"는 어색한 번역이거나 오역이다. 키 로-켄 아노키 임마디(כִּי לֹא־כֵן אָנֹכִי עִמָּדִי). "왜냐하면 나 자신은(아노키) 그렇게 나와 함께 있지 않기 때문이다." 즉, "지금 이렇게 횡설수설하고 하나님께 격하게 항변하는 상황은 나답지 않다"는 것이다. 하나님이 가한 극도의 고통과 그것에 대한 두려움 때문에 자신이 지금 제 정신이 아니라는 말이기도 하다. 34-35절에서 욥이 하나님 앞에서 한 걸음 물러나 유죄를 인정하는 것 같지만, 사실은 그렇지 않다. 욥은 하나님께 정죄당해도 할 수 없다는 자신의 푸념 섞인 말은 두려움 때문에 한 말이라고 실토할 뿐이기 때문이다. "하나님이 막대기로 나를 때리시니 내가 횡설수설하는 도중에 유죄라고 말했다"라는 뉘앙스다. 고문당하는 사람이 거짓 자백하는 느낌이다. 제 정신이 아닌 가운데 쏟아내는 욥의 말은 10장에서 더 격화된 다변요설多辯饒舌이 된다.

메시지

9장의 욥이 내뱉는 탄식의 요지는 "가령 내가 의로울지라도 대답하지 못하겠고 나를 심판하실 그에게 간구할 뿐이다"이다. 이렇게 말할 때는 욥이 불평 톤을 다소 거두어 들이는 것처럼 보인다. 하지만 반드시 그런 것은 아니다. 16-17절에서 본 것처럼 욥은 누구도 제지할 수 없는 엄청난 힘과 권능을 가진 하나님과 자신 사이의 비대칭적 불균형 때문에 하나님께 맞설 수 없는 것이 한스럽다고 말하기 때문이다. 19-20절은 "하나님이 가하신 고문은 나 자신의 죄로 인한 고난이다"라고 거의 자백할 지경에까지 온 것처럼 말한다. "힘으로 말하면 그가 강하시고 심판으로 말하면 누가 그를 소환하겠느냐. 가령 내가 의로울지라도 내 입이 나를 정죄하리니 가령 내가 온전할지라도 나를 정죄하시리라." 힘과 심판 같은 논리로는 하나님을 소환할 수 없다. 욥은 자신의 온전함을 믿지 못하는가? 아니다! "하나님이 완력으로, 엄청나게 큰 힘으로 이런 일을 행하시면, 내가 의로울지라도 하나님과의 재판에서 이길 수 없다"는 것이다. "나는 온전하다마는 내가 나를 돌아보지 아니하고 내 생명을 천히 여기는구나"라는 고백은 욥의 자포자기 상태를 드러낸다. "내가 나를 존중하지 않고 돌보지 않는다"는 말은 "내가 내 명분을 하나님께 갖고 나가서 하나님께 맞설 기력이 없다"는 것이다. 22-23절이 가리키듯이, 하나님은 의인과 악인을 가리지 않고 무차별 타격하신다. 의로운 자나 악한 자가 다 똑같이 멸망당하므로, 설령 의로운 자가 "하나님, 제가 이렇게 의롭게 사는데 비참한 재난이 왜 저를 타격합니까"라고 소리친다고 해도 하나님은 오히려 비웃으실 것이다. 여기서 욥의 상한 마음이 드러난다. 그래서 결론은 분명하다. "세상이 악인의 손에 넘어갔고 재판관의 얼굴도 가려졌나니 그렇게 되게 한 이가 그가 아니시면 누구냐."

욥의 세계관은 이제 극도로 비관적이다. 그의 세계관은 재판관의 얼굴도 가려졌고, 하나님이 세상을 악인의 손에 맡겨 버렸다는 '악 지배론'이다. 무신론보다 훨씬 더 비참한 사상이다. 신이 없다고 믿는 무신론에 따르면, 우리가 정신 차려서 이 세상을 책임지고 잘 관리해야 한다. 사르트르[2] 같은 실천적 무신론자의 입장이다. 이런 실천적 무신론자들 중에 지구를 돌보는 데 더 큰 관심을 갖고 있거나 지구에 대한 책임감이 오히려 더 강한 사람들이 있다. 무신론보다 더 비참한 사상은 '악 지배론'이다. 세상이 악인의 손에 넘어갔고 공정한 재판을 기대할 수 없다고 본다. 욥이 자신에게 일어난 비참한 일과 주변의 부조리한 뉴스를 보고, 이 세상은 가난한 사람이 억울하게 죽어가도 하나님은 차마 돌아보지 않는다고 생각한다.

9:12에서 욥은 이 세상이 공의롭지 못하다고 말한다. 이 말은 악에서 떠나 의를 행하면서 사는 자신마저도 조롱을 받고 창피거리가 되는 것을 볼 때, 이 세상은 악인의 손에 맡겨졌고 정당한 재판을 해줄 사람이 없다는 악 지배론에 도달했다는 것이다. 욥은 이 세상에 자신보다 먼저 부조리를 경험하고 세상이 악인의 손에 맡겨졌다고 생각하는 사람들의 탄식과 절망에 드디어 합류한다. 비참한 고난을 받기 전까지 욥은 하나님께 복을 받은 단순한 신앙의 소유자였다. 그러나 참담한 고난을 겪고 나자, 욥은 세상이 악인의 손에 넘어갔다고 생각하기에 이른다. 욥기 24장에서도 욥은 이와 유사한 날카로운 사회비판을 제시한다. "성 중에서 가난한 사람이 죽어도 아무도 돌아보는 사람이 없고 불의한 재판이 자행되어도 교정하는 자가 없다." 24장에서 욥은 세계 내에 존재하는 억울한 고난자들의 참상을 자신의 마음 깊은 곳에서 공명하고 체휼한다. 신명기 역사가의 신학 원칙의 빛 아래서 의인이었던 욥은, 이제 이 세계가 부조리한 고난 속에 빠진 사람들의 희생으로 가득 찬 불완전한 세상이라는 점을 깊이 자각한다. 이런 의미에서 욥은 더 성숙해지고 있으며 사회비평적 안목이 더 넓어져 가고 있다. 하나님도 재판 대상으로 생각하는 욥의 무모한 착상에 친구들은 신성모독적 언동이라고 정죄할 것이지만, 욥은 의와 불의

가 도착된 세상을 보고 하나님을 재판 대상으로 삼는 대담함을 보인다. 욥기 때문에 사람들은 하나님이 항변적 인간과 하나님의 정의결핍을 문제시하는 인간에게 문제 제기를 받는 분임을 깨닫게 되었다. 9장의 초超하나님적 재판관 사상은 16장에서 한 걸음 더 전진한다. "땅아, 내 피를 가리지 말라. 나의 부르짖음이 쉴 자리를 잡지 못하게 하라. 지금 나의 증인이 하늘에 계시고 나의 중보자가 높은 데 계시니라."16:18-19 자신의 증인 또는 중보자가 있다고 말함으로써 욥은 자신의 고난을 이해할 만한 침묵하는 감찰자의 존재에 대한 믿음을 드러낸다. 욥은 누구인가? 아브라함부터 모세, 예레미야, 엘리야 등 모든 의로운 고난자들의 집합인격체다. 하나님 나라를 이 땅에 세우기 위해서 고난을 당한 모든 사람이 욥 안에 들어 있다. 그래서 어떤 유대인들은 욥의 원형이 모세 혹은 아브라함이라고 믿는다. 의로운 대의명분을 위해 고난을 받은 모든 사람의 집합인격적 화신이 욥이다. 아브라함부터 바벨론 포로까지의 역사를 경험한 사람들에게 인과응보 신학이 대주주大株主 신학이라면, 욥기 신학은 소주주小株主 신학이었다. 하지만 욥기 신학은 신명기 신학이 대주주를 형성하며 신학적 가부장 체제를 형성할 때 균열을 내면서 새로운 신학적 시좌를 열어젖혔다. 욥기 신학의 중심 메시지는, 하나님은 억울하게 희생당하는 인간의 항변, 탄식, 그리고 애가를 듣고 답변하셔야 한다는 것이다.

10장.

무슨 까닭으로 나와 더불어 다투시는지
알려 주십시오, 하나님!

10

¹내 영혼이 살기에 곤비하니 내 불평을 토로하고 내 마음이 괴로운 대로 말하리라. ²내가 하나님께 아뢰오리니 나를 정죄하지 마시옵고 무슨 까닭으로 나와 더불어 변론하시는지 내게 알게 하옵소서. ³주께서 주의 손으로 지으신 것을 학대하시며 멸시하시고 악인의 꾀에 빛을 비추시기를 선히 여기시나이까. ⁴주께도 육신의 눈이 있나이까. 주께서 사람처럼 보시나이까. ⁵주의 날이 어찌 사람의 날과 같으며 주의 해가 어찌 인생의 해와 같기로 ⁶나의 허물을 찾으시며 나의 죄를 들추어내시나이까. ⁷주께서는 내가 악하지 않은 줄을 아시나이다. 주의 손에서 나를 벗어나게 할 자도 없나이다. ⁸주의 손으로 나를 빚으셨으며 만드셨는데 이제 나를 멸하시나이다. ⁹기억하옵소서. 주께서 내 몸 지으시기를 흙을 뭉치듯 하셨거늘 다시 나를 티끌로 돌려보내려 하시나이까. ¹⁰주께서 나를 젖과 같이 쏟으셨으며 엉긴 젖처럼 엉기게 하지 아니하셨나이까. ¹¹피부와 살을 내게 입히시며 뼈와 힘줄로 나를 엮으시고 ¹²생명과 은혜를 내게 주시고 나를 보살피심으로 내 영을 지키셨나이다. ¹³그러한데 주께서 이것들을 마음에 품으셨나이다. 이 뜻이 주께 있는 줄을 내가 아나이다. ¹⁴내가 범죄하면 주께서 나를 죄인으로 인정하시고 내 죄악을 사하지 아니하시나이다. ¹⁵내가 악하면 화가 있을 것이오며 내가 의로울지라도 머리를 들지 못하는 것은 내 속에 부끄러움이 가득하고 내 환난을 내 눈이 보기 때문이니이다. ¹⁶내가 머리를 높이 들면 주께서 젊은 사자처럼 나를 사냥하시며 내게 주의 놀라움을 다시 나타내시나이다. ¹⁷주께서 자주자주 증거하는 자를 바꾸어 나를 치시며 나를 향하여 진노를 더하시니 군대가 번갈아서 치는 것 같으니이다. ¹⁸주께서 나를 태에서 나오게 하셨음은 어찌함이니이까. 그렇지 아니하셨더라면 내가 기운이 끊어져 아무 눈에도 보이지 아니하였을 것이라. ¹⁹있어도 없던 것 같이 되어서 태에서 바로 무덤으로 옮겨졌으리이다. ²⁰내 날은 적지 아니하니이까. 그런

무슨 까닭으로 나와 더불어 다투시는지 알려 주십시오, 하나님!

즉 그치시고 나를 버려두사 잠시나마 평안하게 하시되 ²¹ 내가 돌아오지 못할 땅 곧 어둡고 죽음의 그늘진 땅으로 가기 전에 그리하옵소서. ²² 땅은 어두워서 흑암 같고 죽음의 그늘이 져서 아무 구별이 없고 광명도 흑암 같으니이다.

하나님을 향해 표출된 욥의 불평 • 1-12절

이 단락은 빌닷의 1차 변론에 대한 답변의 일부이지만, 욥의 1인칭 집중 담화이다. 자신의 고통을 훨씬 격렬하고 강렬한 감성에 담아 토로하고 항의하고 호소하고 하소연한다. 1절은 단도직입적이다. 영혼과 마음이 철저하게 소진되고 마모된 욥을 보여준다. 가족 상실, 아내와의 소원해진 관계, 우정과 사회적 신망, 지지의 단절, 육체와 영혼을 압살하는 치사량 넘는 고통이 욥을 옥죄어 온다. 그래서 욥은 자신의 영혼이 살기에 곤비하고 마음이 괴로워 불평을 토설할 수밖에 없다고 토로한다.¹절 히브리어 성경으로 1절 둘째, 셋째 소절에 동사들이 둘 다 1인칭 청유명령형으로 표현되어 있다. 둘째, 셋째 소절은 대구를 이루고 있다. 히브리어 구문을 직역하면 욥의 감정이 좀 더 잘 전달된다. "내 불평을 내 자신에게 던지도록 내버려 두십시오"(에에즈바 [אֶעֶזְבָה='버리다'를 의미하는 동사 아자브[עָזַב]의 1인칭 단수청유형 동사]). "내 영혼의 원통함 안에서 내가 말하게 내버려 두십시오"(아답브라 [אֲדַבְּרָה='말하다'를 의미하는 따바르[דָּבַר]의 1인칭 단수청유형 동사]). 1인칭 청유명령형을 사용함으로써 욥은 자신의 이런 토로를 하나님께서 허락해 달라고 간청하는 어조를 부각시킨다. 즉, 하나님께 자신의 불평, 원통한 사역을 토로하게 허용해 달라는 의미가 부각된다.

욥은 하나님께 자신을 정죄하지 말고 자신을 법정심판에 소환해 이토록 가혹한 심판처분에 내던지시는 이유를 제발 알려 달라고 간청한다.²절 여기서 '정죄하다'라는 동사는 '악하다'를 의미하는 상태동사 라샤(רשע)의 2인칭 남성단수 사역(히필)동사다. '어떤 이를 악하게 만들다', '어떤 이를 악인으로 만들어 버리다'라는 의미다. 따라서 '나를 악인으로 만들지 마십시오'(알[부정어]-타르쉬에니[אַל-תַּרְשִׁיעֵנִי])라는 의미다. 여기서 욥은 악인에게나 임할 참혹한 재난이 자신에게 닥치게 함으로써 친구들이 욥을 영락없이 악인이라고 몰아가게 된 사태를 말한다. 3절에서 욥은 창조주 하나님의 비이성적인 창조물 학대를 고발한다. 개역개정은 3절의 주어를 "주께서"라고 번역해 두었으나, 히브리어 원문에서 주어는 모두 2인칭 남성단수다. 그냥 '당신'이다. 3절의 히브리어 구문을 직역하면 다음과 같다. "당신께서 당신 손의 수공물을 압제하고 배척하면서도 악인들의 도모에는 빛을 비추는 것이 당신에게 좋습니까?" 이는 창세기 2:7의 인간창조 상황을 암시한다. "여호와 하나님이 땅의 흙으로 사람을 지으시고 생기를 그코에 불어넣으시니 사람이 생령이 되니라." 악인들은 세 친구들, 혹은 욥 당시에 악인이면서도 번성하는 자들을 가리킨다. 아무 죄도 없는 자신은 압제하고 배척하면서 악인들의 꾀[시 1:2]들에 대해서 호의를 베푸는 행위는 도저히 이해할 수 없다는 뜻이다. 여기서 악인들은 욥의 친구들을 우회적으로 지칭하는 말일 가능성도 있다. 하나님이 욥 친구들로 하여금 '욥이 영락없이 악인이구나'라고 결론을 내리도록 분위기를 조성했다는 것이다. 즉, 죄 없는 자신을 악인들처럼 돌변한 친구들의 입을 통해 학대하고 공격하는 것을 선하게 보시느냐고 따져 묻는 것이다. 4절에서 욥은 하나님의 '보시는' 행위를 비판하며 강경 자세를 취한다. "당신에게 육체의 눈들이 있습니까? 사람이 보듯이 당신이 보고 있습니까?" 욥 자신의 처지를 제대로 보고 있는지를 따져 묻는 질문일 수도 있고, 인간의 안목처럼 욥 자신의 내면을 통찰하지 못하는 무능력, 무통찰을 비판하는 구문일 수도 있다. 시편 139:1-4과 이사야 40:27을 생각해 보면, 이 가시 돋친 질문은 하나님의 세상 통치 능력을 조롱하고 의심하는 언사로 들릴 수도 있다. "여호와여, 주께서 나를 살펴 보셨으므로 나를 아시나이다. 주께서 내가 앉고 일어섬을 아시고 멀리서도 나의 생각을 밝히 아시오며 나의 모든 길과 내가 눕는 것을 살펴 보셨으므로 나의 모든 행위를 익히 아시오니 여호와여, 내 혀의 말을 알지 못하시는 것이 하나도 없으시이다." 시 139:1-4 "야곱아, 어찌하여 네가 말하며 이스라엘아, 네가 이르기를 내 길은 여호와께 숨겨졌으며 내 송사는 내 하나님에게서 벗어난다 히느냐." 사 40:27

하나님의 전지적 감찰하심을 확언하는 이 구절에도 불구하고, 욥은 하나님이 자신의 처지를 제대로 간파하지 못했다고 말하는 것처럼 보인다. 그만큼 억울하고 원통하다는 것이다.

5절은 자신의 짧고 덧없는 인생이 하나님의 무궁한 해와 연수에 비해 턱없이 짧음을 탄식하는 욥의 토로이며, 6절의 욥은 자신의 허물을 찾아 들추어내려는 하나님의 의도에 대해 불평한다. 욥은 하나님께서는 자신이 악하지 않은 줄을 아신다는 점을 확신한다. "하나님은 내 없는 허물, 없는 죄를 기어코 있다고 들추어내시려는가!"라고 따지는 6절은 욥의 진심이다. 이런 점에서 보면, 6절("나의 허물을 찾으시며 나의 죄를 들추어내시나이까.")은 9:20, 28과는 반대 내용이다. 9장에서는 욥이 자신에게 허물이 있는 것처럼 말하는 것으로 보이지만, 6-7절에서는 자신이 악하지 않다고 말하기 때문이다. 하지만 욥은 자신을 하나님의 손에서 벗어나게 할 자가 없다는 것을 알고 절망한다.7절

8-12절은 욥이 자신을 창조하신 하나님의 창조를 무효화하려는 처사에 대해 불평하는 단락이다. 이 구절은 앞 단락의 3절("주께서 주의 손으로 지으신 것을 학대하시며 멸시하시고")과 다시 창세기 2:7 창조 상황을 암시한다. 자신이 만든 피조물을 멸시하고 배척하는 창조주 하나님의 처사는 도저히 납득할 수 없다는 것이다.8절 욥은 하나님이

진흙을 가지고 자신을 빚으시고 지켜 주셨는데, 갑자기 자신에게 파괴적인 환난을 쏟으셨다고 표현한다. 욥은 창조주 하나님의 자기배반적이고 변덕스러운 처사에 대해 불평한다. 그래서 욥은 9절에서 너무 답답해 하나님께 "기억하옵소서"라고 간청한다. "당신께서 흙을 뭉치듯이 내 몸을 빚으셨다가 다시 티끌로 돌려보내려 하십니까?" 이처럼 9절은 창세기 3:19을 상기시킨다. "너는 흙이니 흙으로 돌아가라." 10-11절은 창세기 2:7 창조 장면을 더 자세히 묘사한다. _{참조. 겔 37:5-7} 하나님이 욥 자신을 젖처럼 엉기게 만들어 놓으시고 다시 젖과 같이 쏟으셨다는 것에 대해 불평한다.[10절] 에스겔 37:5-7이 생생하게 묘사하듯이, 하나님은 욥에게 피부와 살을 입히신 후 뼈와 힘줄로 엮으시고,[11절] 생명과 은혜를 부어주셨으며, 이때까지 욥을 보살피심으로 욥의 영을 지켜 주셨다.[12절] 하나님의 창조는 생명과 은혜를 부어주신 사건이며, 그 생명과 은혜는 하나님의 계속적 보살핌과 영을 지켜 주심을 통해 연장된다. 욥은 자신을 창조하신 후 생명과 은혜를 주신 하나님이 이제 이 모든 것을 왜 거둬 가시는지 따져 묻는 것이다.

하나님의 초각성의 감찰 아래 있는 인생의 비참 • 13-22절

이 단락은 욥이 당하는 극한 곤경과 고초가 욥으로 하여금 다시금 죽음을 사모할 수밖에 없도록 몰아가는 상황을 다룬다. 13-17절에서 욥은 자신의 고난이 하나님의 직접 공격의 결과라고 생각하고 하나님께 항변한다. 13절의 의미는 불명확하다. "그러한데 주께서 이것들을 마음에 품으셨나이다. 이 뜻이 주께 있는 줄을 내가 아나이다." 언뜻 보면, "이것들"이 무엇을 가리키는지 분명하지 않으며 "이 뜻"도 마찬가지로 모호하다. 개역개정이 "이 뜻"이라고 번역한 히브리어 단어는 여성단수 지시대명사 조트(זֹאת), 즉 '이것'이다. '이것들'(엘레[אֵלֶּה]=

남성복수 지시대명사)과 '이것'(여성단수 지시대명사)이 앞에 나온 말들을 가리킨다고 본다면 하나님의 욥 창조를 가리키는 것으로 볼 수 있다. 즉, 8-12절에서 드러나듯이, 하나님의 욥 창조와 그 이후의 보살핌과 보호가 하나님의 일관된 뜻이라는 것이다. 더욱 구체적으로 보면, 12절의 세 개의 명사가 '엘레'와 '조트'의 피지시어가 될 후보들이 될 수 있다. '생명'과 '은혜', 그리고 '내 영'이 엘레와 조트가 가리키는 말일 가능성이 크다. 13절의 상반절 주어는 2인칭 남성단수 '당신'(즉, 하나님)이며 하반절 주어는 '당신의 돌보심, 권고하심'(퍼쿠다트카 [פְּקֻדָּתְךָ])이다. 엘레는 12절 상반절의 '생명'과 '은혜'(하임과 헤세드)를 가리키는 지시대명사이며, 조트는 '내 영'(루히[רוּחִי]=남여 공성형 명사 루아흐에 1인칭 단수접미어 결합)을 가리키는 것으로 볼 수 있다. 13절을 직역하면 이렇다. "이것들을 당신은 당신의 마음속에 숨겼습니다. 그리고 당신의 권고하심이 내 영을 지켰습니다." 13절의 두 동사(마음속에 '감추다', '고이 간직하다'를 의미하는 동사 차판[צָפַן])과 '지키다'를 의미하는 샤마르[שָׁמַר])를 고려해 볼 때 이 절은 8-12절의 분위기를 그대로 이어받는 하나님의 신실성을 확언한다. 결국 13절은 '하나님 당신은 생명과 은혜를 내게 선사하시고 내 영혼을 지켜 주셨습니다' 정도의 의미다.

14절부터는 이렇게 은혜와 생명을 주신 하나님이 초정밀 시선으로 자신의 죄를 찾아 징벌하실 수 있는 하나님임을 말한다. 즉, 욥이 죄를 범하면 언제든지 징벌하실 의향을 갖고 계시는 하나님이다. 14절과 15절 상반절은 자신이 죄를 지으면 하나님이 즉시 응징하실 것이라는 욥의 두려움을 말한다. "내가 범죄하면 주께서 나를 죄인으로 인정하시고 내 죄악을 사하지 아니하시나이다. 내가 악하면 화가 있을 것이오며." 이 구절은 당연한 이야기를 하는 것처럼 보인다. 범죄 -> 죄인 판정 -> 용서 없는 앙화殃禍 처분 논리다. 이것은 신명기

28장에 부각되는 논리임에는 틀림없다. 욥 자신도 이 신명기 응벌 신학에 깊이 뿌리박고 있음이 드러난다. 그러나 욥이 자신에게 닥친 앙화가 자신의 죄 때문임을 인정하는 것은 아니다. 다만 욥 자신도 죄 없는 자도 고난을 받을 수 있다는 하나님의 초법칙적 세계 통치 원리를 모르고 있을 뿐이다. 15절 하반절에서 욥은 자신이 의롭다는 확신을 가지고 있지만, 그럼에도 머리를 들지 못하는 것은 자신 속에 부끄러움이 가득하고 자신의 환난을 자신의 눈이 보기 때문임을 토로한다. 자신이 의롭다는 제스처를 보이기 위해 머리를 높이 들면 하나님이 젊은 사자처럼 자신을 사냥하시며 공포스러운 사나움으로 자신을 놀라게 할 것이라고 말한다.[16절] 욥은 자신이 분명히 의롭지만, 자기가 당한 환난 때문에 고개를 들 수 없다고 말한다. "머리를 높이 들고 나의 의로움을 주장하면 할수록, 젊은 사자에게 화살을 겨누듯이 하나님은 나를 타격하신다." 17절은 친구들의 공격을 하나님이 배후조종하신다고 믿는 욥의 항변이다. "당신이 자주자주 증거하는 자를 바꾸어 나를 치시며 나를 향하여 진노를 더하시니 군대가 번갈아서 치는 것 같습니다." 여기서 증거하는 자는 검사측 증인을 말하며, 욥의 단죄에 합류한 이들이다. 세 친구들을 에둘러 가리키는 말이다. 욥은 친구들의 공격을 자신을 향해 더 격화된 하나님의 진노로 받아들인다. 욥의 친구가 욥에게 가한 말 공격, 단죄 논리, 자백강요 등은 욥에게 '군대'의 공격처럼 위력적으로 느껴진다.

18-22절은 다시 욥이 죽음을 찬미하는 단락이다. 18-19절은 하나님을 2인칭 남성단수 "당신"이라고 부르며 자신을 낙태나 사산死産으로 아예 세상 빛을 보지 못하게 하지 않고 태어나게 한 하나님을 탓하는 욥의 항변이다. 20절은 자신에게 남은 인생 날수도 짧으니, 제발 이제 좀 내버려 두라고 간청하는 욥의 애소이다. 잠시라도 평안을 누리게 해달라고 요청한다. 21절에서 욥은 생화학적 죽음을 맞기 전

에 제발 자신을 이 참혹한 매순간의 고통으로부터 풀어 달라고 간청한다. 이 두 절에도 내세나 부활신앙이 보이지 않는다. 욥에게는 죽은 자의 영역은 산 자가 들어가면 다시는 빠져나오지 못하게 하는 땅이며, 어둡고 죽음의 그늘이 드리운 땅이다. 22절은 이 스올을 다시 부연설명한다. 22절의 주어 "땅"은 '그 땅'이나 '지하세계' 정도로 번역되어야 한다. 곧, 음부의 땅을 의미한다. "음부는 흑암 같고 죽음의 그늘이 져서, 아무 구별이 없고 광명도 흑암 같다." 구약성경에는 스올, 음부에 대해 다양한 견해들이 표출되어 있다. 욥기의 '적막강산 같은 음부'관과는 달리 이사야 14장과 29장 등에는 음부, 스올도 나름대로 죽은 자들의 말과 의견이 교환되며, 생전의 정체성이 유지되는 '사회' 라는 인상을 준다.[사 14:9-18; 29:4] 욥은 이생이 끝나면 차후에 내세가 있을 것이라고 믿지 않는다. 21-22절을 풀면 이런 기도문이 된다. "하나님, 저 좀 잠시만 내버려 두십시오. 잠시라도 평안하게 눕고 싶습니다. 돌아오지 못할 땅으로 가기 전에 잠시 저를 평안케 해주십시오. 스올로 내려가면, 그곳에서는 하나님께 불평할 수도 찬양할 수도 없습니다."

메시지

9장에서는 하나님이 욥을 너무 두렵게 하셨기 때문에 욥은 횡설수설하며 자신의 진정을 토로하지 못했다. 욥은 어떤 때에는 일견 그의 친구들의 말을 수용하는 듯한 뉘앙스로 말한다. 그러나 10장에서는 두려움 없이 말하는 욥의 진정한 육성이 나온다. "하나님이 폭력의 막대기를 내게서 떠나가게 하시고 나를 두렵게 하지 않으시면 내 진정을 토할 수 있다. 나는 하나님이 내 죄 때문에 이처럼 무섭게 나를 징벌하시고 타격하시고 매질하신다고 믿지 않는다." 10장은 하나님의 초각성적 감찰 아래 자신이 '죄인'으로 몰려 참혹한 곤경을 당하는 것을 한탄하는 욥의 육성이다. 욥은 왜 하나님이 당신의 손으로 친히 만드신 자신을 이토록 가혹하게 매질하시는지 그 이유를 알 수 없다고 탄식한다. 욥은 이런 하나님의 일방적 폭행으로 부서졌으며, 이 현생이 끝나면 다시는 재활복구의 기회가 찾아오지 않을 것이라고 생각하며 슬퍼한다. 그런데 3장에서와 달리, 여기서는 죽음 이후에 맞이할 세상(음부)은 한때 지상의 고관대작이었던 이들과 더불어 안식을 누리는 평온한 곳이 아니다.

　욥은 내세나 부활을 믿으며 이 억울한 고통을 참을 수 있다고도 말하지 않는다. 욥기 대부분에서 내세나 육체의 부활은 결코 긍정되지 않는다. 욥은 자신이 돌아오지 못할 땅, 곧 어둡고 죽음의 그늘진 땅으로 가기 전에 자신의 명예를 회복하고 자신의 삶을 재활복구시켜 달라고 강청한다. 왜냐하면 자신이 죽고 나서 가게 될 땅은 어두워서 흑암 같고, 죽음의 그늘이 져서 아무 구별이 없고 광명도 흑암 같기 때문이다.^{욥 10:21-22} 현세적인 세계관을 가진 욥은 지금 이 지상에서 궁극적으로 증명되지 않은 정의는 참된 정의가 아니라고 말한다. 그러나 또 다른 한편, 16장이나 19장 등에서는 욥이 현세 너머의 또 다른 세계가 존재하는 것처럼 말하는 것도 사실이다. 욥은 '하늘'을 믿고 있으며 자신의 가죽을 벗은 후(아마도 죽은 후)에 만날 중보자를 언급하기도 한다. 이 두 장에서는 욥기의 현세중심적 하나님 이해를 극복하는 것처럼 보인다. 이처럼 욥기는 만개한 부활신앙이나 죽음 저편의 사후세계에 대한 일관성 있는 입장을 내지 않는다. 다만 욥이 스스로도 인정하듯이, 극한 고통 중에서 횡설수설하는 말들을 근거로 견실한 하나님 교설이나 내세관, 부활신앙 등에 대한 욥의 입장이나 욥기의 견해를 확정 지으려는 것은 그 자체로 문제가 된다. 재앙의 희생자인 욥의 입에서 나오는 말들은 차분한 추론이나 논리적 사고를 거친 말이 아닐 가능성이 있기 때문이다. 신약시대를 사는 그리스도인들은 죽음 이후에 있게 될 몸의 부활을 믿기 때문에 욥의 이런 조급한 마음을 백퍼센트 공감하기는 힘들지도 모른다. 요한계시록 21:1-5은 현생에서 맛보는 하나님의 정의가 인간이 누릴 수 있는 궁극적인 정의라고 오판하는 욥 같은 사람들에게 주는 하나님의 위로가 될 것이다. "내가 들으니 보좌에서 큰 음성이 나서 이르되 보라, 하나님의 장막이 사람들과 함께 있으매 하나님이 그들과 함께 계시리니 그들은 하나님의 백성이 되고 하나님은 친히 그들과 함께 계셔서 모든 눈물을 그 눈에서 닦아 주시니 다시는 사망이 없고 애통하는 것이나 곡하는 것이나 아픈 것이 다시 있지 아니하리니 처음 것들이 다 지나갔음이러라. 보좌에 앉으신 이가 이르시되 보라, 내가 만물을 새롭게 하노라 하시고 또 이르시되 이 말은 신실하고 참되니 기록하라 하시고." 계 21:3-5 욥이 이 요한계시록 구절로 과연 위로받을 수 있었을까? 장담하기 어렵다. 아마도 원통한 아우성을 여전히 멈추지 못했을 것이다. 이 현생 경험이 내세관에 깊이 영향을 주기 때문이다. 현생이 즐거운 사람이 즐거운 영생극락의 땅을 상상할 여유를 누린다. 역설적이게도 이 세상살이에서 하나님의 정의를 충분히 맛보지 못한 사람들은 내세에 대한 기대도 그만큼 적다. 현생의 삶이 고난과 원통한 일로 가득한 사람들이 내세에 대한 기대로 선뜻 치유를 경험하지 못한다는 것이다. 그래서 하나님은 산 자와 죽은 자의 하나님이다. 하나님의 정의의 궁극적 크기, 넓이, 깊이, 길이는 짧은 인생 연한 7-80년의 세월로는 가늠할 수 없다. 이런 점에서 산 자의 하나님도 되시고 죽은 자들에게도 하나님이 되시는 하나님은 욥 같은 원통한 사람들의 오해를 벗어날 길이 요원해 보인다. 성경 몇 구절로, 혹은 부활과 새 하늘과 새 땅에 대한 찬란한 약속으로 치유될 수 없는 절대적 고통과 고난으로 몸서리치는 사람들이 우리 주변에 적지 않다. 그래서 하나님의 무궁한 사랑을 전한 사도 바울도 여전히 세상에는 우는 자들이 남아 있

음을 인정하고 다음과 같이 권면한다. "우는 자들과 함께 울라."^{롬 12:15}

11장.

나아마 사람 소발의 1차 변론:
더 큰 앙화殃禍를 당하기 전 속히 회개하라, 욥이여!

11

¹ 나아마 사람 소발이 대답하여 이르되 ² 말이 많으니 어찌 대답이 없으랴. 말이 많은 사람이 어찌 의롭다 함을 얻겠느냐. ³ 네 자랑하는 말이 어떻게 사람으로 잠잠하게 하겠으며 네가 비웃으면 어찌 너를 부끄럽게 할 사람이 없겠느냐. ⁴ 네 말에 의하면 내 도는 정결하고 나는 주께서 보시기에 깨끗하다 하는구나. ⁵ 하나님은 말씀을 내시며 너를 향하여 입을 여시고 ⁶ 지혜의 오묘함으로 네게 보이시기를 원하노니 이는 그의 지식이 광대하심이라. 하나님께서 너로 하여금 너의 죄를 잊게 하여 주셨음을 알라. ⁷ 네가 하나님의 오묘함을 어찌 능히 측량하며 전능자를 어찌 능히 완전히 알겠느냐. ⁸ 하늘보다 높으시니 네가 무엇을 하겠으며 스올보다 깊으시니 네가 어찌 알겠느냐. ⁹ 그의 크심은 땅보다 길고 바다보다 넓으니라. ¹⁰ 하나님이 두루 다니시며 사람을 잡아 가두고 재판을 여시면 누가 능히 막을소냐. ¹¹ 하나님은 허망한 사람을 아시나니 악한 일은 상관하지 않으시는 듯하나 다 보시느니라. ¹² 허망한 사람은 지각이 없나니 그의 출생함이 들나귀 새끼 같으니라. ¹³ 만일 네가 마음을 바로 정하고 주를 향하여 손을 들 때에 ¹⁴ 네 손에 죄악이 있거든 멀리 버리라. 불의가 네 장막에 있지 못하게 하라. ¹⁵ 그리하면 네가 반드시 흠 없는 얼굴을 들게 되고 굳게 서서 두려움이 없으리니 ¹⁶ 곧 네 환난을 잊을 것이라. 네가 기억할지라도 물이 흘러감 같을 것이며 ¹⁷ 네 생명의 날이 대낮보다 밝으리니 어둠이 있다 할지라도 아침과 같이 될 것이요 ¹⁸ 네가 희망이 있으므로 안전할 것이며 두루 살펴보고 평안히 쉬리라. ¹⁹ 네가 누워도 두렵게 할 자가 없겠고 많은 사람이 네게 은혜를 구하리라. ²⁰ 그러나 악한 자들은 눈이 어두워서 도망할 곳을 찾지 못하리니 그들의 희망은 숨을 거두는 것이니라.

11장은 욥에 대한 나아마 사람 소발의 첫 번째 비판이다. 소발은 엘리바스나 빌닷과는 달리 욥에게 일어난 이 참혹한 재앙이 욥의 죄에 대한 하나님의 징벌이라고 공격하기보다는 먼저 하나님의 오묘한 일이라고 언급하면서 자신의 입장을 확정한다. 그는 욥의 고난에는 자신이 알고 있는 '현재 신학 패러다임'으로 해명 불가능한 면이 있음을 인정하는 듯한 말도 한다. 그러나 잠시 후에 다시 두 친구의 논리로 회귀하는 소발은 자신의 죄를 전혀 인정하지 않는 욥에게 신속한 회개만이 고통과 재앙으로부터 벗어나는 길이라고 역설한다. 소발에게서도 우리는 영혼 없는 위로자의 전형적인 모습을 본다.

　소발은 욥의 다변적이고 자기 의義로 가득 찬 불평의 말들이 자신을 자극했다고 말한다.[1-2절] 1절의 첫 동사도 엘리바스와 빌닷의 논변 단락의 시작에서처럼 "대답하다"라는 히브리어 동사 아나(עָנָה)이다. 소발의 논변도 이제까지 욥이 엘리바스와 소발에게 한 대답의 말들에 대응하는 대답이라는 의미다. 2절부터 소발은 욥의 많은 말을 문제삼는다. 말이 많은 사람이 "어찌 의롭다 함을 얻겠느냐"라고 말하며 욥의 불평을 원천적으로 부정한다.[2절] 소발은 말이 많은 사람을 부정적으로 바라보는 잠언의 전통 지혜를 대표한다. "네 입의 말로 네가 얽혔으며 네 입의 말로 인하여 잡히게 되었느니라."[잠 6:2] "말이 많으면 허물을 면하기 어려우나 그 입술을 제어하는 자는 지혜가 있느니라."[잠 10:19] "유순한 대답은 분노를 쉬게 하여도 과격한 말은 노를 격동하느니라."[잠 15:1] 소발은 먼저 욥의 불평을 욥이 자기 의를 자랑하는 말이라며 비판한다. 더 나아가 소발은 하나님에 대한 욥의 비아냥거림과 비웃는 태도를 보고 자신이 더 이상 침묵을 지킬 수 없고, 이제 자기 의를 주장하는 욥을 부끄럽게 할 것이라고 말한다.[3절] 4절은 소발이 욥의 말을 인용하는 문장이다. "욥, 너는 '내 길은 정결하고 나는 주께서 보시기에 깨끗하다'고 말하는구나." 이런 욥의 과도한 자기 의에 대한 확신에 분노한 소발은 하나님이 제발 욥을 깨우쳐 주기를 희구한다. 5-6절에서 소발은 너무 답답해 기원문을 구사한다. "하나님이 말씀을 내어 너를 깨우쳐 주시길! 하나님께서 네게 오묘한 지혜를 깨우쳐 주시기를!" 6절 하반절에서 소발은 하나님의 지식이 광대하다는 점을 상기시키며, 광대한 지식을 가진 하나님이 욥으로 하여금 그의 죄를 일시적으로 잊게 하셨는데도 욥은 그 사실도 모르고 자기 의를 과신한다고 비판한다. "네가 네 자신의 의를 확신하는 것은 가당치 않다. 하나님이 너무 많은 일을 처리하느라 잠시 너로 하여금 자기는 죄가 없는 사람이라는 그릇된 확신에 탐닉하도록 내버려 두셨다"는 것이다.

7-9절은 하나님의 광대한 통치 영역, 정의 집행, 그리고 신비한 세상 경영을 말한다. 소발의 하나님 통치 총론은 틀린 말이 하나도 없다. 다만 욥에게 적용되기에는 너무 우활하고 적실성이 없는 공허한 주장일 뿐이다. 7절은 욥이 하나님을 다 아는 것처럼 하나님의 정의에 대해 왈가왈부하는 것을 비판한다. 소발에 따르면, 하나님은 욥이 다 파악하고 이해할 수 없을 정도로 오묘한 전능자시다. 인간의 경험과 이성, 상식과 전통의 지혜를 다 동원해도 하나님의 무궁한 심원함과 신묘막측을 파악할 수 없다는 것이다. 8절은 인간의 지식과 경험의 경계는 하늘 아래 영역이자 스올 위의 영역이라는 사실을 강조한다. 하늘과 스올은 인간지식으로는 탐구가 불가능한 초월의 세계다. 그런데 소발이 보기에는 욥이 이런 엄청나게 광대하고 신묘한 하나님을 다 아는 것처럼 입을 함부로 놀린다. 욥이 마치 하늘의 일과 스올의 일까지 통달한 것처럼 말한다는 것이다. 이런 욥에게 소발은 단도직입적으로 도전한다. "네가 어찌 알겠느냐?" 이 지적은 맞다. 다만

소발에게는 욥의 원통함과 억울한 심정에 대한 동정심이 전혀 없다. 아무리 옳은 말이라도 상처 입은 사람, 억울하고 원통한 사람에게는 비수처럼 와서 꽂힌다는 것을 모른다. 9절은 8절의 논리를 이어받는다. 이번에는 땅과 바다를 하나님의 크기와 넓이에 견준다. 하나님은 땅보다 길고 크시며 바다보다 넓으시다. 땅과 바다는 인간의 경험 영역이다. 이 땅과 바다에서 경험한 인간의 지식을 모두 합해도 하나님의 마음을 파악하기는 불가능하다. 오히려 하나님은 이처럼 넓고 깊은 바다와 땅을 두루 다니시며 정의를 집행하신다. 은닉된 죄를 범하는 사람을 잡아 가두고 재판을 여신다. 절대 전지공평하신 하나님의 이 재판을 아무도 막을 수가 없다는 것이다.[10절] 결국 10절은 하나님이 두루 다니다가 욥의 죄를 발견하고 심판처분을 위해 재판을 여셨다는 말이다. 욥의 고난은 그의 죄를 조사하고 심판하는 현장이라는 암시다. 우리가 1장에서 살펴보았듯이, 땅을 두루 다니며 인간을 참소할 구실을 찾는 자는 사탄이다. 사탄은 인간의 죄를 발견하고 참소하여 하나님의 심판이 일어나도록 부추기는 자다. 소발은 사탄의 역할을 하나님의 역할로 오인한다.

11절은 하나님의 촘촘한 감찰시선과 원근조망, 근거리감찰 사역을 말한다. 하나님은 겉으로 의로운 것처럼 보여도 속이 텅 빈 사람을 알아차리시고, 그가 행하는 악한 일을 일정 기간 내버려 두지만, 다 보고 계신다는 것이다. 11절은 그 자체로 틀린 말은 아니다. 다만 욥의 경우에는 적용될 수 없는 말이다. 소발이 보기에 욥은 속이 텅 빈 허망한 사람이다. 그래서 하나님은 허망한 욥을 스스로 의롭다고 느끼도록 일정 기간 내버려 두셨다가 결국 욥의 악행을 감찰하셨으며, 그의 누적된 악행을 다 보고 계셨다가, 곧 시차를 두었다가 심판하셨다는 것이다. 소발의 논리는 엘리바스의 논점과 비슷하다. 하나님의 시차심판론이다. 욥은 일시적으로 의로운 자처럼 행세할 수 있었지만 하나님의 촘촘한 원근감찰 시선을 피할 수 없었다는 것이다. 12절에서 소발은 욥을 다시 한 번 허망한 사람이라고 여기며 자신에게 닥친 재앙의 의미를 깨닫지 못하는 욥을 우회적으로 비판한다. 욥은 들나귀 새끼처럼 지각이 없는 자라는 것이다. 자신에게 닥친 재앙을 통해 자신의 숨은 죄를 이실직고하여 하나님께 용서를 비는 것이 상책인데도 욥은 자신의 억울함만 하소연하고 있다고 본 것이다.

욥을 직접적으로 책망하는 소발 • 13-20절

앞 단락에 비해 이 단락은 욥을 2인칭 단수, '너'라고 지칭하며 단도직입적으로 욥의 회개를 압박하는 소발의 공격을 담고 있다. 13-14절은 "만일"이라는 가정법적 상황을 상정하기는 하지만 소발은 욥의 신속한 이실직고와 회개를 촉구한다. 욥이 마음을 바로 정하고 주를 향하여 손을 들어 기도할 때에[13절] 갑자기 자신이 행한 죄악이 떠오른다면, 그 죄악을 멀리 버리고 불의가 욥 자신의 장막에 머물지 못하게 하라는 것이다. 15절은 욥의 회개가 가져올 결과를 말한다. 선先 이실직고 및 회개, 후後 회복 논리다. 죄악을 통회하고 멀리하면 "반드시 흠 없는 얼굴을 들게 되고 굳게 서서 두려움이 없"을 것이라고 말한다.

16-19절은 회개한 자가 누리는 행복을 말한다. 회개해서 회복되면 욥이 지금 당하는 이 환난은 물이 흘러가듯이 지나갈 것이며, 욥이 기억하지도 못할 정도로 잊을 수 있을 것이다.[16절] 욥이 누릴 생명의 날이 대낮보다 밝을 것이며 설령 어둠이 있다고 할지라도 아침과 같이 될 것이다.[17절] 욥은 희망을 품고 안전보장을 누리며 두루 살펴보고 평안히 쉬게 될 것이다.[18절] 욥이 편히 누워도 욥을 두렵게 할 자가 없겠고 오히려 많은 사람이 다시 욥에게 은혜를 구하는 날이 올 것이

다.[19절] 16-19절, 이 네 절은 회개한 자가 누리는 행복을 상투적으로 나열하며 그 자체로 반박의 여지가 없는 위로의 말이다. 다만 욥에게는 전혀 적용될 수 없는 위로라는 점이 문제다. 20절은 회개를 거부하는 악한 자들의 말로를 그린다. "악한 자들은 눈이 어두워서 도망할 곳을 찾지 못하리니" 그들은 오로지 죽는 것 외에 달리 소망이 없다.

메시지

소발의 첫 번째 변론은 욥의 자기 의 자랑을 논파하는 데 초점을 맞추고 있다. "네 말에 의하면 '내 도는 정결하고 나는 주께서 보시기에 깨끗하다' 하는구나."[욥 11:4] 욥의 고난은 죄 때문임을 지적하고 신속한 회개를 설득하려고 했던 엘리바스와 빌닷과는 달리, 소발은 자기 의에 대한 욥의 지나친 의존을 문제삼는다. 그렇다고 소발이 두 친구의 논법, "욥, 네 죄 때문에 고난이 왔다"라는 명제를 반대하는 것은 아니다. 소발은 다만 죄인인 욥이 어떻게 그렇게 오랫동안 스스로 의인義人인 것처럼 행동하고 살 수 있었는지를 의아해 한다. 그 고민 끝에 소발이 개발한 가설은 하나님의 섭리로 인한 '죄악 일시 은폐설'(혹은 묵과설)이다. 하나님 지혜의 오묘함 때문에 욥이 자신이 죄인인 것을 잠시 잊었다는 것이다. 더 정확하게는 하나님이 욥으로 하여금 자신이 죄인인 사실을 잊게 만들어 주셨다는 것이다. 소발에게 있어서 하나님의 지혜는 때때로 사람들로 하여금 자신의 죄를 잊게 만든다. 한 사람의 악행 시점과 그것에 대한 하나님의 심판집행 사이에 시차를 두셨다는 것이다. 소발의 논리를 쉽게 풀면 이렇다. "욥, 너는 원래 나쁜 죄인이지만, 네가 죄인임을 잠시 잊게 만들어 주는 하나님의 오묘한 지혜 때문에 너는 스스로를 의인으로 착각했다. 따라서 너는 자기 의를 그렇게 내세우면 안 된다." 소발은 이어서 말한다. "네가 하나님의 오묘함을 어찌 능히 측량하며 전능자를 어찌 능히 완전히 알겠느냐."[욥 11:7] 따라서 소발은 더 큰 재앙을 초래하기 전에 욥이 죄악을 스스로 버리고 불의가 그 장막에 터를 잡지 못하게 하라고 욥에게 충고한다.[11:14-16] 회개만이 회복의 길이고, 행복의 길이라는 것이다. 이런 점에서 소발도 회개만능 신학을 강조한다.

이상으로 욥의 세 친구들의 1라운드 충고는 마무리되었다. 그들의 공통점은 "무조건 회개론"이다. 그들은 한결같이 욥에게 닥친 환난의 규모, 깊이, 정도는 영락없이 악인들에게 닥친 하나님의 심판타격이라고 믿었다. 욥의 숨은 죄, 인간으로서의 욥의 존재론적 결함과 불결, 욥 자녀들의 죄, 혹은 욥이 범했으나 자신도 모르고 있던 죄에 대한 하나님의 심판이 임했다는 것이다. 세 친구는 단 한 번도 시편 44편 같은 억울한 하소연을 본 적도 들은 적도 없었다.[11-22절]

주께서 우리를 잡아먹힐 양처럼 그들에게 넘겨 주시고 여러 민족 중에 우리를 흩으셨나이다. 주께서 주의 백성을 헐값으로 파심이여, 그들을 판 값으로 이익을 얻지 못하셨나이다. 주께서 우리로 하여금 이웃에게 욕을 당하게 하시니 그들이 우리를 둘러싸고 조소하고 조롱하나이다. 주께서 우리를 뭇 백성 중에 이야기 거리가 되게 하시며 민족 중에서 머리 흔듦을 당하게 하셨나이다. 나의 능욕이 종일 내 앞에 있으며 수치가 내 얼굴을 덮었으니 나를 비방하고 욕하는 소리 때문이요 나의 원수와 나의 복수자 때문이니이다. 이 모든 일이 우리에게 임하였으나 우리가 주를 잊지 아니하며 주의 언약을 어기지 아니하였나이다. 우리의 마음은 위축되지 아니하고 우리 걸음도 주의 길을 떠나지 아니하였으나 주께서 우리를 승냥이의 처소에 밀어 넣으시고 우리를 사망의 그늘로 덮으셨나이다. 우리가 우리 하나님의 이름을 잊어버렸거나 우리 손을 이방 신에게 향하여 폈더면 하나님이 이를 알아내지 아니하셨으리이까. 무릇 주는 마음의 비밀을 아시나이다. 우리가 종일 주를 위하여 죽임을 당하게 되며 도살할 양 같이 여김을 받았나이다.^{시 44:11-22}

시편 44편이 말하듯이, 이 세상에는 인간이 회개해서 극복할 고난 외에 하나님의 절대주권적 섭리 때문에 의인들이 당하는 억울한 고난이 있다. 세 친구들은 하나님이 해명해야 할 신비한 고난이 존재하는 줄을 몰랐다. 그들은 억울한 고난을 당한 사람이 하나님께 하나님의 정의를 요구하는 그 이우성을 이해힐 신학이 없었다. 그들은 모든 고난을 죄의 결과라고만 보는 외눈박이 신학자들이었다. 신학은 하나님을 아는 지식의 창이 아니라 하나님을 아는 지식을 어둡게 하는 장벽이 될 수도 있는데, 그들은 자신들의 좁은 신학 전망에 감금된 채 욥에게 일어나는 그 기막히고 신비로운 고난을 알아차릴 능력이 없었다. 그런데 그들은 주류 신학을 형성하고 세상을 향해 하나님을 대변하는 명망가들로 행세한다. 우리가 알고 있는 전통적인 신학으로 해명되지 않는 기이한 일들이 일어나는 세상에서 우리는 하나님을 옹호하기 위해 인간을 학대하거나 박해해서는 안 된다. 욥 세 친구의 신학은 하나님을 위한답시고 하나님의 자녀인 욥을 무차별 해부하고 학대했다. 욥의 친구들 논변을 읽을 때마다 우리는 두렵고 떨리는 마음으로 우리의 신학 전망의 협애성을 점검하고 또 점검해야 한다.

12장.

욥의 대답:
의롭고 온전한 자가 이웃의 조롱거리로 전락했구나!

12

¹ 욥이 대답하여 이르되 ² 너희만 참으로 백성이로구나. 너희가 죽으면 지혜도 죽겠구나. ³ 나도 너희 같이 생각이 있어 너희만 못하지 아니하니 그같은 일을 누가 알지 못하겠느냐. ⁴ 하나님께 불러 아뢰어 들으심을 입은 내가 이웃에게 웃음거리가 되었으니 의롭고 온전한 자가 조롱거리가 되었구나. ⁵ 평안한 자의 마음은 재앙을 멸시하나 재앙이 실족하는 자를 기다리는구나. ⁶ 강도의 장막은 형통하고 하나님을 진노하게 하는 자는 평안하니 하나님이 그의 손에 후히 주심이니라. ⁷ 이제 모든 짐승에게 물어 보라. 그것들이 네게 가르치리라. 공중의 새에게 물어 보라. 그것들이 또한 네게 말하리라. ⁸ 땅에게 말하라. 네게 가르치리라. 바다의 고기도 네게 설명하리라. ⁹ 이것들 중에 어느 것이 여호와의 손이 이를 행하신 줄을 알지 못하랴. ¹⁰ 모든 생물의 생명과 모든 사람의 육신의 목숨이 다 그의 손에 있느니라. ¹¹ 입이 음식의 맛을 구별함 같이 귀가 말을 분간하지 아니하느냐. ¹² 늙은 자에게는 지혜가 있고 장수하는 자에게는 명철이 있느니라. ¹³ 지혜와 권능이 하나님께 있고 계략과 명철도 그에게 속하였나니 ¹⁴ 그가 헐으신즉 다시 세울 수 없고 사람을 가두신즉 놓아주지 못하느니라. ¹⁵ 그가 물을 막으신즉 곧 마르고 물을 보내신즉 곧 땅을 뒤집나니 ¹⁶ 능력과 지혜가 그에게 있고 속은 자와 속이는 자가 다 그에게 속하였으므로 ¹⁷ 모사를 벌거벗겨 끌어 가시며 재판장을 어리석은 자가 되게 하시며 ¹⁸ 왕들이 맨 것을 풀어 그들의 허리를 동이시며 ¹⁹ 제사장들을 벌거벗겨 끌어 가시고 권력이 있는 자를 넘어뜨리시며 ²⁰ 충성된 사람들의 말을 물리치시며 늙은 자들의 판단을 빼앗으시며 ²¹ 귀인들에게 멸시를 쏟으시며 강한 자의 띠를 푸시며 ²² 어두운 가운데에서 은밀한 것을 드러내시며 죽음의 그늘을 광명한 데로 나오게 하시며 ²³ 민족들을 커지게도 하시고 다시 멸하기도 하시며 민족들을 널리 퍼지게도 하시고 다시 끌려가게도 하시며 ²⁴ 만민의 우두머리들의 총명을 빼앗으시고 그들

을 길 없는 거친 들에서 방황하게 하시며 ²⁵빛 없이 캄캄한 데를 더듬게 하시며 취한 사람 같이 비틀거리게 하시느니라.

이제는 조롱거리가 된 욥의 의로운 과거 행적 • 1-9절

12-14장이 욥의 독백인지, 방백인지, 아니면 세 친구들의 말에 대한 이성적 답변인지를 자세히 살펴보아야 한다. 자세히 읽어 보면 이 세 장은 욥의 독백이면서도 방백이요 친구들에게 수는 대답이기도 하다. 12:1-3은 친구들의 지혜보다 더 우월한 자기 지혜를 강조하는 욥의 발언이며, 4-6절은 하나님에 의해 이제는 조롱거리가 된 자신의 의로운 과거 행적을 슬프게 회고하는 욥의 독백이다.

2절의 개역개정은 현재 히브리어 본문을 존중해 "너희만 참으로 백성이로구나"(아템-암[אַתֶּם־עָם])라고 번역한다. 개역개정의 이 소절은 그 자체로는 의미가 불명료하다. 2절 전체의 히브리어 본문을 직역하면, "참으로 너희들은 백성이로구나. 그런데 너희들과 함께 지혜도 죽겠구나" 정도다. 데이빗 클린스는 불명료한 히브리어 구절을 약간 고쳐 읽는다. 그는 "참으로 너희들이야말로(2인칭 남성대명사 아템의 강조용법) 지혜가 죽을 때 함께 죽을 백성이로구나"라는 의미로 파악한다. 그래서 2절 상반절을 "너희들이야말로 지혜로운 사람들의 최후 생존자구나"라고 번역한다.[1] 클린스는 욥이 참으로 지혜를 아는 백성의 최후 생존자처럼 행동하는 친구들을 비판하고 있다고 본다. 트렘퍼 롱맨은 이러한 시도를 반대하지만,[2] 우리가 보기에 클린스의 시도는 전혀 근거 없는 것은 아니다. 어떻게 번역하든 친구들을 조롱하는 욥의 취지는 분명하다. "친구들아, 너희들이 참으로 그렇게 대단한 지혜자들이냐?" 3절은 지혜에 관해서는 욥 자신이 세 친구들과 견주어도 부족하지 않다고 말한다. 3절 하반절에서 "그같은 일"은 죄인과 악인에게는 고통의 심판이 임한다는 원리를 가리킨다. 이런 점에서 보면 욥과 세 친구들은 죄와 벌의 이진법[3] 신학 전통, 곧 협소한 의미의 신명기 역사가 신학 전통에서 동문수학同門修學한 동료들이다. 네 명 다 여호수아부터 열왕기까지 가나안 땅에서 진행된 이스라엘의 600년 통사를 죄와 벌의 이진법 원리로 정리한 신학 전통의 상속자들이다. 그러나 이런 이진법 신학을 알면서도 욥 자신은 승복하지 못한다. 욥은 "죄인과 악인에게는 고통의 심판이 임한다"는 이 원리가 "모든 고통과 재난이 죄에 대한 하나님의 심판이라는 진리"를 확증하는 것은 아니라는 취지로 반박한다. 자신의 고난을 죄에 대한 응징으로 간주하기에는 자신이 지난날 하나님과 가졌던 밀착동행, 친교의 기억들이 너무 실재적이기 때문이다. "하나님께 불러 아뢰어 들으심을 입은" 자신이 "이웃에게 웃음거리가 되"고, "의롭고 온전한 자"로 인정받은 자신이 "조롱거리가 되었"다고 탄식한다.[4절] 5절 하반절의 개역개정은 다소 어색한 번역이다. 정확한 번역은 "평안한 자의 마음은 재앙을 멸시하나, 재앙은 그 발이 흔들리는 자를 위해 준비된다"이다. 발이 흔들리는 자는 야웨의 법도대로 걷지 않고 좌고우면하며 기회주의적으로 이익을 따라 사는 자를 가리킨다. 그런데 욥 자신은 재앙을 멸시해도 되는 평안한 자였는데 지금은 재앙에 강타당했다는 것이다. 6절은 5절의 논리를 한 단계 더 진전시킨다. 아예 "강도의 장막은 형통하고 하나님을 진노하게 하는 자는 평안하니 하나님이 그의 손에 후히 주"신다고 말한다. 이 말은 선악 간에 따라 비례적으로 주어지는 보상과 징벌 체제가 오작동을 일으킨다는 것이다.

　7-12절은 논지가 다소 모호하다. 무엇을 묻고 가르치고 설명한다는 말인지 불명확하다. 5-6절의 논리를 재확증하기 위한 질문들인지, 아니면 권선징악의 재래적 지혜를 재확증하기 위한 질문들인지 명료하지 않다. 12-25절의 맥락에서 보면 7-12절은 하나님의 도덕

주의적 통치에 대한 인간의 협소한 이해를 교정하기 위한 질문들처럼 보인다. 하나님의 절대적으로 임의적이고 자유로운 인간 길흉화복 주장을 옹호하기 위한 질문들처럼 보인다. 7-8절의 의미는 모든 짐승과 새들, 땅과 바다의 고기는 이 임의적인 것처럼 보이는 고난과 형통 분배, 길흉화복 처분이 하나님의 권능 아래서 일어나는 일임을 알고 있다는 것이다. "이것들 중에 어느 것이 여호와의 손이 이를 행하신 줄을 알지 못하랴."9절 여기서 "이를 행하신 줄"에서 "이"가 무엇을 의미하는가? 하나님의 절대적인 임의성과 자유에 입각한 길흉화복 주장이다. 10절은 여기서 한 걸음 더 나아간다. "모든 생물의 생명과 모든 사람의 육신의 목숨이 다 그의 손에 있느니라." 하나님의 손이 행하는 일은 인간의 이해를 초월할 때가 있다는 것이다. 입이 음식의 맛을 구별하는 것처럼 늙은 자나 장수하는 자는 이런 일들을 분간할 지혜와 명철이 있다.11-12절 늙은 자, 장수하는 자는 긴 호흡을 갖고 하나님의 인생 통치 섭리를 터득할 정도의 안목을 가지고 있다. 그런데 이 11-12절이 욥 자신의 지혜와 명철을 자랑하는 말인지 아닌지는 불명확하다.

모든 명성, 의, 원칙의 파괴자 하나님 • 13-25절

이 단락은 개인, 공동체, 민족과 국가의 운명을 절대주권적인 임의성과 자유로 주장하고 그들의 영고부침榮枯浮沈을 주관하는 하나님의 지혜와 권능, 계략과 명철을 다룬다. "지혜와 권능이 하나님께 있고 계략과 명철도" 하나님께 "속하였"다는 욥의 주장13절은 하나님의 심판, 보상, 징벌 처분의 자의성과 정당성을 동시에 옹호하는 셈이다. 하나님이 "헐으신즉 다시 세울 수 없고" 하나님이 "사람을 가두신즉" 아무도 그를 "놓아주지 못"한다.14절 하나님이 "물을 막으신즉 곧 마르고 물을 보내신즉 곧 땅"이 뒤집어진다. 주전 4천 년대의 티그리스 강과 유프라테스 강의 물줄기는 주전 2천 년대의 두 강 물줄기와는 전혀 다르게 흘렀음이 밝혀졌다. 주전 4천 년대에 강을 끼고 번성했던 수 메르 도시들이 주전 2천 년대에는 광야와 메마른 땅에 덩그러니 버림받았다. 16절 상반절, "능력과 지혜가" 하나님께 속했다는 말은 납득되지만, 하반절, "속은 자와 속이는 자가 다 그에게 속하였"다는 말은 선뜻 이해하기 힘들다. "속은 자와 속이는 자"가 다 하나님께 속했다는 말의 의미는 17-21절의 맥락 안에서 보다 정확하게 파악될 수 있다. 이 경구적 말은 속은 자와 속이는 자가 둘 다 하나님의 심판집 행에 이용된다는 말이다. 속은 자와 속이는 자는 서로 의논하지 않고도 합심해서 나라의 멸망, 곧 지배층의 몰락과 유배를 초래한다는 의미다. 한 나라와 왕실이 망할 때는 반드시 속이는 자(간교한 참모)가 맹활약하고, 그 속이는 간신의 말에 농락당하는 제왕과 군주들은 혼군昏君이 되어 국가 멸망을 초래하는 사례에서 이런 경구가 나왔을 것이다. 예를 들면, 다윗과 그 아들, 찬탈자 압살롬의 권력 투쟁에 연루된 모사 아히도벨과 후새는 각각 압살롬과 다윗을 섬기는 가신이었다. 두 모사는 겉으로는 압살롬 진영의 가신들이었으나, 압살롬을 망하게 하려고 하나님은 압살롬의 총명을 흐리게 하신다. 그 결과 압살롬은 아히도벨의 지혜로운 충고보다(기진맥진한 다윗 세력을 야간에 기습하자), 후새의 신중해 보이는 충고(다윗은 백전노장이니 섣불리 공격해서는 안 된다)를 받아들여 결국 다윗 군대에게 반격을 당해 망하고 만다.삼하 16:15-17:23 또 열왕기상 22장에서 아합 왕은 길르앗 라못 땅을 찾으러 아람과 전쟁하러 나갈 때 예언자들에게 신탁을 구하는 과정에서 하나님이 보내신 거짓말하는 영에 의해 농락당한다. 아합은 속은 자요 예언자들과 그들을 조종한 그 거짓말 하는 영은 속이는 자였다. 속은 자 아합은 속이는 예언자들과 그 거짓말 하는 영의 꾐에 빠져 멸망했다. 이처럼 속이는 자와 속는 자, 둘 다 하나님의 뜻을 성취하는 데 동역자처럼 자기 역할을 한다는 것이다.

17-23절은 한 나라를 멸망시키는 하나님의 심판처분을 말한다. 한 나라를 망하게 하시기 위해 하나님은 나라를 이끌어 가는 지휘부를 무력화하신다. 나라의 장래를 도모하고 유비무환의 방책을 마련해야 할 "모사를 벌거벗겨 끌어 가시며" 공평과 정의를 세워 나라를 견실하게 지탱해야 하는 "재판장을 어리석은 자가 되게 하"신다.[17절] 모사들의 무지몽매, 현실분석능력의 파탄과 재판장들의 타락하고 어리석은 판결은 국가 멸망의 첫째 선결 조건이다. 모사들과 재판장들의 과업 실패는 왕국 멸망으로 이어져, 왕들은 정식의관을 탈복당하고 허리는 결박의 끈에 맡겨진다.[18절] 아울러 최고 종교 책임자들인 제사장들도 벌거벗겨 끌려가고, 권력이 있는 자들은 넘어뜨림을 당한다.[19절] 20절은 이처럼 나라가 멸망되어 지휘부가 해체되기 전에 무슨 일이 있었는지를 복기한다. 나라의 운명을 결정하는 각료대신들의 회의에서 충성된 사람들의 말이 물리침을 당하게 하시며, 늙은 자들이 판단력과 총명을 상실하도록 혼란스럽게 하신다.[20절] 그 결과 나라의 기둥들로 보였던 귀인들은 멸시를 당하며 강한 자의 띠도 풀어져 내린다.[21절] 한 나라를 멸망에 이르게 했던, 오랫동안 어두운 가운데에 감춰져 있던 은밀한 것(죄악, 영적 파탄, 정치적 분열과 대립 등)을 밝히 드러내시며 한 나라를 파멸에 이르게 했던 죽음의 그늘(세력)을 광명한 데로 나오게 하신다.[22절] 온 세상이 알도록 다 드러내신다는 것이다. 23-25절은 한 나라의 멸망이 초래한 연쇄적인 국제질서 변동을 말한다. 개별 나라의 멸망은 세계 만민들과 나라들의 정치적 헤게모니 투쟁 무대에 세력 재편을 초래한다. 그 결과 하나님은 "민족들을 커지게도 하시고 다시 멸하기도 하시며 민족들을 널리 퍼지게도 하시고 다시 끌려가게도 하시며",[23절] "만민의 우두머리들의 총명을 빼앗으시고

그들을 길 없는 거친 들에서 방황하게 하시며",[24절] "빛 없이 캄캄한 데를 더듬게 하시며 취한 사람 같이 비틀거리게 하"신다.[25절]

메시지

12-14장은 소발에 대한 응답이지만, 이제까지 욥 자신을 궁지에 몰아넣어 회개를 강요했던 친구들 모두에게 주는 답변이기도 하다. 12장의 요지는 인간 개인사와 역사의 흥망성쇠, 영고부침, 그리고 몰락과 회생은 하나님의 엄밀한 도덕정치의 원리로 설명될 수 없다는 것이다. 확정된 권위를 가진 개인이나 나라, 혹은 우두머리들의 갑작스러운 몰락이 그들의 죄악에 대한 비례적 응징이라고 보기에는 하나님의 절대주권적인 여러 결정들이 복합적으로, 그리고 신비한 방식으로 작용한다는 것이다. 따라서 자신에게 닥친 재앙이나 고통이 자신의 누적된 숨은 악행에 대한 징벌이라고 단정하고 자신에게 회개를 강요하는 친구들의 단순화된 논리는 수용할 수 없다는 것이다. 대신 욥은 자신에게 닥친 참혹한 재앙과 고통을 하나님의 신묘막측한 일로 보려고 한다. 하나의 원인과 하나의 결과로 모든 재난을 설명하려고 하는 친구들과는 달리, 욥은 자신의 고난은 하나님의 신묘막측한 일에 속한다고 주장하는 셈이다. 한 걸음 더 나아가 욥은 하나님의 신묘막측한 일[11:7]의 부정적 양상을 대담하게 언급한다. 강도의 장막이 번영하고 하나님의 진노를 촉발시키는 자는 건강하고 평화를 누리고 하나님의 후한 상을 누린다.[6절] 여기서 9:24에서처럼 온 세상이 악인의 손아귀에 넘어갔다고 느끼는 염세주의적 인생관을 피력한다. 악인번성 현상은 죄 없는 의롭고 온전한 자신이 환난풍파로 세상의 조롱거리로 전락하며 패망하는 현상의 짝이 되는 부조리라는 것이다. 시 73:1-11; 참조. 시 37:1-11 이렇게 선악 질서가 도착된 사태는 동물들에게 일

12

욥의 대답: 의롭고 온전한 자가 이웃의 조롱거리로 전락했구나!

찍이 알려져 있다. 7-9절에서 악인번성 현상은 짐승, 공중의 새, 바다의 물고기도 다 알고 있는 사실이라는 점을 지적한다. 악인번성 가설을 주장하는 욥의 의도는 악인번성 부조리와 의인패망 부조리는 동전의 양면 같은 관계라는 것을 말하기 위함이었다. 이런 점에서 욥은 하나님의 절대주권적 고난과 번영 배분처분은 아무도 시비 걸 수 없는 하나님의 고유 권한이라는 점을 인정한 것이다. 그러나 친구들에 비해 욥은 하나님의 세상 통치를 엄격한 도덕적 정의구현 활동이라고 보지 않는다. 하나님의 섭략과 명철의 세계는 권선징악의 원리로 간단히 해명될 수 없다는 것이다.

그럼에도 불구하고 욥의 친구들은 하나님의 세상 경영과 통치에 불가해한 면이 있다고 할지라도 그것은 욥의 환난을 설명하는 데는 해당되지 않는다고 단언하며, 욥의 환난은 죄를 지은 자가 끝내 심판받는다는 악인필망론의 사례가 된다고 주장했다. 이에 반해 욥은 자신에게 닥친 일은 그동안 알려진 신학 패러다임으로는 설명되지 않는 일이라고 주장한다. 욥의 세 친구들은 관념적으로는 하나님의 신묘막측한 일이 있다고 말했지만,[11:7] 실제로는 하나님의 신묘막측한 일을 인정하지 않았다. 그들은 하나님의 신묘막측한 행동을 욥에게 유리하게 적용하지 않고 오히려 불리하게 적용했다. 죄인이었던 욥이 어떻게 오랫동안 의인인 것처럼 행세할 수 있었는가? 이것이 그들에게는 오묘한 일이었을 것이다. 욥 또한 하나님의 오묘한 일이 있다는 것은 인정했지만, 결국 자신이 이렇게 고난당하는 것이 하나님의 오묘한 일이라는 것을 확신하지 못했다. 그래서 동요하고 짜증을 내며 마음의 평정을 상실했다. 이사야 50:10은 말씀한다. "너희 중에 여호와를 경외하며 그의 종의 목소리를 청종하는 자가 누구냐. 흑암 중에 행하여 빛이 없는 자라도 여호와의 이름을 의뢰하며 자기 하나님께 의지할지어다." 예언자는 흑암 중에 거하여 빛이 없는 자라도,

곧 절망한 사람이라도 하나님을 믿고 신뢰할 의무가 있다고 말한다. 빛의 박탈을 경험할 때도 하나님을 믿으라는 이 구절이 우리에게는 큰 자극이 된다. 이런 이유 때문에 예수님은 38년 된 병자에게도 "낫기를 원하느냐"(곧, "네가 하나님을 믿느냐?")고 물으셨다. 극한의 절망과 낙담 상황에서도 하나님은 인간의 하나님 신뢰를 기대하고 호소하신다.

13장.

욥의 대답과 기도:
친구들이여, 하나님을 위한답시고 불의를 옹호하지 말라!

13 ¹나의 눈이 이것을 다 보았고 나의 귀가 이것을 듣고 깨달았느니라. ²너희 아는 것을 나도 아노니 너희만 못하지 않으니라. ³참으로 나는 전능자에게 말씀하려 하며 하나님과 변론하려 하노라. ⁴너희는 거짓말을 지어내는 자요 다 쓸모 없는 의원이니라. ⁵너희가 참으로 잠잠하면 그것이 너희의 지혜일 것이니라. ⁶너희는 나의 변론을 들으며 내 입술의 변명을 들어 보라. ⁷너희가 하나님을 위하여 불의를 말하려느냐. 그를 위하여 속임을 말하려느냐. ⁸너희가 하나님의 낯을 따르려느냐. 그를 위하여 변론하려느냐. ⁹하나님이 너희를 감찰하시면 좋겠느냐. 너희가 사람을 속임 같이 그를 속이려느냐. ¹⁰만일 너희가 몰래 낯을 따를진대 그가 반드시 책망하시리니 ¹¹그의 존귀가 너희를 두렵게 하지 않겠으며 그의 두려움이 너희 위에 임하지 않겠느냐. ¹²너희의 격언은 재 같은 속담이요 너희가 방어하는 것은 토성이니라. ¹³너희는 잠잠하고 나를 버려두어 말하게 하라. 무슨 일이 닥치든지 내가 당하리라. ¹⁴내가 어찌하여 내 살을 내 이로 물고 내 생명을 내 손에 두겠느냐. ¹⁵그가 나를 죽이시리니 내가 희망이 없노라. 그러나 그의 앞에서 내 행위를 아뢰리라. 또는 그가 나를 죽이실지라도 나는 그를 의뢰하리니 ¹⁶경건하지 않은 자는 그 앞에 이르지 못하나니 이것이 나의 구원이 되리라. ¹⁷너희들은 내 말을 분명히 들으라. 내가 너희 귀에 알려 줄 것이 있느니라. ¹⁸보라, 내가 내 사정을 진술하였거니와 내가 정의롭다 함을 얻을 줄 아노라. ¹⁹나와 변론할 자가 누구이랴. 그러면 내가 잠잠하고 기운이 끊어지리라. ²⁰오직 내게 이 두 가지 일을 행하지 마옵소서. 그리하시면 내가 주의 얼굴을 피하여 숨지 아니하오리니 ²¹곧 주의 손을 내게 대지 마시오며 주의 위엄으로 나를 두렵게 하지 마실 것이니이다. ²²그리하시고 주는 나를 부르소서. 내가 대답하리이다. 혹 내가 말씀하게 하옵시고 주는 내게 대답하옵소서. ²³나의 죄악이 얼마나 많으니이까. 나의 허물과 죄를 내게 알게 하옵소

서. ²⁴ 주께서 어찌하여 얼굴을 가리시고 나를 주의 원수로 여기시나이까. ²⁵ 주께서 어찌하여 날리는 낙엽을 놀라게 하시며 마른 검불을 뒤쫓으시나이까. ²⁶ 주께서 나를 대적하사 괴로운 일들을 기록하시며 내가 젊었을 때에 지은 죄를 내가 받게 하시오며 ²⁷ 내 발을 차꼬에 채우시며 나의 모든 길을 살피사 내 발자취를 점검하시나이다. ²⁸ 나는 썩은 물건의 낡아짐 같으며 좀 먹은 의복 같으니이다.

친구들이여, 제발 잠잠하라! • 1-5절

12장에 이어 13장도 세 친구 모두에게 주는 욥의 대답이다. 이 단락은 세 친구들의 발언 때문에 욥이 하나님께만 호소하기로 결심했음을 말한다. 1절에서 욥이 보고 듣고 깨달았던 것, 그 목적어 "다"는 12:14-25에 열거된 하나님의 역사 주재(세계 통치) 활동을 가리킨다. "나 또한 너희들만큼 하나님의 절대주권적 통치 방식을 알고 있다"^{2절}는 것이다. 개역개정의 "나도 아노니"로 번역된 히브리어 문장은 1인칭 단수대명사 아노키(אָנֹכִי)를 돌출적으로 사용하고 있다. 욥은 "하나님의 절대주권적인 길흉화복, 영고부침의 역사 운행에 대해서는 친구들보다 내가 더 잘 안다"라고 말하는 셈이다. 욥은 세 친구가 욥에게 들려준 충고나 제안은 지루한 요설이라고 본다. 오히려 친구들의 지루한 하나님 옹호 교설과 욥 단죄 논리에 지친 나머지, 이제 "전능자에게 말씀하려 하며 하나님과 변론"하고 싶다는 갈망을 품게 되었다.^{3절} "하나님과 변론하려 하노라"라는 진술은 재판 상황에서 욥이 법정 진술을 할 것을 예고하는 어구다. '변론하다'로 번역된 히브리어 호케아흐(הוֹכֵחַ)는 '사리를 따지다', '심리하다'를 의미하는 야카흐(יָכַח)의 사역형 부정사절대형이다. 자신이 하나님을 상대로 자신의 억울함을 하소연하고 시시비비를 따져보고 싶은 이유는, 자신을 위로한답시고 친구이 자신과 하나님에 관해 거짓말을 지어내며 결국 욥 자신의 상처를 치유하는 데 전혀 쓸모가 없는 의원임을 드러냈기 때문이다.[4절] 욥은 "친구들이여, 그대들이 참으로 잠잠하면 그것이 그대들의 지혜로 인정될 것이다"라고 말하며 친구들을 조롱한다.[5절] 어리석은 자는 침묵할 때 가장 지혜로운 사람으로 인정받을 가능성이 많다.

하나님을 부당하게 옹호하지 말라 • 6-12절

이 단락은 불의하고 부당한 방식으로 하나님의 정의를 옹호하려고 하다가 하나님과 욥 모두에 대해 거짓 증언하는 친구들에 대한 욥의 책망이다. 6절에서 욥은 친구들에게 자신의 변론과 변명을 진지하게 경청해 달라고 간청한다. 7절에서 욥은 단도직입적으로 그들이 "하나님을 위하여 불의"와 "속임"(거짓된 것)을 토해내는 행태를 책망한다. 8절에서 욥은 친구들이 하나님의 낯을 세워 주고 하나님의 입장을 옹호하려고 애쓰는 과정에서 오류를 범한다고 말한다. 9절에서 욥은 친구들에게 경고한다. 하나님이 그들을 감찰하실 것이며 하나님을 위해 속임을 자행하는 그들의 허물을 다 보고 계신다는 것이다. 계속 그들이 하나님의 권위를 세워 주기 위해 불의하고 부당한 방식으로 하나님을 옹호한다면 하나님이 반드시 그들을 책망하실 것이다.[10절] 하나님의 존귀하신 위엄과 두려워할 만한 그의 거룩한 현존이 그들을 두렵게 압도할 것이다.[11절] 12절에서 욥은 친구들의 허황된 변론을 "재 같은 속담"이며 그들의 하나님의 권위 방어논리는 쉽게 붕괴되는 토성이라고 가차 없이 규정해 버린다.

하나님 면전에서 다투고야 말리라 • 13-19절

이 단락은 이제 친구들과의 논쟁 대신 하나님 면전에서 법적인 소송을 걸어 쟁론해 보겠다는 결심을 굳히는 과정을 보여준다. 13절에서 욥은 친구들에게 더 이상 지루한 변론을 제시하기보다는 차라리 잠잠하고 자신을 내버려 두라고 말한다. 하나님에 대한 자신의 자극적 언동이 하나님의 더 큰 화를 초래할지라도, 곧 더 나쁜 일이 닥치더라도 자신이 스스로 감당하겠다고 결심했음을 밝힌다. 14절 첫 소절은 다소 어렵다. 개역개정은 "내가 어찌하여 내 살을 내 이로 물고 내 생명을 내 손에 두겠느냐"라고 번역한다. 히브리어 본문을 직역하면, "무엇 때문에 내가 내 살을 이로 물 것이며, 내 생명을 내 손에 두려고 할 것인가"이다. '무엇 때문에'라고 번역된 히브리어 단어는 알-마(עַל־מָה)이다. 전치사 '알'과 의문사 '마'가 마켑(하이픈)으로 연결된 의문사다. 개역개정은 이것을 "어찌하여"라고 번역했다. BHS 비평장치는 그것을 중복오사重複誤寫, dittography로 보고 삭제할 것을 제안한다. 13절의 히브리어 마지막 소절에 알라이 마(עָלַי מָה, '나에게 무슨 일' 정도의 의미)를 서기관이 필사하는 과정에서 한 번 더 필사해서 14절의 첫 단어 '알-마'가 생겼다는 것이다. BHS 비평장치의 추론은 상당히 타당하다. 그러나 현재 히브리어 본문 그대로 두고 읽어도 전체 의미는 크게 달라지지 않는다.[1] 알-마를 삭제하고 히브리어 본문을 직역하면, "나는 내 살을 이로 물리라. 내 영혼(목숨)을 내 손에 맡기리라"가 된다. 곧, 자기가 당하는 고난으로 인해 하나님께 정면으로 대들며 소송을 불사하는 행위는 자기 살을 물어뜯는 자해행위이며, 자기 목숨을 자기 손으로 취하는(자살하는) 자기손상적 행위라는 것을 의미한다. 하나님을 소송의 당사자로 삼고 하나님과 다투는 일은 자기 살을 이로 물어뜯는 짓이며, 자기 손으로 자기 목숨을 끊는 것 같은 위험한 행동이라는 것이다. 즉, 14절은 죽을 각오를 하고 하나님과 다퉈 보겠다는 결연함을 드러낸다. 그러면 15절이 자연스럽게 풀린다. 자신이 하나님께 직접 나아가 시시비비를 가리는 행위는 자기의 죽음을 초래하는 위험한 행동이라는 것을 욥은 안다. "그가 나를 죽이"실 것이다.[15절] 그럼에도 불구하고 욥은 하나님께 나아가 따져 보는 것 외에 달리 자신에게 남은 희망이 없다고 탄식한다.[2] 이렇게 큰 위험을 안고서라도 욥은 하나님 앞에서 자신의 행위를 아뢸 것이라고 결심하기에 이른다.[15절] 16절에서 놀라운 반전이 일어난다. "경건하지 않은 자는 그 앞에 이르지 못하"지만, 욥 자신은 하나님 앞에 이르러 자신의 억울함을 털어놓을 영적 담력이 있음에 안도하며 이것이 자신의 구원이 될 것이라고 말한다. 17절에서 욥은 다시 친구들에게 간청한다. 그는 자신의 말을 분명히 들으면 깨닫는 바가 있을 것이라고 암시한다. 18절에서 욥은 하나님께 자신의 송사를 제출하면서 자신의 무죄방면을 확신한다. "보라, 내가 내 사정을 진술하였거니와 내가 정의롭다 함을 얻을 줄 아노라." 개역개정이 "사정"事情이라고 번역한 히브리어는 미쉬파트(מִשְׁפָּט)이다. 이 단어는 '정의', '재판' 등을 의미한다. 여기서 미쉬파트는 '억울한 사람의 무죄방면을 선언함으로써 정의를 회복하기 위해 열리는 재판에 제출할 원고의 입장'을 의미한다.

18절의 마지막 소절에는 1인칭 단수대명사 아니(אָנִי)가 돌출적으로 사용되고 있다. "'나야말로 의롭다'는 것을 내가 안다." 이런 의미다. 19절에서 욥은 자신을 유죄로 납득시킬 논리를 가진 반론자가 어디 있느냐고 반문한다. 만일 그런 반론자가 있다면, 자신이 스스로 잠잠하고 기운이 끊어질 것이라고 고백한다. 3절의 어구 "하나님과 변론하려 하노라"와 더불어 18-19절에 사용된 단어들과 내용을 볼 때, 1-19절은 욥이 하나님 앞에 자신의 송사를 제출하고 있음을 밝히 드러낸다.

이 단락은 욥의 기도문이다. 매우 드물게도 변론과 논쟁 가운데 터져 나온 기도이다. 이사야 63-64장에도 예언자적 선포와 논쟁 맥락 가운데 기도가 삽입되어 있는데(63:15-64:12), 그런 편집과 유사한 편집이 욥기에서 발견된다. 20절은 욥의 두 가지 기도제목이다. 하나님이 자신에게 행하지 않기를 바라는 것은 오직 두 가지다. 이 두 가지만 멈춰 주신다면, 욥 자신은 하나님의 얼굴을 피해 숨지 않을 것이라고 말한다.^{21절} 첫째, "당신의 손을 내게 대지 마소서. 당신의 위엄으로 나를 두렵게 하지 마소서." 둘째, "당신은 나를 불러 주소서. 내가 대답하겠습니다." 혹은, "내가 당신께 드리는 말씀을 듣고 내게 대답하소서"^{22절}이다. 23절은 욥의 질문이자 항변이다. "내 죄악이 얼마나 많습니까? 내 허물과 죄를 내게 알려 주소서."^{23절} 24절은 하나님의 무응답과 침묵을 원통하게 여기는 욥의 불평이다. "당신께서 어찌하여 얼굴을 가리시고 나를 당신의 원수로 여기시나이까."^{24절} 25절도 욥의 통절한 질문이다. "당신께서 어찌하여 날리는 낙엽 같은 나를 놀라게 하시며 마른 검불 같은 나를 뒤쫓으시나이까."^{25절} 26-28절은 자신에게 닥친 재앙과 고난의 배후가 전적으로 하나님임을 주장하는 욥의 항변이다. "당신께서 나를 대적하사 괴로운 일들을 기록하시며 내가 젊었을 때에 지은 죄를 내가 받게 하십니다."^{26절} "당신은 내 발에 차꼬를 채우시며 나의 모든 길을 살피사 내 발자취를 점검하십니다."^{27절} 28절은 욥의 비통한 하소연이다. "이 무서운 하나님의 심판처분이 집행되는 과정에서 나는 썩은 물건이 낡아지듯이 낡아졌으며, 좀 먹은 의복처럼 너덜너덜해졌습니다."^{28절}

12-14장은 세 친구의 1차 변론들에 대한 욥의 종합적 답변이다. 13장은 욥의 답변의 일부로서 세 친구들의 변론을 가차 없이 평가한다. 병자를 전혀 고치지 못하는 무능한 의사요 장마에 무너지는 토성 같은 엉성하고 빈약한 논변이었다는 것이다. 12장이 하나님의 지혜 찬양이라면, 13장은 하나님께 자신의 송사를 제출하는 이유를 제시한다. 12장의 논지는 "지혜와 권능이 하나님께 있고 계략과 명철도 그에게 속하였나니 그가 헐으신즉 다시 세울 수 없고 사람을 가두신즉 놓아주지 못하느니라"욥 12:13-14는 구절에 집약되어 있다. 13장의 논지는, 세 친구가 하나님의 권위를 세워 주기 위해 불의하고 부당한 방식으로 하나님을 옹호하기 때문에, 종국에는 하나님의 책망을 듣게 될 것이다.10절 욥은 자신의 송사가 정상적으로 하나님께 접수된다면, "욥은 의롭다"라는 하나님의 평결을 반드시 받게 될 것이라고 확신한다. 자신이 하나님께 이렇게 집요하게 나아가 자신의 억울한 사정을 다 토로할 수 있는 것 자체가 구원이며, 자신의 의로운 삶이 주는 담대함이라고 주장한다. 온 세상이 우리를 향해 진 칠지라도 의로운 삶을 살아온 사람은 하나님의 존전에 나아가 자신의 억울함을 토로할 수 있는 담대함을 누린다는 의미다. 욥의 고백에서 드러나듯이, 하나님께 필사적으로 매달리고 하소연할 수 있는 집요함은 하나님의 자녀에게 구원이 된다. 하나님을 집요하게 찾는 마음 그 자체가 하나님의 은혜의 인력을 증거한다. 하나님이 당신께로 이끌어 주는 사람만이 기도의 치열함과 집요성을 견지할 수 있다. 욥은 이 진리를 안다. 죄 없는 자신을 일방적으로 치시고 부서뜨리시는 하나님의 낯선 모습을 보고 경악하고 충격을 받았지만, 욥은 단 한 번도 하나님이 불의하다고 노골적으로 비난하지는 않는다. 그는 자신에게 일어난 일

은 죄에 대한 응벌이 아니라 하나님의 신묘막측한 일이라고 굳게 믿는다. 우리는 하나님께 집요하게 나아가 자신의 원한을 풀어 달라고 강청하는 것 자체가 욥을 구원하고 있다는 사실에서 위로를 받는다. 하나님께 대들고 항의하고 논쟁하는 인간도 하나님은 신뢰하시고 친애하신다. 이 진리가 우리를 놀라게 하고 감격하게 만든다. 하나님과 더불어 씨름한 야곱은 하나님의 친애하는 종이었다. 하나님 앞에 토설된 불평이나 항변은 어떤 겉치레 신앙고백보다 더 진정성 있는 신앙고백이다. 하나님은 억울하고 하소연하는 인간의 아우성을 외면하시지 않기 때문이다. 그래서 아벨의 핏소리와 히브리 노예들의 부르짖음은 끝내 하나님께 상달되었다. 하나님은 고아나 과부의 부르짖음을 반드시 들어주시고, 하나님의 백성에게 이방 나그네나 고아와 과부가 억울하고 부조리한 일로 하나님께 부르짖는 일이 생기지 않도록 하라고 각별히 경고하신다.출 22:21-24; 참조. 신 10:12-18

특히 고아와 과부의 부르짖음이 하나님께 상달되면 하나님은 그들의 부르짖음을 촉발시킨 악행자들을 찾아내 징벌할 것이라고 확언하신다. 그런 점에서 13장에서 욥이 친구들과 논쟁하기보다는 자신의 송사를 하나님께 직접 제출하기로 결심한 것은 중대한 전환이 아닐 수 없다. "참으로 나는 전능자에게 말씀하려 하며 하나님과 변론하려 하노라."3절 욥기는 하나님께 나아가 자신의 억울함을 토설하고 심지어 하나님과 변론하기까지 하나님의 정의에 기대를 거는 영혼을 귀하게 본다. 지금도 유대교 랍비들은 유대인들이야말로 온 인류를 대변하여 하나님과 논쟁하며 변론하는 백성이라고 주장하며 그런 변론자로서의 지위를 자랑스러워한다. 그런데 어떻게 욥이 이렇게 대담하게 감히 하나님과 변론할 생각을 하기에 이르렀을까? 자신의 의로움을 굳게 확신했기 때문이다.8절 욥은 세 친구 중 누구도 자신을 정죄할 고소거리를 찾지 못했음을 알았기에, 하나님께 자신의 송사를 제출하기로 결단한 것이다. 그만큼 자신의 의로움을 확신하고 자신했기 때문이다. 욥기의 가장 위대한 신학적 기여는 하나님과 더불어 감행하는 논쟁, 토론, 그리고 송사의 의미와 효력을 긍정하고 부각시켰다는 데 있다. 욥기 마지막 장면은, '내 앞에 나타나 자신의 억울한 고난의 원인을 해명해 달라'고 요구하는 욥에게 마침내 나타나신 하나님이다. 욥의 변론은 창조주 하나님으로 하여금 끝내 나타나서서 욥의 질문에 응답하시도록 마음에 부담을 안겼다. 폭풍우 속에 나타나신 하나님은 자기변호적이며 자기해명적인 강론을 통해 욥을 질책하는 듯이 하다가 끝내 욥의 마음을 깊이 위로하시고 그를 신원해 주신다. 하나님은 당신과 논쟁하는 사람들을 질책하지 않으신다. 십계명이나 그 부대율법들 중 어디에도 '하나님과 논쟁하지 말라' 혹은 '하나님께 덤비지 말라'라는 금지계명이 없다. 하나님은 오히려 억울하고 고달픈 사연을 만나거든 하나님을 향해 부르짖도록 격려하셨다. "너는 내게 부르짖으라. 내가 네게 응답하겠고 네가 알지 못하는 크고 비밀한 일을 보이리라."^{렘 33:3} 시편 기자는 "여호와여, 나의 부르짖음이 주의 앞에 이르게 하시고"^{시 119:169}라고 간구했다. 구약성경의 구속사는 하나님 백성의 부르짖음에 응답하신 하나님 응답의 역사였다. "내가 고통 중에 여호와께 부르짖었더니 여호와께서 응답하시고 나를 넓은 곳에 세우셨도다."^{시 118:5} "내가 환난 중에 여호와께 부르짖었더니 내게 응답하셨도다."^{시 120:1} "내가 소리 내어 여호와께 부르짖으며 소리 내어 여호와께 간구하였도다. 내가 내 원통함을 그 앞에 토로하며 내 우환을 그의 앞에 진술하는도다."^{시 142:1-2}

14장.

메아리 없는 욥의 장탄식:

나무와 달리 한 번 죽으면 소멸되는 인생의 허무함

14

¹여인에게서 태어난 사람은 생애가 짧고 걱정이 가득하며 ²그는 꽃과 같이 자라나서 시들며 그림자 같이 지나가며 머물지 아니하거늘 ³이와 같은 자를 주께서 눈여겨 보시나이까. 나를 주 앞으로 이끌어서 재판하시나이까. ⁴누가 깨끗한 것을 더러운 것 가운데에서 낼 수 있으리이까. 하나도 없나이다. ⁵그의 날을 정하셨고 그의 달 수도 주께 있으므로 그의 규례를 정하여 넘어가지 못하게 하셨사온즉 ⁶그에게서 눈을 돌이켜 그가 품꾼 같이 그의 날을 마칠 때까지 그를 홀로 있게 하옵소서. ⁷나무는 희망이 있나니 찍힐지라도 다시 움이 나서 연한 가지가 끊이지 아니하며 ⁸그 뿌리가 땅에서 늙고 줄기가 흙에서 죽을지라도 ⁹물 기운에 움이 돋고 가지가 뻗어서 새로 심은 것과 같거니와 ¹⁰장정이라도 죽으면 소멸되나니 인생이 숨을 거두면 그가 어디 있느냐. ¹¹물이 바다에서 줄어들고 강물이 잦아서 마름 같이 ¹²사람이 누우면 다시 일어나지 못하고 하늘이 없어지기까지 눈을 뜨지 못하며 잠을 깨지 못하느니라. ¹³주는 나를 스올에 감추시며 주의 진노를 돌이키실 때까지 나를 숨기시고 나를 위하여 규례를 정하시고 나를 기억하옵소서. ¹⁴장정이라도 죽으면 어찌 다시 살리이까. 나는 나의 모든 고난의 날 동안을 참으면서 풀려나기를 기다리겠나이다. ¹⁵주께서는 나를 부르시겠고 나는 대답하겠나이다. 주께서는 주의 손으로 지으신 것을 기다리시겠나이다. ¹⁶그러하온데 이제 주께서 나의 걸음을 세시오니 나의 죄를 감찰하지 아니하시나이까. ¹⁷주는 내 허물을 주머니에 봉하시고 내 죄악을 싸매시나이다. ¹⁸무너지는 산은 반드시 흩어지고 바위는 그 자리에서 옮겨가고 ¹⁹물은 돌을 닳게 하고 넘치는 물은 땅의 티끌을 씻어버리나이다. 이와 같이 주께서는 사람의 희망을 끊으시나이다. ²⁰주께서 사람을 영원히 이기셔서 떠나게 하시며 그의 얼굴 빛을 변하게 하시고 쫓아보내시오니 ²¹그의 아들들이 존귀하게 되어도 그가 알지 못하며 그들이 비천하게 되어도 그가 깨닫지 못

메아리 없는 욥의 장탄식: 나무와 달리 한 번 죽으면 소멸되는 인생의 허무함

하나이다. ^{22}다만 그의 살이 아프고 그의 영혼이 애곡할 뿐이니이다.

죄와 상관없는 고통, 허무한 유한성으로 가득 찬 인생살이 • 1-6절

이 단락은 절대주권자로서 하나님의 위엄과 유한한 인생의 잠정성과 연약함을 대조한다. "여인에게서 태어난 사람은 생애가 짧고 걱정이 가득하며",^{1절} 인간은 실로 "꽃과 같이 자라나서 시들며 그림자 같이 지나가며 머물지" 않는 존재다.^{2절} 욥은 하나님이 이토록 허무하고 연약하며 잠정적인 땅의 체류자인 자신을 왜 그렇게 "눈여겨 보시"며 끝내 당신 "앞으로 이끌어서 재판하시나이까"라고 따지며 묻는다.^{3절} "누가 깨끗한 것을 더러운 것 가운데에서 낼 수 있으리이까. 하나도 없나이다"라는 4절의 의미를 정확하게 파악하는 것은 어렵다. 그러나 그 요지는 추정할 수 있다. 더러운 것에서 깨끗한 것이 나올 수 없듯이, 여인의 몸에서 태어난 자신에게 신적 정결을 찾을 수 없다는 의미일 것이다. 자신이 하나님의 절대적 정결에 미치지 못하는 더러운 피조물임을 인정할 수밖에 없다는 것이다. 하나님이 어차피 인간의 날을 정하셨고 그가 살 달의 수도 하나님께 있고 어떤 인간도 하나님이 정한 개인별 향년 규례를 어기지 못하게 하셨다면, 자신 같이 허약한 인간을 너무 겁박하지 말아 달라고 간청한다.^{5절} "그에게서 눈을 돌이켜 그가 품꾼 같이 그의 날을 마칠 때까지 그를 홀로 있게 하옵소서."^{6절} 인생을 하루살이 품꾼처럼 여기고 일을 마칠 때까지 제발 내버려 두라는 것이다.

나무와 달리 부활소생의 희망이 없는 인생 • 7-17절

이 단락은 욥기에 전반적으로 흐르는 현세중심적 인생관을 드러낸다. 7-9절은 나무의 질긴 생장력과 부활갱생을 예찬한다. "나무는 찍 힐지라도 다시 움이 나서 연한 가지가 끊이지 아니하며 그 뿌리가 땅 에서 늙고 줄기가 흙에서 죽을지라도 물 기운에 움이 돋고 가지가 뻗 어서 새로 심은 것과 같이" 소생한다. 나무는 부활소생의 희망이 있다 는 것이다. 10-12절은 나무에 비하여 이승의 삶으로 끝나는 인생은 비참하고 허무하다는 점을 강조한다. "장정이라도 죽으면 소멸되나 니 인생이 숨을 거두면"^{10절} 더 이상 존재하지 않는다. "물이 바다에서 줄어들고 강물이 잦아서 마름 같이",^{11절} "사람"은 죽어 땅에 "누우면 다시 일어나지 못하고 하늘이 없어지기까지 눈을 뜨지 못하며 잠을 깨지 못"한다. 이사야 26:19, 에스겔 37:12-13, 그리고 다니엘 12:2-3 등과 비교하면 이 세 구절은 죽음 이후에 전개되는 내세는커녕 부활 도 전혀 인정하지 않는다. 욥이나 욥기 전체가 얼마나 일관되게 내세 나 부활을 부정하고 의심하는지는 확정할 수 없지만, 적어도 이 세 구 절은 한 번 죽은 사람이 잠에서 깨어나는 부활에 대한 기대를 전혀 피 력하지 않는다. 욥기는 죽음 이후에 있을 육체의 부활을 적극적으로 믿으며 현재의 부조리한 고난을 참으라고 말하지 않는다.

13-15절은 하나님의 진노가 가라앉을 때까지 자신을 스올에 잠시 감춰 달라고 강청하는 욥의 탄원이다. 이 세 절은 영어식으로 말하 면 가정법적 표현이다. "아, 나를 감춰 주신다면 얼마나 좋을까!" 이 런 정도의 의미다. 스올은 죽은 자들의 혼령들이 쉬는 곳으로 알려져 있는데 부활신앙을 믿지 않는 것처럼 보이는 욥이 왜 스올에 자신을 감춰 달라고 요청하는지 선뜻 이해되지 않는다.^{13절} 여기에는 하나님 의 진노는 살아 있는 자들을 향한 것이라는 의미가 담겨 있다. 자신 을 죽음으로 인도해 달라는 간구를 에둘러 말한 것인지도 모른다. 즉, 자신이 하나님의 진노 대상에서 제외되기를 희구하는 것이다. 13절 하반절의 "나를 위하여 규례를 정하시고"라는 어구는 "나를 위해 기

한을 정하시고"(KJV)라고 번역하는 것이 더 낫다. '규례'는 히브리어 호크(קח)의 번역어인데, 기록한 율법, 법령을 가리킨다. 마지막 간청, "나를 기억하옵소서"라는 어구 때문에 이 규례를 시간과 관련된 하나님의 법이라고 보는 것이 타당해 보인다. 자신이 비록 스올에 감춰져 있더라도 자신을 망각하지는 말아 달라는 것이다. 욥이 말하는 스올은 살아 있는 자들이 느끼는 고통, 모욕, 모멸 등이 없는 절대평온 영역을 가리키는 것이지, 죽은 자들의 혼령이 쉬는 곳을 의미하는 것이 아님을 알 수 있다.¹ 14절은 이런 해석을 지지한다. 욥은 부활을 믿기 때문에 자신을 죽은 자들의 거소인 스올에 감춰 달라고 요구한 것이 아니다. 14절 상반절, "장정이라도 죽으면 어찌 다시 살리이까"라는 욥의 탄식은 그가 부활을 믿으며 자신의 억울함이 죽음 저편 저승에서 해원되기를 기대한 것이 아님을 보여준다. 14절 하반절은 이 점을 더욱 명료하게 드러낸다. "나는 나의 모든 고난의 날 동안을 참으면서 풀려나기를 기다리겠나이다." 이 하반절을 직역하면, "나는 내게 상황 변화가 올 때까지 기다리겠습니다"이다. '상황 변화'라고 번역할 수 있는 히브리어 단어는 할리파(חֲלִיפָה)이다. '뒤따라 일어나다', '계승하다'를 의미하는 할라프(חָלַף) 동사의 파생어다. 독수리가 자기 날개를 '새롭게 한다'라고 말할 때 '새롭게 하다'는 할라프의 히필형(사역)이다. 좀 더 상황이 개선되는 것을 의미한다. 욥은 자신이 죽었다가 부활할 것을 기대하는 것이 아니라, 자신이 죽은 자처럼 은밀하게 보호를 받다가 하나님께 신원되기를 기대한다고 말하는 셈이다. 15절은 주님이 부르시는 날을 학수고대하는 욥의 속마음을 드러낸다. "주께서는 나를 부르시겠고 나는 대답하겠나이다. 주께서는 주의 손으로 지으신 것을 기다리시겠나이다." "나는 대답하겠나이다"에서 "나"는 독립적으로 사용된 1인칭 단수대명사 아노키(אָנֹכִי)의 번역어다. "다른 사람은 몰라도 나는 대답하겠습니다." 이런 의미다. 하나님이 친히 지으신 당신의 피조물을 부르실 때 하나님이 자신도 불러 주실 것을 기대한다. 누구보다도 욥 자신은 언제든지 '대답할 태세가 되어 있다'는 것을 강조한다. 16절의 개역개정은 의문문으로 번역하는데, 다소 어색한 번역이다. 가정법으로 번역하는 것이 더 낫다. 가정법을 염두에 두고 직역하면, "그러하온즉, 이제 내 걸음을 세시되 나의 죄를 감찰하지 않으시길 바랍니다"가 된다.[2] 17절은 16절 하반절의 생각을 이어받는다. 17절도 가정법으로 보는 것이 자연스럽다. 17절의 직역은, "당신께서 내 허물을 주머니에 봉하시고 내 죄악을 싸매 놓으시길!"이다.

희미해져 가는 희망 • 18-22절

이 단락은 욥의 절망을 애절하게 묘사한다. 18절부터 19절 상반절은 거대한 지각 변동을 묘사하고, 19절 하반절은 이 거대한 지각 대변동을 하나님의 무서운 심판처분에 견준다. "무너지는 산은 반드시 흩어지고", 그 산에 있던 "바위는 그 자리에서" 옮겨진다.[18절] 돌을 닳게 할 정도로 강력하며 "넘치는 물은 땅의 티끌을 씻어 버"린다.[19절 상반절] 거대한 산이 거대한 홍수에 의해 해체되는 상황이다. 욥의 명성은 태산처럼 무겁고 장엄했으나 거대한 심판 홍수에 의해 무너져 해체되고 말았다. 욥의 명성을 떠받쳤던 바위 같은 신실한 삶의 행적들은 흔적도 없이 사라져 버렸다. 산이 있던 자리에 홍수가 범람해 땅의 티끌을 다 쓸어버리듯, "이와 같이 주께서는" 욥 자신의 "희망을 끊으"셨다는 것이다.[19절 하반절] 20절의 "주께서"는 2인칭 단수대명사를 한국어 존칭으로 해석한 번역어다. "당신께서"라는 의미다. 20절 둘째 소절의 주어는 3인칭 남성단수이다. '가다', '진행하다', '전진하다'를 의미하는 동사 할라크(הָלַךְ)의 와우연속미완료형 봐야할로크(וַיַּהֲלֹךְ)이다. '그리고 그것이 갔다.' 주어 "그것"은 비인칭 주어이다. 둘째 단어 므샨네 (מְשַׁנֶּה)는 '변하다'를 의미하는 동사 샤나(שָׁנָה)의 강세(피엘) 남성단수 분사형이다. 20절 둘째 소절의 직역은, "그리고 그것이 그(사람)의 얼굴을 변하게 하는 데 있어서 전진했다"이다. 므샨네 앞에 나온 할라크 동사의 와우연속법 구문에서 할라크는 '계속'을 의미하는 부사로 번역하는 것이 좋다. "당신은 사람을 영원히 압도하셔서 그의 얼굴 빛을 계속 변하게 하시고 그리고 마침내 그를 쫓아 보내신다."20절 압도적으로 그(사)신 창조주 하나님이 필사적인 운명에 매여 있는 열등한 피조물인 욥 자신을 이기셨다는 것이다. 하나님의 절대강력과 권능으로 욥의 운명을 쥐락펴락하신다는 말이다. 욥을 태산 같은 자리에서 떠나게 하시며 그의 얼굴 빛을 절망의 빛으로 변하게 하여 당신의 은총자리에서 추방하셨다는 것이다. 이렇게 하나님의 돌연한 심판을 당하는 자는 "그의 아들들이 존귀하게 되어도 그가 알지 못하며 그들이 비천하게 되어도 그가 깨닫지 못"한다.21절 자신의 후손들의 성공과 몰락에도 신경을 쓸 여력이 없다는 것이다. "다만 그의 살이 아프고 그의 영혼이 애곡할 뿐이니이다."22절 자신의 처참한 운명에 매몰되어 헤쳐 나올 수 없는 고통과 원통함에 매여 있다는 것이다.

메시지

욥은 3장부터 자신의 신세를 한탄하고 친구들의 정죄와 비난에 고통을 당한 후 마침내 하나님을 투쟁 대상으로 삼아 공세를 취한다. 3장은 자신의 출생 자체를 공격함으로써 생명을 선물로 주신 하나님을 우회적으로 자극했다. 완고하고 우직하며 하나님의 정의를 옹호하면서 자신을 비난하며 회개를 촉구하는 엘리바스의 논변(4-5장)에 욥은 자기혐오적 발언으로 엘리바스의 비난에 대처했다. 엘리바스에 대한 반론(6-7장)에서 욥은 노예적 운명에 처한 자의 가혹한 고통을 다룬다. 여기서 욥은 자신이 하나님 앞에 노예처럼 창조되었기 때문에 이런 참혹한 고통은 피할 수 없다는 체념에 빠진 듯 극도의 의기소침에 빠진다. "노예 같은 피조물이 이렇게 고난받는 것은 어쩔 수 없는가 보다." 극단적인 자기비하가 6-7장의 음조에 흐른다. 빌닷의 첫 변론에 대한 대답(9-10장)에서 욥은, 하나님의 정의를 인정하며 하나님의 자비를 구걸하는 방향으로 약간의 어조 전환을 시도한다. 그러나 아주 비관적이고 염세주의적인 세계관으로 급격하게 기울어진다. 소발의 첫째 변론을 듣고 욥은 12-14장에서 세 친구 모두에 대한 종합답변을 제시한다. 여기서 욥은 하나님의 구원사가 신기루 같다고 비판한다. 14장은 세 친구의 1차 비난 및 회개촉구 담론에 대한 종합답변의 마지막 부분이다. 13장은 욥 자신이 하나님과 법적인 다툼을 해보기로 결심한 배경을 말한다. 14장은 지극히 현세중심적인 욥의 인생관을 보여준다. 14장에서 욥은 인생의 유한성, 인간 존재의 열등성, 그리고 허무성을 슬퍼한다.

첫째, 욥이 보기에 인생은 하나님의 절대적인 정결에 도달하지 못하는 피조물의 열등성 때문에 근원적 좌절감을 맛보는 경험에 매여 있다. 그리고 하나님이 정해 둔 규례와 개인이 누릴 수 있는 향년享年, 살아갈 햇수은 결코 극복할 수 없는 유한성에 매여 있다.4-5절 하나님의 절대적인 깨끗함 앞에 인간의 상대적인 깨끗함은 별 의미가 없다는 것이다. 욥의 말은 엘리바스의 경건허무주의와 같은 견해처럼 보이나, 그 어조가 다르다. 욥 자신이 거룩한 분투, 의를 추구하며 살아왔던 하나님과 동행한 세월들이 전혀 무가치하게 취급당하는 것을 한탄하는 맥락에서 표출된 생각이다.

둘째, 욥이 보기에 인생은 한 번 꺾이고 쇠락하면 기사회생이나 부활소생의 희망이 없다. "나무는 희망이 있나니 찍힐지라도 다시 움이

나서 연한 가지가 끊이지 아니하며 그 뿌리가 땅에서 늙고 줄기가 흙에서 죽을지라도 물 기운에 움이 돋고 가지가 뻗어서 새로 심은 것과 같거니와."7-9절 인생의 허무성에 대한 욥의 통절한 관찰에 따르면, 나무에 비해서 인간은 부활의 소망이 없다. "장정이라도 죽으면 소멸되나니 인생이 숨을 거두면 그가 어디 있느냐."10절 "장정이라도 죽으면 어찌 다시 살리이까. 나는 나의 모든 고난의 날 동안을 참으면서 풀려나기를 기다리겠나이다."14절 욥이 보기에는 지금 부활의 소망이 없기 때문에 이 지상에서 무너진 사람은 영원히 무너진 것이다. 지상에 남은 자는 영원히 무너질 희망만 남겨 둔다. 하나님은 사람을 영원히 압도해 죽음의 빛을 띤 얼굴로 만들어 세상을 떠나게 한다. 20절의 히브리어 본문을 직역하면 욥의 절망에 보다 더 실감나게 공감할 수 있다. 개역개정은 2인칭 대명사 "당신"을 전부 경건어체인 "주께서"라고 번역하면서 욥의 절망을 재촉하는 하나님의 가혹한 처사를 뼈저리게 느끼지 못하게 만든다. 20절 첫 소절의 직역은 이렇게 된다. "당신은 사람(19절의 에노쉬)을 영원히 압도하십니다. 당신은 그의 얼굴이 계속 변하도록 하신 후에 그를 쫓아 보내십니다." 산 자의 땅에서 죽음의 영역으로 추방한다는 말이다.

지금 욥을 압도하는 하나님은 가혹할 정도로 무서운 절대권능자다. 절대적 권능자 하나님 앞에서는 산도 무너져 흔적 없이 사라지고, 바위도 제 자리를 잃고 표류한다. 돌마저 닳게 하는 하나님의 큰 물이 바위와 티끌, 흙 전체를 쓸어가 버린다. 하나님이 사람의 희망도 이렇게 무자비하게 끊어 버리시며, 희망 끊긴 사람에게 인생이란 가히 천지개변天地改變급 재앙에 직면하는 경험이라는 것이다. 희망의 완전파괴는 부활소망 없는 채 맞이하는 죽음이다. 죽음에 넘겨진 자는 후손들의 번영과 부귀영화도 모르고 그것으로 인해 기뻐할 수도 없다. 산 자의 땅에서 완전히 소거되고 추방되고 끊어지기 때문이다. 욥의 절망은 하나님의 심장에 타전되는 긴급구호 요청 통신문이다. 욥의 항변은 차분한 논문이 아니라 아우성이자 비명이다. 하나님은 욥의 말을 이론적으로 분석하지 않고 통째로 들으신다.

15장.

엘리바스의 2차 변론:

평안할 때 망하는 악인들과 욥을 동일시하는 주장

15

¹데만 사람 엘리바스가 대답하여 이르되 ²지혜로운 자가 어찌 헛된 지식으로 대답하겠느냐. 어찌 동풍을 그의 복부에 채우겠느냐. ³어찌 도움이 되지 아니하는 이야기, 무익한 말로 변론하겠느냐. ⁴참으로 네가 하나님 경외하는 일을 그만두어 하나님 앞에 묵도하기를 그치게 하는구나. ⁵네 죄악이 네 입을 가르치나니 네가 간사한 자의 혀를 좋아하는구나. ⁶너를 정죄한 것은 내가 아니요 네 입이라. 네 입술이 네게 불리하게 증언하느니라. ⁷네가 제일 먼저 난 사람이냐. 산들이 있기 전에 네가 출생하였느냐. ⁸하나님의 오묘하심을 네가 들었느냐. 지혜를 홀로 가졌느냐. ⁹네가 아는 것을 우리가 알지 못하는 것이 무엇이냐. 네가 깨달은 것을 우리가 소유하지 못한 것이 무엇이냐. ¹⁰우리 중에는 머리가 흰 사람도 있고 연로한 사람도 있고 네 아버지보다 나이가 많은 사람도 있느니라. ¹¹하나님의 위로와 은밀하게 하시는 말씀이 네게 작은 것이냐. ¹²어찌하여 네 마음에 불만스러워하며 네 눈을 번뜩거리며 ¹³네 영이 하나님께 분노를 터뜨리며 네 입을 놀리느냐. ¹⁴사람이 어찌 깨끗하겠느냐. 여인에게서 난 자가 어찌 의롭겠느냐. ¹⁵하나님은 거룩한 자들을 믿지 아니하시나니 하늘이라도 그가 보시기에 부정하거든 ¹⁶하물며 악을 저지르기를 물 마심 같이 하는 가증하고 부패한 사람을 용납하시겠느냐. ¹⁷내가 네게 보이리니 내게서 들으라. 내가 본 것을 설명하리라. ¹⁸이는 곧 지혜로운 자들이 전하여 준 것이니 그들의 조상에게서 숨기지 아니하였느니라. ¹⁹이 땅은 그들에게만 주셨으므로 외인은 그들 중에 왕래하지 못하였느니라. ²⁰그 말에 이르기를 악인은 그의 일평생에 고통을 당하며 포악자의 햇수는 정해졌으므로 ²¹그의 귀에는 무서운 소리가 들리고 그가 평안할 때에 멸망시키는 자가 그에게 이르리니 ²²그가 어두운 데서 나오기를 바라지 못하고 칼날이 숨어서 기다리느니라. ²³그는 헤매며 음식을 구하여 이르기를 어디 있느냐 하며 흑암의 날이 가까운 줄을 스스로

아느니라. ²⁴ 환난과 역경이 그를 두렵게 하며 싸움을 준비한 왕처럼 그를 쳐서 이기리라. ²⁵ 이는 그의 손을 들어 하나님을 대적하며 교만하여 전능자에게 힘을 과시하였음이니라. ²⁶ 그는 목을 세우고 방패를 들고 하나님께 달려드니 ²⁷ 그의 얼굴에는 살이 찌고 허리에는 기름이 엉기었고 ²⁸ 그는 황폐한 성읍, 사람이 살지 아니하는 집, 돌무더기가 될 곳에 거주하였음이니라. ²⁹ 그는 부요하지 못하고 재산이 보존되지 못하고 그의 소유가 땅에서 증식되지 못할 것이라. ³⁰ 어두운 곳을 떠나지 못하리니 불꽃이 그의 가지를 말릴 것이라. 하나님의 입김으로 그가 불려가리라. ³¹ 그가 스스로 속아 허무한 것을 믿지 아니할 것은 허무한 것이 그의 보응이 될 것임이라. ³² 그의 날이 이르기 전에 그 일이 이루어질 것인즉 그의 가지가 푸르지 못하리니 ³³ 포도 열매가 익기 전에 떨어짐 같고 감람 꽃이 곧 떨어짐 같으리라. ³⁴ 경건하지 못한 무리는 자식을 낳지 못할 것이며 뇌물을 받는 자의 장막은 불탈 것이라. ³⁵ 그들은 재난을 잉태하고 죄악을 낳으며 그들의 뱃속에 속임을 준비하느니라.

더 많은 모욕들 • 1-10절

15장은 데만 사람 엘리바스가 욥을 회개시키려고 두 번째로 시도하는 욥 단죄 논변이다. 첫째 변론^{4-5장}에 비해 엘리바스의 욥 공격은 한층 더 직설적이고 단도직입적이다. 4-5장에서는 주로 하나님의 공명정대한 세상 통치를 옹호하고 욥의 고통이 죄에 대한 심판이라는 주지를 간접적으로 전개했는 데 비해, 여기서는 아예 욥을 면대해 단죄한다.^{1절} 2절에서 엘리바스는 자신을 지혜로운 자라고 자임하며 자신의 논변은 헛된 지식에 근거한 대답이 아니라고 말한다. 2절 하반절에서 그는 자신 같이 지혜로운 사람이 "어찌 동풍을 그의 복부에 채우겠느냐"고 반문한다. 동풍을 복부에 채운다는 말은, 아무런 영양가도 없는 말로 어떤 사람을 설득하려는 시도를 가리킨다. 즉, 자신은 아무런 이치에 맞지 않는 말로 욥을 설복시키려고 시도하지 않는다는 것이다.

3절이 2절 하반절의 의미를 명료하게 설명한다. "어찌 도움이 되지 아니하는 이야기, 무익한 말로 변론하겠느냐?" 4절은 욥에 대한 엘리바스의 책망이다. 엘리바스는 욥이 참으로 "하나님 경외하는 일을 그만두어 하나님 앞에 묵도하기를 그쳤다"라고 판단한다.^{4절} 5절은 더 격렬한 단죄다. "욥이여! 네 죄악이 네 입을 가르치나니 네가 간사한 자의 혀를 좋아하는구나!" 엘리바스는 욥의 무죄항변을 참지 못한다. "너를 정죄한 것은 내가 아니요 네 입이라. 네 입술이 네게 불리하게 증언하느니라."^{6절} 7-8절에서 엘리바스는 욥의 무죄항변을 교만한 자기우월감이라고 단죄한다. "네가 제일 먼저 난 사람이냐. 산들이 있기 전에 네가 출생하였느냐. 하나님의 오묘하심을 네가 들었느냐. 지혜를 홀로 가졌느냐."^{7-8절} 9-10절에서 엘리바스는 욥의 무죄항변을 자신들을 열등한 동료로 여기는 교만이라고 정죄한다. "네가 아는 것을 우리가 알지 못하는 것이 무엇이냐. 네가 깨달은 것을 우리가 소유하지 못한 것이 무엇이냐."^{9절} 10절이 말하는 "우리"는 세 친구를 가리키는 말일 수도 있고, 욥을 위로하려고 온 많은 친구들을 총칭하는 말일 수도 있다. 10절의 취지는 욥이 자신보다 더 연로하고 지혜로운 사람, 곧 욥의 아버지보다 더 나이 많은 지혜로운 노인을 하대하고 무시한다는 것이다. 엘리바스는 욥의 억울하고 원통한 마음을 공감하려는 마음이 추호도 없이 욥의 거친 무죄항변을 단죄하는 데 여념이 없다.

하나님은 아무도 신뢰하시지 않는다! • 11-16절

이 단락은 욥에 대한 오해는 물론 하나님에 대한 그의 치명적인 오해를 드러내는 엘리바스의 극단적 과장법을 부각시킨다. 11절에서 엘리바스는 고난 중인 욥에게 하나님의 위로와 은밀한 말씀이 주어졌다고 본다. 11절이 말하는 "하나님의 위로와 은밀하게 하시는 말씀"

이 무엇을 의미하는지는 분명하지 않다. 엘리바스에 따르면, 욥은 자신에게 주어진 "하나님의 위로와 은밀한 말씀"을 가볍게 여겼다. 엘리바스는 욥이 공연히 하나님께 불만을 품고 분노에 찬 눈동자를 굴린다고 단죄한다.[12절] 그는 욥의 영이 하나님께 분노를 터뜨리며 욥의 입이 하나님을 도발한다고 비난한다.[13절]

14-16절은 인간에 대한 엘리바스의 극단주의적 냉소를 드러낸다. 14절은 엘리바스 뿐만 아니라 소발 등에게서도 나타나는 극단적인 인간 폄하다. "사람이 어찌 깨끗하겠느냐. 여인에게서 난 자가 어찌 의롭겠느냐." 14절이 창세기 3장이나 로마서 5장의 원죄론을 교조적으로 선언하는 구절인지는 불확실하다. 16절에 비추어 볼 때 14절은 인간의 원죄성을 전제하는 듯하다. 15절은 죄와 상관없이 피조물 자체를 그다지 높이 평가하지 않는 하나님의 절대적 거룩이격을 말한다. "하나님은 거룩한 자들을 믿지 아니하시나니 하늘이라도 그가 보시기에 부정하"다는 것이다. 죄로 오염되지도 않은 천사들(거룩한 자들)도 그들의 처소인 하늘도 하나님이 그다지 신뢰하시지 않는데, "물 마심 같이 악을 저지르는 가증하고 부패한 사람을 용납하시겠느냐"는 것이다.

악인이 징벌 고통을 당하는 것은 철칙이다 • 17-35절

이 단락은 엘리바스의 고지식하고 교조적인 신념을 극명하게 드러낸다. 17절에서 엘리바스는 자신이 보고 들은 지혜를 들려줄 테니 욥에게 경청하라고 요구한다. 18절에 따르면 자신이 본 것은 조상 전래의 지혜, 곧 지혜로운 자들이 전해 준 지혜. 그 지혜는 외인들이 왕래한 적 없는 조상들의 땅에서 나왔다.[19절] 조상들의 땅은 일종의 닫힌 체계다. 외인들, 낯선 자들이 왕래하지 못한 동질적 집단의 보금자리를 가리킨다. 그들이 전해 준 지혜는 다음과 같다. 첫째, 악인은 그의 일평생에 고통을 당하며 포악자의 햇수(전성기나 활동기)는 이미 정해져 있다. 즉, 장구하게 길지 않다.[20절] 둘째, 악인과 포악자는 어느 정도 번성하는 듯하지만, 멸망의 때가 되면 그의 귀에는 무서운 소리가 들리고 그가 평안을 누릴 때 멸망시키는 자가 갑자기 닥친다.[21절] 갑자기 닥친 이 재앙 때문에 어둠에 처박힌 악인은 어두운 데서 나오기를 바라지 못한다. 칼날이 숨어서 그가 어둠 밖으로 나오기를 기다리고 있기 때문이다.[22절] 그의 처참한 몰락은 유리걸식하는 운명에서 드러난다. "그는 헤매며 음식을 구하여 이르기를 어디 있느냐 하며 흑암의 날이 가까운 줄을 스스로 아느니라."[23절] 환난과 역경이 그를 두렵게 하며 싸움을 준비한 왕처럼 그를 쳐서 이길 것이다.[24절]

25-30절은 앞 단락의 논조를 이어받아 욥의 비참한 말로를 예고하는 엘리바스의 잔혹위로를 담고 있다. 악인은 하나님의 심판고통 처분을 멸시하다가 더 큰 고통을 초래한다는 것이다. 환난과 역경이 악인을 쳐서 무너뜨리는 이유는, 악인이 "그의 손을 들어 하나님을 대적하며 교만하여 전능자에게 힘을 과시하였기" 때문이다.[25절] 여기서 악인은 당연히 욥을 가리킨다. 엘리바스가 보기에 욥은 더 큰 신적 앙화를 자초하는 중이다. 욥은 "목을 세우고 방패를 들고 하나님께 달려" 들고 있다.[26절] 25-26절도 욥의 상황에 적용될 수 없는 저주성 악담이지만 27절은 욥의 상황에 전혀 맞지 않는 억지 담론이다. "그의 얼굴에는 살이 찌고 허리에는 기름이 엉기었고."[27절] 하나님에게 대항하는 악인을 묘사하는 맥락에서 나온 엘리바스의 악담이다. 얼굴에 살이 찌고 기름이 엉기었다는 묘사는 하나님의 심판을 당하기 전 교만한 악인에 대한 묘사인데, 이것은 고난을 당하기 이전의 욥이나 이후의 욥 어디에도 해당되지 않는다. 엘리바스는 하나님의 심판을 자초했던 전형적인 악인에 대한 묘사를 욥에게 마구 갖다 붙인 것이

다. 28절은 악인이 심판을 당하고도 하나님께 대항하는 이유 중 하나를 말하는 것처럼 보인다. "그는 황폐한 성읍, 사람이 살지 아니하는 집, 돌무더기가 될 곳에 거주하였음이니라." 엘리바스는 욥의 이런 처참한 전락 때문에 하나님께 대항하는 것으로 본다. 29-30절은 하나님께 초기에 심판을 당하고도 회개하기는커녕 하나님께 더욱 대항하는 악인의 말로를 말한다. "그는 부요하지 못하고 재산이 보존되지 못하고 그의 소유가 땅에서 증식되지 못할 것이라. 어두운 곳을 떠나지 못하리니 불꽃이 그의 가지를 말릴 것이라. 하나님의 입김으로 그가 불려가리라."29-30절

31-35절은 앞 단락의 논조를 이어받아 악인의 때 이른 파멸을 원리적으로 말한다. 31절의 개역개정은 다소 어색한 번역이다. "그가 스스로 속아 허무한 것을 믿지 아니할 것은 허무한 것이 그의 보응이 될 것임이라." 31절을 히브리어 원문에서 직역하면, "그로 하여금 허무한 것을 믿지 않게 할지어다. 그가 허무한 것에 기만당하도다. 허무한 것이 그의 보응이 되기 때문이다"가 된다. 엘리바스는 악인이 허무한 것을 의뢰하지 말게 하라고 외친다. 그럼에도 현실에서 악인은 허무한 것을 의지하다가 기만당한다. 악인의 악행에 대한 심판은, 그 악인이 허무한 것에 기만당하는 것이며, 아무것도 남지 않는 허무함이 그 악인이 받을 심판이다. 엘리바스는 욥이 허무한 것을 의지했던 악인이라고 본다. 그래서 악인(욥)이 더 이상 자신의 의로움이라는 허무한 확신에 집착하지 않기를 바란다. 악인의 말로는 허무이기 때문이다. 32절에 따르면, 그의 악행에 대한 심판의 날이 이르기 전에 "그 일이 이루어질 것이다." 즉, 악인은 허무함이 그의 보응이라는 것을 깨달아야 한다. 악인의 가지가 푸르지 못한 채 꺾일 것이다.32절; 대조. 시 1:4 물가에 심긴 의인의 푸른 잎사귀 "포도 열매가 익기 전에 떨어짐 같고 감람 꽃이 곧 떨어짐 같으리라."33절 포도 열매는 익기 전에 떨어지면 허무함을 진하

게 느끼게 되고, 감람 꽃이 떨어지면 아예 열매 맺을 가능성이 원천 봉쇄되기 때문에 극한 허무를 느끼게 된다. 엘리바스의 논리는, 욥은 한때 자신이 의인이라는 헛된 믿음에 집착했으나 하나님의 심판을 당했으므로, 그것이 얼마나 허무한 것에 대한 집착이었는지를 깨달아야 한다는 것이다. 34-35절은 악인의 종말에 대한 전형적인 묘사인데, 욥에게는 전혀 해당되지 않는다. "경건하지 못한 무리는 자식을 낳지 못할 것이며 뇌물을 받는 자의 장막은 불탈 것이라."[34절] 욥은 7남 3녀의 아버지였으며, 그는 뇌물 탐닉자가 아니었다. 하늘의 불이 욥의 자녀들 목숨을 앗아갔으나, 그것은 뇌물 탐닉자에 대한 하나님의 심판이 아니었다. 35절은 악인의 일반적 행로를 말하며 욥의 상황에는 전혀 맞지 않는다. "그들은 재난을 잉태하고 죄악을 낳으며 그들의 뱃속에 속임을 준비하느니라."[35절] 욥의 상황에는 전혀 맞지 않는 이 악담 섞인 경고와 충고를 엘리바스는 기탄없이 늘어놓는다.

메시지

상당수의 욥기 주석가들은 친구들의 2, 3차 변론은 아예 무시하려고 한다. 동일한 취지의 말이 심하게 반복되기 때문에 진지하게 다루지 않거나 아주 간결하게 처리한다. 그럴 수는 있다. 그러나 본서는 욥기 본문을 정독하는 독자나 설교자들을 위해 욥 친구들의 2, 3차 논변도 자세히 주목하려고 한다. 욥의 세 친구들의 담론에 논리가 있는가? 욥기에 기록된 세 친구들의 말을 횡설수설에 불과하다고 치부하는 학자들도 있다. 크게 보면 틀린 말은 아니다. 그러나 정독해 보면 세 친구들의 말에도 내적 논리가 있으며, 세 사람의 논법도 구분이 가능하다는 것을 알게 된다. 첫째, 세 친구들이 한 말들의 경우, 문장 자체는 틀리지 않지만 그 말을 욥에게 적용하는 과정에서 친구들은 '적용상의 오류'를 범했다. 둘째, 세 친구의 말은 겹치거나 상호표절을 의심할 수 있는 공통 지혜전승을 대표한다. 하지만 세 친구의 논리는 분명히 쉽게 식별 가능한 차이가 있다. 셋째, 논리가 제자리걸음을 하는 것처럼 보여도 약간의 진전을 보이고 있다.

15장은 엘리바스의 두 번째 말이다. 첫 번째 담화에서 엘리바스는 "하나님은 공의를 굽게 하지 않는다. 하나님은 절대로 악인이 징벌받지 않고 그냥 지나가게 하지 않으신다"라고 주장했다. 15장에서 엘리바스는 '교만하여 전능자에게 힘을 과시하려는 욥의 태도'를 문제 삼는다. 엘리바스는 1-6절에서 욥의 태도를 보며 죄인이라고 다시 한번 더 주장했다. 4장의 논법과 차이가 별로 없다. 4-5장에 나온 엘리바스의 삼단논법은 다음과 같다.

대전제: 하나님은 죄 없는 자에게 고난을 주시지 않는다.
소전제: 욥에게 무지막지한 고난이 닥쳤다.
결론: 그래서 욥은 하나님께 징벌받고 있는 죄인이다.

그런데 15장 둘째 단락에서 엘리바스는 앞의 4-5장에서 주장하던 논리를 약간 진전시킨다. 4장에서 엘리바스는 하나님과 인간의 무한한 질적 차이를 강조하며, 하나님이 욥의 존재를 형편없이 여기고 천대하신다는 듯이 말했다. 4장에서 언급된 엘리바스에게 들린 소리는, "사람이 어찌 하나님보다 의롭겠느냐. 사람이 어찌 그 창조하신 이보다 깨끗하겠느냐"4:17였다. 15:14-15에도 유사한 논리가 등장한다. "사람이 어찌 깨끗하겠느냐. 여인에게서 난 자가 어찌 의롭겠느냐. 하나님은 그 거룩한 자들을 믿지 아니 하시나니 하늘이라도 그의 보시기에 부정하거든."14-15절 확실히 14-15절은 4:17-18을 떠올리게 만든다. "사람이 어찌 하나님보다 의롭겠느냐. 사람이 어찌 그 창조하신 이보다 깨끗하겠느냐. 하나님은 그의 종이라도 그대로 믿지 아니하시며 그의 천사라도 미련하다 하시나니." 욥 4:17-18 그런데 15장에서는 엘리바스의 논리의 방점이 16절에 찍혀 있다. 4장에서는 엘리바스가 욥이 죄인이어서 재앙을 초래했는지에 대해 약간 주저하는 면을 보였다면 여기서는 대담하게 욥을 악인이라고 단정한다. "하물며 악을 저지르기를 물 마심 같이 하는 가증하고 부패한 사람을 용납하시겠느냐."16절 15장에서는 엘리바스가 욥을 아예 가증하고 부패한 사람이라고 단정하고 단죄하는 대담함을 보여준다. 4장에서는 하나님의 음성이 엘리바스 자신에게 들렸는데, 15장에서는 멸망당하는 자(욥)에게 하나님의 음성이 들린다. "그 귀에는 놀라운 소리가 들리고 그 형통할 때에 멸망시키는 자가 그에게 임하리니."15:21 엘리바스는 하나님의 음성이 욥에게 들렸을 것이라고 본다.

4-5장의 논리보다 15장에서 약간 진전된 또 다른 면은 조상들이 전해 준 악인멸망 사례에 대한 엘리바스의 언급에서 보인다. 엘리바스가 언급한 말들 중 인상적인 것은, 상당히 오랫동안 평안하게 살다가 어느 순간 졸지에 파멸당하는 사람을 관찰하고 조상들이 남긴 경구적 말이다.15:18 그것은 고난당하지 않고 평안하게 지내는 중에 갑자기 쇄도하는 고난에 타격을 당하는 악인이 망하는 경우를 가리킨다. 조상의 전래 지혜(보편적 원칙-악인에게 고난, 의인에게는 보상/평안)를 말했던 빌닷과 달리 엘리바스는 조상의 경험들에서 특수 사례를 보았고, 욥에게 이러한 사례를 대입하여 단정 지은 것이다. "청하건대 너는 옛 시대 사람에게 물으며 조상들이 터득한 일을 배울지어다."8:8 이때 조상들에게서 받은 전래 지혜의 보편적 격률이란, 하나님이 죄 지은 사람에게 벌주시는 '권선징악'과 '인과응보'이며, 한 가지 특수한 사례는 상당히 편안하게 지내다가 갑자기 파멸당하는 악인, 곧 "갑자기 밤에 당하는 악"이다. "그의 귀에는 무서운 소리가 들리고 그

가 평안할 때에 멸망시키는 자가 그에게 이르리니."[15:21] "환난과 역경이 그를 두렵게 하며 싸움을 준비한 왕처럼 그를 쳐서 이기리라. 이는 그 손을 들어 하나님을 대적하며 교만하여 전능자에게 힘을 과시하였음이니라."[15:24-25; 참조. 시 73:18] 엘리바스는 평안 중에 갑자기 멸망이 오는 이유를 '전능자에게 힘을 과시하여 싸웠기 때문'이라고 주장하며, 욥의 태도를 문제삼아 논리의 진전을 보인다. 엘리바스는 조상의 전래 지혜 중 한동안 편안하게 지내다가 갑자기 멸망을 경험한 사례를 욥에게 잘못 적용했다.

마지막으로, 엘리바스는 15장에서 다시 시차심판론을 거론한다. 욥이 허무한 것을 믿었다가 그 허무한 것에게 배반당했다고 보는 것이다. '허무한 것'은 우상을 가리킬 때가 많다. 34절에 비추어 볼 때 욥이 믿었던 허무한 것은 뇌물인 것처럼 보인다. 욥은 가지가 푸르지 못하며, 열매가 익기 전에 떨어지는 포도와 같고, 감람열매를 맺기도 전에 때 이르게 떨어지는 꽃 같다는 것이다.[32-33절] 욥 같은 경건하지 못한 자, 뇌물수령자의 장막은 불탈 것이다. 재난을 잉태하고 죄악을 낳으며 그들의 뱃속에 속임을 준비하다가 망한 악인의 운명이 욥의 몫이라는 것이다.[34-35절] 다시 말해서, 5:19-25에서 자신이 개진한 시차심판론을 더욱 무모하고 대담하게 욥에게 적용시킨다. 욥에게 갑자기 밀어닥친 재난은 죄악 잉태 및 죄악 해산이라는 것이다. 욥은 시차를 두고 일어난 심판을 당하고 있다는 것이다. 엘리바스는 욥을 단죄하는 어투와 논리 구성 과정에서 드러난 무례함과 무모함에서 전진하고 있다. 엘리바스는 위로하려다가 정죄하는 모든 서툰 위로자의 영원한 반면교사이다.

16장.

욥의 대답:
높은 하늘에 계신 나의 증인, 나의 중보자

16

¹욥이 대답하여 이르되 ²이런 말은 내가 많이 들었나니 너희는 다 재난을 주는 위로자들이로구나. ³헛된 말이 어찌 끝이 있으랴. 네가 무엇에 자극을 받아 이같이 대답하는가. ⁴나도 너희처럼 말할 수 있나니 가령 너희 마음이 내 마음 자리에 있다 하자. 나도 그럴 듯한 말로 너희를 치며 너희를 향하여 머리를 흔들 수 있느니라. ⁵그래도 입으로 너희를 강하게 하며 입술의 위로로 너희의 근심을 풀었으리라. ⁶내가 말하여도 내 근심이 풀리지 아니하고 잠잠하여도 내 아픔이 줄어들지 않으리라. ⁷이제 주께서 나를 피로하게 하시고 나의 온 집안을 패망하게 하셨나이다. ⁸주께서 나를 시들게 하셨으니 이는 나를 향하여 증거를 삼으심이라. 나의 파리한 모습이 일어나서 대면하여 내 앞에서 증언하리이다. ⁹그는 진노하사 나를 찢고 적대시 하시며 나를 향하여 이를 갈고 원수가 되어 날카로운 눈초리로 나를 보시고 ¹⁰무리들은 나를 향하여 입을 크게 벌리며 나를 모욕하여 뺨을 치며 함께 모여 나를 대적하는구나. ¹¹하나님이 나를 악인에게 넘기시며 행악자의 손에 던지셨구나. ¹²내가 평안하더니 그가 나를 꺾으시며 내 목을 잡아 나를 부서뜨리시며 나를 세워 과녁을 삼으시고 ¹³그의 화살들이 사방에서 날아와 사정 없이 나를 쏨으로 그는 내 콩팥들을 꿰뚫고 그는 내 쓸개가 땅에 흘러나오게 하시는구나. ¹⁴그가 나를 치고 다시 치며 용사 같이 내게 달려드시니 ¹⁵내가 굵은 베를 꿰매어 내 피부에 덮고 내 뿔을 티끌에 더럽혔구나. ¹⁶내 얼굴은 울음으로 붉었고 내 눈꺼풀에는 죽음의 그늘이 있구나. ¹⁷그러나 내 손에는 포학이 없고 나의 기도는 정결하니라. ¹⁸땅아, 내 피를 가리지 말라. 나의 부르짖음이 쉴 자리를 잡지 못하게 하라. ¹⁹지금 나의 증인이 하늘에 계시고 나의 중보자가 높은 데 계시니라. ²⁰나의 친구는 나를 조롱하고 내 눈은 하나님을 향하여 눈물을 흘리니 ²¹사람과 하나님 사이에와 인자와 그 이웃 사이에 중재하시기를 원하노니 ²²수년이 지나면 나는 돌아오지 못할 길로 갈 것임이니라.

욥의 대답: 높은 하늘에 계신 나의 증인: 나의 중보자

1-5절은 세 친구들의 헛된 위로 시도를 비판하는 욥의 말이다. 이 단락에서 욥의 친구들은 2인칭 단수³ᵉˡ로 지칭되거나 2인칭 복수².⁴.⁵ᵉˡ로 지칭된다. 2인칭 단수로 지칭되는 "너"는 엘리바스를, 2인칭 복수 "너희"는 세 친구 모두를 가리킬 수 있다. 2절에서 욥은 친구들의 장광설에 지쳤다고 말한다. 비록 엘리바스가 대표발언자이지만, 엘리바스의 말에 다른 친구들도 동조하며 합세했을 가능성을 보여준다. 2절의 "너희"는 엘리바스를 필두로 떼 지어 공격을 가하는 친구들 모두를 가리키는 용어다. 여기서 욥은 친구들을 "고통을 주는 위로자들"(므나하메 아말[מְנַחֲמֵי עָמָל])이라고 칭한다. 아말은 전도서나 시편, 그리고 예레미야서 등에 자주 사용되는 단어로서 인생 한복판을 가로지르는 고통, 곧 척추골절의 고통 정도에 상응하는 크고 지속적인 고통을 의미한다.¹ 욥은 친구들이 자신을 위로한답시고 그의 정신적 척추에 몽둥이질을 하고 있다고 느낀다. 인간의 말은 위로의 외양을 띠어도 치명상을 입히는 무기가 될 수 있다. 3절에서 욥은 친구들(특히 엘리바스)의 봇물처럼 터져 나오는 장광설을 조롱한다. "헛된 말이 어찌 끝이 있으랴. 네가 무엇에 자극을 받아 이같이 대답하는가." "헛된 말"은 욥의 상황에 전혀 맞지 않는 분석, 진단, 그리고 처방을 의미한다. 엘리바스는 욥의 마음 깊은 곳을 들여다볼 여유 없이 자기중심적인 분석, 진단, 그리고 처방을 지루하게 늘어놓는다.

4절에서 욥은 부정적인 의미에서 역지사지易地思之를 말한다. 자신과 욥 친구들의 처지가 바뀌었다면, 욥 자신도 지금 친구들처럼 억지로 회개시키기 위해 거친 단죄의 말을 늘어놓고 그럴듯한 말로 친구들을 공격하면서, 도무지 회개할 마음이 없는 친구들을 향하여 머리를 흔들며 당혹감을 표현할 수 있었을 것이라고 말한다. '머리를 흔드는 행위'는 조롱과 야유 행위다.^{시 22:8; 사 37:21} 5절은 긍정적인 의미의 역지사지를 말한다. 자신과 친구들 처지가 서로 바뀌었다면, 그래서 그들이 자신과 같은 처지에 놓였다면, 욥 자신은 입으로 곤경에 처한 친구들을 강하게 하며 입술의 위로로 친구들의 근심을 풀어 주었을 것이라고 말한다. 31장에서 욥이 말한 욥의 행실에 비추어 보면 이런 주장은 타당해 보인다. 욥이 사회적 약자들에게 보인 자비와 긍휼의 마음에 비추어 보면 욥의 이런 어조는 일리가 있어 보인다. 6절에서 욥은 다시 자신의 현실로 돌아온다. 6절은 조건문 접속사 임(אִם)으로 시작한다. 6절 하반절은 조건문으로 시작된 종속절과 영탄사로 시작하는 영탄문이다. 6절 전체를 직역하면 이렇다. "만일 내가 (자신의 고통을 호소하며 하나님과 친구들을 향해 이렇게 저렇게) 말하여도 내 근심이 풀리지 않을 것이며, 그렇다고 내가 (억울함과 원통함을 속으로 삼켜) 잠잠한다고 그것이 어떻게 나를 떠날까!" 6절의 취지는 자신을 잠잠하게 하려고 거칠게 비판하는 친구들에게, 욥 자신의 침묵 유지도 자신의 고통을 줄어들게 하지 않을 것임을 강조하는 것이다.

하나님이 나를 미워하신다면 어쩔 수 없다 • 7-17절

이 단락에서 욥은 자신의 고통의 원천이 하나님임을 강조하며, 자신의 고난은 친구들이 위로한다고 섣불리 끼어들 문제가 아님을 강조한다. 7-8절에서 "주께서"라고 번역된 말들은 히브리어 2인칭 단수 대명사 "당신"을 한국어 경어체로 바꾸는 과정에서 나온 붙임말이다. 7절에서 욥은 단도직입적으로 하나님을 자신의 재난과 고통의 출처로 지목한다. "이제 당신이 나를 피로하게 하시고 나의 온 집안을 패망하게 하셨나이다." "온 집안"은 욥을 가장으로 하는 가문공동체 전체를 의미한다. 하나님의 손에 7남 3녀와 그들에게 나눠준 모든 재산,

그리고 욥 자신의 재산과 사회적 신용자산 등 모든 것이 복구불능의 파괴를 당했다. 8절에서 욥은 하나님의 의도적인 적대행위로 자신이 몰락했다고 말한다. "당신은 나를 시들게 하셨습니다." "이는 나를 향하여 증거를 삼으심이라"라고 번역된 히브리어 구문은, "당신은 나에게 불리한 증거를 들이댑니다" 정도의 의미다. 하나님의 적대행위는 재판과정에서 피고인의 유죄를 입증하기 위해 피고인에게 불리한 증거를 제시하는 행위라는 것이다. 8절 마지막 소절은 반전이다. 자신의 처참한 몰락이 하나님이 정의롭지 못함을 주장하는 증거, 곧 하나님에게 불리한 증거가 될 것이라고 말한다. "나의 파리한 모습이 일어나서 대면하여 내 앞에서 증언하리이다."

9-17절 단락은 하나님을 3인칭으로 묘사한다. 7-8절이 하나님을 향한 욥의 말이라면, 9-17절은 친구들을 향한 욥의 말이다. 9절은 자신의 고난은 하나님의 이유 없는 진노, 적대행위의 결과라는 점을 분명히 한다. "그는 진노하사 나를 찢고 적대시 하시며 나를 향하여 이를 갈고 원수가 되어 날카로운 눈초리로 나를 보"신다. 그 결과 무리들도 자신을 떼 지어 모욕하고 대적한다.[10절] "무리들은 나를 향하여 입을 크게 벌리며 나를 모욕하여 뺨을 치며 함께 모여 나를 대적하는구나." 아예 하나님이 자신을 악인과 행악자의 손에 던지셨다는 것이다.[11절] 12-14절에서 욥은 1-2장에서 자신에게 닥친 고난은 평안을 누리던 중 일어난 일이었다고 말한다. 하나님은 평안히 살던 자신을 꺾으시며 자신의 목을 잡아 부서뜨리시며 자신을 과녁으로 삼으셔서,[12절] 사방에서 사정없이 그의 화살들이 날아와 콩팥들을 꿰뚫고 내장이 파열되어 쓸개가 땅에 흘러나올 지경이 되었다[13절]는 것이다. 하나님이 욥 자신을 치고 다시 치며 용사 같이 달려들었기 때문에, 욥 자신은 굵은 베를 꿰매어 피부에 덮었다[14-15절]고 말한다. 욥은 여기서 "내 뿔을 티끌에 더럽혔다"라는 말을 덧붙인다. 뿔은 자신의 위엄, 존

엄, 사회적 명망을 가리키는 은유다. 자신의 인간적 존엄과 사회적 명망은 땅에 처박혔다는 것이다. 그 결과 욥의 얼굴은 울음으로 붉었고 그의 눈꺼풀에는 죽음의 그늘이 드리워졌다.^{16절} 17절은 욥의 핵심 주장이다. "그러나 내 손에는 포학이 없고 나의 기도는 정결하니라." 자신의 삶, 명예, 존엄과 위엄 등이 이토록 처참하게 무너졌음에도 욥은 결코 자신의 죄 때문에 이런 재난이 닥쳤다는 것을 인정할 수 없다는 것이다.

하늘에 계신 내 증인을 믿는다 • 18-22절

드디어 이 단락에서 욥은 하늘의 증인을 희구적으로 상상한다. 물론 욥이 여기서 하늘의 증인을 가정해 그에게 자신의 억울함을 호소한다고 해서 그가 내세를 믿는다는 것은 아니다. 욥기가 쓰인 당시의 세계관은 기본적으로 건강한 형이상학이었다. 그것에 따르면, 땅의 부조리는 하늘에 의해 교정될 수 있다. 결국 18-19절은 친구들이 아니라 하나님을 직접 불러 억울함을 호소하는 욥의 노선 변경을 보여준다. 욥은 친구들에게 직접 말하면서 친구들의 논리를 일대일로 논박하기보다는 하나님을 찾아 담판을 짓겠다고 말한다. 18절에서 욥은 먼저 땅에게 호소한다. "땅아, 내 피를 가리지 말라. 나의 부르짖음이 쉴 자리를 잡지 못하게 하라." 땅도 자신이 당한 억울한 재난의 증인이라는 것이다. 이사야 1:2에서 땅은 하늘과 더불어 증인으로 소환된다. "하늘이여, 들으라. 땅이여, 귀를 기울이라." 그런데 가끔 땅은 침묵하는 증인으로 오해받는다. 땅이 억울하게 살해되어 암매장당한 사람의 피를 가리는 데 사용되기 때문이다. 가인이 아벨을 죽이고 땅에 묻었다. 그러나 아벨의 핏소리가 땅에서부터 하나님께 호소했다.^{창 4:10} 욥은 땅이 자기 증인이 되어 주기를 갈망한다. 그래서 땅이 자신의 부르짖음을 은닉하지 말기를 요청한다. 18절의 "쉴 자리"는 매장지다. 자신의 부르짖음을 매장하지 말라는 것이다. 19절에서 욥은 이제 하늘에 호소한다. 이런 점에서 하늘도 욥의 증인으로 초대받은 것이다. 하늘은 땅에서 벌어지는 일들을 보편타당하게, 그리고 불편부당하게 감찰하고 평가하는 하나님의 전지적 조망점이자 시좌視座이다. "지금 나의 증인이 하늘에 계시고 나의 중보자가 높은 데 계시니라." 여기서 "나의 증인", "나의 중보자"가 누구를 가리키는지는 확실하지 않다.[2] 땅의 일들을 객관적으로 공평하게 판단해 줄 천상존재나 하나님을 의미한다. 19장의 고엘(대속자)에 대한 언급에서와 마찬가지로, 여기서는 고대 메소포타미아 만신전 다신교협의체 재판 관습을 잠시 떠올릴 필요가 있다. 수메르나 메소포타미아 만신전 재판정에는 최고신 혹은 어떤 신이 내린 판결을 번복하도록 영향을 미치는 변호사적 역할을 맡은 신이 있었다. 이러한 사실을 고려해 본다면, 욥은 아무리 전능자가 내린 심판이라도 자신에게 내린 이 부당한 처분에 대하여 재심의 기회가 있을 것이라고 믿고 있으며, 증인에 대해 호소함으로써 이러한 믿음을 피력한다. 즉, 욥은 자신의 고난은 절대로 자신의 악행이나 죄 때문에 내려진 심판일 수 없다고 믿고 있으며, 설령 전능자가 그런 판결을 내렸다고 하더라도 그것도 번복될 수 있을 것이라고 믿고 있음을 선언한다.

이 확신 속에서 욥이 강조하는 곳은 "높은 곳"이다. 19절의 "높은 데"는 히브리어로 빠머로밈(בַּמְּרוֹמִים)이다. '높은 곳들'을 의미한다. 마롬(מָרוֹם)은 이사야 57:15에 묘사된 하나님의 하늘보좌를 가리킨다. "지극히 존귀하며 영원히 거하시며 거룩하다 이름하는 이가 이같이 말씀하시되 내가 높고 거룩한 곳에 있으며 또한 통회하고 마음이 겸손한 자와 함께 있나니 이는 겸손한 자의 영을 소생시키려 통회하는 자의 마음을 소생시키려 함이라."

20절은 욥이 하늘의 가상 증인, 중보자에게 호소하는 이유를 말한다. 땅에 있는 자신의 친구는 자신을 조롱하고 있으며 자신의 눈은 하나님을 향하여 눈물을 흘리고 있으나 아무도 중재해 주지 않기 때문이다. 욥은 하나님보다 더 높은 존재가 사람과 하나님 사이, 그리고 사람과 그 이웃 사이의 송사를 맡아 중재해 주기를 소원한다.[21절] 그것도 시간이 더 가기 전에 신속한 중재를 원한다. 수년이 지나면 자신은 돌아오지 못할 길, 곧 죽음의 땅으로 갈 것이기 때문이다.[22절]

메시지

16장은 엘리바스의 2차 단죄 변론에 대한 욥의 반론이다. 욥은 자신의 친구들에게 재난을 주는 위로자, 곧 괴로움을 주는 위로자라고 비난한다. "이런 말은 내가 많이 들었나니 너희는 다 재난을 주는 위로자들이로구나."[2절] 욥은 세 친구에게 "너희들이 내 꼴이 되면 나도 너희들처럼 할 수 있으나, 나 같으면 너희들의 근심을 풀어 줬을 것이다"라며 비난하고 항변한다. "세상이 악인의 손에 넘어갔고 재판관의 얼굴도 가려졌나니 그렇게 되게 한 이가 그가 아니시면 누구냐."[9:24] 위의 분위기를 띤 말이 16장에도 등장한다. "하나님이 나를 악인에게 넘기시며 행악자의 손에 던지셨구나."[11절] 평안하게 살던 자신을 하나님이 갑자기 잡아 꺾되 목을 잡아 자신을 부서뜨리며 자신이 마치 과녁이라도 된 듯 활을 쏘아 댄다고 불평한다.[12절] 자신을 향해 조준해 쏴 날린 하나님의 화살들이 자신의 콩팥들을 꿰뚫고 갔으며, 그 결과 욥 자신의 쓸개가 땅에 흘러나오는 지경이 되었다.[13절] 13절의 내장 파열과 화살촉 공격은 은유라고 봐야겠지만, 욥이 겪는 고통의 크기와 강도는 조금도 과장이 아닌 듯하다. "그가 나를 치고 다시 치며 용사 같이 내게 달려드시니 내가 굵은 베를 꿰매어 내 피부에 덮고 내 뿔을 티끌에 더럽혔구나. 내 얼굴은 울음으로 붉었고 내 눈꺼풀에는 죽음의 그늘이 있구나."15-16절 하나님의 욥 공격은 도저히 항거할 수 없는 전면공격이며 집중타격이었다. 그럼에도 불구하고 욥의 결백확신에는 흔들림이 없다. "그러나 내 손에는 포학이 없고 나의 기도는 정결하니라."17절 욥은 여기서 한 걸음 더 나아간다. 자신과 하나님의 갈등을 다뤄줄 천상天上 법정보다 더 상위 법정인 천천상天天上 법정이 열리기를 기대한다. 제3의 심판자가 하나님과 자신 사이를 공평하게 판결해 줄 재판을 갈망한다. "땅아, 내 피를 가리지 말라. 나의 부르짖음이 쉴 자리를 잡지 못하게 하라(내 부르짖음이 그치지 않게 하라). 지금 나의 증인이 하늘에 계시고 나의 중보자가 높은 데 계시니라."18-19절 즉, 욥은 자신과 하나님 사이를 재판해 줄 더 높은 판결자가 있다고 믿는다. "하늘에 계시고……높은 데 계신다"라는 구절에서 "하늘"은 보편타당적 조망점을 상징한다. "하늘에 계신 우리 아버지"나 "죽은 자 가운데서 다시 살아나 하늘에 오르사"에 등장하는 바로 그 "하늘"이다. "하늘"은 이격감을 주는 너무나 높은 곳을 가리키기보다는 모든 것을 다 보고 감찰할 수 있는 진리의 조망 지점, 시좌를 가리킨다. 땅에서 일어나는 모든 일들을 세세하게 다 알 수 있는all-knowing, all-seeing, all-listening 시좌다. 욥은 하늘에 자신의 증인 · 재판관 · 중보자 · 변호사가 있기에, 자신에게 재판이 매우 유리하게 전개될 것이라고 생각하는 듯하다. 우리는 이러한 법정을, 하나님의 심판을 받는 "천상天上 법정"이 아닌 하나님도 피고 또는 재판 당사자로 소환되는 더 최상위 법정인 "천천상天天上 법정"이라고 명명할 수 있을 것이다. 욥은 지금 욥의 친구들이 옹호하는 교조적인 하나님을 천천상 법정에 고소하고 싶은 것이다. 시편 82:1-6은 정의 수행에 실패한 신들은 신격 박탈 판결을 받는다고 말한다. 욥은 상상 속에서 지금 자기에게 부당하게 폭행을 가하는 하나님을 심판 대상으로 삼는 천천상 법정을 상상한다.

욥은 하나님께 더 좋은 하나님이 되라고 요구하는 셈이다. 어떤 사람이건 지금 이 세상이 돌아가는 꼴을 보고 하나님을 더 이상 믿을 수 없을 때 인간은 욥 같이 천천상 법정을 상상할 수 있다. "나에게 이 모양으로 밖에 못하는 하나님을 나는 믿지 않기로 했다. 내가 바라는 하나님은 이보다 더 좋은 하나님이다"라고 상상할 수 있다. 욥은 이러한 말로 하나님께서 자극당하기를 바라지만, 하나님은 여기서 즉각적으로 나타나시지 않는다.

결국 욥의 요구는 친구들의 논리와 같은 논법에 기초하고 있다. 하나님께 "죄인이 벌받는 인과응보적인 방식"으로 세상을 정의롭고 공평하게 통치하시라고 요구한다. 그러나 하나님의 논리는 인과법칙으로 설명될 수 없으며, 창조의 비밀과 세상을 운영하는 작동 원인도 인간이 이해할 수 없다. 그렇기에 하나님께서는 인간의 수준에 맞춰 이진법과 컴퓨터 연산식으로 대화하기를 거부하셨다. 이는 당신이 무량수만큼의 경우의 수를 설정하고 엄청난 원인을 동시에 고려하는 복잡학적인 하나님이시기 때문이다. 욥은 한편으로는 친구들과 같은 권선징악과 인과응보라는 이진법 신학에 집착하면서도 또 다른 한편 하나의 원인으로만 설명할 수 없는 복합적 현상을 연구하는 복잡학complex study에 호소하는 것처럼 보인다. 즉, 자신의 고난에 대해서는 복잡학적, 다중원인적 이해를 시도해야 한다고 시사한다. 본서의 후반부에 가서 자세히 다루겠지만 미리 말하자면, 욥기는 신명기 역사가의 이진법 고난 이해 신학을 비판적으로 보완하려고 한다. 그렇기에 인간의 죄와 고난을 일대일 인과관계로 묶는 신학적 이진법은 지나치게 단순화된 고난 이해라고 할 수 있다. 욥과 친구들 누구도 하나님께 0과 1로 된 컴퓨터 연산 장치처럼 세상을 운영해야 한다고 요구할 권리가 없다.

17장.

욥의 자포자기적 절망 예찬

17 ¹나의 기운이 쇠하였으며 나의 날이 다하였고 무덤이 나를 위하여 준비되었구나. ²나를 조롱하는 자들이 나와 함께 있으므로 내 눈이 그들의 충동함을 항상 보는구나. ³청하건대 나에게 담보물을 주소서. 나의 손을 잡아 줄 자가 누구리이까. ⁴주께서 그들의 마음을 가리어 깨닫지 못하게 하셨사오니 그들을 높이지 마소서. ⁵보상을 얻으려고 친구를 비난하는 자는 그의 자손들의 눈이 멀게 되리라. ⁶하나님이 나를 백성의 속담거리가 되게 하시니 그들이 내 얼굴에 침을 뱉는구나. ⁷내 눈은 근심 때문에 어두워지고 나의 온 지체는 그림자 같구나. ⁸정직한 자는 이로 말미암아 놀라고 죄 없는 자는 경건하지 못한 자 때문에 분을 내나니 ⁹그러므로 의인은 그 길을 꾸준히 가고 손이 깨끗한 자는 점점 힘을 얻느니라. ¹⁰너희는 모두 다시 올지니라. 내가 너희 중에서 지혜자를 찾을 수 없느니라. ¹¹나의 날이 지나갔고 내 계획, 내 마음의 소원이 다 끊어졌구나. ¹²그들은 밤으로 낮을 삼고 빛 앞에서 어둠이 가깝다 하는구나. ¹³내가 스올이 내 집이 되기를 희망하여 내 침상을 흑암에 펴놓으매 ¹⁴무덤에게 너는 내 아버지라, 구더기에게 너는 내 어머니, 내 자매라 할지라도 ¹⁵나의 희망이 어디 있으며 나의 희망을 누가 보겠느냐. ¹⁶우리가 흙 속에서 쉴 때에는 희망이 스올의 문으로 내려갈 뿐이니라.

살아 있는 격언/속담이 되어 버린 비참한 욥 • 1-7절

이 단락도 엘리바스의 두 번째 변론(15장)에 대한 욥의 대답이다. 엘리바스는 한층 더 노골적으로 욥을 정죄한다. 욥이 간교한 혀를 놀리는 자라고 비난하고 조상 전래의 지혜를 배척한다고 비난한다. 엘리바스의 완고한 정죄와 비난 논변에 대해 욥은 절망적, 자포자기적 탄식으로 응답한다. 욥은 이제 자신의 기운이 쇠하였으므로 자신의 살 날이 다하였으며 무덤에 들어갈 일만 남았다고 탄식한다.[1절] 욥의 고통을 악화시키는 상황은, 욥을 조롱하는 자들이 욥에게 밀착해 터무니없는 비난, 곧 "그들의 충동함"을 욥의 눈이 항상 보아야 한다는 사실이다.[2절] 개역개정보다 히브리어 성경이 욥의 감정을 더 절절하게 표현한다. 개역개정은 2절을 평서문으로 번역했으나("나를 조롱하는 자들이 나와 함께 있으므로 내 눈이 그들의 충동함을 항상 보는구나"), 히브리어 성경 2절은 설의법 문장이며 보다 시적인 문장이다. 히브리어 성경 2절은 '하지 아니한가?' 혹은 '정녕'을 의미하는 접속사 임-로(אִם־לֹא)로 시작한다. 2절 히브리어 문장의 직역은, "조롱하는 자들이 내 옆에 있지 않은가? 그들의 자극적 비난에 내 눈이 유숙하며 밤새 우는구나!"이다. 하반절 첫 단어는 "그들의 자극적 비난에"이다(뻐함 므로탐[בְּהַמְּרוֹתָם]). 전치사 쁘(בְ)와 '쓰라리다'를 의미하는 동사 마라(מָרָה)의 사역(히필) 부정사 연계형에 3인칭 남성복수접미사가 붙은 단어다. '그들의 쓰라리게 하는 행위.'in their provocative embitterment 즉, '그들의 자극적 비난에'라는 어구가 하반절의 첫 단어다. 하반절의 주동사는 '유숙하다', '밤새우다'를 의미하는 동사 룬(לִין)의 칼 미완료 3인칭 여성형동사(탈란[תָּלַן])다. 주어는 '내 눈'이다. "그들의 자극적 비난에 내 눈이 밤새우는구나!" 정도의 의미다. 친구들의 충동적인 비난과 야유를 밤새도록 견뎌야 하는 고통을 겪고 있다는 것이다. 그래서 3절에서 욥은 하나님께 간청한다. "담보물을 주소서!" 3절 상반절에서 자신에게 담보물을 달라고 간청하는데, 담보물을 달라는 이 간청이 무엇을 의미하는지 파악하기가 쉽지 않다. 3절 하반절, "나의 손을 잡아 줄 자가 누구리이까"에 근거해 3절 상반절의 의미를 추정해 볼 수 있다. 3절의 개역개정 번역은 3절이 전제하는 계약 체결 상황을 명료하게 드러내는 데 역부족이다. 히브리어 구문을 직역해 보면 3절이 고대근동의 계약 체결의 법적 관행을 상정하는 것임을 알 수 있다. 3절을 직역하면 이렇다. "부디 두소서. 나를 당신에게 보증으로 삼아 주소서. 그 누가 내 손을 쳐 주리요?" 고대근동과 이스라엘 사회에서 손을 치는 행위는 계약을 맺는 행위였다.^{잠 6:1; 17:18} 계약의 온전한 성사를 위해 예비단계에서 주고받는 것이 보증물이다. 개역개정의 번역과는 달리, 욥은 하나님께 담보물을 달라고 요구하기보다는 자신을 보증으로 삼아 달라고 요청하는 것이다. 즉, 하나님 앞에서 자신의 죄 없음을 주장하는 자신을 본계약 성사를 위해 받는 선보증물로 받아 달라고 요청하는 것이다. 따라서 욥은 죄가 없다고 주장하는 자신의 주장을 마음에 두어 달라고 하나님께 요청하는 것이다. 이런 의미를 확장하면, 지금 친구들에게 집중 비난을 당하는 욥이 자신이 죄 때문에 고난당하는 것이 아님을 확신시켜 주는 모종의 단서를 달라고 하나님께 요청하는 셈이기도 하다. 욥이 비록 만신창이가 될 정도로 고난으로 타격당했지만, 그것이 욥의 죄에 대한 하나님의 심판이 아님을 확신시켜 주는 보증물을 달라는 것이다. 욥의 손과 손바닥을 쳐줌으로써 하나님이 친히 욥 자신과 친구들에게 공히 욥이 당하는 환난이 욥에 대한 하나님의 악의적 심판이나 증오, 분노 표출이 아님을 확신시켜 달라는 것이다.

4절은 친구들의 난동을 막아 달라는 욥의 기도다. "주께서"는 "당신께서"라고 번역될 수 있다. 욥은 친구들의 영적 무지완매함이 하나님의 의도적인 혼미사역 때문이라고 진단한다. 하나님이 그들의 마음을 가리어 깨닫지 못하게 하셨다는 것이다. 그래서 하나님께 "그들을 높이지" 말아 달라고 간청한다. 5절은 친구들의 말로에 대한 욥의 청원적 예견이다. 보상을 얻으려고 친구인 자신을 비난하는 그들의 자손들의 눈이 멀게 될 것이라고 예고한다. 6절에서 욥은 다시 하나님이 자신을 백성의 조롱과 속담거리가 되게 하셨기 때문에 자신을 아는 백성도 자기 얼굴에 침을 뱉는 처지를 개탄한다. 7절은 극도로 쇠패衰敗해 가는 자신의 처지를 처연하게 묘사한다. "내 눈은 근심 때문에 어두워지고 나의 온 지체는 그림자 같구나."

인내심과 의지로 단련하다가도 죽고 싶은 소원에 흔들리는 욥 • 8-16절

이 단락은 욥의 자아분열적 방황을 보여준다. 8-9절은 황량하게 버림받아도 여전히 신실하게 살기로 단호하게 결심하는 남은 자 의인(욥, 그들)의 모습을 보여준다. 8절의 정직한 자는 욥 자신을 가리킨다. 욥 자신이 하나님의 근거 없는 적대와 공격으로 말미암아 놀라며, 죄 없는 의인 자신은 경건하지 못한 자, 곧 친구들 때문에 분을 낸다는 것이다. 9절의 접속사 "그러므로"는 히브리어 구문에 없는 불필요한 사족이다. 9절의 의인은 욥 자신을 가리킨다. 자신은 하나님의 공연한 공격이 아무리 드세어져도 자기의 순전함을 지키는 길을 꾸준히 가고, 손이 깨끗한 의인 자신이 점점 힘을 얻을 것이라고 단언한다. "힘을 얻느니라"라는 번역은 9절을 잠언으로 들리는 번역인데, 다소 어색하다. 욥 자신의 진실이 곧 드러날 것을 믿으며 용기를 잃지 않겠다는 결심의 피력이라고 봐야 한다.

10-16절은 8-9절의 분위기와 전혀 다른 욥의 상태를 보여준다. 이 단락은 죽고 싶은 충동death wish에 사로잡혀 횡설수설하는 욥의 모습을 보여준다. 이 단락은 친구들에게 하는 욥의 말처럼 시작되지만 전반적으로 욥의 독백처럼 보인다. 10절은 친구들에 대한 욥의 실망을 피력한다. "너희들 중에는 내가 당한 이 억울한 일을 해명할 지혜가 없으니, 나를 위로하려거든 다시 지혜를 갖추고 와 달라"는 요구다. 11-16절은 욥의 마음 깊은 곳에서 서서히 자리 잡은 자포자기적 절

망감을 보여준다. 11절에서 욥은 "나의 날이 지나갔고 내 계획, 내 마음의 소원이 다 끊어졌구나"라고 말하며 더 이상 버티기 힘들다고 토로한다. 12절의 주어인 "그들"은 '나의 날, 내 계획, 내 마음의 소원'을 다 포함한다. 욥 자신의 심층자아가 "밤으로 낮을 삼고 빛 앞에서 어둠이 가깝다"고 말한다. ^{대조. 시 139:11-14; 사 50:10} 밤으로 낮을 삼는다는 말은 빛이 찬란하게 비치는 낮이 칠흑 같은 밤이라는 말이다. 또한 욥은 빛이 비치는 낮에도 벌써 어둠이 가깝다고 말할 정도로 염세적이고 비관적인 관점으로 하루하루를 보낸다. 그 결과 욥은 죽기를 원한다. 욥은 스올이 자기 집이 되기를 희망하여 자기 침상을 흑암에 펴놓고,^{13절} "무덤에게 너는 내 아버지라, 구더기에게 너는 내 어머니, 내 자매라" 고 불러 대는 처지다. 15절은 14절이 묘사하는 것 같은 절망에 굴러 떨어진 상황에서는 어떤 희망도 말하기 어렵다고 말한다. "나의 희망이 어디 있으며 나의 희망을 누가 보겠느냐." 이런 절망적이고 자포자기적 탄식의 결론은 '죽음이야말로 이 참혹한 고통의 탈출구'라는 것이다. "우리가 흙 속에서 쉴 때에는 희망이 스올의 문으로 내려갈 뿐이니라." 희망이 스올의 문으로 내려간다는 말은, 이생에서는 욥의 명예 회복이 이뤄질 가능성이 전혀 없다는 것이다. 욥은 자신이 언젠가 의로운 사람이라는 공증을 받기 전까지 오해와 몰이해, 무자비한 우정면책의 연속적인 강타 앞에 속수무책으로 당해야 한다. 결국 15절은 희망이 사라진 사람의 마음, 스올에 포획된 영혼의 내면 풍경이다. 17장 마지막 단락에서 죽음을 예찬하는 욥의 넋두리는 만민의 심금을 울리고도 남는 묵직한 진실을 담고 있다. 그것은 죽음 예찬이 아니라, 다른 삶에 대한 갈구다. 희망이 꺾인 사람들의 입에서 나오는 죽음 예찬은 액면가 그대로 들어서는 안 된다. 죽고 싶은 욕구에 시달리는 사람들이 진실로 바라는 바는, 스올로 내려가는 것이 아니라 이 세상에서 제대로 희망차게 사는 삶이다.

메시지

욥기 17장은 슬픔에 가득 찬 욥의 토로를 편집 없이 그대로 보여주고 있다. 욥은 죽음을 사모하는 열정을 토로하면서, 위로를 빙자하여 자신을 정신적으로 고문하는 친구들을 야유하고, 악담처럼 들리는 야유 어린 기도를 하나님께 토해낸다. 죽음으로 굴러떨어지는 것 외에 남은 것이 없는 자신을 가루가 될 때까지 짓이기며 마지막 고통을 가하는 친구들은 욥에게서 최악의 악담을 끌어낸다. 우리 자신으로부터 최악의 말과 악담을 끌어내는 친구들의 조롱은 악마의 조롱보다 더 깊은 상처를 만든다. 가장 가깝다고 믿었던 사람들로부터 들려오는 배신과 조롱은 사람의 중심을 무너뜨린다. 친구들이 먼저 욥의 존엄을 무자비하게 파괴했고, 존엄이 파괴된 욥은 그들에게 그에 걸맞은 악담을 토해낸다. 욥은 하나님이 친구들의 마음을 어둡게 하심으로 총명과 통찰력을 박탈하셨다고 본다. 하나님이 세 친구의 마음을 가리어 어리석게 만드셨다는 것이다. 하나님께 뭔가 상급을 받을 것을 기대하면서 고난으로 쓰러진 친구를 비난하는 자는 그들의 자손들의 눈이 멀게 되리라고 악담을 퍼붓는다. 욥이 보기에 그들은 욥을 죄인으로 몰고 하나님의 공의와 정의를 무리하게라도 옹호하면 하나님께 보상을 받을 것이라고 생각하고 있다. 그런 세 친구들의 자손들의 눈이 멀게 되리라는 말은 예측이 아니라 기원에 가깝다. 죽음 이후에 부활을 확신하지 못하고 죽음이 절망의 완성이라고 한탄하면서 욥이 친구들을 향해 쏟아내는 비난은 욥 본래의 인자한 성품을 전혀 반영하지 못하고 욥의 정신적 탈구상태, 도덕적 소양의 소진 상황을 보여준다. 하나님이 자신에게 굴욕을 주시는 틈을 타 자신의 얼굴에 침을 뱉는 친구들을 참고 하루하루 버티는 것보다 욥은 무덤과 죽음에게 가족애를 느낀다. 무덤에게 아버지 같은 부정父情을 느끼고 자신을 갉아먹을 구더기에게 어머니다운 다정함을 느끼는 경지에서 내뱉는 말은 욥의 평소 자아로부터 나온 말이 아니다. 인간은 악에 치명상을 입을 때 자기배반적인 악담과 저주를 토해낼 수 있는 가변적 존재다.

17장에서 하나님의 은혜로운 말씀을 찾아내기는 쉽지 않다. 17장의 모든 구절들 그 자체를 파헤친다고 해도 심오한 은혜의 샘물을 퍼올리는 것은 어렵다. 자살, 죽음을 예찬하는 듯한 욥의 넋두리 안에 무슨 영감이 깃들어 있을까 의심할 수도 있다. 따라서 17장에서 하나님의 말씀을 들으려고 하는 사람들은 욥의 아우성, 탄식에서 하나님의 음성을 찾아야 한다. 하나님의 말씀은 하나님이 직접 하늘에서 땅의 인간들에게 내려 주신 말씀만이 전부가 아니다. 본서의 서론에서 '성문서 장르의 특징'을 다룰 때 언급했듯이, 하나님의 말씀은 모세와 예언자 같은 인물을 통해 하늘에서 땅으로 수직강하하는 말씀만으로 구성되지 않는다. 하나님의 마음에 와닿는, 하나님의 귓전에 타전되어 하나님의 공명과 동정을 자아내는 인간의 항변, 불평, 그리고 탄식도 하나님의 말씀이 된다. 그런 점에서 욥의 절망적 언어, 이것은 하나님의 귓전에 타전되는 언어다. 그런 점에서 하나님이 들어주시는 말도 하나님의 말씀이 된다. 출애굽기 22:21-23이 말하듯이, 하나님은 고아와 과부의 울부짖음을 듣고 응답하신다. 고아와 과부의 억울한 하소연은 하나님께 수용되어 하나님을 움직이는 하나님의 말씀이 된다. 전체적으로 17장은 희망이 꺾인 사람들의 말과 글을 독해하는 문해력을 길러야 함을 깨우쳐 준다. 우리 주변에는 정도와 강도는 다를지언정 절망 담론이 넘친다. 자신이 옳다고 믿었던 인생 행로가 커다란 암초에 부딪쳐 난파되거나 좌초될 때 사람들은 절망한다. 친한 친구들이라 할지라도 자신을 영락없이 흉악하고 사악한 악인이라고 단죄할 수 있게 만드는 기막힌 환난들에게 연속적으로 타격당할 때 우리는 더 이상 살아갈 원기를 강구하기 어렵다. 이런 수준의 절망에 빠지면 누구나 무덤을 안식처라고 느낄 정도로 이 세상이 낯설어져 버린다. 죽음을 찬미할 정도로 현생이 낯설어질 때 사람들은 극단적인 생각에 빠지기 쉽다. 17장은 절망의 언어를 이해하고 공감하고 해석하는 영적 문해력을 길러야 할 필요성을 일깨워 준다. 욥의 자포자기적 절망과 죽음 예찬은 절망에 빠진 사람들의 화법과 내면을 이해하기 위해서는 비상한 공감 능력이 요청됨을 깨우쳐 준다.

18장.

빌닷의 2차 변론:

기록 및 행적 말살 심판을 당하는 불의한 자, 욥?

18

¹수아 사람 빌닷이 대답하여 이르되 ²너희가 어느 때에 가서 말의 끝을 맺겠느냐. 깨달으라. 그 후에야 우리가 말하리라. ³어찌하여 우리를 짐승으로 여기며 부정하게 보느냐. ⁴울분을 터뜨리며 자기 자신을 찢는 사람아, 너 때문에 땅이 버림을 받겠느냐. 바위가 그 자리에서 옮겨지겠느냐. ⁵악인의 빛은 꺼지고 그의 불꽃은 빛나지 않을 것이요 ⁶그의 장막 안의 빛은 어두워지고 그 위의 등불은 꺼질 것이요 ⁷그의 활기찬 걸음이 피곤하여지고 그가 마련한 꾀에 스스로 빠질 것이니 ⁸이는 그의 발이 그물에 빠지고 올가미에 걸려들며 ⁹그의 발 뒤꿈치는 덫에 치이고 그의 몸은 올무에 얽힐 것이며 ¹⁰그를 잡을 덫이 땅에 숨겨져 있고 그를 빠뜨릴 함정이 길목에 있으며 ¹¹무서운 것이 사방에서 그를 놀라게 하고 그 뒤를 쫓아갈 것이며 ¹²그의 힘은 기근으로 말미암아 쇠하고 그 곁에는 재앙이 기다릴 것이며 ¹³질병이 그의 피부를 삼키리니 곧 사망의 장자가 그의 지체를 먹을 것이며 ¹⁴그가 의지하던 것들이 장막에서 뽑히며 그는 공포의 왕에게로 잡혀가고 ¹⁵그에게 속하지 않은 자가 그의 장막에 거하리니 유황이 그의 처소에 뿌려질 것이며 ¹⁶밑으로 그의 뿌리가 마르고 위로는 그의 가지가 시들 것이며 ¹⁷그를 기념함이 땅에서 사라지고 거리에서는 그의 이름이 전해지지 않을 것이며 ¹⁸그는 광명으로부터 흑암으로 쫓겨 들어가며 세상에서 쫓겨날 것이며 ¹⁹그는 그의 백성 가운데 후손도 없고 후예도 없을 것이며 그가 거하던 곳에는 남은 자가 한 사람도 없을 것이라. ²⁰그의 운명에 서쪽에서 오는 자와 동쪽에서 오는 자가 깜짝 놀라리라. ²¹참으로 불의한 자의 집이 이러하고 하나님을 알지 못하는 자의 처소도 이러하니라.

빌닷의 2차 변론: 기록 및 행적 말살 심판을 당하는 불의한 자! 욥?

18장은 빌닷의 두 번째 변론이다. 1차 변론에 비해 논리나 신학의 실질적 진전이 전혀 없다. 2절의 주어 "너희"와 "우리"가 누구를 가리키는지는 분명하지 않다. "너희"는 말의 끝을 맺지 않고 계속 논쟁하는 자들이다. 빌닷의 입장에서 보면 "너희"는 욥이나 두 친구들을 가리킨다. 실질적으로는 엘리바스와 빌닷의 논변에 물러서지 않고 더 많은 말로 두 친구를 반박하고 저항하는 욥을 겨냥하는 말일 것이나, 4절의 2인칭 남성단수 "너"가 욥을 가리키고 있기 때문이다. 빌닷은 욥과 다른 두 친구들이 논쟁을 마치면 자신을 포함한 다른 논객들이 지혜를 개진할 것이라고 말하는 셈이다. "깨달으라. 그 후에야 우리가 말하리라."[2절] 3절은 빌닷의 짜증스러운 반응이다. 욥이 친구들의 논변을 부정한 물건을 대하듯이 배척하는 모습을 보고 빌닷은 욥의 태도를 질책한다. "왜 자신을 포함한 친구들을 부정한 짐승처럼 대하느냐"고 힐문한다.[3절] 개역개정의 3절은 주어가 마치 욥인 것처럼 번역하는데, 히브리어 성경 3절에서는 주어가 "우리", 곧 1인칭 복수로 되어 있다. 직역하면, "왜 우리가 짐승처럼 간주되느냐? 너희 눈에는 우리가 더러워 보이느냐?"가 된다. "너희 눈"에서 2인칭 남성복수 접미사가 돌연스럽다. '네 눈'이라고 표현해야 하는데 서기관의 필사오류가 생긴 것으로 보인다. 욥의 어떤 태도가 빌닷의 이런 힐문을 촉발시켰는지 명확하게 알 수 없으나, 욥이 빌닷을 비롯한 친구들의 말을 미련한 짐승들 수준의 논변이라고 무시하는 상황을 에둘러 표현한 것으로 보인다.

4절에서 빌닷은 실명을 거론하지 않지만 욥을 "울분을 터뜨리며 자기 자신을 찢는 사람"이라고 부르며 대놓고 비난한다. "너 때문에 땅이 버림을 받겠느냐. 바위가 그 자리에서 옮겨지겠느냐"는 힐문은,

"욥, 네가 피조세계(창조질서)에 거대한 변동을 초래할 정도로 대단한 인물이냐"고 비아냥거리며 책문責問하는 것이다. "욥, 네가 억울한 일을 당했다고 땅이 더 이상 사람 살 곳이 못될 정도로 버림받았겠느냐? 네가 당한 그 억울한 일이 거대한 바위를 어딘가로 옮길 정도의 지각대변동처럼 희한한 일이란 말이냐?" 이런 정도의 의미다.

악인들의 비참한 최후 • 5-21절

이 단락은 하나님의 재앙과 심판 고통의 당사자는 악인이라는 빌닷의 1차 변론에서 조금도 진전된 논리를 보여주지 않는 지루한 반복이다. 욥의 철저한 몰락은 욥이 불의한 자요 하나님을 알지 못하는 자라는 증거라는 것이다.[21절] 이 단락을 욥에게 적용하지 않는다면, 그 자체로는 악인의 말로에 대한 묘사로는 대체로 맞는 말일 수 있다. 물론 시편 37편, 73편, 그리고 예레미야 12:1-3 등에 따르면, 악인이라고 지상에서 즉시 심판당해 망하는 것은 아니다. 악인들도 일시 번성하고 형통한 삶을 사는 것처럼 보일 수가 있다. 빌닷은 하나님의 세상 통치가 수학적으로 한 치의 오차도 없는 이진법으로 연산되는 활동이라고 본다. 악인의 운명은 고통, 파멸, 몰락이며 의인의 운명은 평안, 건강, 장수, 후손번영, 부귀영화 등이라고 굳게 믿는 교조주의다. 자신의 노력으로 자신의 운세가 펴졌다고 생각하는 사람들공로주의자들, meritocracy은 욥의 친구들 같은 데가 있다. 이들은 가난하고 연약한 사람들의 비참한 삶을 그 사람들의 노력 부족 탓으로 돌리고 자신들의 성공도 노력 때문이라고 간주하는 신학적 이진법주의자들이다. 5-21절은 고대 이스라엘에게 알려진 악인의 필망적 행로에 대한 상투적 묘사다. 현재 악인은 빛을 발하지만 그 "빛은 꺼지고 그의 불꽃은 빛나지 않을" 것이다.[5절] 악인의 장막 안을 비추는 빛은 어두워지고 그 위의 등불은 꺼질 것이다.^{6절} 악인의 "활기찬 걸음이 피곤하여지고 그가 마련한 꾀에 스스로 빠질 것"이다.^{7절} 악인의 "발이 그물에 빠지고 올가미에 걸려들며",^{8절} "그의 발 뒤꿈치는 덫에 치이고 그의 몸은 올무에 얽힐 것"이기 때문이다.^{9절} 악인을 "잡을 덫이 땅에 숨겨져 있고 그를 빠뜨릴 함정이 길목에 있으며",^{10절} 무서운 일들이 일어나 사방에서 "그를 놀라게 하고 그 뒤를 쫓아갈 것"이다.^{11절} 악인의 "힘은 기근으로 말미암아 쇠하고 그 곁에는 재앙이 기다릴 것이며",^{12절} 피부 질환이 "삼키리니 곧 사망의 장자가 그의 지체를 먹을 것"이다.^{13절} 13절은 욥이 피부질환을 앓고 있는 상황을 가리키는 말이다. 13절의 피부질환은 나병을 암시하는 것처럼 보인다. 사망의 장자는 사망의 세력을 의미하는데, 악인(욥)이 지체가 잘려 나가는 극심한 나병을 앓게 될 것이라고 말한다. 빌닷은 욥의 피부질병, 곧 친구의 불행을 자신의 논리에 이용한 것이다. 14-15절에서 빌닷은 아직도 욥에게 더 크고 가혹한 고통이 남아 있다고 확언한다. 악인이 "의지하던 것들이 장막에서 뽑히며 그는 공포의 왕에게로 잡혀가고",^{14절} "그에게 속하지 않은 자가 그의 장막에 거하리니 유황이 그의 처소에 뿌려질 것"이다.^{15절} "의지하던 것들"은 자녀들과 재산을 의미한다. 소돔과 고모라는 하늘에서 쏟아지는 불과 유황으로 뒤덮였다. 욥은 소돔과 고모라처럼 재기불능의 파멸을 맞을 것이다. 악인은 "밑으로 그의 뿌리가 마르고 위로는 그의 가지가 시들 것"이다.^{16절} 대를 이을 자손이 없어지고 아예 멸문지화滅門之禍를 당한다는 것이다. 그 결과 "그를 기념함이 땅에서 사라지고 거리에서는 그의 이름이 전해지지 않을 것"이다.^{17절} 그의 후손들이 없으며 그를 아는 후세대가 없다는 말이다. 그가 이 세상에서 살았다는 것 자체를 아무도 기억하지 못하는 기록 말살형 같은 심판처분을 받는다는 것이다. 악인은 "광명으로부터 흑암으로 쫓겨 들어가며 세상에서 쫓겨날 것이며",^{18절; 사 8:20-21} 마침내

"그의 백성 가운데 후손도 없고 후예도 없을 것이며 그가 거하던 곳에는 남은 자가 한 사람도 없을 것이다."[19절] "서쪽에서 오는 자와 동쪽에서 오는 자가" 그의 처참한 몰락과 파멸을 목도하고 "깜짝 놀라리라."[20절] 개역개정 20절은 다소 어색한 번역이다. "그의 운명에 서쪽에서 오는 자와 동쪽에서 오는 자가 깜짝 놀라리라." 히브리어 성경 20절에 따르면 "서쪽 사람들"로 번역된 히브리어 아하로님(אַחֲרֹנִים, '뒤에서 오는 사람들')에 휴지 악센트 아트나(∧)가 붙어 있어 끊어 읽어야 한다. 20절의 직역은 이렇다. "그의 날에 서쪽에서 오는 사람들이 망연자실하며 놀라리라. 동쪽에서 오는 사람들, 공포가 그들을 사로잡으리라." 개역개정은 두 단어(나샴무[נָשַׁמּוּ], 아하주[אָחֲזוּ])를 하나로 합해서 "깜짝 놀라리라"라고 번역한 것이다. 여기서 '그의 날'은 욥에게 닥친 대파국적 파멸의 날을 가리킨다. 5-21절은 한때는 사회적으로 엄청난 명망과 지도력을 행사한 인물의 몰락을 묘사하지만, 실상 동방 우스 땅의 자타공인 최고 의인 욥의 몰락을 조롱하고 야유하는 빌닷의 독설이다.

21절은 이런 비참한 운명으로 굴러떨어지는 자가 바로 욥이라고 말한다. "참으로 불의한 자의 집이 이러하고 하나님을 알지 못하는 자의 처소도 이러하니라." 빌닷은 전래 지혜(악인필망론)를 기계적으로 늘어놓으면서도 욥에게 어떤 눈길도 주지 않는다. 그의 지혜는 인간의 실존적 상황에 대한 추호의 고려도, 배려도 없는 죽은 지식이다.

메시지

18장은 빌닷의 2차 변론이다. 빌닷의 2차 변론의 핵심 논지는 5-6절에 나온다. 악인은 한때 잠시 번영하고 영화를 누릴 수는 있으나, 끝내는 망하고 세상 모든 사람에게서 잊힌다고 보는 악인쇠락론과 악인필망론이다. 악인은 빛의 땅에서 추방된다는 말이다. "악인의 빛은 꺼지고 그의 불꽃은 빛나지 않을 것이요 그의 장막 안의 빛은 어두워지고 그 위의 등불은 꺼질 것이요." 이 경구적 잠언은 욥을 직접 공격하는 언사言辭는 아니지만, 욥은 충분히 공격당했다고 느낄 수 있는 논변이다. 이 잠언적 경구가 일반적으로 돌이킬 수 없는 재기 불능의 파탄으로 끝나는 악인의 운명을 말하고 있기 때문이다. 여기서 빌닷은 친구들을 거칠게 대하고 야유하고 조롱하는 욥을 1차 변론에서보다 더 강경한 어조로 비방한다. 엘리바스가 고난의 원인을 설명했다면, 빌닷은 자기 고난을 죄 때문이 아니라고 항변하는 욥의 태도를 비난하고 정죄하는 데 초점을 둔다. 빌닷이 묘사하는 악인은 욥에게 닥친 모든 재난과 환난고통들을 겪는다. 빌닷의 의도는 욥을 고문하여 자백을 받아내려는 것으로서 이는 강압적 인권유린적 수사관의 태도다. "욥, 그래도 네가 악인이 아니라고 주장할텐가? 네게 일어난 일들을 보라. 악인에게 일어난 재난 목록이다! 욥, 스스로를 속이지 말라!" 빌닷의 의도를 더 구체적으로 말하면 다음과 같다.

"첫째, 욥, 너의 장막에도 한때는 빛이 가득했다. 그런데 장막 안의 빛은 어두워졌다. 네가 스스로 고백하듯이 네 인생은 흑암천지에 포박당하고 있다. 둘째, 너는 인생 한때 출세, 성공, 부귀영화의 행복 대로를 활기차게 달렸다. 그러나 너는 악인을 잡으려고 쳐놓은 하나님의 심판 그물, 올무, 덫에 걸렸다. 네 번영의 땅 아래서 솟구쳐 올라온 덫과 함정이 너를 사로잡았다. 셋째, 무서운 질병, 환영幻影 트라우마, 공포가 밤낮으로 너를 엄습하고 있다. 네 힘은 기근과 재앙으로 다 소진되었다. 넷째, 온 몸이 썩어 문드러지는 피부악창이 너를 덮쳤다. 다섯째, 네가 의지하던 자녀들과 재산이 다 뽑혀 나갔고 너는 이제 공포의 왕에게 끌려갈 것이다. 네 집은 다른 사람 차지가 될 것이며 네가 살던 집터에는 유황이 뿌려질 것이다. 여섯째, 너는 조상들로부터도 끊어진 자가 되고 네 후손들은 대가 끊어질 것이다. 마지막으로 일곱째, 네가 세상에 태어나 살았다는 것, 네가 한때 동방에서 가장 큰 자였다는 것을 기억하는 사람은 아무도 없을 것이다. 이제 네 인생은 흑암으로 쫓겨 들어가 세상에서 추방당하는 일만 남았다. 네 집을 오고가는 사람들은 네 몰락을 보고 망연자실하고 경악하며, 불의한 자의 종말, 하나님을 알지 못하는 자의 처소가 어떻게 파멸되는지를 보고 산 교훈을 얻을 것이다."

이처럼 빌닷은 피부악창으로 밤낮으로 자기 몸을 긁으며 죽음만을 사모하는 욥에게 장황한 악인필망론을 설교한다. 불의한 자의 집과 하나님을 알지 못하는 자의 처소가 완전히 몰락을 맛본다는 원리에 의거해 욥을 불의한 자, 하나님을 알지 못하는 자라고 단죄한다. 빌닷도 엘리바스 못지않게 악독하고 무자비하게 욥을 비방한다. 욥은 인간존엄을 훼손하는 친구들의 가혹한 참견과 비난을 감수하며 2차 가해를 당한다. 이미 불행에 굴러떨어진 자를 더 깊은 절망과 고통에 빠뜨리는 것은, 그 불행과 고난을 하나님의 마땅한 응벌^{應罰}이라고 주장하는 말이다. 빌닷은 욥을 동정의 여지없는 파렴치한 악인이요 불의한 자라고 못박는다. 자신이 이전에 알고 있던 욥의 과거행적에 비추어 볼 때 욥이 당하는 고난에 뭔가 불가해한 신비가 작동할지도 모른다고 생각하는 최소한의 신중한 배려도 보이지 않는다.

그런데도 우리는 욥기 18장도 성경의 일부, 곧 하나님 말씀이라고 믿고 읽는다. 이런 가혹하고 터무니없는 친구 비방과 단죄 장광설에서 우리는 무엇을 배울 수 있을까? 18장을 읽으면 읽을수록 빌닷의 인간성에 좌절하고 실망하다가 분노를 느낀다. 그런데 묘하게도 빌닷의 이 거칠고 무례한 독설에서 우리 자신을 돌아본다. 알고보니 빌닷은 우리 안에 있는 독설 습관, 가시 돋친 논평, 친구에 대한 야유와 조롱, 악행 성향을 돌아보게 하는 인물이다. 빌닷도 한때는 욥의 미덕을 예찬하고 존경했을 것이다. 그런데 욥이 당한 곤경과 대환난을 보고 욥을 전혀 다른 인물, 곧 갑자기 심판의 덫에 걸리고 재난의 함정에 빠진 악인이라고 단정하는 치명적 실수를 범했다. 이렇게 보면 빌닷이 그렇게 낯설지 않다. 우리는 소그룹 모임에서, 혹은 친한 친구들 사이에서 한때는 잘나가던 사람, 우리가 평소에 존경하고 부러워하던 사람이 연쇄적인 환난풍파를 당해 재기불능의 파멸을 당했다는 소식을 듣는다. 이럴 때 우리는 혹시 파멸당한 친구에게 숨은 죄가 있지 않을까 생각하기 십상이다. 친구의 몰락을 가슴 깊이 슬퍼하기보다 그 원인을 찾으려는 도덕주의적 해석 습관이 쌓이고 쌓이면 빌닷이 된다. 우리는 자녀의 나쁜 성적, 대학입시나 취업 실패에 대해서도 노력하지 않았기 때문이라고 판단하곤 한다. 심지어 암에 걸린 친구의 투병 소식을 듣고는 평소에 운동을 그렇게 싫어하더니, 혹은 평소에 그렇게 술담배를 좋아하더니 등등 잔인하게 논평하기도 한다. 야고보 사도가 날카롭게 지적하듯이, 말과 혀는 실로 불의의 세계다. "혀는 곧 불이요 불의의 세계라. 혀는 우리 지체 중에서 온 몸을 더럽히고 삶의 수레바퀴를 불사르나니 그 사르는 것이 지옥 불에서 나느니라."약 3:6 "혀는 능히 길들일 사람이 없나니 쉬지 아니하는 악이요 죽이는 독이 가득한 것이라. 이것으로 우리가 주 아버지를 찬송하고 또 이것으로 하나님의 형상대로 지음을 받은 사람을 저주하나니 한 입에서 찬송과 저주가 나오는도다. 내 형제들아, 이것이 마땅하지 아니하니라."약 3:8-10

19장.

욥의 대답:

나의 대속자가 마침내 땅 위에 서실 것이다!

19

¹욥이 대답하여 이르되 ²너희가 내 마음을 괴롭히며 말로 나를 짓부수기를 어느 때까지 하겠느냐. ³너희가 열 번이나 나를 학대하고도 부끄러워 아니하는구나. ⁴비록 내게 허물이 있다 할지라도 그 허물이 내게만 있느냐. ⁵너희가 참으로 나를 향하여 자만하며 내게 수치스러운 행위가 있다고 증언하려면 하려니와 ⁶하나님이 나를 억울하게 하시고 자기 그물로 나를 에워싸신 줄을 알아야 할지니라. ⁷내가 폭행을 당한다고 부르짖으나 응답이 없고 도움을 간구하였으나 정의가 없구나. ⁸그가 내 길을 막아 지나가지 못하게 하시고 내 앞길에 어둠을 두셨으며 ⁹나의 영광을 거두어가시며 나의 관모를 머리에서 벗기시고 ¹⁰사면으로 나를 헐으시니 나는 죽었구나. 내 희망을 나무 뽑듯 뽑으시고 ¹¹나를 향하여 진노하시고 원수 같이 보시는구나. ¹²그 군대가 일제히 나아와서 길을 돋우고 나를 치며 내 장막을 둘러 진을 쳤구나. ¹³나의 형제들이 나를 멀리 떠나게 하시니 나를 아는 모든 사람이 내게 낯선 사람이 되었구나. ¹⁴내 친척은 나를 버렸으며 가까운 친지들은 나를 잊었구나. ¹⁵내 집에 머물러 사는 자와 내 여종들은 나를 낯선 사람으로 여기니 내가 그들 앞에서 타국 사람이 되었구나. ¹⁶내가 내 종을 불러도 대답하지 아니하니 내 입으로 그에게 간청하여야 하겠구나. ¹⁷내 아내도 내 숨결을 싫어하며 내 허리의 자식들도 나를 가련하게 여기는구나. ¹⁸어린 아이들까지도 나를 업신여기고 내가 일어나면 나를 조롱하는구나. ¹⁹나의 가까운 친구들이 나를 미워하며 내가 사랑하는 사람들이 돌이켜 나의 원수가 되었구나. ²⁰내 피부와 살이 뼈에 붙었고 남은 것은 겨우 잇몸 뿐이로구나. ²¹나의 친구야, 너희는 나를 불쌍히 여겨다오. 나를 불쌍히 여겨다오. 하나님의 손이 나를 치셨구나. ²²너희가 어찌하여 하나님처럼 나를 박해하느냐. 내 살로도 부족하냐. ²³나의 말이 곧 기록되었으면, 책에 씌어졌으면, ²⁴철필과 납으로 영원히 돌에 새겨졌으면 좋겠노라. ²⁵내가 알기에는 나의 대

속자가 살아 계시니 마침내 그가 땅 위에 서실 것이라. ²⁶ 내 가죽이 벗김을 당한 뒤에도 내가 육체 밖에서 하나님을 보리라. ²⁷ 내가 그를 보리니 내 눈으로 그를 보기를 낯선 사람처럼 하지 않을 것이라. 내 마음(콩팥)이 초조하구나. ²⁸ 너희가 만일 이르기 우리가 그를 어떻게 칠까 하며 또 이르기를 일의 뿌리가 그에게 있다 할진대 ²⁹ 너희는 칼을 두려워 할지니라. 분노는 칼의 형벌을 부르나니 너희가 심판장이 있는 줄을 알게 되리라.

하나님께 미움을 받으니 사람들이 나를 배척하는구나! • 1-22절

이 단락은 욥의 항변으로 욥의 논리에는 약간의 진전이 있다.[1] 1-2절은 '터무니없는 논리로 나를 고문하는 너희들, 제발 그만!' 정도의 제목이 붙을 수 있는 욥의 모두 발언이다. 욥은 친구들이 자신의 마음을 괴롭히며 말로 자신을 열 번이나 학대하고 짓부수고도 논리적으로 자신을 이기지도 못했으면서 "부끄러워"하며 뒤로 물러가지 않는 모습을 보고 개탄한다.[2-3절]

4-22절의 요지는 한마디로, 하나님이 나를 억울하고 원통하게 박해하시는데도 그 사정도 모르는 친구들(사람들)이 자신을 비난한다는 것이다. 4절은 하나님이 불공평할 정도로 자신의 허물만 표적 심판한다는 주장이다. 이 문장도 가정법이다. 자신에게 허물이 있다고 가정할 뿐, 자신의 허물 때문에 하나님의 심판이 집행된 것이라고 보지 않는다. 5절도 가정법 상황을 전제한다. 쉽게 풀면 이런 뜻이다. "친구들이여, 그대들은 참으로 내게 자만하는구나. 내게 수치스러운 행위가 있다고 가정한다면 그것을 입증할 증거를 갖고 증언해 다오."

6-20절은 하나님의 공연한 공격과 적대행위로 풍비박산난 자신의 처지를 자세히 묘사하고, 21-22절은 친구들에게 자신의 진정을 토하며 이해를 간청하는 욥의 발언이다. 6-12절은 욥이 자신에게 가해진

하나님의 폭력행위를 고발하는 내용이다. 13-20절은 욥에 대한 하나님의 일방적인 폭행이 세상 사람들, 친구, 친지, 심지어 가족들에게 끼친 영향과 그 결과를 말한다.

6절은 친구들에게 하는 말이다. "친구들이여, 하나님이 나를 억울하게 하시고 자기 그물로 나를 에워싸신 줄을 알아 주게나!" 7절도 6절의 논리를 잇는다. "친구들이여, 내가 폭행을 당한다고 부르짖으나 응답이 없고 도움을 간구하였으나 정의가 없구나! 나는 그저 신적 폭행의 희생자이며 정의가 사라진 세상의 희생자일 뿐이라네." 이런 의미다. 8-12절은 욥 자신을 향한 하나님의 일방적인 폭행을 소상하게 묘사한다. 하나님이 자신의 길을 막아 지나가지 못하게 하시고 자기 앞길에 어둠을 두셨으며,^{8절} 자신의 영광을 거두어 가시며 나의 관모를 머리에서 벗기시고^{9절} 사면으로 자신을 헐어 버리셨다는 것이다.^{10절 상반절} 그 결과 욥은 스스로 자포자기적 체념에 이르렀음을 실토한다. "아, 나는 이제 죽었구나(갔구나)." 하나님이 나무 뽑듯 내 희망을 뽑으시고,^{10절 하반절} 자신을 향해 진노하시고 원수 같이 보셨다는 것이다.^{11절} 지금 자신이 당한 환난은 마치 하나님의 군대가 일제히 나아와서 길을 돋우고 자신을 공격하며 자신의 장막을 둘러 진을 치는 형국이라는 것이다.^{12절} 자신은 하나님의 이유 없는 일방적이고도 점점 강도를 더해 가는 폭행과 공격의 희생자일 뿐이다. 자신이 하나님의 일방적인 폭행에 짓이겨지는 상황을 보고 세상 모든 사람들이 자신에게 등을 돌리고 하나님처럼 자신을 박해하고 비난하는 일에 하나가 되었다는 것이다.

13절은 욥의 형제들이 하나님의 일방적인 폭행으로 만신창이가 된 욥을 멀리 떠나며, 욥의 지인들도 모두 욥에게 낯선 사람이 되어 버린 상황을 말한다. 14절은 욥을 버린 욥의 친척과 욥을 잊어버린 가까운 친지들의 냉혹한 처사를 말한다. 15절에서 욥은 자신의 집에 머물러

사는 자와 그의 여종들로부터도 낯선 사람으로 취급당하며 심지어 타국 사람으로 대접받는 신세를 한탄한다. 그 결과 욥이 자신의 종을 불러도 그 종은 대답하지 않고, 오히려 욥이 입으로 간청해야 할 처지가 되었다.[16절] 17절은 아내와 허리의 자식들로부터도 버림받은 욥의 처지를 말한다. 욥은 자신의 아내도 자기 숨결을 싫어하며 자기 허리에서 난 자식들도 자신을 가련하게 여기는 상황이라는 것이다.[17절] 17절 하반절은 욥의 자녀는 이미 1장에서 재앙으로 희생당한 7남 3녀가 전부가 아니었을 수도 있음을 암시하는 것처럼 보인다.[2] 그래서 주석가들은 이 문제에 대해 여러 가지 의견을 제시했다. 여기서 욥이 말하는 "내 허리의 자식들"에 대한 세 가지 학설은 다음과 같다. 첫째, 욥의 자녀들 7남 3녀는 재난으로 이미 죽었으므로, 여기서 "허리의 자식들"은 욥의 손자나 손녀들, 혹은 첩이나 여종들에게서 난 혼외자식들을 지칭한다고 보는 보수적인 가설이다. 둘째, 욥은 자기 경험을 일반화시켜 말하기 때문에, 자신처럼 '의로운 사람으로 살다가 고난을 당하는 사람이 자녀들에게까지 오해받는 일반적 상황'을 표현한다고 보는 '일반화 가설'이다. 즉, 젊은 세대들을 지칭한다고 보는 것이다. 셋째, 욥기의 산문 저자와 운문 저자 사이에 일어난 불일치를 보여주는 '두 저자설'이다. 산문 저자는 7남 3녀가 죽었다고 전제한 반면, 운문 저자는 자녀가 아직 죽지 않은 상황을 전제한다는 것이다. 이처럼 서로 다른 저자의 견해가 조합되지 못한 채 책이 완성되었다는 가설이다. 이 가운데 어떤 가설도 만족스럽지 않다는 점만 지적하고 넘어가려고 한다. 17절의 취지는, 그토록 존경받으며 사랑받는 가장인 욥 자신이 자식들에게마저 조롱받는 처지가 되었다는 것이다. 욥은 가부장적 권위와 위엄의 완전몰락을 맛보고 있다.

18절에서 욥은 어린 아이들에게 업신여김을 당하고 조롱당하는 자신의 처량한 신세를 한탄한다. 19절은 13절의 반복이면서도 좀 더

심해진 욥의 사회적 모멸 경험을 말한다. 욥의 가까운 친구들은 욥을 떠나기만 한 것이 아니라 자신을 미워하며, 욥이 사랑하는 사람들은 자신을 외면하고 망각한 정도에서 그치는 것이 아니라 돌이켜 욥의 원수가 되었다는 것이다.[19절] 20절은 욥의 사회적 인격과 존엄이 다 파괴되었음을 비유적으로 말한다. "내 피부와 살이 뼈에 붙었고 남은 것은 겨우 잇몸 뿐이로구나." 피부와 살이 뼈에 붙었다는 것은 욥이 피골상접한 수준, 곧 극단적으로 앙상한 몰골이 되었다는 것이다. 그런데도 항변을 토하는 입만은 남았다. "남은 것은 겨우 잇몸 뿐이로구나."

이런 욥의 다소 장황하고 처절한 진정 토로는 친구들을 움직일 수 있을 듯하다. 친구들이 어떻게 반응했는지는 알 수 없다. 다만 욥은 단도직입적으로 자신을 불쌍히 여겨 달라고 강청한다. 21절은 독자의 마음을 울리는 최후 호소다. "나의 친구(빌닷)야, 너는 나를 불쌍히 여겨다오. 나를 불쌍히 여겨다오." "하나님의 손이 나를 치셨구나." 22절에 비추어 볼 때 친구들은 여전히 요지부동이었던 것처럼 보인다. "너희가 어찌하여 하나님처럼 나를 박해하느냐. 내 살로도 부족하냐." 22절 하반절 "내 살로도 부족하냐"는 항변은 자신의 몸이 그토록 앙상하게 짓이겨진 것을 보고도 동정심이 일어나지 않느냐고 묻는 것이다.

나의 구속자 '고엘'은 살아 계신다! • 23-29절

23-29절은 욥의 독백 혹은 방백이다. 이 단락 대부분은 가정법 문장과 조건문들이다. 23-24절은 "나의 말이 곧 기록되었으면, 책에 씌어졌으면,[23절] 철필과 납으로 영원히 돌에 새겨졌으면 좋겠노라"[24절]고 희구하는 욥의 갈망이다. 고대 사회에서 재판 기록이나 법을 성문화

욥의 대답! 나의 대속자가 마침내 땅 위에 서실 것이다!

하는 것은 약자옹호적인 관습이었다. 기록된 법은 강자, 지배자, 유력자의 욕망, 탐욕, 권력남용 등을 경계하고 금지하는 경향이 많기 때문이다. 그래서 지배층이 아니라 약한 당사자인 민중이 소송 상황을 기록해 주기를 요청했다. 그래서 욥은 자신이 당한 이 기막히게 억울한 일을 누군가가 기록해 주기를 원한다. 특히 책에 기록해 주기를, 철필과 납으로 영원히 돌에 기록해 주기를 원한다. 정식 재판의 대상으로 삼아 달라는 것이다. 욥은 자신의 사정이 정식 재판에 회부되었을 때에 승소할 가능성을 절대 확신했기 때문이다.

25-26절은 욥의 강한 확신의 근거를 말한다. 욥은 "자신의 대속자가 살아 계시니 마침내 땅 위에 서실 것"[25절]임을 알고 있다. 대속자는 '고엘', 곧 '기업基業 회복자'이다. 고엘은 여러 가지 이유로 하나님 언약백성의 신분과 그것의 보증인 기업(땅)을 잃고 가문을 이어갈 가능성이 없어져 버린 사람에게 땅, 언약백성 신분, 그리고 가문을 회복시켜 주는 친척이다(룻기의 나오미에게 보아스가 고엘).[3] 지금 자신은 기업을 잃고 하나님과 사람들에게 무국적자, 타국인처럼 취급당하고 있으나, 자신의 고엘이 나타나 잃어버린 모든 것을 회복시켜 줄 것임을 알고 있다고 말한다. 자신이 이 모든 것을 잃어야 할 죄악을 범한 적이 없기 때문이다. 아무튼 욥은 억울하게 고난받은 자신과 가산, 명예 등을 회생시켜 줄 대속자가 땅에 나타날 것이라고 신뢰한다. 여기서 우리는 욥 자신이 누구를 가리켜 '나의 고엘'이라고 했는지를 규명할 필요가 있다. 물론 욥이 여기서 하나님을 의식하고 야웨 하나님을 '고엘'이라고 지칭했을 수도 있다. 그러나 전체적으로 볼 때, 오히려 욥이 살던 당시 고대 메소포타미아의 다신교 만신전 체제를 욥의 고엘 언급을 이해하는 배경으로 간주해야 할 것으로 보인다. 아마도 야웨가 최고신이어서 최고신의 판결에 따라 자신이 재난처분을 받아 악인이라고 지탄받는 처지에 빠졌지만, 자신의 억울함을 호소해 줄

다른 천상적 존재(신적 존재)를 상정하고 이처럼 또 다른 신적 고엘을 마음속에 상상해 불렀을 가능성도 있다는 것이다.[4] 수메르 만신전 최고신 엔릴에 대하여 정의의 신 우투^{Utu} 역할, 바벨론 만신전 최고신 마르둑^{Marduk}에 대하여 정의를 위해 중재하는 사마쉬^{Shamash} 같은 역할을 하는 신을 기대했을 가능성을 배제할 필요는 없다.[5] 우리는 이스라엘 민족이 선민으로 존재하던 시대보다 훨씬 더 오래전에 살았던 인물로 설정된 욥이 1,000년 이상 후대의 인물인 제2이사야 시절의 유일신 신앙의 보유자라고 생각할 필요가 없다. 욥은 최고신의 결정을 두고 갑론을박을 즐기던 수메르나 고대 바벨론 만신전 다신교 민주주의적 세계관이 우세하던 시대의 인물임을 기억할 필요가 있다. 욥은 최고신인 야웨가 내린 판결도 수정될 여지가 있으며, 자신을 신원해 줄 신적인 고엘이 언젠가 나타날 것이라고 믿는다. 전체적으로 볼 때 이런 해석이 불가능하지는 않다. 하지만 욥이 생각하는 고엘은 '전능자' 하나님이었을 가능성이 여전히 진지하게 검토되어야 한다.

왜냐하면 욥이 기대하는 고엘, 곧 구속자(대속자)는 결국 42장에 가면 하나님임이 드러나기 때문이다.[6] 3-31장에서 분출된 항변은 하나님이 구름과 흑암 장막 뒤에 숨지 말고 자신에게 나타나 자신의 억울함을 풀어 달라는 강청의 연속이었다. 롤프 렌토르프도 욥이 19장에서 자신의 삶과 가산을 회복시켜 줄 것으로 기대하는 상상의 고엘은 하나님을 에둘러 지칭하는 욥의 화법이라고 본다.[7] 6세기 그레고리 교황 이후 칼뱅에 이르기까지 거의 모든 교부들은 욥의 고난과 그리스도의 고난을 종말론적인 예기^{豫期}와 성취 구도로 이해했다. 초대교회 교부들과 종교개혁자인 루터와 칼뱅이 여기서 욥의 고엘로 예수 그리스도를 떠올리는 것은 무리가 없다. 신약성경에 가면 욥이 기대한 고엘이 바로 예수 그리스도였다고 믿을 만한 신학적 드라마가 펼쳐지고 있기 때문이다. 따라서 고엘을 예수 그리스도나 하나님을 가

리키는 칭호라고 해도 전혀 근거 없는 추론은 아니다.[8]

다만 언제 또 어떤 조건에서 그 대속자를 볼 것인지가 문제가 된다. 26절의 의미는 불명확하다. "내 가죽이 벗김을 당한 뒤에도 내가 육체 밖에서 하나님을 보리라." 개역개정은 26절의 히브리어 구문을 부정확하게 번역하고 있다. 히브리어 문장을 직역하면 이렇다. "그리고 내 가죽 후(아하르 오리[אַחַר עוֹרִי]) 그들이 이것(여성대명사 조트[זֹאת])을 두들겨 팼다. 그리고 내 살로부터 하나님을 보리라." 26절의 의미를 파악하려면 세 가지 쟁점을 해결해야 한다. 먼저 상반절 주어인 "그들"이 누구를 가리키는지 확정해야 한다. 전후 근접 문맥으로는 누구를 가리키는지 확실치 않다. 하지만 욥기 전체의 맥락에서 보면 어느 정도 추정 가능하다. 욥의 가죽을 패대기치는 가해자들을 생각해 볼 수 있다. 사탄, 혹은 스바 사람, 갈대아 사람 등 침략자들, 그리고 자신을 학대하고 고문하듯이 정죄하는 친구들을 가리킬 수 있다.[9] 자신의 존엄을 파괴하는 모든 가해자들을 총칭한다고 볼 수 있는 것이다. 그들이 누구든 그들은 욥이 실족하도록 집요하게 고통을 가하는 자들이다. 그런데 욥은 두들겨 팸을 당하여 만신창이가 된 가죽을 갖고도 여전히 하나님께 뭔가를 기대하고 있다. 둘째, 전치사 아하르가 어떤 의미를 갖는지 알아야 한다. 확실하지 않으나 하반절 대구어인 밉쁘싸리(מִבְּשָׂרִי)에 비추어 볼 때 아하르는 탈격脫格 전치사 기능을 한다고 볼 수 있다. "내 가죽에서 떠나" 정도까지 번역 가능하다.

마지막으로, "육체 밖에서"의 의미를 확정해야 한다. 이 어구의 히브리어 원문은 밉쁘싸리(מִבְּשָׂרִי)이다. 탈격 전치사 민(מ)과 육체를 의미하는 바싸르(בָּשָׂר)가 결합된 것이다. 언뜻 보면, "내가 죽은 후에 하나님을 보리라"는 정도를 의미하는 것처럼 보인다. 이렇게 해석하면, 욥기 전체의 신학 사상의 일관성에 문제가 생긴다. 앞에서 언급했듯이, 욥기 저자나 욥은 신약성경에서 만개한 부활신앙이나 내세

신앙에 이르지 못한 단계에 머물고 있는 것으로 보이기 때문이다. 욥기 저자나 욥이 부활에 대해 어떤 종합적이고 체계적인 생각을 가졌는지는 확정할 길이 없다. 욥이 지극히 현세중심의 인생관을 피력했다가 또 다른 데서는 스올을 사모하는 등 죽음 이후의 평온을 말하고 있기 때문이다. 즉, 욥은 어떤 맥락에서는 고난의 비참성을 강조하기 위해서 죽음을 미화했다가 또 다른 맥락에서는 죽은 자들에 비해 살아 있는 자가 누리는 좋은 것을 말하는 등 현세긍정의 세계관을 피력한다. 종합적으로 고려하면 26절이 죽음 이후에 맞이할 육체 바깥의 세계를 긍정하는 본문일 가능성을 배제할 필요는 없다. 죽음 바깥에서, 육체 바깥에서 하나님 또는 중보자를 만나리라는 희망은 부활신앙은 아니지만 부활신앙과 유사한 신앙이라고까지는 볼 수 있을지 모른다. 곧, 이 절이 수사적 맥락에 따라서 부활 또는 죽음 저편의 세상을 인정하는 발언으로 간주될 여지가 있다는 것이다. 하지만 그렇다고 해도 25-26절이 욥이 부활신앙에 의지하여 자기의 현재 고난을 이겨 내겠다고 다짐하는 장면으로 보는 것은 다소 지나친 해석이다. 오히려 여기서 우리는 "가죽"과 "살"을 온갖 종류의 가혹한 고난으로 만신창이가 된—거의 실족할 지경에 이른—욥의 정체성을 대표하는 이사일의어二詞一意語, hendiadys로 봐야 한다. 가죽과 살은 극한 고난 시기를 겪고 있는 욥의 정체성을 의미한다고 볼 수 있는 것이다. 현재 욥은 가죽과 살이 뼈에 붙어 있는 정도로 간신히 존재한다. 그렇다면 26절은 "내가 극한 고난의 정점을 지난 후에야", 혹은 "내가 극한 고난의 한복판에서도 하나님을 보리라"는 정도의 의미가 될 것이다.[10]

이 욥의 열망 피력이 얼마나 중요한지는 42장에 가서야 밝혀질 것이다. 욥의 이 열망 피력이 얼마나 중요한지를 알려면 욥기 서두에 나와 있는 가죽에 대한 사탄의 언급을 상기할 필요가 있다. 26절의 "살" (바싸르)과 "가죽"(오르)은 욥기 2:4-5을 생각나게 하는 어구이기 때문이다.[11] "사탄이 여호와께 대답하여 이르되 가죽으로 가죽을 바꾸오니 사람이 그의 모든 소유물로 자기 생명을 바꾸올지라. 이제 주의 손을 펴서 그의 뼈와 살을 치소서. 그리하시면 틀림없이 주를 향하여 욕하지 않겠나이까." 2:4에서 하나님의 허락 아래 사탄이 처음 공격을 가한 신체 부위는 욥의 가죽이었다. 여기서 '가죽'은 욥의 자녀들과 재산을 가리키는 은유일 수도 있지만, 악창으로 문드러진 그의 피부를 직접 가리키는 표현일 수도 있다. 전자처럼 해석하는 것이 보다 자연스럽지만 후자처럼 해석해도 무리가 없어 보인다. 2:5은 욥의 가죽 다음으로 공격받는 신체 부위는 뼈와 살이라고 말한다. 뼈와 살은 온갖 정신적 고립감이나 영적 유기감을 은유할 수도 있고, 욥 자체에게 집중된 피부악창을 가리킬 수도 있다. 어떻게 해석하든 가죽과 살은 욥에게 가해진 극한의 신체적, 정신적 고통의 발생처소다. 욥을 저항적 무신론자로 만들 수 있는 고통이 욥의 가죽과 살을 치는 것이라는 사탄의 기대를 의식한 듯, 욥은 자신의 가죽이 매질당하는 고통에 처하더라도 하나님을 뵙고 신원될 날을 열망하고 있다. 놀랍게도 욥은 욥기 42장에서 하나님을 뵈었다고 말한다. 고난의 정점을 지난 후에 욥은 그토록 갈망하던 일, 하나님을 뵈었다. 여기서 하나님을 본다는 말은 자신에게 고난을 준 하나님의 진면목, 하나님의 참된 얼굴(목적)을 터득하고 안다는 말이다. 욥은 하나님이 자신에게 진노 어린 심판을 한 것이 아님을 확인했다. 요약하면, 26절의 취지는 욥이 죽어 내세에 가서, 혹은 부활한 몸으로 하나님을 다시 본다는 말이 아니라 가죽과 살로 겨우 존재하던 이 시기를 지나서 하나님을 보게 될 것이라는 말이다. 이 말은 하나님의 공의를 절대적으로 의심하지 않는다는 의미이기도 하다. 27절 상반절은 이런 해석을 지지한다. "내가 그를 보리니 내 눈으로 그를 보기를 낯선 사람처럼 하지 않을 것이라."[27절 상반절] 하지만 가죽과 살로 버티는 이 시간이 다 지나기까지 욥 자신의 마음

(콩팥)이 초조하다고 실토한다.[27절 하반절]

자신의 무죄에 대한 확신이 굳어져 갈수록, 하나님의 종국적인 신원伸寃에 대한 기대가 커질수록, 친구들에 대한 욥의 경고는 더욱 엄중해진다. 28절은 친구들의 속마음을 인용한다. 친구들이 만일 욥을 어떻게 칠까 궁리하며, 또한 모든 고난과 재난의 뿌리가 욥에게 있다고 결론을 내린다고 하면,[28절] 심판장의 공정한 심판에 회부될 것임을 알라고 경고한다.[29절] "친구들이여, 너희는 칼을 두려워하라. 의로운 자에 대한 그대들의 분노는 칼의 형벌을 부른다네. 그대들은 심판장이 있는 줄을 알게 되리라."

메시지

본서의 서론에서 이미 언급했듯이, 성문서는 하나님이 인간에게 들려주시는 하나님의 말씀이 아니라, 인간이 하나님에게 발설하는 말씀과 하나님의 세상 통치에 대한 인간의 경험적 관찰과 성찰, 비판적 문제 제기 등으로 구성되어 있다. 시편은 하나님께 도고禱告하고 간청하는 긴급구조 요청 기도문과 하나님의 세상 통치에 대한 문제 제기, 그리고 하나님에 대한 찬양과 감사로 구성되어 있다. 욥기와 전도서는 이 세상이 과연 공평하신 하나님의 통치 영역인지 아닌지를 캐묻고 있다. 이 두 책은 하나님의 세상 통치가 충분할 정도로 명료하고 일관성이 있다고 생각하지 않는다. 이 세상의 고등종교와 고등철학은 두서너 가지 면에서 공통점을 갖고 있다.

첫째, 인간은 동물과 달리 도덕적 자기 반성을 하는 존재다. 가족과 다른 사회 구성원들에게 인간답게 행동할 의무가 있다. 둘째, 이 의무는 생래적이며, 선악, 정사진위正邪眞僞 등을 가리는 능력은 인간 본성 (이성과 양심, 사단칠정)안에 이미 내재되어 있다. 셋째, 우리 인간은 자유롭게 행동하지만 우리의 행동은 지상에서 뿐만 아니라 사후에 가서도 반드시 심판받는다. 심판의 주체는 하나님이거나 그에 준하는 존재다. 자신의 행동에 대한 후일 심판을 믿으면 고등종교이자 고등철학이다.

이 세 가지 요소 중 두 가지 이상을 가질 때 우리는 고등종교라고 부를 수 있다(아놀드 토인비의 『역사가의 종교관』 참조). 고등종교는 세부적인 면에서는 편차가 있을 수 있으나 크게 보면 인간을 도덕적 책임주체라고 보는 면에서는 같다. 인간의 행동이 반드시 평가와 심판을 초래한다고 믿으면 고등종교다. 세계에 잔존하는 고등종교는 진화생물학 등 인간에게 절대적으로 옳은 규범이 있을 수 없다고 믿는 범포스트모던 사상들을 반박한다. 이런 점에서 기독교는 포스트모던적 도덕/윤리허무주의 등을 반박하는 데에는 고등종교와 한편이다. 성경과 기독교신앙의 근본 확신은 인간의 본성에는 하나님의 신성과 능력을 인식할 수 있는 선천적인 인지 능력, 곧 이성과 양심롬 2:13-14; 참조 롬 1:20-21이 작동한다는 것이다. 이성과 양심을 갖고 사는 모든 인간은 하나님의 행위보응 심판을 의식한다.롬 2:6-7; 롬 14:12; 히 2:15 죽기를 무서워하는 자들; 9:27 죽은 후 심판 세상의 고등철학과 종교는 죽음을 무서워하고 자기의 존재 결핍(정의 결핍, 사랑 결핍, 공평 결핍)을 자각하고 있는 인간의 곤경을 주목한다. 욥기는 고등종교와 철학에게 알려진 이 행위보응 준칙 자체를 벗어난 하나님의 절대주권적 자유와 임의적인 재난 배분 현상과 씨름하고 있다.

구약의 욥기는 선민 중심의 구속사와 특별계시가 시작되기 이전의 하나님 이해를 바탕에 깔고 있다. 욥은 자신과 자신의 세계에 알려진 선악을 아는 지식, 정의로운 하나님에 대한 이해, 그리고 자신의 본성적 직관에 근거해 자신이 당한 곤경과 고통이 죄에 대한 하나님의 심판이 아님을 굳게 확신하고 천상의 중보자를 상정하여 자신의 무죄와 결백을 주장한다. 자신에게는 이런 참혹한 재앙을 초래할 어떤 수치나 허물도 없다고 주장한다. 자신은 창조주의 압도적인 그물에 포획된 희생자라는 것이다. 욥은 끝까지 하나님이 자기를 억울하게 했다는 주장을 포기하지 않으며, 매질에 의해 자신의 정결함을 저버리거나 거짓 자백을 하지 않는다(16:17 "그러나 내 손에는 포학이 없고 나의 기도는 정결하니라"). 7-12절이 욥의 핵심 논리다. 욥은 자신이 포학을 당한다고 부르짖으나 정의가 없는 현실에 절망하고, 응답이 없는 하나님을 필사적으로 찾고 찾는다.7절 신원받고 싶지만 신원해 주시지 않는 하나님은 단지 무대응만 보이는 것이 아니라, 자신의 길을 막아 지나지 못하게 하시고 자신의 첩경에 흑암을 두셨다고 한탄한다.8절 하나님이 자신의 영광을 벗기며 자신의 면류관을 머리에서 취하고9절 사면으로 자신을 헐어 버렸다고 토로한다.10절 "나는 죽었구나. 내 소망을 나무 뽑듯 뽑으시고 나를 향하여 진노하시고 원수 같이 보시는구나. 그 군대가 일제히 나아와서 길을 수축하고 나를 치며 내 장막을 둘러 진을 쳤구나."11-12절 이렇게까지 하나님에게서 학대를 당하고도 자신의 결백을 주장하는 욥은 프로메테우스보다 더 고독하고 투쟁적인 영웅인지도 모른다. 하나님의 절대적 거룩과 의로움 앞에 자신의 결핍과 곤경을 토로하며 겸손히 자비를 구하는 인간들이 주를 이루는 구약성경 전반의 분위기와 너무 다른 인물인 욥은, 단지 구약성경에서뿐만 아니라 인류의 종교와 철학의 역사에서도 너무나 기이하게 단독자적인 고독의 사람이다.

20장.

소발의 2차 변론:

가난한 자를 학대하고 이웃의 집을 강탈한 악인의 최후

20

¹ 나아마 사람 소발이 대답하여 이르되 ² 그러므로 내 초조한 마음이 나로 하여금 대답하게 하나니 이는 내 중심이 조급함이니라. ³ 내가 나를 부끄럽게 하는 책망을 들었으므로 나의 슬기로운 마음이 나로 하여금 대답하게 하는구나. ⁴ 네가 알지 못하느냐. 예로부터 사람이 이 세상에 생긴 때로부터 ⁵ 악인이 이긴다는 자랑도 잠시요 경건하지 못한 자의 즐거움도 잠깐이니라. ⁶ 그 존귀함이 하늘에 닿고 그 머리가 구름에 미칠지라도 ⁷ 자기의 똥처럼 영원히 망할 것이라. 그를 본 자가 이르기를 그가 어디 있느냐 하리라. ⁸ 그는 꿈 같이 지나가니 다시 찾을 수 없을 것이요 밤에 보이는 환상처럼 사라지리라. ⁹ 그를 본 눈이 다시 그를 보지 못할 것이요 그의 처소도 다시 그를 보지 못할 것이며 ¹⁰ 그의 아들들은 가난한 자에게 은혜를 구하겠고 그도 얻은 재물을 자기 손으로 도로 줄 것이며 ¹¹ 그의 기골이 청년 같이 강장하나 그 기세가 그와 함께 흙에 누우리라. ¹² 그는 비록 악을 달게 여겨 혀 밑에 감추며 ¹³ 아껴서 버리지 아니하고 입천장에 물고 있을지라도 ¹⁴ 그의 음식이 창자 속에서 변하며 뱃속에서 독사의 쓸개가 되느니라. ¹⁵ 그가 재물을 삼켰을지라도 토할 것은 하나님이 그의 배에서 도로 나오게 하심이니 ¹⁶ 그는 독사의 독을 빨며 뱀의 혀에 죽을 것이라. ¹⁷ 그는 강 곧 꿀과 엉긴 젖(버터)이 흐르는 강을 보지 못할 것이요 ¹⁸ 수고하여 얻은 것을 삼키지 못하고 돌려 주며 매매하여 얻은 재물로 즐거움을 삼지 못하리니 ¹⁹ 이는 그가 가난한 자를 학대하고 버렸음이요 자기가 세우지 않은 집을 빼앗음이니라. ²⁰ 그는 마음에 평안을 알지 못하니 그가 기뻐하는 것을 하나도 보존하지 못하겠고 ²¹ 남기는 것이 없이 모두 먹으니 그런즉 그 행복이 오래 가지 못할 것이라. ²² 풍족할 때에도 괴로움이 이르리니 모든 재난을 주는 자의 손이 그에게 임하리라. ²³ 그가 배를 불리려 할 때에 하나님이 맹렬한 진노를 내리시리니 음식을 먹을 때에 그의 위에 비 같이 쏟으시리라. ²⁴ 그가 철 병기를

피할 때에는 놋화살을 쏘아 꿰뚫을 것이요 ²⁵ 몸에서 그의 화살을 빼낸즉 번쩍번쩍하는 촉이 그의 쓸개에서 나오고 큰 두려움이 그에게 닥치느니라. ²⁶ 큰 어둠이 그를 위하여 예비되어 있고 사람이 피우지 않은 불이 그를 멸하며 그 장막에 남은 것을 해치리라. ²⁷ 하늘이 그의 죄악을 드러낼 것이요 땅이 그를 대항하여 일어날 것인즉 ²⁸ 그의 가산이 떠나가며 하나님의 진노의 날에 끌려가리라. ²⁹ 이는 악인이 하나님께 받을 분깃이요 하나님이 그에게 정하신 기업이니라.

욥, 네 말이 나를 심란케 하는구나! • 1-3절

20장은 나아마 사람 소발의 2차 논변이다. 1-3절은 자신이 욥을 두 번째로 논박할 수밖에 없는 이유를 말한다. 첫째, 자기 의에 대한 욥의 과도한 확신, 집요하고 요지부동한 하나님 힐난을 듣고 마음이 초조해졌다.^{2절} 둘째, 욥의 대답이 소발을 부끄럽게 하는 책망이었기 때문이다. 부당한 책망을 들은 소발은 자존심이 상했다. 자신의 슬기로운 마음을 전혀 인정하지 않으려는 욥의 기세를 꺾기 위해 소발은 다시 전혀 슬기롭지 못한 장광설을 늘어놓기 시작한다.^{3절} 엘리바스, 빌닷, 소발 세 사람의 특징은 빈틈없는 논리와 체계성이다. 낯선 예외성과 의외성을 용납하지 않는다. 조상들이 전해 준 그 지혜, 자신의 학식, 경험, 상식에 입각한 자신들의 판단은 오류가 없다는 견고한 확신이다. 그들은 자신들의 이론, 학설, 견해를 자기비판적으로 검토할 외부적인 기준을 갖지 못한다. 대체로 자신들에 대한 과대평가와 높은 수준의 자존감이 그들의 언동에 잘 드러난다.

악인들의 번영은 일장춘몽에 지나지 않는다! • 4-29절

이 단락에서 소발의 논리는 '악인번영 일장춘몽론'이다. 악인의 번영,

행복감, 그리고 평안은 오래 가지 못한다는 것이다. 소발이 여기서 말하는 악인은 사회경제적 불의와 압제를 범한 행악자다. 소발은 욥이 "가난한 자를 학대하고 버렸음이요 자기가 세우지 않은 집을 빼앗은 자"[19절]라고 판단한다. 욥의 악행을 무모하게나마 적시한다는 점에서 소발의 말에는 진전이 있다. 소발은 악인의 승리와 환희는 지극히 단명하다는 진리는 창조 이래 계속 입증된 진리라고 말한다.[4-5절] 악인의 승리 자랑과 환호성은 잠깐일 뿐이다.[5절] 5절은 항진명제恒眞命題인 것이 사실이다. 그러나 이 '일시적 악인번영론'은 욥에게 해당되지 않는 진리일 뿐이다. 악인의 존귀함이 하늘에 닿고 그 머리가 구름에 닿을지라도,[6절] 악인은 자기의 똥처럼 영원히 폐기되어 망할 것이며 그를 본 자가 다시 찾아도 찾지 못할 만큼 존재감을 상실하게 될 것이다.[7절] 잠시 번영하고 승리한 것 같은 악인의 자랑과 기쁨은 꿈 같이 지나가 다시 찾을 수 없으며, 밤의 환상처럼 사라지고 말 것이다.[8절] 세상 사람들은 다시 그를 보지 못하며, 심지어 그가 살았던 처소도 그를 다시 보지 못할 것이다.[9절] 그의 몰골이 너무 초췌해졌기 때문이다. 불행은 그에게서만 끝나지 않는다. 악인의 고통은 자녀들에게 상속된다. 그의 아들들은 가난한 자에게 은혜를 구하겠고 악인도 자신이 얻은 재물을 자기 손으로 도로 돌려줄 것이며,[10절] 그의 기골이 청년 같이 강장하나 그 강장한 기세도 죽어 그와 함께 흙에 매장될 것이다.[11절] 악인은 비록 악을 달게 여겨 혀 밑에 감추며,[12절] 아껴서 버리지 아니하고 입천장에 물고 있을지라도,[13절] 자신의 몸에 어떤 영양분도 제공하지 못하는 고통의 원천이요 죽음이 된다. 14절의 "그의 음식"은 악인이 입에 물고 있는 "악"이다. 악인이 삼킨 음식인 "악"이 창자 속에서 변하며 뱃속에서 독사의 쓸개로 변한다.[14절] 악은 악인이 즐겨 먹는 음식이지만, 자기파괴적이며 끝내 죽음을 초래하는 독이 된다. 악인이 설령 재물을 삼켰을지라도 소화시키지 못하고 토할 수밖에 없다. 하나님이 그의 배에서 도로 토해져 나오게 하시기 때문이다.[15절] 결국 악인은 "독사의 독을 빨며 뱀의 혀에 죽을 것"이다.[16절] 악인이 삼킨 타인의 재물, 불의하게 강탈한 재물은 그의 몸을 이롭게 하는 양약이 아니라 독이다. 가난한 이웃에게 강탈한 재물은 그를 물어 죽게 만드는 독사요 뱀의 혀와 같다는 것이다. 악인이 하나님이 선사하시는 번영의 강, "꿀과 엉긴 젖이 흐르는 강(모세에게 약속된 가나안 땅)을 보지 못할 것"이며,[17절] 정작 자신이 수고하여 정당하게 얻은 것(소산물)을 삼키지 못하고 돌려주며, 정당하게 매매하여 읻은 재물로 즐거움을 삼지 못할 것이다.[18절] "그가 가난한 자를 학대하고 버렸음이요 자기가 세우지 않은 집을 빼앗"았기 때문이다.[19절] 엘리바스와 빌닷처럼 소발의 변론의 초점은 욥이 자행했다고 하는 구체적인 사회적 악행을 지적하는 것에 있다. 1-2차 변론에서는 친구들은 총론적이고 잠언적인 인과응보 교설로 욥의 죄를 추론하려고 했고, 그것을 바탕으로 욥을 회개시키려고 했다. 논쟁이 진행될수록 그들은 욥의 고난을 구체적인 악행과 연결시키는 무모함을 드러낸다. 그래서 소발은 욥 같은 악인의 마음은 평안을 알지 못하며, 악인은 자신이 기뻐하는 것을 하나도 보존하지 못할 것이라고 단언한다.[20절] 남을 위해 남기는 것이 없이 모두 먹었기 때문에 악인의 행복은 오래 가지 못할 것이다.[20절] 여기까지 개진된 소발의 악인번영 일장춘몽론은 그 자체로 매우 통찰력 넘치는 지혜다. 다만 이 악인번영 일장춘몽론을 욥을 단죄하기 위해 쓰는 것은 지혜가 아니라 지혜의 배반이다.

22-29절은 지혜 적용에 실패한 어설픈 지혜자 소발의 완매^{頑昧}한 태도를 여실히 드러낸다. 22절도 20-21절 논리를 연장한다. 악인의 경우 풍족할 때에도 괴로움이 임하는데, 모든 재난을 주는 자의 손이 그에게 임하기 때문이다.[22절] 악인이 배를 불리려 할 때에 하나님이 맹렬한 진노를 내리시리니 음식을 먹을 때에 그의 위에 비 같이 진노

를 쏟으실 것이다.[23절] 이스라엘 민족이 광야 시절 고기를 먹고 싶다고 모세와 하나님께 불평하자 하나님은 메추라기 떼를 비 같이 내려주셨다.[민 11-12장] 그것은 음식이었다. 그런데 메추라기 고기를 입에 씹고 고기가 이 사이에 끼어 있는 바로 그 순간에, 하나님의 진노가 비처럼 쏟아졌다.[시 105편] 하나님은 악인이 철 병기를 피할 때에는 놋화살을 쏘아 그의 심장을 꿰뚫을 것이다.[24절] 쓸개에 명중한 놋화살촉을 빼냈지만 감당할 수 없는 큰 두려움이 악인에게 닥친다.[25절] 사람이 피우지 않은 불이 큰 어둠에 포박된 악인을 멸하며 그 장막에 남은 것까지 파괴할 것이다.[26절] 마침내 "하늘이 그의 죄악을 드러낼 것이요 땅이 그를 대항하여 일어날 것"이다.[27절] 하늘과 땅은 악인의 악행을 다 목격한 블랙박스요 CCTV인 셈이다. 하늘과 땅[사 1:1]은 그 안에서 벌어진 악행의 목격자이자 당사자, 심지어 피해자일 수 있다. 하늘의 그물은 성긴 것 같아도 악인은 하늘그물[天網]을 빠져 나가지 못한다. 하나님의 진노의 날에 악인의 가산이 떠나가며 악인 자신도 심판의 자리로 끌려갈 것이다.[28절] 4-28절이 묘사하는 처절한 대파국이 악인이 하나님께 받을 분깃이요 하나님이 그에게 정하신 기업이다.[29절] 욥이라는 고유명사는 단 한 번도 언급되지 않았으나, 소발은 욥이 당한 환난과 고통을 악인에게 내려진 하나님의 전형적 심판처분이라고 주장한 것이다. 잠언이나 신명기 역사가의 인과응보론을 믿는 일부 시편들은 겉으로 보기에는 의인처럼 보였던 사람에게 창졸간에 고난이 쇄도할 때 그 재앙은 그의 누적된 숨은 악행에 대한 하나님의 응벌이라고 주장한다. 시편 안에는 이런 신명기적 시편과 애가 시편이 서로 긴장을 이루면서 대화하고 있다. 이런 신명기적 시편에는 갑자기 들이닥친 고난은 누적된 숨은 악행이라는 믿음이 도도하게 흐르고 있다.

메시지

소발은 자신을 자극한 욥의 대답에 흥분하여 욥의 태도를 문제삼아 다시 한 번 공격한다. 20장에서 개진된 소발의 핵심 요지는 26-29절에 나온다. "모든 캄캄한 것이 그의 보물을 위하여 쌓이고 사람이 피우지 않은 불이 그를 멸하며 그 장막에 남은 것을 사르리라. 하늘이 그의 죄악을 드러낼 것이요 땅이 일어나 그를 칠 것인즉 그 가산이 패하여 하나님의 진노하시는 날에 흘러가리니 이는 악인이 하나님께 받을 분깃이요 하나님이 그에게 정하신 기업이니라." 여기서 소발 또한 엘리바스처럼 조상 전래 지혜(통계적 관찰에 입각한 지혜)에 의존하여 욥을 비난한다. 소발은 조상들이 전해 준 흥망성쇠의 지혜 중 '한때 번영했다가 결국 갑작스러운 멸망을 맞이하는 악인'의 사례를 욥에게 적용한 것이다. 소발은 더 나아가 형통했다가 거지로 전락하는 악인의 특징은 가난한 사람을 학대하고 자기가 세우지 않은 집을 빼앗는 자라고 말한다. 이렇게 그 자녀들이 비렁뱅이가 되고 가난해져서 집안이 몰락하는 경우는 한 가지 일밖에 없다는 것이다. "이는 그가 가난한 자를 학대하고 버렸음이요 자기가 세우지 않은 집을 빼앗음이니라."19절 물론 29-31장에서 드러나듯이, 욥은 이러한 악행을 절대로 범하지 않았으나, 소발은 사회적 악행이 없었다고 말하는 욥의 결백을 부정한다. 욥의 사회적 악행에 대한 소발의 직접적 비난이 29-31장에 나오는 욥의 처절한 자기변호를 촉발시켰던 요인 중 하나다. 더욱 놀라운 사실 중 하나는, 이미 욥의 자녀가 죽었는데 10절에서 "그의 아들들은 가난한 자에게 은혜를 구하겠고 그도 얻은 재물을 자기 손으로 도로 줄 것이며"라고 말하는 것이다. 욥기 저자는 소발 주장의 신빙성을 은근히 약화시키려고 이처럼 횡설수설하는 소발의 모습을 부각시켰을지도 모른다. 소발이 욥을 가난한 사람을 학대하고 버렸으며 자신이 세우지 않은 집을 빼앗았다고 단죄하는 것은 우정의 이름으로 범해지기에는 너무나 가증스러운 거짓 증언이 아닐 수 없다. 이미 사회적으로 매장당한 욥을 난도질하는 소발에게서 인간에 대한 환멸을 느끼는 독자도 있을 것이다.

결론적으로 세 친구가 2차 변론에서 보여준 논변들의 특징과 그 논리적 조악함은 다음과 같다. 첫째, 그들은 한결같이 욥의 항변 자체를 견디지 못하고 갈수록 야비하게 비난한다. 욥을 2인칭으로 부르며 좀 더 적극적으로 공격한다(예: "하나님께 대항하는 너"). 기독교 신학의 역사에서도 이런 욥의 친구들 같은 신학 담론이 기승을 부린 적이 없지 않았다. 그들은 하나님의 창조질서와 세상 통치 안에 있는 신비롭고 복합적인 현상을 정직하게 응시하기보다는 하나님의 위엄과 정의로움을 절대적으로, 무조건적으로 옹호하는 과정에서 인간의 억울한 고통 호소를 외면했다. 그 결과 하나님을 인간의 아우성에 초연하고 무관심한 거대한 절대권능자로 변모시켰다. 에리히 프롬^{Erich Fromm}은 하나님을 높이기 위해 인간의 존엄을 파괴하는 논리인 원죄설에 과도하게 집착함으로써 인간의 도덕적 능력과 책임까지 흐리게 만드는 종교개혁자들을 비판했다.[1] 하나님의 영광과 은총을 강조한 나머지, 하나님의 형상으로 창조된 인간의 품격마저도 공격했다는 것이다. 에리히 프롬의 비판이 절대 옳다고 볼 수는 없겠지만, 원죄설을 과도하게 믿고 인류에 대한 하나님의 최후심판을 강조하는 조악한 하나님 옹호 신학은 움베르토 에코의 『장미의 이름』에 나오는 독일 출신의 눈먼 수도사 요르게와 알베르트 까뮈의 『페스트』에 등장하는 사제 파늘루(페스트를 신의 형벌이라고 주장했다가 회개하는 인물)에게서도 일부 발견된다. 인간의 고통을 하나님의 징벌이라고 단정하며 인간은 대파국적 형벌을 받아 마땅한 죄인들이라고 생각하는 기독교 신학은, 오늘날 인류 혐오주의로 오해받기 쉬운 시대다. 따라서 하나님 정의옹호와 인간에 대한 사랑과 자비를 조화시키는 지혜가 필요하다.

둘째, 조상의 전래 지혜를 사용하여 하나님의 욥 심판을 정당화한다. 욥의 친구들은 조상들의 지혜 중 일부를 편취해 일반화의 오류를 범했다. 욥 시대 고대 메소포타미아에도 욥 같이 억울한 사연을 가진 사람들이 신의 정의를 의심하고 항변을 터뜨린 바 있다. 제임스 프리처드James B. Pritchard가 엮은 『고대 근동 문학 선집』ANET에는 신의 정의를 의심하고 억울한 고동과 재앙들로 인해 성의 회복을 호소하는 사람들의 스토리가 여럿 소개되고 있다.[2] 욥의 친구들이라면 이미 알고 있었을 법한 이야기였을 것이다. 또한 창세기 15장에서는 욥과 거의 동시대 인물인 이스라엘의 조상 아브라함이 깊은 잠을 자는 도중에 자신의 후손들이 장차 당할 고난을 미리 내다보는 악몽을 꾸었다.12-13절 자신의 후손이 이방 땅에서 엄청난 고난을 당할 것이라는 예고였다. 여기에는 그것이 아브라함 후손이 죄를 범해 받을 징벌이라는 생각이 조금도 비쳐지지 않는다. 이런 점에서 욥 친구들의 '조상 전래 지혜' 호소 논리도 불철저하고 부정확한 지식에 근거하고 있다고 볼 수 있다. 그들은 욥의 고통에 감정적으로 공감하기 힘들었지라도 지적으로 더 정직했어야 했다.

셋째, 이제 소발을 필두로 친구들은 욥이 범했다고 여겨지는 악행들과 죄를 구체적으로 적시하기 시작한다. 그들은 없는 죄를 만들어내는 광기를 보여준다. 하나님께 억울하다고 소리치는 친구 욥의 아우성을 지극히 불경스러운 악행으로 생각한 나머지, 그들은 욥의 격렬한 반발을 촉발시키는 거짓 증언을 늘어놓기 시작했다. 친구들은 무능한 하나님 정의 변론자에서 거의 사탄적인 친구 참소자로 변질되어 간다. 독자들도 예상하겠지만, 3차 변론에 가서는 욥의 반발 강도도 비례적으로 높아진다.

21장.

욥의 대답:

악인의 일시적 형통과 번성을 보고 실족할 필요가 없다!

21

¹ 욥이 대답하여 이르되 ² 너희는 내 말을 자세히 들으라. 이것이 너희의 위로가 될 것이니라. ³ 나를 용납하여 말하게 하라. 내가 말한 후에 너희가 조롱할지니라. ⁴ 나의 원망이 사람을 향하여 하는 것이냐. 내 마음이 어찌 조급하지 아니하겠느냐. ⁵ 너희가 나를 보면 놀라리라. 손으로 입을 가리리라. ⁶ 내가 기억하기만 하여도 불안하고 두려움이 내 몸을 잡는구나. ⁷ 어찌하여 악인이 생존하고 장수하며 세력이 강하냐. ⁸ 그들의 후손이 앞에서 그들과 함께 굳게 서고 자손이 그들의 목전에서 그러하구나. ⁹ 그들의 집이 평안하여 두려움이 없고 하나님의 매가 그들 위에 임하지 아니하며 ¹⁰ 그들의 수소는 새끼를 배고 그들의 암소는 낙태하는 일이 없이 새끼를 낳는구나. ¹¹ 그들은 아이들을 양 떼 같이 내보내고 그들의 자녀들은 춤추는구나. ¹² 그들은 소고와 수금으로 노래하고 피리 불어 즐기며 ¹³ 그들의 날을 행복하게 지내다가 잠깐 사이에 스올에 내려가느니라. ¹⁴ 그러할지라도 그들은 하나님께 말하기를 우리를 떠나소서. 우리가 주의 도리 알기를 바라지 아니하나이다. ¹⁵ 전능자가 누구이기에 우리가 섬기며 우리가 그에게 기도한들 무슨 소용이 있으랴 하는구나. ¹⁶ 그러나 그들의 행복이 그들의 손 안에 있지 아니하니 악인의 계획은 나에게서 멀구나. ¹⁷ 악인의 등불이 꺼짐과 재앙이 그들에게 닥침과 하나님이 진노하사 그들을 곤고하게 하심이 몇 번인가. ¹⁸ 그들이 바람 앞에 검불 같이, 폭풍에 날려가는 겨 같이 되었도다. ¹⁹ 하나님은 그의 죄악을 그의 자손들을 위하여 쌓아 두시며 그에게 갚으실 것을 알게 하시기를 원하노라. ²⁰ 자기의 멸망을 자기의 눈으로 보게 하며 전능자의 진노를 마시게 할 것이니라. ²¹ 그의 달 수가 다하면 자기 집에 대하여 무슨 관계가 있겠느냐. ²² 그러나 하나님께서는 높은 자들을 심판하시나니 누가 능히 하나님께 지식을 가르치겠느냐. ²³ 어떤 사람은 죽도록 기운이 충실하여 안전하며 평안하고 ²⁴ 그의 그릇(몸)에는 젖이 가득하며 그의 골수는 윤

택하고 ²⁵어떤 사람은 마음에 고통을 품고 죽으므로 행복을 맛보지 못하는도다. ²⁶이 둘이 매 한 가지로 흙 속에 눕고 그들 위에 구더기가 덮이는구나. ²⁷내가 너희의 생각을 알고 너희가 나를 해하려는 속셈도 아노라. ²⁸너희의 말이 귀인의 집이 어디 있으며 악인이 살던 장막이 어디 있느냐 하는구나. ²⁹너희가 길 가는 사람들에게 묻지 아니하였느냐. 그들의 증거를 알지 못하느냐. ³⁰악인은 재난의 날을 위하여 남겨둔 바 되었고 진노의 날을 향하여 끌려가느니라. ³¹누가 능히 그의 면전에서 그의 길을 알려 주며 누가 그의 소행을 보응하랴. ³²그를 무덤으로 메어 가고 사람이 그 무덤을 지키리라. ³³그는 골짜기의 흙덩이를 달게 여기리니 많은 사람들이 그보다 앞서 갔으며 모든 사람이 그의 뒤에 줄지었느니라. ³⁴그런데도 너희는 나를 헛되이 위로하려느냐. 너희 대답은 거짓일 뿐이니라.

내가 참을성 없다고 비난하기 전에! • 1-5절

이 단락은 욥의 재반박과 그 정당성을 말한다. 욥은 친구들에게 다시 한 번 자신의 말을 경청해 달라고 요청한다. 욥은 친구들이 자신의 하소연을 진지하게 경청해 준다면 자신이 당한 곤경이 하나님의 악인 심판 현장이 아님을 알고 위로를 받을 것이라고 말한다.^{1-2절} 친구들이 욥 자신을 조롱하려거든 먼저 자신의 말부터 다 듣고 조롱하라고 말한다.^{3절} 자신의 불평과 원망은 사람들을 상대로 하는 것이 아니며, 자신이야말로 마음이 조급한 상황이라고 말한다.^{4절} 5절은 마치 친구들이 욥을 처음 대면했을 때나 욥이 했을 법한 말이다. "너희가 나를 보면 놀라리라. 손으로 입을 가리리라." 실제로 친구들은 처참하게 무너지고 망가진 욥의 몰골을 보고 놀랐고, 7일간이나 아무 위로의 말도 건네지 못할 정도로 경악했다. 여기서 본다는 말은, 욥의 고난의 진실을 안다는 말일 것이다. 욥이 하나님에게 부당하게 폭행당하여 이렇게 망가졌다는 것을 안다면 경악하게 될 것이라는 논리다. 유사한 사례가 이사야 52-53장에 나온다.

얼굴이 짓이겨진 야웨의 종을 본 열왕들의 반응은 놀람이었다. "전에는 그의 모양이 타인보다 상하였고 그의 모습이 사람들보다 상하였으므로 많은 사람이 그에 대하여 놀랐"다.^{사 52:14} "그는 멸시를 받아 사람들에게 버림 받았으며 간고를 많이 겪었으며 질고를 아는 자라. 마치 사람들이 그에게서 얼굴을 가리는 것 같이 멸시를 당하였고 우리도 그를 귀히 여기지 아니하였도다."^{사 53:3} 사람들은 "그는 징벌을 받아 하나님께 맞으며 고난을 당한다"고 생각했다.^{사 53:4} 이사야 52-53장은 야웨의 심판을 감내하되, 처음에는 모든 동족들의 징벌까지 받은 바벨론 포로들의 정체를 오해했다가, 뒤늦게 깨닫게 되는 "우리"(비유배파, 혹은 바벨론 포로들 중 바벨론 유배의 의미를 처음에는 이해하지 못했던 사람들)의 때늦은 각성을 말한다.[1] 욥에게서 우리는 이사야 52-53장에 나오는 '고난받는 야웨의 종'을 본다.

㉑ 악인들은 그 자녀 세대까지 번영하는구나! • 6-15절

이 단락은 직접적으로 소발의 악인필망론을 반박하는 욥의 말이며, 넓게는 세 친구의 닫힌 신명기 역사가 신학의 논리를 반박하는 욥의 말이다. 욥은 악인들이 오랫동안 지속적으로 번영하는 사례를 들며 하나님의 선인과 악인 징벌의 비례적 정확성에 문제를 제기한다. 소발의 앞 단락 주장과는 달리, 악인들의 질긴 생명력과 지속적 번성은 욥을 불안하게 하고 두렵게 만든다.^{6절} 7-13절은 예레미야 12:1-3과 시편 73편이 제기하는 질문을 떠올리게 한다. 이 단락은 소발의 논리를 정면으로 반박한다. 욥은 "어찌하여 악인이 생존하고 장수하며 세력이 강하냐"^{7절}는 질문을 제기함으로써 소발과 두 친구들의 하나는 알고 둘은 모르는 협소한 신학 전망을 논박한다. 욥의 반박은 청산유수처럼 흘러나온다. 8절은 악인의 번영은 당대에만 그치는 것이 아니며, 그들의 후손도 악인 조상들과 함께 굳게 서고 악인의 자손이 그들의 목전에서 견실하게 번성한다고 말한다.^{8절} 이 정도의 논리만으로도 소발의 논리는 치명상을 입는다. 9절 이하부터 욥의 논박은 갈수록 더 구체적이고 사실적이다. 욥이 보기에는 "악인들의 집이 평안하여 두려움이 없고 하나님의 매가" 아예 그들 위에는 임하지 않는다.^{9절} 뿐만 아니라 그들은 풍요와 다산의 복, 그리고 가화만사성의 행복도 실컷 누린다. 그들의 수소는 새끼를 배고(잉태시키고) 그들의 암소는 낙태하는 일 없이 새끼를 낳는다.^{10절} 그들은 아이들을 양 떼 같이 출산하고 그들의 자녀들은 행복에 겨워 춤을 춘다.^{11절} 그들(악인들, 그들의 자녀들, 혹은 그들 모두)은 소고와 수금으로 노래하고 피리 불며 즐기며,^{12절} 그들의 향년을 복되게 누리다가 잠깐 사이에 스올에 내려간다(죽는다). 현대인들이 모두 꿈꾸는 일이 고통 없이 죽는 일인데, 악인들이 바로 이런 부러운 죽음을 맞이한다.^{13절} 그들은 남들이 부러워할 만한 모든 복을 죽는 순간까지 누린다. 14절의 논리는 실로 역설적 반전이다. 이런 복을 다 누리고도 악인들은 하나님께 전혀 감사하지 않는다. 그들은 오히려, "우리를 떠나소서. 우리가 주의 도리 알기를 바라지 아니하나이다.^{14절} 전능자가 누구이기에 우리가 섬기며 우리가 그에게 기도한들 무슨 소용이 있으랴"^{15절}라고 말한다. 악인들은 하나님께 감사가 부족한 정도가 아니라 오히려 하나님께 모독적이다. 이런 악인에게는 질기고 견실한 복이 보증되고 욥처럼 나노 단위의 순간까지 초^超경건하고 초^超의로운 사람은 하나님의 저주와 폭행으로 만신창이가 되어 있다.

하나님의 악인 징벌은 필연적이다 • 16-26절

16절의 개역개정은 다소 어색한 번역이다. "그러나 그들의 복이 그들의 손 안에 있지 아니하니 악인의 계획은 나에게서 멀구나." 16절의 히브리어 원문 직역은 이렇다. "보라, 그들의 번영(복)은 그들의 손에 있지 않다. 악인들의 도모가 나로부터 멀어지기를!" 여기서 역접접속사 '그러나'는 불필요하다. 오히려 영탄발어사 '보라'를 살려 번역해야 한다. 이 발어사發語詞는 충격적인 반전이 일어나는 상황을 도입할 때 쓰는 말이다. 더 나아가 16절 하반절은 평서문 직설법이라기보다는 기원문에 가깝다. 악인들의 도모에 자신이 혹하지 않기를 스스로에게 타이르는 맥락이다. 자신들은 악인들의 질기고 견실해 보이는 행복에도 불구하고 그들의 도모에 전혀 영향받지 않기를 바란다. 그 이유는 17절에 나온다. 17절부터는 소발의 논리와 거의 같다. 17-21절은 악인필망론을 긍정하고 22-26절은 악인과 의인의 구별되지 않는 종말, 곧 도덕적 무정부주의 상황을 다룬다. 17절의 히브리어 구문을 좀 더 자연스럽게 번역하면, "얼마나 자주 악인들의 등불은 꺼지며, 얼마나 자주 그들의 재앙이 그들에게 닥치며, 얼마나 자주 그가 그의 진노 중에서 고통들을 분배하는가?"이다. 17절 하반절의 동사 '분배하다'의 주어는 3인칭 단수일 뿐, 하나님으로 적시되지 않는다. 문맥상 "그의 진노 중"에 나오는 3인칭 속격접미사 때문에 주어를 하나님으로 추정하는 것은 어렵지 않다. 악인들은 땅을 배분받는 것이 아니라 파멸을 배분받아 땅에서 끊어진다. 17절의 요지는 악인들의 등불(악인들이 잠시 누리는 번영이나 복)이 꺼지고 순식간에 재앙이 악인들을 쇄도하는 일은 빈번하다는 것이다.

18절은 악인들에게 임한 급작스런 심판의 결과를 말한다. 하나님의 분노 중에 고통을 분배받은 악인들은 바람 앞에 검불 같이, 폭풍에 날려가는 겨 같이 된다.[18절] 의인들과 달리 "악인들은 그렇지 아니함이여, 바람에 휩쓸려가는 겨와 같다."[시 1:4] 악인의 긴 번영과 급작스런 심판 사이에는 시차가 있을 뿐이라는 것이다. 하나님은 악인의 죄

욥의 대답: 악인의 일시적 형통과 번성을 보고 실족할 필요가 없다!

악으로 인해 악인 당사자에게 당대에 심판하심으로 당신의 진노를 드러내시지 않고, 그의 자손들을 위하여 쌓아 두시며 자녀들을 징벌함으로써 그의 죄를 심판하신다.[19절] 욥은 악인이 이 하나님의 시차 심판원리를 알기를 바란다. '알다'의 주어는 악인이다. 일종의 3인칭 간접명령구문이다. "악인은 알지어다!" 정도의 의미다. 20절도 같은 3인칭 명령구문이다. 20절을 히브리어 구문에 충실히 번역하면 이렇다. "악인의 두 눈이 그의(자신의) 멸망을 볼지어다. 그(악인)가 전능자의 진노를 마실지어다." 21절은 다소 어려운 구절이다. 개역개정 21절은 "그의 달 수가 다하면 자기 집에 대하여 무슨 관계가 있겠느냐"라고 번역한다. 이것이 무엇을 말하는지 확실하지 않다. 그럼에도 문맥을 고려해 이 절의 대지 파악은 가능하다. "그의 집"에서 "그"는 악인을 가리키고, "그의 계획"(기쁘신 뜻, 혹은 의향/계획)에서 "그"는 하나님을 가리킨다. 21절은 악인이 자신의 향년이 다하고 나면 그 악인을 향한 하나님의 계획이 그의 집에 어떻게 성취되든지 혹은 성취되지 않든지 상관 없다고 말하는 상황이 일어나지 않기를 바라는 욥의 마음을 드러낸다.[2] 즉, 악인 스스로 자신의 후손에게 일어나는 심판은 괘념하지 않는 상황을 욥은 못마땅하게 생각한다. 욥은 20절에 이어 21절에서도 악인이 스스로 악인의 멸망을 직접 경험하기를 마음속에서 기원하고 있는 셈이다. "제발 악인이 자기의 종말이 파멸임을 자기 당대에 맛보았으면!" 하고 바라는 욥의 속생각 피력이다.[3] 22절은 이런 욥의 소원이 충족되지 않을 것 같은 현실을 말한다. 따라서 접속사 붜(1)를 "그러나"로 번역하는 개역개정의 선택은 적절하다. 하지만 개역개정 22절의 나머지 번역은 다소 어색해 보인다. 개역개정은 히브리어 성경의 상하반절을 역순으로 번역하기에 22절의 의미를 부각시키는 데 어려움을 겪고 있다. 개역개정은 "그러나 하나님은 높은 자들을 심판하시나니 누가 능히 하나님께 지식을 가르치겠느냐"라고 되어 있다. 히브리어 성경 22절을 직역하면 이렇다. "누가 하나님을 위하여 지식을 가르치겠는가? 그는 높은 데서 재판하시는데." 개역개정이 "높은 자들"이라고 번역한 히브리어 라밈(רָמִים)은 '높은 곳들'이라고 번역하는 것이 문맥상 더 적합해 보인다. '지식'은 세상에 일어나는 일들을 세세히 아는 지식을 의미한다. 시편 73:11이 말하는 그 지식이다. 악인들은 "하나님이 어찌 알랴. 지존자에게 지식이 있으랴"라고 생각한다.^{시 73:11} 22절의 요지를 파악하려면 그것의 하반절이 주어 "그"로 시작하는 상황절임을 주목해야 한다. 이 상황절 구문에는 인간 중 누구도 하나님에게 지식을 가르칠 수 없는 상황이 바로 하나님이 "높은 곳들"에서 심판하기 때문이라는 함의가 들어 있다. 결국 22절은 하나님은 높은 곳에서 재판하시기에 세상의 일들을 세세히 모르고 있을 것이라는 인간들의 의심을 대변하는 셈이다. 어찌 보면 이 말은 높은 데 거하시는 하나님의 정의가 지상에 사는 비천하고 가련한 사람을 보호하기에는 너무 멀고 우활하다는 탄식으로 들린다. 결국 욥은 높은 자리에서 심판하시는 하나님의 심판의 불가해성, 불가사의적 요소를 인정하는 것처럼 보인다. 그 결과 23-25절이 묘사하는 상황이 벌어진다. "어떤 사람은 죽도록 기운이 충실하여 안전하며 평안하고",^{23절} 그의 몸(그릇)에는 젖이 가득하며 그의 골수는 윤택하고,^{24절} 또 다른 "어떤 사람은 마음에 고통을 품고 죽으므로 행복을 맛보지 못"한다.^{25절} 허무할 정도로 행복자와 불행자의 종말이 동일하다. "이 둘이 매 한 가지로 흙 속에 눕고 그들 위에 구더기가 덮이는구나."^{26절} 허무주의적 인생관의 피력처럼 보이는 이 구절은 이진법 신학으로 연산이 되지 않는 신비한 일이 있다는 뜻이다.

욥의 대답: 악인의 일시적 형통과 번성을 보고 실족할 필요가 없다!

이 단락의 요지는 "악인필망론의 증거는 명백하지만 내 고난은 일장 춘몽 악인번영 끝에 오는 하나님 징벌이 아니다!"이다. 27절에서 욥은 친구들의 생각을 알고 자신을 해하려는 속셈도 알고 있노라고 말하며 친구들을 궁지에 몰아넣는다. 28절에서 욥은 "귀인의 집이 어디 있으며 악인이 살던 장막이 어디 있느냐"라는 친구들의 말을 인용한다. 친구들은 21:7-8에서 욥이 제기한 "불가해한 악인번영론"을 반박하려고 이렇게 말했을 가능성이 크다. 여기서 귀인ʰˢ도 욥을 가리키고 악인도 욥을 가리키는 것처럼 보인다. 욥의 친구들은, "한때 귀인으로 자처하는 자의 집이 어디 있으며, 이제 악인으로 판명난 자의 장막이 어떻게 되었느냐"고 말하는 셈이다. 즉, 자신이 겪고 있는 재난을 자신의 악행에 대한 하나님의 심판이라고 몰아붙이는 친구들의 말을 직접 인용한다. 29절은 친구들의 불충분한 증거 채집을 비판한다. 여기서 욥은 친구들이 길 가는 사람들에게 자신이 당한 재앙의 원인이 뭔지 물었고, 그들이 제출한 증거를 모았을 것이라고 전제한다. 이 말의 이면에는 오히려 객관적으로 자신의 이전 삶과 고난을 다 목격한 사람들이라면 친구들 같이 일방적으로 자신을 악인이라고 매도하지 않았을 것이라는 욥의 자신감이 있다.

30-33절은 악인필망론을 긍정하는 욥의 말이다. 욥도 악인이 영원히 하나님의 심판을 피할 수 있다고 말하지 않는다. 욥도 "악인은 재난의 날을 위하여 남겨둔 바 되었고, 진노의 날을 향하여 끌려"간다는 것을 안다.30절 재난의 날이 금세 닥치지 않아 악인이 대담하게 악행을 계속할 여지는 있지만,전 8:11 악행자가 하나님의 심판을 영원히 피할 수 있다고 주장하지는 않는다. 악행자는 유예된 심판 때문에 자신의 영구적 번영과 행복을 확신하기에 그의 행로가 궁극적인 하나님

의 파멸심판으로 귀결되는 것을 믿지 않는다. 그래서 사람들은 "누가 능히 그의 면전에서 그의 길을 알려 주며 누가 그의 소행을 보응하랴"는 의심을 품을 수 있다. 이런 의심은 온 세상이 악인의 손에 넘어간 상황에서만 욥 9:24 정당화될 수 있다. 욥도 아주 이따금씩 그런 극단적인 의심에 사로잡힌 것처럼 보인다. 그러나 욥이 허무주의적인 도덕적 무정부주의나 악 지배론을 믿는 것은 아니다. 악인에 대한 하나님의 심판은 더딜지라도 반드시 필연적으로 집행된다. 악인을 무덤으로 메어 가고 사람이 그 무덤을 지킬 것은 확실하다는 것이다.32절 악인은 끝내 죽어 매장되어 골짜기의 흙덩이를 달게 여길 것이며 그가 간 길은 새삼스러운 새 길도 아니다. "많은 사람들이 그보다 앞서 갔으며 모든 사람이 그의 뒤에 줄지었느니라."33절 이처럼 욥도 악인의 필망을 굳게 믿고 있음을 보여준다. 이 지점에서 독자들은 욥 친구들의 어리석음 때문에 극심한 피로를 느끼게 된다. "그런데도 이 친구들은 욥도 인정하는 악인필망론으로 욥의 회개를 이끌어 내려고 했으니, 얼마나 어리석었던가." 결론적으로, 욥은 친구들이 자신을 헛되이 위로하려고 하다가 결국 거짓을 늘어놓을 뿐이라고 판단한다.34절 욥 자신은 악인필망론의 예시가 될 수 없는 것을 잘 알고 있기 때문이다.

메시지

욥의 21장 답변은 1차적으로는 "악인은 결국 고난을 겪는다"라는 20장 소발의 2차 변론에 대한 답변처럼 보인다. 욥은 친구들에게 자신의 말을 경청해 달라는 호소와 함께 답변을 시작한다. 욥은 계속 말해 왔지만 그들은 욥의 말을 경청하지 않았다. 그들은 다른 친구도 모두 함께 있는 데서 욥에게 말한 것 같지는 않다. 한 사람이 충고하고 나가면 또 한 사람이 오는 방식이었던 것 같다. 즉, 한 친구가 욥에게 말할 때 옆에 다른 두 친구는 없었고, 친구 세 사람이 각각 따로 충고하는 것처럼 보인다. 그들은 서로 연결된 것처럼 보이지 않는다. 그러나 공통점은 있다. 그들은 욥이 당하는 곤경을 충분히 주목하지 않았고, 충분히 경청하지 않았다. 욥은 세 친구를 동시에 불러 말하고 있는 것처럼 보인다.

욥은 친구들에게 통곡의 벽, 불통의 벽을 본다. 친구들은 욥의 말을 경청하지 않는다. 그들은 욥을 조롱하기만 한다. 욥은 자신의 말을 진히 듣지 않고 조롱과 비판만 하는 친구들에게 제발 경청해 달라고 간청한다. 조롱하더라도 먼저 경청한 후에 조롱하라고 부탁한다. 히브리어 본문 2절을 실감나게 번역하면 이렇다. "제발 내 말을 경청해 다오. 내 말 경청하는 이것이 너희의 위로가 되게 해다오." 즉, "경청하는 것이 너희가 나를 위로하는 것이다"라는 의미다. 3절과 4절에서 욥은 1인칭 단수대명사를 두 번이나 독립적으로 사용한다. "나부터 (아노키[אָנֹכִי]) 말한 후에 조롱하라."[3절] "내가(아노키) 사람을 원망하는 것 같나?"[4절] 개역개정 5절 첫소절은 히브리어 본문에 있는 중요한 첫 어구를 생략하고 있다. 퍼누-엘라이(פְּנוּ־אֵלַי). "내 쪽으로 얼굴을 **돌려라**"라는 의미다. 5절 둘째 소절과 셋째 소절도 다 명령형 동사로 시작한다. "그리고 **놀라라**. 그리고 손을 **입에 대라**." 세 명령형 동사 모두 2인칭 남성복수형이다. 친구들 모두에게 하는 말이라는 의미다. 이렇게 얼굴을 돌려 자신의 참상을 자세히 보면 단죄나 비방으로 나를 회개시키려고 하지는 못할 것이라는 함의가 5절에 들어 있다. 욥 자신의 고난은 입으로 왈가왈부할 수준이 아니라는 뜻이 담겨 있다. 1-3차 변론에 이르기까지 욥은 친구들이 마지막까지 자신의 말을 경청해 주지 않는 것에 절망했다. 세상의 가장 큰 고통 중 하나는 자신의 말이 경청되지 않는 상황이다.

친구들은 자신의 말을 경청하지 않았을지라도 욥은 소발에게 마지막까지 성실하게 답변한다. 21장 마지막 단락에서 욥도 악인필망론을 주장하지만, 또한 하나님의 절대주권적 고통 배분, 즉 고통의 임의적 배분현상도 주목한다. 22-24절에서 욥은 설령 '악인'이라도 기력이 충실하고 안전하고 평온하게 살 가능성이 있다고 말한다. 소발의 단순화된 악인필망론이 포착하지 못한 복잡한 현실이 있다는 것이다. 욥의 논점을 쉽게 풀면, "소발, 네가 악인은 망하고 의인은 형통한다고 말했지. 아니, 악인의 형통도 있다. 너희가 틀렸어!"이다. 21-24장에 가면 하나님의 고난과 행복 배분 알고리즘에 대한 욥의 비관적 생각은 더 강경해진다. 21-24장에서 드디어 욥은 도착^{倒錯}된 세계의 본질에 접근한다. 그는 의인의 형통이 아니라, 악인의 형통을 본 것이다. 이런 점에서 욥기 21장이 중요하다. 여기서 욥은 한편으로는 악인필망론을 받아들이지만, 한 걸음 더 나아간다. 욥은 드디어 친구들과 다른 논리를 내세운다. 즉, 악인형통론이다. 욥은 드디어 자신에게 일어난 일에서 벗어나 악인의 번영, 의인의 고난에 대해서 말하기 시작한다. 욥의 친구는 '악인의 고통, 의인의 번영'에 대해서 말하는데 이는 시편 1편만 아는 것이다.[4]

> 복 있는 사람은 악인들의 꾀를 따르지 아니하며 죄인들의 길에 서지 아니하며 오만한 자들의 자리에 앉지 아니하고……시냇가에 심은 나무가 철을 따라 열매를 맺으며 그 잎사귀가 마르지 아니함 같으니 그가 하는 모든 일이 다 형통하리로다. 악인들은 그렇지 아니함이여, 오직 바람에 나는 겨와 같도다. 그러므로 악인들은 심판을 견디지 못하며 죄인들이 의인들의 모임에 들지 못하리로다. 무릇 의인들의 길은 여호와께서 인정하시나 악인들의 길은 망하리로다.^{시 1:1-6}

시편 1편은 악인은 끝내 망하리라고 낙관한다. 그러나 5-6절 사이에는 시차가 있다. 이 두 절의 전환 과정에는 시차가 있다. 시편 1편만 보면 일시적인 악인의 번성에 대해서 설명하지 못한다. 그래서 예레미야 12:1-3도 아울러 주목해야 한다.

여호와여, 내가 주와 변론할 때에는 주께서 의로우시니이다. 그러나 내가 주께 질문하옵나니 악한 자의 길이 형통하며 반역한 자가 다 평안함은 무슨 까닭이니이까. 주께서 그들을 심으시므로 그들이 뿌리가 박히고 장성하여 열매를 맺었거늘 그들의 입은 주께 가까우나 그들의 마음은 머니이다. 여호와여, 주께서 나를 아시고 나를 보시며 내 마음이 주를 향하여 어떠함을 감찰하시오니 양을 잡으려고 끌어냄과 같이 그들을 끌어내시되 죽일 날을 위하여 그들을 구별하옵소서. 렘 12:1-3

끝내 악인은 망할 것이라고 확신하는 시편 1:1-6은 틀린 말이 아니다. 하지만 시차가 있다. 악인이 끝내 망하기 전에 우리를 현혹하고 혼란케 하는 악인의 번성이 있을 수 있기 때문이다. 그래서 예레미야 12:1-3은 시편 1:5-6 사이에 들어가야 한다. 시편 1편 5절에서 6절로 전환되는 과도기 동안에 악인이 번영하는 것처럼 보여 의인의 동요가 일어날 수 있으며, 그래서 악인의 형통이 일시적으로 시편 1:6의 결론을 의심하게 만들기 때문이다. 하지만 끝내 악인은 망한다. 그러나 악인은 망하기 직전까지 자신의 형통을 자랑한다. 바로 이 시기가 의인의 폐부가 검증당하고 단련되는 때다. 세상이 선과 악, 의와 불의가 도착된 것처럼 보이기 때문이다. 그래서 선지자 예레미야는 바로 이런 상황에서 "의인을 시험하사 그 폐부와 심장을 보시는 만군의 여호와여" 렘 20:12 라고 절규했다. 정확하게 욥이 예레미야처럼 절규하며 친구들과 정반대의 논리를 제시한다. "악인이 오히려 형통하던데!" 이처럼 21장은 욥 논리의 변곡점을 구성한다. 이 변곡점을 이해해야 24장을 이해할 수 있다.

22장.

엘리바스의 3차 변론:
욥을 사회 약자의 압제자라고 단죄하는 엘리바스

22

¹ 데만 사람 엘리바스가 대답하여 이르되 ² 사람이 어찌 하나님께 유익하게 하겠느냐. 지혜로운 자도 자기에게 유익할 따름이니라. ³ 네가 의로운들 전능자에게 무슨 기쁨이 있겠으며 네 행위가 온전한들 그에게 무슨 이익이 되겠느냐. ⁴ 하나님이 너를 책망하시며 너를 심문하심이 너의 경건함 때문이냐. ⁵ 네 악이 크지 아니하냐. 네 죄악이 끝이 없느니라. ⁶ 까닭 없이 형제를 볼모로 잡으며 헐벗은 자의 의복을 벗기며 ⁷ 목마른 자에게 물을 마시게 하지 아니하며 주린 자에게 음식을 주지 아니하였구나. ⁸ 권세 있는 자는 토지를 얻고 존귀한 자는 거기에서 사는구나. ⁹ 너는 과부를 빈손으로 돌려보내며 고아의 팔을 꺾는구나. ¹⁰ 그러므로 올무들이 너를 둘러 있고 두려움이 갑자기 너를 엄습하며 ¹¹ 어둠이 너로 하여금 보지 못하게 하고 홍수가 너를 덮느니라. ¹² 하나님은 높은 하늘에 계시지 아니하냐. 보라, 우두머리 별이 얼마나 높은가. ¹³ 그러나 네 말은 하나님이 무엇을 아시며 흑암 중에서 어찌 심판하실 수 있으랴. ¹⁴ 빽빽한 구름이 그를 가린즉 그가 보지 못하시고 둥근 하늘을 거니실 뿐이라 하는구나. ¹⁵ 네가 악인이 밟던 옛적 길을 지키려느냐. ¹⁶ 그들은 때가 이르기 전에 끊겨 버렸고 그들의 터는 강물로 말미암아 함몰되었느니라. ¹⁷ 그들이 하나님께 말하기를 우리를 떠나소서 하며 또 말하기를 전능자가 우리를 위하여 무엇을 하실 수 있으랴 하였으나 ¹⁸ 하나님이 좋은 것으로 그들의 집에 채우셨느니라. 악인의 계획은 나에게서 머니라. ¹⁹ 의인은 보고 기뻐하고 죄 없는 자는 그들을 비웃기를 ²⁰ 우리의 원수가 망하였고 그들의 남은 것을 불이 삼켰느니라 하리라. ²¹ 너는 하나님과 화목하고 평안하라. 그리하면 복이 네게 임하리라. ²² 청하건대 너는 하나님의 입에서 교훈을 받고 하나님의 말씀을 네 마음에 두라. ²³ 네가 만일 전능자에게로 돌아가면 네가 지음을 받을 것이며 또 네 장막에서 불의를 멀리 하리라. ²⁴ 네 보화를 티끌로 여기고 오빌의 금을 계곡의 돌로

엘리바스의 3차 변론: 욥을 사회 약자의 압제자라고 단죄하는 엘리바스

여기라. ²⁵ 그리하면 전능자가 네 보화가 되시며 네게 고귀한 은이 되시리니 ²⁶ 이에 네가 전능자를 기뻐하여 하나님께로 얼굴을 들 것이라. ²⁷ 너는 그에게 기도하겠고 그는 들으실 것이며 너의 서원을 네가 갚으리라. ²⁸ 네가 무엇을 결정하면 이루어질 것이요 네 길에 빛이 비치리라. ²⁹ 사람들이 너를 낮추거든 너는 교만했노라고 말하라. 하나님은 겸손한 자를 구원하시리라. ³⁰ 죄 없는 자가 아니라도 건지시리니 네 손이 깨끗함으로 말미암아 건지심을 받으리라.

인간의 경건 자체를 조롱하는 엘리바스 • 1-3절

엘리바스는 욥이 경건하게 살았다는 사실을 부정할 수 없게 되자, 이번에는 인간의 경건 자체의 무의미성을 강조한다. "인간의 경건이 하나님께 무슨 의미가 있으랴!" 이 단락은 하나님의 충분자족성을 부당한 목적으로 부당하게 옹호하는 엘리바스의 경건허무주의를 다룬다. 욥의 논리를 반박하기 위해 착안한 엘리바스의 궁색한 변명이다.¹절 2절에서 엘리바스는 인간 자체의 무의미성을 강변한다. 하나님은 당신의 목적을 위해 인간을 창조하셨다. 창세기를 비롯한 많은 성경구절들은 인간이 이 광활하고 무변한 우주창조자인 하나님의 자녀이자 부왕副王적인 동역자로 창조되었다고 말한다.시 8:4-5 그런데도 엘리바스는 "사람이 어찌 하나님께 유익하게 하겠느냐"라고 반문한다. 더 나아가 "지혜로운 자도 자기에게 유익할 따름이니라"며 조롱한다. 인간 존재 자체의 의미를 부정하고 지혜도 조롱하는 것이다. 욥이 지혜롭다는 것을 알게 된 엘리바스는 이제 지혜 자체의 무용성을 강변한다. 3절에서 엘리바스는 의와 경건한 삶 자체가 하나님의 절대주권적인 심판처분, 재앙을 피할 충분조건이 될 수 없다고 말한다. "네가 의로운들 전능자에게 무슨 기쁨이 있겠으며 네 행위가 온전한들 그에게 무슨 이익이 되겠느냐." 욥기 1장을 읽어 보면, 엘리바스의 이런 강변은 거짓임이 드러난다. 하나님은 사탄에게, "내 종을 유의하여 보았느냐"고 물으신다. 하나님께 의롭고 경건하며 순전한 욥은 "유의할 대상"이며 기쁨이 된다. 시편 기자는 "인자가 무엇이길래 주께서 그를 돌보시나이까"라고 찬탄한다.[시 8:4] 욥 자신도 하나님의 극도로 세밀한 인간 주목, 감찰을 부담스러워했다. 이처럼 이 땅은 하나님의 천상보좌에서 열린 어전회의에서 최우선 관심사다.

욥의 사회적 악행을 적시하고 단죄하는 무모한 엘리바스 • 4-11절

엘리바스의 세 번째 변론에서도 유의미한 논리 진전이나 신학적 전망의 성숙은 발견되지 않는다. 지루한 이진법 신학의 반복이다. 이 단락은 욥의 경건을 부정하며, 아예 욥을 사회적으로 악행을 범한 죄인이요 공중도덕과 율법의 파괴자라고 거칠게 단죄하는 엘리바스의 오발탄이다. 4-11절은 소발의 두 번째 단죄 논리[20:19, 고아 학대, 이웃 가옥 강탈]를 이어받는다. 엘리바스는 욥의 환난과 고통이 욥의 경건에 대한 하나님의 특별감찰 결과 발생한 연단이나 징계가 아니라,[4절] 욥의 큰 악과 무수한 죄악에 대한 심판처분임을 강조한다.[5절] 6-9절에서는 욥기 당시의 고대사회에서 혐오의 대상이 되는 사회적 악행 목록들이 열거된다. 6절은 악독한 채주가 빚(하루 만에 갚아야 할 빚)을 갚지 못한 사람, 그것도 친척을 볼모로 잡으며 헐벗은 자의 의복(담보물)을 벗기는 상황이다. 6절의 주어는 2인칭 단수, 욥이다. "형제"라고 번역된 말은 "네 형제"라고 번역해야 한다. 6절의 직역은, "너는 네 형제를 공연히 볼모로 잡으며, 이미 벌거벗은 자의 옷들을 벗긴다"이다. 7절의 주어도 욥이다. 엘리바스는 욥이 지나가는 나그네에 대한 환대 의무를 저버리는 무자비한 악행을 범했다고 비난한다. 주린 자의 속을 비게 하고 목마른 자에게 마실 것이 없어지게 하는 것은 이상적인 이스라엘 사회에서 단죄되는 행동이다.^{사 32:6} 8절은 2인칭 단수 주어가 나오지 않는 엘리바스의 사회비평적인 관찰이다. "권세 있는 자는 토지를 얻고 존귀한 자는 거기에서 사는구나." 여기서 욥은 토지를 얻고 거기서 사는 자라고 간주된다. 8절의 히브리어 직역은, "팔의 사람, 그에게 땅이 속하고, 얼굴 높이 들려진 자들이 그 안에 산다"이다. "팔의 사람"은 권세를 이용해서 남의 땅을 강탈하는 악행자인데, 욥을 가리키는 말이다.

8절에서는 욥을 우회적으로 비난하는 엘리바스가 9절에서는 다시 욥을 2인칭으로 부르며 대놓고 욥의 악행을 적시한다. 이웃에 대해 거짓 증거하는 죄는 엄청난 악인데, 엘리바스는 욥을 강압적으로 회개시키고 하나님을 무리하게 옹호하기 위하여 욥이 이런 만행을 저질렀다고 비난한다. 그는 욥이 과부를 빈손으로 돌려보냈으며(완료시제), 고아의 팔을 꺾는다(미완료시제)고 말하는 것이다. 개역개정은 복수를 거의 단수로 번역하는 오류를 범하는데, 여기도 마찬가지다. 직역하면, "너는 과부들을 빈손으로 돌려보냈으며(품삯을 주지 않고) 고아들의 팔은 짓이겨졌다"이다. 9절 상반절은 2인칭 단수 주어인 완료 능동태 동사가 쓰인 문장이며, 하반절은 3인칭 단수 미완료 강세 수동(푸알) 동사가 쓰인 문장이다. "짓이겨졌다"라고 번역된 히브리어 여두카(יְדֻכָּא)는 '부수다', '으깨다' 등을 의미하는 동사 다카(דָּכָא)의 강세수동형(푸알)이다. 9절 하반절은 고아들의 팔을 짓이긴 자가 욥이라는 함의를 드러내고 있다. 엘리바스는 이제 친구가 아니라, 아예 욥의 원수, 대적이 되었다. 욥을 아주 파렴치한 부자, 유력자로 단죄하는 것이다.

10-11절은 욥에게 지금 일어나고 있는 환난을 어느 정도 근접하게 묘사한다. "그러므로 올무들이 너를 둘러 있고 두려움이 갑자기 너를 엄습하며^{10절} 어둠이 너로 하여금 보지 못하게 하고 홍수가 너를 덮

느니라."[11절] 11절 상반절의 주어는 "어둠"이 아니라, 2인칭 남성단수 욥이다. 이 소절을 직역하면, "그러므로 어둠이다. 너는 보지 못한다" 정도가 된다. 개역개정은 의역을 하고 있다. 여기서 "홍수"라고 번역 된 히브리어 쉬프아트-마임(שִׁפְעַת־מַיִם)은 엄청난 물을 가리킨다. 물 은 혼돈 세력이다. 하나님의 통제에 잘 따르지 않으려는 자의적 피조 물이 물이다. 엘리바스는 거대한 물이 욥을 엄몰하고 있다고 본다. 전 체적으로 엘리바스는 욥이 당하고 있는 환난과 고통이 욥의 무자비 한 악행에 대한 응보적 심판이라고 확신하고 있다. 이런 점에서 엘리 바스는 1차, 2차 변론으로부터 의미 있는 신학 발전이나 논리 성숙, 정교화를 전혀 보여주지 못한다. 지루하고 장황한 잡설의 반복이요 그 자체로는 옳은 말일 수 있는 경구적 지혜를 욥에게 그릇되게 적용 하는 우를 범한다.

㉒

하나님을 대적한 신성모독적 행악자들의 말로를 강조하는 엘리바스 • 12-20절

12절은 전지적全知的 조망점을 가지신 하나님은 인간의 눈을 피해 가 시지만, 인간의 세세한 죄악과 악을 다 감찰하실 수 있다고 믿는 엘리 바스의 말이다. 하나님은 높은 하늘에 계시기 때문에 욥의 모든 악행 을 능히 감찰하실 수 있다. 가장 높은 별들이 지상에서 얼마나 높이 떠 있는지를 보라는 것이다. 12절에는 하나님이 땅의 사정을 환히 감 찰할 수 있는 전지적 심판자의 시좌를 확보하고 계시니, 하나님의 판 단은 오류를 범할 수 없다는 함의가 들어 있다. 13절은 악인들이 하 는 전형적인 신성모독적 관용어법인데, 엘리바스는 욥이 이런 말을 했거나 하고 있다고 주장한다. "하나님이 무엇을 아시며 흑암 중에서 어찌 심판하실 수 있으랴 빽빽한 구름이 그를 가린즉 그가 보지 못하 시고 둥근 하늘을 거니실 뿐이라 하는구나."[13-14절] 시편 64:5은 악인들의 상호도모를 다음과 같이 묘사한다. "그들은 악한 목적으로 서로 격려하며 남몰래 올무 놓기를 함께 의논하고 하는 말이 누가 우리를 보리요 하며." 시편 94:3-7은 악인들의 신성모독적인 확신을 전한다. 그들은 마구 지껄이며 다음과 같이 오만하게 말한다. "과부와 나그네를 죽이며 고아들을 살해하며 말하기를 여호와가 보지 못하며 야곱의 하나님이 알아차리지 못하리라 하나이다."[시 94:6-7] 그런데 욥기 어디에서도 욥이 이런 신성모독적이고 오만방자한 언동을 보인 적이 없다. 욥기 16:19에서 욥은 하늘에 계신 하나님을 언급하기는 하지만, 정반대의 문맥에서 하늘의 하나님을 언급한다. "지금 나의 증인이 하늘에 계시고 나의 중보자가 높은 데 계시니라." 사정이 이러함에도 엘리바스는 욥을 최악의 죄인이라고 단죄한다. 엘리바스는 15절에서 아예 욥에게 "네가 악인이 밟던 옛적 길을 지키려느냐"라고 대담하게 힐문한다. 16-17절은 악인들의 말로를 묘사한다. 악인들은 "때가 이르기 전에 끊겨 버렸고 그들의 터는 강물로 말미암아 함몰되었다."[16절] 결국 악인들이 홍수에 엄몰되듯이 파멸당한다는 것이다. 지금 욥은 악인들에게 닥친 재앙을 경험하고 있다는 취지다. 17절은 악인들이 망하기 전에 했던 말을 인용한다. "우리를 떠나소서!" "전능자가 우리를 위하여 무엇을 하실 수 있으랴!" 이처럼 신성모독적 언동을 일삼던 악인들에게 하나님의 심판이 임했다는 것이다. 엘리바스는 욥이 바로 이런 부류의 악인의 길을 따라간다고 정죄하는 셈이다.

18절은 하나님이 악인들의 집을 한때 좋은 것으로 채우셨지만 악인들은 자신의 누적된 악행으로 멸망을 자초했다고 말한다. 18절 하반절은 일종의 삽입어구처럼 읽는다. "이런 악인의 계획은 나에게서 멀지어다!" 엘리바스가 이런 망자존대하는 악인들의 말을 인용하면서 스스로를 경계하는 영탄적 삽입구를 말한 것으로 보인다. 19절은 악인에게 가해진 하나님의 심판처분이 의인들의 정의감을 만족시킨다고 말한다. 19절의 주어는 단수 의인이 아니라 복수 의인들이다. 개역개정의 일관된 오역은 단복수를 대부분 무시하고 거의 단수로 처리하는 데 있다. "의인들이 악인들에게 행해진 하나님의 심판을" 보고 기뻐하고 죄 없는 자는 그들을 비웃는다는 것이다. 20절은 악인들의 몰락을 보고 터뜨리는 의인들의 환호성이다. "우리에게 맞선 원수는 망하였고 그들의 남은 것을 불이 삼켰다!" 엘리바스는 인류의 경계를 넘어 야수적인 가혹성으로 친구 욥을 단죄한다. 자신은 악인 욥의 몰락을 보고 기뻐하는 의인이라도 되는 양 자신의 신념을 호언한다.

욥이여, 이제라도 악행을 이실직고해 번영을 회복하라 • 21-30절

이 단락은 욥의 고난에 대한 엘리바스의 그릇된 진단에 뒤따르는 그릇된 처방이다. 21절에서 엘리바스는 욥에게 회개를 권고한다. 위에서 묘사한 정도의 악인은 스스로 주도적으로 회개할 가능성이 거의 없다. 누적된 악행으로 단련된 악인들이 받는 벌 중 하나는 회개 능력 파탄이다. 하나님을 두려워하고 사랑하고 하나님 계명을 삼가 지키려는 열망의 소멸이다. 만일 욥이 엘리바스가 분류한 파렴치한 악행자라면 스스로 하나님과 화목하고 평안을 누릴 가능성은 원천봉쇄되어 있다. 엘리바스는 자신의 가혹한 단죄가 미안했는지, 아니면 그것의 무자비성을 누그러뜨리려는 것인지 마치 욥이 회개하면 살 길이 있는 것처럼 말한다. 그러나 그의 권고는 진리에 터하지 않은 급조된 권고다. 따라서 엘리바스 자신이 악행자라고 정죄한 욥이 스스로 회개하여 하나님과 화목을 누릴 가능성이 전혀 없을 것이며 회개한 자에게 임할 복도 기대할 수 없다. 엘리바스는 지금 스스로 모순되는 말들을 내뱉고 있다. 22절에서 엘리바스의 어조는 호소하듯이 부드러워져 있다. 첫 단어는 "부디 취하라"(카흐-나[קַח-נָא])이다. '취하다'를 의미하는 히브리어 동사 라카흐(לָקַח)의 2인칭 남성단수 명령형(카흐)에 하이픈으로 '청원용 접미어' 나(נָא)가 붙어 있다. "청하건대 너는 하나님의 입에서 교훈을 받고 하나님의 말씀을 네 마음에 두라." 앞 단락에서 묘사된 악행자들에게는 불가능한 일을 엘리바스는 욥에게 요구한다. 하나님의 입에서 나오는 교훈과 말씀을 받아 마음에 둘 수 있으려면, 하나님과 오랫동안 친밀한 교제를 누렸어야 한다. 하나님 말씀은 인격적 호소이자 권고이며 명령이기에 하나님의 마음에 자신의 마음을 잇대지 않는 자들에게는 들려올 수 없고 따라서 수용될 수 없다. 그러므로 하나님 말씀을 거부하고 배척한 자들만이 고아와 과부 등 사회적 약자들을 유린하고 그들을 압제함으로써 치부할 수 있다. 그런데 욥이 고아와 과부들을 압제해 치부한 악인이었다면, 엘리바스의 22절 이하의 권고는 아무 의미가 없는 허언이 된다. 23절에서도 22절의 논리를 이어받아 엘리바스는 회개를 권고한다. 23절의 상반절에 대한 개역개정의 번역 중 일부가 어색하다. 직역하면, "네가 만일 전능자에게로 돌아가면 네가 세움을 받을 것이며, 또 네 장막에서 불의를 멀리하게 될 것"이다. 개역개정에서 "지음을 받을 것이며"라고 번역된 구문의 히브리어 원문은 팁바네(תִּבָּנֶה)인데 이 단어는 '집을 짓다', '가문을 일으켜 세우다'를 의미하는 히브리어 동사 바나(בָּנָה)의 2인칭 단수 미완료수동(니팔)형이다. '네 가문이 일으켜 질 것이다', '네 사회적 위상이 회복될 것이다' 정도의 의미다. 전능자 샤다이에게 돌아가면 샤다이의 보호를 받기 때문에 장막에서 불의를 멀리 떠나게 할 수 있다는 것이다.

24절에 따르면, 장막에 머무는 불의는 불의하게 모았거나 강탈한 재물을 가리키는 것처럼 보인다. 엘리바스는 욥의 죄악이 배금주의, 물신숭배, 재물탐욕이라고 본다. 전능자에게 돌아가 회개하면, 욥이 자신의 보화를 티끌로 여기고 오빌의 금(최상급의 금)을 계곡의 돌처럼 여길 것이라고 본다.²⁴절 여기에는 욥이 보화와 금을 쌓아두는 악행자였다는 비난이 들어 있다. 재물과 황금에 마음을 빼앗기지 않고 그것들을 하찮게 여길 정도로 정결해지면, 전능자가 "욥의 보화가 되시며 네게 고귀한 은이 되실 것"이라는 주장이다. 감동적인 말이다. 우리가 재물과 하나님을 겸하여 섬길 수 없기 때문에 우리가 재물을 오물처럼 투척할 정도로 회개하면 하나님이 우리의 보화가 되신다는 말은 항진명제恒眞命題다. 이사야 예언자는 적어도 두 군데서 이 진리를 말하고 있다. "주께서 너희에게 환난의 떡과 고생의 물을 주시나 네 스승은 다시 숨기지 아니하시리니 네 눈이 네 스승을 볼 것이며 너희가 오른쪽으로 치우치든지 왼쪽으로 치우치든지 네 뒤에서 말소리가 네 귀에 들려 이르기를 이것이 바른 길이니 너희는 이리로 가라 할 것이며 또 너희가 너희 조각한 우상에 입힌 은과 부어 만든 우상에 올린 금을 더럽게 하여 불결한 물건을 던짐 같이 던지며 이르기를 나가라 하리라.……여호와께서 자기 백성의 상처를 싸매시며 그들의 맞은 자리를 고치시는 날에는 달빛은 햇빛 같겠고 햇빛은 일곱 배가 되어 일곱 날의 빛과 같으리라."사 30:20-22, 26 "여호와께서는 지극히 존귀하시니 그는 높은 곳에 거하심이요 정의와 공의를 시온에 충만하게 하심이라. 네 시대에 평안함이 있으며 구원과 지혜와 지식이 풍성할 것이니 여호와를 경외함이 네 보배니라."사 33:5-6

26절은 욥의 회개를 통해 욥이 하나님과 화목을 성취하게 될 것이라고 말한다. "이에 네가 전능자를 기뻐하여 하나님께로 얼굴을 들 것이라." 얼굴을 든다는 것은 평화의 언약을 맺는 당사자들이 서로에게 얼굴을 보여주는 맥락을 생각나게 한다. 하나님께 얼굴이 들려진 자는 하나님과 화목된 자이다. 엘리바스는 회개의 주도권이 마치 인간 욥에게 있는 것처럼 회개만능주의 이데올로기를 주입하려고 하지만,

이것은 성경 전체에서 지지받기 힘든 사상이다. 회개는 하나님이 먼저 우리 마음을 돌이켜 주셔야만 비로소 가능한 일이다. 인간이 돌연히 자기 죄를 깨닫고 자기가 정한 시간에 하나님과의 화목을 성취할 수 없다. 회개할 마음이 드는 것 자체가 구원의 시작이다. 하나님이 스스로 진노의 극한에서 긍휼로 돌이켜 죄인을 붙들어 주시지 않으면 인간의 회개는 별 의미가 없다.^{호 11:8-10} 인간이 스스로 하는 회개가 마치 하나님과 인간 사이의 교착상태를 돌파하는 돌파구가 되는 것처럼 믿거나 주장하는 것은 성경의 전적 지지를 받기 힘든 생각이다.

27절에서 엘리바스는 욥이 하나님께 기도하면 하나님이 들으시며 욥이 드린 서원(갱신, 회개 후 결심)도 스스로 갚을 수 있을 것이라고 납득시키려고 한다. 28절에서 엘리바스는 거의 회개만능주의자가 된 것처럼 보인다. "네가 무엇을 결정하면 이루어질 것이요 네 길에 빛이 비치리라." 욥이 결정하면 그 결정은 성취될 것이며 욥이 걸어가는 길에는 빛이 비칠 것이라고 낙관한다. 29절에서 욥이 구체적으로 드릴 기도말도 알려 준다. 사람들이 욥을 모욕하거나 멸시한다고 하더라도, "나는 교만했노라"고 대답하라는 권고다. 29절 하반절은 이렇게 말해야 하는 이유를 말한다. "하나님은 겸손한 자를 구원하시"기 때문이다. 대체로 이 소절의 "겸손하라"는 충고는 맞는 말이다. 다만 욥의 원통함에 전혀 공감 없는 조언자의 영혼 없는 충고처럼 들리는 것이 문제다. 엘리바스의 회개실용론은 하나님의 구원에 대한 기대감을 욥에게 심어 주려는 데로 움직인다. 엘리바스는 지금이라도 욥이 "나는 교만했노라"고 회개하면 하나님은 "죄 없는 자가 아니라도 건지"실 것이라고 말한다.^{30절} 뿐만 아니라, 회개한 욥이 개과천선하여 정결케 됨으로(네 손이 깨끗함으로) 하나님께 구원될 것이라고 주장한다. 한마디로 말하면, 엘리바스의 신학은 인과응보적 이진법 신학과 회개만능주의 이데올로기로 구성되어 있다. 그는 욥에 대한 무지 뿐만 아니라 하나님에 대한 심각한 무지를 드러내며 이웃을 거슬러 거짓 증거하는 죄를 범한 채 욥기에서 퇴장한다.

메시지

22장은 엘리바스의 마지막 3차 변론이다. 엘리바스의 1차 변론에 비해 3차 변론은 욥의 죄악을 물욕숭배, 황금숭배라고 적시하고 회개를 요청하는 데 초점이 있다. 3차 변론의 특이점을 파악하기 위해 엘리바스의 1차 변론을 잠시 개관해 보려고 한다. 1차 변론(4-5장)의 대지*는 '무조건 회개론'이다. 1차 변론의 첫째 논지는 4:7-8이 말하는 '악인필망론'이다. 4:7-8이 1-3차 변론을 관통하는 엘리바스의 욥 단죄 논리의 후렴구다. "생각하여 보라. 죄 없이 망한 자가 누구인가. 정직한 자의 끊어짐이 어디 있는가. 내가 보건대 악을 밭 갈고 독을 뿌리는 자는 그대로 거두나니."[4:7-8] 즉, 욥의 고난은 '악과 독의 결과'라는 주장이다. 엘리바스는 욥이 한때는 정직한 자처럼 보였는데, 욥의 악과 독이 열매를 맺는 데까지 시차가 있었다고 주장한다. 이런 시차심판론은 엘리바스의 2차 변론에서도 나온다. 이런 점에서 엘리바스의 주장(15장, 22장)은 11장에서 개진된 소발의 시차심판론과 일맥상통한다. 그동안 욥이 하나님의 종으로서 하나님께 인정받았다는 것은 거짓말이라는 것이다.

　둘째 논지는, "하나님의 절대적인 의로움 앞에서 인간의 의로움은 상대적일 수밖에 없다"라는 '피조물 절대결핍설' 혹은 '피조물 열등교설'이다. 하나님의 절대적 의와 인간의 상대적 의를 비교함으로써 욥도 절대적인 의미에서 불의한 자임을 은근히 강조하는 논리다. 엘리바스는 인간 존재를 비참하고 비천하게 만듦으로써 하나님의 의로움과 창조주의 거룩함을 부당하게 대비시켜 강조하려고 한다. 엘리바스의 논리는 하나님의 절대적인 의로움과 절대적인 성결하심, 거룩하심과 흙집에 사는, 곧 흙으로 된 인간의 질료적^{質料的}인 비천함, 인간의 존재론적인 속됨과 불의함을 대비시키는 데 방점을 찍는다. 인간은 존재론적으로 하나님의 거룩함과 하나님의 정결함에 비할 수 있을 수준이 되지 않기 때문에, 절대적인 의미에서 인간은 불결하고 거룩하지 못하며 의롭지 못하다. 욥에 대한 심판은 하나님처럼 의롭지 못한 피조물의 근원적 열등성, 곧 인간 존재 자체에 대한 심판이라는 것이다. "욥! 지금 네가 고난당하는 것은 너의 특정한 행위에 대한 심판이 아니라 인간됨 자체에 대한 심판이다. 인간 존재와 하나님 존재 사이에 있는 이 무궁한 차이 때문에 하나님은 의롭지 못한 인간, 덜 정결한 인간, 덜 거룩한 인간을 언제든지 심판하실 수 있다. 흙에서 기원한 피조물 인간을 절대로 거룩하신 하나님이 심판하실 수 있다." 이렇게 말함으로써 엘리바스는 욥의 고난을 욥의 특정한 죄 때문에 초래된 하나님의 심판이라는 자기 주장을 취소하고 철회하거나 혹은 약화시킬 수 있는 신학적 퇴로를 열어 놓았다. 즉, 욥의 죄와 불결과 불의는 절대적인 하나님의 의로움에 비하여 열등하고 비루하기에 심판을 초래할 수 있다는 것이다. 엘리바스는 하나님은 절대적으로 의로우시고, 절대적으로 거룩하시고, 절대적으로 정결하시기 때문에 절대적인 창조주 하나님의 거룩함과 의로움에 미치지 못하는 인간은 하나님의 심판을 초래할 수 있다고 말함으로써 '욥의 직접적인 죄를 찾아내지 못한다 하더라도 하나님의 심판은 여전히 정당하다'라는 신학을 내세운다. 그런데 이런 황당한 신학은 신명기 신학의 심판 신학, 응벌 신학을 지나치게 벗어난 궤변이다.

셋째, 5장에 나오는 '회개효능주의' 혹은 '회개실용론' 교설이다. 5:8-16의 메시지는 엘리바스의 강압적 회개촉구다. "욥, 네게 일어나는 일이 설령 하나님이 행하는 기이한 일일지라도, 네게 일어난 이 고난이 네가 납득할 수 없는 일이라 할지라도, 너는 즉시 전능자에게 징계받는 네 입장을 생각해서 신속하고 민첩하게 회개하여라. 이 길만이 살 길이다. 이 길 외에는 살 길이 없다." 5:17-18은 회개한 자가 누릴 복을 말한다. "볼지어다. 하나님께 징계 받는 자에게는 복이 있나니 그런즉 너는 전능자의 징계를 업신여기지 말지니라. 하나님은 아프게 하시다가 싸매시며 상하게 하시다가 그의 손으로 고치시나니." 엘리바스의 회개 추궁 신학은 없는 죄를 만들어서 자백케 하고, 허황된 약속으로 회개 이후의 복락을 노래하는 데로 흘러간다. 이것이 욥기 저자가 볼 때 회개 자책 신학의 어두운 요소였다.

22장은 바로 엘리바스의 셋째 교설을 반복한다. 그 요지는 때 이른 회개 촉구다. "조속하게 회개하여 하나님과 화목하라." 회개만능 신학이다. "너는 하나님과 화목하고 평안하라. 그리하면 복이 네게 임하리라."[22:21] 구체적 회개 내용은 물욕 포기, 황금숭배 포기다.[24-26절] 엘리바스는 욥의 물욕, 재산욕을 구체적으로 단죄하며 신속하게 회개하라고 압박한다. 29 – 30절은 욥이 회개할 때 공개적으로 할 말을 가르치는 엘리바스의 무자비함을 보여준다. "사람들이 너를 낮추거든 너는 교만했노라고 말하라. 하나님은 겸손한 자를 구원하시리라. 죄 없는 자가 아니라도 건지시리니 네 손이 깨끗함으로 말미암아 건지심을 받으리라." 억지로 회개시켜서 하나님께 구원을 요청하라고 권한다. 엘리바스의 신학에는 하나님에 대한 피상적이고 원리적인 이해와 인간에 대한 몰이해가 최악의 수준으로 제휴하고 있다.

23장.

욥의 대답:
아, 하나님을 발견하고 대면할 수 있다면 얼마나 좋을까!

23 ¹욥이 대답하여 이르되 ²오늘도 내게 반항하는 마음과 근심이 있나니 내가 받는 재앙이 탄식보다 무거움이라. ³내가 어찌하면 하나님을 발견하고 그의 처소에 나아가랴. ⁴어찌하면 그 앞에서 내가 호소하며 변론할 말을 내 입에 채우고 ⁵내게 대답하시는 말씀을 내가 알며 내게 이르시는 것을 내가 깨달으랴. ⁶그가 큰 권능을 가지시고 나와 더불어 다투시겠느냐. 아니로다. 도리어 내 말을 들으시리라. ⁷거기서는 정직한 자가 그와 변론할 수 있은즉 내가 심판자에게서 영원히 벗어나리라. ⁸그런데 내가 앞으로 가도 그가 아니 계시고 뒤로 가도 보이지 아니하며 ⁹그가 왼쪽에서 일하시나 내가 만날 수 없고 그가 오른쪽으로 돌이키시나 뵈올 수 없구나. ¹⁰그러나 내가 가는 길을 그가 아시나니 그가 나를 단련하신 후에는 내가 순금 같이 되어 나오리라. ¹¹내 발이 그의 걸음을 바로 따랐으며 내가 그의 길을 지켜 치우치지 아니하였고 ¹²내가 그의 입술의 명령을 어기지 아니하고 정한 음식보다 그의 입의 말씀을 귀히 여겼도다. ¹³그는 뜻이 일정하시니 누가 능히 돌이키랴. 그의 마음에 하고자 하시는 것이면 그것을 행하시나니 ¹⁴그런즉 내게 작정하신 것을 이루실 것이라. 이런 일이 그에게 많이 있느니라. ¹⁵그러므로 내가 그 앞에서 떨며 지각을 얻어 그를 두려워하리라. ¹⁶하나님이 나의 마음을 약하게 하시며 전능자가 나를 두렵게 하셨나니 ¹⁷이는 내가 두려워하는 것이 어둠 때문이나 흑암이 내 얼굴을 가렸기 때문이 아니로다.

쓰라리고 원통한 욥의 불평과 송사 • 1-12절

23장은 엘리바스의 장광설에 대한 욥의 답변이며, 상대적으로 간결하다. 자신의 고난은 정금 같이 정련되는 과정에서 겪는 고난이라는 것이 욥의 신념이다. 이전에 범한 악행에 대한 징벌로 온 고난이 아니라, 장차 자신의 쓰임새 때문에 겪는 정화적 고난, 품성 단련적 고난이라는 것이다. 1-2절은 욥의 현재 처지를 말한다. 오늘도 자신에게 하나님의 처분에 반항하는 마음이 일어나고, 이런 고초와 환난이 자신을 타격하는 이유를 몰라서 근심이 생겼음을 인정한다.²절 욥은 자신이 받는 재앙이 탄식보다 무겁다고 말한다. 자신의 구구절절한 탄식이나 말, 불평, 반항적 언동도 자신이 받는 재앙의 가혹함을 다 형용할 수 없을 만큼 극심하다고 말한다. 욥은 자신을 산산조각 낸 재앙의 원천이 악마가 아니라 하나님임을 의심하지 않는다. 그래서 어떻게 하면 하나님을 발견하고 그의 처소에 나아갈 수 있을까를 꿈꾸며 궁리한다. 히브리어 원문의 3-4절은 가정법 혹은 희구법 구문인데, 개역개정은 수사의문문으로 번역하고 있다. 히브리어 본문의 원의를 다소 약화시킨 번역이다. 3절의 히브리어 구문은 미-이텐(מִי־יִתֵּן)이라는 의문사로 시작한다. 직역하면, "누가 어떤 상황을 조성해 줄 것인가" 정도의 의미다.¹ 가정법 문장을 도입할 때 '미-이텐'을 사용한다. 따라서 미-이텐을 염두에 두고 3-4절을 직역하면 이렇다. "아! 내가 하나님을 발견하고 그의 처소에 가는 것을 알 수 있기를! 내가 그의 앞에 소송을 펼칠 수 있기를! 나는 내 입에 변론할 말들로 가득 채울 텐데!" 소송을 "펼치다"에서 "펼치다"를 의미하는 히브리어 동사 에에르카(אֶעֶרְכָה)는 아라크(עָרַךְ) 동사의 1인칭 단수 청유명령형이다. 5절도 4절과 마찬가지로 1인칭 청유명령형이다. "그가 내게 대답하는 말을 알기 원하며 그가 내게 무엇이라고 말할지 이해하게 되기를!" 결국 3-5절은 자신이 하나님을 만나 직접 소송을 걸어 재판담판을 하는 상황을 희구하고 갈망하는 욥의 상상이다. 개역개정의 3-5절은 "어찌하면"을 사용해 수사의문문(3절: "어찌하면……나아가라." 4-5절: "어찌하면……내가 깨달으랴")으로 처리되어 있는데 그 의미가 모호하다. 특히 개역개정의 경우 3, 5절 각각의 마지막 어구 "나아가랴"와 "내가 깨달으랴"는 나아갈 수 없다는 말인지, 나아가고 싶다는 말인지, 혹은 깨닫기를 원하는데 깨달을 수 없다는 뜻인지 헷갈린다. 개역개정의 번역을 따르면 욥이 자기 의심에 빠진 것처럼 보인다. 즉, 자신은 하나님이 계신 곳에 나아갈 수 없고, 설령 자신의 송사를 들은 하나님이 자신에게 직접 대답해 줘도 자신이 과연 깨달을 수 있겠는가 하는 의심을 피력하는 것처럼 보인다. 그런데 히브리어 구문은 강력한 갈망을 부각시킨다. 그래서 우리의 사역처럼 번역하면, 가정법과 희구법이 부각되어 원문의 의미에 더 가깝게 다가갈 수 있다.

6절도 욥이 펼치는 가정법적 희구와 상상의 장면을 말한다. 욥은 하나님이 당신의 큰 권능을 가지고 자신과 더불어 다투기보다는 도리어 자신의 말을 들어주실 것이라고 믿는다.[6절] 욥은 하나님의 면전에서는(7절 첫 단어 "거기서는"을 의미하는 장소 부사어 샴[שָׁם]) 정직한 사람이라면 하나님과 법적으로 시시비비를 가릴 수 있을 것이며, 그래서 욥 자신은 심판자에게서 영원히 벗어날 수 있을 것이라고 기대한다.[7절] 8절은 '보라'라는 뜻의 영탄발어사 헨(הֵן)으로 시작된다. 8절의 직역은 이렇다. "보라, 앞으로 내가 가도 그가 아니 계시고, 뒤로 가도 나는 그에게 닿지 못한다." 개역개정의 9절은 "그가 왼쪽에서 일하시나 내가 만날 수 없고 그가 오른쪽으로 돌이키시나 뵈올 수 없구나"인데 히브리어 원문을 직역하면 이렇다. "왼쪽이 그의 일 안에 있으나(그는 왼쪽에서 일하지만) 나는 잡을 수 없고, 그가 오른쪽으로 돌이키지만 나는 보지 못한다." 하나님은 파지把持 불가, 접촉 불가, 접근 불가의 비가시적 영역에 계신다. 욥은 스스로 하나님을 만나서 송사를 직접 개진할 길이 없다. 10절은 히브리어 접속사 키(כִּי)로 시작된다. '왜냐하면', '정녕', 혹은 단순목적절 접속사(that) 역할을 하는 단어다. 개역개정처럼 "그러나"로 번역하는 것은 무리한 시도다. 이유접속사

욥의 대답: 아, 하나님을 발견하고 대면할 수 있다면 얼마나 좋을까!

'왜냐하면'이나 '정녕'으로 번역하는 것이 낫다. 전자의 경우라면, "그가 나와 함께하는 길을 감찰해 왔으며, 나를 정련한 후에 나는 금처럼 나올 것이기 때문이다"라고 번역될 수 있다. 후자의 경우라면, "정녕 *그가* 나와 함께하는 길을 감찰해 왔으며, 나를 정련한 후에 나는 정금처럼 나올 것이다"가 된다. 여기서 길을 안다는 말은 시편 1:6의 "무릇 의인들의 길은 여호와께서 인정하시나"에서 나오는 "인정"에 가깝고 좀 더 정확하게 번역하면 감찰하시고 보호하신다는 말이다. 욥은 하나님이 자신이 걸어온 길을 알고 감찰하고 인정해 오셨음을 믿는다. "알다"의 주어는 3인칭 남성단수 하나님이시다. 하나님이 자신이 걸어온 길, 자신과 함께 하나님이 거닐던 그 길을 알고 계신다는 것이다. 자신의 고난은 자신을 금처럼 정련하는 풀무불이지, 이전에 행한 악행에 대한 징벌이 아니라는 것이다. 11절은 길(데레크[דֶּרֶךְ]) 주제를 이어받는다. 욥의 확신의 토대는 욥 자신의 발이 하나님의 걸음을 바로 따랐으며 욥 자신이 하나님의 길을 지켜 치우치지 아니하였다는 사실이다.[11절; 시 1:1-2] 욥이 야웨의 길을 따랐다는 말은 그가 하나님의 입술의 명령을 어기지 아니하고 "가슴 깊은 곳에서부터" 그의 입의 말씀을 귀히 여겼다는 말이다.[12절] 개역개정이 "정한 음식"(혹은 작정한 음식)이라고 번역한 히브리어는 메훅키(מֵחֻקִּי)인데 직역하면, "나의 규례로부터"이다. 개역개정이나 영어 성경은 "나의 음식 규례로부터"라고 확대 해석해서 메훅키가 "내 음식 규정에 따르는 정결한 음식"을 의미한다고 봤다. 그런데 BHS 비평장치는 "내 가슴 속에서"를 의미하는 쁘헤키(בְּחֵקִי)로 읽을 것을 제안한다. 시편 119:11에 동일한 표현이 나오며, 칠십인역과 라틴어 번역 불가타 성경 및 다수의 해석자들은 쁘헤키로 읽는다. 이 비평장치의 권고대로 읽는 것이 훨씬 이 구문의 의미를 잘 살리기 때문에 우리는 쁘헤키로 읽는다.[2]

이 단락은 욥이 자신의 순전을 확신하면서도 하나님의 절대주권적
자유와 임의성을 두렵게 인정하는 상황을 다룬다. 13절은 하나님의
뜻이 갖는 항상성, 불변성을 인정할 뿐만 아니라, 아무도 하나님을 능
히 돌이키게 할 수 없다는 사실에 체념하는 욥의 마음을 드러낸다. 욥
이 보기에 하나님은 당신의 마음에 하고자 하시는 일을 행하시는 절
대적 주권과 자유를 가진 하나님이시다.[13절] 14절의 첫 단어도 접속사
혹은 부사 키(כִּי)이다. 개역개정의 "그런즉"은 불필요한 추가다. 차라
리 "정녕"으로 번역하는 것이 더 낫다. "정녕 그가 내게 작정하신 것
을 이루실 것이라. 이런 일이 그에게 많이 있다." 하나님은 욥에게 알
려진 신학 원리, 죄와 불순종에는 징벌, 의와 순종에는 복으로 응답하
는 이 원리대로 행동할 의무가 없다. 그리고 그런 신학적 이진법 연
산체제로 세상의 모든 일들을 판단하라고 명령하신 적도 없다. 하나
님의 세상 통치에는 이런 신학적 이진법으로 파악될 수 없는 일들이
많다. 어떤 인간의 악행을 그 악행자가 스스로 징벌을 받아 그 죗값을
치러야 한다면, 하나님의 용서와 은혜는 끼어들 여지가 없다. 15절은
하나님의 절대주권적 무한차원의 세상 통치 방식에 대한 욥의 깨달
음이 움트고 있음을 보여준다. 욥은 하나님의 절대주권적 자유와 임
의성을 보고 하나님을 불의하다고 말할 수 없다는 것을 깨달은 후에
참다운 경건을 회복한다. 하나님을 다 안다고 생각했을 때는 자신의
억울한 고난을 놓고 하나님의 불의를 고발할 기세로 가득 찼으나, 하
나님의 우주적 대광활함의 자유, 절대주권적 통치 위엄을 인정하면
서 하나님 앞에서 떨며 지각을 얻어 그분을 두려워하게 된다.[15절] 욥
은 하나님이 자신의 마음을 유순하게 하시며 전능자가 자신을 두렵
게 하셨음을 깨닫는다.[16절]

23

욥의 대답: 아! 하나님을 발견하고 대면할 수 있다면 얼마나 좋을까!

17절의 개역개정 번역은 어색하다. "이는 내가 두려워하는 것이 어둠 때문이나 흑암이 내 얼굴을 가렸기 때문이 아니로다." "이는 내가 두려워하는 것이"라는 구절에 상응하는 어구가 히브리어 성경 17절에는 없다. 개역개정은 16절과 17절을 한데 묶어 번역하는 과정에서 이 어구를 추가하고 있다. 17절의 히브리어 원문을 직역하면, "나는 어둠(호쉐크)에 의해 끊어진 것이 아니며, 흑암(오펠)이 내 얼굴로부터 감췄기 때문이다"이다.[3] 개역개정은 17절 하반절의 동사 "감추다"의 목적어를 "내 얼굴"이라고 보고 번역했는데 이것은 무리한 번역이다. 히브리어 탈격 전치사 민(מִן)이 "내 얼굴" 앞에 붙어 있기 때문에 "내 얼굴로부터"(밑파나이[מִפָּנַי])는 목적어가 될 수 없기 때문이다. 3인칭 남성단수 주어인 "그것"(오펠, 흑암)이 뭔가를 내 얼굴로부터 감췄다라고 번역해야 한다. 그렇다면 목적어는 무엇일까? 구약성경은 때때로 하나님의 현존이나 현현을 묘사할 때 호쉐크(חֹשֶׁךְ)와 오펠(אֹפֶל)(어둠과 흑암)을 이사일의어 二詞一意語처럼 사용한다. 호쉐크와 오펠이 하나님의 현존을 감추고 있다고 묘사한다.신 4: 11; 참조. 겔 1장 따라서 17절에서 호쉐크(חֹשֶׁךְ)와 오펠(אֹפֶל)은 하나님의 영광을 둘러싸는 외피를 가리킨다고 볼 수 있다.창 1:2; 욥 38:9; 출 19:16; 왕상 8:12; 히 12:18 어둠과 흑암은 하나님의 현존을 상징하는 제유법적 어구인 셈이다. 따라서 17절 하반절의 "감추다"의 목적어는 하나님이다. 이 말은 무엇을 의미하는가? 욥은 자신이 처한 곤경의 본질이 현재 어둠(하나님의 현존인 호쉐크)에 의해 끊어진 상황이 아님을 알았다는 것이다. 즉, 자신이 고통을 겪게 된 이유는 흑암이 욥 자신의 얼굴로부터 하나님을 가렸기 때문임을 깨달았다. 자신의 고난은 하나님의 일시적 은닉상황이라는 것이다. 욥은 하나님이야말로 진정 두려움의 원천임을 깨닫는다.

욥은 친구들과 논쟁을 거치면서 점점 자신의 정당성을 주장하는 데
있어 전진감을 보인다. 욥은 급기야 하나님을 소송의 당사자로 소환
한다. 하나님에 대한 집요한 소환 요구, 이것이 욥기 9장, 16장, 19장,
23장에서 조금씩 점진적으로 드러난다. 욥의 주장은, 하나님이 자신
에게 일어난 모든 사태에 책임을 지셔야 한다는 것이다. 23장에서 욥
은 처음으로 원인론적 고난 해석보다 목적론적 고난 해석을 도입한
다. 23:10을 보자. "그러나 내가 가는 길을 그가 아시나니 그가 나를 단
련하신 후에는 내가 순금 같이 되어 나오리라." "순금"은 개역개정의
추가적 해석이 들어간 번역이다. 히브리어 본문은 그냥 "금"(자하브
[זָהָב])이다. 욥기 전체에서 인간을 아파르(עָפָר), 곧 흙이나 진토^{창 3:19;}
^{시 103:14}와 연관시키는 언급이 몇 차례에 걸쳐 나온다.^{4:19-21; 10:9; 참조. 38:38}
욥은 고난 중에 있는 자신이 아파르에서 자하브가 되는 과정에 있다
는 암시를 하고 있다. 그럼에도 불구하고 아파르에서 자하브로 변화
될 것에 대한 욥의 기대가 자신의 죄를 인정한다거나 인간 자체의 피
조물적인 열등성이나 결함이 제거되어야 한다는 말로 오해되어서는
안 된다. 10절에서 모종의 불순물(죄, 유한성, 열등성 등)이 제거된 후
욥 자신이 "순금"으로 변화된다는 생각을 찾기는 어렵다.⁴

그러면 "순금 같이 되어 나온다"는 이 어구는 무엇을 의미하는가?
진토와 같은 존재에서 신실한 존재로 바뀌는 교육, 성장, 그리고 성
숙 이미지를 떠올리는 것은 가능하다고 본다. 욥은 하나님이 자신에
게 고난을 주셨다는 사실을 인정하고, 자기에게 닥친 재앙의 원인이
하나님이라고 고백한다. 그동안 욥의 고난에 대한 세 친구들의 해석
은 과거 복고적인 고난 해석이었다. 곧, 지나간 일 때문에 발생한 고
난이라는 것이다. 교부학적으로 말하자면 아우구스티누스의 노선이

다. 그것은 인죄론적 고난 이해다. 이와 다른 고난 이해가 2세기 교부 이레니우스 Irenaeus of Lyon 에게서 왔다. 이레니우스는 죄, 고난, 징계 등이 처음 나타나는 창세기 3장 스토리를 하나님의 인간품성 연단 및 교육 프로그램으로 파악했다. 그는 『사도들의 논증』 Proof of the Apostolic Preaching 에서 하나님의 선하신 목적 안에 악이 존재한다고 주장한다.[5] 이레니우스는 하나님의 형상이 자라 하나님의 유사성을 획득하기까지 긴 교육과 연단을 통해 존재의 성화를 맛보아야 한다고 주장했다. 이레니우스에 의하면, 인간은 종말론적 완성점인 오메가 포인트에 도달하기까지는 근원적으로 미성숙한 존재다. 불완전하고 미성숙하게 창조된 인간은 도덕적 발전과 성장을 거친 후 마침내 하나님의 유사성을 구현하도록 예정된 존재라는 것이다. 즉, 그는 인류에게 부여된 역할 때문에 인류는 단단해져야 하고 성숙해야 한다고 생각했다. 이레니우스는 목적론적 고난 해석을 한 것이다. 현대에는 존 힉 John Hick 이 이레니우스를 부분적으로 계승하고 있다.[6] 한국교회에는 목적론적 고난 이해가 빈약하다. 원인론적 고난 분석이 지나치게 득세한 상황이다. 다시 말해 죄책의 원인을 추궁하면서 죄책감을 자아내고 유발시키는 방향으로 고난을 해석한다는 것이다.

하지만 우리는 하나님이 인간의 죄 때문에 고난을 주신다고 생각하는 데만 머물면 안 된다. 이레니우스처럼 하나님의 심판을 훈련으로 보는 관점도 동시에 고려해야 한다. 하나님은 인간이 죄를 알기도 전에, 선악이 인간에게 들어오기도 전에 선악을 알게 하는 나무를 주셨다. 인간은 선과 악을 행하기 전에 선과 악이 대결하는 세계 안에 창조된 것이다. 욥기 23장에서 처음으로 나오는 목적론적 고난 이해는 이사야 53장과 밀접하게 연관된다. 이사야 53장에는 하나님의 어린양, 각기 제 길로 가는 양들과 달리 하나님의 뜻대로 걸어가는 양, 순종의 화신이 등장한다. 인류의 역사는 각기 제 길로 가는 모든 양들을 일시에 하나님의 뜻대로 가게 만드는 한 위대한 양에 의해 구원의 길을 알게 된다. 그 위대한 양이 곁길로 가는 양들의 불순종을 만회하고 상쇄하는 순종을 하기 때문이다. 그 양이 바로 이사야 53장이 말하는 고난받는 어린양이다. 어린양의 고난은 목적론적 고난이지 원인론적 고난이 아니다. 그런데 이사야 53:1에서 화자는 "우리가 전한 것을 누가 믿었느냐. 여호와의 팔이 누구에게 나타났느냐"고 묻는다. 그리고 하나님의 어린양이 걸어간 그 기이한 순결한 순종의 길이 가져온 구원을 말한다. 화자인 "우리는 다 양 같아서 그릇 행하여 각기 제 길로 갔고, 고난받는 어린양이 도살장에 끌려갈 때 그의 죄 때문에 끌려가고 산 자의 땅에서 끊어졌다"고 생각했는데, 그것이 아니었음을 깨닫는다. 우리의 죄를 짊어지기 위해 하나님의 어린양이 하나님이 주신 길을 충실히 따라갔다고 말한다.^{사 53:6-8} 그는 하나님 앞에 엄청나게 중요한 일, 자신의 영혼을 속건제물로 드려서 많은 사람을 대속할 뿐 아니라 그 후손이 많아지게 하기 위하여 고난을 겪었다는 것이다.^{사 53:10} 바벨론 포로들 중 일부는 자신을 하나님의 고난받는 어린양이라고 생각했다. 소수였던 이 어린양 같은 바벨론 포로들은 나중에 귀환포로들 공동체 안에서 다수가 되고, 이사야 53장의 어린양이 맡은 일을 행하게 되었다.[7]

이처럼 욥기 23장에서 처음으로 목적론적 고난 이해가 등장한다. 욥 자신은 지금 억울한 고난을 당하고 있지만 순금처럼 정련되는 중이라고 믿고 있다. 자신이 비록 하나님께 의인으로 인정받았지만 스스로 더 성숙해질 계기를 맞이했음을 자각한다. 욥이 온전하여 악에서 떠난 자인 것은 맞지만, 더 이상 성장할 필요가 없는 완전체의 의인은 아니라는 것이다. 욥은 더 성장하여 부조리하고 가혹한 운명을 겪고 있는 이들과 연대할 수 있는 창조신학적 의미에서도 의인이 되어야 한다. 다시 말해서 신명기적 신학의 의인에서 울퉁불퉁한 야생적 창조질서 안에 있는 혹독한 부조리성과 심연, 어둠의 요소가 가득한 세상 안에서 시달리더라도 여전히 하나님을 믿는 창조신학적 의인이 되어야 한다는 것이다. 이 말은 욥이 그동안 죄를 지었다는 것도 아니고, 잘못이나 흠이 있었다는 것도 아니다. 욥에 대한 그동안의 하나님의 평가는 옳았다.[1:8] 하지만 24:12이 말하듯이, 성안에 죽어가는 사람이 있어도 아무도 알지 못하는 어처구니없는 세계의 내적 부조리를 보면서 욥은 성숙의 계기를 얻게 되었을 것이다. 그는 신명기 신학의 기준으로 복을 누렸던 지난 삶을 비판적으로 성찰하게 되었을 것이다. "내가 알고 있는 것이 하나님과 세상의 전부가 아니었음을 깨닫게 되었다." 7남 3녀를 낳고, 7천 마리의 양 떼를 가졌던 자신의 사회적 성공, 그가 누린 모든 존경과 행복은 하나님이 통치하는 세계의 전부가 아니라 일부라는 사실을 알았으며, 자신이 알던 신학의 파편성을 깨달았을 것이다. 욥기는 단순히 고난의 원인에 관한 책이 아니다. 욥기는 하나님은 우리에게 목적론적 고난을 줄 수 있는 분임을 이해하도록 도와주는 책이다.

욥

24장.

온 세상에 넘치는 억울한 고난 희생자들

24

¹어찌하여 전능자는 때를 정해 놓지 아니하셨는고. 그를 아는 자들이 그의 날을 보지 못하는고. ²어떤 사람은 땅의 경계표를 옮기며 양 떼를 빼앗아 기르며 ³고아의 나귀를 몰아 가며 과부의 소를 볼모 잡으며 ⁴가난한 자를 길에서 몰아내나니 세상에서 학대 받는 자가 다 스스로 숨는구나. ⁵그들은 거친 광야의 들나귀 같아서 나가서 일하며 먹을 것을 부지런히 구하니 빈 들이 그들의 자식을 위하여 그에게 음식을 내는구나. ⁶밭에서 남의 꼴을 베며 악인이 남겨 둔 포도를 따며 ⁷의복이 없어 벗은 몸으로 밤을 지내며 추워도 덮을 것이 없으며 ⁸산중에서 만난 소나기에 젖으며 가릴 것이 없어 바위를 안고 있느니라. ⁹어떤 사람은 고아를 어머니의 품에서 빼앗으며 가난한 자의 옷을 볼모 잡으므로 ¹⁰그들이 옷이 없어 벌거벗고 다니며 곡식 이삭을 나르나 굶주리고 ¹¹그 사람들의 담 사이에서 기름을 짜며 목말라 하면서 술 틀을 밟느니라. ¹²성 중에서 죽어가는 사람들이 신음하며 상한 자가 부르짖으나 하나님이 그들의 참상을 보지 아니하시느니라. ¹³또 광명을 배반하는 사람들은 이러하니 그들은 그 도리를 알지 못하며 그 길에 머물지 아니하는 자라. ¹⁴사람을 죽이는 자는 밝을 때에 일어나서 학대 받는 자나 가난한 자를 죽이고 밤에는 도둑 같이 되며 ¹⁵간음하는 자의 눈은 저물기를 바라며 아무 눈도 나를 보지 못하리라 하고 얼굴을 가리며 ¹⁶어둠을 틈타 집을 뚫는 자는 낮에는 잠그고 있으므로 광명을 알지 못하나니 ¹⁷그들은 아침을 죽음의 그늘 같이 여기니 죽음의 그늘의 두려움을 앎이니라. ¹⁸그들은 물 위에 빨리 흘러가고 그들의 소유는 세상에서 저주를 받나니 그들이 다시는 포도원 길로 다니지 못할 것이라. ¹⁹가뭄과 더위가 눈 녹은 물을 곧 빼앗나니 스올이 범죄자에게도 그와 같이 하느니라. ²⁰모태가 그를 잊어버리고 구더기가 그를 달게 먹을 것이라. 그는 다시 기억되지 않을 것이니 불의가 나무처럼 꺾이리라. ²¹그는 임신하지 못하는 여자를 박대하며 과부

온 세상에 넘치는 억울한 고난 희생자들

를 선대하지 아니하는도다. ²²그러나 하나님이 그의 능력으로 강포한 자들을 끌어내시
나니 일어나는 자는 있어도 살아남을 확신은 없으리라. ²³하나님은 그에게 평안을 주시
며 지탱해 주시나 그들의 길을 살피시도다. ²⁴그들은 잠깐 동안 높아졌다가 천대를 받
을 것이며 잘려 모아진 곡식 이삭처럼 되리라. ²⁵가령 그렇지 않을지라도 능히 내 말을
거짓되다고 지적하거나 내 말을 헛되게 만들 자 누구랴.

사악한 자들이 약자들을 박해해도 아무런 신적 간섭이 없는 기막힌 세상
● 1-17절

24장은 세 친구들의 이진법 신학에 대한 강력한 반증을 제시한다.
이 단락은 사악한 자들이 약자들을 박해해도 아무런 신적 간섭이 없
는 기막힌 세상을 보여준다. 욥은 부조리하기 짝이 없는 결함투성이
의 세상 모습을 자세히 묘사함으로써 세 친구들의 논리를 생생하게
반박하고 있다. 1절의 의미는 다소 불분명하다. "어찌하여 전능자는
때를 정해 놓지 아니하셨는고. 그를 아는 자들이 그의 날을 보지 못
하는고." 여기서 "때"는 "때들"(이팀[עִתִּים])을 가리킨다. 1절 상반절의
의미는 1절 하반절을 통해 유추가 가능하다. 1절 하반절은 "그를 아
는 자들"(하나님과 인격적으로 결속된 자들, 혹은 언약적으로 결속된 자들;
단 11:32 "자기 하나님을 아는 자들")이 "그의 날들을 보지 못한다"는 것
을 의미한다. 그의 날들은 하나님이 행동할 날들을 의미하며, 하나님
의 때들은 하나님이 역사 속에서 일하는 때들을 가리킨다. 결국 1절
하반절의 때들은 당신의 권능으로 세상 악인들을 일망타진하는 날
들을 의미한다. 이사야 40:10-11이 묘사하는 그런 하나님의 역동적
인 현존을 암시한다. "보라, 주 여호와께서 장차 강한 자로 임하실 것
이요 친히 그의 팔로 다스리실 것이라. 보라, 상급이 그에게 있고 보
응이 그의 앞에 있으며 그는 목자 같이 양 떼를 먹이시며 어린 양을

324

그 팔로 모아 품에 안으시며 젖먹이는 암컷들을 온순히 인도하시리로다." 역사 속에서 일하시는 하나님은 하나님의 어린 양들을 압제하는 압제자들을 일망타진하고 어린 양들을 모성애적인 사랑으로 돌보신다.

전체적으로 1절의 의미는 "왜 전능자에 의해 심판의 때들이 예비되어 있지 않았는가? 그를 가까이 하는 자들도 그의 악인 징벌의 날들을 보지 못한다"이다. 하나님의 악행 심판이 더뎌서^{전 8:11} 하나님을 아는 자들도 하나님이 역사 속에서 악을 소탕하는 날들을 보지 못한다는 의미다. 2-17절은 하나님이 마땅히 개입해야 할 이 세상의 극단적인 불의와 부조리한 세상 모습을 다채롭게 보여준다.

2-4절은 약육강식의 전형적 장면이다. 유력자는 약자의 땅의 경계표를 옮기며 양 떼를 빼앗아 자신의 것으로 삼아 기른다. 경계표는 조상들이 물려준 땅 경계석이다. 측량기술이 발달하지 못한 시대에는 경계석이 땅 소유권의 경계를 표시하는 역할을 했는데, 탐욕적 유력자들은 고아와 과부의 경계표를 자신들에게 유리하게 옮겨 이웃의 땅을 가로챌 수 있었다. 예언자들과 잠언서의 현자들은 경계표 이동 관습을 단죄한다.^{신 27:17; 호 5:10; 잠 22:28; 23:10} 3절은 일일 단위로 갚아야 할 급한 채무를 갚지 못하는 채무자에게 채주가 가혹하게 추심^{推尋}하는 상황을 말한다. 채주는 "고아의 나귀를 몰아 가며 과부의 소를 볼모 잡"는다. 주어는 3인칭 남성복수, "그들"이다. 개역개정은 2절의 주어를 "어떤 사람"이라고 단수로 표기하지만, 히브리어 원문에는 3인칭 남성복수인 "그들"이다. 그들은 가난한 자들을 압제하여 치부하는 유력자들이다. 그들은 가난한 자를 길에서 몰아내는 자들이다. 길에서 몰아낸다는 말의 1차적 의미는, 사회생활(상거래 등)에서 추방한다는 말이다. 2차적으로 사회적 유력자들이 경제적으로 곤궁한 자들의 생존권과 인권을 박탈해 그 약한 자들이 하나님의 법도대로 살 수 있

온 세상에 넘치는 억울한 고난 희생자들

는 가능성을 차단한다는 말이다. 하나님의 백성은 하나님의 법도대로 살 권리와 의무를 지닌다. 그런데 악인들은 가난한 자들의 생계 수단, 생존 터전을 강탈함으로써 가난한 이웃들이 정상적인 하나님 백성답게 살아가는 것을 원천봉쇄한다. 그래서 그 결과 세상의 학대받는 자들이 다 스스로 숨는다.[4절]

    5절은 영탄발어사 헨(הן)으로 시작한다. "보라!" 충격적인 상황을 도입하는 발어사다. 세상에서 학대받는 자들은 도시나 성읍을 떠나 산이나 들로 피신을 떠난다. 그래서 거친 광야의 들나귀 같아서 나가서 일하며 먹을 것을 부지런히 구하는데, 오직 빈 들이 그들의 자식을 위하여 그에게 음식을 낸다.[1] 빈 들은 마음씨 좋은 부자가 일부러 남겨둔 추수할 밭고랑들과 이삭들이 남겨진 곳이다. 그들은 룻과 나오미처럼 추수가 끝난 빈 들에 가서 이삭을 주워 연명한다. 엘리멜렉과 나오미 가정도 베들레헴에 닥친 기근을 피해 모압의 들판으로 이주했다. 땅에서 학대당하는 가난한 자들은 밭에서 남의 꼴을 베며 악인이 남겨 둔 포도를 따며[6절] 살아가되, 의복이 없어 벗은 몸으로 밤을 지내며 추워도 덮을 것 없이 산다.[7절] 그러다가 산중에서 우거하며 소나기에 온 몸이 젖어도 가릴 것이 없어 차가운 바위를 안고 잠을 청한다.[8절] 피눈물 나는 가난이자 궁핍이다. 인간의 존엄에 모욕이 될 정도로 비참한 삶의 조건을 안고 살아간다는 것이다. 9절은 다시 채주/채권자의 만행을 말한다. 9절의 주어도 단수인 '어떤 사람'이 아니라 '그들'이다. 그들은 엄마의 품에서 고아들을 강탈하며 가난한 자의 옷을 볼모 잡는다.[9절] 옷을 볼모 잡혀 밤이 되어도 돌려받지 못한 가난한 자들은 옷이 없어 벌거벗고 다니며 곡식 이삭을 나르나 굶주림을 면치 못한다.[10절] 그 가난한 사람들은 그 악한 부자들의 담 사이에서 기름을 짜며 목말라 하면서 술틀을 밟는다.[11절] 가난한 자들의 삶에 대한 이 사실주의적, 인류학적 묘사는 현대 독자들의 심금을 울린다. 이런 가난한 자들은 아직도 지구상에서 사라지지 않고 그대로 존재하기 때문이다. 사회적 유력자와 강자가 사회경제적 약자를 유린하고 학대하고 압제해도 세상의 군왕이나 관리들은 오불관언^{吾不關焉} 태도를 유지한다. 가난한 자들의 생존 동선을 이처럼 자세히 묘사하는 욥에게서 우리는 평소 욥이 가난한 자들을 얼마나 인자하고 자비롭게 돕고 옹호했겠는지를 짐작할 수 있다.

12절은 가난한 자들에게 떨어진 이 모질고 고통스러운 삶을 비통하게 악화시키는 현실을 말한다. "성 중에서 죽어가는 사람들이 신음하며 상한 자가 부르짖으나 하나님이 그들의 참상을 보지 아니하시느니라." 하나님이 이 가난한 자들의 아우성에 무응답으로 일관하고 그들의 참상을 외면한다고 하는 욥의 신랄한 관찰이다. 욥기 저자는 12절의 경험을 통해 욥의 경건과 신앙이 더 연단되고 성숙되고 있다고 말하는 것처럼 보인다.

13절의 히브리어 구문은 3인칭 남성복수대명사 헴마(הֵמָּה)가 이끈다. 인칭대명사가 돌출적으로 사용되는 경우는 주어 강조구문이다. "그들이야말로 광명을 배반하는 사람들"이다. 13절의 직역은, "그들은 그의 길(도리)을 존중하지 않으며 그 행로에 좌정하지 않는 자들이다"이다. 여기서 "길"은 욥기 시대 사람들에게 알려진 공명정대한 삶의 도를 가리킨다. 14-17절은 이 악행자들의 또 다른 악행을 사실적으로 나열한다. 14절의 주어는 "사람을 죽이는 자"이다. 히브리어로는 로체아흐(רוֹצֵחַ)이다. 의도적으로 살인하는 자를 의미한다. 십계명의 제6계명에서 "살인하지 말라"라고 할 때 그 "살인하다"의 동사 라차흐(רָצַח)가 여기에 사용된다. 사람을 습관적으로 죽이는 자가 라차흐의 남성단수 능동분사형 로체아흐(רוֹצֵחַ)이다. 이 단어는 '지속적 살인자'라는 뜻이다. 그는 밝을 때에 일어나서 학대받는 자나 가난한 자를 죽이면서 밤에는 도둑으로 돌변한다. 낮에 살인하고 밤에 살해

온 세상에 넘치는 억울한 고난 희생자들

당한 자들의 재산을 강탈한다는 의미다. 이 악인들의 죄는 십계명의 제7계명으로 확장된다. "간음하는 자의 눈은 저물기를 바라며 '아무 눈도 나를 보지 못하리라' 하고 얼굴을 가리며 어둠을 틈타 이웃의 집을 뚫는 자"이다.[15-16절] 간음하는 자가 슬며시 들어가는 집은 낮에도 간음자들을 위해 잠겨 있다. 잠겨 있는 집은 창문 채광을 가린 채 어둔 실내 공간으로 유지된다는 말이다. 간음하는 자는 낮에 들어가 어두워진 집에서 간음하면서도 그 때가 환한 대낮, 광명천지인 것을 알지 못한다. 간음의 밤에 포박당한 자는 항상 밤에 억류된 자들이므로 낮의 광명을 알지 못한다는 의미다. 17절도 '정녕'을 의미하는 히브리어 키(כִּי)로 시작된다. "정녕 그들은 아침을 죽음의 그늘 같이 여기며 죽음의 그늘이 자아내는 두려움을 안다." 그래서 간음자들은 광명, 낮, 빛을 피한다. 아침을 맞으면서도 죽음의 그늘이 임한 줄로 생각한다. 낮을 밤으로 삼아 도착倒錯된 질서 속에 사는 자들은 남들이 생명력의 약동을 느끼는 그 순간에 죽음의 권세에 시달린다는 것이다.

악인의 종국적 운명 • 18-25절

이 단락은 하나님의 손에 악인들이 어떻게 파멸되는지를 보여준다. 욥은 악인들이 득세하는 세상을 보면서도 허무주의나 악 지배론으로 빠지지 않는다. 악인들은 천년만년 세상을 장악하여 살 것처럼 보여도 "물 위에 빨리 흘러가고 그들의 소유는 세상에서 저주를 받"으며, 그들이 "다시는 포도원 길로 다니지 못할 것"이다.[18절] 포도원을 경작하는 일이 없을 것이다. "가뭄과 더위가 눈 녹은 물을 곧 빼앗나니" 스올이 범죄자의 모든 생명력을 다 빼앗아가 버린다.[20절] 악인을 품었던 모태가 그를 잊어버리고 구더기가 그를 달게 먹을 것이며, 악인은 세상에서 다시 기억되지 않을 것이다. 악인의 불의가 나무처럼 꺾이고 말 것이다.[20절] 21절은 이렇게 비참하게 파멸되는 악인의 대표적 악행을 다시 거론한다. 악인은 임신하지 못하는 여자를 박대하며 과부를 선대하지 아니한 자다.[21절] "그러나 하나님이 그의 능력으로 강포한 자들을 끌어내시"며, 다시 잠시 일어나는 악인이 있을 수 있어도 살아남을 확신은 없을 것이다.[22절] 하나님은 잠시 동안 악인에게도 평안을 주시며 지탱해 주시지만, 그들의 길을 시종으로 감찰하신다.[23절] 악인들은 잠깐 동안 높아졌다가 천대를 받을 것이며, 잘려 모아진 곡식 이삭처럼 되고 말 것이다.[24절] 25절은 악인에 대한 하나님의 심판이 적시에 혹은 충분히 신속하게 이뤄지지 않을지라도, 욥에게 대답이 있음을 보여준다. "가령 그렇지 않을지라도 능히 내 말을 거짓되다고 지적하거나 내 말을 헛되게 만들 자 누구랴." 욥은 하나님의 악인심판이 인간의 조급한 기대를 충족시킬 정도로 자주, 규칙적으로 명확하게 집행되지 않을지라도, 자신의 말은 반박의 여지가 없이 절대로 확실한 사실이자 진리임을 강조한다. 즉 악인에 대한 하나님의 심판은 절대로 확실한 진리라는 것이다.

메시지

24장은 욥의 영적 개안을 촉발시킨 광범위한 사회구조적 불의를 자세히 주목한다. 24장에 나오는 욥의 사회비평적 증언은 충격적이다. 욥은 어떻게 세상을 이토록 정확하게 관찰할 수 있었을까? 욥의 사회비판은 신학 비판이자, 심지어 하나님 비판처럼 들린다. 욥은 여기서 "이 세상이 공평과 정의의 원칙으로 통치되고 있는가"라는 문제를 제기하고는, 그렇지 않다고 결론을 내린다. 욥의 친구들이 주장하는 것처럼 "세상이 온전히 공평과 정의로 통치된다"면, 죄를 지은 사람은 백퍼센트 벌을 받아야 한다. 진짜 공평과 정의가 수학적으로 정확하게 적용된다면 죄 지은 사람이 벌을 받고 죄 짓지 않은 사람이 벌을 면해야 한다. 이것이 산술적이고 수학적이고 비례적인 공평과 정의다. 그러나 욥이 자세히 관찰했듯이, 이 세상은 공평과 정의로 통치되지 않는다. 세상은 부조리한 고난을 감수하는 숱한 사람들의 희생으로 가득 차 있다. 욥은 이 세상이 죄 없는 자도 고난을 받을 수 있는 불의한 사회라고 말한다. 우리는 하나님의 섭리적인 불평등 사회에 살고 있다. 하나님은 섭리적으로 불평등한 세상을 만드셨고, 불평등한 세상을 출발시켰다. 하나님은 이 우주 안에서 자기가 행동한 대로 상 받고 행동한 대로 벌을 받는 산술적이고 비례적인, 일차방정식 같은 인과율로 세상을 통치하지 않기로 작정하셨다. 대신에 하나님은 세상을 어떻게 운행하기로 작정하셨는가? 하나님은 이 세상의 부조리함을 고치고 모자란 부분을 채우려는 도덕적 각성을 일으킬 수 있도록 죄가 없는 사람이 부조리한 고난의 희생자가 되게 하시고, 어처구니없는 희생의 주인공이 되게 하신다. 이 관찰의 실천적 함의는 무엇일까? 우리가 이 어처구니없을 정도로 가혹한 대접을 받는 사람들에게 사회적인 자비심을 창조적으로 발동하여 도우며 살라는 것이다.[2] 잠언 17:17은 말한다. "친구는 사랑이 끊어지지 아니하고 형제는 위급한 때를 위하여 났느니라." 욥이 동방에서 가장 부자로 살 때는 24장의 부조리한 현실을 몸으로 체험하지 못했을 가능성이 컸지만, 자신이 밑바닥으로 몰락하여 세상을 보았을 때, 24장의 안목이 생겼을 것이다.

따라서 욥은 죄 때문에 고난받은 것이 아니라, 자신보다 먼저 이미 억울하게 고난당하는 사람들의 운명에 연대하도록 고난에 초청받은 것이다. 욥은 달콤하고 부족함 없는 인생을 살았지만, 하나님이 보시기에 그 부족함 없는 것이 부족함이었다. 욥은 자신 외에도 죄 없이 고난당하는 사람이 많다는 것을 확실히 실감했다. 자신이 역사상 처음으로 억울한 고난을 받은 자가 아니라는 것이다. 따라서 욥은 죄인이기에 고난을 당한 것이 아니라 세상의 민낯을 보기 위해 고난을 겪고 있는 것이다. 이 세상은 죄 지은 사람만 벌받지 않고, 죄 없는 자들이 억울하게 가혹한 희생을 겪는 경우가 더 많다. 이것이 하나님이 지으신 세계다.

그런 점에서 욥기 24장은 단지 사회의 모순을 고발하는 데 그치지 않는다. 오히려 하나님의 암묵적 요구를 담고 있다. "사회가 이처럼 성 중에서 죽어 가는 사람을 아무도 돌보지 않는다면, 내가 이 세상을 통치하지 않는다고 오해받는다. 그러므로 너희들은 성 중에서 억울하게 죽어 가는 사람들을 내 마음으로 돌봐야 한다"라는 하나님의 말씀이 내포되어 있다. 다른 말로 하면, 24장에서 욥이 제시하는 사회비평적 증언은, 어떤 사람이 이웃에게 속한 땅의 경계표를 옮기며 이웃의 양 떼를 빼앗아 기르는데, 만일 이런 행위를 막지 않으면 하나님이 이 세상에 계시지 않는 것처럼 오해받게 되니 하나님을 아는 백성이 나서서 하나님의 마음으로 이 불의한 세상을 바로잡아야 한다는 것이다. 어떤 사람들은 "밭에서 남의 꼴을 베며 악인이 남겨 둔 포도를 따며 의복이 없어 벗은 몸으로 밤을 지내며 추위도 덮을 것이 없으며 산중에서 만난 소나기에 젖으며 가릴 것이 없어 바위를 안고"욥 24:6-8 자는데, 이 참상을 그대로 방치하면 사람들은 하나님이 계시지 않는 것처럼 오해한다는 것이다. 누군가가 하나님의 마음을 갖고 이 비참한 사람들을 돌봐 주지 않으면, 하나님이 가난한 자들을 전혀 돌보지 않는다고 오해를 받을 것이라는 것이다. 24장은 이런 점에서 가난한 백성이 굶주리고 벼랑 끝으로 내몰리는 현상을 보고 우리가 하나님 마음으로 고치려고 뛰어들도록 행동을 촉구하는 본문이다. 성경은 이 세상의 어처구니없는 참상을 보고 남의 일인 것처럼 무시하거나, 신에게 이 참상의 원인을 돌리는 허무주의적인 신앙을 배격한다.

온 세상에 넘치는 억울한 고난 희생자들

이런 점에서 자칭 무신론자라고 자임하는 슬로베니아 출신의 철학자 슬라보예 지젝Slavoj Zizek의 통찰은 인상적이다. 욥기가 현대철학에서 어떻게 읽히는지를 보여주는 사례가 그의 책『죽은 신을 위하여』³에 나온다. 이 책의 핵심 논지는 인간의 역사변혁적 실천을 촉발시키는 신의 무능과 그 이유다. 여기서 슬라보예 지젝은 기독교의 신은 전능한 신이 아니라 무능한 신임을 강조한다. 지젝에 따르면, 욥은 자신의 의미 없는 고통(죄로 말미암지 않은 고통) 앞에서 신의 무능함을 직면한 것이다. 이 무능한 신이 인간에게 주는 실천적 함의는 세계 문제해결을 신에게 맡기지 말고 우리 인간이 무능한 신을 대신하여 행동해야 한다는 것이다. 욥기의 핵심 장면은 하나님의 무능에 직면하는 인간 욥의 곤경이라는 것이다. 즉, 욥은 사랑하는 자녀가 속수무책으로 고난을 당해도 즉각 개입해서 도와주지 못하는 하나님의 신비한 무능을 직면한다. 이때 지젝은 무능한 신을 대신해서 우리가 행동해야 한다는 실천적 무신론을 주장한다. 인간에게 고도로 책임 있는 실천을 촉구하면서, 세상의 악을 신에게 맡기는 노예적 신앙을 비판한다. 어설픈 신에 대한 의존보다 실천적으로 이 세상을 공의롭게 만들자는 주장이다.

그에 따르면, 기독교는 하나님에 대한 노예적, 관념적 의존을 정당화하지 않는다. 기독교는 하나님께 모든 것을 맡기고 아무것도 하지 않는 무위도식적, 비실천적 영역이 아니다. "하나님이 없으니 우리라도 정신을 차려서 이 세상의 균형을 잡아보자. 참혹한 재난으로부터 구해 보자." 일찍이 장 폴 사르트르가 주장한 무신론적 휴머니즘과 일맥상통한다. 지젝의 주장을 집약하는 직접 인용구들은 다음과 같다.

"기독교의 전복적 핵심은 오로지 유물론적 접근을 통해서만 이해할 수 있으며, 역으로 진정한 변증법적 유물론자가 되기 위해서는 기독교적 경험을 거쳐야 한다는 것이 나의 주장이다."⁴ "그렇다면 우리는 어떻게 이데올로기에서 벗어나 진정한 기독교로 나아갈 것인가? 그리스도를 이해하는 열쇠가 되는 것은 욥이라는 인물이다. 욥기에는 다양한 관점이 해결되지 않는 긴장 속에 공존한다. 욥은 신이 시련을 주면서 자기에게 무엇을 원하는지 모른다."[5] "신이 등장한 이유는 욥이 왜 부당한 고통을 겪어야 했는가를 설명하기 위해서가 아니었다. 결말에서 신이 하는 말은 자기 자랑 그 이상도, 그 이하도 아니다. 욥기의 신은 무능함의 순간에 덜미를 잡히고는 난처한 상황을 모면하기 위해 허풍을 늘어놓는 사람처럼 행동한다."[6] "욥은 자신의 무죄를 주장한다. 자신의 고통에 의미가 있다는 생각을 거부한다. 욥과 그리스도 사이의 유사성을 주장할 수 있는 것은 욥의 고통이 의미가 없다(고통이 죄 때문이 아니다)는 주장을 받아들일 경우에 국한된다. 즉, 그리스도의 고통 역시 의미가 없다.……'아버지여, 어찌하여 나를 버리시나이까'라는 그리스도의 한탄이 암시하는 대상은, 변덕스러운 전능한 성부가 아니라, 무능한 신 바로 그것이다."[7] "욥이 침묵한 이유는, 신의 압도적 현존에 할 말을 잃었기 때문도 아니고, 신이 자기의 질문을 피하고 있다는 사실에 침묵으로 저항하고 싶었기 때문도 아니다. 그는 무언의 유대 행위 속에서 신의 무능함을 감지했던 것이다."[8]

지젝은 욥이 죄 없이 당하는 고통과 그리스도의 십자가 고통은, 하나님에 대한 노예적 의존을 방패삼아, 세상의 모든 정의롭고 공평한 대의명분을 내팽개치는 관념적 천국도피자들을 다시 현실의 신앙 실천의무로 소환하는 기제라고 본 것이다. 그가 말한 신의 무능은 은유다. 기독교회의 맹목적 신앙 예찬이 하나님에 대한 병든 의존으로 변질될 수 있으며, 그 결과 인간이면 마땅히 져야 할 윤리도덕적 책임을 방기하게 만들 수 있는 위험에 대해 경각시키는 지적이다. 믿음을 예찬한다고 알려진 히브리서 11장의 믿음의 장에서 말하는 믿음[6절]은

온 세상에 넘치는 억울한 고난 희생자들

하나님이 보여주신 하나님 나라 청사진에 대한 공공연한 충성심을 가리키지, 몇 마디 문장으로 축소된 기독교 신조를 무턱대고 믿어 버리는 믿음주의fidelism를 예찬한 것이 아니다. 구약성경에서 믿음은 믿음직스러움을 의미하고, 그것의 가장 표준적인 예는 아브라함의 믿음이다. 아브라함은 하나님 나라의 완성에 대한 약속을 믿고 그 하나님 나라를 이 땅에 정초하려는 하나님의 의지에 전심으로 충성했다. 창 26:1-3; 18:18-19; 26:5; 마 8:11; 롬 4:17-20; 갈 3:8-22; 히 11:8-16 하나님 나라의 청사진을 사회, 정치, 경제 및 종교적 용어로 그리는 모세오경의 율법들을 철저하게 준행하면 욥기 31장의 욥과 같은 인물이 만들어진다. 31장의 욥이 실천한 의로운 삶의 신약성경 압축판이 바로 산상수훈마 5-7장이다. 모세오경과 산상수훈을 조화시킨 믿음직스러운 삶의 모범이 욥기 29장과 31장에 나오는 욥이다.

25장.

빌닷의 3차 변론:
인간 멸시천대를 통해 하나님을 높이는 신학의 천박성

25 ¹수아 사람 빌닷이 대답하여 이르되 ²하나님은 주권과 위엄을 가지셨고 높은 곳에서 화평을 베푸시느니라. ³그의 군대를 어찌 계수할 수 있으랴. 그가 비추는 광명을 받지 않은 자가 누구냐. ⁴그런즉 하나님 앞에서 사람이 어찌 의롭다 하며 여자에게서 난 자가 어찌 깨끗하다 하랴. ⁵보라, 그의 눈에는 달이라도 빛을 발하지 못하고 별도 빛나지 못하거든 ⁶하물며 구더기 같은 사람, 벌레 같은 인생이랴.

하나님의 절대적 의, 광채 앞에 초라해지는 인간에 대한 모멸 • 1-6절

이 단락은 22장에 나오는 엘리바스의 논리를 반복하는 경향을 보인다. 수아 사람 빌닷의 셋째 논변은 아주 무기력하다. 이 단락에서 빌닷은 소발과 엘리바스와 달리 욥의 죄를 특정하기보다는 하나님의 절대적 주권과 위엄을 강조한다. 2절은 하나님이 주권과 위엄을 가지셨고 높은 곳에서 화평을 베푸신다고 말한다. 높은 곳에서 화평을 베푼다는 말은 높은 곳에서의 하나님 세상 통치 효과가 화평이라는 것이다. 이 화평은 질서정연한 평온함을 의미한다. 하나님은 높은 곳에서 피조세계에서 일어나는 모든 반역, 저항을 진정시켜 화평을 창조하실 수 있다는 것이다. 이런 점에서 빌닷의 논리는 23장의 욥기 논리와 유사한 논리처럼 들린다. 3절에서 빌닷은 하나님의 절대적 주권(통치권)과 위엄을 예시하기 위해 하나님의 대규모 군대를 언급하며 하나님 광명의 보편적 효력을 말한다. 다소 추상적인 하나님 절대통치권과 위엄을 거론한다. 여기까지는 무리가 없다. 4절은 엘리바스의 논리를 방불케 한다. 곧, '인간경건 허무주의'다. "하나님 앞에서 사람이 어찌 의롭다 하며 여자에게서 난 자가 어찌 깨끗하다 하랴." 욥은 인간이기에, 여자에게서 태어났기 때문에 하나님의 절대적 의의 기준 앞에서 의롭지 못한 죄인이라는 것이다. "보라"라는 불필요한 발어사를 동반하는 5절은 피조물에게 부여된 하나님의 영광을 다시 빼앗아 버린다. 하나님이 당신의 피조물에게 주신 영광에는 달의 영광도 있고 별의 영광도 있다.^{고전 15장} 그런데 빌닷은 하나님의 절대 빛 앞에서는 달이라도 빛을 발하지 못하고 별도 빛나지 못한다고 말한다. 불필요하고 무의미한 비교다. 인간의 존재 의미를 달과 별보다 더 천대하는 빌닷은 인간의 지위를 극단적으로 모멸한다. 하나님이 존귀와 영화의 면류관을 덧입혀 준 인간을 구더기 같은 사람, 벌레 같은 인생이라고 모멸한다. 하나님을 높이기 위해 하나님의 피조물을 멸시하는 빌닷은 결국 창조주 하나님을 모욕하고 있는 셈이다. 엘리바스에 비해 빌닷은 욥에 대한 직접적 단죄에서 크게 후퇴하고 있다. 인간 자체의 결핍, 하나님의 절대적인 의義 앞에 심판을 자초할 정도의 존재론적 열등성을 지적함으로써 빌닷은 욥을 심판하는 하나님의 공의를 다소 무기력하게 옹호하면서 퇴장한다. 소발은 아예 3차 논쟁에 참여하지 않는다.

메시지

25장은 세 친구가 욥을 공격하는 변론의 마지막 말이다. 독자들이 눈치챘겠지만, 욥 친구들의 말들은 조금씩 짧아지고 있다. 그들 모두 장광설의 권위자들이었으나 엘리바스부터 빌닷까지 점차 말수가 줄어들고 있다. 소발은 아예 3차 논쟁에 불참한다. 지루한 반복 주장, 궤변에 가까운 경구적 지혜를 마구잡이로 욥에게 적용하던 그들의 난폭한 설교를 참아낸 독자들에게 위로가 되는 시간이다.

　그동안 세 친구는 미세한 부분에서는 약간 차이를 보였으나, 욥을 단죄하기 위해 삼단논법을 구사하는 면에서 동일했다. 그들의 삼단논법은 욥이 당한 곤경과 고통을 보면서 고난 원인을 역추적하는 추론이었다. "이렇게 심한 고난을 받으니 너는 죄가 있다." 즉, 죄로부터 시작하지 않고 고난으로부터 죄를 역추적한다. 현재의 고난에서 과거의 죄를 추적하는 삼단논법은 엘리바스의 변론에 다소 명료하게 드러나지만 다른 두 친구들에게도 거의 유사하게 나타난다. 그들의 삼단논법은 이렇다.

> 대전제: 하나님은 절대로 신상필벌, 권선징악의 법칙에서 이탈하지 않으신다.
> 소전제: 욥에게 일어난 일은 악인에게 일어나는 일과 똑같다.
> 결론: 따라서 욥은 죄인이요 악인이다.

이런 간접 공격이 친구들의 2, 3차 변론에서 욥을 2인칭 대명사 "너", "그대"라고 부르며 대면하여 책망하고 정죄하는 무례한 면책 화법으로 바뀐다. 친구들은 2-3차 변론에서는 아예 대놓고 비난한다. '하나님의 성품에 근거할 때, 하나님이 역사를 통치하시는 방법에 근거할 때, 욥, 네게 일어난 일은 죄인에게 일어난 일이다. 욥! 너는 죄인이다.'

　이 중심 주장을 옹호하기 위해 친구들은 약간의 전략 차이를 보인다. 엘리바스는 자신의 이런 논법이 부족했다고 느꼈던지 자신의 밤 환상 계시를 끌어 들인다. 그것이 바로 소위 하나님의 인간천대론, 피조물 불신론이다. 엘리바스에 따르면, 하나님이 "아무리 나에게 거룩한 자라도 나는 믿지 않는다"라고 말씀하셨다는 것이다. 빌닷은 주로 조상들에게서 내려오는 전래 지혜를 거론하며 욥의 죄인됨을 주장

빌닷의 3차 변론: 인간 멸시천대를 통해 하나님을 높이는 신학의 천박성

한다. 엘리바스에 비하면 환상 경험도 없고 삼단논법 전개에도 약하다. 소발의 주장이 제일 약한데, 왜 그러한가? 발언 순서가 마지막이라서 그럴 수도 있다. 후발 발화자는 독창성을 구사하기 어렵다는 일반적 학문의 규칙이 있다. 내가 아무리 독창적으로 말했다고 해도 그 발화 시점이 늦으면 앞의 조상들이 이미 한 말을 되풀이할 가능성이 크다. 자신이 하고 싶은 말을 엘리바스와 빌닷이 앞에서 다했기 때문에 그런지 소발은 환상 체험도 끌어들이지 못하고 조상 전래 지혜에 호소하지도 못한다. 대신 소발은 욥 자신에게서 죄책을 찾는 데 가장 큰 어려움을 겪는 것처럼 보인다. 그래서 소발은 욥이 사회적 약자를 압제하는 악행을 범했다고 말하는 극단주의를 드러내기도 한다.

또 하나 흥미로운 점은, 친구들이 서로의 논점을 표절하거나 재사용한다는 점이다. 세 사람의 의견들이 때로는 상호표절처럼 보이기에 언뜻 보고 구분하기 어렵다. 엘리바스의 3차 변론이 소발의 2차 변론을 일부 재사용한다. 둘 다 욥의 고난을 욥이 범한 사회적 약자를 압제한 죄 때문이라고 주장한다. 25장에서는 빌닷이 엘리바스의 하나님 인간 멸시천대론을 표절하는 것처럼 보인다. 빌닷은 하나님의 주권과 위엄을 높이면서 그것을 인간 멸시천대를 위해 악용한다. 욥의 자기 의義 주장과 결백 주장에 대한 적개심이 극에 달한 나머지 빌닷은 아예 인간 자체가 창조주 하나님께 혐오스러운 구더기, 벌레25:6라는 극언을 서슴지 않는다.사 14:11 이것은 욥이 17장 엘리바스의 2차 단죄에 대한 답변에서 구더기에게 "너는 내 어머니, 내 자매라 할 것이라"고 한 말을 풍자적으로 개작하는 맥락일지도 모른다. 시편 22:6에서 시인이 자신을 가리켜 "벌레"라고 말했으나, 이것은 다른 대적자들에게 모멸과 멸시를 당할 수밖에 없는 자신의 비참한 신세를 한탄하는 맥락에서 나온 말이다. 빌닷의 "인간 구더기론"은 인간을 하나님의 형상으로 창조하여 대왕이신 하나님을 보좌할 부왕副王으로 삼아 주신 하나님께 모욕이 되는 교설이다.[1] 인간의 죄가 아무리 커도 인간을 벌레나 구더기로 변질시키지는 못한다. 하나님과 욥을 이격시켜 욥을 끝내 죄인으로 만들고야 말겠다는 빌닷의 신학적 고문 행위라고 할 수 있다.

이제 세 친구들의 주장들을 요약 정리해 보자. 엘리바스를 비롯한 친구들의 치명적 약점은 하나님의 성품에 대한 피상적 이해, 하나님의 환상에 대한 독단적 이해와 집착, 하나님의 피조물 및 인간 멸시천대론 집착, 조상에게 전래된 지혜에 대한 맹목적 신뢰와 집착, 그리고 욥의 없는 죄를 지어내는 극단적 망상장애 등이다. 욥의 세 친구는 하나님에 대한 부족하고 피상적인 이해를 가졌을 뿐만 아니라, 이 세계의 내적 구조가 불예측성과 예측성, 우발성과 법칙성이 상호보합적으로 뒤섞여있음도 알지 못했다. 따라서 하나님에 대한 이해와 세계에 대한 이해 모두 약했다. 조상의 전래 지혜라는 동굴에 갇혀 하나님의 새 일을 알지 못했다. 과거로부터 일방적으로 전수된 경험과 지혜, 통계적 지식은 어느 정도의 효용을 가지지만, 하나님을 아는 지식의 전체가 될 수 없다. 그들은 편중된 독서만 했다. 따라서 그들은 죄 없는 자도 극심한 고통을 당하는 부조리한 세상을 몰랐다. 그들은 욥기 24장의 세계를 전혀 몰랐다. 욥이라는 의인이 당하는 고난의 정체를 아무도 알지 못했다. 욥 자신도 이 진리, 하나님의 새 일을 모르는 것은 마찬가지였다. 욥은 이 참혹한 고난을 당하기 전에는 완전체 의인이었다고 평가되었지만, 24장이 보여주는 더 넓고 야생적이고 부조리 가득 한 세상에 대해서는 완전히 알지 못했다. 욥의 신앙은 기복신앙적 완전함이었기 때문이다. 하나님 율법을 잘 지켜서 악에서 떠나 모든 것이 만사형통한 세상에서만 살았지 24장이 그리는 억울한 고통 가득한 세상과는 멀리 떨어져 살았다. 욥의 고통은 죄로 말미암은 징벌의 고통은 아니지만, 자신의 고통 원인을 알지 못해서 느끼는 정신적, 영적 고통은 자신이 신명기 역사가의 신학, 인과응보 신학이 무리 없이 작동하는 세계에만 속했다는 한계 때문에 느끼는 고통이었다. 욥의 실존적인 고통은 죄가 아니라 한계, 지평의 폐쇄성에서 기인한다. 욥은 욥기 24장, 30장에 죄 없는 자가 이렇게 억울하게 종살이하고 주인에게 매를 맞고 하나님께 외면당하는 신적 유기遺棄에 대해서 이전에는 충분히 알지 못했다. 동방의 최고 의인으로 행복의 완전체로 지내던 욥은 이런 현실을 알 수 없었을 것이다. 바로 그 점이 욥의 부족함이라면 부족함이다. 이것은 죄가 아니라 부족함이며, 신학적으로나 신앙적으로 성장할 여지가 있다는 의미다. 욥은 세계를 부분적으로만 안 것이다. 욥은 자신과 정반대로 최선을 다해도 가난을 면치 못하는 사람, 아무리 죄가 없어도 매를 맞는 사람이 즐비한 욥기 24장과 30장의 세계를 고난 전에는 충분히 알지 못한 것처럼 보인다. 욥은 신명기적 의인에서 욥기 24장의 부조리를 친히 경험함으로써 한층 더 고결한 의인으로 거듭날 여지가 있었다. 따라서 욥의 고난은 죄에 의한 것이 아니라 교육적 목적에 의한 것이며, 이것이 실제 욥기의 고난을 목적론적이며 섭리적으로 설명하는 데 통찰을 던져 준다.

욥

26장.

욥의 대답:
'하나님을 아는 지식'의 단편성을 인정하는 욥

26

^{1}욥이 대답하여 이르되 ^{2}네가 힘 없는 자를 참 잘도 도와 주는구나. 기력 없는 팔을 참 잘도 구원하여 주는구나. ^{3}지혜 없는 자를 참 잘도 가르치는 구나. 큰 지식을 참 잘도 자랑하는구나. ^{4}네가 누구를 향하여 말하느냐. 누구의 정신이 네게서 나왔느냐. ^{5}죽은 자의 영들이 물 밑에서 떨며 물에서 사는 것들도 그러하도다. ^{6}하나님 앞에서는 스올도 벗은 몸으로 드러나며 멸망도 가림이 없음이라. ^{7}그는 북쪽을 허공에 펴시며 땅을 아무것도 없는 곳에 매다시며 ^{8}물을 빽빽한 구름에 싸시나 그 밑의 구름이 찢어지지 아니하느니라. ^{9}그는 보름달을 가리시고 자기의 구름을 그 위에 펴시며 ^{10}수면에 경계를 그으시니 빛과 어둠이 함께 끝나는 곳이니라. ^{11}그가 꾸짖으신 즉 하늘 기둥이 흔들리며 놀라느니라. ^{12}그는 능력으로 바다를 잔잔하게 하시며 지혜로 라합(히브리어, 폭풍우)을 깨뜨리시며 ^{13}그의 입김으로 하늘을 맑게 하시고 손으로 날렵한 뱀을 무찌르시나니 ^{14}보라, 이런 것들은 그의 행사의 단편일 뿐이요 우리가 그에게서 들은 것도 속삭이는 소리일 뿐이니 그의 큰 능력의 우렛소리를 누가 능히 헤아리랴.

자신에게 전혀 도움이 되지 않는 친구들을 조롱하는 욥 • 1-4절

이 단락은 빌닷의 변론에 대한 욥의 답변이지만, 친구 모두에 대한 조롱기 섞인 답변으로 봐도 될 정도로 일반적인 욥의 반론이다.^{1절} 욥의 조롱을 듣는 청자는 2인칭 단수 "너", 곧 빌닷이다. 욥은 빌닷을 힘 없는 자를 참 잘도 도와 주며, 기력 없는 팔을 참 잘도 구원하여 준다고 조롱한다.^{3절} 힘 없는 자와 기력 없는 팔은 욥 자신을 가리킨다. 빌닷의 변론은 욥에게 전혀 힘이 되거나 위로가 되지 못했다는 것이다.

욥의 대답: 「하나님을 아는 지식」의 단편성을 인정하는 욥

3절에서 욥은 "지혜 없는" 자신을 "참 잘도 가르"친다고 또 한 번 빌닷을 조롱한다. 빌닷은 "큰 지식을 참 잘도 자랑하는" 정도로 평가된다. 욥에게 전혀 적용될 수 없는 고담준론을 읊어 대는 빌닷 같은 친구는 욥에게 짐이었고 또 다른 고통거리였다. 4절은 빌닷에 대한 모욕으로 들릴 수 있는 힐문이다. "네가 누구를 향하여 말하느냐. 누구의 정신이 네게서 나왔느냐." "누구를 향하여 말하느냐"의 히브리어 구문을 좀 더 정확하게 해석하면, "누구를 거론하느냐" 정도가 된다. 5절에 비추어 보면, "누구"는 하나님을 암시하는 것처럼 보인다. 25:4-5에서 하나님이 인간을 멸시천대하는 것처럼 말했던 빌닷을 염두에 두고 욥은 빌닷이 욥 자신의 기를 꺾기 위해 하나님을 함부로 끌어 들이는 태도를 질책하는 것처럼 보인다. "누구의 정신"도 하나님의 영을 의미하는 것처럼 보인다. 빌닷이 하나님의 영/숨결을 받아 발언하는 것처럼 흉내를 냈다고 보는 것이다. 여기서 "정신"이라고 번역된 히브리어는 니쉬마트(נשמת)인데 그것은 여인이 해산할 때 몰아쉬는 가쁜 숨소리를 가리키는 말로 창세기 2:7에 등장한다. 하나님은 아담의 코에 생기, 곧 니쉬마트 하임(נשמת חיים)을 불어 넣어 아담을 창조하셨다. 4절의 함의는 첫째, 빌닷이 마치 하나님의 생기를 고취 받아 말하는 예언자 흉내를 냈다는 조롱이다. 욥은 빌닷이 방자하게 하나님이 인간을 멸시하신다는 말을 지껄이는 것은 하나님의 이름을 망령되이 일컫는 언동이라고 본 것이다. 더 나아가 니쉬마트의 사용에는, 빌닷의 말은 충분히 숙고되고 숙성된 말이 아니라 궁지에 몰려 가쁜 숨을 내쉬듯이 토해낸 말이라는 함의가 들어 있다. 세 친구들의 말은 인간실존에 대한 깊은 이해와 배려, 숙고와 성찰이 전적으로 결여된 허공으로 흩어지는 고담적인 장광설이었다.

이 단락은 하나님을 다 안다고 도발적으로 말하는 빌닷을 논박하고 비판하기 위한 욥의 말이다. 이 단락의 핵심은 하나님은 인간에게 다 알려지지 않았다는 것이며, 하나님이 인간을 어떻게 대하고 판단하는지에 대해 함부로 판단해서는 안 된다는 것이다. 개역개정의 5절 끝에 "그러하도다"는 불필요하다. 5절은 독립적인 주제를 다루는 소단락이다. "죽은 자의 영들이 물 밑에서 떨고 있다. 그 물 밑에서 거하는 자들과 함께." 죽은 자들도 하나님의 통치 아래 하나님을 두려워한다는 것이다. 빌닷이 하나님에 대한 경외감이 없다는 점을 은근히 지적하는 말일 수도 있다. "하나님 앞에서는 스올도 벗은 몸으로 드러나며 멸망도 가림"이 없이 다 노출된다.[6절] 인간이 제일 두려워하는 스올과 멸망도 하나님 앞에 다 감찰되는 피조물이다.

7-14절은 창조주 하나님의 창조와 그 권능을 예찬한다. 하나님은 북쪽을 허공에 펴시며 땅을 아무것도 없는 곳에 매다신다.[7절] "북쪽"은 히브리어로 차폰(צָפוֹן)인데 그것은 고대근동 신화에서 신들의 거주처로 알려져 있다. 신들의 거주처나 인간의 거주지인 땅을 허공에 매달아 두신다는 것이다. 인간의 거주지는 우주의 대허공 위에 매달린 구체球體의 구면이다. 현대물리학은 우주는 끝도 없이 팽창하며 움직이는 중력장場임을 말하고 있다. 하나님은 허공에 매단 지구 위에 사는 인간을 주목하며 관여하시고 가르치시고, 인간과 교제하기를 기뻐하신다. 8절은 천체물리학적으로 아주 놀라운 진술을 한다. "하나님이 물을 빽빽한 구름에 싸시나 그 밑의 구름이 찢어지지 않는다." 구름은 창세기 1:2이나 욥기 38:8-9에 나오는 흑암과 관련된 것처럼 보인다. "바다가 그 모태에서 터져 나올 때에 문으로 그것을 가둔 자가 누구냐. 그 때에 내가 구름으로 그 옷을 만들고 흑암으로 그 강보

를 만들고."^{욥 38:8-9} 창세기 1:2에 따르면, 흑암이 깊은 바다 위에 떠 있는 상황에서 하나님의 땅 창조가 일어난다. 하나님의 창조 자체는 인간이 보기에는 너무나 신비하다는 것이다. 9절에서 욥은 당신의 구름으로 보름달을 가리는 하나님의 창조운행을 말한다. 10절에서 욥은 수면에 경계를 정하는 창조사역을 말한다. 욥은 여기서 "수면"이 빛과 어둠이 함께 끝나는 곳이라고 말한다. 빛과 어둠이 함께 끝난다는 말의 의미는 분명하지 않다. 다만 창세기 1:2에 따르면, 하나님은 빛을 창조하시기 전에 수면, 깊은 바다(물)를 창조해 어둠 아래 두셨다. 이 어둠 아래 있던 물들을 향해 3인칭 명령형으로 창조하신다. "빛이 있으라." 물이나 어둠을 향해 2인칭 창조명령을 하신 것이 아니라, 3인칭 창조명령을 하셨다. 깊은 물, 수면은 빛과 어둠의 구분이 없어지는 곳이다. 이런 의미에서 빛과 어둠이 함께 끝나는 곳이다.

11절은 하나님의 책망에 하늘을 떠받치는 기둥이 흔들리며 놀라는 상황을 말한다. 하늘 기둥은 땅을 견고하고 안전하게 지키는 가상의 기둥이다. 일반적인 가옥 구조를 빗대어 말하는 셈이다. 땅의 안정성은 땅 그 자체의 본유적인 힘이나 소질이 아니다. 인간이 그렇게 안전하다고 믿는 하늘도 그 기둥이 흔들릴 수 있다는 것이다. 12절에서 욥은 바다도 통치하시는 하나님의 능력과 지혜를 보여준다. 바다는 하나님에 의해 창조되었으나 하나님의 통치에 순복하지 않는 잠재적 반역의 영역이다.[1] 바다에 사는 괴수가 라합이다. 라합은 폭풍우를 가리키는 은유일 수도 있다. 포세이돈 같은 바다의 신으로 항해하는 자들에게 엄청난 위협을 주는 자가 라합인데, 하나님은 그런 괴수들도 제압하신다. 여기서 라합을 깨뜨리는 행위는 잠재적 반역성향을 가진 피조물도 다스리고 제압하고 진정시킨다는 말이다. 13절도 신화적인 괴수들을 분쇄하고 패퇴시켜 땅의 평화를 만드는 하나님의 권능을 예찬한다. 하나님은 당신의 입김으로 하늘이 맑게 개도록 하시며, 당신의 손으로 날렵하고 꾸불꾸불한 뱀을 무찌르신다. 이 뱀도 라합과 같은 괴수 리워야단을 가리킨다. 하나님의 통치에 저항하는 반역적 피조물로서 피조물 중 최강 괴수다. 하나님은 최강 괴수 피조물도 제압하고 분쇄하신다.

결국 12-13절은 창세기 1장의 창조 장면을 순식간에 상기시키는 본문이다. 동시에 욥기 7:12("내가 바다니이까. 바다 괴물이니이까. 주께서 어찌하여 나를 지키시나이까.")을 떠올리게 한다. 창세기 1:21이 가리키듯이, 하나님은 이 세계를 창조하셨을 때 피조물이지만 하나님의 통치 아래 잘 들어오지 않는 저항적 내성[2]을 가진 피조물을 만드셨다. 그 피조물의 이름은 바다 괴물들Sea Monsters이다. 창세기 1:21에 나온 탄닌(תַּנִּין)이다.[3] 탄닌, 라합, 리워야단 전부 다 창조된 피조물이지만 하나님의 통치를 잘 받아들이지 않으려는 바다 괴물들이다. 이 바다 괴물들에 대한 언급 취지는 하나님께서 욥 자신을 바다 괴물 수준으로, 하나님의 통치에 곧잘 저항하는 존재인 것처럼 다루신다고 불평하려는 것이다.[4] 자기가 마치 하나님이 다루기 힘든, 하나님께 늘 반항하기 좋아하는 바다 괴물 라합 같은 존재인 것처럼 하나님이 폭력적으로 대하신다는 것이다. 즉, 욥 자신이 그 본성 안에 하나님의 통치에 저항하는 내성을 가진 존재인 것처럼 자신을 대하시는 것에 대해서 하나님께 항변하는 것이다. "나는 라합이 아닙니다. 라합을 깨뜨리듯이 나를 깨뜨리시면 안 됩니다."

14절은 발어사發語辭 "보라"로 시작된다. 욥은 하나님의 창조권능과 위엄에 찬 통치 행적들에 대한 담론, 곧 "이런 것들도 그의 길의 단편일 뿐(가장자리에서 일어나는 일)이다"라고 말한다. 더 나아가 "우리가 그에게서 들은 것도 속삭이는 소리일 뿐"이라고 고백한다. 하나님을 아는 지식이 얼마나 제한적인가를 상기시킨다. 마지막으로 욥은 하나님이 내시는 "큰 능력의 우렛소리를 누가 능히 분별할 수 있느냐"

고 질문한다. '헤아리다'라고 번역된 히브리어는 이트보난(יִתְבּוֹנָן)인데 '분별하다'를 의미하는 동사 빈(בִּין)의 히트폴렐형(강세재귀형) 동사의 일종이다. 강세재귀형은 주어가 스스로에게 가하는 의도적인 행동을 묘사할 때 사용된다. 따라서 이트보난은 '스스로 이해하려고 자신의 힘을 다하다'를 의미한다. 이트보난이 사용된 이 구절은 인간이 지력과 지혜를 다 동원해도 하나님이 행하시는 일들의 전모를 다 파악할 수 없다는 욥의 경건한 불가지론을 드러낸다. 결국 이 단락의 취지는 욥이 빌닷의 자신감 넘치는 하나님 지식담론을 은근히 비판한다는 점이다.

메시지

욥 친구들의 변론이 갈수록 짧아지는 것은 인상적이다. 제일 말이 많은 엘리바스는 1차 변론(4-5장)에서 마흔여덟 절에 걸친 장광설을 늘어놓았고, 2차 변론(15장)에서는 서른네 절로 된 긴 변론을 했다. 3차 변론(22장)은 서른 절로 줄어 들었다. 빌닷은 1차 변론(8장)에서 스물두 절로 된 변론을, 2차 변론(18장)에서 스물한 절로 된 변론을, 그리고 3차 변론에서 여섯 절로 끝나는 짧은 변론을 제시했다. 소발의 1차 변론(11장)은 스무 절이며, 2차 변론(20장)은 스물아홉 절이었다가, 3차 변론은 나오지 않는다. 친구들의 논변은 갈수록 그 예리함과 맹렬함이 약화되다가 여섯 절로 된 빌닷의 3차 변론으로 엉성하게 마무리된다. 그들의 논변은 갈수록 너저분해지고 산만해진다. 그들은 욥을 회개자복시키려고 온갖 무리하고 난폭한 전략들을 구사했지만, 욥의 결백 주장은 논쟁이 전개되면 될수록 격렬해지고 예리해진다. 3차에 걸친 친구들의 이실직고^{以實直告} 및 회개압박 논변에 시달리던 욥은 26장에서 더 이상 논쟁적이지 않다. 자기성찰적이고 담담한 어투의 말이 욥의 입에서 흘러나온다. 이런 점에서 볼 때 26장은 욥의 태도 변화에 있어서 중대한 전환점 중 하나라고 볼 수 있다. 특히 14절에서 욥이 처음으로 우리가 알고 있는 하나님에 관한 지식은 단편일 뿐임을 말한다는 사실이 아주 중요하다. 여기서 욥은 자신이 알고 있는 하나님에 관한 지식의 단편성과 자신에게 알려진 하나님 지식이 명료하지 않을 뿐만 아니라 작게 들려 오는 속삭임 정도라고 평가한다. 즉, 자신이나 친구들이 하나님을 아는 지식을 다 가졌다고 자신할 수 없다는 것이다. 그래서 욥이 그동안 자신이 하나님에 대해서 왈가왈부한 것에 대해 약간 후퇴하는 입장을 드러내는 것처럼 보인다. 욥은 자신에게 알려진 하나님이 하나님의 전부일 수 없고, 죄 없는 자신을 패대기치는 하나님이 하나님의 전부일 수 없으며, 또한 자신에게 알려진 하나님의 모습을 가지고 '공의롭지 못하다', '정의롭지 못하다', '정의를 굽게 하신다'고 말하는 것에 위험성이 있다는 것을 은근히 인정하는 것처럼 보인다. 하나님의 행사에 관한 인간 이해는 단편적이고 파편적일 뿐이며, 하나님에게서 들려오는 소리는 세미한 속삭임일 뿐이기 때문에 하나님을 아는 지식이 충만하고 온전하고 충족되었다고 말할 수 없다는 것이다. 하나님을 아는 지식이 파편적이고 하나님에게서 들은 것은 속삭이는 소리뿐이라는 말은 자신과 세 친구들이 벌인 논쟁 전체를 비판하는 맥락이기도 하다. 하나님의 목소리를 인간이 명료하게 이해할 수 없으며, 인간 인지의 불완전성과 지식의 파편성으로 하나님에 대해서 통달한 지식을 가졌다고 말해서는 안 된다는 것이다. 이런 점에서 14절은 38장의 하나님의 천문기상학 담론을 예기하는 면이 있다. 욥기 38장에서 하나님이 욥이 알고 있는 하나님에 관한 지식의 파편성과 부분성을 일깨우려고 할 때 욥은 예상 외로 순응적인 태도를 보인다. 26장에서 보인 욥의 태도 안에 이미 그런 태도가 나타난다. 욥이 하나님의 질풍노도 같은 책망을 받고 수긍할 수밖에 없었던 이유는, 욥에게도 하나님에 대해서 우리가 알고 있는 것은 단편적인 지식뿐이라는 선이해가 있었기 때문에 가능했을 것이다. 이런 점에서 욥기 저자는 26:14에서 욥기 38-39장을 예기케 하는 예변법^{豫辯法, prolepsis}을 구사한다.

26장은 짧지만 의미심장하다. 친구들에 대한 마지막 답변에서 욥은 미세한 입장 변화를 보인다. 여기서 욥은 신명기 역사가의 신학으로는 자신의 고난 원인을 끝내 찾지 못한다는 것을 자각하고 경건한 불가지론으로 약간 기운다. 26장은 36-37장 엘리후의 발언과 38-39장 하나님의 폭풍우 강론을 예기하게 만드는 천문기상학 주제를 꺼내면서 하나님이 하시는 일의 신비성, 불가해성을 인정한다. 아울러 자신이 알고 있는 하나님 지식의 파편성과 불완전성을 시인한다. 이 지점에서 우리는 바벨론 포로기의 신학 논쟁 맥락의 틀 안에서 세 친구들과 욥의 논쟁을 이해해 보려고 한다.

욥기를 이해하려면, 유다 멸망과 바벨론 유배가 준 충격을 알아야 한다. 욥기는 바벨론 유배가 당대의 사람들에게 불러일으킨 일곱 가지 반응 중 하나였다.[1] 바벨론 유배 초기에는 가나안 땅을 빼앗기고 바벨론 땅에서 죽도록 고생하는 통회자책파들의 신학이 주류 신학이 되어 버렸다. 통회자책파 신학이 주류 신학이 되는데, 이 신학보다는 약하지만 비주류 신학으로 통회자책 신학과 맞서는 사람들도 있었다. 그들이 욥기 신앙의 배후다. 누가 역사를 쓰는가? 누가 쓴 역사가 오래 남는가? 미래가 있다고 기대하는 사람이 역사를 쓴다. 미래를 생각하는 사람들이 역사를 남긴다. 역사를 쓰는 모든 사람들은 자신과 미래 세대를 위해 역사를 쓰게 마련이다. 신명기 역사서는 통회자책 신학을 가지고 역사를 썼다. 신명기 역사서(여호수아-열왕기하까지 여섯 권의 이스라엘 통사)의 신학을 구성하는 목소리가 구약성경의 70퍼센트 이상의 분량을 차지한다. 예레미야와 에스겔을 비롯한 포로기 예언자들이 이런 신학의 대표자들이다. 느헤미야 9장, 에스라 9장, 그리고 다니엘 9장은 이 두 예언자를 상속하여 모두 통회자복 신학음조를 대변한다. 이사야 40-66장 일부가 여기에 포함된다. 이와 반대 입장이 애가형 저항 신학이나 억울한 고난항변 신학이다. 시편 44편, 애가 시편, 예레미야애가, 그리고 욥기는 이런 입장이다. 시편 44:12-22을 드라마화한 작품이 욥기라고 볼 수 있다.

주께서 주의 백성을 헐값으로 파심이여, 그들을 판 값으로 이익을 얻지 못하셨나이다. 주께서 우리로 하여금 이웃에게 욕을 당하게 하시니 그들이 우리를 둘러싸고 조소하고 조롱하나이다. 주께서 우리를 뭇 백성 중에 이야깃거리가 되게 하시며 민족 중에서 머리 흔듦을 당하게 하셨나이다. 나의 능욕이 종일 내 앞에 있으며 수치가 내 얼굴을 덮었으니 나를 비방하고 욕하는 소리 때문이요 나의 원수와 나의 복수자 때문이니이다. 이 모든 일이 우리에게 임하였으나 우리가 주를 잊지 아니하며 주의 언약을 어기지 아니하였나이다. 우리의 마음은 위축되지 아니하고 우리 걸음도 주의 길을 떠나지 아니하였으나 주께서 우리를 승냥이의 처소에 밀어 넣으시고 우리를 사망의 그늘로 덮으셨나이다. 우리가 우리 하나님의 이름을 잊어버렸거나 우리 손을 이방 신에게 향하여 폈더면 하나님이 이를 알아내지 아니하셨으리이까. 무릇 주는 마음의 비밀을 아시나이다. 우리가 종일 주를 위하여 죽임을 당하게 되며 도살할 양 같이 여김을 받았나이다. 시 44:12-22

이런 입장이 구약성경의 약 30퍼센트 분량을 차지한다. 이 후자 전통의 신학은 통회자책 신학의 약점을 보완한다. 즉, 모든 사람이 n분의 1만큼의 죄책감을 동일하게 나누는 신앙은 옳지 않다는 것이다. 다시 말해서 바벨론 포로살이라는 이 전무후무한 역사적 재난은 죄 없는 자들의 엄청난 희생을 강요했던 억울하고 원통한 재난이었다. 스바 사람과 하늘의 불과 갈대아 사람, 그리고 태풍의 공격 앞에 무 참히 쓰러진 사람들이 있다는 것이다. 스바 사람과 하늘의 불과 땅 사방에서 몰려온 태풍과 갈대아 사람이 공격할 때, 무참히 많은 희생 자가 발생했을 것이다. 욥은 이 네 가지 연쇄적 재난으로 가족을 잃 은 사람들, 질병으로 온몸에 악창이 난 사람들을 대변하는 자다. 욥기 안에는 모세, 엘리야, 예레미야 등 하나님께 의로운 삶을 살다가 고 난을 초래한 신앙 인물들이 응축되어 있다. 그리고 누구보다도 욥기 안에는 바벨론 포로살이를 경험하면서 야웨에 대한 신앙 지조를 지 키려다 곤경을 초래한 이사야 40-55장의 고난받는 야웨의 종[2]이 있 고, 끝까지 영적 일편단심을 지켜 가나안 땅으로 되돌아온 바벨론 귀 환포로들이 있다.[3]

유다 멸망과 유다 지배층의 바벨론 유배는 당대 사람들에게 일곱 가지 반응을 촉발시켰다.[4] 첫째 응답은 "다신숭배로 복귀하자"였다. 이 입장을 가진 자들은 다른 신들을 배척하고 야웨 하나님 한분만 예 배할 것을 강조하다가 나라가 약해졌다고 보았다.^{겔 8-11장; 렘 44장} 1차 바 벨론 유수가 일어난 후 어느 시점부터 예루살렘 성전에는 담무스 신 을 위하여 애곡하는 여인들이 나타났다. "그가 또 나를 데리고 여호 와의 전으로 들어가는 북문에 이르시기로 보니 거기에 여인들이 앉 아 담무스를 위하여 애곡하더라."^{겔 8:14}

둘째 응답은 "바벨론 신神 만세주의"였다. 세계 패권국가의 신을 숭 배하는 것이 민족의 살 길이라고 보는 자들의 반응이었다. "나라의 흥 망성쇠는 그 나라를 맡은 신들의 흥망성쇠를 대변하기 때문에 만신 전萬神殿에서 패권을 쥔 바벨론 신 벨Bel과 느보Nebo, 마르둑므로닥, Merodach

신에게 충성을 바치자! 마르둑 신 만세!" 신명기 4:19은 이런 동향을 경고 형식으로 기술하고 있다. "또 그리하여 네가 하늘을 향하여 눈을 들어 해와 달과 별들, 하늘 위의 모든 천체 곧 너희의 하나님 여호와께서 천하 만민을 위하여 배정하신 것을 보고 미혹하여 그것에 경배하며 섬기지 말라." 신명기 32:8-9 또한 이런 상황을 반영한다. "지극히 높으신 자가 민족들에게 기업을 주실 때에, 인종을 나누실 때에 이스라엘 자손의 수효대로 백성들의 경계를 정하셨도다. 여호와의 분깃은 자기 백성이라. 야곱은 그가 택하신 기업이로다." 시편 82:1도 동일한 주제를 다룬다. "하나님은 신들의 모임 가운데에 서시며 하나님은 그들 가운데에서 재판하시느니라." 고대 메소포타미아의 세계관의 핵심은, 신들의 패권 경쟁이 각 신이 후원하는 나라들의 패권경쟁을 항도한다고 믿는 믿음이었다. 이스라엘의 하나님이 모든 신들 위에 패권을 쥐자, 이스라엘이 고대근동의 패권국가가 됐다는 논리가 다윗의 신학이었다. 다윗은 "하나님이여, 주는 하늘 위에 높이 들리시며 주의 영광이 온 세계 위에 높아지기를 원하나이다"라고 기도했다. 시 57:5; 또한 시 89:5-8

다시 말해서, 고대인들은 신들의 위계질서가 가변적이라고 보았고, 만일 어떤 나라의 신이 신들의 능력 투쟁에서 수위권을 형성하면 그 신의 후견 국가가 세계 패권을 쥘 수 있다고 믿었다. 곧, 신과 국제질서의 연동을 믿었다. 그래서 패배한 이스라엘 민족 중 일부는 유다가 망하고 국가 기간요원들이 바벨론으로 끌려가자 "바벨론 만세, 바벨론 신 만세" 이렇게 외쳤다.

셋째 응답은 세속주의적이고 현실정치적인 응답이었다. 유다 멸망과 국가 지배층의 바벨론 유배를 세속적으로 해석하는 국제정치 관측자들이 이런 응답을 보였다. "우리가 바벨론 제국에게 망한 것은 이집트와의 동맹이 견고하지 못했기 때문이다. 우리의 동맹 정책이 부실해서 망했다. 우리가 바벨론에 끌려간 것은 신의 뜻과 아무 상관없다. 힘이 약한 나라는 힘이 강한 나라에게 항상 패배한다는 대자연의 법칙의 일부가 우리에게 적용된 것일 뿐이다. 힘이 강한 나라가 힘이 약한 나라를 파괴하고 그 귀족층을 끌고 가는 것은, 세계역사 내내 발생했던 대자연의 투쟁의 일부다. 여기에 무슨 신의 뜻이 있다고 믿을 이유가 없다."

넷째 응답은 하나님의 심판 수용 및 회개 강조 신학이었다. 하나님의 심판을 옹호하고 하나님의 무궁무진한 사랑과 인애를 기대한 예언자들이 이 입장을 대변했으며, 현재 구약성경의 주류로 자리 잡은 신학이다.

다섯째 응답은 애가형 저항과 질문이었다. 하나님의 정의로운 심판을 마지못해 수용하면서도 일부 이스라엘 사람들은 애가형 저항을 병행했다. 그들은 하나님의 심판은 죄에 비해 너무 지나치다고 불평했다. 애가 시편들과 예레미야애가는 이 입장을 대변했으며, 세 친구들과의 대화에서 욥이 보인 입장도 애가형 항변이었다.

여섯째 응답은 신비주의였다. "우리 이스라엘 민족이 이처럼 70년 동안 바벨론에 핍박받는 것은 죄에 대한 징벌 이상의 의미가 있다." "죄 없는 자에게 일어나는 고난과 재앙은 하나님의 통치 안에서 일어난 일이다." 신명기 29:29은 감춰진 일과 나타난 일을 구분하고 있다. 여기서 나타난 일은 바벨론 유배 같은 역사적 재난을 의미한다. 반면 감춰진 일은 미래에 있을 일, 혹은 이런 재난의 배후에 작동하는 하나님의 섭리를 의미할 수 있다. 욥기의 상당 부분은 이런 입장을 드러낸다. 악인과 의인이 동일한 불행과 재난의 피해자가 되어 인생을 마치는 현상을 보고 개탄하는 전도서 7:13-16도 이런 신비주의적 고난 이해의 일단을 드러낸다. "하나님께서 행하시는 일을 보라. 하나님께서 굽게 하신 것을 누가 능히 곧게 하겠느냐. 형통한 날에는 기뻐하고 곤고한 날에는 되돌아 보아라. 이 두 가지를 하나님이 병행하게 하사 사람이 그의 장래 일을 능히 헤아려 알지 못하게 하셨느니라. 내 허무한 날을 사는 동안 내가 그 모든 일을 살펴보았더니 자기의 의로움에도 불구하고 멸망하는 의인이 있고 자기의 악행에도 불구하고 장수하는 악인이 있으니 지나치게 의인이 되지도 말며 지나치게 지혜자도 되지 말라. 어찌하여 스스로 패망하게 하겠느냐."전 7:13-16

일곱째 반응은, 이스라엘의 바벨론 유수와 그로 인한 온갖 굴욕과 고난은 하나님의 섭리 아래 성장하고 성숙하기 위해 하나님의 종이 받는 고난이라는 것이다. 더 이상 하나님의 신비로운 섭리만 믿지 않고 자신들이 당한 고난의 목적을 탐구하려고 한 반응이었다. 즉, 이스라엘이 하나님의 거룩한 세계구원 계획을 위해 받는 고난이라는 사상, 곧 목적론적 고난 이해였다. 이스라엘이 바벨론으로 끌려가 모진 고통을 당하고 곤욕을 당한 것은 세계 만민을 하나님께로 이끌어 갈 만한 제사장 백성으로 성장시키는 교육의 일부였다는 것이다. 이것이 이사야 52-53장이 대표하는 목적론적 고난 이해다. 욥기의 일부도 이 목적론적 고난 이해를 보여준다.

이런 신학 논쟁의 맥락에서 욥기는 "원인론적인 고난 해석"의 일부로서 신명기 역사가의 자책 신학이 대주주 행세를 할 때 비판적 보완 신학으로 등장했다. 신명기 역사가 신학을 교조적으로 대표하던 자들이 바로 욥의 세 친구였다. 욥의 세 친구는 하나님의 무한한 광대하심과 초월적 자유와 신적 임의성과 야생성을 알지 못했다. 그들은 이 세계가 완전무결한 법칙으로 운영된다고 믿었고, 이 세계가 대체로 법칙적이지만 더 온전해질 세상으로 바뀌어 가는 중에 있음을 이해하지 못했다. 하나님은 아예 처음부터 완전무결하고 추가적인 공사도 필요하지 않는 세상을 만드실 수 있었다. 하지만 인간과 더불어 추가 공사를 하심으로 완전케 될 세상을 만드셨다. 하나님은 이 세상을 만드셨을 때 인간과 더불어 더 온전하고 더 완전하게 될 세상을, 아직은 미완성인 세상을 만드셨다는 것이다. 이것이 욥기가 이해하는 하나님의 창조다. 욥기의 우주관에 따르면, 이 세계는 완전한 법칙이 지배하는 세상이 아니라 또한 하나님의 무한하고 복잡한 자유와 임의성이 작동하는 곳이기도 하다. 욥기는 대체로 법칙적이지만 법칙이 작동하지 않는, 법칙이 오작동을 일으키는 세상을 보여준다. 하나님은 이런 법칙적이고 법칙초월적인 두 얼굴의 세상을 인간 가운데 노출시키고 인간과 더불어 이러한 무정형적이며 법칙 초월적이고 임의적인 현상이 일어나는 세상을 통치하려고 하셨다. 욥기 저자는 이런 법칙초월적이며 외견상 무질서해 보이는 일들이 일어날 때도 창조주 하나님 마음으로 견디면서 하나님과 함께 이 액체적인 무정형의 세상을 역동적인 질서의 세상으로 만들어갈 인간을 찾고 있다고 믿는다. 욥기의 신학은 주전 6세기 예루살렘 제사장들이 완성했다고 알려진 제사장 신학(P문서의 신학)을 비판적으로 보완하려고 하며, 더 나아가 죄에는 벌로 응답하는 신학적 이진법 연산체계에 균열을 내려고 하는 신학이다. 욥기는 거룩의 법칙과 비거룩의 반동 사이에서 거룩을 지키려고 애썼던 거룩 집착의 예루살렘 제사장들, 주전 6세기 이후에 등장했던 신명기 역사가의 자책과 회개 신학을 비판적으로 보완한다. 다시 말해서 "아무리 의롭게 살려고 하는 사람에게도 고난은 일어난다. 욥기의 주인공 욥은 예언자적인 신앙의 완성자이면서 제사장 영성의 완전한 구현자였다. 욥이 사회적 약자들을 자애롭게 돌보고 예언자적 정의감으로 살면서 성결과 부정, 거룩과 비거룩을 나누며 자신의 의를 지키려고 영성을 유지했지만, 우발적으로 발생한 연쇄적 고난과 재앙들을 경험했다. 이런 어처구니없는 일이 일어난 세상도 여전히 하나님의 정의롭고 공명정대한 세상 통치가 작동한다고 믿어야 한다"는 것이 욥기의 주장이다. 욥기는 하나님의 정의에 대한 협애한 이해와 그것의 교조적 경직성에 대한 반발이다. 그러면 욥의 세 친구는 어떤 입장을 가졌는가?

그들은 조상으로부터 내려오는 전통 신학의 맹목적 상속자들이다. 회개자책 신학, 통회자복 신학, 하나님의 정의에 대한 질문 포기의 신학이다. 하나님의 정의에 대한 질문 포기의 신학은 이 세상의 완전성에 대한 맹목적 신앙에 집착해 이 세계가 '완성되어 가는 과정에 있다'는 것을 이해하지 못한 신학이었다. 그들은 이 세계가 인간과 하나님의 동역으로 더 온전케 될 창조의 도상에 있는 세계임을 알지 못했다. 그들은 고난을 죄 때문이라고 해석하는 아주 일원주의적이고 폐쇄적 신학 회로를 가지고 있었다. 세 친구는 욥에게서 죄를 찾지 못하니까 욥의 숨은 죄, 욥의 이전 죄, 또는 욥 자녀들의 죄, 또는 인간 존재가 하나님 앞에 드러내는 불완전성, 불결성, 비거룩성, 하나님만큼 의롭지 못함 자체를 고난을 초래한 원인(죄)이라고 지적했다. 그들은 어찌하든지 욥에 대한 하나님의 심판을 정당화하려고 했다. 절대자 하나님에 비해 열등한 인간의 피조물성을 거의 죄성이라고 간주한 세 친구들은 자신들의 주장의 궁색함을 피해 가려고 가끔씩 하나님의 오묘한 일 혹은 하나님의 신비한 일이라는 담론을 중간에 끼워 넣었다. 다시 말해서, "욥의 고난은 99.9퍼센트 죄 때문이다. 네가 당하는 고난은 네 숨은 죄, 네 사회적 죄악, 네 이전 죄, 네 자녀들의 죄, 그리고 네가 여자에게서 태어난 인간 존재라는 멍에 때문에 초래된 것이다. 하나님은 절대로 잘못되실 수 없다. 너의 고난은 죄에 대한 심판 그 이상도, 그 이하도 아니다." 이렇게 인간을 희생시켜 가면서 하나님을 옹호하려는 욥의 세 친구는 신학의 가장 혐오스러운 냉혹함을 드러낸다. 그들의 신학은 인간 이해를 촉진하는 신학이기는커녕 인간을 경멸하고 인간을 비천하게 만들고 하나님을 높이려는 아주 폭력적인 담론이 되어 버렸다. 욥 세 친구의 논법은 인간 이해를 위한 담론이 아니라 하나님을 무감동적이고 비인격적인 원리로 환원시키려고 하는 우상숭배적 신 이해로 경사되고 있다.

이런 점에서 욥기는 "하나님은 끝내 의로우시다"라는 주장을 교조적으로 옹호하는 신정론神正論, theodicy5은 절대 아니다. 욥이나 욥기는 이 명제를 입증하려는 목적에 이바지하지 않는다. 굳이 말하면, 신정론은 욥 친구들 입장이다. 그들은 너무 무리한 신정론을 펼쳤다. 욥이나 욥기 저자는 신정론으로 욥의 고난을 설명할 수 있다고 보지 않는다. 욥기 저자는 오히려 인간의 논리로는 다 파악이 안 되는 우주적 황량함, 우주적 광막함과 광대무변함이 이 지상의 고난 경험에 반영되어 있다고 본다. "논리적으로 명료하게 해명될 수 없는 법칙 이상의 그 무엇이 지구에 작동하고 있다. 하나님은 정의롭다는 명제만으로 다 파악할 수 없는 분이다." 이것이 욥기의 하나님 이미지이다. "하나님은 우리 인간에게 다 털어놓지 못한 비밀을 갖고 계시다. 그 비밀을 다 명료하게 설명하지 않은 채 우리 인간에게 지구의 관리자, 곧 하나님께 자발적으로 순종하고 동역하는 지구의 공동 통치자가 되라고 하셨다."

욥기 38-39장에서도 하나님이 운문으로 간접 대답을 하셨지 직접 대답을 하지 않으셨다. 하나님이 만일 은유법으로 대답하지 않으시려면 이렇게 하셔야 했다. "내가 사실 사탄과 내기를 했다. 내 종 욥이 까닭 없이 하나님을 경외하는지, 아니면 복의 울타리를 둘러 준 나의 선제적 호의에 대한 보답으로 하나님을 경외하는지를 검증하고자 했다." 여기서 우리가 추측할 수 있는 것은 하나님에게 문제가 되는 것은 하나님의 자기 평가다. '하나님의 자기 평가가 피조물에게 자극받아서 되겠는가'라는 질문을 일으키는 것은 사실이지만, 하나님은 자기 평가에 민감하시다. 하나님이 피조물의 도발적 질문에 자극받아 흥분해서는 안 된다는 것이 바로 아리스토텔레스의 신관이다. 이런 신관이 보통 하나님의 절대주권을 강조하는 사람들의 신학이기도 하다.

이런 신학에는 하나님의 인격성에 대한 이해가 들어갈 여지가 없다. 하나님의 인격성 때문에 하나님이 피조물에게 도발당하거나 상처받을 가능성이 생긴다. 하나님의 인격성이라는 개념은 하나님이 인간의 말에 도발당할 수 있는 여지가 있다는 사상이다. 인간의 언어에 도발당해야만 또한 인간의 행동에 감동받을 여지가 있다. 인간이 하나님을 기쁘시게 하는 존재가 된다는 말은 하나님이 인간의 행동과 말에 영향을 받는 위치에 있다는 말이기도 하다. 하나님의 인격성이라는 개념은 하나님의 상처받기 쉬움성과 같은 말이다. 하나님은 우주의 슈퍼컴퓨터가 아니다. 인간의 모든 행동을 미리 예측하고 그것에 대해서 기계적으로 반응을 보이는 기계나 알고리즘, 프로그램이 아니다. 인격적인 하나님은 인간의 우발적 행동에 우발적으로 놀라시는 하나님이다. 그래서 하나님은 땅 위에 사람 지었음을 후회하신다. "땅 위에 사람 지으셨음을 한탄하사 마음에 근심하시고 이르시되 내가 창조한 사람을 내가 지면에서 쓸어버리되 사람으로부터 가축과 기는 것과 공중의 새까지 그리하리니 이는 내가 그것들을 지었음을 한탄함이니라 하시니라."^{창 6:6-7} 아리스토텔레스의 영향을 받은 유대인 랍비들은 "하나님이 후회하셨다"는 표현이 하나님의 절대주권적인 자기충족성과 절대군주적 위엄을 훼손하는 것처럼 생각한다. 그런데 하나님이 만일 타락한 인간을 보고 이렇게 표현하지 않으면 어떻게 표현해야 할까? 하나님의 전지전능성을 높이려고 이렇게 표현해야 했을까? "나는 다 알고 있었다." 그러나 구약성경의 하나님은 인간의 우발성 때문에 놀라시는 하나님이고, 상황을 개선하시려는 하나님이며, 추후 대책을 세우시는 하나님이다. 인격적인 하나님이기 때문에 아무리 전지해도 인간의 우발적 행동으로 인해 놀라고 실망할 능력까지 포기하시지는 않는다. 바로 이런 이유 때문에 인간은 하나님께 기쁨이 되는 존재가 된다. 좌우를 분별할 수 없는 십이만 명의 니느웨 사람들이 회개하자, 하나님이 너무 놀라신 나머지 천상어전회의에서 당신이 친히 내리신 결정도 취소하신다. "니느웨를 멸망시키라!"고 명령하고 결재까지 했지만, 이 결정을 친히 취소하셨다. 니느웨 왕을 필두로 모든 사람들과 가축들까지 회개대열에 동참하자 하나님이 깜짝 놀라서 니느웨 멸망 결정을 취소하신 것이다! 인간의 우발적인 행동이 하나님의 우발적 행동을 유발한다는 것은 하나님 행위와 인간의 행동이 서로 상호의존적임을 시사한다. 하나님이 인간을 만드신 순간부터 하나님은 인간의 반응 여하에 따라 당신의 응답을 조절하는 하나님이 되시기로 작정하셨다. 아리스토텔레스의 철학에 영향을 받은 신학자들과 그리스도인들은 불행히도 이런 하나님을 이해하지 못한다. 민수기 23:19에 나오는 "하나님은 거짓말을 하지 않으신다"라는 말씀에 근거해 그들은 하나님의 후회하시는 능력을 부인한다. "하나님은 사람이 아니시니 거짓말을 하지 않으시고 인생이 아니시니 후회가 없으시도다. 어찌 그 말씀하신 바를 행하지 않으시며 하신 말씀을 실행하지 않으시랴." 이 말씀 하나로 하나님의 인격적 응답성과 수동성을 부인할 수는 없다. 실로 성경의 하나님은 인간의 믿음을 보고 기뻐하시고 인간의 불신앙과 불순종 때문에 좌절하시는 하나님이시다. 하나님은 땅에 사람을 지으셨음을 후회하기도 한 지극히 인격적인 하나님이다. 전능하신 하나님은 또한 인격적인 하나님이다. 인간과 교제하시기 위해 인간의 인격적 반응에 자신을 맞춰 준 겸손하신 하나님이다. 그래서 영원히 찬양받으시기에 합당한 절대자 하나님이다.

27장.

세 친구에 대한 욥의 마지막 말:
그래도 나는 결백하다!

27

¹ 욥이 또 풍자하여 이르되 ² 나의 정당함을 물리치신 하나님, 나의 영혼을 괴롭게 하신 전능자의 사심을 두고 맹세하노니 ³ (나의 호흡이 아직 내 속에 완전히 있고 하나님의 숨결이 아직도 내 코에 있느니라.) ⁴ 결코 내 입술이 불의를 말하지 아니하며 내 혀가 거짓을 말하지 아니하리라. ⁵ 나는 결코 너희를 옳다 하지 아니하겠고 내가 죽기 전에는 나의 온전함을 버리지 아니할 것이라. ⁶ 내가 내 공의를 굳게 잡고 놓지 아니하리니 내 마음이 나의 생애를 비웃지 아니하리라. ⁷ 나의 원수는 악인 같이 되고 일어나 나를 치는 자는 불의한 자 같이 되기를 원하노라. ⁸ 불경건한 자가 이익을 얻었으나 하나님이 그의 영혼을 거두실 때에는 무슨 희망이 있으랴. ⁹ 환난이 그에게 닥칠 때에 하나님이 어찌 그의 부르짖음을 들으시랴. ¹⁰ 그가 어찌 전능자를 기뻐하겠느냐. 항상 하나님께 부르짖겠느냐. ¹¹ 하나님의 솜씨를 내가 너희에게 가르칠 것이요 전능자에게 있는 것을 내가 숨기지 아니하리라. ¹² 너희가 다 이것을 보았거늘 어찌하여 그토록 무익한 사람이 되었는고. ¹³ 악인이 하나님께 얻을 분깃, 포악자가 전능자에게서 받을 산업은 이것이라. ¹⁴ 그의 자손은 번성하여도 칼을 위함이요 그의 후손은 음식물로 배부르지 못할 것이며 ¹⁵ 그 남은 자들은 죽음의 병이 돌 때에 묻히리니 그들의 과부들이 울지 못할 것이며 ¹⁶ 그가 비록 은을 티끌 같이 쌓고 의복을 진흙 같이 준비할지라도 ¹⁷ 그가 준비한 것을 의인이 입을 것이요 그의 은은 죄 없는 자가 차지할 것이며 ¹⁸ 그가 지은 집은 좀의 집 같고 파수꾼의 초막 같을 것이며 ¹⁹ 부자로 누우려니와 다시는 그렇지 못할 것이요 눈을 뜬즉 아무것도 없으리라. ²⁰ 두려움이 물 같이 그에게 닥칠 것이요 폭풍이 밤에 그를 앗아갈 것이며 ²¹ 동풍이 그를 들어올리리니 그는 사라질 것이며 그의 처소에서 그를 몰아내리라. ²² 하나님은 그를 아끼지 아니하시고 던져 버릴 것이니 그의 손에서 도망치려고 힘쓰리라. ²³ 사람들은 그를 바라보며 손뼉치고 그의 처소에서 그를 비웃으리라.

세 친구에 대한 욥의 마지막 말: 그래도 나는 결백하다!

27장은 세 친구를 상대로 제시하는 욥의 마지막 답변이다. 욥의 언어도 상당히 거칠고 단정적 어조가 두드러진다. 1절은 욥이 "또 풍자하여 말한다"며 자신의 주장을 전개한다. 보통 한국어 "풍자"는 '비꼬는 말', '비트는 말'을 의미한다. 이런 의미라면, 욥의 풍자는 보통 문학에서 말하는 그런 풍자가 아니라 조롱과 야유에 가깝다. "또"라는 말을 쓰는 것을 볼 때 비꼬는 말투로 표출된 빌닷에 대한 욥의 26장 답변을 욥기 저자는 풍자라고 본 것으로 짐작된다. 26:2-3에서 빌닷에 대한 욥의 야유가 나온다. "네가 힘 없는 자를 참 잘도 도와 주는구나. 기력 없는 팔을 참 잘도 구원하여 주는구나. 지혜 없는 자를 참 잘도 가르치는구나. 큰 지식을 참 잘도 자랑하는구나." 욥이 이런 방식으로 말하는 26장을 풍자라고 보는 데는 무리가 없지만, 27장에는 이런 야유나 비트는 언사가 나오지 않는다. 그렇다면 27:1의 '풍자하여 말하다'라는 어구가 다른 의미를 가질 가능성을 찾아봐야 한다. '풍자하여 말하다'의 히브리어 어구는 써에트 머샬로(מְשָׁלוֹ שְׂאֵת)이다. '그의 마샬을 들기를'라는 의미다. "풍자"라고 번역된 히브리어는 마샬(מָשָׁל)이다. 구약성경 잠언의 이름이 미쉴레 쉘로모(מִשְׁלֵי שְׁלֹמֹה, 솔로몬의 잠언)이다. 마샬은 대체로 '경구적 잠언' 혹은 비유를 통한 '훈계적 대조잠언'을 가리킨다. 이런 의미로 보면 26:5-14은 하나님의 창조질서 통치를 경구적으로 서술하는 잠언이며, 27:13-23은 욥 버전의 악인필망론으로 전형적인 잠언서적인 경구어록이다. 즉, 욥도 전통적인 잠언지혜의 논리에 근거해서 자신에 대한 세 친구의 비난과 단죄에 대항하는 셈이다.

2-6절은 욥의 마지막 총론적 답변이다. 2절에서 욥은 하나님을 "나의 정당함을 물리치신 하나님, 나의 영혼을 괴롭게 하신 전능자"

366

라고 말한다. 이런 하나님, 전능자의 사심을 두고 욥은 맹세한다. 하나님이 그 맹세의 진위성을 가릴 최종 판결자라는 말이다. 하나님의 사심을 두고 맹세하는 자는 '자신은 이 세상 사람들에게는 결코 인정받거나 수용될 수 없는 진실을 붙들고 있다'는 사실을 선포하기를 원한다. 맹세는 일단 외상으로 타인의 신뢰와 믿음을 사는 것이다. 그래서 하나님의 사심을 두고 맹세한 사람의 맹세는 듣는 사람들이 손쉽게 배척하거나 부정하기 어렵다. 개역개정은 3절을 괄호 안의 삽입절로 처리하는데, 이는 불필요한 편집이다. 3절에서 욥은 자신이 자신의 진실을 포기하지 않을 정도의 강장함은 아직도 유지하고 있다고 말한다. 욥은 자신의 호흡은 하나님의 숨결이 아직도 그의 코에 있기 때문임을 인정한다. 여기서는 하나님이 주시는 힘으로 자신의 결백변명을 개진하고 있다는 함의가 보인다. 4-5절 상반절에는 맹세문을 도입하는 히브리어 어구 임(אם)이 세 차례 사용된다. 이 맹세 도입어구는 '결코 하지 말지어다', '결코 일어나지 말지어다' 정도의 의미다. 4-5절은 맹세 구문이라는 말이다. 이 구문의 특성을 살려 4-5절을 번역하면 다음과 같다. "결코 내 입술이 불의를 말하지 말지어다!" "결코 내 혀가 거짓을 품지 말지어다."⁴ᵉ "내가 너희를 옳다고 말하는 일은 내게서 멀지어다." "내가 죽기 전에는 나의 온전함을 나로부터 결코 버리지 아니하리라."⁵ᵉ 5절 하반절은 미완료형 동사가 사용된 문장이다. 6절에서도 욥은 미완료형 동사로 자신의 맹세어조를 이어가고 있다. 6절은 모두 세 개의 소절로 구성되어 있는데, 개역개정은 두 개의 절로 축약해서 번역한다. 6절을 직역하면, "나는 내 공의를 굳게 잡으리라. 나는 이 굳게 붙듦에서 약해지지 않으리라. 내 마음이 나의 날들 중 어떤 날도 책망하지 아니하리라"가 된다. 이 중 마지막 소절은 7절의 일부와 연결되어 있다. 6절의 셋째 소절에 대한 개역개정 번역은 다소 약하다. '비웃다'라고 번역한 히브리어는 '질책하다', '책망하다'에 가까운 단어이다. '내 생애'라고 번역한 히브리어 미야마이(מִיָּמָי)는 탈격 전치사 민(מִ)+ 야마이(욥의 1인칭 복수 연계형 [יָמַי], my days['나의 날들'])인데, 이때 탈격 전치사 민은 전체의 일부분(some, any)을 가리키는 말이다. 나의 날들 중 어떤 날도 자신의 양심에 책잡힐 일을 한 적이 없다는 자신감의 표현이다. 욥의 친구들의 논리에 내재된 위험 중 하나는 그들의 논리가 고문(고통)을 통해서라도 죄 자백을 끌어내려는 사악한 수사관의 논리에 가깝다는 점이다.

원수 같은 친구들을 원망하는 욥 • 7-12절

이 단락에서 욥이 비난하는 원수가 누구인지 명확하지 않다. 욥이 당한 환난의 진실을 모르고 욥을 비난했던 모든 사람들을 총칭하는 것으로 보인다. 비록 7절의 주어 "나의 원수"나 "나를 치는 자"는 단수로 표시되어 있으나, 이 단수는 집합적 단수라고 봐야 한다. 7절에서 "나의 원수"는 원래는 악인이 아니었는데 악인처럼 되어 버렸고, 자신을 대항해 일어선 자는 원래 불의하지 않았는데 불의한 자처럼 되었다고 한탄한다. 개역개정은 기원문으로 번역하는데, 히브리어 구문상으로는 부정확한 번역이다. 아마도 하야(הָיָה) 동사의 3인칭 미완료 여히(יְהִי, '있을지어다')를 의식하고 그렇게 번역한 것 같다. 기원문으로 번역한 개역개정과 달리 저시브(3인칭 명령형) 구문(let ~ be)을 살려 번역하는 것이 문맥상 더 잘 어울려 보인다. "나의 원수는 악인처럼 되고 일어나 나를 치는 자는 불의한 자로 드러날지어다."

8-10절은 악인에 대한 하나님의 궁극적 심판을 말한다. 8절에서 욥은 불경건한 자가 이익을 얻었으나 하나님이 그의 영혼을 거두실 때에는 악인이 얻은 불의한 이익은 아무런 희망이 될 수 없다고 말한다. 환난이 악인에게 닥칠 때에 하나님이 그의 부르짖음을 들어주실

리가 없다.⁹절 악인은 자신의 악행 때문에 전능자를 기뻐할 능력이나 지향이 없으며, 항상 하나님께 부르짖을 끈기와 단심 어린 신실성도 없다.¹⁰절 악인은 전능자를 기뻐하지 않기 때문에, 곧 전능자를 경외하거나 신뢰하지 않기 때문에 끈기 있게 하나님께 자신의 억울한 사연을 아뢰고 부르짖지 못한다. 그러나 자신은 전능자를 경외하고 기뻐하고 사랑하기 때문에 줄기차게 부르짖을 수 있다는 것이다. 전능자를 기뻐하고 하나님께 자신의 억울함을 줄기차게 토로하는 욥 자신은 이런 의미의 악인이 아니라는 것이다. 욥은 자신을 몰락과 파국에 이르게 하는 하나님의 의도를 몰라 답답하게 여기기는 하지만, 하나님을 향한 부르짖음, 원망, 불평, 청원은 그치지 않는다. 만일 하나님이 자신의 이 집요한 부르짖음에 응답하신다면, 자신이 악인이 아님을 입증하는 셈이 된다는 것이다.

11절에서 욥은 세상을 통치하시는 하나님의 솜씨(손, 역사)를 친구들에게 가르쳐 주겠다고 제의한다. 전능자에게 있는 통치 원리를 숨기지 않고 친구들에게 알려 주겠다고 말한다. 하나님이 다스리시는 이 세상에서는 욥 자신처럼 의인도 억울한 고난을 당하고 일시 파멸을 당할 수도 있고,²⁻⁴절 불경건한 자도 잠시 이익을 얻을 수 있다.⁸절 12절에서 욥은 친구들도 하나님의 세상 통치 솜씨를 보았는데, 왜 신학적 이진법에만 머물며 자신을 위로하는 사역에서 그토록 무익한 사람이 되었는가를 질문한다.

악인의 종국적 운명 • 13-23절

이 단락은 욥 버전의 악인필망론이다. 1절이 말하는 풍자, 곧 '마샬'인 셈이다. 이 단락은 겉으로는 친구들의 악인필망론과 대동소이하다. 그런데 욥의 악인필망론은 그 동기가 다르다. 자신의 고난을 악인필망론의 관점에서 해석하는 친구들과 달리, 욥은 자신의 고난과 악인들이 당하는 파국적 곤경이 다르다는 점을 강조하기 위해 이런 논리를 편다. 13절은 악인이 하나님께 얻을 분깃, 포학자가 전능자에게서 받을 산업이 무엇인지를 소개하는 서두이다. 욥은 선과 악의 도착된 질서를 바로잡아 주실 하나님에 대한 기대를 표명하고 있다.

14절부터 악인과 포학자들에게 주어지는 하나님의 심판처분을 나열한다. 악인의 자손은 번성하여도 그들의 말로는 칼로 죽임을 당하는 것이며, 익인의 후손은 음식물로 배부르지 못할 것이다.[14절] 악인의 가문에서 혹시 남은 자들이 있다고 하더라도 그들은 죽음의 병이 돌 때에 감염되어 죽을 것이며, 감염병 때문에 합당한 장례도 없이 매장되어 그들의 과부들이 울지 못할 것이다.[15절] 악인이 비록 은을 티끌 같이 쌓고 의복을 진흙 같이 준비할지라도,[16절] 의인이 그가 준비한 것을 입을 것이며, 그가 쌓아둔 은은 죄 없는 자가 차지할 것이다.[17절] 악인이 지은 집은 좀의 집 같고 파수꾼의 초막 같을 것이다. 버려져 황폐케 된다는 말이다.[18절] 악인은 잠들 때는 부자로 누울지 몰라도 다시는 그렇지 못할 것이다. 눈을 뜬즉 아무것도 없게 될 것이기 때문이다.[19절] 19절은 잠자리에 들었다가 잠이 깼을 때에 일어날 법한 상황을 묘사한다. 잠들 때는 부자였으나, 깨어보니 빈털터리가 되었다는 것이다. 밤사이에 강도나 도둑이 가산과 재물을 다 털어갔을 수가 있다.

20-21절은 천재지변에 타격당하는 악인의 운명을 말한다. 두려움이 물 같이 그에게 닥칠 것이며, 폭풍이 밤에 그를 앗아갈 것이다.[20절] 동풍이 그를 들어 올려 사라지게 할 것이며, 결국 동풍이 악인을 그의 처소에서 몰아낼 것이다.[21절] 하나님은 그를 아끼지 아니하시고 던져 버리실 것이지만, 악인은 그래도 하나님의 손에서 도망치려고 힘쓸 것이다.[22절] 사람들은 파멸당한 악인을 바라보며 손뼉치고 그의 처소

에서 그를 비웃을 것이다.[23절] 세 친구는 욥을 이렇게 몰락한 악인이라고 정죄하고 비웃었다. 하지만 욥의 악인필망론은 자신의 처지를 옹호하기 위해, 곧 자신의 고난은 악인에게 임한 하나님의 심판이 아님을 입증하기 위한 것이었다. 욥 자신은 자신이 개진하는 악인필망론의 대상이 되는 그런 악인이 결코 아니라는 점을 강조한다.

메시지

27장은 세 친구에 대한 욥의 종합변론이다. 욥은 친구들의 논변을 세 가지 면에서 철저하게 논파한다. 첫째, '무죄결백 주장'이다. "나는 결코 너희를 옳다 하지 아니하겠고 내가 죽기 전에는 나의 온전함을 버리지 아니할 것이라. 내가 내 공의를 굳게 잡고 놓지 아니하리니 내마음이 나의 생애를 비웃지 아니하리라."[5-6절] 욥은 절대로 물러나지 않는다. 욥은 자신의 공의(미쉬파트)와 의로움을 결코 포기하지 않을 것임을 천명한다. 친구들은 끝내 욥의 고난이 그의 죄에 대한 하나님의 심판임을 입증하는 어떤 증거도 대지 못했다. 그래서 욥은 "나는 절대로 자네들이 옳다는 것을 인정할 수 없네"라는 입장을 견지했다. 둘째, 욥 자신이 당하는 고난의 진실을 모른 채 자신을 악인으로 몰아가는 친구들의 강압적이고 기만적 주장들은 그들을 악인으로 보이게 만든다고 말함으로써, 욥은 친구들에 대한 공세적인 입장을 취한다. 욥은 절대로 물러서지 않는 데서 한 걸음 더 나아가 자신을 조롱하는 악인들이 금방 시들어갈 것을 말함으로써, 친구들의 신학 주장이 곧 시들어갈 것임을 시사한다. 셋째, 욥은 자신의 버전인 악인필망론으로 친구들의 악인필망론을 압도해 버린다. 13-17절은 욥 버전의 악인필망론이다. "악인의 자손은 번성해도 결국에 칼에 죽임을 당하며 그의 남은 후손들은 돌림병으로 죽게 될 것이다. 악인이 남긴 옷과 재산은 의인이 차지하게 될 것이다." 언뜻 들으면 욥 친구들의 주장처럼 들린다. 13-17절은 특히 18장에서 빌닷이 전개한 악인필망론과 거의 대동소이하다.[18:5-21] 다만 용도와 적용 대상이 다르다. 욥 친구들은 욥의 자백을 받아내기 위해 악인필망론을 들이대고, 욥은 친구들의 공격으로부터 자신을 방어하기 위해 악인필망론을 내세운다. 욥의 친구들은 악인필망론만 알고 교조적으로 내세운다. 27장의 욥이 내세우는 악인필망론은 악인의 일시 형통과 번영을 인정하는 유연한 교설이다. 욥의 악인필망론은 '악인종말론적 필망론'이다. 즉, 종말의 순간이 올 때까지 악인이 번성할 수도 있다는 생각이다. 욥의 사상은 의인의 폐부와 심장을 세차게 시험할 정도로 악인이 상당 기간 번영을 누릴 수 있는 상황도 인정하고 고려하는 가설이다. 욥은 적어도 이 단락에서는 악인이 지금은 번영을 누리는 상황을 상정하고 있다. 친구들이 악인일지라도 아직은 그들에게는 이 단락이 묘사하는 무서운 일들이 일어나지 않았다는 것이다. 악인들에게 미래에 닥칠 환난 시나리오인 셈이다. 욥은 이렇게 미래에 있을 악인 패망 상황을 생생하게 묘사함으로써 친구들을 잠잠케 하려고 시도한다. 결국 욥은 친구들의 손에 있는 몽둥이인 악인필망론을 갖고 친구들을 두려움으로 몰아간 셈이다. 욥은 자신을 조롱하고 하나님의 심판을 조롱하고 악행을 밥 먹듯이 하는 자들의 비참한 말로가 다가오고 있다고 주장한다. 욥을 악인으로 몰아 가려고 하는 친구들에 맞서서 욥은 진짜 악인들의 운명을 말하면서 악인필망론을 전개하는 것이다. 42장은 욥이 하나님께 징계를 받은 세 친구를 위해 속죄제사를 드려 주는 장면을 보여줌으로써 신학 배틀에서 욥이 완승했음을 강조한다. 그렇다고 해서 세 친구들이 27:13-23의 환난고통으로 파멸당했다거나 파멸당할 것이라고 위협받은 것은 아니었기에 욥의 무서운 악인필망론이 세 친구만을 정조준했다고 볼 필요는 없다.

그렇다면 욥의 악인필망론의 효용가치는 무엇일까? 첫째, 선악의 갈등에서 기회주의적 처신을 막아 준다. 선과 의가 반드시 이긴다는 단순화된 확신을 심어 주어 단호하게 의와 정의, 선과 빛의 편에 서게 한다. 시편 1편 기자와 같은 확신을 준다는 것이다. "의인들의 길은 여호와께서 인정하시나, 악인들의 길은 반드시 망한다." 둘째, 욥의 악인필망론은 악인종말론적 필망론이기에 종말이 오기까지는 악인의 일시 성공, 일시 번영도 인정하는 현실주의적 사고를 도와준다. 예레미야 12:1-2 같은 상황도 있을 수 있음을 보여준다. "여호와여, 내가 주와 변론할 때에는 주께서 의로우시니이다. 그러나 내가 주께 질문하옵나니 악한 자의 길이 형통하며 반역한 자가 다 평안함은 무슨 까닭이니이까. 주께서 그들을 심으시므로 그들이 뿌리가 박히고 장성하여 열매를 맺었거늘 그들의 입은 주께 가까우나 그들의 마음은 머니이다."^{렘 12:1-2} 예레미야는 40년이 넘도록 오랫동안 예언활동을 하면서, 시편 1편과 예레미야 12장 사이에서 방황했다. 예레미야는 악인필망론을 굳게 믿었지만, 악인의 끈질긴 생명력을 보고 절망했다. "보라, 여호와의 노여움이 일어나 폭풍과 회오리바람처럼 악인의 머리를 칠 것이라. 여호와의 진노가 내 마음의 뜻하는 바를 행하여 이루기까지는 그치지 아니하나니 너희가 끝날에 그것을 완전히 깨달으리라."^{렘 23:19-20=30:23-24} 예레미야는 주전 586년에 가서야 악인을 일망타진하시는 하나님의 거룩한 징벌을 목격했다. 그전까지는 예레미야는 계속 이렇게 간구했다. "의인을 시험하사 그 폐부와 심장을 보시는 만군의 여호와여, 나의 사정을 주께 아뢰었사온즉 주께서 그들에게 보복하심을 나에게 보게 하옵소서."^{렘 20:12} 하나님은 당신의 자녀들이 억울하고 원통한 일을 당할 때마다 부르짖기를 기대하시고 빛이 없는 자라도 하나님을 의뢰하며 살아가기를 기대하신다.^{사 50:10}

28장.

인간 경험과 취득 영역 밖에 있는 지혜와 명철[1]

28

¹은이 나는 곳이 있고 금을 제련하는 곳이 있으며 ²철은 흙에서 캐내고 동은 돌에서 녹여 얻느니라. ³사람은 어둠을 뚫고 모든 것을 끝까지 탐지하여 어둠과 죽음의 그늘에 있는 광석도 탐지하되 ⁴그는 사람이 사는 곳에서 멀리 떠나 갱도를 깊이 뚫고 발길이 닿지 않는 곳 사람이 없는 곳에 매달려 흔들리느니라. ⁵음식은 땅으로부터 나오나 그 밑은 불처럼 변하였도다. ⁶그 돌에는 청옥이 있고 사금도 있으며 ⁷그 길은 솔개도 알지 못하고 매의 눈도 보지 못하며 ⁸용맹스러운 짐승도 밟지 못하였고 사나운 사자도 그리로 지나가지 못하였느니라. ⁹사람이 굳은 바위에 손을 대고 산을 뿌리까지 뒤엎으며 ¹⁰반석에 수로를 터서 각종 보물을 눈으로 발견하고 ¹¹누수를 막아 스며 나가지 않게 하고 감추어져 있던 것을 밝은 데로 끌어내느니라. ¹²그러나 지혜는 어디서 얻으며 명철이 있는 곳은 어디인고. ¹³그 길을 사람이 알지 못하나니 사람 사는 땅에서는 찾을 수 없구나. ¹⁴깊은 물이 이르기를 내 속에 있지 아니하다 하며 바다가 이르기를 나와 함께 있지 아니하다 하느니라. ¹⁵순금으로도 바꿀 수 없고 은을 달아도 그 값을 당하지 못하리니 ¹⁶오빌의 금이나 귀한 청옥수나 남보석으로도 그 값을 당하지 못하겠고 ¹⁷황금이나 수정이라도 비교할 수 없고 정금 장식품으로도 바꿀 수 없으며 ¹⁸진주와 벽옥으로도 비길 수 없나니 지혜의 값은 산호보다 귀하구나. ¹⁹구스의 황옥으로도 비교할 수 없고 순금으로도 그 값을 헤아리지 못하리라. ²⁰그런즉 지혜는 어디서 오며 명철이 머무는 곳은 어디인고. ²¹모든 생물의 눈에 숨겨졌고 공중의 새에게 가려졌으며 ²²멸망과 사망도 이르기를 우리가 귀로 그 소문은 들었다 하느니라. ²³하나님이 그 길을 아시며 있는 곳을 아시나니 ²⁴이는 그가 땅 끝까지 감찰하시며 온 천하를 살피시며 ²⁵바람의 무게를 정하시며 물의 분량을 정하시며 ²⁶비 내리는 법칙을 정하시고 비구름의 길과 우레의 법칙을 만드셨음이라. ²⁷그 때에 그가 보시고 선포하

시며 굳게 세우시며 탐구하셨고 [28] 또 사람에게 말씀하셨도다. 보라, 주를 경외함이 지혜요 악을 떠남이 명철이니라.

각종 보화를 캐려는 광부의 비상한 분투 • 1-11절

28장은 인간의 지식과 지혜의 유한성, 파편성, 그리고 한계를 논한다. 이 세상 만사의 원인과 경과를 직관하여 통찰하며 그 결과까지 전망하는 것이 지혜의 효능이라면 이런 지혜는 인간의 파악 영역 밖에 있다는 것이다. 1-11절은 각종 보물을 캐내는 광산채굴 은유를 통해 지혜를 채굴하려는 인간의 노력과 분투의 무위성과 무용성을 말한다. 이 단락의 요지는 땅 깊은 곳 어두운 곳에 감춰진 보물을 채굴하는 것이 얼마나 어려운가를 말함으로써, 다음 단락에서 다뤄지는 하나님의 지혜 취득의 지난至難함을 독자들에게 각인시키는 데 있다. 하나님의 지혜는 스올보다도 더 깊은 곳에 있다. 하나님은 "하늘보다 높으시며 스올보다 깊으시기 때문"욥 11:8이다.[2] 어떤 용감한 광부 같은 보배로운 지혜 채굴자도 하나님의 지혜를 채굴할 수 없다. 개별 구절들의 번역과 해석상의 난이도 면에서 이 단락은 욥기 전체에 걸쳐서 최고 수준이다. 개별 구절들의 번역, 해석, 그리고 각 구절에 담긴 저자 의도 추정 등에서 욥기 주석가들은 백인백색의 의견을 제시한다. 이런 점을 감안하여 독자들은 이 단락을 읽어갈 때 낙심하지 않아야 한다. 한두 구절의 해석상의 차이를 가진 학자들의 백가쟁명을 만난다고 해도 이 단락의 대지를 파악하는 데는 큰 어려움이 없기 때문이다.

1-2절은 고대 욥기 시대의 광업 상식이다. 은이 나는 곳이 있고 금을 제련하는 곳이 있으며,1절 철은 흙에서 캐내고 동은 돌에서 녹여 얻는다.2절 사람은 은금을 얻기 위해 어둠의 굴을 뚫고 모든 것을 끝까지 탐지하여 어둠과 죽음의 그늘에 있는 광석도 탐지한다.3절 3절

의 첫 부분은 어려운 구문이다. 3인칭 단수대명사("그")가 주어로 설정되어 있다. 그는 광부로 추정된다. 첫 소절의 직역은, "그는 '어둠'을 위하여 '끝'을 둔다"이다. 어둠을 위하여 끝을 두는 것이 무엇을 의미하는지는 분명하지 않다. 캄캄한 어둠의 지점까지 가서 작업한다는 정도의 의미가 될 것이다. 많은 영어성경들(NRSV, NASB 등)은 '어둠을 끝낸다'라고 번역한다. 그런데 이것은 무리한 번역이다. 보석을 어둠의 돌, 사망의 그늘에 숨겨져 있는 돌이라고 말하는 3절 하반절에 비추어 볼 때 3절 상반절은 어둠을 끝낸다는 의미가 될 수 없다. 차라리 '어둠을 뚫고'라고 번역하는 것이 낫다. 그래서 3절 첫째 소절이 어둠이 없어진 환한 빛 아래서 광부가 채굴작업을 하는 상황을 묘사하는 구절로 보기는 힘들다. 3절 둘째 소절의 직역은, "모든 끝을 위하여 그(3인칭 남성대명사)는 어둠과 죽음의 그늘의 돌을 찾고 있다." 여기서 "모든 끝을 위하여"라는 구절은 앞 소절의 "어둠을 위하여"와 대구를 이루고 있다. "모든 끝"은 여기서 광부가 갈 수 있는 가장 깊은 갱도를 가리킨다. 전체적으로 둘째 소절은 어둠과 사망의 그늘에 감춰져 있는 은금을 캐는 채굴작업이 얼마나 고되고 위태로운가를 예시한다. 3절 전체의 대지^{大旨}는 광부가 접근 가능한 가장 깊은 땅 속에서, 곧 어둠과 사망의 그늘이 어른거리는 캄캄한 가운데 채굴작업을 한다는 것이다. 곧, 초인적으로 용감한 광부는 땅과 지하, 빛과 어둠, 생명과 죽음의 경계 극단까지 가서 보물을 캐내는 데 성공한다는 것이다. 이 인간광부의 성공스토리는 다음 단락에서 다뤄지는 하나님의 지혜를 채굴하고 지혜를 취득하는 것의 불가능성을 부각시키는 복선임이 곧 밝혀진다.[3]

　히브리어 구문 4절은 3절보다 더 난해한 문장이다. 개역개정이나 영어성경 KJV(흠정역), NASB, NRSV, Tanakh 등이 다 다르다. 이 중에서 나머지 번역과 판연히 다른 번역들은 영어성경 흠정역과

Tanakh 번역이다. 먼저 개역개정을 보자. "그는 사람이 사는 곳에서 멀리 떠나 갱도를 깊이 뚫고 발길이 닿지 않는 곳 사람이 없는 곳에 매달려 흔들리느니라." 이 번역의 약점은 4절의 주어를 가상의 광부라고 생각한다는 것이다. 4절 주어를 광부라고 읽는 역본들은 NRSV와 NASB이다. 그런데 NRSV는 4절의 주어를 3인칭 복수(광부들, They)로 바꿔 버린다. 이는 무리한 시도다. 그나마 NASB는 주어를 3인칭 단수(He)로 두고 번역하되 주어가 광부라고 보는 점에서는 개역개정이나 NRSV와 같다.

NRSV

They open shafts in a valley away from human habitation;

they are forgotten by travelers.

they sway suspended, remote from people.

NASB

He sinks a shaft away from inhabited areas,

Forgotten by the foot;

They hang and swing, away from people.

개역개정과 두 영어성경의 약점은 '광부'를 주어로 삼는다는 데 있다. 히브리어 구문을 평이하게 읽으면, 주어는 나할(נַחַל)이다. 홍수같이 갑자기 쏟아져 흐르는 개울물이 나할이다. 또한 동사는 '어떤 벽이나 땅을 뚫고 갑자기 밀어닥치다'를 의미하는 파라츠(פָּרַץ)이다. 홍수가 쇄도하는 경우 이 파라츠라는 동사가 사용된다. KJV와 Tanakh는 제대로 번역한다. 나할을 홍수라고 번역한 KJV보다 개울로 번역한 Tanakh이 더 낫다.

KJV

The flood breaketh out from the inhabitant; even the waters forgotten of the foot: they are dried up, they are gone away from men.

Tanakh

A stream burst forth from the place of its flow; those who cause the foot to be forgotten are removed, yea, from man they are lifted up.

히브리어 구문의 셋째 단어 메임-가르(מֵעִם־גָּר)에서 가르(גָּר)는 사람이 사는 거주처가 아니라, 물이 원래 머물던 지하수 대수층을 의미하는 것으로 봐야 한다. 11절에는 물길을 막으려는 광부의 노력(개역개정, "누수를 막아")을 묘사하는 구절이 보인다. 전체적으로 볼 때 나할은 지하수 물길을 지칭하는 것으로 봐야 하며, 결국 4절 상반절은 그것이 원래 머물던 지하수 대수층으로부터 땅을 뚫고 흘러나오는 상황이다.

4절 둘째 소절의 주어라고 보이는 '그 망각케 되었던 것들'(한니쉬카힘[הַנִּשְׁכָּחִים, '망각하다'를 의미하는 동사 샤카흐의 3인칭 남성복수 수동분사])은 사람들에게 오랫동안 망각되었던 광부들(개역개정, NRSV, NASB)을 가리키는지, 물들을 가리키는지(KJV), 아니면 광부가 채굴하려고 하는 금은보화 같은 것들을 가리키는지 분명하지 않다. 이 니팔형(수동) 복수분사가 무엇을 가리키는지를 판단하려면 그 다음 히브리어 어구들을 자세히 살펴봐야 한다. 히브리어를 음역하고 직역하면 이렇다. 한니쉬카힘 민니-라겔 달루 메에노쉬 나우(הַנִּשְׁכָּחִים מִנִּי־רֶגֶל דַּלּוּ מֵאֱנוֹשׁ נָעוּ). "발걸음으로부터 그 망각되었던 것들/자들은 낮게 매달려 있고 사람으로부터 흔들리고 있다." 민니-라겔(מִנִּי־רֶגֶל, 발걸음으로부터)과 메에노쉬(מֵאֱנוֹשׁ, 사람으로부터) 그리고 달루(דַּלּוּ, 매달려 있고)와 나우(נוע, 흔들리고 있다)는 서로 대구를 이룬다. 문맥 전체를 통해 이것은 광물들을 가리키는 것으로 봐야 한다. 광부들을 가리키는 것으로 볼 여지가 없는 것은 아니지만, 광부들이 발걸음으로부터 망각된 자도 아니며, 사람들을 멀리 떠나 매달려 있는 자들도 아니다. 사람들의 발걸음으로부터 망각되고 사람들로부터 멀찍이 떨어져 매달려 흔들리는 것은 광부가 채굴하려고 하는 금은보화(여기서 지혜)를 가리키는 것으로 보는 것이 제일 합리적인 추론이다.

5절은 땅으로부터 나오는 곡식과 달리 불처럼 변하는 땅 아래에서 나오는 광물을 비교할 의도를 가진 문장이다. 고대인들은 이미 땅 아래에 고열의 중금속이 매장되어 있는 것을 알았다. 땅 아래에 고열로 담금질된 돌들에는 청옥(사파이어)과 금을 머금은 흙도 포함되어 있다(6절, 흙덩이 안에 있는 금은 사금). 금, 은, 다이아몬드 등 희귀 보물들은 엄청난 고열의 행성폭발 결과로 생긴 것들이라는 것은 우주천체물리학의 정설이다.

7절의 개역개정은 "그 길은"이라는 주어를 앞세우는데, 이는 불필요하다. 7절에서 길을 의미하는 단어(나팁[נָתִיב])에는 정관사가 없다. 따라서 7절이 시문詩文임을 고려해 직역하면, "솔개도 알지 못하고 매의 눈도 보지 못한 길"이다. 금은보화를 캐러 땅 밑으로 파고들어 가는 광부들의 길은 솔개나 매도 보지 못한 길이라는 뜻이다. 8절도 유사한 생각을 표현한다. "용맹스러운 짐승도 밟지 못하였고 사나운 사자도" 광부들이 파내려간 그 깊은 지하갱도를 가본 적이 없다. 9-10절은 다시 2-4절의 광산채굴 상황을 묘사한다. "사람이 굳은 바위에 손을 대고 산을 뿌리까지 뒤엎는."[9절] 10절의 반석은 하나의 바위를 가리키는 말이 아니다. 거대한 암괴가 매장된 땅을 깊이 파 들어가 거기에서 지하수 대수층을 발견하고 수로를 파서 만들며(4절의 나할), 각종 보물을 눈으로 발견한다.[10절] 광부는 지하수 물길에서 누수를 막아 스며 나가지 않게 하고 감추어져 있던 것을 밝은 데로 끌어낸다.[11절] 1-11절은 아주 위태롭고 고단한 금은보화 채굴광업을 묘사했다. 금은보화는 땅에 속해 있고 인간의 노동을 통해 취득 가능하다는 것이다. 다음 단락에서 밝혀지겠지만, 1-11절에서 욥이 보화를 찾기 위한 광산업자의 고된 채굴 사역을 묘사한 이유는, 하나님의 지혜를 취득하는 것이 불가능함을 강조하기 위함이다. 지혜를 찾기 위해서 엄청나게 깊은 땅속으로 파 들어가도 그곳에는 지혜가 없다는 사실이 더욱 충격적이다.

너무 귀중한 불가산不可算 보화 지혜 • 12-22절

28:12-15은 어떤 피조세계도 하나님의 지혜를 보유하지 못함을 말하고, 16-22절은 땅에서 발견되는 보화의 종류들을 말한다. 땅이 얼마나 많은 보화들을 갖고 있는가? 여기서 주목해야 할 욥의 논지는 이렇게 깊은 땅 속을 다 파헤쳤지만 거기서 지혜를 발견하지 못했다는 것이다. 각종 보물들이 다 땅 속에서 발견되건만, 지혜는 거기에도 없었다는 것이다. 하나님만이 지혜로 가는 그 길을 알고 계신다. "야웨를 경외하는 것이 지혜이고, 악을 떠나는 것이 명철이다." 욥은 이런 지혜를 이미 알고 있었다. "여호와께서 사탄에게 이르시되 네가 내 종 욥을 주의하여 보았느냐. 그와 같이 온전하고 정직하여 하나님을 경외하며 악에서 떠난 자는 세상에 없느니라."[욥 1:8] 그런데 왜 욥은 이미 지혜의 길을 알고 있으면서도 마치 지혜를 알지 못하는 자처럼 지혜의 찬미송을 하는가? 자신이 겪고 있는 부조리한 사태가 하나님의 신비한 지혜로운 세계 통치, 경영의 일부일 수 있다는 것을 은근히 말하기 위함이다. 특히 욥 자신은 이미 지혜의 길을 알고 있다는 점을 강조하기 위해 이 지혜 찬미송을 친구들에게 들려주는 것으

인간 경험과 취득 영역 밖에 있는 지혜와 명철

로 볼 수 있다. 욥의 친구들은 신명기 역사가 신학의 알고리즘만 알고 있으므로 욥에게 일어나는 재난의 원인을 깨닫지 못했다. 결과적으로 그들은, 욥의 고난은 그가 악인이기 때문에 받는 재난이라고 해석할 수밖에 없었다.

12-13절은 인간의 능력은 대단하지만 인간 성취와 탐구 능력 밖에 있는 지혜에 대해 말한다. 12절에서 욥은 이 금은보화와 지혜와 명철의 취득가능성을 비교한다. 지혜와 명철은 땅 깊은 곳에서 채굴할 수 있는 금은보화 정도가 아니라는 것이다. 13절은 지혜와 명철의 무한가치와 취득불가능성을 말한다. 13절의 주어는 에노쉬, 곧 '사람'이다. 개역개정이 "길"이라고 번역한 히브리어 단어 아라크(עֵרֶךְ)는 '값어치', '값'을 의미한다. 따라서 13절은 "사람이 그 값을 알지 못하며, 그것은 사람 사는 땅에서는 발견되지 않는다"이다. 지혜와 명철은 지하자원이 아니며 자연자원도 아니다. 깊은 물이나 바다도 자신에게는 지혜가 없다고 실토한다. 깊은 물은 창세기 1:2에 나오는 터홈(תְּהוֹם), 그 원시바다(창 1:2은 "깊음"이라고 번역)를 가리킨다. 지금 우리가 알고 있는 이 6일간 창조된 창조질서 이전에 있는 그 우주적 원시바다에도 지혜는 없다. 바다라고 번역된 얌(יָם)도 자신에게 지혜가 없다고 말한다. 가장 원초적으로 존재했던 원시피조물인 깊은 물과 바다는 하나님의 창조와 가까운 시점에 존재했던 존재들이지만, 자신들에게 지혜가 없음을 말한다. 지구의 경계 안에서는 지혜를 취득할 수 없다. 따라서 순금으로도 바꿀 수 없고 은을 달아도 지혜를 살 수 없다.[15절] 당시의 최상급 금인 오빌의 금이나 귀한 청옥수나 남보석으로도 지혜를 살 수 없다.[16절] 황금이나 수정이라도 지혜의 귀중한 가치와 비교할 수 없고 정금 장식품으로도 지혜를 교환할 수 없다.[17절] 진주와 벽옥으로도 비길 수 없으며 지혜의 값은 산호보다 더 귀중하다.[18절] 지혜는 구스의 황옥과도 비교할 수 없고 순금으로도 지혜를

구매할 수 없다.[19절] 15-19절의 대구적 나열은 현대인이 보기에는 지루하고 불필요한 반복이지만, 고대 소통문화의 특징이다. 고대의 소통은 말하고 듣는 일로 구성된다. 앞의 한두 절을 잘못 들어도 유사한 대구 나열을 통해 무슨 말이 오고 가는지 파악할 수 있다. 오늘날 작문평가 기준에서는 이처럼 지루하게 유사 대구가 반복되는 수사는 감점 요인이 될 것이다. 결국 욥기 저자는 20절을 도입하기 위해 다섯 절의 지루한 반복대구를 배치했다. "그런즉 지혜는 어디서 오며 명철이 머무는 곳은 어디인고." 12절을 반복한다는 점에서 20절은 28장의 주지를 부각시키는 후렴구다.

21절의 주어는 지혜다. 지혜는 모든 생물의 눈에 숨겨졌고 공중의 새에게 가려졌다. '멸망'과 '사망'은 인간 경험의 극단경계이면서 하나님에게 대항하는 반역적 피조물이다. 살아 있는 자들에게 벌어지는 일들을 외부지점에서 조망할 수 있는 거리를 확보하는 지점이다. 그런데도 멸망과 사망마저도 자신들은 지혜를 알지 못하며 "귀로 그 소문은 들었다"라고 말한다.[22절]

지혜의 근원, 하나님 • 23-28절

이 단락은 28장의 본론이다. 23절이 28장의 열쇠문장이다. "하나님이 그 길을 아시며 있는 곳을 아"신다. 24절은 이유 접속사 키(כִּי)로 시작된다. 24-26절 모두가 23절의 선언을 뒷받침하는 이유다. 하나님이 "땅 끝까지 감찰하시며 온 천하를 살피시며 바람의 무게를 정하시며 물의 분량을 정하시며 비 내리는 법칙을 정하시고 비구름의 길과 우레의 법칙을 만드셨"기 때문이다.[24-26절] 27절은 "그 때"라는 부사어로 시작하는 독립문장이다. 27절의 동사 네 개 각각의 목적어가 히브리어 구문에는 3인칭 여성명사어미(활점을 가진 히브리어 알파벳 헤[ה]는 여성 명사 '지혜'를 가리킨다)로 드러난다. '그녀' 곧 지혜를 가리킨다. 하나님이 세상을 창조하실 때에 하나님이 지혜를 보시고(ㄱ) 지혜를 선포하시며(ㄴ) 지혜를 굳게 세우시며(ㄷ) 심지어 지혜를 탐구하셨다(ㄹ).²⁷절 27절의 마지막 소절은 가히 충격적이다. 하나님도 스스로 공부하시고 지혜를 탐구하시는 자기주도 학습자시다! 28절은 하나님께서 지혜에 관해 알려 주신 말을 도입한다. "하나님이 사람에게 말씀하셨도다. 보라, 주를 경외함이 지혜(호크마[חָכְמָה])요 악을 떠남이 명철(비나[בִּינָה])이니라." 하나님은 욥에 대해 정확하게 이렇게 평가하신다. "여호와께서 사탄에게 이르시되 네가 내 종 욥을 주의하여 보았느냐. 그와 같이 온전하고 정직하여 하나님을 경외하며 악에서 떠난 자는 세상에 없느니라."욥 1:8 "여호와께서 사탄에게 이르시되 네가 내 종 욥을 주의하여 보았느냐. 그와 같이 온전하고 정직하여 하나님을 경외하며 악에서 떠난 자가 세상에 없느니라."욥 2:3 그럼에도 불구하고 욥의 친구들은 자신들이 아는 모든 지혜를 동원해 하나님을 위하여, 하나님의 이름으로, 욥을 책망하고 단죄했다.

따라서 이 단락에는 모든 지혜를 통달한 것처럼 욥의 고난과 고통의 비밀을 자신 있게 분석하고 진단하며 그것을 헤쳐 나갈 처방까지 제시한 욥의 친구들은 무지의 동굴에 갇힌 자들이라는 함의가 들어 있다.

메시지

28장은 지혜의 비의성秘義性과 신비스러운 은닉성을 다룬다. 욥의 장황한 지혜 예찬시의 논지는, 전통적인 지혜자들이 취득한 지혜는 아직도 찾을 수 없는 비의한 하나님의 지혜에 의해 상대화되고 비판적으로 검증되어야 한다는 것이다. '지혜가 어디 있는지 알 수 없다.' 이 불가접근성은 두 가지 기능을 수행한다. 첫째, 28장의 욥 지혜찬양은 자신들이 알고 있는 조상 전래 지혜를 갖고 욥의 고난을 해명하고 규정했다고 자신한 세 친구의 '닫힌 지혜숭배담론'에 대한 욥의 강력한 대항담론이다. 또 다른 한편 자신의 하나님 이해에 대한 비판적 재검토의 예비단계일 수도 있다. 28장에서 욥도 한 걸음 뒤로 물러난 것처럼 보인다. 욥 자신도 이제 하나님의 지혜가 얼마나 신비롭고 불가해한지 토로하고 있기 때문이다.

따라서 욥기 28장은 두 가지 기능을 한다. 욥의 세 친구들의 단순화된 신학적 도식을 비판하는 기능, 또 욥 자신도 자신의 고난의 원인을 친구들처럼 신명기 신학의 알고리즘으로 해석하려 했던 단순화된 시도를 유보하고 그것을 상대화시키는 기능이 그것이다.[4] 욥은 자신이 하나님이 숨겨 놓으신 세상 통치 원리인 지혜를 잘 몰라서 하나님께 항변하고 부르짖고 있다고 스스로 진단한다. 자신이 고난받는 이 현상은 범접할 수 없는 하나님의 지혜에 대한 인식의 한계와 관련되어 있다는 것을 조금씩 인정하기 시작한다. 즉, 욥은 하나님의 세상 통치 방식을 충분히 모르기 때문에 자신이 겪는 부조리한 사태에 대하여 원망하고 불평한다는 것을 조금씩 인정하기 시작한다는 것이다. 지혜의 은닉성, 지혜의 파악불가능성, 지혜의 범접불가능성[14-28절]은 욥을 겸손하게 만든다. 이 지혜의 은닉성과 범접불가능성을 강조하는 목적은 28절을 각인시켜 주기 위함이다. "또 사람에게 말씀하셨도다. 보라, 주를 경외함이 지혜요 악을 떠남이 명철이니라."

이런 점에서 28장에서 욥은 이미 앞으로 38장부터 시작될 하나님의 신비한 지혜 담론을 조우할 상황에 대해 심리적인 준비태세를 갖추기 시작한 셈이다. 욥은 그동안 자기가 알고 있는 공의, 신명기 신학적 공의로 볼 때 하나님이 자신을 심히 부당하게 대우했다고 판단하고 불평했다. 마음속으로 그는 자신이 아니라, 하나님이 잘못하고 있다고 생각했다. 그 이유는 신명기 신학의 알고리즘, 신명기 신학의 지혜를 전부라고 생각했기 때문이다. 만약 하나님이 세상을 통치하는 알고리즘이 신명기 신학 알고리즘보다 더 복잡하고 복합적이라면, 지금 자기에게 일어나는 일을 설명할 다른 방법이 있으리라고 생각할 수도 있었을 것이다. 결국 28장은 이 세상에서 일어나고 있는 일들은 우리가 손쉽게 이해하는 방식으로 해명되지 않는 원리에 의해 해명될 수 있다고 주장하는 셈이다.

앞서 주석에서 이미 언급했듯이, 욥은 광산채굴노동 은유를 통해 하나님 지혜의 신비한 은닉성을 부각시킨다. '아무리 땅 깊은 곳을 파도 하나님이 세상을 통치하는 원리인 지혜를 찾지 못하고 이 세상에 하나님의 지혜가 있을 것이라고 예상되는 어떤 깊은 구덩이와 깊은 바다에도, 사망에도 하나님의 지혜가 없으며 인간의 눈에 감추어져 있다.' '모든 생물의 눈에 하나님의 세상 통치의 원리, 곧 지혜가 감추어져 있다.' 이 말은 욥 자신의 고난을 설명할 수 있는 길이 없음을 의미한다. 욥이 아무 죄 없이 고난받는 것은 하나님의 지혜의 은닉성과 비의성, 난해성, 범접불가능성과 관련돼 있다는 것이다.

하나님이 죄 없는 나를 왜 이렇게 못살게 구시는지, 왜 신적 폭력으로 자신을 짓이기시는지 항의하는 욥의 항변에 간단히 대답하시지 못하는 이유는, 하나님의 세상 통치에서는 죄 있는 사람만 벌받는 것이 아니라 죄가 없는 사람도 벌을 받기 때문이다. 이것이 하나님이 지으신 지혜로운 세상 경영인데, 죄 있는 사람만 벌받고 죄 없는 사람은 벌받지 않아야 한다는 욥의 경직된 논리로는 하나님의 세상 통치를 파악할 수가 없다. 하나님은 욥의 항변에 이렇게 말씀하셨을 것이다. "누가 죄 없는 사람은 벌받지 않는다고 가르쳤나? 죄 있는 사람만 벌받는다는 것은 누가 가르쳤나? 그렇다면 너희를 위하여 죄 없는 예수 그리스도가 죄에 대한 징벌을 대신 받는 것이 가능하겠느냐? 죄 없는 사람이 죄 있는 사람 때문에 고난받는다는 이런 욥기의 논리가 없다면, 어떻게 예수 그리스도의 십자가의 대속구원 논리가 성립하겠는가"라고 묻는 것과 같다.[5] 28장에서 하나님의 지혜가 모든 생물의 눈에 감춰져 있고, 죄 없는 사람이 죄 있는 것처럼 징벌받고 매맞는 사태는 하나님의 지혜로서 모든 생명체의 눈에게 감추어져 있는 지혜다. 하나님이 인간의 눈에 감춰 놓고 은밀하게 작동시키고 가동시키는 지혜다. 만일 죄 있는 자만이 벌을 받고 죄 없는 자는 절대로 벌받을 수 없다면, 예수님이 우리 대신 징벌을 받을 수 있을까? 십자가는 불가능해진다. 모든 죄인은 자기 죗값을 스스로 져야 한다는 원리, 곧 신명기적 경영 논리가 지배하면 십자가는 없다. 십자가는 죄 없는 자가 죄 있는 자를 대신하여 징벌받은 것이기 때문에 욥기 논리의 또 다른 연장이다. "예수는 우리가 범죄한 것 때문에 내줌이 되고 또한 우리를 의롭다 하시기 위하여 살아나셨느니라."롬 4:25 죄 없는 예수는 범죄한 '우리'를 위하여 죽음의 심판에 넘겨졌고, 그 결과 '우리'는 하나님께 의롭다 하심을 얻게 되었다. 예수가 진 저주의 십자가가 '우리'에게는 구원의 십자가가 되었다. 신명기 역사가의 신학으로 도저히 해명되지도 못하고 정당화될 수도 없다. 어떻게 죄 없는 자가 죄 있는 자를 위하여 대신 저주를 받을 수 있는가.갈 3:13 욥기의 신학이 없었다면, 나사렛 예수의 십자가 죽음과 그것의 구원효력은 논리적으로 도저히 납득될 수 없다. 예수가 진 십자가의 죽음에 담긴 욥기적 역설은 고린도후서 5:18-21에도 잘 표현되어 있다.

모든 것이 하나님께로서 났으며 그가 그리스도로 말미암아 우리를 자기와 화목하게 하시고 또 우리에게 화목하게 하는 직분을 주셨으니 곧 하나님께서 그리스도 안에 계시사 세상을 자기와 화목하게 하시며 그들의 죄를 그들에게 돌리지 아니하시고 화목하게 하는 말씀을 우리에게 부탁하셨느니라. 그러므로 우리가 그리스도를 대신하여 사신이 되어 하나님이 우리를 통하여 너희를 권면하시는 것 같이 그리스도를 대신하여 간청하노니 너희는 하나님과 화목하라. 하나님이 죄를 알지도 못하신 이를 우리를 대신하여 죄로 삼으신 것은 우리로 하여금 그 안에서 하나님의 의가 되게 하려 하심이라.^{고후 5:18-21}

죄를 알지도 못한 이를 죄인으로 삼으신 하나님은 욥기에 나온다. 신명기 역사가 신학에서는 이런 발상과 논리가 나올 수 없다. 하나님은 창조의 순간부터 죄 없는 자가 죄 있는 자를 대신하여 벌받는 세계를 설계하셨고 그대로 만드셨다. 죄 있는 자 대신 죄 없는 자가 제물이 되고 벌을 받아 죄 있는 자의 죄를 상쇄시키는 은총의 원리가 인과응보 법칙보다 더 중요한 원리가 되도록 이 세상을 만드시고 그렇게 다스리고 계신다. 하나님이 만드신 세계는 신명기적인 이진법 신학이 역사하는 곳이 아니라, 십자가에 달린 죄 없는 자의 부조리한 고난이 죄인들의 죄를 대속하는 은혜가 작동하는 세상이다. 법칙보다 은혜가 더 왕 노릇 하는 곳이 하나님이 지으신 세계다.

29장.

욥의 마지막 독백:

"아, 찬란했던 내 과거여!"

29 ¹욥이 풍자하여 이르되 ²나는 지난 세월과 하나님이 나를 보호하시던 때가 다시 오기를 원하노라. ³그 때에는 그의 등불이 내 머리에 비치었고 내가 그의 빛을 힘입어 암흑에서도 걸어 다녔느니라. ⁴내가 원기 왕성하던 날과 같이 지내기를 원하노라. 그 때에는 하나님이 내 장막에 기름을 발라 주셨도다. ⁵그 때에는 전능자가 아직도 나와 함께 계셨으며 나의 젊은이들이 나를 둘러 있었으며 ⁶젖으로 내 발자취를 씻으며 바위가 나를 위하여 기름 시내를 쏟아냈으며 ⁷그 때에는 내가 나가서 성문에 이르기도 하며 내 자리를 거리에 마련하기도 하였느니라. ⁸나를 보고 젊은이들은 숨으며 노인들은 일어나서 서며 ⁹유지들은 말을 삼가고 손으로 입을 가리며 ¹⁰지도자들은 말소리를 낮추었으니 그들의 혀가 입천장에 붙었느니라. ¹¹귀가 들은즉 나를 축복하고 눈이 본즉 나를 증언하였나니 ¹²이는 부르짖는 빈민과 도와 줄 자 없는 고아를 내가 건졌음이라. ¹³망하게 된 자도 나를 위하여 복을 빌었으며 과부의 마음이 나로 말미암아 기뻐 노래하였느니라. ¹⁴내가 의를 옷으로 삼아 입었으며 나의 정의는 겉옷과 모자 같았느니라. ¹⁵나는 맹인의 눈도 되고 다리 저는 사람의 발도 되고 ¹⁶빈궁한 자의 아버지도 되며 내가 모르는 사람의 송사를 돌보아 주었으며 ¹⁷불의한 자의 턱뼈를 부수고 노획한 물건을 그 잇새에서 빼내었느니라. ¹⁸내가 스스로 말하기를 나는 내 보금자리에서 숨을 거두며 나의 날은 모래알 같이 많으리라 하였느니라. ¹⁹내 뿌리는 물로 뻗어나가고 이슬이 내 가지에서 밤을 지내고 갈 것이며 ²⁰내 영광은 내게 새로워지고 내 손에서 내 화살이 끊이지 않았노라. ²¹무리는 내 말을 듣고 희망을 걸었으며 내가 가르칠 때에 잠잠하였노라. ²²내가 말한 후에는 그들이 말을 거듭하지 못하였나니 나의 말이 그들에게 스며들었음이라. ²³그들은 비를 기다리듯 나를 기다렸으며 봄비를 맞이하듯 입을 벌렸느니라. ²⁴그들이 의지 없을 때에 내가 미소하면 그들이 나의 얼굴 빛을 무색하게

아니하였느니라. ²⁵ 내가 그들의 길을 택하여 주고 으뜸되는 자리에 앉았나니 왕이 군대 중에 있는 것과도 같았고 애곡하는 자를 위로하는 사람과도 같았느니라.

아, 옛날이여! 한때 아름다웠던 내 인생 • 1-10절

29장 전체는 욥이 과거의 따뜻하고 아름다웠던 세월들을 회상하며 자신의 사회적 위상을 회고하는 말이다. 개역개정이 1절에서 "풍자하여"라고 말하는 어구는 히브리어 마샬(מָשָׁל)이다. 1절은 26장에서 나온 마샬(풍자)을 의식하며 "또"라는 말을 덧붙이는데, 개역개정은 이것을 무시하고 번역했다. 1절을 직역하면, "욥이 또 마샬을 들며 말했다"이다. '마샬을 들다'라는 말은, '마샬을 명료하게 진술하다'라는 의미다. 마샬이 비유나 풍자의 의미도 있지만 여기서 마샬은 시적 운율(대구)에 맞춰 잘 구성된 윤리적 격언을 의미한다. 29장 어디를 읽어도 알레고리나 비유를 찾기는 힘들다. 1절을 쉽게 풀면, "욥이 또 자신의 주장을 시적 운율에 맞춰서 계속 개진했다"라는 문장이 된다. 29장은 욥이 지난날 하나님이 자신에게 주신 복들을 언급하고, 그것에 호응해 자신이 얼마나 좋은 삶을 살았는지를 말하고 있다.

2절에서 욥은 자신이 하나님과 동행하며 하나님의 보호 아래 보냈던 지난 세월이 다시 오기를 갈망한다. 3절은 그 아름답고 은혜로운 날들을 예시한다. 그때에는 하나님의 등불이 욥의 머리에 비치었고 욥은 하나님의 빛을 힘입어 암흑에서도 걸어 다녔다. 비록 암흑 같은 상황에서도 하나님의 빛으로 견뎌냈다는 것이다. '암흑천지에도 빛이 있으면 걸어 다닐 수 있다'는 격언(마샬)이 여기서 도출될 수 있다. 4절에서 욥은 하나님이 자신의 장막에 기름을 발라 주셨기에 자신이 원기 왕성했던 지난날 같은 행복이 지금 회복되기를 소원한다. 장막에 기름을 발라 주는 행위는 물질적인 번성의 복을 주셨다는 말이다. 5절에서 욥은 전능자가 아직도 자신과 함께 계셨기 때문에 자신이 젊은이들에게 둘러싸여 그들의 멘토와 스승이 되었던 지난날을 회상한다. 6절은 욥이 과거에 누렸던 부요함을 예시한다. 욥은 젖으로 자신의 발자취(행보)를 씻었으며, 그때 바위가 욥을 위하여 기름 시내를 쏟아냈다. 발자취를 기름(버터)으로 씻었다는 말은 욥의 땅이 엄청난 기름을 생산했다는 의미다. 여기서 바위는 거대한 암석을 의미한다기보다는 거대한 암괴가 있는 땅을 가리키는 제유법적 표현이라고 봐야 한다. 7절은 욥이 과거에 누렸던 사회적 명망과 영향력을 예시한다. 그 때에는 욥이 나가서 성문에 이르러 재판과 송사에 참여했으며, 거리에 자리를 만들어 많은 억울한 사람들의 민원을 청취하는 지도자 역할을 했다는 것이다. 8-10절은 욥이 누렸던 사회적 지도력과 존경을 예시한다. 지난날 욥이 하나님의 보호와 은총 아래 살 때에는 젊은이들은 욥을 보고 숨으며 노인들은 일어나서 서며 욥에게 공경의 예를 보였다.⁸ᵉ 공동체의 유지들은 욥 면전에서 말을 삼가고 손으로 입을 가렸고,⁹ᵉ 지도자들의 소리는 자취를 감추었으며, 그들의 혀가 입천장에 붙어 떨어지지 않았다. 개역개정은 10절 상반절을 능동구문으로 봤으나 히브리어 구문은 수동태다. 즉, 욥이 지도자들과 유지들을 침묵시켰고, 욥의 판단과 판결, 그리고 결정이 최종적 권위를 가졌다는 말이다.

약자 옹호자로서 욥의 인생 • 11-17절

이 단락은 소발의 두 번째 변론²⁰:¹⁹과 엘리바스의 세 번째 변론²²:⁴⁻⁹에서 욥이 사회적으로 무자비하고 악행을 저질렀다고 비난한 것에 대한 1차적 답변이다. 더 자세한 답변은 31장에 나온다. 친구들의 비난과 달리 욥은 사회적 약자 옹호와 구조救助에 투신된 사회적 자비심의 화신이었다. 11절의 주어는 귀와 눈이다. 특정한 사람들이 아니라 무릇 눈과 귀를 가진 자면 누구나 욥을 축복했다는 말이다. "귀가 들은즉" 나를 축복했고, "눈이 본즉" 나를 증인으로 불렀다. 욥을 증언했다는 말은 어색한 번역이다. "증언했다"라고 번역된 히브리어 단어 터이데니(תְּעִידֵנִי)는, '증언하다'를 의미하는 우드(עוד)의 히필(능동사역)형 3인칭 여성단수에 1인칭 목적접미어가 결합된 형태다. 따라서 '나를 증언하게 했다', 곧 '나를 증인으로 불렀다' 정도의 의미다. 욥을 증인으로 불렀다는 말은 법정 상황을 전제한다. 사람들은 욥의 공평무사함을 전적으로 신뢰하여 그를 증인으로 부르기를 주저하지 않았다. 욥의 말에는 상당한 무게감과 영향력이 있었기 때문이다. 12절은 자신이 이렇게 만인의 귀와 눈에게 인정받고 축복받은 이유를 말했다. 욥이 '집요하게 부르짖는 빈민'(아니 므샤베[עָנִי מְשַׁוֵּעַ])과 '도와 줄 자 없는 고아'를 부당한 재판으로부터 건져냈기 때문이다. 므샤베(מְשַׁוֵּעַ)는 "부르짖다"를 의미하는 샤바(שׁוע)의 강세능동형(피엘) 분사로 격렬하게 지속적으로 부르짖는 빈민을 의미한다. 11절에서 욥을 축복한 귀의 주어가 13절에서 암시된다. "망하게 된 자도 나를 위하여 복을 빌었다." 13절 상반절 히브리어 구문을 직역하면, "망해가는 자의 축복이 내게 임했다"이다. 하반절을 직역하면, "나는 과부의 마음으로 하여금 기뻐 환호성을 지르게 했다"이다. 욥의 중재로 재산권과 생명권을 보호받은 과부의 마음이 욥으로 말미암아 기뻐 노래했다는 것이다.[13절] 친구들의 정죄와는 정반대로 욥은 고아와 과부의 옹호자, 후원자, 보호자, 어진 이웃이었고, 그들의 재산과 권리를 짓밟은 악인이 아니었다. 14절은 욥의 사회적 정의감과 자비심이 어느 정도였는지를 은유로 표현한다. "나는 의(체데크[צֶדֶק])를 옷으로 삼아 입었으며, 나의 정의(미쉬파트[מִשְׁפָּט])는 겉옷과 모자 같았다." 체데크는 언약적 의리와 사랑을 의미한다. 즉, 이웃이 하나님의 언약적 보호 안에 머물도록 최선을 다하여 돌보는 언약 공동체 구성원으로서의 친절, 호의를 가리킨다. 정의라고 번역된 미쉬파트는 압제자와 유력자들로부터 약자의 권리를 보호해 주는 법적 간섭과 관여, 그리고 법적 강자견제를 의미한다. 욥은 사회적 약자들에게는 의리와 자비심의 화신이었고 그들의 권리와 생명, 인간적 존엄을 파괴할 가능성이 있는 사회적 유력자들과 강한 자들의 탐욕과 불의를 견제하는 공공연한 정의감의 화신이었다. 욥은 "맹인의 눈도 되고 다리 저는 사람의 발도 되었"고,[15절; 참조. 신 27:18] "빈궁한 자의 아버지도 되며 내가 모르는 사람의 송사를 돌보아 주었으"며,[16절] "불의한 자의 턱뼈를 부수고 노획한 물건을 그 잇새에서 빼내었"다고 고백한다.[17절] 16절은 체데크의 실천 사례이며, 17절은 미쉬파트의 실천 사례라고 볼 수 있다. 이 단락은 욥의 고난을 욥의 악행에 대한 하나님이 심판이라고 해석하는 친구들의 주장은 전혀 근거가 없다는 점을 분명하게 밝힌다.

해피엔딩의 인생 완주를 기대했던 욥 • 18-25절

이 단락은 의인의 평상적인 기대감을 갖고 자신의 인생을 아름답게 마무리하려고 했던 기대가 좌절되었기 때문에 욥이 겪었던 실망과 낙담을 말한다. 18절은 1-17절에 묘사했던 것 같은 의인의 삶을 살았던 욥이 남은 인생에 대해 가졌던 기대를 말한다. 욥은 마음속으로 오래 살면서 마침내 보금자리에서 숨을 거둘 것이고, 자신이 누릴 향년은 매우 장구할 것이라고 기대했다. 19-21절은 18절에 나온 욥의 깊은 갈망을 구체적으로 부연한다. 19절에서 다시 욥은 과거의 자신이 누린 복을 회상한다. 욥은 자신을 물가에 심긴 나무에 견준다. 욥은 그 뿌리가 물로 뻗어 나가고 밤마다 내리는 이슬로 윤택해지는 가지

욥의 마지막 독백: '아, 찬란했던 내 과거여!'

를 가진 나무, 곧 물가에 심긴 나무였다고 말한다.^{시 1:3-4} 20절은 다소 어렵다. 개역개정은 "내 영광은 내게 새로워지고 내 손에서 내 화살이 끊이지 않았노라"라고 번역한다. "내 영광"과 "끊이지 않았노라"라는 단어의 번역이 다소 이상하다. 먼저 "내 영광"이라고 번역된 히브리어 커보디(כְּבוֹדִי)는 '내 재산'이라고 번역될 수 있는 단어다. "내 영광"과 "내 활"(개역개정은 "화살"이라고 번역했지만, 정확히는 "활"이다)은 어색한 대구를 이루고 있다. "끊이지 않았노라"라고 번역된 히브리어는 할라프(חלף)의 3인칭 단수 미완료 능동사역형(히필)이다(תַּחֲלִיף). 힐라프의 히필 의미는 '좋은 쪽으로 변화되다', '개선되다', '갱신되다'^{사 40:31}이다. 이런 점에서 개역개정이 "끊이지 않았다"라고 번역하는 것은 무리한 추측이다. 결국 20절을 직역하면, "내 재산/자산은 나에게서 새로워지고(재산이 불어나고), 내 활은 내 손 안에서 갱신되었다." 혹은 "활을 붙잡는 내 악력^{握力}이 갱신되었다"가 된다. 즉, 재산은 불어나고 내 몸은 원기왕성하며 강장함을 유지했다는 것이다.

21절은 다시 욥이 사회적으로 발휘했던 지도력과 영향력을 예시한다. "무리는 욥의 말을 듣고 희망을 걸었으며, 욥이 가르칠 때에 잠잠하였다." 잠잠했다는 말은 수긍, 경청, 수용했다는 의미다. 22절은 21절 하반절을 부연한다. 욥이 말한 후에 무리들은 더 이상 말을 이어가지 못했는데, 그 이유는 욥의 말이 그들에게 스며들었기 때문이다. 욥의 말에 무리들이 설복되었다는 뜻이다. 23절은 욥의 말, 교훈이 무리들에게 얼마나 감미롭고 기꺼이 수용되었는지를 생생하게 예시한다. 무리들은 비를 기다리듯 욥을 기다렸으며, 봄비를 맞이하듯 입을 벌려 욥의 가르침을 받아들였다. 욥의 말과 교훈이 무리들을 생장시켰고, 욥은 민중의 스승이자 멘토였다는 것이다. 24절은 욥의 존재가 민중에게 영향력이 얼마나 큰지를 예시하는 문장이다. 24절의 개역개정은 히브리어 구문을 약간 비튼다. 히브리어 구문은 등위접

396

속사 봐(!)로 연결된 중문重文인데 개역개정은 "그들이 의지 없을 때에"라는 시간접속사를 무리하게 덧붙여 해석한다. 문맥상 24절 상반절은 양보구문의 의미가 더 강해 보인다. 직역하면 이렇다. "내가 미소를 지으면 그들은 믿지 않는다. 그러나 그들은 나의 얼굴 빛이 사라지게 하지 않는다." 또는 "비록 내가 웃을지라도 그들은 믿지 않는다. 하지만 그들이 내 얼굴의 빛을 무색하게 하지 않는다." 혹은 "어떤 상황에서 욥이 기뻐할 상황이라고 말하고 웃으면, 그들은 처음에는 믿지 않는다. 하지만 그들은 웃는 내 얼굴빛이 사라지게 하지 않는다" 정도가 된다. 즉, 욥의 상황 판단을 끝내 믿고 호응해 주었다는 말이다. 이 구절을 해석하기 위해 시편 97:11을 인증해 볼 수 있다. "의인을 위하여 빛을 뿌리고 마음이 정직한 자를 위하여 기쁨을 뿌리시는도다." 의인 욥의 얼굴에는 하나님이 주시는 기쁨의 빛이 있었는데, 이 빛이 무리들의 낙담을 해소하는 데 기여했다는 것이다. 창세기 18장에서 두 천사는 사라의 장막을 찾아 내년 이맘때 아들을 잉태할 것이며 그 아들은 이삭('그가 웃다')이라고 명명될 것이라고 예고했으나, 사라는 믿지 않았다. 그러나 끝내 사라는 이삭을 낳고 웃음을 멈추지 않는 사람이 되었다. 25절은 욥이 우스 땅에서 누렸던 사회적 지도력, 신망, 존경을 집약적으로 서술한다. 욥은 그들의 길을 택하여 주고 으뜸되는 자리에 앉았으며, 마치 군대를 통솔하고 지휘하는 왕이나 사령관 같은 지도자였고 애곡하는 자를 위로하는 제사장적인 지도자였다. 이런 욥을 악인이라고 비난하며 욥의 환난고통을 악인에게 내린 하나님의 징벌이라고 해석한 친구들의 주장은 터무니없는 거짓 증거요 거짓 고소였다는 것이다.

29장부터 31장은 친구들의 단죄 변론들에 대한 욥의 총괄적 응답을 담고 있다. 욥은 자신이 사회적 경건과 의를 실천했음에도 불구하고 이렇게 재난이 온 것을 볼 때에, 신명기 신학의 알고리즘을 뛰어넘는 알고리즘이 이 세상에 있다는 것을 더욱 확신하게 된다. 구체적으로 이 세 장은 욥 자신이 친구들에게 받았던 가장 신랄한 공격(3차 변론)에 대한 반박 성격을 띠고 있다. 친구들의 3차 변론은 이렇게 요약된다. "욥은 사회적으로는 무자비한 약자 약탈자요 포학자다." 하지만 29:4-22에 따르면, 욥은 사회적 자비심과 정의감의 영향력이 굉장히 컸다. 그것은 사회적 자비실천에서 온 영향력이었다. 그런데도 엘리바스는 욥을 사회적 악행자라고 비난했다. "하나님이 너를 책망하시며 너를 심문하심이 너의 경건함 때문이냐. 네 악이 크지 아니하냐. 네 죄악이 끝이 없느니라. 까닭 없이 형제를 볼모로 잡으며 헐벗은 자의 의복을 벗기며 목마른 자에게 물을 마시게 하지 아니하며 주린 자에게 음식을 주지 아니하였구나. 권세 있는 자는 토지를 얻고 존귀한 자는 거기에서 사는구나. 너는 과부를 빈손으로 돌려보내며 고아의 팔을 꺾는구나."22:4-9 그보다 앞서 소발은 "이는 그가 가난한 자를 학대하고 버렸음이요 자기가 세우지 않은 집을 빼앗음이니라"20:19라고 말했다. 소발의 2차 변론과 엘리바스의 3차 변론의 현저한 무모함은 욥을 고아와 과부를 학대하고 압제한 악인이라고 낙인찍는 데 있다. 이 두 친구의 말을 요약하면, "욥, 네가 고아와 과부를 압제하고 그들의 재판을 어그러지게 했고, 사회 전체를 향해 공공연히 악과 고난을 초래할 만큼 악행을 범했다. 네가 선한 자처럼 행세했지만 너는 실제로는 악인이었다"라는 주장이다. 욥은 하는 수 없이 29장에서 엘리바스 3차 공격과 소발의 2차 공격에 대해서 응답하는 과정에서 자신이 고아와 과부를 얼마나 살피며 애호했는지를 말한다.

여기서 욥은 지나간 날들에 하나님이 베풀어 주신 복을 낱낱이 세어볼 때 악인이면 도저히 받을 수 없는 복을 받았음을 자세히 말한다. 욥 친구들의 논리가 전적으로 잘못됐다는 것을 입증하기 위하여 자신의 과거를 회상하는 것이다. "내 지나간 과거를 돌이켜 볼 때 하나님이 나를 정의와 공의를 실천한 의인으로서 대접하지 않았다면 도저히 있을 수 없는 일이 내게 일어났다." 29장에서 욥이 나열한 행위들은 산상수훈급, 혹은 그 이상의 사회적 자비실천이다. 특히 13-17절은 자신을 사회적 악행자요 자신의 고난이 사회적 악행에 대한 하나님의 심판이라고 주장하는 세 친구들의 논리를 일시에 잠잠케 하는 욥의 간증이다. 욥이 고아와 과부를 유린하고 학대한 죄를 저질렀다고 말하며 욥에게 즉각 회개를 촉구하는 엘리바스의 다음 말들에 대한 응답이다. "즉시 네가 하나님과 화목하고 평안하라."²²:²¹ "네 보화를 티끌로 여기며, 오빌의 금을 계곡의 돌로 여기라."²²:²⁴ "그리고 사람들이 너를 낮추거든, 너는 '내가 교만했습니다'라고 말하라."²⁹절 욥은 엘리바스에게 자신의 사회적 자비실천을 일목요연하게 나열함으로써 그를 침묵시킨다. "망하게 된 자도 나를 위하여 복을 빌었으며 과부의 마음이 나로 말미암아 기뻐 노래하였느니라. 내가 의를 옷으로 삼아 입었으며 나의 정의는 겉옷과 모자 같았느니라. 나는 맹인의 눈도 되고 다리 저는 사람의 발도 되고 빈궁한 자의 아버지도 되며 내가 모르는 사람의 송사를 돌보아 주었으며 불의한 자의 턱뼈를 부수고 노획한 물건을 그 잇새에서 빼내었느니라."¹³⁻¹⁷절

욥의 친구들은 이 모든 욥의 사회적 자비실천을 충분히 알고 있었는데도 욥이 당하는 참혹한 재난을 보고 욥을 악인이라고 먼저 단정함으로써 자신들이 알고 있는 욥의 객관적인 사회적 자비와 긍휼실천까지도 부정하는 데까지 나아간다. 그들은 욥이 현재 당하는 처참

한 재난과 고통에서 하나님의 진노 어린 심판 외에 다른 섭리를 전혀 상상하지 못한 채 무조건 욥을 하나님의 진노 어린 심판을 당한 악인으로 몰아간다. 그들은 욥과 지난날 누린 우정 자체도 부정하는 셈이다. 욥을 악인으로 몰아가며 의롭고 순전했던 욥의 지난날을 부정하는 친구들의 논리는 그를 친구로 알고 지내온 자신들의 과거의 행적 자체도 부정하는 것이며, 그들 스스로가 하나님의 무서운 심판을 초래한 악인과 오랫동안 우정을 쌓아 왔음을 실토하는 셈이 된다.

30장.

자기 땅에서 추방된 비참한 천민들에게
조롱과 모욕을 당하는 욥:
전복된 세상

30

¹ 그러나 이제는 나보다 젊은 자들이 나를 비웃는구나. 그들의 아비들은 내가 보기에 내 양 떼를 지키는 개 중에도 둘 만하지 못한 자들이니라. ² 그들의 기력이 쇠잔하였으니 그들의 손의 힘이 내게 무슨 소용이 있으랴. ³ 그들은 곧 궁핍과 기근으로 인하여 파리하며 캄캄하고 메마른 땅에서 마른 흙을 씹으며 ⁴ 떨기나무 가운데에서 짠 나물을 꺾으며 대싸리 뿌리로 먹을 거리를 삼느니라. ⁵ 무리가 그들에게 소리를 지름으로 도둑 같이 사람들 가운데에서 쫓겨나서 ⁶ 침침한 골짜기와 흙 구덩이와 바위 굴에서 살며 ⁷ 떨기나무 가운데에서 부르짖으며 가시나무 아래에 모여 있느니라. ⁸ 그들은 본래 미련한 자의 자식이요 이름 없는 자들의 자식으로서 고토에서 쫓겨난 자들이니라. ⁹ 이제는 그들이 나를 노래로 조롱하며 내가 그들의 놀림거리가 되었으며 ¹⁰ 그들이 나를 미워하여 멀리 하고 서슴지 않고 내 얼굴에 침을 뱉는도다. ¹¹ 이는 하나님이 내 활시위를 늘어지게 하시고 나를 곤고하게 하심으로 무리가 내 앞에서 굴레를 벗었음이니라. ¹² 그들이 내 오른쪽에서 일어나 내 발에 덫을 놓으며 나를 대적하여 길을 에워싸며 ¹³ 그들이 내 길을 헐고 내 재앙을 재촉하는데도 도울 자가 없구나. ¹⁴ 그들은 성을 파괴하고 그 파괴한 가운데로 몰려드는 것 같이 내게로 달려드니 ¹⁵ 순식간에 공포가 나를 에워싸고 그들이 내 품위를 바람 같이 날려 버리니 나의 구원은 구름 같이 지나가 버렸구나. ¹⁶ 이제는 내 생명이 내 속에서 녹으니 환난 날이 나를 사로잡음이라. ¹⁷ 밤이 되면 내 뼈가 쑤시니 나의 아픔이 쉬지 아니하는구나. ¹⁸ 그가 큰 능력으로 나의 옷을 떨쳐 버리시며 나의 옷깃처럼 나를 휘어잡으시는구나. ¹⁹ 하나님이 나를 진흙 가운데 던지셨고 나를 티끌과 재 같게 하셨구나. ²⁰ 내가 주께 부르짖으나 주께서 대답하지 아니하시오며 내가 섰사오나 주께서 나를 돌아보지 아니하시나이다. ²¹ 주께서 돌이켜 내게 잔혹하게 하시고 힘 있는 손으로 나를 대적하시나이다. ²² 나를

자기 땅에서 추방된 비참한 천민들에게 조롱과 모욕을 당하는 욥: 전복된 세상

바람 위에 들어 불려가게 하시며 무서운 힘으로 나를 던져 버리시나이다. 23 내가 아나이다. 주께서 나를 죽게 하사 모든 생물을 위하여 정한 집으로 돌려보내시리이다. 24 그러나 사람이 넘어질 때에 어찌 손을 펴지 아니하며 재앙을 당할 때에 어찌 도움을 부르짖지 아니하리이까. 25 고생의 날을 보내는 자를 위하여 내가 울지 아니하였는가. 빈궁한 자를 위하여 내 마음에 근심하지 아니하였는가. 26 내가 복을 바랐더니 화가 왔고 광명을 기다렸더니 흑암이 왔구나. 27 내 마음이 들끓어 고요함이 없구나. 환난 날이 내게 임하였구나. 28 나는 햇볕에 쬐지 않고도 검어진 피부를 가지고 걸으며 회중 가운데서서 도움을 부르짖고 있느니라. 29 나는 이리의 형제요 타조의 벗이로구나. 30 나를 덮고 있는 피부는 검어졌고 내 뼈는 열기로 말미암아 탔구나. 31 내 수금은 통곡이 되었고 내 피리는 애곡이 되었구나.

가장 비천한 사람들에게 조롱당하는 욥 • 1-10절

30장은 다시 고통스럽고 굴욕적인 욥의 현실을 다룬다. 우스 땅의 가장 비천하고 멸시천대받는 하층민들마저 욥을 정죄하는 대열에 참여해 욥을 조롱한다. 1절은 "그러나 이제는"으로 시작된다. 29장의 몽환적으로 행복했던 과거 회상은 30장의 쓰라린 현실로 전환된다. 욥의 양 떼를 지키는 개에 견줄 만큼 욥 자신이 멸시천대했던 자들의 젊은 자녀들, 즉 욥보다 훨씬 젊은 자들이 욥을 비웃는다.[1절] 이 비웃음은 지주의 몰락을 비웃는 소작인들을 생각나게 한다. 욥의 양 떼를 지키는 개 같이 비천한 자들은 단지 경제적으로 비천한 자들이 아니라, 품성이나 덕성에 있어서 비천한 자들이라는 함의가 이 구절에 들어 있다. 욥은 어떤 사람이 사회적으로 비천한 신분이라고 해서 그를 멸시천대하지는 않았기 때문이다.

2절은 히브리어 구문도 어렵고 개역개정 번역도 어렵다. 2절을 직역하면, "심지어 힘이 그들의 손에 있다. 그것이 나와 무슨 상관인가? **404**

그들에게 있어서 정력(원기)이 소진되었는데"이다. 직역해도 어려운 것은 마찬가지다. 일단 "그들"이 누구를 가리키는지 분명하지 않다. 욥을 비웃는 젊은 자들의 아버지들인지, 그 비웃는 젊은 자들인지 분명하지 않다. 상반절을 보면 비웃는 젊은 자들처럼 보이지만, 하반절은 그들의 아버지인 것으로 보인다. 다음으로 하반절에 있는 "정력"(원기)은 누구의 정력인지 분명하지 않다. 3절에 비추어 볼 때 "그들"은 욥에게 멸시받은 자들의 자녀세대인 젊은 자들로 보는 것이 합리적이다. 그들의 손에는 아직도 힘이 있다는 묘사도 이런 추론을 지지한다. 다만 그들의 정력이 다 소진되었다는 말은 다소 이해하기 어렵다. 3절 이하에 나오는 그들의 비참한 삶, 고통, 역경 등에 비추어 볼 때 그들의 정력과 원기가 소진되었을 수 있다는 추정은 가능하다. 결국 2절은 그들의 손에는 힘이 있지만 그 정력(원기)은 다 소진된 사회적 비류匪類들이 욥을 공격하는 상황을 말하는 것처럼 보인다. 욥을 비난하고 조롱하는 비천한 자들은 곧 궁핍과 기근으로 인하여 파리하고 황무케 되며, 한때 황폐케 되고 황량하게 된 메마름("마른 흙을 씹는" 어구보다 더 강한 표현)을 먹는(씹는) 자들이다(황폐케 되고 황무한 땅으로 피난간 자들이다).3절

　그들은 떨기나무 가운데서 짠 나물을 채취하며 대싸리 뿌리를 먹고 연명한다.4절 5절은 왜 그들이 도성 밖 무인지경 광야로 도망쳤는지 보여준다. "무리가 그들에게 소리를 지름으로" 그들이 도둑 같이 사람들 가운데에서 쫓겨나 광야로 들어갔다는 것이다. 그들은 "침침한 골짜기와 흙 구덩이와 바위 굴에서 살며."6절 "떨기나무 가운데에서 부르짖으며 가시나무 아래에 모여 있"다.7절 그들은 주전 14세기경 가나안 일대를 혼란에 몰아넣던 '하비루'(유랑 난민들)일 것이다. 그들은 도성 사람들(무리)이 소리를 지르자 도둑이 놀라 도망치듯이 도성을 떠나 광야로 나간 자들이다. 8절은 "그들은 본래 미련한 자의

자식이요 이름 없는 자들의 자식으로서 고토에서 쫓겨난 자들"이라고 말한다.[1] "미련한 자", "이름 없는 자"는 씨족 공동체를 이루지 못해 족보상의 근본도 없는 자들이라는 의미다. "미련한 자"라는 말은 그들의 인간 성향이나 성품, 지적 역량에 대한 평가라기보다는 정주민들의 입장에서 본 유랑약탈자들을 평가하는 말일 것이다. 이미 정착된 삶을 살아가는 도성의 사람들에게 도성을 공격하는 하비루 같은 자들은 "미련한 자들"로 멸시당할 수 있다. 9절에서 욥은 "이제는 그들이" 자신을 노래로 조롱하며 자신을 그들의 놀림거리로 삼았다고 비통해 한다. 그들은 욥을 미워하며 멀리 하고 서슴지 않고 욥의 얼굴에 침을 뱉는다.[10절] 30장은 도착된 사회질서 앞에 전통적으로 존경과 신망을 받은 욥 같은 사람이 사회적 부랑아들과 같은 천민들에게 멸시천대를 당하는 전통사회 붕괴현상의 일단을 스냅사진처럼 보여주는 셈이다.

하나님에게 수욕을 당하고, 천대받는 이들에게마저 조롱당하는 욥 • 11-19절

이 단락은 하나님의 일방적 타격으로 망가져 버린 자신의 사회적 위상을 생각하고 한탄하는 욥의 독백이다. 11절은 이유접속사 키(כִּי)로 시작되어 1-10절이 묘사하는 모욕을 욥이 받게 된 이유를 말한다. 자신이 천대받는 사회적 부랑아들에게도 이토록 조롱과 야유를 받는 이유는, 하나님이 자신의 활시위를 늘어지게 하고 자신을 곤고하게 하셨기 때문이다. 그들이(1-10절에 나오는 부랑아들) 욥 앞에서 그들에게 덧씌워진 굴레를 벗어버리고 욥을 마구 도발했다는 것이다.[11절] "굴레"는 교양, 덕성, 예의 등을 가리키는 말일 수 있다. 전통적인 사회가 붕괴되는 전환기에 도성 밖에 살던 사회적 부랑아들이 자신들을 억제하던 굴레들을 벗어던지고 우스 땅의 지도자 욥을 실컷 능욕하고 모욕했다는 것이다. 그들이 욥의 오른쪽에서 일어나 욥의 발에 덫을 놓으며 욥을 대적하여 길을 에워싼다.[12절] 욥은 그들이 자신의 길을 헐고 자신의 재앙을 재촉하는데도 자신을 도와줄 자가 아무도 없다는 사실을 슬퍼한다.[13절] 그들은 성을 넓게 뚫고 그 폐허가 된 성벽 밑으로 쇄도하는 것 같이 욥에게로 달려든다.[14절] 성을 실제로 뚫고 들어왔다는 말인지, 성을 뚫고 침입하는 기세로 자신에게 덤벼들었다는 것인지 불확실하다. 14절의 첫 두 단어 커페레츠 라합(כְּפֶרֶץ רָחָב)에서 커(כ)를 어떻게 보느냐에 따라 해석이 다르다. 커는 보통 무엇 '처럼'을 의미하는 비교전치사이지만, 때로는 '무엇을 할 때'를 의미하는 시간전치사로 사용되기도 한다. 이 '커'가 전자로 사용된다면 14절은 무리들이 실제로 성을 뚫은 것을 묘사하지 않는다. 하지만 후자로 해석하는 경우, 실제로 무리들이 성을 뚫고 욥의 가산을 강탈하고 욥의 몰락을 초래했다고 볼 수도 있다. 전체적인 문맥에서 볼 때 후자가 더 정확해 보인다. 욥은 실제로 스바 사람들과 갈대아 사람들에게 공격을 당해 가산과 자녀들을 다 잃었다. 성을 뚫고 욥의 재산과 자녀들을 다 파괴하고 해친 일은 실제 사건이었다. 욥 시대의 사회적 부랑아들은 외국침략군의 우스 침략과 노략질을 통해 욥 같은 성읍 거민들의 가산을 약탈하고 공격했을 가능성이 적지 않다.

15절이 말하는 공포는 상상의 공포가 아니라, 실제 성이 뚫리고 가산이 약탈당하는 재난상황에서 발생했을 가능성이 크다. 15절은 욥의 사회적 위상, 재산, 행복 등 모든 것이 순식간에 사라졌다고 말한다. 순식간에 공포가 욥을 에워싸고 성을 노략질하는 자들이 욥의 품위를 바람 같이 날려 버렸다. 욥이 누리던 구원은 구름 같이 지나가 버렸다.[15절] 욥의 재난이 하나님으로부터 유래했고 그 과정에서 사탄의 악의가 개입되었지만, 실제로 욥을 타격한 재앙의 가해자는 구체적인 사람들이었다. 성을 뚫고 공격하는 무리들이 욥의 행복을 파괴한 실행자들이었다. 욥기 1장은 욥의 가족을 공격한 사람들이 스바 사람들과 갈대아 사람들이었다고 말하지만, 욥기 30장은 한때 도성 언저리에 거주하다가 성읍 사람들에 의해 쫓겨난 비류들이 욥을 공격한 것처럼 말한다. 16절은 도성 밖에서 메마름을 먹고 살던 극단적으로 가난한 천민들이 자신의 행복 토대를 무너뜨린 후 시작된 환난을 말한다. "이제는 내 생명이 내 속에서 녹으니 환난 날이 나를 사로잡음이라." 그때부터 욥은 밤이 되면 뼈가 쑤시는 고통, 멈추지 않는 고통에 시달리기 시작한다.[17절] 18-19절은 이 환난의 원천이 하나님임을 믿는 욥의 신념을 드러낸다. 하나님이 큰 능력으로 욥의 옷을 떨쳐 버리시며 그의 옷깃처럼 욥을 휘어잡으시고,[18절] 욥을 진흙 가운데 던지셨고 그를 티끌과 재 같게 하셨다는 것이다.[19절]

자신을 사람들의 조롱거리가 되게 하면서도 끝내 응답하지 않으시는 하나님께 기도하는 욥 • 20-23절

이 단락은 욥의 기도문이다. 개역개정에서 "주께서"라고 표기된 단어는 2인칭 남성대명사 "당신"을 번역한 말이다. 20절은 욥의 기도를 외면하는 하나님을 원망하는 욥의 기도다. "내가 주께 부르짖으나 주께서 대답하지 아니하시오며 내가 섰사오나 주께서 나를 돌아보지 아니하시나이다." 21절은 한 걸음 더 나아간다. 하나님은 욥의 기도에 대한 응답 거부 정도에만 머물지 않고 돌이켜 욥에게 잔혹하게 하시고 힘 있는 손으로 욥을 대적하신다. 22절은 욥의 절규다. 하나님이 욥 자신을 바람 위에 들어 불려가게 하시며 무서운 힘으로 그 자신을 던져 버리셨다는 것이다. 23절에서 욥은 자신을 무섭게 대적하시는 하나님의 의도를 짐작한다고 말한다. "나는 당신이 나를 죽여 모든 생물을 위하여 정한 집, 곧 스올로 돌려보내려고 하신다는 것을 압

니다." 참 슬픈 결론이다.

최선을 고대했으나 최악을 맞은 욥 • 24-31절

이 단락은 29장과 일맥상통하는 탄식이다. 24절의 개역개정은 "그러
나"로 시작하지만, 히브리어 본문은 '정녕'(아크[אך])으로 시작한다.
'그럼에도 불구하고' 정도의 의미다. 하나님이 자신을 죽이기로 작정
했다고 할지라도 자신은 살려 달라고 소리칠 수밖에 없다는 것이다.
24절에서 욥은 사람이 넘어질 때에 손을 펴며 재앙을 당할 때에 도와
달라고 발버둥치며 부르짖듯이, 자신을 향한 하나님의 의도가 죽음
일지라도 자신은 부르짖지 않을 수 없다고 말한다. 돌이켜 보면, 자신
이야말로 고생의 날을 보내는 자를 위하여 울었으며, 빈궁한 자를 위
하여 마음에 근심했음을 떠올린다.[25절] 그래서 자신은 기사회생을 바
라고 하나님을 부르고 불러 곤경에서 자신을 구해 달라고 강청했다
는 것이다. 그러나 26절은 자신의 부르짖음이 효과가 없었음을 실토
한다. "내가 복을 바랐더니 화가 왔고 광명을 기다렸더니 흑암이 왔
구나." 27절은 욥의 내면 풍경을 여실히 드러낸다. "내 마음이 들끓어
고요함이 없구나. 환난 날이 내게 임하였구나." 그 결과 욥은 햇볕에
쬐지 않고도 검게 변한 피부를 가지고 걸으며 회중 가운데 서서 도움
을 부르짖고 있는 중이다.[28절] 29절에서 욥은 회중 가운데서도 인간의
땅에서 멀리 떨어져 사는 야생짐승 같다고 느낀다. "나는 이리의 형제
요 타조의 벗이로구나." 30절에서 욥은 다시 자신의 외모, 앙상한 몰
골을 슬퍼한다. 자신의 피부는 검어졌고 그의 뼈는 열기로 인해 탔다.
자신의 기쁨을 노래하기 위한 악기인 욥의 수금은 통곡이 되었고, 그
의 피리는 그의 죽음을 노래하는 애곡이 되었다.[31절]

자기 땅에서 추방된 비참한 천민들에게 조롱과 모욕을 당하는 욥: 전복된 세상

30장은 욥이 얼마나 처참하게 몰락했는지를 보여준다. 1-10절에서 욥은 29장의 선행에도 불구하고 멸시천대를 받는 자신의 처지를 슬퍼한다. "그러나 이제는 나보다 젊은 자들이 나를 비웃는구나. 그들의 아비들은 내가 보기에 내 양 떼를 지키는 개 중에도 둘 만하지 못한 자들이니라."[1절] 29:8-9이 묘사하는 욥의 사회적 위상에서 얼마나 비참하게 멀어졌는가? "나를 보고 젊은이들은 숨으며 노인들은 일어나서 서며 유지들은 말을 삼가고 손으로 입을 가리며."[29:8-9] 이처럼 욥은 당시에 가장 비천한 사람들의 삶을 묘사하면서, 욥 자신이 가장 비참한 사회적 비류들에게마저도 멸시천대를 받는 처지가 되었음을 한탄한다. '나는 이렇게 멸시천대 받는 자들의 조롱을 받는 처지에 놓여 있다.' 욥은 "이름 없는 자들의 자식", 곧 비천한 천민들에게 조롱과 야유를 받는 처지라고 슬퍼한다. 땅을 빼앗기고 유리방황하는 사회적 부랑아들도 자신을 깔본다는 사실을 원통하게 생각한다. "나 자신이 유리방황하는 천민들보다 못한 천한 자가 되었다. 이제는 이 이름 없는 자들의 자식들이, 고토에서 쫓겨난 자들이, 그렇게 비참하게 전락한 가련한 자들이 나를 노래로 조롱하며, 내가 그들의 놀림거리가 되었다."[9-10절] 왜 비천한 사회적 부랑아들도 욥을 조롱하였을까? 사회적 최하층민들이 보기에도 자신들이 욥의 처지보다 더 낫다고 생각할 정도로 욥이 비참하게 몰락했다는 말이다.

11-15절에서 욥은 이렇게 자기를 공공연히 굴욕당하게 만들고 세상 사람들의 조롱거리가 되게 만드는 하나님을 원망한다. 욥의 사회적 위상이나 지체가 높았을 때에는 굽신굽신하던 사람들이 욥이 재기불능의 파멸을 겪고 쇠락하자 자신을 마구 공격해 오는 상황을 원통하게 생각한다.[14절] 사회적 자본이라고 볼 수 있는 명예, 인간의 존

엄, 사회적 위상 등 모든 것이 파괴되고 무너져 버렸다. 하나님이 욥의 활시위를 늘어지게 하시고 그를 곤고하게 하심으로 무리가 욥 앞에서 예의범절을 다 버리고 난폭하고 무례하게 굴었기 때문이다.[11-12절] 그들은 성을 파괴하고 그 파괴한 가운데로 몰려드는 것 같이 욥에게 달려들어 순식간에 욥의 품위를 바람 같이 날려 버렸기 때문이다.[14-15절]

16-19절에서 욥은 이 모든 사태의 배후에 계신 하나님께 직접적인 책임이 있다고 단언한다. 20-23절에서 욥은 자신에게 부당한 처벌을 내려 놓고도 응답이 없는 하나님을 원망한다. 이러한 참상과 고통 한복판에서 욥이 그토록 절절하게 하나님을 불러도 돌아온 것은 무대응이었다. "내가 주께 부르짖으나 주께서 대답하지 아니하시오며 내가 섰사오나 주께서 나를 돌아보지 아니하시나이다."[20절] 욥은 자신이 부르짖을수록 하나님이 한층 더 자신을 잔혹하게 대하며 무서운 힘으로 배척하셨다고 느꼈다.[21-22절] 24-31절은 욥의 마지막 통곡이다. 24-31절에서 욥은 하나님이 자신처럼 억울하게 고난당하는 사람을 마땅히 도우셔서 공공연한 창피거리, 모욕거리, 저주거리가 되는 것을 막았어야 한다고 말한다. 그런데 하나님은 결코 자신의 명예와 사회적 위상을 회복시켜 주시지 않았다. 그 결과 욥은 자신이 "이리의 형제요 타조의 벗"이 되었다고 한탄한다. 자신은 야생동물급으로 친구들과 이웃들에게 배척당하고 버림받은 자로 전락했다. 모래알처럼 오래 살 것을 기대했던 그의 기대는 산산조각이 났다. 그런데 그는 자신이 이런 재앙을 초래할 만한 어떠한 잘못도 범하지 않았다는 것을 확신한다.

상담학적으로 한 가지 주목할 만한 인상적인 사실은, 30장 마지막 단락이 수치심의 파괴적인 효과를 예시하기도 한다는 점이다. 이 단락은 수치심이 인간을 파괴하는 과정을 자세히 말하는 범례적인 본

자기 땅에서 추방된 비참한 천민들에게 조롱과 모욕을 당하는 욥: 전복된 세상

문이다. 수치심에 찌든 사람은 영혼 파괴를 경험한다. 영혼 파괴는 자살충동을 유발할 정도로 극심하다. 한때 자신을 명예롭게 생각하던 사람이 부당한 이유로 그 명예를 박탈당하고 사회적 야유와 조롱이 극에 달하면, 그 영혼의 존엄 토대가 금속이 녹슬 듯이 급속히 부식된다. 인간은 극단적으로 수치스러운 장면에 반복해서 노출되면 자기 존재의 효능감이 파괴된다. 그래서 우리는 수치에 처할 때 우리 영혼을 잘 지켜야 한다. 수치심을 못 이겨 자기를 한층 더 파괴하고 싶어질 때, 십자가에서 수치를 참아내신 나사렛 예수 우리 주님을 생각해야 한다. "이러므로 우리에게 구름 같이 둘러싼 허다한 증인들이 있으니……믿음의 주요 또 온전하게 하시는 이인 예수를 바라보자. 그는 그 앞에 있는 기쁨을 위하여 십자가를 참으사 부끄러움을 개의치 아니하시더니 하나님 보좌 우편에 앉으셨느니라." 히 12:1-2 "그러므로 함께 하늘의 부르심을 받은 거룩한 형제들아, 우리가 믿는 도리의 사도이시며 대제사장이신 예수를 깊이 생각하라." 히 3:1

31장.

사회적 자비와 정의를 조화시켰던 의인 욥을 주목한 두 눈:
하나님과 사탄

31

¹내가 내 눈과 약속하였나니 어찌 처녀에게 주목하랴. ²그리하면 위에 계신 하나님께서 내리시는 분깃이 무엇이겠으며 높은 곳의 전능자께서 주시는 기업이 무엇이겠느냐. ³불의한 자에게는 환난이 아니겠느냐. 행악자에게는 불행이 아니겠느냐. ⁴그가 내 길을 살피지 아니하시느냐. 내 걸음을 다 세지 아니하시느냐. ⁵만일 내가 허위와 함께 동행하고 내 발이 속임수에 빨랐다면 ⁶하나님께서 나를 공평한 저울에 달아보시고 그가 나의 온전함을 아시기를 바라노라. ⁷만일 내 걸음이 길에서 떠났거나 내 마음이 내 눈을 따랐거나 내 손에 더러운 것이 묻었다면 ⁸내가 심은 것을 타인이 먹으며 나의 소출이 뿌리째 뽑히기를 바라노라. ⁹만일 내 마음이 여인에게 유혹되어 이웃의 문을 엿보아 문에서 숨어 기다렸다면 ¹⁰내 아내가 타인의 맷돌을 돌리며 타인과 더불어 동침하기를 바라노라. ¹¹그것은 참으로 음란한 일이니 재판에 회부할 죄악이요 ¹²멸망하도록 사르는 불이니 나의 모든 소출을 뿌리째 뽑기를 바라노라. ¹³만일 남종이나 여종이 나와 더불어 쟁론할 때에 내가 그의 권리를 저버렸다면 ¹⁴하나님이 일어나실 때에 내가 어떻게 하겠느냐. 하나님이 심판하실 때에 내가 무엇이라 대답하겠느냐. ¹⁵나를 태 속에 만드신 이가 그도 만들지 아니하셨느냐. 우리를 뱃속에 지으신 이가 한 분이 아니시냐. ¹⁶내가 언제 가난한 자의 소원을 막았거나 과부의 눈으로 하여금 실망하게 하였던가. ¹⁷나만 혼자 내 떡덩이를 먹고 고아에게 그 조각을 먹이지 아니하였던가. ¹⁸실상은 내가 젊었을 때부터 고아 기르기를 그의 아비처럼 하였으며 내가 어렸을 때부터 과부를 인도하였노라. ¹⁹만일 내가 사람이 의복이 없이 죽어가는 것이나 가난한 자가 덮을 것이 없는 것을 못 본 체 했다면 ²⁰만일 나의 양털로 그의 몸을 따뜻하게 입혀서 그의 허리가 나를 위하여 복을 빌게 하지 아니하였다면 ²¹만일 나를 도와주는 자가 성문에 있음을 보고 내가 주먹을 들어 고아를 향해 휘둘렀다면 ²²내 팔이

사회적 자비와 정의를 조화시켰던 의인 욥을 주목한 두 눈: 하나님과 사탄

어깨 뼈에서 떨어지고 내 팔 뼈가 그 자리에서 부스러지기를 바라노라. 23 나는 하나님의 재앙을 심히 두려워하고 그의 위엄으로 말미암아 그런 일을 할 수 없느니라. 24 만일 내가 내 소망을 금에다 두고 순금에게 너는 내 의뢰하는 바라 하였다면 25 만일 재물의 풍부함과 손으로 얻은 것이 많음으로 기뻐하였다면 26 만일 해가 빛남과 달이 밝게 뜬 것을 보고 27 내 마음이 슬며시 유혹되어 내 손에 입맞추었다면 28 그것도 재판에 회부할 죄악이니 내가 그리하였으면 위에 계신 하나님을 속이는 것이리라. 29 내가 언제 나를 미워하는 자의 멸망을 기뻐하고 그가 재난을 당함으로 즐거워하였던가. 30 실상은 나는 그가 죽기를 구하는 말로 그의 생명을 저주하여 내 입이 범죄하게 하지 아니하였노라. 31 내 장막 사람들은 주인의 고기에 배부르지 않은 자가 어디 있느뇨 하지 아니하였는가. 32 실상은 나그네가 거리에서 자지 아니하도록 나는 행인에게 내 문을 열어 주었노라. 33 내가 언제 다른 사람처럼 내 악행을 숨긴 일이 있거나 나의 죄악을 나의 품에 감추었으며 34 내가 언제 큰 무리와 여러 종족의 수모가 두려워서 대문 밖으로 나가지 못하고 잠잠하였던가. 35 누구든지 나의 변명을 들어다오. 나의 서명이 여기 있으니 전능자가 내게 대답하시기를 바라노라. 나를 고발하는 자가 있다면 그에게 고소장을 쓰게 하라. 36 내가 그것을 어깨에 메기도 하고 왕관처럼 머리에 쓰기도 하리라. 37 내 걸음의 수효를 그에게 알리고 왕족처럼 그를 가까이 하였으리라. 38 만일 내 밭이 나를 향하여 부르짖고 밭이랑이 함께 울었다면 39 만일 내가 값을 내지 않고 그 소출을 먹고 그 소유주가 생명을 잃게 하였다면 40 밀 대신에 가시나무가 나고 보리 대신에 독보리가 나는 것이 마땅하니라 하고 욥의 말이 그치니라.

성적 절제와 정결의 사람 욥 • 1-12절

31장은 욥의 최후 무죄 변론이다. 29-30장보다 훨씬 더 자세하게 욥의 의로운 삶, 악에서 떠난 생활, 그리고 아주 적극적인 사회적 자비심과 긍휼을 다채롭고 생생하게 증언한다. 이 단락은 주로 욥의 성적 정결과 절제를 증언한다. 1절에서 욥은 자신이 처녀를 주목하지 않겠다고 자신의 눈과 약속했다고 말한다. 욥이 살던 고대근동 사회는 일부다처제 사회였기 때문에 사회적으로 유력한 자가 재력이 되는 한 공식적으로 처녀에게 주목해도 되었다. 그런데 왜 처녀에게 주목하지 않았다는 것이 욥의 의로움이 되었을까? 이 문맥에서의 처녀 주목은 결혼을 전제로 한 진지한 남녀관계를 의미하기보다는 성적 방종을 의미했기 때문이다. 욥이 당시의 모든 부유한 자들이 하듯이 성적인 방탕과 음란에 빠지지 않았다는 뜻이다. 욥과 같은 사회적 명망가나 지도자가 자신의 아내 외에 처녀를 주목하고 그녀에 대해 음욕을 품는 일은 결코 희귀한 일이 아니었다. 다윗은 부하 우리아의 아내 밧세바가 목욕하는 장면을 훔쳐보고 정욕이 발동했다. 남자의 눈은 모든 유혹과 자극의 수용지점이다. 오늘날 모든 음란영상 산업은 '눈'을 만족시키고 눈을 통해 보는 행위를 위해 돈을 소비하게 만든다. 2절에서 욥은 자신의 성적 방종은 하나님의 기업을 잃게 만드는 허물이 될 수 있음을 두려워했다고 말한다. 자신이 처녀에게 주목하여 성적 방탕을 범하면, 위에 계신 하나님이 내리시는 분깃, 높은 곳의 전능자께서 주시는 기업을 상실할 수 있다는 두려움을 가졌다는 것이다. 하나님을 두려워하는 일의 초보적 형태는 하나님의 징벌에 대한 두려움이다. 하나님의 징벌에 대한 두려움은 우리의 죄악된 충동에 재갈을 물린다.

3절은 욥의 기본적 경건심을 보여준다. 욥은 불의한 자에게는 환난이 있겠으며, 행악자에게는 불행이 닥친다는 원리를 붙들고 있다. 이런 점에서 신명기 역사가의 신학 원리(신 28장)는 아주 중요하다. 인간의 누적된 죄악에 대한 하나님의 응답이 하나님의 응벌이며, 그 응벌은 고통과 환난을 동반한다는 원리가 신명기 역사가의 으뜸 신학 명제다. 이런 점에서 욥은 신명기 역사가 신학 전통의 충실한 상속자이다. 4절은 욥이 하나님의 현존 앞에 삼가며 살았음을 보여준다. 욥

은 하나님이 자신의 길을 살피며 자신의 발걸음까지 다 세고 계신다고 생각하며 살았다.[4절]

5-10절에서 욥은 가상적인 상황을 설정해서 하나님이 자신의 온전함을 알아 주시길 기원한다고 말한다.[5, 7, 9절] "만일" 만일 자신이 허위와 함께 동행하고 자신의 발이 속임수에 빨랐다면,[5절] 하나님께서 자신을 공평한 저울에 달아 보시고 자신의 온전함이 어떠한지를 알아 주셨기를 바란다고 말한다. 욥은 하나님이 자신을 자세히 관찰하고 감찰하실수록 자신의 온전함이 하나님께 평가받고 인정받을 수 있을 것이라고 확신한다. 바울의 원죄설을 아는 장로교 신자들은 이런 욥의 과도한 자기 의의 확신을 보고 불편함을 느낄 수 있을지도 모른다. "이것은 욥의 과도한 자기 의가 아닌가?" 그래서 일부 그리스도인들은 욥기마저도 욥의 친구들 신학, 원죄설의 신학으로 해석하려는 경향을 보인다. "결국 욥도 죄인 아닌가? 그는 아담 원죄의 상속자가 아닌가? 로마서 3:23, 5:12-19 등이 인간의 보편적 죄책을 교리적으로 각인시키는데, 왜 욥은 자신의 무죄를 이토록 강조할까?" 이런 사람들은 욥이 바울의 원죄설을 믿지 않았다고 비판할 수 있다. 그러나 성경은 다중음성적 목소리를 가진 다성음악적 책이다. 인간의 죄와 하나님의 징벌 중심으로 인간의 고난을 설명하는 신학이 대체로 우세하긴 하지만, 그것은 하나님이 가르쳐 주시는 죄와 고난에 대한 전부가 아니다. 욥기는 확실히 인간의 절대적 피조물성, 유한성, 불완전성을 부인하지 않지만, 죄와 벌이라는 신학적 이진법을 전적으로 지지하지도 않는다.

7-8절은 또 하나의 "만일" 상황을 말한다. 7절의 "만일" 절은 조건적 종속절이며 8절은 주절이다. 만일 자신의 걸음이 하나님의 길에서 떠났거나 자신의 마음이 안목의 정욕을 따랐거나 자신의 손이 더러운 것에 접촉되었다면,[7절] 욥은 자신이 심은 과수나 곡식을 타인이 먹으며 아예 자신의 소출이 뿌리째 뽑히기를 바란다고 말한다.[8절] 그만큼

자신의 욕망을 철저하게 절제하고 자기를 부인하며 살았다는 것이다.

9-12절은 유부녀와 간음하지 않았다는 욥의 자기변호다. 13-15절은 자신의 종들에게 부당하게 임금체불하지 않았고, 부당하게 갑질하지 않았다는 사실을 천명하는 욥의 자기변호다. 욥이 사회적 약자들을 학대하고 압제했다고 거짓 증언했던 친구들의 비난에 비추어 볼 때 이 세 절은 아주 중요한 말이다. 16절부터 23절은 욥 자신이 사회적 약자를 결코 학대하지 않았다는 주장을 담고 있다. "세 친구들이 나에게 고아와 과부를 학대했다고 주장했지만 나는 단 한 번도 그런 적이 없다."

9-10절은 마지막 "만일" 절을 도입한다. 다시 성적 절제와 정결에 관한 것이다. 만일 자신의 마음이 여인에게 유혹되어 이웃의 문을 엿보아 문에서 숨어 기다렸다면,[9절] 자신의 아내가 타인의 맷돌을 돌리며 타인과 더불어 동침하기를 바란다고 말한다.[10절] 비록 가상의 상황이긴 하지만 10절은 현대인의 감수성에 크게 어긋나는 맹세적 기원문이다. 욥이 여기서 절대로 일어나서는 안 될 일을 언급하는 것은, 결코 그런 일이 발생하지 않을 것임을 독자나 청중 혹은 하나님께 확신시키기 위함이다. 11절에서 욥은 성적 일탈과 타락은 참으로 음란한 일이니 재판에 회부할 죄악이며,[11절] 멸망하도록 사르는 불임을 인정한다.[12절] 욥은 만일 자신이 음란의 죄를 범했다면, 자신의 모든 소출을 뿌리째 뽑기를 바란다는 극언을 서슴지 않는다. 욥의 극단적인 자기저주적 맹세어조는 자신의 결백을 충격적인 방식으로라도 주장하고 싶은 마음에서 표출되었다.

노예와 사회적 약자들을 돌보고 애호愛護했던 자비심의 화신 욥 • 13-23절

앞 단락이 뭔가를 금지하고 행하지 않음으로 실천한 경건의 사례라

면, 이 단락은 아주 적극적인 경건행위를 예시한다. 이 단락에는 네 개의 '만일 조건절'이 등장한다. 욥은 구체적인 상황을 설정한 후 자신이 어떻게 행동했는지를 증언한다. 야고보서가 증언하듯이, 참된 경건은 자기를 세속으로부터 지켜 고아와 과부를 돌보는 어진 행동으로 나타난다.^{약 1:27}

13-15절은 남종과 여종이 욥 자신에게 법적인 소송을 걸어 오는 경우를 상정한다. 만일 남종이나 여종이 욥 자신과 더불어 쟁론할 때에 자신이 남종 혹은 여종의 권리를 저버렸다면,^{13절} 하나님이 일어나실 때에 자신이 어떻게 하겠느냐, 하나님이 심판하실 때에 자신이 무엇이라 대답하겠느냐^{14절}고 자문한다. 남종과 여종이 결코 억울하게 느끼거나 원한을 품게 되는 사태를 절대로 만들지 않았다는 것이다. 15절에서 욥은 자신이 남종과 여종의 송사, 혹은 논쟁거리라도 존중했던 이유를 말한다. 자신을 어머니 뱃속에 만드신 바로 그 동일한 하나님이 자신의 남종과 여종도 만드셨기 때문이다. 자신이나 자신의 종들을 각각 어머니 뱃속에 지으신 이가 한분 하나님이시기 때문이다.^{15절} 16절에서 욥은 다시 자신이 사회적으로 약한 자들을 어떻게 돌봤는지를 간접적으로 증언한다. 자신은 결코 단 한 순간도 가난한 자의 소원을 막았거나 과부의 눈으로 하여금 실망하게 하지 않았다. 단 한 번도 욥은 자신의 떡덩이를 혼자 먹느라고 고아에게 그 조각을 나눠 먹이는 일을 게을리 한 적이 없었다고 확언한다.^{17절} 18절은 욥의 사회적 자비실천을 압축적으로 요약한다. 실상은 욥이 젊었을 때부터 아비처럼 고아들을 길렀으며, 자신이 어렸을 때부터 과부를 인도하였다고 말한다.

세 개의 '만일 조건절'을 갖고 있는 19-23절은 욥의 사회적 자비실천을 다채롭게 예시하기 위해 설정된 상황을 중심으로 욥의 경구적인 말을 펼쳐 보인다. 19-21절에서 '만일 조건절' 세 개가 연속적으로 나온다. 22절이 주절인 셈이다. "만일" 욥 자신이 사람이 의복이 없이 죽어가는 것이나 가난한 자가 덮을 것이 없는 것을 못 본 체했다면,[19절] "만일" 욥이 자신의 양털로 옷이 없어 헐벗은 그 가난한 이웃의 몸을 따뜻하게 입혀서 그의 허리로 하여금 자신을 위하여 복을 빌게 하지 않았다면,[20절] "만일" 욥 자신을 도와주는 자가 성문에 있음을 보고 자신이 주먹을 들어 고아를 향해 휘둘렀다면, 곧 사법적인 인맥 덕으로 고아의 재판을 불의하게 왜곡시키기 위해 고아를 향해 주먹을 휘둘렀다면,[21절] 아예 자신의 팔이 어깨 뼈에서 떨어지고(탈구되고), 자신의 팔 뼈가 그 자리에서 부스러지기를 원한다고 말한다. 욥 자신은 철저하게 사회적 약자의 벗이자 옹호자, 후원자로 살았다는 것이다. 23절은 욥이 이런 사회적 약자를 도발하고 그들의 정당한 권리를 침범할 수 없는 이유를 말한다. 욥의 사회적 자비실천의 경건은 아주 단순한 이유 때문에 실행된다. 욥은 하나님의 재앙을 심히 두려워하고 그의 위엄에 압도되고 설복되기 때문에, 이런 사회적 약자들을 압제하거나 괴롭히는 악행을 결코 범할 수 없다는 것이다.[23절] 야고보서의 기준에 비추어 볼 때 욥은 가장 성경적인 경건의 실천자였다. "누구든지 스스로 경건하다 생각하며 자기 혀를 재갈 물리지 아니하고 자기 마음을 속이면 이 사람의 경건은 헛것이라. 하나님 아버지 앞에서 정결하고 더러움이 없는 경건은 곧 고아와 과부를 그 환난중에 돌보고 또 자기를 지켜 세속에 물들지 아니하는 그것이니라."[약 1:26-27] 욥은 신명기나 출애굽기의 기준으로 볼 때도 하나님을 경외하는 진정한 경건의 사람이었다. "너희는 애굽에서 나오는 길에서 네 하나님 여호와께서 미리암에게 행하신 일을 기억할지니라. 네 이웃에게 무엇을 꾸어줄 때에 너는 그의 집에 들어가서 전당물을 취하지 말고 너는 밖에 서 있고 네게 꾸는 자가 전당물을 밖으로 가지고 나와서 네게 줄 것이며 그가 가난한 자이면 너는 그의 전당물을 가지고 자지 말고 해

사회적 자비와 정의를 조화시켰던 의인 욥을 주목한 두 눈: 하나님과 사탄

질 때에 그 전당물을 반드시 그에게 돌려줄 것이라. 그리하면 그가 그 옷을 입고 자며 너를 위하여 축복하리니 그 일이 네 하나님 여호와 앞에서 네 공의로움이 되리라."신 24:9-13 "너는 과부나 고아를 해롭게 하지 말라. 네가 만일 그들을 해롭게 하므로 그들이 내게 부르짖으면 내가 반드시 그 부르짖음을 들으리라."출 22:22-23 이처럼 욥은 공의로운 사람이다. 욥은 겉옷을 빼앗고 돌려주지 않은 적이 없고, 항상 헐벗고 굶주린 사람을 채워 줬다.

황금숭배에 빠지지 않았던 욥 • 24-28절

이 단락은 욥의 죄악을 재물욕, 맘몬숭배로 특정하는 친구들의 논리를 논파하는 데 긴요한 부분이다. 친구들은 욥의 악행이 재물숭배, 황금숭배라고 건너짚으며 금을 돌보듯 하라고 타일렀다. 24-26절에도 '만일 조건절'이 세 개 나온다. 28절이 주절이다. "만일" 욥 자신이 금에다 소망을 두고 순금에게 "나는 너를 믿는다"라고 말했다면,24절 "만일" 욥 자신이 재물의 풍부함과 손으로 얻은 것이 많음으로 기뻐하였다면,25절 "만일" 욥 자신이 해가 빛남과 달이 밝게 뜬 것을 보고26절 자신의 마음이 슬며시 유혹되어 자신의 손에 입맞추었다면,27절 이 허물 각각은 재판에 회부할 죄악이라고 말한다.28절

24절 이하는 빌닷과 엘리바스의 3차 단죄 변론에 대한 답변으로 제시된 것이다. 특히 엘리바스가 3차 변론에서 욥이 재물의 욕심이 많아 죄를 짓고 하나님께 징벌을 받는다고 비난했다. "네 보화를 티끌로 여기고 오빌의 금을 계곡의 돌로 여기라. 그리하면 전능자가 네 보화가 되시며 네게 고귀한 은이 되시리니."24-25절 이런 친구들의 비난들 때문에 욥은 31장과 같은 종합적인 답변을 할 수밖에 없었을 것이다. 욥은 자신이 물욕을 얼마나 잘 억제하는 사람인지를 자세하게 말

한다. 자신이 재산에 대한 물욕 때문에 사회적 자비실천을 단 한 번이라도 소홀하게 한 적이 있다면 말해 달라고 간청할 정도다. 28절 하반절에서 욥은 자신이 이런 것 중 하나라도 범했다면, 그것은 위에 계신 하나님을 속이는 짓이라고 확언한다. 욥 자신은 철저하게 하나님을 두려워하며 사는 사람이라는 것이다.

원수, 나그네에게까지 미친 욥의 자비와 환대 • 29-34절

이 단락은 이제 한층 더 구체적으로 욥의 사회적 자비실천과 경건한 삶을 증언하되, 밖으로 드러나지 않은 내면의 경건을 더욱 부각시킨다. 욥은 단 한 순간도 자신을 미워하는 자의 멸망을 기뻐하거나 그가 재난을 당함으로 즐거워한 적이 없었다고 확언한다.[29절] 실상 욥은 자신을 미워하는 자가 죽기를 구하는 말로 그의 생명을 저주하는 죄를 결코 범하지 않았다.[30절] 31절에서 욥은 자신의 장막 사람들(하인들) 중 주인 된 욥 자신의 고기에 배부르지 않은 자가 어디 있느냐고 묻는다.[31절] 실상 욥은 나그네가 거리에서 자지 아니하도록 행인에게 자신의 집을 개방했다.[32절] 욥은 단 한 순간도 다른 사람들이 하는 것처럼 자신의 악행을 숨기거나 자신의 죄악을 자기 품에 감춘 적이 없다.[33절] 욥은 단 한 순간도 큰 무리와 여러 종족의 수모가 두려워서 대문 밖으로 나가지 못하고 잠잠한 적이 없다.[34절] 용감하게 대처했다는 것이다. 폭도들을 두려워하여 대문 안으로 들어와서 자기 딸을 내어 주겠다고 제안하며 또 아예 자신의 집 손님(베들레헴 거주 레위인)의 첩을 내어 준 사람은 누구였던가? 폭도들을 두려워하여 대문 밖으로 나가지 못하고 수세에 몰려서 허둥지둥한 사람은 사사기 19장의 기브아 노인이다.[삿 19:24] 또한 창세기 19장의 롯도 폭도들을 두려워하여 자신의 집에 들어온 손님의 희생양으로 두 딸을 폭도들 손에 넘겨주려고 했다. 위급한 상황에서 손님을 구하려고 한 고육지계였지만 기브아의 노인이나 롯은 비겁한 행동을 했다. 그런데 욥은 용감무쌍하였고 폭도들을 정면으로 질책하고 잠잠케 하는 엄청난 지도력을 보였다는 것이다. 다시 말해 욥 자신은 소심하지 않고 용기가 있었다는 뜻이다.

결국 29-34절은 욥이 실천한 의로운 행동의 총괄적 요약이다. 그는 집 안에 있는 사람들, 집 밖에 있는 나그네들, 하루 동안 체류하는 행인 모두에게 자비와 사랑을 실천했다. 욥이 만나는 모든 사람들이 욥의 자비와 사랑의 실천 대상이었다는 것이다. 결국 사회적 자비실천을 철저하게 했음을 강조하는 이 단락이 욥으로 하여금 하나님에 대한 고발장을 쓰게 만든다. 어찌 보면 31장 전체가 하나님을 고발하는 고소장에 쓰인 원고의 고발 사유인 셈이다. 왜 욥은 자신의 사회적 자비실천을 이렇게 세밀하게 나열하는가? 왜 욥은 자신이 만나는 모든 사람에게 하나님의 의와 사랑을 실천했다고 주장하는가? 하나님께 고소장을 보내기 위해서다. 사회적 자비를 실천한 욥 자신이 이처럼 몰락하여 하나님께 울분을 토하는 것 자체가 하나님께 부담을 안겨 주는 상황이라는 암시가 들어 있다. 자신 같은 의인이 비참하게 몰락하여 어찌할 바를 모르며 원통한 눈물을 흘리는 것 자체가, 하나님 전능자를 고발하는 사태가 아니냐는 것이다.

최후 항변과 엘 샤다이를 대면하려고 태세를 갖춘 욥 • 35-40절

이 단락은 욥이 하나님께 소송을 거는 이유를 종합적으로 말한다. 이 단락의 핵심은 전능자를 고소하려는 욥의 결단이다. 35절은 이제 "누구든지 나의 변명을 들어다오"라는 말로 시작한다. 욥이 자신의 서명이 적힌 고소장을 하나님께 제출한다. "전능자가 내게 대답하시기를 바라노라." 전능자가 자신의 소송의 피고이며, 자신은 원고라는 것이다. 혹시 자신을 고발하는 자가 있다면 그도 자신을 재판에 회부하는 고소장을 쓰게 하라고 말한다.[35절] 36절에서 욥은 누군가가 자신의 죄를 적어 재판에 회부한다면, 자신은 자신을 고소하는 그 고소장을 어깨에 메기도 하고 왕관처럼 머리에 쓰기도 할 것이라고 말한다. 욥 자신은 자신을 고발하는 그 사람에게 자신의 걸음의 수효까지 알려 주고 그를 왕족처럼 가깝게 우대할 것이라고 말한다.[37절]

38-40절은 욥의 허물이 발견될 수 있는 마지막 가상 상황을 설정하고 그것에 대해 결백을 확신하는 욥의 증언을 말한다. 욥은 만일 자신의 밭이 자신을 향해 부르짖고 밭이랑이 함께 울었다면,[38절] 곧 자신에게 부당하게 고용된 노동자의 수고로 농사 지어 밭이 그 억울한 사연을 대신 자신에게 호소한다면, 만일 자신이 값을 내지 않고 다른 사람의 소출을 먹고 그 소유주가 생명을 잃게 하였다면,[39절] 자신은 하나님의 저주를 받아도 마땅하다고 확언한다. 즉, 밀 대신에 가시나무가 나고 보리 대신에 독보리가 나는 것이 마땅하다는 것이다. 이처럼 욥은 자신을 철저하게 검열하는 인물이다. 이 장엄한 결백 호소로 욥은 자신의 구구절절한 변론을 종결 짓는다.

메시지

31장에 묘사되는 욥의 의로움은 성적 절제와 정결, 사회적 약자들에 대한 배려, 배금주의 배척, 청빈이다. 그는 경건의 범례적인 인물이다. 욥은 세속에 물들지 않았다는 점에서 경건했을 뿐만 아니라 고아와 과부를 돌본 사회적 자비의 화신이기도 했다.[약 1:26-27] 31장을 주제별로 세분화하면 다음과 같다.

- 1-8절: 나는 음란한 정욕을 품지 않았다.
- 9-12절: 나는 기혼 여성과 불륜을 저지르지 않았다.
- 13-15절: 나는 종들에게 갑질하지 않았다.
- 16-23절: 나는 사회적 약자들을 학대하지 않았다.
- 24-28절: 나는 황금과 재산을 우상숭배하지 않았다.
- 29-40절: 나는 이토록 처참한 하나님의 징벌을 초래할 만큼 어떠한 내면적 잘못도, 사회적 악행도, 성적 불의도, 고용 및 피고용 관계에서의 갑질도 범한 적이 없다. 따라서 하나님이 나의 항변에 답변할 차례다. 내가 당하는 이 처참한 곤경 자체가 하나님께는 부담이 된다. 하나님은 나 욥의 부조리 사태를 해명할 의무가 있다. "그러니 하나님, 당신이 해명하십시오."

31장 마지막 단락은 욥이 하나님과 세찬 법적 드잡이를 시도하는 이유를 보여준다. 31장의 마지막 단락 분위기는 자못 험악하다. 욥이 하나님 멱살을 잡고 "하나님! 인간의 법정에 가든지, 천천상^{天天上} 법정에 가든지, 법적으로 다퉈 누가 옳은지 결판내 봅시다"라고 말하는 셈이다. 이처럼 하나님을 법정에 소환하려고 하는 욥의 억울한 마음이 31장에 잘 나타나 있다.

31장의 이 무례하고 강경한 욥의 태도 전환을 이해하려면 28-30장을 다시 되짚어볼 필요가 있다. 28장에서 욥은 지혜찬미를 통해 하나님의 통치 원리에 대해 약간의 유보적 자세를 취하는 듯 보였다. 자신이 알지 못하는 하나님의 세상 통치 원리, 곧 지혜가 있다고 말하며 은근히 경건한 불가지론자, 회의주의자로서 행보를 취한 듯 보였다. 그런데 29장에서 지난 시절 자신의 의로운 삶에 비추어 자신이 당하는 고난이 얼마나 부당한지를 주장한다. 30장에서 욥은 자신이 겪고 있는 고난 중 사회적 위상 추락과 그것으로 인한 수치심을 절절히 토로한다. 30장에서 다시 29장의 주제를 한층 더 발전시킨다. 왜 하나님이 1:8에서 자신을 악에서 떠난 자라고 평가할 수밖에 없었는지를 아주 세세히 예증한다. 29-31장에서 자기의 복된 과거와 비참한 현재를 각각 비교한 후 하나님께 정면으로 들이박기 시작한다. 욥은 이 억울하고 원통한 현실을 돌파하는 길은 하나님을 고소하는 방법 밖에 없다고 보았다. 결국 31장의 기능은 욥이 하나님을 고소할 수밖에 없는 이유를 제시하는 것이다. "저는 하나님의 정의에 내 운명을 맡기고 하나님을 소환할 수밖에 없습니다. 저는 하나님 당신을 고소합니다. 당신을 천천상 법정에 세웁니다. 하나님, 부득이하게 제가 하나님을 소송 당사자로 불러낼 수밖에 없습니다."

욥은 35절에서 고소장을 쓰는 제스처를 보인다. 1-2장의 하나님의 천상어전회의보다 더 높은 가상적인 천천상의 법정에 고소장을 보내는 것처럼 보인다. 이 고소장에는 욥의 서명이 들어 있다. 욥기 1-30장에 나타난 하나님보다 더 위에 있는 하나님께 보내는 고소장이다. 이제까지 알려진 하나님보다 더 공의로운 하나님을 상정하면서 욥은 하나님을 고소하려고 그 고소장에 서명을 한다. 35절의 용어(고소장)는 고대사에서 매우 의미심장한 법적 용어이다. 이 태도는 엘리후가 도저히 참지 못하고 뛰쳐나와서 욥을 비난할 수밖에 없도록 만드는 아주 격정적이고 연극적인 행동이다.

하지만 엘리후는 하나님을 고소하는 듯한 욥의 저항적 항변이 욥의 신앙심의 비상한 표현방식임을 몰랐다. 철학자 임마누엘 칸트는 욥의 세 친구들은 기존 서구 철학사에 출현했던 철학적 신정론자들의 대변인이라고 규정하고, 욥의 정직하고 저항적인 태도야말로 인간에게 남겨진 유일한 선택지, 곧 신앙적 신정론이라고 불렀다. 칸트는 어떤 정교한 철학적 신정론도 이 세계내적인 인간 경험의 총체성에 터해서는 하나님의 선하심과 정의로움을 충분히 옹호할 수 없다는 점을 깨닫고 무신론에 이른 것이 아니라, 욥기 같은 신앙적인 신정론을 신봉하게 되었다. 신앙적 신정론은 하나님께 끝까지 부르짖고 매달리고 질문하는 저항적 집요성을 옹호한다.[1] 이런 점에서 아르헨티나의 해방신학자 구티에레즈의 '저항 옹호적' 욥기 해석도 설득력이 있다. 구티에레즈는 욥이 1-2장에서 인내심 많은 신앙영웅에서 3장부터는 하나님께 저항하는 타이탄 같은 투쟁가로 성격 변화를 겪는다고 말한다. 구티에레즈는 욥이 그토록 상상 속에서 희구했던 "자신을 심판해 줄 이",9:15-17 "하늘의 증인",16:18 22 "복수자이자 기업 회복자인 고엘"19:25-27이 다름 아닌 하나님 자신이라고 주장함으로써 욥의 집요한 저항과 항변은 하나님께 100퍼센트 신원되고 정당화되어 수용되었다고 말한다. 구티에레즈는 욥기 38-41장에서 욥의 항변과 저항의 자유도 하나님께 수용되고 하나님의 이유 없는 자유로운 인간 사랑, 그리고 인간의 신학적 패러다임(권선징악, 인과응보로 된 신명기 역사가 신학 틀)을 초월한 하나님의 세계 통치와 경영의 자유도 욥에게 수용되었다고 말한다.[2] 구티에레즈는 욥기가 욥의 저항과 항변의 정당성도 옹호하고, 인간 편에서 아무런 공로와 매력이 없는데도 인간을 향한 사랑과 은총을 퍼붓는 하나님의 초이성적, 초합리적인 인간 통치도 옹호한다고 결론을 내린다.[3]

32장.

엘리후가 화를 내다:

연소자 신세대 신학자의 낡은 신학

32

¹ 욥이 자신을 의인으로 여기므로 그 세 사람이 말을 그치니 ² 람 종족 부스 사람 바라겔의 아들 엘리후가 화를 내니 그가 욥에게 화를 냄은 욥이 하나님보다 자기가 의롭다 함이요 ³ 또 세 친구에게 화를 냄은 그들이 능히 대답하지 못하면서도 욥을 정죄함이라. ⁴ 엘리후는 그들의 나이가 자기보다 여러 해 위이므로 욥에게 말하기를 참고 있다가 ⁵ 세 사람의 입에 대답이 없음을 보고 화를 내니라. ⁶ 부스 사람 바라겔의 아들 엘리후가 대답하여 이르되 나는 연소하고 당신들은 연로하므로 뒷전에서 나의 의견을 감히 내놓지 못하였노라. ⁷ 내가 말하기를 나이가 많은 자가 말할 것이요 연륜이 많은 자가 지혜를 가르칠 것이라 하였노라. ⁸ 그러나 사람의 속에는 영이 있고 전능자의 숨결이 사람에게 깨달음을 주시나니 ⁹ 어른이라고 지혜롭거나 노인이라고 정의를 깨닫는 것이 아니니라. ¹⁰ 그러므로 내가 말하노니 내 말을 들으라. 나도 내 의견을 말하리라. ¹¹ 보라, 나는 당신들의 말을 기다렸노라. 당신들의 슬기와 당신들의 말에 귀 기울이고 있었노라. ¹² 내가 자세히 들은즉 당신들 가운데 욥을 꺾어 그의 말에 대답하는 자가 없도다. ¹³ 당신들이 말하기를 우리가 진상을 파악했으나 그를 추궁할 자는 하나님이시요 사람이 아니라 하지 말지니라. ¹⁴ 그가 내게 자기 이론을 제기하지 아니하였으니 나도 당신들의 이론으로 그에게 대답하지 아니하리라. ¹⁵ 그들이 놀라서 다시 대답하지 못하니 할 말이 없음이었더라. ¹⁶ 당신들이 말 없이 가만히 서서 다시 대답하지 아니한즉 내가 어찌 더 기다리랴. ¹⁷ 나는 내 본분대로 대답하고 나도 내 의견을 보이리라. ¹⁸ 내 속에는 말이 가득하니 내 영이 나를 압박함이니라. ¹⁹ 보라, 내 배는 봉한 포도주통 같고 터지게 된 새 가죽 부대 같구나. ²⁰ 내가 말을 하여야 시원할 것이라. 내 입을 열어 대답하리라. ²¹ 나는 결코 사람의 낯을 보지 아니하며 사람에게 영광을 돌리지 아니하리니 ²² 이는 아첨할 줄을 알지 못함이라. 만일 그리하면 나를 지으신 이가 속히 나를 데려가시리로다.

32-37장은 젊은 변사 엘리후의 장광설이다. 32-36장 전반부까지는
욥의 세 친구들의 이론과 교설을 재탕하는 듯한 어조의 장광설이다.
여기서는 욥의 태도를 문제시하는 발언이 대세를 이룬다. 친구들의
논지는 '욥이 당하는 곤경이 욥의 죄에 대한 하나님의 징벌이며, 그가
당하는 재앙의 참혹성에 비추어 볼 때 욥은 악인이다'이다. 즉, 친구
들은 악인필망론의 교설로 욥을 회개시키려고 하다가 회개를 거부하
는 욥을 거칠게 단죄했다. 그들이 예거한 욥의 악행, 곧 하나님의 심
판을 초래한 욥의 악행은 사회적 무자비, 약자 재산 강탈죄, 황금물신
숭배죄, 그리고 인간 존재의 열등성, 불결성, 죄성의 종합이다. 그들
은 설령 욥에게 죄가 없다고 하더라도 하나님은 인간 존재의 열등성
을 심판 대상으로 정조준할 수 있다고 생각한 것이다. 욥이 아무리 의
로운 삶을 살았다고 주장하더라도 하나님이 요구하시는 거룩성과 의
의 기준을 충족시키지 못하는 원죄적 결함존재라는 것이다. 하나님
은 죄와 유한성, 하나님의 절대적 성결과 의에 미치지 못하는 인간의
조건 자체를 심판 대상으로 삼을 수 있다고 본 것이다. 엘리후는 주로
추상적이고 총론적인 하나님 정의 옹호, 하나님의 교육적 징계를 받
을 수 있는 인간 존재의 가소성可塑性 강조에 방점을 찍고 있다. 반면
에 36장 후반부부터 37장은 하나님의 폭풍 강론을 예기케 하는 담론
을 제시한다. 욥의 친구들이 욥을 논리적으로 이기지 못하고 실패한
것을 책망하며 등장한 젊은 변사 엘리후는 양비론의 사도인 셈이다.

　32장의 첫 단락은 엘리후를 소개한다. 1절은 욥의 세 친구가 "자신은
의로운 사람이며 자신의 고난은 자신의 악행에 대한 하나님의 징벌일
수 없다"라고 주장하는 욥의 주장을 논파하는 데 실패했음을 말한다.
2절 상반절은 람 종족 부스 사람 바라겔의 아들 엘리후의 분노 어린

등장 계기를 말한다. 2절 하반절은 욥에게 화를 내는 엘리후를, 3절은 세 친구에게 화를 내는 엘리후의 모습을 보여준다. 그가 보기에 욥의 잘못은 '자신이 하나님보다 더 의롭다'고 주장했다는 것이다. 또 엘리후는 세 친구가 욥의 반박을 능히 재반박하지도 못하고 욥의 결백 주장을 논파하지 못한 채 막무가내로 욥을 완강하게 정죄하자 그들에게 화를 낸다. 엘리후는 욥과 세 친구보다 자신이 여러 해 연소한 자이기에 꾹 참았다가,[4절] 세 친구가 욥의 무죄 주장을 효과적으로 논박하지 못하는 상황에 분노하며 이 논쟁에 뛰어들었다고 말한다.[5절]

하나님의 영에 추동되어 말한다고 주장하는 엘리후—예언자 흉내내기 • 6-22절

이 단락은 엘리후의 논쟁 데뷔 장면을 다룬다. 이 단락은 예언자 흉내 내기를 통해 자신의 말의 신적 기원을 주장한다. 엘리후는 예레미야 20장에 나오는 예레미야의 신적 압박경험과 방불한 경험을 했다고 주장한다. 6-7절에서 부스 사람 바라겔의 아들 엘리후는 연소자인 자신이 연장자들인 욥과 세 친구들의 말이 다 끝날 때까지 기다렸다며 논쟁에 참여하게 된 경위를 말한다. "당신들은 연로하므로 뒷전에서 나의 의견을 감히 내놓지 못하였노라." 그는 연장자가 오래 살았기에 더 지혜로운 사람일 것이라는 장로주의 세계관을 신봉하는 인물이다. 그의 속생각은 "나이가 많은 자가 말할 것이요 연륜이 많은 자가 지혜를 가르칠 것이라"는 것이었다.[7절]

8-22절은 연소자인 엘리후 자신이 연장자들인 욥과 세 친구들의 논쟁에 끼어들어 논쟁의 주도권을 가지려고 하는 이유를 해명하는 단락이다. 여기서 엘리후는 나이 차이를 순식간에 극복하게 하는 것이 하나님의 영, 곧 직접 계시라고 주장한다. 8절의 개역개정은 "그러나"로 시작하는데 불필요한 번역이다. 성서 히브리어에서 모든 등위접속

사는 붜(ן)인데, 이것을 역접접속사(그러나)로 해석할지, 순접접속사
(그래서)로 해석할지, 병렬등위접속사(그리고)로 해석할지는 문맥이
결정한다. 8절에는 등위접속사 자체가 없으며 대신 '정녕', '진실로' 정
도의 의미를 가진 문장 도입 부사어인 아켄(אָכֵן)이 나온다. 8절은 그
자체로 경구적 진리처럼 들린다. 8절을 직역하면 "정녕 사람의 속에
는 영, 그것이 있으며, 전능자의 숨결은 사람에게 깨달음을 주신다"이
다. 이 절은 그 자체로 맞는 말이며 실제로 창세기 2:7을 생각나게 만
드는 구절이다. 엘리후가 이 말을 히는 이유는 9절에 나온다. 직역하
면, "어른들(랍빔[רַבִּים])이라고 지혜롭거나 노인들(즈케님[זְקֵנִים])이
라고 정의(미쉬파트[מִשְׁפָּט])를 정확하게 분별하는(야비누[יָבִינוּ]) 것
이 아니다"이다. '어른들'이라고 번역된 '랍빔'은 '큰 자들', '유력자들'
을 의미하며, '즈케님'은 나이 많은 '장로급 현자들'을 지칭한다. 엘리
후는 지금 어른들(욥) 혹은 장로급 현자연하는 욥이나 세 친구들이 정
의를 정확하게 규명하거나 분별하거나 파악하지 못했다고 은근히 비
판하는 셈이다. 10절은 "그러므로"라는 접속사로 시작하는데, 여기서
엘리후는 자신의 주장 개진의 정당성을 호소하는 근거를 제시한다.
10절 하반절의 히브리어 구문은 엘리후의 강력한 어조를 느끼게 하는
데 유익을 준다. 아하베 데이 앞-아니(אֲחַוֶּה דֵעִי אַף-אָנִי). 직역하면, "이
제 내 의견을 선포한다. 진실로 내가"이다. 아하베(אֲחַוֶּה)는 하바(חָוָה)
동사의 피엘(강세능동)형인데, 아주 강한 확신을 갖고 선포하듯이 자
신의 견해를 말할 때 사용하는 동사다. 문장 끝에는 1인칭 단수대명사
아니(אָנִי)가 '진실로' 혹은 '정녕'을 의미하는 부사(앞[אַף])와 하이픈으
로 연결되어 독립적으로 사용되고 있다. 이처럼 젊은 변사 엘리후는
이제부터 자신의 말을 경청해 달라고 당당히 요구한다.

　11절에서 엘리후는 다시 자신이 무례하고 성급한 연소자가 아님
을 강조하기 위해 사족을 덧붙인다. 11절의 문두 발어사 "보라"는 엘

리후의 과장법 말투의 한 요소이다. 별로 놀랄 만한 상황도 아닌데 "보라"를 사용해 청중의 주의를 자신에게 집중시키려고 한다. 이 말을 듣는 1차 청중은 욥의 세 친구이며, 2차 청중에는 욥과 다른 현장 참석자들이 포함될 수 있을 것이다. 엘리후는 세 친구들에게 "당신들"이라고 말한다. 엘리후 자신은 세 사람의 말을 기다리고 세 사람의 슬기와 말을 진지하게 경청했음을 먼저 주지시킨다. 12절은 엘리후가 세 친구의 말을 듣고 내린 결론을 말한다. "내가 자세히 들은즉 당신들 가운데 욥을 꺾어 그의 말에 대답하는 자가 없"다.[12절]

　현재 개역개정 13절은 다소 어색하게 번역되어 있다. 13절의 히브리어 구문은 '무엇 무엇을 하지 않도록', 곧 예방적 금지를 표현하는 접속사 펜(פֶּן)과 마켑(하이픈)으로 연결된 '말하다' 동사의 2인칭 남성 복수 미완료형 토머루(תֹאמְרוּ)이다. 직역하면, "당신들이 다음과 같이 말하지 않도록" 정도의 의미다. 엘리후가 보기에는 세 친구들이 하지 말았어야 하는 말은 13절 하반절에 나온다. "우리가 진상을 파악했으나 그를 추궁할 자는 하나님이시요 사람이 아니라." 여기서도 개역 개정의 번역 오류가 발견된다. "우리가 진상을 파악했다"라고 번역된 히브리어 구문은 "우리는 지혜를 발견했다" 정도의 의미다. 세 친구는 욥의 참혹한 고통을 보고 자신들이 알고 있는 지혜가 과연 옳았음을, 곧 악인필망론의 실체를 봤다고 결론을 내렸다는 것이다. 자신들은 욥을 더 이상 어떻게 할 수 없고, 하나님이 욥을 추궁해 주실 것을 기대하며 논쟁을 마무리했다는 것이다. 13절의 엘리후 말에 비추어 볼 때, 세 친구들은 세 차례에 걸친 욥과의 논쟁을 마무리하면서 이런 결론을 내린 것으로 추정된다. 세 친구들은 "우리는 할 말을 다했다. 그를 추궁할 마지막 책임은 하나님께 있다"라고 결론을 내린 것이다. 엘리후는 세 친구가 욥의 논리를 반박하는 데 실패해 놓고 그 책임을 하나님께 전가시켰다고 비판하는 셈이다.

14절에서 욥이 엘리후 자신을 상대로 직접 자기 이론을 제기하지 않았다는 점을 들어, 엘리후 자신도 세 친구의 이론(악인필망론)으로 욥에게 대답하지 않겠다고 말한다. 인상적인 사실은 욥이 32-37장의 엘리후 강설 내내 엘리후에게는 어떤 대꾸도 하지 않는다는 점이다. 엘리후의 초반 기세가 매우 신랄하고 무서웠는지 세 친구도 놀라서 다시 대답하지 못했으며 더 이상 할 말이 없었다.[15절] 16절에서 엘리후는 자신의 논쟁 참여를 정당화하기 위해 또 다시 사족을 덧붙인다. "당신들이 말없이 가만히 서서 다시 대답하지 아니한즉 내가 어찌 더 기다리랴."[16절] 엘리후는 젊은 변사이면서도 말에 군더더기가 많은 인물이다. 17절은 10절을 반복한다. "정녕 나는(앞-아니) 내 본분대로 대답하고 정녕 나도(앞-아니) 내 의견을 보이리라." 여기서도 1인칭 단수대명사의 돌출적이고 강조적 사용이 이뤄진다. "정녕 내가"를 의미하는 앞-아니(אַף־אָנִי)가 두 번이나 사용되고 있다. 엘리후 자신이 기억할지 몰라도 이미 10절에서 이런 말을 했다. 의미 없는 반복에 머물고 정곡을 찌르지 못하는 엘리후형 논객은 청중의 신뢰를 상실하는 법이다.

18절에서 엘리후는 돌연히 자신의 영적 경험을 말한다. 엘리바스의 영 경험 호소를 생각나게 한다.[4:12-18] 겉으로 볼 때 그는 하나님의 영을 거론하지는 않는다. 전체적인 분위기로는 자신이 뭔가 신적 압박에 못 이겨 말한다는 인상을 준다. "내 속에(비트니[בְּטְנִי])는 말이 가득하니 내 영이 나를 압박함이니라." 하고 싶은 말이 너무 많다는 것이다. 히브리어 구문에는 "내 영"이 아니라, "영"[룸]이다. 8절에 비추어 볼 때("사람의 속에는 영이 있고 전능자의 숨결이 사람에게 깨달음을 주시나니") 18절의 영은 엘리후의 영이 아니라 하나님의 영, 전능자의 숨결을 지칭할 가능성이 크다.

19절은 과장적 영탄발어사 "보라"로 시작된다. "내 배(비트니[בְּטְנִי])

는 봉한 포도주통 같고 터지게 된 새 가죽 부대 같구나." 요약하면, 엘
리후는 자신에게 깨달음을 주는 하나님의 영, 전능자의 숨결에 거룩
한 압박을 받고 있다. 그는 자신도 예레미야가 경험한 신적 압박 같은
영의 추동을 받아 말한다는 것이다. "내가 다시는 여호와를 선포하지
아니하며 그의 이름으로 말하지 아니하리라 하면 나의 마음이 불붙는
것 같아서 골수에 사무치니 답답하여 견딜 수 없나이다."^{렘 20:9} 20절에
서 엘리후는 신적 압박의 결과, 자신이 말해야 이 답답함이 해소될 것
이기에 자신은 말할 수밖에 없다고 말한다. 21-22절은 엘리후의 사족
어법이다. 자신은 "결코 사람의 낯을 보지 아니하며 사람에게 영광을
돌리지 아니"한다고 선언한다.^{21절} 22절은 그 이유를 말한다. 자신은
아첨할 줄을 모르기 때문이라는 것이다. 22절 하반절은 과장적인 사
족이다. 만일 자신이 아첨하는 말로 하나님의 말씀을 대언한다면, 자
신을 지으신 이가 속히 자신을 데려가실 것이라고 말한다. 자신이 하
나님과 대단히 친밀하고 가까운 사이임을 은근히 과시하는 사족이다.

메시지

31장은 욥 자신의 무죄결백 논변(29-31장)의 결론이면서, 32-37장
여섯 장에 걸친 엘리후의 욥 논박을 촉발시킨 결정적인 논변이다. 욥
의 자기 결백과 무죄 주장, 하나님 공의 도발 언동에 화가 난 나머지
엘리후가 하나님을 대신하여 분노의 장광설을 폭발시키기 시작한다.
엘리후 장광설은 30-31장에 대한 응답인 셈이다. "욥, 당신이 그렇게
의로운 자인가? 31장을 들어 보니 당신은 하나님보다 더 의롭다고 주
장하는구나. 당신이 하나님보다 더 의롭다고? 천만의 말씀!" 하면서
30장과 31장을 트집 잡아 엘리후가 등장한다. 그의 요지는 한마디로,
"당신이 하나님보다 더 의로울 수는 없다"이다. 그러면서 욥의 논리를

제압하는 데 실패하고 나가떨어진 욥의 세 친구들도 책망한다. 그래서 욥기 주석가들은 엘리후를 양비론자('양쪽 다 틀렸다')라고 부른다. 그런데 엄밀히 말하면 이 용어는 정확하지 않다. 엘리후의 세 친구들 책망은 어느 정도 유효하지만 욥 책망은 논점을 벗어난 오발탄이기에 그는 욥의 세 친구들에게 가까운 편파적인 변사라고 봐야 한다. 즉, 그는 불균형적인 '양비론자 호소인'이다. 그런 중에도 엘리후의 양비론자 호소인 태도에는 어설프게라도 균형을 잡으려는 어투가 보인다. 32장부터 36장 전반부까지는 욥 친구들의 욥 단죄 논리를 답습하는 장면을 보여주고, 36장 후반부^{36:26-33}부터 37장까지는 38-39장에 나오는 하나님의 폭풍우 강론을 예기하게 만드는 천문기상 담론이다. 특히 37장은 하나님의 폭풍우 담론과 같은 분위기로 하나님의 신비로운 세상 통치 방식, 신비롭고 불가해한 하나님의 우주 통치 방식을 말한다. 적어도 32장에서 보이는 엘리후는 연소한 신진신학자의 탈을 쓴 낡은 신학자다. 우리가 엘리후의 변론을 어설픈 양비론적 장광설이라고 보는 이유를 알려면, 욥과 세 친구들의 논쟁을 중심 논지 위주로 되돌아볼 필요가 있다. 앞서 말했지만 엘리후는 32장부터 36장 전반부까지는 욥의 친구들을 책망하면서도 그들의 논변과 주장을 기계적으로 반복하는 수준의 빈약한 주장을 제시한다. 욥의 논리는 수사적 전진감, 논리적 전진감이 있지만, 욥의 친구들의 경우 논점의 전진이 없고 제자리에서 뱅뱅 돈다. 욥 친구들의 논변 특징은 환상방황^{環狀彷徨}이다. 산의 정상까지 도달하지 못하고 산기슭을 빙빙 도는 수준에 머무는 것이다. 욥의 친구들은 무기력한 삼단논법에 의존하면서 한 치의 논리적, 수사법적 전진도 없다. 그들의 삼단논법의 대전제는 "하나님은 절대로 공의를 굽게 하시지 않는다"이다. "하나님은 권선징악 및 신상필벌의 원칙을 지키시며, 반드시 악인을 찾아내 징벌하시고 파멸시키신다."

소전제는 "욥은 엄청난 전무후무한 재기불능의 재난을 맞이했다" 이다. 욥이 당한 고난은 악인필망론의 빛 아래서 볼 때 악인들에게 닥친 전형적인 재앙들이다(자녀와 재산 상실, 사회적 명예 및 위상 추락, 질병 등). 그들의 결론은, "따라서 욥은 죄인이고 악인이다." 욥의 세 친구들은 이 삼단논법에서 조금도 전진하지 않은 채 환상방황을 거듭하는 등산객처럼 정교하고 세밀한 논증도 제시하지 못했다. 다시 말해서, 그들은 1-3차 논쟁 내내 논리적 전진이 없었다. 다만, 세부적 강조점은 약간 달랐다. 말하자면 엘리바스는 '시차심판론'을, 빌닷은 '연좌제 심판론'을, 소발은 '유예된 심판론'을 주장했으나 이 모두는 대동소이한 주장들이었다. 소발의 유예된 심판론은 엘리바스의 시차심판론과 비슷하다. 엘리바스의 시차심판론 논지는 이것이다. "욥, 네가 지금 겪고 있는 엄청난 재난은 네가 악을 밭 갈고 독을 뿌렸기 때문이다. 네가 지금 당하고 있는 이 모든 고난은 네가 뿌린 악과 독의 열매다. 악과 독이 생장하여 지금 네가 처참하게 맞이하는 이 재난을 맞이했다." 빌닷의 연좌제 심판론은, "네 자녀들이 죄를 지었다. 네 집안 자체가 죄악 된 집안이라는 뜻이다. 네가 당한 고난은 하나님의 정의로운 징벌이니 받아들여라"이다. 소발의 유예된 심판론의 논지는 "하나님의 오묘한 지혜 때문에 네가 일시적으로 죄인인 것을 잊었을 뿐이며, 너는 그 기간 동안 스스로 의인이라고 착각하고 그렇게 행세했다. 그러나 하나님은 다 보셨다. 너는 단 한 순간도 의인이 아니었다." 유예된 심판론과 시차심판론은 큰 틀에서 같지만 약간 다르다. 시차심판론은 죄가 자랄 때까지 시차가 있다는 뜻이고, 유예된 심판론은 하나님의 지혜로운 섭리 때문에 욥이 죄인임에도 불구하고 자신이 얼마나 죄악된 인간인지 잊게 만들어서 심판이 유예되었다는 것이다. 유예된 심판론의 가혹한 점은 이것이다. "하나님의 오묘한 섭리가 네가 죄악된 존재라는 사실을 잊게 해준 이유를 아는가? 네가 손도 쓸 수 없을 만큼 순식간에 일망타진하기 위해서다!"

이처럼 큰 틀에서는 동일한 완고한 삼단논법에 의거해 세 친구들은 욥을 단죄했다. 그들을 하나로 묶는 공통점은 그들이 공유한 회개만능주의 신학이었다. "지금 네가 무조건 이실직고하고 너의 재산 욕심, 고아와 과부를 학대한 죄, 너의 자녀들의 불결죄, 인간 존재의 근원적 불결성과 비거룩성과 죄성을 회개하라. 이 모든 것을 이실직고하고 즉각 하나님께 회개하면 하나님은 새로운 살 길을 열어 주신다." 그들은 회개만능주의를 처방으로 내린다. 하지만 욥은 절대로 물러서지 않는다. 오히려 욥은 자신의 삼단논리를 제시하며 결연하게 맞선다.

욥의 대전제는, "나는 7남 3녀를 동시에 잃고 재기불능의 파멸을 맞이할 만큼 죄를 지은 적이 없다"이다. "나는 7남 3녀를 하루에 잃고 이렇게 온 몸이 으스러지도록 고통에 몸서리치는 재난을 초래할 만한 흉악한 죄를 지은 적이 없다." 욥의 소전제는, "총론적으로 하나님은 공의롭고 절대적인 권능을 가진 창조주 하나님이지만, 적어도 하나님은 나에게 공의롭지 못하다. 나에게 가하신 이 모든 재앙은 하나님이 나를 부당하게 대우하시는 증거다"이다. 욥의 결론은, "따라서 하나님이 나를 이토록 참혹한 재앙으로 타격하신 이유를 천천상 법정에 나타나 대답해 주셔야 한다"이다. "나는 신명기 역사가가 가르친 하나님을 천천상의 법정에 고발한다." 이것이 욥의 논리다. 바로 욥의 이 논리가 엘리후를 자극한다. 엘리후는 신명기 역사가 신학의 옹호자로서 세 선배 신학자들의 어리석은 논리를 보면서 화가 폭발했다. 욥을 격파하지 못하고 나가떨어지는 선배들의 어설픈 논리를 비판하면서 조롱한다. 동시에 이렇게 자신만만하게 감히 하나님의 멱살을 잡을 듯한 욥의 무모하고 무례한 태도를 보고 분을 터뜨린다. 엘리후는 욥을 '자기를 하나님보다 의롭다 여기는 자'라고 규정한다. 그런데 절대로 욥은 한 번도 자신을 하나님보다 의롭다고 말하지 않았다. 욥은 자신이 알고 있는 하나님의 성품상 죄 없는 자신을 폭력으로 짓이기며, 무참하게 파멸의 구렁텅이로 집어던지는 처사는 납득할 수 없다고 말했을 뿐이다. 적절한 해명이 없다면 하나님은 불의를 행한다고 오해받을 수 있다고 항의한 것 뿐이다. 욥의 속마음은 이렇다. "내가 하나님보다 더 의롭다고 말한 적은 없다. 나의 고난은 내 불의 때문이 아니라고 주장했을 뿐이다." 그런 점에서 엘리후는 경솔한 신진학자로 보인다. 첫째, 엘리후는 욥 진술의 문자적인 의미도 파악하지 못하고 욥을 왜곡된 선입견으로 몰아붙인다. 욥이 하지 않은 말을 했다고 말함으로써 욥을 궁지에 몰아넣은 것이다. 둘째, 엘리후는 세 친구도 비난하고[3절] 욥도 비난하지만, 32장의 엘리후는 세 친구와 더 가깝다. "내가 자세히 들은즉 당신들 가운데 욥을 꺾어 그의 말에 대답하는 자가 없도다."[12절] 욥의 태도를 비난한 것은 소발의 2차 변론에서도 발견된다.

더 안타까운 것은, 엘리후가 엘리바스처럼 자신이 하나님과의 영적 접촉을 경험하고 계시를 받았다고 주장하는 데 있다. 하나님의 특별계시를 받았음을 암시하는 엘리후는 자신의 사명감을 과장적으로 진술한다. "나는 아첨하지 않고 정직한 말을 할 수밖에 없다. 나는 누구의 얼굴도 보지 않고 오로지 무자비할 정도로 객관적으로 하나님의 음성을 대변하라는 신적 압박감에 시달리고 있기 때문이다." 이것은 과장적인 말투다. "내 속에는 말이 가득하니 내 영이 나를 압박함이니라."[18절] "나는 결코 사람의 낯을 보지 아니하며 사람에게 영광을 돌리지 아니하리니 이는 아첨할 줄을 알지 못함이라. 만일 그리하면 나를 지으신 이가 속히 나를 데려가시리로다."[21-22절] 엘리후는 자신의 주장 안에 진실을 담기보다는 자신의 어투와 품새에 영적 후광을 덧씌우려는 낡은 전통주의자에 불과해 보인다.

33장.

정곡을 찌르지 못하는 엘리후의 욥 비판

33

¹ 그런즉 욥이여, 내 말을 들으며 내 모든 말에 귀를 기울이기를 원하노라. ² 내가 입을 여니 내 혀가 입에서 말하는구나. ³ 내 마음의 정직함이 곧 내 말이며 내 입술이 아는 바가 진실을 말하느니라. ⁴ 하나님의 영이 나를 지으셨고 전능자의 기운이 나를 살리시느니라. ⁵ 그대가 할 수 있거든 일어서서 내게 대답하고 내 앞에 진술하라. ⁶ 나와 그대가 하나님 앞에서 동일하니 나도 흙으로 지으심을 입었은즉 ⁷ 내 위엄으로는 그대를 두렵게 하지 못하고 내 손으로는 그대를 누르지 못하느니라. ⁸ 그대는 실로 내가 듣는 데서 말하였고 나는 그대의 말소리를 들었느니라. ⁹ 이르기를 나는 깨끗하여 악인이 아니며 순전하고 불의도 없거늘 ¹⁰ 참으로 하나님이 나에게서 잘못을 찾으시며 나를 자기의 원수로 여기사 ¹¹ 내 발을 차꼬에 채우시고 나의 모든 길을 감시하신다 하였느니라. ¹² 내가 그대에게 대답하리라. 이 말에 그대가 의롭지 못하니 하나님은 사람보다 크심이니라. ¹³ 하나님께서 사람의 말에 대답하지 않으신다 하여 어찌 하나님과 논쟁하겠느냐. ¹⁴ 하나님은 한 번 말씀하시고 다시 말씀하시되 사람은 관심이 없도다. ¹⁵ 사람이 침상에서 졸며 깊이 잠들 때에나 꿈에나 밤에 환상을 볼 때에 ¹⁶ 그가 사람의 귀를 여시고 경고로써 두렵게 하시니 ¹⁷ 이는 사람에게 그의 행실을 버리게 하려 하심이며 사람의 교만을 막으려 하심이라. ¹⁸ 그는 사람의 혼을 구덩이에 빠지지 않게 하시며 그 생명을 칼에 맞아 멸망하지 않게 하시느니라. ¹⁹ 혹은 사람이 병상의 고통과 뼈가 늘 쑤심의 징계를 받나니 ²⁰ 그의 생명은 음식을 싫어하고 그의 마음은 별미를 싫어하며 ²¹ 그의 살은 파리하여 보이지 아니하고 보이지 않던 뼈가 드러나서 ²² 그의 마음은 구덩이에, 그의 생명은 멸하는 자에게 가까워지느니라. ²³ 만일 일천 천사 가운데 하나가 그 사람의 중보자로 함께 있어서 그의 정당함을 보일진대 ²⁴ 하나님이 그 사람을 불쌍히 여기사 그를 건져서 구덩이에 내려가지 않게 하라. 내가 대속물

을 얻었다 하시리라. ²⁵그런즉 그의 살이 청년보다 부드러워지며 젊음을 회복하리라. ²⁶그는 하나님께 기도하므로 하나님이 은혜를 베푸사 그로 말미암아 기뻐 외치며 하나님의 얼굴을 보게 하시고 사람에게 그의 공의를 회복시키시느니라. ²⁷그가 사람 앞에서 노래하여 이르기를 내가 범죄하여 옳은 것을 그르쳤으나 내게 무익하였구나. ²⁸하나님이 내 영혼을 건지사 구덩이에 내려가지 않게 하셨으니 내 생명이 빛을 보겠구나 하리라. ²⁹실로 하나님이 사람에게 이 모든 일을 재삼 행하심은 ³⁰그들의 영혼을 구덩이에서 이끌어 생명의 빛을 그들에게 비추려 하심이니라. ³¹욥이여, 내 말을 귀담아 들으라. 잠잠하라. 내가 말하리라. ³²만일 할 말이 있거든 대답하라. 내가 기쁜 마음으로 그대를 의롭다 하리니 그대는 말하라. ³³만일 없으면 내 말을 들으라. 잠잠하라. 내가 지혜로 그대를 가르치리라.

욥이여, 제발 내 말을 경청하시오 • 1-7절

엘리후는 욥의 고난과 환난이 욥이 사회적 약자들에게 행한 악행에 대한 하나님의 심판이라고 직접적으로 말하는 세 친구들에 비해 다소 신중하다. 그러나 엘리후의 논리는, 하나님은 절대로 공의로우시고 하나님의 공의를 의심하면서 자신의 의를 과도하게 주장하는 욥은 잘못되었다고 보는 것이다. 이 단락은 욥의 말을 일부 인용해 욥이 자기 의를 절대적으로 자신하며, 은근히 하나님의 정의를 의심한다고 비판하는 엘리후의 말을 담는다. 1절에서 엘리후는 다시 욥에게 자신의 모든 말을 경청해 주기를 강력히 요청한다. 자신이 하는 말은 정말 마음 깊은 곳에 쌓아 둔 말이라는 것을 강조하기 위해 엘리후는 자신의 혀가 입에서 말을 한다고 주장한다. 그만큼 할 말이 많다는 뜻이다.²절 3절에서 엘리후는 자신의 순전함, 순수함, 정직함을 매우 강조한다. 3절의 히브리어 구문을 직역하면, "내 말은 내 마음의 정직함이며, 내 입술은 순결하며, 지식을 선포한다"이다. 자신의 말은 사특함이 없고 편파적이지 않음을 과장적으로 강조한다. 4절에서 엘리후는 자신의 영적 지각력과 감수성을 강조하기 위해 하나님의 인간 창조 기사를 상기시킨다.창 2:7 "하나님의 영이 나를 지으셨고 전능자의 기운이 나를 살리시느니라." 즉, 자신은 전능자의 숨결과 하나님의 영에 고취된 사람인 것처럼 말한다. 5절에서 엘리후는 욥에게 날카롭게 도전한다. "그대가 할 수 있거든 일어서서 내게 대답하고 내 앞에 진술하라." 친구들 앞에서 했던 것처럼 욥이 자신 앞에서도 욥 자신의 논지를 펼쳐 보라는 것이다. 6절에서 엘리후는 자신과 욥, 둘다 하나님 앞에서 동일한 피조물, 곧 흙으로 지으심을 받은 피조물임을 강조함으로써 서로가 서로에 대해 압도적으로 우월한 위치에 있지 않음을 인정한다. 자신은 한갓 피조물로서 자신의 위엄으로는 욥을 두렵게 하거나 자신의 손으로는 욥을 눌러 항복하게 만들 수 없음을 인정한다.7절

욥의 허물이 무엇인지 정곡을 찌르지 못한 채 방황하는 엘리후 • 8-11절

이 단락에서 엘리후는 욥의 세 친구처럼 욥을 아예 노골적으로 악인이라고 비난하지는 않으나, 욥의 고난이 죄에 대한 징벌인지 아닌지에 대해서는 엘리후 자신이 갈팡질팡한다. 욥의 태도 자체를 비난하는 데 방점을 찍으면서도 욥이 이 교착상태에서 벗어날 수 있는 길을 제시하려고 애쓴다. 욥의 고난 원인을 죄라고 은근히 말하면서 욥에게 회개를 요구한다는 점에서 친구들과 다를 바가 없으면서도 엘리후는 세 친구들을 세차게 비난한다.

먼저 8-11절에서 엘리후는 욥의 말을 인용해 욥의 논리를 반박하고 있다. 엘리후 자신은 욥이 하는 말을 확실히 들었음을 밝힌 후,8절 욥의 말을 인용한다. "나는 깨끗하여 악인이 아니며 순전하고 불의도

없거늘 참으로 하나님이 나에게서 잘못을 찾으시며 나를 자기의 원수로 여기사 내 발을 차꼬에 채우시고 나의 모든 길을 감시하신다."⁹⁻¹¹절 욥의 말을 축자적으로 인용한 것은 아니지만, 욥의 핵심 주장을 압축하는 인용문으로는 충분하다.

엘리후가 보는 고통의 효용가치 • 12-22절

이 단락은 욥의 고통이 죄에 대한 징벌이 아니라 성화를 위한 연단과 정일 수 있다는 엘리후의 견해를 담고 있다. 엘리후는 욥이 현재 당하는 고통은 더 궁극적이고 회복불능의 파멸을 막아 주는 계기가 될 수 있다고 본다. 엘리후의 논리는 세 가지다. 첫째, 하나님은 절대로 정의로우시고 의로우시다. 둘째, 욥의 고통이 욥의 사회적 악행들에 대한 징벌은 아닐지라도, 욥이 회개하고 스스로를 성찰할 계기가 되며 욥의 성장을 위한 성장통이 될 수 있다. 셋째, 욥이 해야 할 일은 회개다. 12절은 엘리후의 이런 주장을 떠받치는 추상적이고 총론적인 신념을 담고 있다. 욥의 자기 결백 확신과 확언에 대한 엘리후의 대답¹²⁻¹³절은 다음과 같다. "욥, 당신은 의롭지 못하다. 당신의 고통에 대한 질문에 하나님이 대답하시지 않는다고 해서 하나님을 불의하다고 하는 주장은 틀렸다. 하나님은 사람보다 크시기 때문이다."¹²⁻¹³절 언뜻 들으면, 엘리후의 12-13절 논변은 타당하다. 욥도 동의할 수 있는 주장이다. 하지만 그렇다고 해서 욥이 자신이 알고 있는 하나님을 아는 지식에 근거해 자신의 억울한 고통을 호소하는 것까지 비난하는 것은 지나치다. 성경의 하나님은 인류와 언약을 맺고 그 언약에 따라 행동하시는 신실한 하나님이며, 어떤 면에서 하나님도 하나님의 성품, 인간에게 알려진 하나님의 언약율법에 일치된 방식으로 일하시는 하나님이기 때문이다. 아마도 엘리후에 대한 욥의 대답이 있었다면 다음과 같은 논변이었을 것이다. "엘리후, 그대의 하나님 정의 옹호에 나는 근본적으로 동의하네. 하지만 내가 아는 하나님은 인간보다 크시기에 임의대로 행동하시고 인간의 질문에 대답하지 않아도 아무런 거리낌 없이 행동해도 되는 그런 절대자가 아니네. 나는 내가 당한 이 억울하고 기막힌 재앙과 고통을 인하여 하나님의 정의로움을 의심하고 하나님의 납득할 만한 해명을 요구할 권리가 있다고 믿네. 나는 절대자이지만 또한 인간을 창조하시고 인간과 소통하시는 인격적인 하나님을 끝까지 믿고 있다네." 과연 욥기 38-39장은 하나님이 인간의 질문과 항변을 수용하고 직접 나타나 대답하시는 하나님임을 보여준다. 욥의 항변은 타당했음이 드러난 것이다. 엘리바스를 필두로 한 친구들과 엘리후가 하나님의 절대적 크심, 의로우심을 강조한 것은 타당하지만, 그것이 하나님께 던져진 인간의 질문, 불평, 문제 제기를 가볍게 여기거나 무시해도 되는 평계가 될 수는 없다. 따라서 이런 점에서 엘리후는 엘리바스보다 더 진전된 지혜를 드러내지 못하고 있다. 그도 하나님께서 욥의 질문에 대답하지 않으신다 하여 욥이 하나님께 소송을 거는 것은 의롭지 못하다고 비난하기 때문이다.[13절] 개역개정이 "논쟁하다"라고 번역한 히브리어 립(ריב)은 단순한 말싸움이나 논쟁이 아니라, '법적 소송'을 의미한다(립의 칼 2인칭 단수완료 리보타[רִיבוֹתָ] "왜 당신은 그에게 소송을 걸었느냐?"). 이 13절은 31:35을 염두에 둔 말이다. "누구든지 나의 변명을 들어다오. 나의 서명이 여기 있으니 전능자가 내게 대답하시기를 바라노라. 나를 고발하는 자가 있다면 그에게 고소장을 쓰게 하라."

14-22절에서 엘리후는 욥의 고통을 욥의 악행과 죄에 대한 하나님의 징벌이라고 대놓고 말하지 않는다. 그는 현재 욥이 당하는 정신적, 육체적 고통과 영적인 곤핍 등이 어떤 긍정적인 효과를 창출하는지를 중심으로 욥이 어떻게 궁극적이고 최종적인 멸망으로부터 건짐

을 받아 회복될 수 있을지를 말하고 있다. 여기서 엘리후는, 하나님은 인간이 더 큰 파멸, 궁극 파멸로 가는 길을 막기 위해 여러 가지 전략을 구사하신다고 말한다. 첫째, 하나님이 아무리 되풀이하여 말씀해도 사람이 관심을 갖지 않는다.[14절] 욥이 하나님의 말씀을 듣지 않는다는 은근한 비판이 여기에 들어 있다. 둘째, 사람이 밤의 침상에서 졸거나(비몽사몽간) 깊이 잠들 때[창 15:13-21] 꿈이나 환상을 통해[15절] 하나님은 사람의 귀를 여시고 경고로써 두렵게 하신다.[16절] 그 목적은 환상이나 꿈의 경고를 받는 사람이 하나님에 대한 두려움을 회복해 그의 행실을 버리게 하며 사람이 교만하지 않도록 하기 위함이다.[17절] 즉, 사람의 "혼을 구덩이에 빠지지 않게 하시며 그 생명을 칼에 맞아 멸망하지 않게 하시"기 위함이다.[18절] 욥이 밤에 닥치는 두려움에 대해 자주 불평했던 점에 비추어 볼 때 욥은 더 큰 궁극 파멸로 굴러떨어지기 전에 회개해야 한다는 권계(勸誡)가 여기에 들어 있다. 엘리후에 따르면, 욥의 죄는 자기 의를 과도하게 주장하며 심지어 하나님이 불의하신 분인 것처럼 하나님을 법적으로 고발하는 태도다. 셋째, 엘리후는 병상의 고통이 더 큰 파멸을 막고 오히려 건강회복의 계기가 된다는 점을 강조한다. 엘리후가 보기에는 굳이 특정한 죄를 짓지 않더라도 사람이 병상의 고통과 뼈가 쑤시는 징계를 받을 수 있다고 본다.[19절] 병상의 고통에 시달리는 사람의 생명은 음식을 싫어하고 진정으로 좋아하는 별미도 싫어한다.[20절] 그 결과 그 사람의 살은 파리하여 보이지 않고, 보이지 않던 뼈가 드러날 만큼 초췌해진다.[21절] 병상의 고통과 부실한 영양공급의 악순환은 병고에 시달리는 사람의 마음을 구덩이로 몰아넣는다. 그의 생명은 멸하는 자에게 가까워진다.[22절] 전체적으로 이 단락에서 엘리후는 욥의 죄와 욥의 고난을 연결시키는 세 친구들의 입장을 크게 벗어나지 않고 욥의 회개를 촉구한다. 욥이 아직 궁극적인 파멸과 심판을 당하기 전이라고 보고, 지금 중간단계의 재앙과 고난을 당하는 동안 즉시 회개하여 더 큰 궁극적 파멸을 막으라고 조언한다. 욥의 고난 원인을 죄에서 찾으려는 친구들과 비교하면, 엘리후는 출구전략을 구사하는 셈이다. 고난 중에 하나님께로 돌아가는 생명의 첩경이 있음을 말하고, 고난의 신학적 효용을 부각시킨다.[1]

궁극적이고 최종적인 멸망에서 건짐받는 길: 회개와 천사 중보? • 23-30절

이 단락은 궁극 파멸로 가는 과정에서 중간단계의 고통을 겪는 사람이 회복되는 길에 대한 엘리후의 방략을 담고 있다. 엘리후는 욥이 지금 궁극 파멸로 가는 중간단계의 고통과 징계를 받고 있다고 판단한다. 욥이 그토록 참혹한 재난을 초래할 정도의 악인은 아닐 수도 있다는 희미한 가능성의 여지도 남겨 둔다. 다만, 엘리후는 욥이 얼마나 억울하고 원통한 고난을 받고 있는지에 대한 이해가 빈곤하다. 그는 욥의 불평, 과도한 자기 의 주장, 결백 확신을 아니꼽게 생각하고, 그것이 욥의 큰 죄, 더 큰 파멸을 부르는 죄라고 정죄한다.

　　23-24절은 "만일" 절이긴 하지만, 욥이 하나님의 신원하심을 경험할 가능성도 있을 것처럼 말한다. 23절은 어떤 억울한 사람이 누명을 벗는 길을 말한다. 23절이 말하는 사람은 반드시 욥을 특정하는 것은 아니다. 엘리후는 천사 중보자론을 믿는 것처럼 보인다. 만일 일천 천사 가운데 한 천사가, 억울하다고 불평하는 사람의 중재자(멜리츠[מֵלִיץ]: '해석하다', '중재하다'를 의미하는 리츠[לִיץ]/루츠[לוּץ] 동사의 사역능동형 남성단수분사)로 나서서 그 사람의 순전함을 자세히 옹호해 (러학기드[לְהַגִּיד])[2] 준다면, 하나님이 그 사람을 불쌍히 여기사 "파멸로 굴러떨어지는 데서 그를 회복하라. 내가 대속물(코페르[כֹּפֶר])을 얻었다"라고 말씀하실 것이다.[24절] 하나님이 얻으신 대속물 코페르는 천

사가 하나님께 자세히 올린 그 사람의 순전한 삶에 대한 보고서일 것이다. 여기서 중요한 것은, 천사 중보[3]의 효능이 아니라, 욥의 행위를 철저하고 자세히 감찰한 한 천사가 인정할 정도로 순전한 삶을 살아낸 그 사람의 실제적 삶의 행적이다. 엘리후의 논지는 하나님은 억울하게 파멸당하는 것을 결코 허용할 분이 아니라는 것이다. 정말 욥이 억울하게 고난당하는 것이라면, 욥은 회복될 길이 있다는 함의다.[4] 이 점이 엘리후가 세 친구들과 다른 점이다. 엘리후가 보기에 욥은 죄인이다. 자신의 억울하고 원통한 사정을 하소연해도 응답하지 않는다고 하나님을 고소하는 그것은 교만이기 때문이다. 그런데 여기서 엘리후는 욥의 고통의 뿌리까지 전혀 내려가 본 적이 없는 피상적 관찰자임이 드러난다. 그는 억울하고 부조리한 고난에 대한 욥의 항변권을 인정하지 않는 완강한 하나님주의자다. 하나님주의자는 하나님보다 하나님의 위엄과 권위를 더 과장적으로 옹호하는 자다. 엘리후는 성경의 하나님을 모른다. 그가 아는 하나님은 그저 절대자일 뿐이다. 그는 아벨의 핏소리에 응답하시는 하나님, 히브리 노예들의 부르짖음에 응답하시는 하나님, 예레미야에게 당신 자신에게 부르짖으라고 격려하신 구약성경의 하나님을 모른다. 그는 절대권위를 가지고 절대위엄을 행사하는 절대자 하나님만 안다. 하나님은 인간보다 크시지만, 하나님의 본성(사랑, 정의, 공의, 거룩, 정결)에 어긋나는 방식으로 행하시는 절대자가 아니라, 인간의 창조자요 인간과 언약을 맺은 자기제한적인 하나님이다. 하나님은 진리의 성품, 당신 자신다움에 속박되신 하나님이다.

엘리후에 따르면, 심판당할 처지에 놓인 사람이 천사의 자세한 감찰보고서에 의해 그가 순전한 삶을 살았다는 것을 하나님이 아시게 되면, 그 사람을 용서할 대속물을 얻었다고 느끼신다. 그 결과 하나님은 죽음의 심판 아래 파멸될 위기에 처했던 그 사람을 다시 건강케 하셔서 그의 살이 청년보다 부드러워지게 하시며 그의 젊음을 회복해 주실 것이다.[25절] 회복된 그는 하나님께 기도할 것이며, 이 기도를 들어주신 하나님이 그에게 은혜를 베푸실 것이다. 그러면 원통함이 해소되고 회복된 그 사람은 이로 인해 기뻐 외치며 하나님의 얼굴을 보게 될 것이다. 하나님은 그 사람에게 당신의 공의(체데크)를 회복시키실 것이다.[26절] 하나님의 회복은혜를 맛본 그 사람은 사람 앞에서 노래하며 오히려 회개기도를 드릴 것이다. "내가 범죄하여 옳은 것을 그르쳤으나 내게 무익하였구나."[27절 하반절] "하나님이 내 영혼을 건지사 구덩이에 내려가지 않게 하셨으니 내 생명이 빛을 보겠구나."

엘리후에 따르면, 천사 중보를 통해 억울함이 해소되어 하나님과의 평화를 누리는 해피엔딩으로 끝나는 일은 빈번하게 일어난다. "실로 하나님이 사람에게 이 모든 일을 재삼 행하"시기 때문이다.[29절] 하나님이 사람들의 영혼을 구덩이에서 이끌어 생명의 빛을 그들에게 비추려 하시기 때문이다.[31절] 23-31절은 42장에서 일어날 하나님과 욥의 화해와 해피엔딩을 예기하는 예변법豫辯法, prolepsis적인 문단이다. 엘리후는 욥이 하나님과 평화를 누리게 될 유일한 시나리오를 말한 셈이다. 이 단락은 엘리후 강론 중 영양가가 높은 부분이라고 볼 수 있다.

침묵에 들어간 욥에게 경청을 촉구하는 엘리후 • 31-33절

이 단락은 첫 단락과 수미쌍관을 이룬다. 31절에서 엘리후는 다시 욥을 불러 자신의 말을 경청하라고 말한다. "욥이여, 내 말을 귀담아 들으라. 잠잠하라. 내가 말하리라." 38-39장에 나오는 하나님의 폭풍강론을 예기케 하는 예비적 담론이다. 32절에서 엘리후는 "만일 할 말이 있거든 대답하라"고 다그친다. 만일 욥이 대답할 말이 있다면, 곧 자신의 논리를 깨뜨릴 논리를 내세운다면, 자신이 욥을 의롭다고 기꺼이 선언하기를 원한다고 말한다. 32절에서 또 다그친다. "그대는 말하라." 욥은 침묵한다. 욥의 침묵은 엘리후의 논리에 설복당했음을 의미할 수도 있고, 대답이 무의미하다고 생각했음을 의미할 수도 있다. 33절에서 엘리후는 침묵을 유지하는 욥을 보고 더욱 기세를 떨치며 호언한다. "만일 (할 말이) 없으면 내 말을 들으라. 잠잠하라. 내가 지혜로 그대를 가르치리라." 앞으로 나올 34-37장 네 장 모두 엘리후의 일방적 강론이다. 욥이나 세 친구 누구도 이 청산유수 같은 변론에 끼어들거나 토를 달지 않는다. 거침없는 직진화법이 엘리후의 강론을 끌어 간다.

메시지

33장에서 엘리후는 아첨을 하지 않는다고 말하면서도 자신이 하나님의 영에 추동된 예언자적인 발화자임을 은근히 과시한다. "하나님의 영이 나를 지으셨고 전능자의 기운이 나를 살리시느니라."[4절] 그런데 8절에서 엘리후는 욥이 전혀 하지 않은 말을 욥이 한 말이라고 주장할 뿐만 아니라 욥의 말을 왜곡한다. "그대는 실로 내가 듣는 데서 말하였고 나는 그대의 말소리를 들었느니라"[8절] 9-11절은 엘리후가 인용하는 욥의 발언(욥이 말했다고 주장하는 욥의 추정발언)이다. "욥이 이르기를 나는 깨끗하여 악인이 아니며 순전하고 불의도 없거늘 참으로 나에게서 잘못을 찾으시며 나를 자기의 원수로 여기사 내 발을 차꼬에 채우시고 나의 모든 길을 감시하신다 하였느니라." 그런데 12절에서 엘리후는 견강부회식의 논법으로 욥의 발언을 왜곡한다. "내가 그대에게 대답하리라. 이 말에 그대가 의롭지 못하니 하나님은 사람보다 크심이니라." 여기서 갑자기 엘리후는 신학적 부등식 논리를 구사한다. 욥이 자신의 고난이 자기 죄 때문에 초래된 것이 아니라고 주장한 것은 맞다. 하지만 욥이 "내 존재 전체를 통틀어서 하나님보다 의롭다"라거나 "내가 하나님보다 더 정의롭다"라고 말한 적은 단 한 번도 없었다. 욥은 오히려 존재론적으로 피조물 인간인 자신보다 하나님이 더 거룩하시며, 하나님이 더 깨끗하시며, 하나님이 더 의로우시다는 것을 인정했다. 그런데 욥이 인정하지 않은 것은 자신의 참담한 몰락과 재앙이 자신의 죄 때문에 온 하나님의 심판이라는 친구들의 주장이었다. 그는 친구들의 이런 거짓 고소는 인정하지 않았다. 욥은 오히려 피조물의 한계와 존재론적 취약성과 연약성, 열등성을 하나님 앞에서 인정했다. 다만 자기가 7남 3녀를 잃고 사회적으로 생매장된 처참한 전락이 죄 때문에 받은 하나님의 징벌이 아니며, 만일 그것이 하나님의 징벌이라면 부당한 징벌이라고 말했을 뿐이다. 그런데 엘리후는 여기서는 욥의 속마음을 과장적으로 해석하여 욥의 발언 자체를 왜곡한다. 엘리후는 어떤 경우는 제대로 인용하면서도 어떤 때는 욥의 취지를 과장적으로 인용한다. 즉, 욥의 발언에 대한 부당하고 그릇된 인용이 엘리후의 허물이다. 엘리후는 일단 하지 않은 말을 했다고 함으로써 욥의 항변과 슬픔에 공감하는 독자들의 속을 터지게 한다. 욥에 대한 엘리후의 무자비한 태도는 23-24절에 잘 드러난다. "욥 같이 억울한 사람이 하나님 눈에 띄어서 신원하심을 받을 길은 하나 있다. 일천 천사 중 한 천사라도 욥 같은 억울한 자의 중보자로 서서 하나님 앞에서 욥의 정당함을 호소해 준다면, 하나님은 그 천사의 중보를 믿고 욥 같은 억울한 인간의 억울함을 해소시켜 주실 수 있다." 이 말은 욥의 억울하고 원통한 사정이 하나님께 상달되어 신원받을 가능성에 대한 회의적 입장을 대변하는 것처럼 보인다. 그런 점에서 엘리후도 냉혈한적 신학자처럼 보인다. 32절에서 엘리후는 욥에게 자신의 의로움을 입증해볼 테면 해보라고 다그친다. "만일 할 말이 있거든 대답하라. 내가 기쁜 마음으로 그대를 의롭다 하리니 그대는 말하라." 무자비한 우월감, 욥의 무지몽매를 가르치려는 고압적 계몽주의가 엘리후 변론에 두드러진다. 그는 욥이 한 말을 일부 편취하여 인용함으로써 욥의 말의 취지를 왜곡한 오류 외에도 인간에 대한 근원적 몰이해를 드러내는 무정한 인물이다. 엘리후의 문제는 욥이 발설했던 부분적인 말을 침소봉대하여 욥의 말의 논지를 왜곡하는 것이다. 안타깝게도 엘리후의 욥의 말 왜곡인용은 34장에서도 계속된다.

이런 약점에도 불구하고 33장에는 욥의 세 친구들을 약간 극복하는 다행스러운 요소도 발견된다. 엘리후는 신명기 역사가의 신학을 극복하는 새 신학을 대표하는 젊은 신학자다. 엘리후는 신명기 역사가의 신학 주조음을 울리면서도 이 신학의 폐쇄적 교조주의가 놓치는 부분을 주목한다. 그는 '죄와 벌'이라는 신학적 이진법을 비판적으로 보완하려고 하는 자다. 그의 신학은 네 가지 원리로 지탱된다.

첫째, 죄악에 대한 하나님의 심판은 정당하고 불가피하다. 악인필망론은 의심의 여지없이 진리다. 둘째, 하지만 모든 고통이 죄악에 대한 일대일 방식의 비례적 응벌은 아니다. 하나님이 주시는 고통에는 성장, 성숙, 단련의 목적을 위한 고통도 있다. 셋째, 억울하고 부조리한 고난을 당한다고 해서 악 지배론이나 도덕적 무정부주의로 경사되면 안 된다. 하나님이 억울하고 부조리한 고난의 희생자가 내지르는 울부짖음에 원하는 방식으로 응답하지 않는다고 해서 하나님을 불의하다고 말하거나 하나님을 고소하는 것은 교만이다. 넷째, 천사 중보자가 나서서 억울하게 심판당할 처지에 빠진 사람을 중재해 그의 억울함이 해소되고 그의 정당함이 밝혀진다면, 그는 간난신고 끝에 하나님의 재활복구의 은혜와 회복을 누리게 될 것이다. 그는 천사 중보를 통해 욥의 억울함이 해소될 것에 대한 회의적인 입장을 견지한 것처럼 보이나, 적어도 이론적으로는 천사 중보론을 개진한다. 천사의 중보를 통해 억울하게 정죄당한 사람의 억울함이 해소되고 하나님께 다시 회복되는 반전 시나리오를 상상하는 참신함을 보유하고 있다.

34장.

다시 회개를 강요하는 엘리후

34

¹ 엘리후가 말하여 이르되 ² 지혜 있는 자들아, 내 말을 들으며 지식 있는 자들아, 내게 귀를 기울이라. ³ 입이 음식물의 맛을 분별함 같이 귀가 말을 분별하나니 ⁴ 우리가 정의를 가려내고 무엇이 선한가 우리끼리 알아보자. ⁵ 욥이 말하기를 내가 의로우나 하나님이 내 의를 부인하셨고 ⁶ 내가 정당함에도 거짓말쟁이라 하였고 나는 허물이 없으나 화살로 상처를 입었노라 하니 ⁷ 어떤 사람이 욥과 같으랴. 욥이 비방하기를 물마시듯 하며 ⁸ 악한 일을 하는 자들과 한패가 되어 악인과 함께 다니면서 ⁹ 이르기를 사람이 하나님을 기뻐하나 무익하다 하는구나. ¹⁰ 그러므로 너희 총명한 자들아, 내 말을 들으라. 하나님은 악을 행하지 아니하시며 전능자는 결코 불의를 행하지 아니하시고 ¹¹ 사람의 행위를 따라 갚으사 각각 그의 행위대로 받게 하시나니 ¹² 진실로 하나님은 악을 행하지 아니하시며 전능자는 공의를 굽히지 아니하시느니라. ¹³ 누가 땅을 그에게 맡겼느냐. 누가 온 세상을 그에게 맡겼느냐. ¹⁴ 그가 만일 뜻을 정하시고 그의 영과 목숨을 거두실진대 ¹⁵ 모든 육체가 다 함께 죽으며 사람은 흙으로 돌아가리라. ¹⁶ 만일 네가 총명이 있거든 이것을 들으며 내 말소리에 귀를 기울이라. ¹⁷ 정의를 미워하시는 이시라면 어찌 그대를 다스리시겠느냐. 의롭고 전능하신 이를 그대가 정죄하겠느냐. ¹⁸ 그는 왕에게라도 무용지물이라 하시며 지도자들에게라도 악하다 하시며 ¹⁹ 고관을 외모로 대하지 아니하시며 가난한 자들 앞에서 부자의 낯을 세워주지 아니하시나니 이는 그들이 다 그의 손으로 지으신 바가 됨이라. ²⁰ 그들은 한밤중에 순식간에 죽나니 백성은 떨며 사라지고 세력 있는 자도 사람의 손을 빌리지 않고 제거함을 당하느니라. ²¹ 그는 사람의 길을 주목하시며 사람의 모든 걸음을 감찰하시나니 ²² 행악자는 숨을 만한 흑암이나 사망의 그늘이 없느니라. ²³ 하나님은 사람을 심판하시기에 오래 생각하실 것이 없으니 ²⁴ 세력 있는 자를 조사할 것 없이 꺾으시고 다른 사람을 세워 그를

다시 회개를 강요하는 엘리후

대신하게 하시느니라. ²⁵ 그러므로 그는 그들의 행위를 아시고 그들을 밤 사이에 뒤집어엎어 흩으시는도다. ²⁶ 그들을 악한 자로 여겨 사람의 눈 앞에서 치심은 ²⁷ 그들이 그를 떠나고 그의 모든 길을 깨달아 알지 못함이라. ²⁸ 그들이 이와 같이 하여 가난한 자의 부르짖음이 그에게 상달하게 하며 빈궁한 사람의 부르짖음이 그에게 들리게 하느니라. ²⁹ 주께서 침묵하신다고 누가 그를 정죄하며 그가 얼굴을 가리신다면 누가 그를 뵈올 수 있으랴. 그는 민족에게나 인류에게나 동일하시니 ³⁰ 이는 경건하지 못한 자가 권세를 잡아 백성을 옭아매지 못하게 하려 하심이니라. ³¹ 그대가 하나님께 아뢰기를 내가 죄를 지었사오니 다시는 범죄하지 아니하겠나이다. ³² 내가 깨닫지 못하는 것을 내게 가르치소서. 내가 악을 행하였으나 다시는 아니하겠나이다 하였는가. ³³ 하나님께서 그대가 거절한다고 하여 그대의 뜻대로 속전을 치르시겠냐. 그러면 그대가 스스로 택할 것이요 내가 할 것이 아니니 그대는 아는 대로 말하라. ³⁴ 슬기로운 자와 내 말을 듣는 지혜 있는 사람은 반드시 내게 말하기를 ³⁵ 욥이 무식하게 말하니 그의 말이 지혜롭지 못하도다 하리라. ³⁶ 나는 욥이 끝까지 시험 받기를 원하노니 이는 그 대답이 악인과 같음이라. ³⁷ 그가 그의 죄에 반역을 더하며 우리와 어울려 손뼉을 치며 하나님을 거역하는 말을 많이 하는구나.

욥의 말을 판단해 달라고 지혜자들을 부르는 엘리후 • 1-9절

이 단락은 욥의 말을 직접 인용하며 욥의 논리를 논파하려고 지혜자들과 지식 있는 자들을 배심원단으로 초청하는 엘리후의 시도를 보도한다. 그는 앞 단락에서 욥을 2인칭으로 거명하며 욥에게 직접 말했지만, 이제 청중을 확장한다. 욥이 자신의 말을 진지하게 경청하지 않는다고 느꼈는지 또는 욥이 설복되지 않았다고 느껴 초조해졌는지, 엘리후는 느닷없이 지혜 있는 자들(하카밈[חֲכָמִים])과 지식 있는 자들(요드임[יֹדְעִים])을 불러 "내게 귀를 기울이라"고 요청한다.^{2절} 그는 그들의 귀, 분별력에 호소한다. 입이 음식물의 맛을 분별함 같이 지혜자들과 지식 있는 자들의 귀가 누구의 말이 옳은지 분별할 수 있다고 믿었기 때문이다.[3절] 4절은 아예 명시적으로 그들을 초청한 이유를 말한다. 히브리어 본문 4절의 첫 단어는 '정의', 곧 미쉬파트이다. 직역하면, "정의! 우리 스스로 선택하고 알고 분별해 보자. 무엇이 선인지!"이다. 욥기 저자는 "정의"를 문두에 배치하여 엘리후의 관심의 핵심 대상이 정의임을 보여준다. 그런데 "정의"는 '선택하다', '알다', '분별하다' 동사의 목적어가 아니라 단순히 독립적인 문두 주제어다. 이 세 동사의 목적어는 마-톱(מַה־טּוֹב), 곧 '무엇이 선한가?'이다. 5절은 엘리후가 이렇게 제삼자 배심원단을 꾸리려고 하는 이유를 말한다. 5-6절, 7-9절에서 엘리후는 욥이 한 말을 직접 인용한다. "내가 의로우나 하나님이 내 의를 부인하셨고 내가 정당함에도 거짓말쟁이라 하였고 나는 허물이 없으나 화살로 상처를 입었노라."[5-6절] 이 두 절은 욥의 말을 축자적으로 정확하게 인용하는 것은 아닐지라도 욥의 주장 핵심을 잘 집약하는 인용문으로 보인다. 그런데 엘리후의 욥 불평 인용의 목적은 욥에게 공감을 표현하기 위함이 아니라, 욥을 비난하기 위함이다. 6절에서 인용되는 욥의 불평에는 친구들에게 거짓말쟁이로 몰려 비난받는 욥의 억울한 심정이 고스란히 전달되는데도 정작 엘리후는 욥의 하소연을 가혹하게 외면한다. 욥의 절망은 자신의 마음을 누구에게도 납득시키지 못하는 좌절감이다. 엘리후의 말에는 인정이나 동정심이 조금도 없다. 억울한 자의 말을 비틀고 왜곡하는 무자비가 비등하고 있다.

7-9절도 욥의 말을 직접 인용하는 듯하면서 결국 욥을 거짓말의 사람으로 몰아가는 엘리후의 조야한 논리를 보여준다. 7절에서 엘리후는 욥을 유례없이 비열하고 신성도발적인 인간이라고 단정한다. 욥이 하나님을 비방하기를 물 마시듯 했다는 것이다. 8절에서 엘리후는 선을 넘어 욥을 공격한다. 욥이 악한 일을 하는 자들과 한패가 되

어 악인과 함께 다니면서,[8절] "사람이 하나님을 기뻐하나 무익하다"[9절]라고 지껄이고 다녔다는 것이다. 8절에 나오는 엘리후의 비방은 세 친구의 직접적인 욥 단죄 어조와 거의 같은 수준의 악담이다. 그래도 욥이 발설했다고 하는 9절의 직접 인용문은 과녁을 빗나간 화살이다. 욥의 탄식과 체념이나 정신없는 넋두리의 일부분과 닮은 말일 수는 있으나, 결코 욥이 진지한 어조로 이런 말을 한 적이 없기 때문이다. 오히려 인간 존재 자체의 무의미성, 허무성, 열등성은 엘리바스와 같은 친구들의 조롱과 야유의 일부다. 이런 점에서 엘리후도 이웃에 대해 거짓 증거를 하는 수준의 인용오류를 범한 것이다.

어쨌든 하나님은 공의로우시다! • 10-30절

10-12절은 엘리후 변론을 관통하는 주제후렴구다. 그것은 '하나님은 사람들을 절대로 공평하게 대하신다'이다. "그러므로"로 시작되는 10절에서 엘리후는 지혜 있는 자들과 지식 있는 자들을 "너희 총명한 자들"이라고 부르며 자신의 주장에 공명해 주기를 요청한다. "총명한 자들"로 번역된 히브리어 안쉐 레밥(אַנְשֵׁי לֵבָב)은 "지성의 사람들"로 번역할 수 있다. 히브리어 레밥(לֵבָב)은 단지 마음이나 심장을 가리키는 말이 아니라, 지성, 총명을 지칭한다. 총명 있는 자들이 경청해 주기를 바라는 말은 10절 하반절부터 12절에 나온다.

> 하나님은 악을 행하지 아니하시며 전능자는 결코 불의를 행하지 아니하신다.[10절 하반절]
>
> 하나님은 사람의 행위를 따라 갚으사 각각 그의 행위대로 받게 하시기 때문이다(이유접속사 키[כִּי]로 시작되는 11절).
>
> 진실로 하나님은 악을 행하지 아니하시며 전능자는 공의(미쉬파트)를 굽

히지 아니하신다('정녕'[אַף]이라는 부사어로 시작되는 12절).

이 주장은 세 친구의 주장과 완전히 같다. 특히 11절은 세 친구가 집요하게 욥을 악인필망론으로 공격할 때 동원한 원리였다. 12절에서 개역개정은 미쉬파트를 '정의' 대신 '공의'라고 번역하는데, 불필요한 한국어 변경이다. '정의'라고 번역하는 것이 더 낫다. 엘리후는 이 세 가지 주장을 옹호하고 확증하기 위해 13-15절에서 온 세상을 안정된 질서로 지탱하는 하나님의 절대주권적 권능과 자유(임의성)를 맥락 없이 과장한다. 13절에서 엘리후는 "누가 땅을 그에게 맡겼느냐. 누가 온 세상을 그에게 맡겼느냐"고 반문한다. 땅과 온 세상을 통치하시는 하나님은 누구의 위탁을 받아 통치하시는 분이 아니다. 하나님께 땅과 세계 통치를 명하거나 위임한 최고대권자는 우주 어디에도 없다.

14절의 개역개정 번역은 어색하다. 14절의 히브리어 구문을 직역하면, "만일 하나님이 그 사람에게 마음을 두고(정밀 주목과 감찰) 그 사람의 영과 숨결을 제하신다면"이 된다. 14절은 '만일'을 의미하는 조건접속사 임(אִם)으로 시작되며 15절은 주절이 되는 셈이다. 만일 하나님이 어떤 사람에게 마음을 집중시켜 그 사람의 영과 숨결을 제하신다면, 모든 육체가 다 함께 죽으며 사람은 흙으로 돌아간다.[15절] 15절 하반절(아담 알-아파르 야숩[אָדָם עַל־עָפָר יָשׁוּב])은 창세기 3:19을 그대로 되울린다. "너는 흙이니 흙으로 돌아갈 것이니라"(키-아파르 아타 붸엘-아파르 타숩[כִּי־עָפָר אַתָּה וְאֶל־עָפָר תָּשׁוּב]).

13-15절은 그 자체로는 틀린 말이 아니지만, 욥의 원통하고 억울한 마음을 누르기 위해 누군가가 동원할 수 있는 논리는 아니다. 엘리후는 하나님이 절대권능자, 절대주권적 군주, 절대적 생사화복 처분권을 휘두르시는 통치자이기에 아무도 그에게 시비를 걸어서는 안 된다는 것이다. 그는 창조주 하나님이 인간을 당신의 부왕[副王]적 동역

자로 만드시고^{창 1:26-28; 시 8:4-9; 80:17} 인간을 창조세계를 통치하는 공동 통치자로 초청하셨다는 사실을 완전히 무시한다. 창조주 하나님은 절대자로 살기보다는 인간의 동역과 협력, 인정과 신뢰를 요청하는 상대적인 의미의 절대자, 인간의 자리를 허락하고 인간의 역할을 중시하는 입헌적, 자기제한적 사랑의 절대자가 되기로 결단하신 분이다. 엘리후는 이런 창조주 하나님을 모른다. 창조주 하나님은 창조의 순간부터 피조물과 언약을 맺으신 하나님, 피조물의 눈높이에 스스로를 맞추고 조정하신 하나님이 되기로 결단하셨던 하나님이다. 엘리후는 아직까지 하나님을 이러한 절대주권적 통치자로 높이면 높일수록 사람들이 이 세상에 일어나는 모든 일들을 하나님 탓으로 전가시킬 위험성이 있다는 것을 모른다. 유대인 신학자 존 레벤슨^{Jon D. Levenson}이 『시내산과 시온』에서 설파했듯이, 하나님의 절대주권적 통치권 교설과 하나님의 도덕적 공의 통치 주장은 쉽게 조화시키기 어렵다.[1] 레벤슨에 따르면, 구약성경의 대체적인 경향은 하나님의 도덕성(공의)을 희생시키고 절대주권적 권능과 자유를 강조했다는 것이다.

하나님은 정의로우시다! • 16-33절

이 단락은 엘리후가 욥을 '너'라는 2인칭 상대로 지칭하며 일방적으로 퍼붓는 강설이다. 16절에서 엘리후는 욥에게 "만일 네가 총명이 있거든" 자신의 논변, 주장을 들으며 그의 말소리에 귀를 기울이라고 충고한다. 17절의 히브리어 본문은 의문사 뒤에 '정녕', '진실로'를 의미하는 부사어 앞(אַף)이 붙어 있다. 개역개정은 히브리어 본문에는 없는 단어인 "그대를"을 추가해서 번역하고 있다. 직역하면, "진실로 정의를 미워하시는 이가 다스리시겠느냐? 가장 의로운 이를 그대가 잘못했다고 선언하겠느냐?"가 된다. '잘못했다고 선언하다'를 의미하는 히브리어 단어는 타르시아(תַּרְשִׁיעַ)이다. '악하다'를 의미하는 상태동사 라샤(רָשַׁע) 동사의 2인칭 남성단수 히필미완료형이다. 이 동사는 '어떤 사람을 악하다'라고 규정하는 행위를 가리킨다. 17절에 나오는 엘리후의 이 욥 단죄는 과장된 논평이다. 욥은 자신의 결백을 주장했지 하나님이 불의하다고 말하지는 않았다. 자신이 하나님의 일방적이고 근거 없는 폭행의 피해자라는 주장을 했을지언정, 하나님은 불의하다거나 공의를 굽게 했다고 단언한 적은 결코 없었기 때문이다.

18절의 개역개정은 히브리어 본문을 직역하지 않는다. 18절의 히브리어 구문은 의문사 하(ה)로 시작된다. 개역개정은 18절과 19절을 하나의 문장으로 연결해 번역했는데, 이는 불필요하다. 영어 흠정역(KJV) 번역이 개역개정에 비해 히브리어 원문의 직역에 가깝다. 개역개정은 왕에게 무용지물이라고 말하고 지도자들에게 악하다고 말하는 주체가 마치 하나님인 것처럼 번역한다. 19절의 영향을 받아서 범한 오역이다. 히브리어 구문을 자세히 보면, '말하다'의 주어는 '평민'이다. 19절의 주어도 하나님이 아니라, 왕과 고관대작들을 함부로 도발하는 '평민'이라고 봐야 한다. 18-19절은 둘 다 의문사 하(ה)에 견인되는 문장이다. 18-19절을 직역하면 이렇다. "어떤 평민이 왕에게 '당신은 악당이요'라고 말하거나 지도자들에게 '악한 자들'이라고 말하겠느냐? 고관들의 얼굴을 높이지 않고, 가난한 자들과 부자들이 다함께 하나님의 피조물이라는 이유로 가난한 자들 앞에서 부자들의 낯을 세워 주지 않는 자에게 '당신은 악당이요' 혹은 '악하다'라고 말로 도발하는 것이 가당키는 하겠느냐?"[18-19절] 이 두 절의 취지는 세상에서도 지체 낮은 사람이 왕이나 고관대작들을 비방하거나 말로 도발하는 것이 받아들여질 수 없는데, 욥이 어떻게 절대자 하나님께 감히 말로 도발하느냐는 엘리후의 책망이다. 이런 점에서 영어 흠정역이 히브리어 구문에 가장 가까운 좋은 번역임을 알 수 있다.

¹⁸ Is it fit to say to a king, Thou art wicked? and to princes, Ye are ungodly?

왕에게 '당신은 악하다'라고 말하거나 제후들에게 '당신들은 불경건하오' 라고 말하는 것이 적절한가?(받아들여질 수 있는가?)

¹⁹ How much less to him that accepteth not the persons of princes, nor regardeth the rich more than the poor? for they all are the work of his hands.

하물며 제후들의 얼굴들을 세워 주지 않고 가난한 자들과 부자들 모두 자신의 손으로 만든 피조물이라는 점에서 가난한 자들 앞에서 부자들의 얼굴도 세워 주지 않는 분에게 ('당신은 악당이요' 혹은 '당신 불의합니다'라고 말하는 것이 적절한가?)

20-28절은 역사 속에서 작동하는 하나님의 공의로우신 압제자 심판과 강한 압제자들에게 시달리는 약자들에 대한 권념과 돌봄을 부각하는 엘리후의 변론이다. 요지는 하나님은 억울한 자의 부르짖음을 무한하게 외면하거나 악의 횡행을 무한히 참지 않으신다는 것이다. 인간의 기준으로 볼 때 더뎌 보이고 혹은 침묵하시는 하나님을 너무 쉽게 도발하거나 대적하면 안 된다는 것이다. 20절의 주어인 "그들"이 누구를 가리키는지는 분명하지 않다. 앞의 19절과 20절 하반절 ("세력 있는 자도")을 고려하면 "그들"은 고관들과 부자들을 가리키는 것처럼 보인다. 세상에 견고하게 뿌리를 내린 것처럼 보이는 권문세가들이나 귀족들, 부자들 모두 한밤중에 순식간에 죽는다. 그것을 지켜보는 백성은 떨며 건넌다('건너다'를 의미하는 동사 아바르[עָבַר], 국경을 건너 피난 간다]). 그리고 세력 있는 자들(압비르[אַבִּיר])도 사람의 손을 빌리지 않고 제거함을 당한다.^{20절} 히브리어 본문의 21절 주어는 '그의 눈들', 곧 하나님의 눈들이다. "그의 눈들은 사람의 길을 주목하시며, 그는 사람의 모든 걸음을 감찰하신다."^{참조. 시 139:1-4} 그래서 행악

자는 숨을 만한 흑암이나 사망의 그늘이 없다.[22절]

23절의 히브리어 본문은 어렵다. 개역개정은 "하나님은 사람을 심판하시기에 오래 생각하실 것이 없으시니"라고 번역한다. 하나님은 사람을 지속적으로 감찰하고 모든 것을 살피셨기 때문에 심판할 것인지 심판하지 않을 것인지 주저하시지 않는다는 것이다. 하나님의 심판은 충동적이거나 갑자기 집행되는 것이 아니라는 것이다. 23절의 의미를 파악하려면 23절을 시작하는 이유접속사 키(כִּי)를 고려해야 한다. 22절은 하나님의 심판은 하나님의 지속적인 감찰을 토대로 이뤄지는 공명정대한 심판이라는 함의를 드러낸다. 사람에 대한 하나님의 심판처분은 임의적이거나 자의적인 하나님의 변덕의 산물이 아니라는 것이다. 21절은 하나님이 심판하시기까지 심판처분을 정당화할 만한 죄책 조사를 수행하셨음을 강조하고, 22절은 하나님 심판의 예기치 못한 화급한 집행 때문에 아무도 피할 수 없는 상황을 말한다. 23절은 하나님의 심판이 피할 사이도 없이 쇄도하는 이유는—욥의 경우처럼—하나님이 사람에게 언제 하나님의 심판을 받으러 나오라고 시간을 설정해 주시지 않았기 때문이다. 23절을 직역하면, "소송거리를 갖고 하나님께 나아가야 할 것에 대해 하나님이 사람에게 여전히 의존하지 않기 때문이다"이다. 여기서 히브리어 구문 '알-이쉬 야쉼'(עַל-אִישׁ יָשִׂים)은 일종의 관용어구로 '마음을 두다', '의지하다' 등을 의미한다. 하나님이 당신께 고소거리를 가진 사람에게 언제 재판을 받으러 나오라고 함에 있어서 사람에게 기대시지 않는다는 뜻이다. 즉, 하나님이 전적으로 결정하신다는 것이다.

24절은 사회 지배세력 교체를 수행하시는 하나님의 역사적 심판을 말한다. 하나님은 세력 있는 자를 조사할 것 없이 꺾으시고, 다른 사람을 세워 그를 대신하게 하신다.[24절] 지배세력 교체는 세계역사에서 가장 공통적인 사건이다. 그러므로 하나님은 '세력 있는 자들'의

행위를 아시고 그들을 밤 사이에 뒤집어엎어 흩어 버리신다.[25절] 25절
은 한 나라나 왕조, 국가나 제국이 망할 때 항상 밤 사이에 일어나는
하나님의 체제 전복적인 변동사역을 말한다. 하나님이 세력 있는 자
들을 악한 자로 여겨 사람의 눈 앞에서 치시는 까닭은,[26절] 그들이 하
나님을 떠나고 하나님의 모든 길을 깨달아 알지 못했기 때문이다.[27절]
28절 상반절은 독립적인 문장이 아니라 '~을 행함으로써'라는 의미
를 지닌 부정사 연계형 구문이고, 하반절은 독립절이다. "하나님은 가
난한 자들의 부르짖음이 그에게 상달되게 하심으로써 빈궁한 사람들
의 부르짖음을 들으신다." 욥의 항변이 만일 이런 가난한 자들의 부
르짖음에 속한다면 하나님이 들어주신다는 함의도 들어 있다. 그런
데 엘리후는 욥의 저항과 항변은 하나님이 경청하실 빈궁한 자들의
부르짖음이라고 보지 않으려는 것 같다.

　히브리어 본문의 29절 직역은 양보절의 의미를 발견하는 데 도움
이 된다. 직역은 "그는 침묵하신다. 그렇다고 누가 그를 정죄하랴! 그
가 얼굴을 가리신다면, 누가 그를 뵈올 수 있으랴! 그는 민족에게나
인류에게나 동일하게 대하신다"이다. 30절은 29절처럼 하나님이 행
동하시는 이유를 말한다. 30절은 부정사 연계형 구문이다. 경건하지
못한 자가 왕이 되지 못하도록, 백성을 옭아매는 자가 되지 못하게 하
려 하심이다.[30절] 여기서 왕은 백성을 옭아매는 자다. 하나님이 역사
속에서 지배층을 주기적으로 붕괴시키시고 기존 사회체제를 전복시
키시는 이유는, 경건하지 못한 자들이 세상 사람들 위에 압제자 노릇
하는 것을 막으려고 하시기 때문이다. 엘리후의 취지는 하나님은 불
의한 악행에 대한 심판처분을 무한히 지체하는 분이 아니라는 것이
다. 하나님의 무응답과 침묵을 빌미로 하나님이 역사 속에서 정의를
행하는 일을 게을리 하신다고 비난해서는 안 된다는 것이다.

31-33절은 엘리후가 욥에게 회개함으로써 정의로우신 하나님과 화해하라고 촉구하는 단락이다. 엘리후는 아예 욥이 드릴 회개 기도문을 대신 일러준다. 31-32절은 욥이 이런 회개 기도를 벌써 드렸어야하는데 드리지 않았음을 질책하는 맥락이다. 직역하면 이렇다.

"내가 죄를 지었사오니 다시는 범죄하지 아니하겠나이다"³¹절라고 말한 적이 있는가?
"당신께서(2인칭 단수대명사의 독립적 강조용법 아타[אַתָּה]) 내가 아직까지 보지 못하는 것을 내게 가르치소서. 내가 악을 행하였으나 다시는 아니하겠나이다"³²절라고 말한 적이 있는가?

18-19절이 의문사 하(ה)에 의해 견인되듯이, 33절도 의문사 하(ה)에 의해 견인된다. 개역개정은 "거절한다고 하여"라고 번역했는데, 문맥에 더 적합하게 직역하면 다음과 같다. "그대가 회개하는 것을 거절하는데도(이유) 하나님이 화목케 하시겠느냐? 실로 이제 그대 자신(2인칭 단수대명사의 독립적 강조용법 아타[אַתָּה])이 스스로 선택하라. 나는 아니다. 그대는 무슨 말을 할지 아는가?"

34-37절은 다시 배심원단의 집단지성에 호소한다. 엘리후는 지각 있는 사람들이라면 욥을 단죄하는 자신에게 공감할 것이라고 확신한다. 34절에서 엘리후는 슬기로운 자와 자신의 말을 듣는 지혜 있는 사람은 반드시 자신에게 다음과 같이 말하며 공조할 것이라고 확신한다. "욥이 무식하게 말하니 그의 말이 지혜롭지 못하도다."³⁵절 36절은 갈망 감탄사 아비(אָבִי)로 시작된다. 아비 이후의 문장은 저시브(jussive, 3인칭 명령문/소원명령문)로 번역하는 것이 적합하다. "대답

이 악인들과 같음을 봐서 욥이 끝까지 검증당할지어다!" 과연 엘리후의 소원대로 끝까지 욥은 검증당하는 길을 택한다. 욥은 거짓된 회개, 임기응변적 회개를 하기보다는 자신의 고통과 환난의 진실을 파고드는 길을 택했다.

37절은 엘리후가 욥에게 악담을 하는 이유를 말한다. "그가 그의 죄에 반역을 더하며 우리 사이에서 손뼉을 치며 하나님을 거역하는 말을 많이 하기 때문이다." 여기서 손뼉을 치는 행위는 기쁨의 박수가 아니라 억울하고 원통해 하는 태도다. 욥은 원함과 억울함을 표출하기 위해 엘리후와 세 친구 앞에서 손뼉 치며 하나님께 항변을 토해내고 있다. 욥이 엘리후의 변론에 조금도 설복되지 않았음을 의미한다. 엘리후는 욥을 타격한 재난과 고통은 욥의 죄에 대한 하나님의 징벌이라고 본다. 이런 점에서 세 친구와 같은 입장이다. 그런데 엘리후는 욥이 죄에 반역을 더한다고 격렬하게 비난한다. 반역은 하나님께 대들고 항변하는 것이다. 엘리후가 보기에 욥은 하나님의 천상보좌로 저돌적으로 육박하는 무례한 민원인이다. 엘리후의 맹목적 하나님 절대주의 이데올로기는 이런 욥을 역겨워하고, 그와 전혀 공감하지 못한다. 그렇다고 엘리후의 장광설이 다 소진된 것은 아니다. 아직도 세 장에 걸쳐 전개되는 엘리후의 장광설이 남아 있다. 욥기 독자는 세 친구들과 엘리후의 이 답답하고 무자비한 하나님 절대주의 이데올로기에 시달리는 고통을 좀 더 감내해야 한다.

메시지

앞에서 말했듯이, 엘리후는 세 친구의 신학 전통을 대부분 수용하는 신진학자다. 34장의 엘리후 변론 요지는 정의로운 하나님과 화해하라는 것이다. 피해자에게 화해를 강요하는 2차 가해 성격의 무리한 요구다. 세 친구와 달리 엘리후는 욥이 했다고 하는 발언을 직접 인용한다. 그런데 이 과정에서 욥 발언의 맥락을 무시하고 해석하여 욥을 단죄한다. "욥이 말하기를 내가 의로우나 하나님이 내 의를 부인하셨고 내가 정당함에도 거짓말쟁이라 하였고 나는 허물이 없으나 화살로 상처를 입었노라 하니."5-6절 이 말은 부분적으로 맞다. 그러나 앞에서 말했듯이, 욥은 자신이 존재론적으로 하나님보다 의롭다고 말한 적도 없고 절대적인 의미로 의롭다고 말한 적은 더더욱 없다. 욥은 7남 3녀를 하루에 잃고 "이처럼 내가 재기불능의 파멸을 겪은 일은 내 죄에 대한 심판일 수가 없다"라고 말했을 뿐이지, 절대적인 의미에서 자신이 하나님과 겨룰 만큼 정결하다, 성결하다, 거룩하다, 의롭다라고 말한 적은 한 번도 없다. 욥의 주장은 다만 "7남 3녀를 하루에 잃고, 내 온몸에 악창이 나고, 내 모든 재산을 다 빼앗기고, 내 모든 사회적 위신과 체면이 땅에 생매장되는 재난을 초래할 만한 불의가 내게는 없다"라는 것이었다. 34장에서도 엘리후는 완전히 맥락을 벗어나서 욥의 말을 왜곡하고 절개하여 욥을 궁지에 몰아넣는다. 욥이 감히 하나님보다 자신이 더 의롭다는 발언을 했다는 전제하에 엘리후는 다음과 같은 말로 욥을 질책한다. "그러므로 너희 총명한 자들아, 내 말을 들으라. 하나님은 악을 행하지 아니하시며 전능자는 결코 불의를 행하지 아니하시고 사람의 행위를 따라 갚으사 각각 그의 행위대로 받게 하시나니 진실로 하나님은 악을 행하지 아니하시며 전능자는 공의를 굽히지 아니하시느니라."10-12절

이 구절들은 빌닷의 말 8:3을 확장해서 재진술하는 것처럼 보인다. "하나님이 어찌 정의를 굽게 하시겠으며 전능하신 이가 어찌 공의를 굽게 하시겠는가."8:3 34:17에서 엘리후는 욥을 단도직입적으로 다음과 같이 책망한다. "정의를 미워하시는 이시라면 어찌 그대를 다스리시겠느냐. 의롭고 전능하신 이를 그대가 정죄하겠느냐." 34:18에

34

다시 회개를 강요하는 엘리후

서 엘리후는 엘리바스를 약간 표절해 인간에 대한 하나님의 범불신론을 개진한다. "그는 왕에게라도 무용지물이라 하시며 지도자들에게라도 악하다 하시며."[34:18] 4:17-18의 엘리바스 논리를 표절한 것처럼 들리는 말이다. "사람이 어찌 하나님보다 의롭겠느냐. 사람이 어찌 그 창조하신 이보다 깨끗하겠느냐. 하나님은 그의 종이라도 그대로 믿지 아니하시며 그의 천사라도 미련하다 하시나니."[4:17-18] 혹은 빌닷의 3차 변론 중의 말 25:4을 되울리고 있는 것처럼 들린다. "하나님 앞에서 사람이 어찌 의롭다 하며 여자에게서 난 자가 어찌 깨끗하다 하느냐."[25:4] 엘리후는 결국 빌닷이 했던 말과 엘리바스가 했던 말을 반복한다는 인상을 준다. 34:21은 약간 다른 뉘앙스로 욥의 발언 23:10-11을 되울리고 있다. "사람의 길을 주목하시며 사람의 모든 걸음을 감찰하시고 계신다."[34:21] "그러나 내가 가는 길을 그가 아시나니 그가 나를 단련하신 후에는 내가 순금 같이 되어 나오리라. 내 발이 그의 걸음을 바로 따랐으며 내가 그의 길을 지켜 치우치지 아니하였고."[23:10-11] 욥은 23:10에서 자기의 발걸음을 감찰하신다는 사실을 자기의 의로움을 옹호하기 위해서 언급했는데, 엘리후는 하나님이 우리의 발걸음을 감찰하시며 누가 털어서 먼지가 나지 않겠느냐는 취지를 강조하기 위해 이 말을 한다. 엘리후의 취지는 하나님의 신적 감찰 앞에 어떤 인간도 자기의 의와 정결을 주장할 수 없다는 비관적 인간론을 강조하려는 데 있다. "우리 모두는 하나님의 신적 초근접감찰 범위 안에 있다. 하나님의 초정밀감찰과 초원격감찰 시선 앞에 서면 우리 모두는 더럽고 추악한 죄인일 뿐이다." 이렇게 말하면서 엘리후는 욥이 끝내 심판과 재앙을 초래한 죄인이라는 결론으로 몰아간다.

결국 이 논리의 연장선상에서 엘리후는 빌닷과 소발의 논리를 다시 인용한다. 특히 소발의 논리, 유예된 심판논리를 도입한다. "하나님은 침묵하신다고 누가 그를 정죄하며 그가 얼굴을 가리신다면 누가 그를 뵈올 수 있으랴. 그는 민족에게나 인류에게나 동일하시니 이는 경건하지 못한 자가 권세를 잡아 백성을 옭아매지 못하게 하려 하심이니라."²⁹⁻³⁰절 다시 말해서, 엘리후는 하나님의 공의롭고 자세한 세상 통치를 아주 낙관적으로 긍정한다. 가난한 자가 부르짖으면 그 부르짖음이 즉시 하나님께 상달되며, 빈궁한 자의 부르짖음이 그에게 능히 상달되기 때문에 하나님이 세상 통치 과업에서 사보타주sabotage하신 일이 없다는 것이다. 엘리후는 욥기 24:12(가난한 사람이 죽어도 하나님이 돌보지 않는다는 욥이 경험한 이 세상)이 묘사하는 세계의 참상과 전혀 다른, 너무 이상적인 하나님의 세상 감찰과 통치를 옹호한다. 엘리후에 따르면, 이런 영적 사통팔달의 소통이 신과 인간사이에 일어난다. 그런데 욥은 24장에서 절대로 그런 일이 일어나지 않는 것처럼 말한다. 엘리후는 너무 모범적이고 텍스트 중심의 신학자로서 이 현실을 다소 순진하게 바라본다. 빈궁한 자의 아우성이 즉각 하나님께 도달된다고 말함으로써 엘리후는 현실과 동떨어진 책중심의 신학을 연구하는 듯한 인상을 준다. 엘리후는 다소 비현실적이고 낙관적으로 하나님을 옹호하는 학자다. 그는 비현실적으로 이 세상을 긍정하는 사람이다. 그래서 엘리후는 36절에서 욥이 끝까지 재난으로 시험받기를 원한다고 극언을 서슴지 않는다. 욥이 더 끝까지 시험받아서 그 진심이 하나님께 들춰져서 더 자기의 죄를 처절하게 회개할 때까지 시련과 환난을 받기를 원한다는 것이다. "나는 욥이 끝까지 시험 받기를 원하노니 이는 그 대답이 악인과 같음이라. 그가 자신의 죄에 반역을 더하며 우리와 어울려 손뼉을 치며 하나님을 거역하는 말을 많이 하는구나."³⁶⁻³⁷절 이런 점에서 엘리후는 세 친구보다 한 술 더 뜬다. 책을 통해 신학을 연구하는 자들은 하나님의 정의를 원리적으로 옹호하는 열심을 내는 데 비하여 사람의 현실, 고통스럽고 일그러진 세상의 진면목을 보지 못한다. 하나님의 명예를 위한답시고 개진되는 신학 담론이 폭력이 되는 경우는 부조리한 현실의 피해자들의 아우성을 외면하고 묵살하고 배척하는 경우다. 엘리후의 신학이 폭력담론으로 위력을 발휘하는 또 하나의 장면은 욥에게 굴욕적인 죄 자백을 요구하고 하나님께 굴욕적인 화해를 요청하라고 강압하는 상황이다. "내가 죄를 지었사오니 다시는 범죄하지 아니하겠나이다."[31절] 부당하고 폭력적인 회개 압박이다. 엘리후는 인간을 몰라도 너무 모른다. 그는 시종일관 욥의 고통, 아우성, 원통함에 대한 최소한의 공감과 동정도 없이 하나님의 정의를 기계적으로 옹호한다. 신학 언어의 야만적 폭력성을 엘리후의 변론이 잘 예시한다.

35장.

엘리바스의 경건허무주의를 되풀이하는 엘리후

35

¹엘리후가 말을 이어 이르되 ²그대는 이것을 합당하게 여기느냐. 그대는 그대의 의가 하나님께로부터 왔다는 말이냐. ³그대는 그것이 내게 무슨 소용이 있으며 범죄하지 않는 것이 내게 무슨 유익이 있겠느냐고 묻지마는 ⁴내가 그대와 및 그대와 함께 있는 그대의 친구들에게 대답하리라. ⁵그대는 하늘을 우러러보라. 그대보다 높이 뜬 구름을 바라보라. ⁶그대가 범죄한들 하나님께 무슨 영향이 있겠으며 그대의 악행이 가득한들 하나님께 무슨 상관이 있겠으며 ⁷그대가 의로운들 하나님께 무엇을 드리겠으며 그가 그대의 손에서 무엇을 받으시겠느냐. ⁸그대의 악은 그대와 같은 사람에게나 있는 것이요 그대의 공의는 어떤 인생에게도 있느니라. ⁹사람은 학대가 많으므로 부르짖으며 군주들의 힘에 눌려 소리치나 ¹⁰나를 지으신 하나님은 어디 계시냐고 하며 밤에 노래를 주시는 자가 어디 계시냐고 말하는 자가 없구나. ¹¹땅의 짐승들보다도 우리를 더욱 가르치시고 하늘의 새들보다도 우리를 더욱 지혜롭게 하시는 이가 어디 계시냐고 말하는 이도 없구나. ¹²그들이 악인의 교만으로 말미암아 거기에서 부르짖으나 대답하는 자가 없음은 ¹³헛된 것은 하나님이 결코 듣지 아니하시며 전능자가 돌아보지 아니하심이라. ¹⁴하물며 말하기를 하나님은 뵈올 수 없고 일의 판단하심은 그 앞에 있으니 나는 그를 기다릴 뿐이라 말하는 그대일까보냐. ¹⁵그러나 지금은 그가 진노하심으로 벌을 주지 아니하셨고 악행을 끝까지 살피지 아니하셨으므로 ¹⁶욥이 헛되이 입을 열어 지식 없는 말을 많이 하는구나.

인간은 아무리 경건해도 하나님께 영향을 미칠 수 없다 ― 경건허무주의 • 1-8절

이 단락은 욥에게 직접 말하는 엘리후의 교설이다. 엘리바스나 다른 친구들도 이미 한 차례 이상 개진한 경건허무주의 교설이다. 인간의 경건이 도토리 키재기 정도로 폄하되고 하나님께 아무런 영향을 미치지 못한다는 주장이다. 개역개정 2절은 의문사로 시작한다. "이것"은 여성단수 지시대명사인데 무엇을 가리키는지 분명하지 않다. 하지만 문맥상 짐작은 할 수 있다. 34장에서 견지된 욥의 태도를 총칭하는 말이다. 즉, 욥이 회개하는 길을 택하기보다는 끝까지 흥분하면서 자기 결백에 대한 주장을 굽히지 않고 하나님께 항변하는 길을 택한 것을 가리키는 것으로 봬야 한다. 2절 상반절은 "욥이여, 하나님께 자기 결백을 집요하게 주장하며 하나님께 응답을 구하려고 육박하는 이런 태도가 정의라고 생각하느냐" 정도의 의미다. 2절 하반절은 의문사 밑에 딸린 문장이라고 볼 필요는 없다. 2절은 엘리후의 의도를 더욱 명시적으로 드러낸다. 욥의 말을 직접 인용한다. "당신은 말했다. '나의 의는 하나님께로부터!'" 욥이 자신의 의가 하나님께로부터 인정받았다는 주장을 아니꼬워하는 엘리후의 시각을 드러낸다.^{욥 1:8} 3절은 접속사 키(כִּי)로 시작한다. 이유 접속사로 볼지, 혹은 '정녕', '진실로' 정도의 의미를 가진 부사어로 볼 것인지 결정해야 한다. 그런데 이 접속사 키(כִּי)는 종종 '시간접속사'(when)로 사용되기도 한다. 우리는 여기서 시간접속사로 보는 것이 문맥상 자연스럽다고 본다. 2절 하반절을 말한 상황을 3절의 키(כִּי) 접속사 이하의 절이 말해 주는 것이다. 2절 하반절에서 "나의 의는 하나님께로부터"라는 말을 한 시간적 상황은 3절의 키(כִּי) 접속사 이하의 말을 할 때이다. 3절을 직역하면, "욥, 네가 '내(욥) 의가 하나님께로부터 왔다'는 그것이 '내게 (욥) 무슨 소용이며, 죄를 짓지 않음으로써 내가(욥) 어떻게 유익을 얻는가'라고 말할 때" 정도가 된다.

4절은 엘리후가 욥의 이 말에 대해서 답변하는 상황을 말한다. 4절 이하는 욥과 그의 친구들 모두에게 엘리후가 제시하는 자신의 대답이다. 5절은 욥에게 주는 직접적 충고다. 엘리후는 욥에게 "하늘을 우러러보라. 그대보다 높이 뜬 구름을 바라보라"고 제안한다. 하나님과 지상의 욥 사이에 있는 무한한 거리, 무한한 이격감을 느껴 보라는 것이다. 6-7절은 그 이유를 말한다. 6절에서 먼저 엘리후는 욥이 범죄한들 하나님께 무슨 영향이 있겠으며 욥의 삶에 악행이 가득한들 그것이 하나님께 무슨 상관이 있겠는가를 질문하며,[7절] 욥 그대가 의로운들 하나님께 무엇을 드리겠으며 하나님이 경건한 욥과 같은 사람의 손에서 무엇을 받으시겠느냐고 조롱하며 질문한다.[7절] 욥이 자기 경건에 지나치게 과도한 자부심을 갖는 것을 비판하기 위한 논리다. 그런데 이 논리의 치명적 약점은, 욥의 죄와 악행이 광대무변한 대우주의 창조자요 왕이신 하나님께 아무런 영향을 끼치지 못한다면(불쾌와 진노를 촉발시키지 못한다면), 욥 같은 인간을 대상으로 초각성감찰을 행하시고 행위에 따라 심판처분을 내리시는 이 수학적 정밀성과 비례성은 도저히 납득할 수 없다는 사실이다. 인간의 경건을 무가치하게 여기신다면, 인간의 악행도 무가치하게 여기시고 지구에 사는 미물인 인간의 악행에 하나님이 너무 영향을 받지 말아야(실망, 진노, 좌절, 불쾌) 한다는 논리가 자연스럽다. 그런데 엘리후는 자신의 말에 있는 이 모순을 감지하지도 못한다. 8절에서 엘리후는 욥의 악은 욥 같은 사람에게서 발견되는 유별나고 특별한 악이지만, 욥의 공의(츠다카)는 어떤 인생에서도 발견된다고 말하며 욥의 과도한 자기 의를 비판한다.[8절] 엘리후는 욥을 너무 모른다. 욥기 29장과 31장의 욥의 슬픈 탄식과 하소연을 들었더라면 이렇게 말하지 않았을 것이다.

욥은 헛된 말들을 내뱉고 있을 뿐이다! • 9-16절

이 단락은 욥을 교만한 악인, 아직까지 하나님의 본격적인 진노를 경

험하지 못한 사람, 아직까지 자신의 악행에 대해 하나님의 심판을 소진적으로 경험하지 않은 사람으로 보는 엘리후의 욥 몰이해를 드러낸다. 9-10절은 하나님을 찾는 경건자가 없는 세태를 비판적으로 진단한다. 세상에서 학대당하는 자들이 많아 학대당하는 자들이 부르짖으며 '큰 자들'의 '팔'위력, 권세 때문에 사람들이 고함친다.9절 "그런데 누구도 말하지 않는다. '나를 지으신 하나님, 밤에 노래를 주시는 이가 어디 계시냐?'"10절 세상 권세가들의 학대로 인해 부르짖는 자들은 많은데 비해 하나님을 찾는 사람은 희소하다는 것이다. 11절은 "어디 계시냐?"라는 질문에 딸린 문장이라고 보지 않아도 되지만, 개역개정은 그렇게 읽는다. 그런데 11절은 하나님을 수식하는 능동분사형을 문두에 놓은 상반절, 그리고 주어와 정동사(미완료)를 갖춘 문장으로 구성되어 있다. 직역하면 이렇다. "땅의 짐승들보다도 우리를 더욱 가르치시는 이(말페누[מַלְּפֵנוּ], '배우다'라는 의미를 가진 동사 알라프[אָלַף]의 강세능동형 남성단수분사), 그가 하늘의 새들보다도 우리를 더욱 지혜롭게 하신다."

12절은 하나님의 특별 가르침을 받는 인간의 독특하고 우월한 위상과 인간들의 영적 무감각을 대조하며 인간의 무지몽매를 질타한다. 하늘을 나는 새들보다 더 지혜로운 존재가 되라고 하나님께 교육을 받는 인간들이 악인의 교만으로 말미암아 거기에서 부르짖으나 그들에게 대답하는 자가 없다. 즉, 하나님의 대답이 없는 경우가 있다는 것이다.12절 그런데 그들의 부르짖음이 아무런 효과를 내지 못하는 헛된 부르짖음이 된 이유는 하나님 탓이 아니다. 하나님이 보시기에 그들의 부르짖음이 헛된 것이기 때문이다. 헛된 것은 하나님의 성품과 전혀 맞지 않는 부르짖음을 의미한다. 13절은 "정녕"을 의미하는 아크(אַךְ)로 시작한다. "정녕 하나님은 헛된 울부짖음은 결코 듣지 아니하시며 전능자가 돌아보지 않으신다"는 것이다.13절 여기까지만 해도 욥에 대한 답변이라고 볼 수 있다. 엘리후가 보기에는 하나님이 욥의 항변과 아우성에 응답하지 않는 이유는 욥의 항변과 부르짖음이 헛된 것이기 때문이다. 14절은 욥의 처지를 더 비관적으로 묘사한다. 욥은 헛된 것을 갖고 하나님께 부르짖는 자임을 넘어서서 더 큰 불리한 점 때문에 하나님의 응답을 받지 못한다는 것이다. '정녕'을 의미하는 앞(אַף)과 키(כִּי)로 시작하는 14절은 욥의 말을 직접 인용한다. "정녕 너는 '하나님은 뵈올 수 없고 일의 판단하심은 그 앞에 있으니 나는 그를 기다릴 뿐이라'라고 말하기 때문이다." 이렇게 말하는 욥은 하나님의 응답을 기대하기가 더욱 어렵다는 것이다.

15절은 더 무자비한 엘리후의 악담이다. 개역개정의 "그러나"는 불필요하다. '자 이제'를 의미하는 아타(עַתָּה)로 시작한다. 직역하면, "자 이제 지금은 그의 진노의 징벌은 없다. 그가 악행을 끝까지 살피지 아니하셨다"가 된다. 엘리후는 욥이 아직 하나님의 최종적 감찰도 받지 않았고, 하나님의 본격적인 진노의 징벌도 받지 않았다고 주장한다. 욥에게 닥친 환난은 욥을 겸손케 만드는 연단, 징계, 정화적 담금질 정도이지 하나님의 분노가 장전된 심판은 아니라고 본 것이다. 엘리후의 최대 약점은 인간의 고통에 대한 이해가 너무 빈약하고 피상적이라는 것이다. 엘리후가 보기에는 아직도 욥이 헛되이 입을 열어 지식 없는 말을 많이 하는 중이다. 31장 마지막 절에서는 분명히 욥의 말이 그쳤다고 했는데 엘리후가 지금도 욥이 많은 말을 한다고 느끼는 이유는 무엇일까? 욥기에 기록되지 않은 욥의 말이 엘리후에게 답변으로 주어졌을 가능성이 있다. 아니면 세 친구들에게 대꾸하고 응답했던 욥의 말들을 가리키는 말일 수도 있다.

35장에도 욥을 끝까지 죄인, 악인으로 낙인찍는 엘리후의 완강한 주장이 이어지는데, 여기서는 왜곡된 하나님 이해까지 나타난다. 욥의 말을 직간접적으로 인용하면서 엘리후는 욥의 자기 의 주장과 결백 확신 자체를 무가치한 것으로 깎아내린다. 2절에서 엘리후는 "욥, 당신이 자랑하는 그 의가 하나님으로부터 온 의가 맞느냐"라고 힐문한다. 3절에서 엘리후는 욥의 말/논리를 간접 인용한다. '자신이 죄 없이 산 것이 아무 의미가 없다'라고 말했다는 욥의 말을 간접적으로 인증해 비판한다.³절 엘리후는 이 욥의 논리를 정면으로 치받는다. "욥이 자랑하는 의, 그것은 하나님 앞에 아무것도 아니며 아무 의미도 없다."⁵⁻⁸절 "그대가 범죄한들 하나님께 무슨 영향이 있겠으며 그대의 악행이 가득한들 하나님께 무슨 상관이 있겠으며 그대가 의로운들 하나님께 무엇을 드리겠으며 그가 그대의 손에서 무엇을 받으시겠느냐. 그대의 악은 그대와 같은 사람에게나 있는 것이요 그대의 공의는 어떤 인생에게도 있느니라."⁶⁻⁸절 즉, 욥의 악은 욥에게 고유하고 독특한 개별적 악이지만, 욥이 자랑하는 공의는 웬만한 사람에게 있는 공의라는 것이다. 따라서 욥의 자기 의 자랑은 하나님께 별 의미가 없다는 것이다. 이렇게 욥의 자기 의 옹호를 폄하하고도 분이 덜 풀렸는지, 엘리후는 아예 하나님에 대한 왜곡된 이해를 펼침으로써 욥의 자기 의 옹호 논리를 근본적으로 분쇄하려고 한다. 이런 엘리후의 경건허무주의 입장은 34장에서도 부분적으로 표출된 바 있다. 여기서 엘리후는 더욱 단호하게 하나님을 무감동의 초월적 이격자라고 규정한다. "우리의 의로운 삶에도 하나님은 별로 관심이 없고, 우리가 죄를 지어본들 하나님께 별로 영향 미치지 못한다. 인간이 의롭게 살아본들 그 또한 하나님께는 별 의미가 없다. 따라서 욥, 당신이 자랑하는 그 의로운 삶, 그것은 하나님께 아무 의미가 없다. 당신이 인간적으로 어느 정도 의로운 삶을 살았다고 한들 당신 자체가 죄인이라는 사실을 피해갈 수는 없다. 당신이 당하는 고난은 당신의 죄와 관계가 있다." 하나님의 무감동적 거리두기를 강조하면서 욥을 끝까지 죄인으로 낙인찍으려고 한다.

14절에서는 욥이 하는 말을 약간 비꼬며 인용한다. "하물며 말하기를 하나님은 뵈올 수 없고 일의 판단하심은 그 앞에 있으니 나는 그를 기다릴 뿐이라 말하는 그대일까 보냐." 즉, 하나님께 고소장을 제출하고 천천상 법정의 심판자 앞으로 하나님을 불러내는 욥의 태도를 조롱한다.

35장에서 더 충격적인 엘리후의 주장은 이 정도에 그치지 않는다. 그에 따르면 하나님은 아직 욥의 악행을 끝까지 살피시지 않았으며, 본격적인 진노를 욥에게 쏟아 부으시지 않았다는 것이다. "그러나 지금은 그가 진노하심으로 벌을 주지 아니하셨고 악행을 끝까지 살피지 아니하셨으므로."15절 그래서 하나님의 본격적 진노를 맛보지 않았기에 욥이 헛되이 입을 열어 지식 없는 말을 지껄인다16절며 야유한다. 엘리후는 욥이 당하는 고통의 심연을 조금도 헤아리거나 동정하지 못하는 신학적 냉혈한이다. 욥의 의를 부정하고 박살내 가루로 만들더라도, 하나님의 정의와 공의를 옹호하려는 엘리후의 하나님주의는 참다운 하나님 경외가 아니다. 성경의 하나님은 당신의 외견상 부당해 보이는 처사에 대해 항의하고 따지는 아브라함적 인간, 모세적 중보자, 아모스와 예레미야 같은 예언자들을 친애하셨다. 하나님은 당신이 공의롭지 못하다는 인간의 평가와 평판에 민감하게 반응하시고, 그런 오해를 불식시키려고 하신다.

36장.

총론(이론)에서 옳고 각론(적용)에서 틀린
엘리후의 공허한 하나님 변호

36

¹엘리후가 말을 이어 이르되 ²나를 잠깐 용납하라. 내가 그대에게 보이리니 이는 내가 하나님을 위하여 아직도 할 말이 있음이라. ³내가 먼 데서 지식을 얻고 나를 지으신 이에게 의를 돌려보내리라. ⁴진실로 내 말은 거짓이 아니라. 온전한 지식을 가진 이가 그대와 함께 있느니라. ⁵하나님은 능하시나 아무도 멸시하지 아니하시며 그의 지혜가 무궁하사 ⁶악인을 살려두지 아니하시며 고난받는 자에게 공의를 베푸시며 ⁷그의 눈을 의인에게서 떼지 아니하시고 그를 왕들과 함께 왕좌에 앉히사 영원토록 존귀하게 하시며 ⁸혹시 그들이 족쇄에 매이거나 환난의 줄에 얽혔으면 ⁹그들의 소행과 악행과 자신들의 교만한 행위를 알게 하시고 ¹⁰그들의 귀를 열어 교훈을 듣게 하시며 명하여 죄악에서 돌이키게 하시나니 ¹¹만일 그들이 순종하여 섬기면 형통한 날을 보내며 즐거운 해를 지낼 것이요 ¹²만일 그들이 순종하지 아니하면 칼에 망하며 지식 없이 죽을 것이니라. ¹³마음이 경건하지 아니한 자들은 분노를 쌓으며 하나님이 속박할지라도 도움을 구하지 아니하나니 ¹⁴그들의 몸은 젊어서 죽으며 그들의 생명은 남창과 함께 있도다. ¹⁵하나님은 곤고한 자를 그 곤고에서 구원하시며 학대 당할 즈음에 그의 귀를 여시나니 ¹⁶그러므로 하나님이 그대를 환난에서 이끌어 내사 좁지 않고 넉넉한 곳으로 옮기려 하셨은즉 무릇 그대의 상에는 기름진 것이 놓이리라. ¹⁷이제는 악인의 받을 벌이 그대에게 가득하였고 심판과 정의가 그대를 잡았나니 ¹⁸그대는 분노하지 않도록 조심하며 많은 뇌물이 그대를 그릇된 길로 가게 할까 조심하라. ¹⁹그대의 부르짖음이나 그대의 능력이 어찌 능히 그대가 곤고한 가운데에서 그대를 유익하게 하겠느냐. ²⁰그대는 밤을 사모하지 말라. 인생들이 밤에 그들이 있는 곳에서 끌려 가리라. ²¹삼가 악으로 치우치지 말라. 그대가 환난보다 이것을 택하였느니라. ²²하나님은 그의 권능으로 높이 계시나니 누가 그같이 교훈을 베풀겠느냐. ²³누가 그를 위하여 그의 길

총론(이론)에서 율고 각론(적용)에서 틀린 엘리후의 공허한 하나님 변호

을 정하였느냐. 누가 말하기를 주께서 불의를 행하셨나이다 할 수 있으랴. ²⁴ 그대는 하나님께서 하신 일을 기억하고 높이라. 잊지 말지니라. 인생이 그의 일을 찬송하였느니라. ²⁵ 그의 일을 모든 사람이 우러러보나니 먼 데서도 보느니라. ²⁶ 하나님은 높으시니 우리가 그를 알 수 없고 그의 햇수를 헤아릴 수 없느니라. ²⁷ 그가 물방울을 가늘게 하시며 빗방울이 증발하여 안개가 되게 하시도다. ²⁸ 그것이 구름에서 내려 많은 사람에게 쏟아지느니라. ²⁹ 겹겹이 쌓인 구름과 그의 장막의 우렛소리를 누가 능히 깨달으랴. ³⁰ 보라, 그가 번갯불을 자기의 사면에 펼치시며 바다 밑까지 비치시고 ³¹ 이런 것들로 만민을 심판하시며 음식을 풍성하게 주시느니라. ³² 그가 번갯불을 손바닥 안에 넣으시고 그가 번갯불을 명령하사 과녁을 치시도다. ³³ 그의 우레가 다가오는 풍우를 알려 주니 가축들도 그 다가옴을 아느니라.

완전한 지식을 자랑하는 엘리후의 신학적 경직성 • 1-4절

1-4절은 엘리후의 과도한 자부심을 말한다. 독자들에게 비호감 변사로 인상이 굳어지는 데 기여하는 자기 예찬이 엿보인다. 1절은 36장이 35장의 말을 잇는다는 점을 보여준다. 2절에서 한 번도 발언 제지를 당한 적이 없는 엘리후가 자신의 발언 기회를 보장해 달라고 요청하며, 자신에게 아직도 하나님의 정의 옹호 논리가 남아 있음을 말한다. 독자인 우리가 보기에는 엘리후의 말은 하나님을 옹호하는 데거의 도움이 되지 않는데, 엘리후는 여전히 자신에게는 하나님을 위하여 할 말이 남아 있다고 말한다. 엘리후는 자신감 충천 세대다. 그는 자기 예찬과 자기 격려가 몸에 밴 인물이다. 개역개정 3절에는 다소 어려운 단어가 있다. "내가 먼 데서 지식을 얻고 나를 지으신 이에게 의를 돌려보내리라." 여기서 "먼 데"는 시간적으로 먼 곳을 가리킬 수도 있고, 지리적으로 먼 곳을 지칭할 수 있다. 전자의 의미라면 "나는 오래전부터 전해져 내려오는 전래 지혜에서 지식을 얻었다"라는

의미가 될 것이며, 후자의 의미라면 "나는 먼 나라에서부터 유래하는 지혜전승으로부터 지식을 얻었다"라는 뜻이 될 수도 있다. 혹은 '하나님'을 에둘러 말하는 비유법일 수도 있다. 그런 경우라면 "나의 지식은 하나님께로부터 취했다" 정도의 의미가 될 것이다. 어떻게 해석하든 3절은 자신이 취득한 지식은 오염되지 않은 지식, 온전한 지식이라는 점을 강조하는 어구라는 점은 분명하다. 4절은 3절을 부연한다. 여기서 엘리후는 진실로 자신의 말은 거짓이 아님을 강조한다. 그리고 자신을 "온전한 지식을 가진 이"라고 지칭한다. 욥에게 온전한 지식을 가진 이가 "그대와 함께 있다"라고 압박한다. 자신의 지식을 이처럼 과도하게 포장하고 선전하는 사람들은 일반적으로 비호감형이거나 경원시되는 유형의 인물이다. 엘리후의 자기 도취(나르시즘)는 욥의 자기 결백 확신에 비해 너무 지나치다. 자아팽창적 자기 몰입은 독자나 청중의 경계심을 자아낸다.

엘리후의 순진한 이진법 신학: "악인들은 고통을 당하나 의인은 존귀를 누린다" • 5-14절

5-14절은 악인고통론과 의인보상론이다. 하나님은 능하시나 아무도 멸시하지 아니하신다. 그러나 그의 지혜가 무궁하사 악인을 찾아내어⁵절 응벌을 내리신다. 하나님은 악인을 살려 두지 아니하신다. 하지만 고난받는 자에게는 공의(미쉬파트)를 베푸신다.⁶절 하나님은 그의 눈을 의인에게서 떼지 아니하시고 그를 왕들과 함께 왕좌에 앉혀 영원토록 존귀하게 하신다.⁷절 8절의 "그들"이 누구를 가리키는지 분명하지 않다. 악인인가, 의인인가? 혹은 악인과 의인 모두를 말하는가? "그들"이 누구든지 8절의 논지는 분명하다. 혹시 사람들이 족쇄에 매이거나 환난의 줄에 얽혔으면, 그것을 이용해 하나님은 그들을 거룩

하게 담금질하고 정련하신다.[8절] 그들로 하여금 자신들의 소행과 악행과 교만한 행위를 깨닫게 하신다.[9절] 더 나아가 이런 환난고통을 통해 그들의 귀를 열어 하나님의 교훈을 듣게 하신다. 하나님의 교훈을 들을 정도로 준비된 자들에게 죄악에서 돌이키라고 명하사 돌이키게 하신다.[10절] 만일 그들이 순종하여 섬기면 형통한 날을 보내며 즐거운 해를 지낼 것이요,[11절] 만일 그들이 순종하지 아니하면 칼에 망하며 지식 없이 죽을 것이다.[12절] 여기서 누가 의인인지 악인인지 판가름 난다. 13절에 따르면, 마음이 경건하지 아니한 자들은 고난과 재앙을 만나며 분노를 쌓으며 하나님이 그들을 속박할지라도 하나님께 도움을 구하지 않는다. 그래서 그들의 몸은 젊어서 죽으며 그들의 생명은 남창과 함께 있게 된다.[14절] 엘리후는 욥이 바로 이런 유형의 악인이라고 은근히 몰아간다.

연단을 위한 고통도 있다 • 15-21절

이 단락은 엘리후의 횡설수설이 최고점을 찍는 부분이다. 욥을 "그대"라고 부르는 이 단락에서 엘리후는 욥을 가르치려고 한다. 엘리후는 끝내 욥의 핵심 질문이나 아젠다에는 접근하지 못한 채 성급한 해결책을 제시하려고 한다. 심지어 욥의 문제가 뇌물탐닉인 것처럼 몰아가는 장면은 이제까지의 엘리후 변론 자체의 진실성도 의심하게 만든다. 15절에서 엘리후는 느닷없이 하나님의 '곤고한 자 구원론'을 개진한다. "하나님은 곤고한 자를 그 곤고에서 구원하시며 학대당할 즈음에 그의 귀를 여"신다. 곤고에 일정 기간 동안 빠지게 하신 후, 시차를 두고 귀를 여신다는 것이다. 엘리후는 욥을 곤고한 자라고 보는 듯하다. 16절에서는 더 뜬금없이 하나님의 구원을 과장적으로 약속한다. 환난과 곤고 중에 귀를 열면 하나님의 구원을 경험할 수 있다는 논리다. 욥이 귀를 열면 하나님이 욥(그대를)을 환난에서 이끌어 내사 좁지 않고 넉넉한 곳으로 옮기려 하신다는 것이다. 뿐만 아니라, 환난 곤고 중에서도 하나님께 유순하게 인내하면, 무릇 욥(그대)의 상에는 기름진 것이 놓이리라는 예상까지 한다. 욥을 그저 환난당한 자로 밋밋하게 규정하고, 환난당하는 자의 바른 자세를 가르치려고 한다. 엘리후는 1-31장까지 전개된 욥기의 스토리 현장에 처음부터 목격자였음에도 불구하고 욥의 환난 과정을 거의 모르고 있다.

17절에서 엘리후는 이제 엘리바스와 같은 노골적이고 야비한 어조로 욥에게 악인필망론을 적용한다. "이제는 악인의 받을 벌이 그대에게 가득하였고 심판과 정의가 그대를 잡았"다. 욥은 악인이라는 것이다. 이 주장 하나만으로도 엘리후의 참신성은 거의 다 사라지는 셈이다. 18절에서 엘리후는 세 친구의 짜증스러운 말투를 그대로 재현한다. 분노한 욥에게 분노하지 않도록 조심하며 많은 뇌물에 혹하여 그릇된 길로 가게 될까 조심하라고 권계한다.[18절] 욥을 악인이라고 본 이상 욥의 부르짖음은 하나님께 상달되지 못할 것이라고 생각하는 것은 당연하다. 엘리후는 욥이 악인인 이상, 욥의 부르짖음이나 욥의 능력도 아무런 소용이 없다고 비아냥댄다. 욥을 면대해서 욥의 항변이나 능력, 그 어떤 것도 곤고한 가운데서 파리해져가는 욥을 소생시키는 데 유익이 될 수 없을 것이라고 조롱한다.[19절] 20절에서 엘리후는 비관적이고 파괴적인 허무주의 인생관에 휩쓸려가지 말라고 욥에게 경고한다. 밤을 사모하는 것은 어둠과 흑암 속에 자기를 자포자기적으로 집어던지는 행위를 의미한다. 밤을 사모하는 인생들이 밤에 그들이 있는 곳에서 끌려갈 것이라고 말하며,[20절] 욥의 처지를 동정하는 듯하면서도 은근히 욥을 꼬집는다. 엘리후가 보기에는 욥은 하나님께 자폭하듯이 돌격하는 중이다. 하나님을 고소하며 하나님과 법적인 다툼을 기꺼이 불사하려는 욥은 자기파괴적 욕망에 사로잡힌 일탈심리자라는 암시가 들어 있다. 엘리후에게는 하나님께 말로 대들고 하나님의 정의를 세워 달라고 거칠게 항의하는 것이 자기파괴적 죽음 사모, 밤 사모로 보일지도 모른다. 그래서 21절 엘리후의 충고는 더욱 말이 된다. 엘리후가 보기에는 욥은 환난을 당했다고 하나님을 도발하고 고소하는 신성모독자요 자기파괴적 저항자다. 그래서 그는 욥에게 삼가 악으로 치우치지 말라고 타이른다. 여기서 악은 하나님께 대들고 고소하고 항변하는 행위를 가리킨다. 그가 보기에는 욥은 환난보다 하나님께 대드는 악을 선택했다.^{21절}

창조주 하나님은 만민을 심판하실 만큼 위대하시다 • 22-33절

이 단락은 창조주 하나님의 절대적으로 큰 권능과 위엄을 예찬한다. 이 예찬의 목적은 욥의 저항의지, 대드는 태도와 하나님에 대한 도발적인 도전을 무력화하고 약화시키는 것이다. 감탄사 "보라! 하나님을"(헨-엘[הֶן־אֵ֤ל])로 시작되는 22절에서 엘리후는 그 큰 권능으로 높이 계신 하나님이 절대적 주권으로 교훈을 내리실 권리와 자격이 있음을 강조한다. 엘리후는 하나님의 인격성을 주목하기보다는 권능 면에서 압도적으로 우월하게 높은 하나님의 위상을 주목한다. 너무 높은 권세를 가지신 하나님은 그 큰 권능으로 누구의 도전도 받아 주시지 않는다는 것이다. 23절은 '하나님의 절대권능론'을 전개하는 엘리후의 숨은 목적을 드러낸다. 23절의 직역은 "누가 그를 위하여 그의 길을 정하였느냐? 누가 '당신께서 불의를 행하셨습니다'라고 말했는가?"이다. 하나님께 이렇게 하라, 저렇게 하라고 명령할 자는 아무도 없으며, 하나님이 불의의 길을 가신다고 비난할 수는 없다는 것이다. 따라서 욥 같은 사람이 하나님이 가야할 길을 코치하거나, 억울하고 원통한 고통에 대해서 하나님이 항변이나 해명 요구를 들어 주시지 않는다고 '하나님 당신은 불의합니다'라고 말할 수 없다는 것이다. 참고로 욥은 단 한 순간도 '하나님이 불의를 행하셨다'라고 한 적이 없다. 엘리후는 욥의 결백 주장을 하나님의 불의 주장으로 변질시켜 버렸다. 욥은 하나님이 불의하다고 도발한 것이 아니라, 하나님이 자신의 항변에 무대응으로 일관하시는 이유를 해명해 달라고 요구했을 뿐이었다.

24절에서 엘리후는 욥에게 "그대는 하나님이 하신 일, 사람들이 찬양했던 그의 행사를 높이는 것을 기억하라"고 충고한다. 개역개정에서 나오는 세 가지 동사의 병렬적 배치(기억하고, 높이고, 잊지 말라)는 히브리어 구문을 오역한 결과다. 우선, '잊지 말라'는 히브리어 구문에 없는 단어를 개역개정이 불필요하게 추가했다. 또한 '높이다'라는 동사는 '기억하라'는 목적절(키 목적절) 안에 나오는 동사이기 때문에 개역개정처럼 병렬적으로 번역하면 안 된다. '인생'으로 번역된 히브리어는 '사람들'(아나쉼[אֲנָשִׁים])이다. 욥에게는 사람들이 찬양했던 하나님의 일을 찬양해야 할 의무가 있음을 기억하라고 요구한다. 여기서 말하는 하나님의 일은 하나님의 창조행위와 창조유지, 보존, 운행, 통치 전체를 가리킨다. 무릇 인간은 하나님의 창조사역과 세상 통치를 찬송해야 한다는 것이다. 25절도 24절 하반절의 주제를 이어받는다. 모든 사람이 하나님의 일을 우러러볼 뿐만 아니라, 먼 데서도 다 본다는 것이다.[25절]

26-33절에서 엘리후는 하나님의 크고 위엄에 찬 우주 통치, 우주 운행 등을 거론함으로써 하나님에 대한 욥의 도발적 소송 제기를 철회시켜 보려고 한다. 26절에서 엘리후는 욥에게 저항무용론을 가르치기 위해 신비주의적 불가지론을 내세운다. "하나님은 높으시니 우리가 그를 알 수 없고 그의 햇수를 헤아릴 수 없느니라." 하나님은 너무 높고 너무 장구하신 분이어서 인간의 이해 역량 밖에 계시다는 것

이다. 하나님이 행하시는 일은 신비하다는 것이다.

27-33절은 하나님이 행하시는 천체물리학적이고 기상학적인 사역을 예시함으로써 불가해한 하나님의 위엄을 부각시킨다. 하나님은 물방울을 가늘게 하시며 빗방울이 증발하여 안개가 되게 하신다. 하나님은 지상에서 빗방울을 가늘게 해 공중에 떠 있을 만큼 가벼운 안개(에드[אֵד]. 에덴 동산을 아래로부터 올라와서 적시던 그 안개)가 되게 하신다.[27절] 안개는 구름을 물기로 적셔 사람에게 비가 풍성하게 쏟아지게 한다.[28절] 개역개정에서 "많은 사람에게"라고 번역하는 "많은"에 해당하는 히브리어 단어 랍(רַב)은 "사람"(아담)을 수식하는 후치형용사가 아니라, '비 내리다'를 의미하는 이라푸(יִרְעֲפוּ) 동사를 수식하는 부사어다. 비가 내리기 전에 하늘에는 겹겹이 쌓인 구름이 떠 있으며 그 하나님의 구름 장막을 쩌렁쩌렁하게 흔드는 우렛소리가 진동한다. 누가 능히 우렛소리의 뜻을 깨달을 수 있겠는가?[29절] 여기서 '깨닫다'로 번역된 히브리어 야빈(יָבִין)은 '분별하다'라고 번역하는 것이 더 낫다. 우렛소리가 무슨 메시지, 의도를 가진 하나님의 의사소통 행위인지를 알아차리는 것이 중요하다는 것이다.

"보라"로 시작되는 30절에서 엘리후는 번갯불을 자기의 사면에 펼치시며 바다 밑까지 비치시는 하나님의 보편적인 사역을 말한다. 31절은 번갯불의 이중적 효용을 말한다. 비, 우렛소리, 천둥번개 등은 만민을 심판하시는 하나님의 도구이면서, 음식을 풍성하게 생산케 하는 선한 도구이다.[31절] 32절 개역개정 번역이 다소 이상하다. "그가 번갯불을 손바닥 안에 넣으시고 그가 번갯불을 명령하사 과녁을 치시도다." 히브리어 본문을 직역하면, "손바닥(아마도 구름을 은유하는 듯함) 안에 그가 빛(번갯불)을 감추시며 청원자(간청자, 중재자)를 겨냥해 그것(빛)에게 명령하신다" 정도가 된다. 여기서 청원자라고 번역된 히브리어 마퍼기아(מַפְגִּיעַ)는 개역개정이나 많은 영어성경에서

욥

는 과녁^{mark}이라고 번역한다(Tanakh, NASB). 여기서는 이 단어를 무엇이라고 번역하는지가 중요하다. 이 단어 앞에 전치사 쁘(בְ)가 붙어 있는데, 이 경우 대개 공격 대상을 도입하는 전치사^{against}로 번역된다. 하나님이 빛에게 마퍼기아에 닿도록 혹은 마퍼기아를 비추도록 명령하신다는 것이다. "과녁"이라는 번역은 문맥상 지나치게 의역한 경우이다. 마퍼기아는 '청원하다', '사이에 서다', '중재하다', '기도하다' 등을 의미하는 동사 파가(פָּגַע)의 히필(사역) 남성단수분사 형태다. 전치사 쁘와 함께 생각해 보면, 뭔가 행위를 하는 자라고 볼 수 있다. 여기서는 '사이에 선 자', '청원자', '중재자'를 의미한다고 봐야 한다. 욥기 1장은 하늘 불이 욥의 자녀들과 가축들을 정조준해서 타격했음을 말한다. 욥이 하나님의 번갯불 공격을 받았다는 것이다. 엘리후는 아마도 하나님이 욥을 정조준해서 번갯불 공격을 하셨다고 말하는 것처럼 보인다. 욥은 지금 청원자이자 간청자다. 엘리후가 보기에 하나님의 진노를 촉발시키는 자다. 엘리후의 관점에서 하나님이 번갯불을 명해 칠 대상은 욥 외에 다른 이가 없다. 결국 32절의 과녁(마퍼기아)을 명중하는 번개 현상은 사람을 타격하는 하나님의 정조준 사격기능을 수행하는 맥락에서 이해해야 함을 말해 준다.

이런 해석을 뒷받침하는 것은 33절이다. 33절의 히브리어 본문은 어렵다. 상반절은 '야기드 알라이브 레오'(יַגִּיד עָלָיו רֵעוֹ)이다. '레오'에 붙어 있는 휴지 악센트 아트나(∧)는 여기서 상반절이 끝난다는 것을 말해 준다. 상반절의 히브리어 본문은 비교적 평이하다. 직역하면, "그것의 굉음(번갯불의 굉음)이 그것에 대하여 자세히 말해 준다" 정도다. 하반절은 어렵다. 미크네 아프 알-올레(מִקְנֶה אַף עַל-עוֹלֶה). BHS 비평학자들은 올레(עוֹלֶה)라고 표기된 히브리어 자음을 '불의', '죄'를 의미하는 아블라(עַוְלָה)라고 고쳐 읽을 것을 제안한다. 개역개정은 올레를 '오르다'를 의미하는 동사 알라(עָלָה)의 명사(오름, 상승, 올라감)

로 보고, "가축들(미크네)도 그것의 도착을 안다"라고 번역한다. 그런데 하반절에는 어떤 동사도 없다. '알다'라는 동사 자체가 없다. 하반절은 명사문장이다. 그래서 NASB는 희한하게 번역한다. "The cattle also, concerning what is coming up"(가축들 역시, 다가오는 것에 관하여). 개역개정은 보통 '분노'를 의미하는 명사로 사용되거나 '정녕', '또한'을 의미하는 부사어 앞(אף)을 "가축들도"에서 "도"라는 동일보조사로 처리해 번역한다. NASB는 "역시"also라고 번역한다. 그런데 앞(אף)이 부사어로 사용되는 경우는 대부분 문두에서다. 문장 중간에 나오는 앞(אף)이 이런 부사어로 사용되는 경우는 거의 없다. 그래서 앞(אף)은 '분노'를 의미한다고 봐야 한다. 또한 '미크네'가 문제가 된다. 개역개정은 이 단어를 "가축들"이라고 번역하는데, 그 자체로는 가능하다. 창세기 12장에서 아브라함이 하란에서 얻은 재산으로서의 가축을 의미할 때 '미크네'가 사용되었다. 그런데 미크네의 어근동사 카나(קָנָה)는 '획득하다' 외에 '발동시키다'를 의미하기도 한다. 따라서 여기서 '분노의 가축'이라는 번역어는 말이 전혀 안 된다. 그렇다면 남는 것은 '분노의 발동'이다. 결국 33절 하반절은 우렛소리를 동반한 번갯불은 '불의(죄)에 대한 분노의 발동이다'라는 의미가 된다. Tanakh 역본은 정확하게 이런 방식으로 번역한다. "The kindling of anger against iniquity"(불의에 대한 진노 점화).

메시지

36:1-23은 32-35장의 엘리후식 어투와 논리의 연장처럼 보이지만, 36:24-33에는 독단적이고 교조적인 말투나 논리보다는 욥에 대한 비판 어조를 다소 누그러뜨리며 신비주의로 경사될 조짐을 보인다. 36:15부터 37장까지 엘리후의 입에서 나온 말들에는 약간 이성적인

어조가 발견된다. 그러나 여기서도 엘리후는 시종일관 자신감과 자기확신으로 가득 차 있다. "진실로 내 말은 거짓이 아니라 온전한 지식을 가진 이가 그대와 함께 있느니라."[4절] 온전한 지식을 가진 사람은 엘리후 자신을 말한다. 5-7절에서 엘리후는 모호한 태도를 취한다. "하나님은 능하시나 아무도 멸시하지 아니하시며 그의 지혜가 무궁하사 악인을 살려두지 아니하시며 고난받는 자에게 공의를 베푸시며 그의 눈을 의인에게서 떼지 아니하시고 그를 왕들과 함께 왕좌에 앉히사 영원토록 존귀하게 하시며." 각각의 유형의 인간에 대한 하나님의 태도는 다음과 같이 정리된다.

1. 아무도 멸시하지 않으신다.
2. 악인은 살려두지 아니하신다.
3. 고난받는 자에게는 공의를 베푸신다.
4. 의인을 귀히 주목하사 왕들과 함께 왕좌에 앉히사 영원토록 존귀하게 하신다.

엘리후가 욥을 악인으로 보는지, 단지 원인 불명의 이유로 고난받는 자로 보는지는 분명하지 않으나, 적어도 확실한 것은 엘리후가 욥을 의인으로 볼 가능성은 거의 없는 것 같다. 이 분류에 따르면, 욥은 악인이거나 고난받는 자다. 굳이 말하면 엘리후가 보기에는 욥은 자기 악으로 인해 고난을 당하는 자다. 그러나 세 친구와 달리 엘리후는 고난받는 악인에게도 재활회복의 길이 있음을 강조한다. "하나님은 곤고한 자를 그 곤고에서 구원하시며 학대당할 즈음에 그의 귀를 여시나니 그러므로 하나님이 그대를 환난에서 이끌어 내사 좁지 않고 넉넉한 곳으로 옮기려 하셨은즉 무릇 그대의 상에는 기름진 것이 놓이리라. 이제는 악인의 받을 벌이 그대에게 가득하였고 심판과 정의가 그대를 잡았나니 그대는 분노하지 않도록 조심하며 많은 뇌물이 그대를 그릇된 길로 가게 할까 조심하라."¹⁵⁻¹⁸절 엘리후에 따르면, 욥은 지금 이전의 악행으로 하나님의 징벌을 받고 있는 곤고한 자이며 고난당하는 자다. 그런데 엘리후는 자신 같은 예언자적 중보자의 권면으로 회개하면 재활복구의 길이 열릴 것이라고 주장한다. 엘리후의 충고는, 이 상황에서 욥이 최악의 환난풍파를 초래하지 않으려면 하나님께 분노를 터뜨리지 말아야 하고, 뇌물에 마음을 빼앗기지 말아야 한다는 것이다. 이 치방을 제시하면서 엘리후는 치명적인 실수를 범한다. 첫째, 하나님의 더 큰 분노가 욥을 더 치명적으로 타격할 여지가 있다고 말함으로써 하나님을 가공할 만한 공포의 대왕으로 묘사한 것이다. 둘째, 아직도 욥이 뇌물을 받아 재판이나 기타 판단에서 불의를 범할 지위에 앉아 있다고 믿는 점이다. 30장에서 봤듯이, 욥은 지금 잿더미에 뒹굴며 무덤에 반 이상 몸을 디밀어둔 상태다. 거의 사경을 헤매듯이 영락하여 재기불능의 절망에 치를 떠는 중이다. 그런데 엘리후는 너무 상투적인 설교문을 외워 아무 맥락 없이 읊어 대는 것처럼 욥이 뇌물로 인해 그릇된 길을 갈 가능성을 경계한다.

21-23절에서 엘리후는 욥이 처한 상황에 대하여 돌이킬 수 없는 오해를 드러낸다. "삼가 악으로 치우치지 말라. 그대가 환난보다 이것을 택하였느니라. 하나님은 그의 권능으로 높이 계시나니 누가 그같이 교훈을 베풀겠느냐. 누가 그를 위하여 그의 길을 정하였느냐. 누가 말하기를 주께서 불의를 행하셨나이다 할 수 있으랴." 엘리후는 욥이 벌을 달게 받지 않고 하나님께 더 반발하여 악으로 치우칠 것을 경계한다.²¹절 엘리후가 보기에 욥이 범할 수 있는 악은, 23절의 가상적 주장을 하는 행위이다. '하나님, 당신께서 불의를 행하셨나이다.' 엘리후가 보기에는 이미 욥은 이런 신성모독적인 언동을 표출했다. 엘리후는 끝까지 욥의 죄 혐의를 벗겨 주는 말은 하지 않는다. 대신 하나

님은 결코 불의를 행하실 수 없다는 점만을 강조한다. 오히려 악인이 받을 벌이 욥에게 가득하고 하나님의 심판과 정의가 욥을 잡았으니, 하나님을 불의하다고 비난하는 죄를 추가하지 말라고 경고한다.[18절] 비록 덜 궁극적인 죄를 지어 벌을 받고 고난을 당하더라도 즉시 회개하고 더 큰 화를 예방하는 것이 최선이라고 말한다. 여기까지는 여전히 32-35장과 논조가 거의 같다.

24-33절 단락에서 엘리후는 욥이 하나님의 정의를 다 아는 것처럼 말하는 것을 막기 위해 하나님이 하시는 일의 파악불가능한 신비성을 부각시킨다. 여기서도 엘리후는 끝까지 욥을 은근히 비난하면서 하나님의 신비한 세상 통치, 우주 통치를 언급한다. 욥을 은근히 비난하는 맥락에서 하나님의 신비한 세상 경영을 언급한다는 점이 중요하다. "욥, 인간으로서는 파악할 수 없을 정도로 불가해한 방식으로 우주를 통치하시는 하나님을 오해하지 말지어다." 이런 의미의 충고이자 경고다. "하나님은 높으시니 우리가 그를 알 수 없고 그의 햇수를 헤아릴 수 없느니라."[26절] "보라, 그가 번갯불을 자기의 사면에 펼치시며 바다 밑까지 비치시고 이런 것들로 만민을 심판하시며 음식을 풍성하게 주시느니라. 그가 번갯불을 손바닥 안에 넣으시고 그가 번갯불을 명령하사 과녁을 치시도다. 그의 우레가 다가오는 풍우를 알려 주니 가축들도 그 다가옴을 아느니라."[30-33절] 마지막 단락의 천문기상학 담론도 욥의 오만과 무례를 비판하는 맥락에서 나온다. 경우에 따라서 32절에 있는 번갯불에 의한 과녁 타격 언급은 욥 자녀들이 하늘의 불, 번갯불로 심판받았음을 은근히 상기시키는 말로 들릴 수가 있다. 36장 마지막 단락과 비슷한 논리가 37장에서도 이어진다.

37장.

천둥, 우레, 번갯불에서
하나님의 목소리를 듣는다고 주장하는 엘리후:
하나님의 폭풍우 담화 미리 흉내내기

37

¹ 이로 말미암아 내 마음이 떨며 그 자리에서 흔들렸도다. ² 하나님의 음성 곧 그의 입에서 나오는 소리를 똑똑히 들으라. ³ 그 소리를 천하에 펼치시며 번갯불을 땅 끝까지 이르게 하시고 ⁴ 그 후에 음성을 발하시며 그의 위엄 찬 소리로 천둥을 치시며 그 음성이 들릴 때에 번개를 멈추게 아니하시느니라. ⁵ 하나님은 놀라운 음성을 내시며 우리가 헤아릴 수 없는 큰 일을 행하시느니라. ⁶ 눈을 명하여 땅에 내리라 하시며 적은 비와 큰 비도 내리게 명하시느니라. ⁷ 그가 모든 사람의 손에 표를 주시어 모든 사람이 그가 지으신 것을 알게 하려 하심이라. ⁸ 그러나 짐승들은 땅 속에 들어가 그 처소에 머무느니라. ⁹ 폭풍우는 그 밀실에서 나오고 추위는 북풍을 타고 오느니라. ¹⁰ 하나님의 입김이 얼음을 얼게 하고 물의 너비를 줄어들게 하느니라. ¹¹ 또한 그는 구름에 습기를 실으시고 그의 번개로 구름을 흩어지게 하시느니라. ¹² 그는 감싸고 도시며 그들의 할 일을 조종하시느니라. 그는 땅과 육지 표면에 있는 모든 자들에게 명령하시느니라. ¹³ 혹은 징계를 위하여 혹은 땅을 위하여 혹은 긍휼을 위하여 그가 이런 일을 생기게 하시느니라. ¹⁴ 욥이여, 이것을 듣고 가만히 서서 하나님의 오묘한 일을 깨달으라. ¹⁵ 하나님이 이런 것들에게 명령하셔서 그 구름의 번개로 번쩍거리게 하시는 것을 그대가 아느냐. ¹⁶ 그대는 겹겹이 쌓인 구름과 완전한 지식의 경이로움을 아느냐. ¹⁷ 땅이 고요할 때에 남풍으로 말미암아 그대의 의복이 따뜻한 까닭을 그대가 아느냐. ¹⁸ 그대는 그를 도와 구름장들을 두들겨 넓게 만들어 녹여 부어 만든 거울 같이 단단하게 할 수 있겠느냐. ¹⁹ 우리가 그에게 할 말을 그대는 우리에게 가르치라. 우리는 아둔하여 아뢰지 못하겠노라. ²⁰ 내가 말하고 싶은 것을 어찌 그에게 고할 수 있으랴 삼켜지기를 바랄 자가 어디 있으랴. ²¹ 그런즉 바람이 불어 하늘이 말끔하게 되었을 때 그 밝은 빛을 아무도 볼 수 없느니라. ²² 북쪽에서는 황금 같은 빛이 나오고 하나님께는 두려운

천둥. 우레. 번갯불에서 하나님의 목소리를 듣는다고 주장하는 엘리후 : 하나님의 폭풍우 담화 미리 흉내내기

위엄이 있느니라. 23 전능자를 우리가 찾을 수 없나니 그는 권능이 지극히 크사 정의나 무한한 공의를 굽히지 아니하심이니라. 24 그러므로 사람들은 그를 경외하고 그는 스스로 지혜롭다 하는 모든 자를 무시하시느니라.

욥이여! 하나님의 솜씨를 드러내는 폭풍우의 위력들 앞에 제발 겸손하라
● 1-20절

37장의 엘리후 강설은 천둥, 우레, 번갯불 등 천체 현상이 하나님의 큰 권능과 위엄에 찬 현존을 대변한다고 주장한다.[1] 엘리후는 더 이상 욥의 죄를 지적하거나 회개를 요청하지도 않는다. 이 천문 현상에 대한 엘리후 강설의 목적은 욥이 하나님의 절대적 권능, 높으심, 위엄 등을 보고 하나님을 두려워하는 마음을 갖도록 설복하는 데 있다. 36장의 마지막 단락의 천문 현상, 기상학적 오묘와 조화 등에 대한 엘리후의 강설은 스스로를 감동시켰는지 몰라도 욥에게 별다른 감흥을 일으킨 것처럼 보이지 않는다. 하나님이 얼마나 높으신가? 하나님이 얼마나 대단하고 위대하신가? 하나님이 얼마나 큰 권능자인가? 이런 논의들은 욥의 항변을 그치게 하는 데 별다른 효과를 내지 못한 것처럼 보인다. 이 모든 천문기상학 강론은 욥이 하나님께 보이는 도발적이고 무례한 언동을 멈추게 하려는 데 그 초점이 맞춰져 있다. 욥은 하나님이 인간이 내지르는 아우성과 항변에 대답할 책임이 있는 인격적인 창조주, 언약적 하나님이라고 믿기에 이런 자신의 항변을 죄나 반역이라고 생각하지 않는다. 자신이 처한 부조리한 고난 사태는 하나님께 부르짖어야 할 정당성과 동기를 부여한다고 믿는다. 엘리후는 인간의 항변, 아우성을 외면하고 배척하기 위해 하나님의 압도적인 권능과 크신 위엄에 호소할 뿐 인간의 지위와 품격 따위에는 전혀 관심이 없다. 하나님의 압도적 크심, 권능 찬양에 탐닉한 엘리후는 인간의 존엄이 파괴된 그 참상과 고난에 대한 일말의 동정이나 성찰을 보여주지 않는다. 인간의 고통, 아우성, 저항의 함성을 비껴가고 외면한 채 하나님만 높이고 찬양하는 신학은 십자가에 달린 하나님의 아들의 고통을 이해하지 못하는 공허한 형이상학이자 무기력한 유신론일 뿐이다.

1절은 하나님의 천둥, 번개, 우렛소리 등 오묘한 천문기상 현상에 직면해 전율을 느끼고 자신의 처소에서 진동을 경험했다는 엘리후의 고백이다. "내 마음이 떨며 그 자리에서 흔들렸도다." 이런 천문기상학적 현상이 엘리후에게는 오묘하고 신비한 하나님의 권능 과시다. 하지만 그는 한 걸음 더 나아간다. 그는 이 천문기상 현상에서 하나님의 현존을 느끼고 음성을 듣는다고 주장한다. 따라서 그는 욥에게도 "하나님의 음성 곧 그의 입에서 나오는 소리를 똑똑히 들으라"고 촉구한다. 엘리후에 따르면, 하나님은 천둥(우레) 소리를 천하에 펼치시며 번갯불을 땅 끝까지 이르게 하시고[3절] 그 후에 하나님의 음성을 발하신다. 우렛소리는 하나님의 음성의 전주곡이다. 하나님은 당신의 위엄에 찬 소리로 천둥을 치시며 그 음성이 들릴 때에 번개를 멈추게 아니하신다.[4절] 하나님의 음성은 번개 치는 동안에 들린다는 의미다. 하나님의 음성은 번개가 가져오는 천둥(우렛소리)을 효과음, 배경음으로 삼고 들려온다는 말이다. 하나님은 놀라운 음성을 내시며 인간이 헤아릴 수 없는 큰 일을 행하신다. 시편 29편은 하나님의 음성, 목소리가 천지를 창조하는 구체적인 대리자임을 말한다.

너희 권능 있는 자들아, 영광과 능력을 여호와께 돌리고 돌릴지어다. 여호와께 그의 이름에 합당한 영광을 돌리며 거룩한 옷을 입고 여호와께 예배할지어다. **여호와의 소리가** 물 위에 있도다. 영광의 **하나님이 우렛소리를** 내시니 여호와는 많은 물 위에 계시도다. **여호와의 소리가** 힘 있음이여, **여호와의 소리**가 위엄차도다. **여호와의 소리**가 백향목을 꺾으심이여, 여호와께서 레바논 백향목을 꺾어 부수시도다. 그 나무를 송아지 같이 뛰게 하심이여, 레바논과 시론으로 들송아지 같이 뛰게 하시도다. **여호와의 소리**가 화염을 가르시도다. **여호와의 소리**가 광야를 진동하심이여, 여호와께서 가데스 광야를 진동시키시도다. **여호와의 소리**가 암사슴을 낙태하게 하시고 삼림을 말갛게 벗기시니 그의 성전에서 그의 모든 것들이 말하기를 영광이라 하도다. 여호와께서 홍수 때에 좌정하셨음이여, 여호와께서 영원하도록 왕으로 좌정하시도다. 여호와께서 자기 백성에게 힘을 주심이여, 여호와께서 자기 백성에게 평강의 복을 주시리로다. 시29:1-11

시편 29편에 비추어 볼 때 3-4절의 하나님 목소리 언급은 하나님의 세계창조에서 하나님의 음성/목소리가 발했던 절대권능을 찬양하기 위함임을 알 수 있다. 6-12절은 다시 천문기상학적 현상의 원천이요 조성자인 하나님의 권능을 찬양하고 있다. 그 자체로는 다 평범해 보이는 천문기상 현상에 대한 진술로 보인다. 하나님은 눈을 명하여 땅에 내리라 하시며, 적은 비와 큰 비도 내리게 명하시며,6절 그러면서도 하나님은 모든 사람의 손에 표를 주시어 모든 사람이 그가 지으신 것을 알도록 하셨다.7절 인간 각자에게 자신이 하나님의 피조물임을 자각케 하는 표를 주셨다는 말은 하나님의 특별권념과 가호를 보증하는 표를 주셨다는 말이다. 이때 "알다"의 주어는 하나님이 아니라, '모든 사람'이다. 모든 사람은 이 하나님의 배려 때문에, 곧 자신의 손에 있는 그 표시 때문에 하나님이 만드신 사람임을 알 수 있다는 것이다. 그런데 하나님의 보호 표시를 손에 받은 인간과 달리, 짐승들은 땅 속에 들어가 그 처소에 머문다.8절 "폭풍우는 그 밀실에서 나오고 추위는 북풍을 타고" 온다.9절 9절은 8절에 대해 아무런 인과관계를 갖지 않고 있는 병렬적 대구문장이다. 짐승들은 땅 속에 들어가 그 처소에 머무는 데 비해, 폭풍우는 밀실에서 나오고 추위는 북풍을 타고 온다. "하나님의 입김이 얼음을 얼게 하고 물의 너비를 줄어들게" 한다.^{10절} 또한 하나님은 구름에 습기를 실으시고 그의 번개로 구름을 흩어지게 하신다.^{11절} 하나님은 감싸고 도시며 그들의 할 일을 조종하시되, 땅과 육지 표면에 있는 모든 자들에게 명령하신다.^{12절} 13절은 징계를 위하여 혹은 땅을 위하여 혹은 긍휼을 위하여 하나님이 이런 천문기상적 현상을 일으키신다고 말한다. 현대인의 과학적인 상식으로 보면 다소 김빠지고 고루해 보이는 이 천문기상학적 현상 묘사는 과학적 지식을 과시하기 위함이 아니라, 욥을 겸손하게 만들기 위함 이라는 사실이 중요하다.

14-20절은 앞 단락의 적용 부분이다. 간단히 말하면, 엘리후는 이렇게 말하고 싶은 것이다. "이 장엄하고 거대한 우주 천문기상을 조성하고 운행하며 통제하는 하나님의 큰 권능 앞에 겸손하라. 욥이여, 그대가 무엇을 알 수 있는가? 이렇게 절대적으로 크신 하나님 앞에 무슨 말을 할 수 있는가?" 14절에서 엘리후는 욥에게 대면해서 호소한다. 자신의 천문기상학 강론을 듣고 "가만히 서서 하나님의 오묘한 일을 깨달으라." 15절에서 엘리후는 욥이 이런 하나님의 오묘한 일을 깨닫지 못한다고 단정한다. 그러나 이제까지 욥의 답변이나 변론을 볼 때 욥은 엘리후가 읊어대는 이 정도의 천문기상학과 우주 천문학 지식은 충분히 가진 것으로 보인다. 그가 욥에게 하나님이 이런 것들 (구름, 안개, 물방울, 불 등)에게 명령하셔서 그 구름의 번개로 번쩍거리게 하시는 것을 아느냐고 묻는 질문^{15절}이 과연 욥에게 무슨 각성을 일으킬 수 있을지 의심스럽다. 욥의 대답을 단 한마디도 듣지 못한 채 홀로 32장부터 37장까지 많은 말을 독점하는 엘리후는 그 자체로 이미 욥의 평가를 받고 있다. 아무런 대답도 듣지 못하고 응답이나 공

37

천둥, 우레, 번갯불에서 하나님의 폭풍우 담화 미리 흉내 내기

하나님의 목소리를 듣는다고 주장하는 엘리후:

감의 메아리도 듣지 못한 채 자기만의 장광설을 지루하게 늘어놓은 행위는 고대인이나 현대인의 교양 기준 어디에 비추어 봐도 격조 높은 지혜자의 품격과는 아주 멀어 보인다. 엘리후는 욥의 침묵, 무대응, 무대답 자체가 하나의 메시지이자 응답이라는 사실을 왜 눈치 채지 못할까? 나르시즘적인 자기 확신이 그의 균형감각을 잃게 만든다.

그럼에도 16-18절에서 엘리후는 또 다시 자기만의 선생놀이를 이어 간다. 그는 세 가지 연속적인 질문을 제기한다. "욥이여, 그대는 겹겹이 쌓인 구름, 곧 지식들에 관해서는 완전하신 분²의 기사奇事들을 아는가?"16절3 "하나님이 남풍으로 땅을 진정시킴으로써 그대의 옷들이 따뜻해질 때"17절4 "그대는 그(하나님)와 함께 견고한 구름들(하늘들)을 주조된 거울처럼 펼치고 있는가?"18절5 이 세 가지 질문들은 도덕적 질서와 공정성, 하나님 심판의 공명정대성을 문제삼은 욥에게는 아무런 관련이 없는 우주 천문기상학 질문들이다. 이런 질문들에 욥이 답변을 하지 못한다고 해서 욥이 하나님께 자신의 억울함을 호소하거나, 심지어 하나님의 침묵과 무대응에 대해 항변하는 행위의 정당성이 약화되지 않는다. 욥은 당연히 이런 질문들에 대한 답변을 주고받고 싶은 마음이 전혀 생기지 않았을 것이다.

19절은 엘리후의 거짓된 겸양을 드러내는 말이다. 엘리후는 욥에게, 이처럼 크고 신비한 우주를 통치하는 하나님께 도대체 무슨 말(항의, 문제 제기)을 할 수 있는지 가르쳐 달라고 요구한다. "우리"는 자신의 동지들을 가상적으로 참여시키는 화법이자 욥을 고립시키는 심리적 압박화법이다. 그는 "나는 아둔하여"라고 말하지 않고, "우리는 아둔하여"라고 말한다. 자신은 하나님께 말하고 싶은 것이 있어도 감히 말하지 못하겠다고 말한다. 하나님께 항변하고 하나님의 정의를 의심하고 대드는 그런 언어적 도발은 하나님께 삼켜짐을 당할 것이라고 두려워한다. 엘리후는 하나님의 큰 권능, 위엄, 절대적 자유는 알았을지 몰라도 인격적 하나님을 너무 모르고 있다. 욥은 대듦, 항변, 불평 때문에 하나님이 자신을 불로 삼킬 것이라는 두려움을 전혀 느끼지 않는다.

지혜로운 자들은 하나님을 경외한다 • 21-24절

이 마지막 단락은 욥을 지혜로운 자들의 동아리에서 영구퇴출하는 엘리후의 최후통첩이다. 37장의 전체결론 단락이다. 21절은 앞 단락 주제를 잇고 있다. 개역개정은 등위접속사로 연결된 상하반절을 종속절과 주절로 나눠 번역한다. 히브리어 본문의 하반절을 종속절로 삼고 상반절을 주절로 삼는다. 불가능한 것은 아니지만 불필요하다. 직역하면, "그들은(사람들) 구름들 속에 있는 밝은 빛을 보지 못하되 바람이 불어 구름들을 말끔하게 하고 있다"이다. 하나님의 밝은 빛이 구름들 속에 감춰져 있을 때는 그 빛을 볼 수 없지만, 바람이 불어 구름들을 걷어내면 그 밝은 빛을 볼 수 있다는 것이다. 21절의 함의는 하나님의 빛이 지금 구름들 속에 있는데, 욥이 못 본다는 것이다. 그런데 바람이 불어 구름들이 다 걷히게 될 것이라는 기대를 말한다. 욥은 지금 구름들 속에 감춰진 하나님의 밝은 빛을 보지 못한다는 것이다. 남풍이 불어 구름들이 걷히면 "북쪽에서는" 감춰져 있던 "황금 같은 빛이 나오고" 하나님께서는 두려운 위엄을 발하신다.^{22절} 엘리후의 주장은 욥을 제외한 모든 지혜자들은 이 진리를 안다는 것이다. 23절은 하나님의 은닉성을 말한다. 전능자는 인간이 어느 고정된 지점에 가면 만날 수 있고 찾을 수 있는 분이 아님을 말한다.

　23절 하반절은 엘리후의 총결론이다. "하나님은 권능이 지극히 크사 정의나 무한한 공의를 굽히지 아니하신다." "그러므로 사람들은 그를 경외하고 그는 스스로 지혜롭다 하는 모든 자를 무시하시느니라."^{24절} 엘리후는 욥을 "스스로 지혜롭다 하는 자"라고 보면서, 하나님의 응답하심을 결코 받지 못할 것이라고 단정한다. 그러나 38장부터는 엘리후의 이 모든 판단이 틀렸음이 드러난다. 하나님이 욥의 항변에 응답하셨기 때문이다. 하나님은 결코 욥을 무시하시지 않았다. 38장부터 욥의 진실이 드러난다. 38-41장에서 하나님은 욥의 항변태도 자체를 질책하시지만, 단죄하시지는 않는다. 회개를 강요하지도 않는다. 악인필망론으로 욥을 겁박하거나 위협하지도 않는다. 37장의 엘리후 강론과 38장의 하나님 강론은 닮은 듯하나 그 무늬와 결이 다르다.

메시지

엘리후의 장광설은 마침내 끝났다. 비록 엘리후는 욥의 말들을 직간접적으로 인용하고 인증하거나 욥을 2인칭 단수대명사로 불러 가며('너', '그대') 질책하고 조롱했지만, 엘리후의 장황한 변론 내내 욥은 단한마디도 대꾸하지 않았다. 왜 그랬을까? 왜 세 친구들과의 논쟁에서처럼 욥은 전혀 엘리후에게 응답하지 않았을까? 몇 가지 이유를 생각해볼 수 있다. 첫째, 엘리후가 이미 세 친구들의 변론(악인필망론, 절대자 하나님의 선험적 절대옹호, 절대긍정)을 되풀이했기 때문이다. 둘째, 욥은 이미 세 친구들에 대한 답변에서 그리고 29장과 31장에서 자신의 입장을 충분히 말했기 때문이다. 셋째, 자신의 최종논쟁 상대(소송당사자)는 인간이 아니라 하나님이었기 때문이다. 욥이 과연 하나님을 상대로 세상 통치 방식이 충분히 공의롭지 못하다고 대들며 항변하는 것이 정당한가는 별개의 문제다. 마지막으로, 욥 자신도 하나님의 정의에 대해 시비를 거는 자신의 언동에 뭔가 문제가 있었다고 느끼며 자기비판적 검열을 이미 시작했기 때문이다. 이 네 가지 이유 모두 어느 정도는 욥의 침묵을 설명할 수 있을 것이다.

우리가 여섯 장에 걸쳐 자세히 살펴봤듯이, 엘리후는 세 친구들처럼 악인필망론 혹은 악인응벌론을 중심 교설로 내세운다는 점에서, 그리고 욥을 죄인이라고 보며 그의 고난이 죄에 대한 하나님의 징벌이라고 주장한다는 점에서 세 친구들의 논리에 비해 의미심장한 진전을 이루었다고 보기 힘들다. 다만 36장 후반부와 37장의 우주 천문 기상학 강론을 통해 하나님의 '세상 통치 방식', 적어도 자신을 대하는 방식이 정의롭지 못하다고 불평하는 욥의 태도 자체를 문제시한다는 점에서는 엘리후의 강설에도 약간의 진전이 있다고 볼 수 있다. 그런 점에서 37장은 38장 이하의 하나님의 폭풍우 강화를 예기케 하며, 하나님과의 두려운 대면에 대하여 욥을 미리 준비시키는 기능을 한다. 여기서 우리는 세 친구들과 욥의 격렬한 논쟁, 그리고 엘리후의 장광설을 이해하기 위해 '고난과 고통의 원인'에 대한 구약성경의 상이한 접근들을 살펴볼 필요가 있다. 38장을 이해하기 위해 이 검토는 필요하다.

구약성경은 악과 고난의 원인을 크게 세 갈래에서 찾고 있다. '신명기 역사가의 인과응보설', '정의로운 세상 통치에서 벗어난 듯한 하나님을 탓하는 애가형 저항과 탄식', 그리고 '욥기의 창조신학적, 목적론적 고난 이해'가 바로 그 세 갈래다.

신명기 역사가의 회개자책 신학

첫째, 아담의 원죄로 악과 고통 그리고 그것의 절정인 죽음이 시작되었다고 보는 응벌론이다. 이 입장은 창세기 3장에서 최초로 등장한다. 아담이 범죄하자 에덴 동산에 가시덤불과 엉겅퀴가 나고 죽음과 고통, 인격적 분열과 적대가 시작되었다("땅은 너로 인하여 저주를 받아"가 나오는 창 3:15 이하). 창세기 이래로 이 '죄와 벌의 논리'는 고난과 악의 원인을 설명하는 대표적인 논리다. 사사기에 가장 빈번히 나오는 '죄 짓고 벌받는 현상'은 이스라엘 역사 전체를 관통하고 있으며, 이스라엘 역사는 죄와 벌의 역사라고 해도 과언이 아니다. 죄와 벌의 논리는 신약에도 나온다. 사도행전 5장의 아나니아와 삽비라의 참극은 그들의 성령 훼방죄에 대한 하나님의 즉각적인 응징이었다. 신명기 28장 전체는 이런 입장을 정교하게 표현한다. 1-14절은 이스라엘이 하나님의 언약에 충실하고 그 언약율법들을 잘 준수했을 때, 물질적인 재부와 대적으로부터의 안전보장, 무병장수 및 다산, 그리고 국가적 번영(부국강병, 경제강국) 등 인간이 지상에서 기대할 수 있는 모든 복을 주시겠다는 하나님의 언질과 약속이다. "내가 오늘 너희에게 명령하는 그 말씀을 떠나 좌로나 우로 치우치지 아니하고 다른 신을 따라 섬기지 아니하면 이와 같으리라."^{신 28:14} 십계명의 제1계명은 구약의 모든 계명(유대인 랍비들의 계산으로 613개조)을 대표하는 으뜸 계명으로, 국가의 흥망성쇠를 결정짓는 결정적인 계명이다. 15-68절은 하나님의 언약과 그 계명들에 불순종하고 언약율법들을 파기하면 임할 저주들을 훨씬 자세하게 나열한다. 농사 실패와 흉작, 각종 전염병 및 치명적 질병 창궐, 외국침략자들에 의한 인적 및 물적 약탈, 국가지배층의 이방 유배, 영토 상실, 인구 절벽을 초래하는 불임과 단산의 만연, 전쟁 패배와 그로 인한 국가 멸망과 민족 해체, 우상숭배를 강요당하는 백성의 이산과 유랑, 그리고 다시 이집트로 팔려가는 민족 재노예화(출애굽 구원의 원천무효화) 등이다. 여호수아, 사사기, 사무엘상하, 열왕기상하, 이 여섯 권의 이스라엘 통사通史는 주전 1,200년부터 600년까지 가나안 정착기간의 이스라엘 역사를 신명기 28장의 이원론으로 기술한다. 이 여섯 권의 이스라엘 통사를 저술한 저자를 학자들은 '신명기 역사가'라고 부르며, 이런 징벌론적 고난 이해를 '신명기 역사가의 응벌론'이라고 부른다. 주전 586년의 유다 완전 멸망, 국가지배층의 바벨론 유배, 그리고 가나안 땅 상실과 민족 해체 등의 국가적 재난을 해석하는 데 있어서 가장 큰 영향력을 미친 구약성경의 고난 이해의 대주주격인 신학 전통이다. 이것은 주전 8세기 예언자들을 상속한 6세기 유다 멸망기의 두 예언자 예레미야와 에스겔이 집대성한 신학 전통이다. 특히 예레미야가 그 대표자다. 이런 입장을 가진 자들은 자신의 응벌론적인 신학 전통의 창시자로 모세를 내세운다. 모세가 이런 입장의 원초적 창시자로 간주된다. 욥의 세 친구와 엘리후, 심지어 욥마저도 이 신명기 역사가의 고난 이해를 상속했다.

정의로운 세상 통치에서 은닉하시는 하나님을 탓하는 애가

(37)

둘째, 역사의 고통과 고난의 원인을 하나님의 방임 때문이라고 불평하는 듯한 예언자적 탄식,렘 12:1-4; 렘 20:7-13; 참조. 삿 6:11-14 애가형 시편시 12; 시 22; 시 44; 시 60; 시 74; 시 79; 시 80; 시 85; 시 89; 시 90과 예레미야애가 등의 논리가 있다. 특히 예레미야애가는 예루살렘 성전 멸망을 방치한 하나님에 대한 원망을 거침없이 터뜨린다. 애가의 저자는 하나님의 참혹한 심판을 자초한 조상 및 자신 세대의 죄악도 인정하지만, 하나님의 심판이 죄에 비해 너무 지나치다는 인식을 드러낸다. 예레미야애가에는 신명기 역사가의 자기추궁적 회개신학보다는 "어찌하여 이런 사태가 일어났습니까?"라고 대드는 듯한 불평과 항변어조가 자주 등장한다. 구약성경은 놀랍게도 환난을 당한 사람들이 고분고분하게 현실을 받아들이지 않고, 저항하고 맞서며 하나님의 비활성화 모드를 비판하는 것마저도 신앙 표현의 일환으로 받아 준다. 고대 이스라엘 사람들은 역사상의 고난과 부조리한 사태를 보고 자학적인 죄책고백 기도만 드린 것이 아니라, 하나님의 역사 주관 자체에 대하여 항의하고 불평하고 심지어 대들기까지 했다. 죄 없는 자와 죄 있는 자를 동시에 진멸하려는 소돔성 옥석구분玉石俱焚 심판집행 직전에 하나님은 아브라함의 문제 제기를 받으셨다. 아브라함이 의인과 악인 구분 없이 소돔성 자체를 파괴하려는 하나님께 하나님의 공의를 거론하며 맞서자, 하나님은 아브라함의 기도를 들어주시고 한 걸음 물러나셨다.창 18장; 참조. 겔 22:30 동일한 하나님의 입장 후퇴는 모세와 아모스 때에도 일어났다. 아브라함의 후손을 진멸하고 대신 모세 자신을 조상으로 하는 선민을 형성하려는 하나님의 계획을 듣고, 모세는 아브라함에게 주신 약속에 신실해 주실 것을 요청하며 하나님께 맞섰다. 하나님은 모세의 중보기도를 들으시고 한 발 물러나셨다(출 32:10-14 [특히 14절: "여호와께서 뜻을 돌이키사 말씀하신 화를 그 백성에게 내리지 아니하시니라"]). 아모스가 미약한 야곱의 후손을 진멸하려는 하나님께 "왜 미약한 야곱을 진멸하시나이까?"라고 항의 어린 기도를 드렸을 때 그때마다 뜻을 돌이키시고 야곱의 남은 자를 살려두셨다(암 7:2-3, 5-6 [특히 3절: "여호와께서 이에 대하여 뜻을 돌이키셨으므로 이것이 이루어지지 아니하리라"]). 이처럼 우리 하나님은 애가형 기도를 기대하시고 그 기도를 들어주심으로써 역사 개입의 명분을 찾으신다.

욥기의 창조신학적, 목적론적 고난 이해

셋째, 아무 죄도 없이 고통을 겪거나(욥) 타인의 죄를 대속하기 위해 고난을 겪는 경우(사 53장)도 있다. 욥은 동방에서 가장 의로운 인간이었음에도 불구하고 신명기 역사가의 죄와 벌이라는 이진법적 신학 사고방식을 무용지물로 만드는 참혹한 고난과 악을 경험한다. 욥은 3-31장 내내 자신의 죄, 자녀들의 죄, 혹은 피조물(인간)의 유한성에서 비롯된 결격 때문에 욥에게 심판이 쇄도했다고 주장하는 세 친구들과 힘겨운 논쟁을 벌이면서도 결국 그들의 논리에 승복하지 않는다. 오히려 그는 하나님의 법정에서 하나님과 소송을 해서라도 자신의 결백을 입증하려고 한다. 자신의 인간적 유한성과 피조물적 한계를 인정하지만, 욥기 1-2장에서 겪은 재앙을 자초한 죄는 결코 범하지 않았다고 소리친다. 욥이 당한 악과 고난은 어떤 재래적인 신학 논리로도 설명이 안 된다. 재래적이고 인습적인 메소포타미아의 악과 고난 원인 사상이 욥의 상황을 해명하는 데는 좌초한다. 심지어 32-37장에 등장한 젊은 변론자 엘리후도 욥과 세 친구들 모두를 양비론으로 몰아가는 좌충우돌형 절충을 시도할 뿐, 욥을 승복시키는 데 실패한다. 구원, 복, 형통, 지상부귀영화 등 하나님의 현존이 보증하는 현세적 행복은 욥에게서 멀어졌다. 그렇다면 욥은 하나님께 버림받고 심판받았는가? 그렇지 않다. 그가 당한 악과 고난은 하나님 원인론적으로 설명할 수밖에 없는데, 어째서 하나님은 산문서론인 1-2장에서 당신 자신이 사탄과의 내기에 몰입해 촉발되었다고 말하지 않으시고, 시종일관 침묵하다가 38-41장에서 기습적인 창조신학적 질문으로 역습하시는가? 욥기의 고난은 창조신비의 일부라는 듯한 답변처럼 들리는 하나님의 38-41장의 우회화법이 욥에게 혹은 독자들에게 납득이 되는가? 욥기 42장에서 욥은 하나님을 눈으로 본 후에 하나님께 신원을 맛보고 하나님의 세상 통치 방식을 수용하며 자신의 강경한 하나님 정의 도발언동을 뉘우친다. 거기에는 욥이 무슨 목적으로 고난을 받았다는 명시적인 설명이 나오지 않는다. 하지만 욥에게 영적 도약이 일어났고 성숙이 일어난 것은 분명하다. 욥의 고난은 욥의 죄에 대한 징벌이 아니라, 그를 정금으로 정련시키려는 교육적, 품성창조적인 고난이었다는 것이다. 이사야 53장은 죄 없는 순종의 화신인 어린양이 각기 제 길로 가는 모든 인류의 죄를 대신

젊어지는 대속적 제물을 제시한다. 욥은 세상 죄를 지고 가는 하나님의 어린양은 아니지만, 하나님의 더 거룩한 과업에 이바지하는 하나님의 동역자가 되었다. 욥기에는 애가형 저항과 탄식(1-37장)도 있으며, 목적론적 고난 이해도 나온다. 욥기의 가장 위대한 신학적 기여는 하나님의 창조 원리 안에는 죄와 벌의 이진법 신학의 원리를 뛰어넘는 더 복합적인 하나님의 정의가 작동하고 있음을 밝힌 것이다. 하나님은 죄와 벌이라는 신학 원리 이상의 자유가 있으며, 하나님이 지으신 이 세계에는 대체로 죄와 벌의 신학적 이진법이 두드러지게 작동하지만, 또 다른 한편에서는 하나님의 우발적 고난배분, 도착되어 보이는 하나님의 심판처분과 같은 일들이 일어나는 영역이 있다는 것이다. 그래서 시편 73편이 한탄하듯이, 매일 아침마다 징계를 받는 의인도 있고 죽는 순간까지 번영과 평안을 누리는 악인들도 존재하는 것이다. 하나님은 어떤 신학 전통으로도 감금할 수 없는 우주적 광대무변의 자유와 절대주권적인 의지, 인간 이성이 능히 헤아리지 못하는 지성적 사유 능력으로 우주와 이 세상을 통치하신다.

하나님의 절대주권적 자유에 무지한 욥, 그의 친구, 그리고 엘리후

욥기는 욥, 그의 친구들, 그리고 엘리후 모두 신명기 역사가 신학의 후예들이라고 보면서 모두를 비판하는 입장을 드러낸다.[6] 욥이 당한 재앙과 고통을 하나님의 징벌이라고 단정한 친구들의 허물은 하나님을 법칙으로 환원한 축소주의다. 그들의 단죄에 맞서 자신의 의를 주장하는 과정에서, 자신이 아는 신명기 역사가의 신학틀로 하나님이 정의롭지 못한 것처럼 그를 원망한 욥의 신학적 협애성 또한 문제다. 이 두 입장을 모두 비판했던 엘리후의 양비론도 횡설수설의 잡론에 그치는 면이 있다. 그래서 우리는 앞서 엘리후의 강론을 지루한 장광설이라고 평가했다. 그 이유는 첫째, 엘리후는 세 친구의 말을 거듭 반복해서 표절하거나 모방했기 때문이다. 독자들은 이미 들은 말을 젊은 신학자에게 다시 들어야 하는 고통을 겪어야 했다. 둘째, 엘리후는 욥의 말을 직접적으로 혹은 간접적으로 인용함으로써 욥의 말을 과장해서 해석했다. 그 과정에서 그는 욥의 특정 진술을 지나치게 일반화하는 오류를 범했다. "나는 하나님보다 의롭다. 하나님은 적어도 내게 대해서는 공의를 굽히셨다." 이런 말은 욥이 직접적으로 한 말이 아닌데도 엘리후는 욥이 이런 방식으로 말했다고 질책했다. 욥이 한 말은, "내가 당한 이 고난은 하나님의 공의로운 심판 결과가 아니다. 내 고난은 하나님의 공의를 반영하지 못한다"였다. 욥은 26:14에서 자신이 하나님에 대해 갖는 지식의 파편성을 인정한 바가 있으며, 엘리후가 37장에서 도입하는 천문 현상과 기상학 담론의 의미도 알고 있음을 암시했다. "보라, 이런 것들은 그의 행사의 단편일 뿐이요 우리가 그에게서 들은 것도 속삭이는 소리일 뿐이니 그의 큰 능력의 우렛소리를 누가 능히 헤아리랴." 셋째, 엘리후는 욥의 고난에 대한 이해 없이 하나님을 절대화된 정의, 곧 신명기 역사가의 신학이 말하는 죄와 벌의 이진법으로 인간을 다루는 정의, 권선징악적이며 인과응보적인 정의 하나에만 집착했다. 하나님의 정의 안에 있는 복합성과 다차원적인 신비를 전혀 몰랐다. 하나님의 존엄을 옹호한답시고 하나님이 당신의 형상대로 지으신 인간의 존엄을 파괴했다. 이 과정에서 엘리후는 무한광대한 인격적 하나님을 자신의 좁은 정의로 환원하고 비인격적인 법칙으로 축소했다. 그는 하나님에 대해서나 인간 욥에 대해서 빈약하고 불충분한 이해를 드러냈다.

이런 허물에도 불구하고 엘리후의 장광설에도 의미 있는 요소가 있다. 여기에는 우리가 어떤 토론 자리에서 어떤 사람의 강의를 장광설이라고 확신 있게 배척해서는 안 되는 이유가 있다. 36장 후반부터

37장에서, 엘리후는 경건한 불가지론자의 면모를 보이며 하나님의 신비로운 세계 통치를 언급한다. "하나님은 놀라운 음성을 내시며 우리가 헤아릴 수 없는 큰 일을 행하신다."[37:5] 여기가 엘리후가 세 친구들과는 다소 다른 논리를 제시하는 지점이다. 세 친구들은 욥의 죄를 지적하여 욥을 회개시키려는 일에만 몰두했다. 엘리후는 욥의 친구들과 같이 욥의 죄를 단죄하고 욥의 회개를 유도했지만, 하나님이 행하시는 일 가운데는 불가해한 일들도 있다고 말함으로써 욥의 고난이 단지 욥의 죄악에 대한 하나님의 심판이 아닐 수도 있다는 암시를 남긴다. 한편으로 엘리후는 하나님의 정의에 대한 욥의 좁은 정의를 질책하면서도, 욥에게 하나님의 세상통치 원리의 우주적 광활함과 불가해한 신비성을 부각시켜, 욥이 나중에 하나님의 폭풍우 강론을 들을 심리적 준비태세를 갖추도록 자극한다. 이 점은 인정할 만하다. 엘리바스가 하나님께 꼭 집혀 책망받는 데 비해 엘리후는 질책 대상에서 제외되는데, 아마 36장 후반부와 37장의 천문현상학 강론으로 하나님의 폭풍우 강론을 미리 예고하는 역할을 했기 때문일 수 있다. 이렇게 앞에서 횡설수설하던 엘리후가 나중에 하나님의 신비에 대해서도 이야기하는 것을 보면, 엘리후 같은 사람을 만날 때 우리가 끝까지 듣는 것이 얼마나 중요한지를 새삼 깨닫는다.

욥, 그의 친구들, 그리고 엘리후가 깨달아야 할 하나님의 위대한 은총

이상에서 살펴본 것처럼, 욥과 그의 세 친구 그리고 엘리후 모두 하나의 신학 전통에 매여 있었던 전통의 노예였다. 그들은 모두 신명기 역사가의 신학에 감금된 채 하나님의 정의가 갖는 무한한 신비와 복합학적 작동원리를 파악하지 못했다. 하나님의 정의는 죄를 정죄하지만, 정죄당한 인간이 쇠락하고 파리해 죽게 될 상황에 처할 때는 소

512

생시키는 회복적 정의다. 하나님의 정의는 징벌적 정의를 넘어 회복적 정의이며, 죄 이전보다 더 높은 단계로 회복시키는 정의다.^{롬 5:19-21} 이사야 57:15-19과 호세아 11:8-9은 거룩하신 하나님의 정의가 얼마나 다차원적이며 전방위적으로 작동하는지를 잘 보여준다. 거룩하신 하나님의 첫째 얼굴은 진노이며, 마지막 얼굴은 치유와 회복, 재활복구이다.

지극히 존귀하며 영원히 거하시며 거룩하다 이름하는 이가 이와 같이 말씀하시되 내가 높고 거룩한 곳에 있으며 또한 통회하고 마음이 겸손한 자와 함께 있나니 이는 겸손한 자의 영을 소생시키며 통회하는 자의 마음을 소생시키려 함이라. 내가 영원히 다투지 아니하며 내가 끊임없이 노하지 아니할 것은 내가 지은 그의 영과 혼이 내 앞에서 피곤할까 함이라. 그의 탐심의 죄악으로 말미암아 내가 노하여 그를 쳤으며 또 내 얼굴을 가리고 노하였으나 그가 아직도 패역하여 자기 마음의 길로 걸어가도다. 내가 그의 길을 보았은즉 그를 고쳐 줄 것이라. 그를 인도하며 그와 그를 슬퍼하는 자들에게 위로를 다시 얻게 하리라. 입술의 열매를 창조하는 자 여호와가 말하노라. 먼 데 있는 자에게든지 가까운 데 있는 자에게든지 평강이 있을지어다. 평강이 있을지어다. 내가 그를 고치리라 하셨느니라.^{사 57:15-19}

에브라임이여, 내가 어찌 너를 놓겠느냐. 이스라엘이여, 내가 어찌 너를 버리겠느냐. 내가 어찌 너를 아드마 같이 놓겠느냐. 어찌 너를 스보임 같이 두겠느냐. 내 마음이 내 속에서 돌이키어 나의 긍휼이 온전히 불붙듯 하도다. 내가 나의 맹렬한 진노를 나타내지 아니하며 내가 다시는 에브라임을 멸하지 아니하리니 이는 내가 하나님이요 사람이 아님이라. 네 가운데 있는 거룩한 이니 진노함으로 네게 임하지 아니하리라.^{호 11:8-9}

이처럼 성경에는 죄와 벌의 일대일 대응 논리를 뛰어넘는 은총절대

값 논리가 더 집요하게 작동한다. 인간의 죄가 아무리 참혹해도 하나님의 은총과 사랑을 다 소진시킬 수 없고 무효화하지 못한다. 하나님의 절대은총은 죄와 벌의 논리를 압도하며, 죄인도 결국 용서하여 재활갱생시켜 줄 길을 열어 준다. 더욱 놀라운 사실은, 인과응보 신학의 교과서인 신명기마저도 인간의 죄에 대한 하나님의 심판과 분노보다는 하나님의 용서와 자비가 더 무궁하다고 말한다.^{신 29-30장의 모압언약} 신명기도 절대적으로 무자비한 비례적 인과응보사상을 말하지는 않는다는 것이다. 죄와 벌의 인과적 응보 신학을 자세히 예거하는 신명기 28장^{15-63절} 바로 뒤에는 인과응보 신학을 초월하는 은총절대신앙 혹은 고난신비주의 사상이 나타난다. 신명기 29장에는 신명기 자체의 인과응보 신학을 상대화하는 음성이 들린다. 고국 이스라엘 땅에서 뽑혀 이산과 유랑을 겪는 바벨론 유수 세대의 일원으로 보이는 본문의 화자는, 감추어진 일과 나타난 일(바벨론 유수)을 신중하게 구분한다. "여호와께서 또 진노와 격분과 크게 통한하심으로 그들을 이 땅에서 뽑아내사 다른 나라에 내던지심이 오늘과 같다 하리라. 감추어진 일은 우리 하나님 여호와께 속하였거니와 나타난 일은 영원히 우리와 우리 자손에게 속하였나니 이는 우리에게 이 율법의 모든 말씀을 행하게 하심이니라."^{신 29:28-29}

바로 29절에 인과응보적 신앙을 상대화하는 다른 논리가 나온다. 여기에서는 감추어진 일과 나타난 일 사이의 변증법이 작동한다. 성취된 심판과 아직까지 감추어진 일이 구분된다. 감추어진 일은 하나님께 속한 신비라는 말이다. 이미 드러난 일, 실행된 일은 유다의 포로살이와 유랑생활이다. 이 드러난 일 안에 하나님의 감추어진 일이 진행되고 있다는 생각이다. 이런 해석이 가능한 이유는 JPS Tanakh의 영어 번역과 맛소라 히브리어 원문을 검토해 보면 드러난다. 29절(BHS 28절)의 히브리어 본문을 음역하고 직역하면 다음과 같다.

한니써타로트 라아도나이 엘로헤누 (상황절) 붜한니걸로트 라누 붜
러바네누 아드-올람 라아쏘트 엩-콜-디버레 하토라 하조트(הַנִּסְתָּרֹת
לַיהוָה אֱלֹהֵינוּ וְהַנִּגְלֹת לָנוּ וּלְבָנֵינוּ עַד-עוֹלָם לַעֲשׂוֹת אֶת-כָּל-דִּבְרֵי הַתּוֹרָה הַזֹּאת).
"Concealed acts concern the Lord our God; but with us overt acts,
it is for us and our children ever to apply all the provisions of this
Teaching"(JPS Tanakh). 이 문장의 직역은 이렇다. "감추어진 것들, 우
리 하나님 야웨께. 그런데 펼쳐진 일들, 우리와 우리 후손들에게 영원
히. 이 율법의 모든 말씀들을 준행하도록." 29절의 요지는 드러난 일,
집행된 심판은 이스라엘 백성들과 후손들의 율법 준행을 추동하기
위함이라는 것이다. 즉, 바벨론 포로살이를 경험한 이스라엘 백성들
에게 있어서 원인과 결과가 환히 드러난 일은 이 신명기 율법의 모든
조항을 실행하도록 하기 위함이라는 주장이다. 그러나 '감춰진 일들'
은 하나님을 위한 것이요, 하나님께 속한 것이다. 감춰진 일들 중 대
표적인 것은 "바벨론 포로살이가 왜 이토록 오랫동안 지속되는가?"와
같은 질문일 것이다. 아버지가 마신 포도주로 왜 아들의 이가 시려야
하는지, 에스겔서에 언급되는 바벨론 포로민들의 자조적 속담은 이
런 질문과 깊이 연관되어 있을 것이다.

바벨론 포로들이 던진 자조적 질문에 비추어 보면, 29절이 바벨론
유수가 하나님의 목적("하나님께 속한 것")을 성취하는 데 동원되고 있
다는 인상을 준다. 이사야 53장의 대속적 고난 사상이나 욥기의 '죄
없는 자가 당하는 고난' 사상은 하나님께 속한 감추어진 일들과 관련
되어 있다고 볼 수 있을 것이다. 그렇다면 신명기의 심판신학 안에도
이미 인과응보 원리를 뛰어넘는 고난신비주의 혹은 목적론적 고난
이해가 작동하고 있는 셈이다. 아니나 다를까, 신명기 29-30장 전체
에 걸쳐 나오는 모압언약 단락에는 인과응보 논리를 초월하는 은총
의 절대성을 주장하는 신학이 득세하고 있다. 여기에는 힌두교적 인

과응보 신학은 없다. 하나님의 진노는 잠깐이요 하나님의 인애는 무궁하다는 전제 아래, 그나마도 불완전하게 일시적으로 작동하는 인과응보, 죄-벌 신학이 있을 뿐이다. 오히려 하나님은 우리의 죄악을 따라 비례적으로 응징하거나 심판하지 않으시고, 심판 집행도 대부분 유예하신다.시 103:11-14 따라서 우리의 고난을 우리의 죄에 대한 심판이라고 해석하는 데 신중해야 한다.

욥

38장.

야웨의 폭풍우 강론1:

욥의 질문에 대한 우문현답愚問賢答인가, 동문서답東問西答인가,

소이부답笑而不答인가?

38

¹그 때에 여호와께서 폭풍우 가운데에서 욥에게 말씀하여 이르시되 ²무지한 말로 생각을 어둡게 하는 자가 누구냐. ³너는 대장부처럼 허리를 묶고 내가 네게 묻는 것을 대답할지니라. ⁴내가 땅의 기초를 놓을 때에 네가 어디 있었느냐. 네가 깨달아 알았거든 말할지니라. ⁵누가 그것의 도량법을 정하였는지, 누가 그 줄을 그것의 위에 띄웠는지 네가 아느냐. ⁶그것의 주추는 무엇 위에 세웠으며 그 모퉁잇돌을 누가 놓았느냐. ⁷그 때에 새벽 별들이 기뻐 노래하며 하나님의 아들들이 다 기뻐 소리를 질렀느니라. ⁸바다가 그 모태에서 터져 나올 때에 문으로 그것을 가둔 자가 누구냐. ⁹그 때에 내가 구름으로 그 옷을 만들고 흑암으로 그 강보를 만들고 ¹⁰한계를 정하여 문빗장을 지르고 ¹¹이르기를 네가 여기까지 오고 더 넘어가지 못하리니 네 높은 파도가 여기서 그칠지니라 하였노라. ¹²네가 너의 날에 아침에게 명령하였느냐 새벽에게 그 자리를 일러 주었느냐. ¹³그것으로 땅 끝을 붙잡고 악한 자들을 그 땅에서 떨쳐 버린 일이 있었느냐. ¹⁴땅이 변하여 진흙에 인친 것 같이 되었고 그들은 옷 같이 나타나되 ¹⁵악인에게는 그 빛이 차단되고 그들의 높이 든 팔이 꺾이느니라. ¹⁶네가 바다의 샘에 들어갔었느냐. 깊은 물 밑으로 걸어 다녀 보았느냐. ¹⁷사망의 문이 네게 나타났느냐. 사망의 그늘진 문을 네가 보았느냐. ¹⁸땅의 너비를 네가 측량할 수 있느냐. 네가 그 모든 것들을 다 알거든 말할지니라. ¹⁹어느 것이 광명이 있는 곳으로 가는 길이냐. 어느 것이 흑암이 있는 곳으로 가는 길이냐. ²⁰너는 그의 지경으로 그를 데려갈 수 있느냐. 그의 집으로 가는 길을 알고 있느냐. ²¹네가 아마도 알리라. 네가 그 때에 태어났으리니 너의 햇수가 많음이니라. ²²네가 눈 곳간에 들어갔었느냐. 우박 창고를 보았느냐. ²³내가 환난 때와 교전과 전쟁의 날을 위하여 이것을 남겨 두었노라. ²⁴광명이 어느 길로 뻗치며 동풍이 어느 길로 땅에 흩어지느냐. ²⁵누가 홍수를 위하여 물길을 터 주었으며 우

야웨의 폭풍우 강론 1 : 욥의 질문에 대한 우문현답인가, 동문서답인가, 소이부답인가?

레와 번개 길을 내어 주었느냐. ²⁶ 누가 사람 없는 땅에, 사람 없는 광야에 비를 내리며 ²⁷ 황무하고 황폐한 토지를 흡족하게 하여 연한 풀이 돋아나게 하였느냐. ²⁸ 비에게 아비가 있느냐. 이슬방울은 누가 낳았느냐. ²⁹ 얼음은 누구의 태에서 났느냐. 공중의 서리는 누가 낳았느냐. ³⁰ 물은 돌 같이 굳어지고 깊은 바다의 수면은 얼어붙느니라. ³¹ 네가 묘성을 매어 묶을 수 있으며 삼성의 띠를 풀 수 있겠느냐. ³² 너는 별자리들을 각각 제 때에 이끌어 낼 수 있으며 북두성을 다른 별들에게로 이끌어 갈 수 있겠느냐. ³³ 네가 하늘의 궤도를 아느냐. 하늘로 하여금 그 법칙을 땅에 베풀게 하겠느냐. ³⁴ 네가 목소리를 구름에까지 높여 넘치는 물이 네게 덮이게 하겠느냐. ³⁵ 네가 번개를 보내어 가게 하되 번개가 네게 우리가 여기 있나이다 하게 하겠느냐. ³⁶ 가슴 속의 지혜는 누가 준 것이냐. 수탉에게 슬기를 준 자가 누구냐. ³⁷ 누가 지혜로 구름의 수를 세겠느냐. 누가 하늘의 물주머니를 기울이겠느냐. ³⁸ 티끌이 덩어리를 이루며 흙덩이가 서로 붙게 하겠느냐. ³⁹ 네가 사자를 위하여 먹이를 사냥하겠느냐. 젊은 사자의 식욕을 채우겠느냐. ⁴⁰ 그것들이 굴에 엎드리며 숲에 앉아 숨어 기다리느니라. ⁴¹ 까마귀 새끼가 하나님을 향하여 부르짖으며 먹을 것이 없어서 허우적거릴 때에 그것을 위하여 먹이를 마련하는 이가 누구냐.

하나님의 강습: 태초의 창조 시점으로 욥을 소환하시는 창조주 • 1-11절

1-2절은 욥에 대한 하나님의 기습적 강습强襲을 다룬다. 1절의 "그 때에"는 엘리후의 강론이 끝난 후를 가리킨다. 전능자가 아니라 야웨께서 폭풍우 가운데서 욥에게 대답하셨다. 1절의 첫 동사는 욥이 그토록 갈망하던 하나님의 대답이었다.¹⁴ '봐야안'(וַיַּעַן). "그리고 야웨께서 대답하셨다." 야웨께서 1-37장의 모든 말이 오고가는 현장에 참석해 모든 대화를 들으시고 평가하신 후에 마침내 대답하셨다는 말이다. 봐야안(וַיַּעַן)은 '대답하다'를 의미하는 동사 아나(עָנָה)의 와우연속미완료 3인칭 남성단수형이다. 와우연속미완료는 앞의 상황이 완료된 상황에서 계속되는 시점에 사용되는 어법이다. 하나님의 대답

첫 마디는 질책이다. 히브리어 문장을 직역하면, "지식이 없는 말들로 도모(에차[עֵצָה])를 지속적으로 어둡게 하는 자(마흐쉬크[מַחְשִׁיךְ]), 이 (제[זֶה]) 자가 누구냐?" '에차'는 '도모', '계획', 심사숙고 끝에 내리는 '결정', '전략' 등을 가리킨다. 욥이 고난당하는 사태는 우발적으로 벌어진 것처럼 보이지만(욥 1-2장, 천상어전회의 논쟁), 하나님의 심사숙고와 성찰을 거쳐 나온 결정이자 계획이라는 것이다. '에차'는 여기서 하나님의 주도면밀한 세상 통치 방식, 도모, 계획 및 결정을 지칭한다. 하나님이 보시기에 욥이 신명기 역사가의 신학 패러다임 밖의 원리(에차)로 행동하는 하나님의 세상 통치 계획과 도모를 전혀 이해하지 못한 채 자신의 논리만 고집한다는 것이다. 3절에서 이제 대답할 책임이 욥에게로 넘어간다. 지금부터는 하나님의 시간이다. "욥이여, 너는 대장부처럼 허리를 묶고 내가 네게 묻는 것에 대해 알게 하라(뭐호디에니[וְהוֹדִיעֵנִי])."³절 욥이 대장부처럼 허리를 묶어야 하는 이유는 곧 제시될 하나님의 질문들이 욥을 소진시키고 지치게 만드는 압도적인 질문들이기 때문이다.

4-7절은 "창조의 순간에 존재하지도 않았던 너, 욥이여!"라는 책망을 담고 있다. 4-6절은 질문이지만 욥이 제기한 질문에 대한 답변이다. 답변이 역질문인 상황은 무엇을 의미하는가? 욥의 질문 제기 자체에 결함이 있다는 것이다. 하나님이 대답하셔도 욥이 그 답을 이해하기 힘든 질문들이라는 것이다. 하나님의 창조원리 자체에 간섭하려는 질문이라는 의미다. 욥은 왜 죄 없는 자신이 악인들이 당할 재앙들의 희생자가 되어야 하느냐고 항의했다. 제발 대답 좀 해달라고 항의했고, 자신의 서명이 든 고소장을 제출했다. 욥이 공세를 취했다. 그런데 이제는 하나님이 공세를 취하신다. 4절은 욥의 질문들에 대한 답변이다. "내가 땅의 기초를 놓을 때에 네가 어디 있었느냐. 네가 깨달아 알았거든 말할지니라." 즉, "네 질문들은 땅의 기초를 놓

을 때 하나님 자신이 정한 원리, 도모, 결정에 대한 항의"라는 것이
다. "내가 땅의 기초를 놓을 때에 네가 그 자리에 있었다면 너는 내가
왜 이렇게 행동하는지 이해할 수 있었을 것"이라는 뜻이 내포되어 있
다. 잠언 8:22-31은 땅의 기초를 놓던 시점에 함께 했던 '지혜'의 육
성을 담고 있다.

> 여호와께서 그 조화의 시작 곧 태초에 일하시기 전에 나를 가지셨으며 만
> 세 전부터, 태초부터, 땅이 생기기 전부터 내가 세움을 받았나니 아직 바
> 다가 생기지 아니하였고 큰 샘들이 있기 전에 내가 이미 났으며 산이 세
> 워지기 전에, 언덕이 생기기 전에 내가 이미 났으니 하나님이 아직 땅도,
> 들도, 세상 진토의 근원도 짓지 아니하셨을 때에라. 그가 하늘을 지으시
> 며 궁창을 해면에 두르실 때에 내가 거기 있었고 그가 위로 구름 하늘을
> 견고하게 하시며 바다의 샘들을 힘 있게 하시며 바다의 한계를 정하여 물
> 이 명령을 거스르지 못하게 하시며 또 땅의 기초를 정하실 때에 내가 그
> 곁에 있어서 창조자가 되어 날마다 그의 기뻐하신 바가 되었으며 항상 그
> 앞에서 즐거워하였으며 사람이 거처할 땅에서 즐거워하며 인자들을 기
> 뻐하였느니라. ^{잠 8:22-31}

위의 구절처럼 만약 욥이 태초에 이 세상보다 먼저 있었던 지혜의 자
리에 있었다면 하나님을 온전히 이해할 수 있었을 것이라는 암시가
여기에 들어 있다. 잠언 8:22 이하에서 '나'로 호칭되는 지혜의 자리
에 욥이 있었다면 하나님의 행동을 이해할 수 있었다는 것이다. 그
렇다면 여기 나오는 지혜의 관점은 무엇일까? 지혜의 관점에서 하나
님은 선과 악 혹은 죄와 벌이라는 신학적 이진법으로 세상을 창조하
시지 않았고, 그런 원리로만 세상을 통치한다고 명시하거나 약속하
신 적도 없다.

하나님은 인과응보적 죄와 벌이라는 신학적 이진법이 작동하는 법칙 지배적인 세상을 만드시지 않았다는 것이다. 5절도 유사한 질문이다. "누가 그것(땅) 위에 측량기들'을 설치했는지, 누가 그 측량줄을 그것(땅) 위에 펼쳤는지 네가 아느냐?" 여기에는 "욥, 네가 이 일을 능히 할 수 있다면, 네 질문들에 대한 하나님의 답변도 이해할 수 있을 것"이라는 함의가 있다. 6절에서 하나님은 땅의 주추는 무엇 위에 세웠으며 그 모퉁잇돌을 누가 놓았느냐고 물으신다. 땅은 물 위에, 바다 위에 세워져 있다는 진실을 강조하면서 환기시키기 위한 설의법적 의문문이다. 땅은 견고성을 상징하고 물은 유동성을 상징한다. 유동성이 견고성을 띄우고 있다. 견고성은 유동성에 의존하고 있다. 출렁이는 바다 위에 하나님은 땅을 고정시키셨다. 주추를 세워 그 위에 땅을 앉히셨다. 법칙성(땅)이 우발성(바다, 물) 위에 세워져 있다. 인과응보라는 질식시킬 것 같이 경직된 법칙이 하나님의 땅 주초작업의 근본 토대가 아니다. 하나님은 결코 고난이 죄인에게만 비례적으로 배분되는 세상을 만드신 적이 없으며, 그렇게 좁은 의미의 신명기역사가의 이데올로기가 말하듯이 행동하겠다고 확약하신 적이 없다. 하나님은 자신으로 말미암아 행동하시는 자기원인적 자유, 자기유래적 자발성의 원칙으로 행동하신다. 피조물의 매력이나 공로 혹은 피조물의 악행이나 허물에 따라 상이나 벌을 내려야만 한다면, 그것은 인과응보법칙을 신격화, 절대화하는 것이다. 하나님의 자유를 그 인과응보법칙 아래 종속시키는 것이다. 아리안 족에게서 나온 힌두교,[2] 불교, 자이나교 등의 업보사상이나 연기사상은 아주 숨 막힐 정도의 선행/악행 포인트 적립제다. 그것은 수학적, 물리학적 정밀성에 입각한 연산체계다. 거기에는 하나님의 자유가 없다. 하나님은 어느 정도까지(인간의 도덕정신연령이 미숙할 동안) 인과응보, 죄와 벌이라는 신학적 이진법을 통해 인간을 교육시키실 수 있으나, 그것이 하나님의 행동률 전부는 아니다. 욥과 세 친구, 그리고 엘리후 모두의 오류는 하나님이 이제까지 자신들에게 알려진 그 방식대로(신명기 역사가의 신학, 곧 인과응보 신학) 행동해야만 한다는 기대와 요구만 고수한 것이다. 욥기 38장은 지구 초점의 신학을 넘어 하나님의 우주 창조 시점부터 고려한 우주적 대광활 신학을 제시한다.

결국 하나님의 모든 사랑은 하나님의 우발성이자 자유다. 아브라함을 선택하신 것은 우발적 선택이지 아브라함의 매력이 법칙적으로 초래한 사건이 아니다. 우발성이 법칙성보다 더 근원적이다. 하나님의 자유가 하나님의 일시적인 구원 경륜이나 구원 방략보다 더 근원적이다.[3] 하나님은 땅의 기초를 물 위에 세웠다. 이 창조사역은 엄청나게 어려운 과업이다. 하나님의 자유는 법칙을 초월하는 우주적 우발성, 임의성, 그리고 유동성의 세계다. 하나님의 자유 위에 하나님이 정한 세상이 있고, 그 세상은 하나님의 법칙에 의해 견고성을 보장받는다. 이 절묘한 창조작업은 우주적 경탄을 불러일으켰다. 그래서 "그 때에 새벽 별들이 기뻐 노래하며 하나님의 아들들이 다 기뻐 소리를 질렀"다.[7절] 우발성의 원시바다 위에 땅이라는 피조물 친화적인 공간을 세우신 하나님은 스스로에게도 만족하셨다.[창 1:31] 땅 창조의 순간에 새벽별들과 하나님의 아들들(천사적 존재들, 우주적 존재들)이 다 기뻐 환호성을 질렀다. 욥기 1장에 나오는 하나님의 아들들은 바로 하나님의 땅 창조의 순간을 하나님과 함께 기뻐했던 무리들이었다.

8-11절은 바다(얌[יָם]=16절의 터홈[깊은 물을 의미하는 תְּהוֹם] 동일체) 위에 땅을 창조하시는 데 성공한 하나님의 창조질서 보전사역을 물활론적인 수사법으로 보도한다. 하나님이 만드신 땅은 바다 위에, 바다에 둘러싸인 땅이었기에 하나님의 창조는 하나님의 계속적인 바다 통제명령을 요청한다. 그래서 이 네 절은 바다를 통제하는 창조주 하나님을 보여준다. 8절은 바다가 그 모태에서 터져 나올 때에 문으

욥

524

로 그것을 가둔 자가 누구냐고 묻는다. 바다를 싼 모태가 있다는 것이다. 바다마저 신생아와 같은 태생 피조물이라는 말이다. 바다가 모태에서 터져 나올 때, 곧 그 거대한 바다를 한 곳에 모아 땅을 범람하지 않도록 한 이가 누구냐고 묻는다. 욥은 대답하지 못한다. 하나님 자신이 바로 바다를 문으로 봉쇄하고 유폐한 장본인임을 암시한다. 바다를 유폐한 후 땅을 창조한다. 북한의 남포갑문 공사, 남한의 새만금 공사, 현대건설의 서산 간척사업 모두 바다를 막아 땅을 간척한 공사다. 이 모든 간척 공사자들은 바다의 쇄도와 범람을 막기 위해 엄청난 방벽을 세웠다. 하나님은 바다를 대문으로 막아 땅을 건져내셨다.

8절이 말하는 이 바다는 창세기 1:2에서 "깊음"이라고 번역된 히브리어 터홈(תְּהוֹם)이다. 8절은 창세기 1:2과 9에 나오는 땅 창조사건을 운문으로 되울린다. 터홈은 6일 동안에 창조된 피조물이 아니라, 그 6일 창조를 가능케 한 선재적先在的 조건이자 세력이었다.[4] 게르하르트 폰라트 Gerhard von Rad는 터홈이 6일간 창조된 피조물보다 먼저 존재했던 선재 상황임을 잘 설명하고 있다.

창조의 다양한 사역들은 창조주와의 관계에 있어서는 다양한 층위를 가진다. 즉, 하나님의 창조물들은 하나님과 직접적 관계를 갖는 것으로부터 매우 멀리 떨어져 있는 피조물에 이르기까지 다양하다. 오히려 창조물들은 하나님의 명령에 의해서 창조되었기 때문에 하나님과 멀찍이 떨어져 있으며 어떤 창조주와 피조물 사이의 친족관계도 성립되지 않는다. 그런데, 하나님의 창조물 중에서 하나님과 가장 멀리 떨어져 있는 존재가 있으니 그것이 바로 원시바다이다. 다시 말해서, 그것은 형체도 없고 물로 가득 찬 깊은 흑암의 심연이다. 이것이 바로 abysmal Chaos, 곧 흑암의 심연 터홈(תְּהוֹם)이다.[5]

개역개정은 창세기 1:2에 나오는 터홈의 원 뜻을 흐리는 단어로, 곧 "깊음"으로 번역했다. 터홈이 바벨론 창조설화인『에누마 엘리쉬』[6]에 나오는 티아맛(터홈의 아카드어 상응단어로서, 생명에 적대적인 '염수바다'의 신화적 의인화)을 생각나게 할 가능성 때문에 한국어성경이나 영어성경은 터홈을 '깊음', 혹은 'the depths' (the deep)로 번역했다. "흑암이 깊음 위에" 있는 상황은 큰 물이 땅을 삼키고 있는 긴장된 장면을 표현한다(욥 38:8-11; 시 74:12-14; 시 104:3-9 [특히 9절 "주께서 물의 경계를 정하여 넘치지 못하게 하시며 다시 돌아와 땅을 덮지 못하게 하셨나이다"]). 정확하게 말하면 창조 전의 세계는 큰 물이 땅을 뒤덮고 있는 상황이었다. 6일 창조 직전의 상태가 땅을 삼킨 큰 물 위에 엄청난 어둠이 깔려 있는 상황이었다. 뭬루아흐 엘로힘 머라헤페트 알-퍼네 함마임(וְרוּחַ אֱלֹהִים מְרַחֶפֶת עַל-פְּנֵי הַמָּיִם).[창 1:2] 히브리서 1:2에 따르면 하나님의 신은 하나님의 바람이다. "또 천사들에 관하여는 그는 그의 천사들을 바람으로, 그의 사역자들을 불꽃으로 삼으시느니라 하셨으되." 이 구절을 보면 창세기 1:2의 하나님의 바람이 물리적인 바람을 넘어 하나님이 부리시는 천사를 가리키는 말일 수도 있음을 알게 된다. 하나님의 바람이 터홈 위에 불고 있었을 때 하나님은 물(터홈)에게 명하신다. "더 이상 넘치지 말고 육지를 드러내라. 물은 한 곳으로 모여라." 개역개정의 번역은 다음과 같다. "하나님이 이르시되 천하의 물이 한 곳으로 모이고 뭍이 드러나라 하시니 그대로 되니라."[창 1:9] 이 상황에서 명령을 듣는 자는 '물'이면서도 동시에 '뭍'이다. 그러나 욥기와 시편 74편에는 물 자체가 명령을 듣는 대상이다. 이때 물은 무생물이라고 해도 괜찮고, 영적 세력이라고 봐도 된다. 어쨌든 물은 여기서 하나님의 말을 듣는 존재다. 폰라트가 혼돈에 대해서 언급한 것도 사실 이 창조 장면이 너무 미묘해서 이것을 다루기가 얼마나 힘든지를 예증한다.

모든 피조물들이 창조주 하나님과 매우 분명한 경계선으로 떨어져 있지만, 사실상 하나님과 가장 멀리 떨어져 있는 피조물은 굳이 말하자면 혼돈의 원시바다이다. 혼돈의 원시바다가 나타나기 전에 하나님이 천지를 창조했다는 절대 선언 때문에 이 혼돈의 원시바다 자체가 창조되지 않았다고 말할 수는 없다. 다시 말해서, 그것이 선재하는 존재 또는 세력이라고 말하는 것은 힘들다. 왜 그러한가? 하나님이 1장 1절에서 "천지를 창조하시니라"고 말씀하셨기 때문이다.[7]

이처럼 폰라트도 "어떻게 창조된 혼돈이라는 개념이 성립되겠는가"라는 질문을 제기하며 이 혼돈의 위상을 규정하기가 어렵다는 것을 인정한다. 결국 8절의 역할은 '바다'라는 거대한 피조물을 창조주 하나님이 태어나자마자 가두지 않으면 안 되었다는 비상한 상황에 독자들의 주목을 집중시키는 데 있다.[8]

9절은 바다를 막기 위해 하나님이 동원하신 설비를 묘사한다. 바닷물이 쇄도하던 그 때에 하나님은 구름으로 신생아 같은 바다의 옷을, 흑암으로 그 강보를 만드셨다. 창세기 1:2이 바로 이 장면의 일부를 보여준다. 깊은 바다(터훔) 위에 흑암이 있다. 구름과 흑암은 하나님의 현존을 둘러싼 외피들이다.^{출 20:21; 신 4:11; 삼하 22:10; 왕상 8:12} 구름과 흑암은 하나님의 현존을 집약적으로 대표한다. 창세기 1:2의 흑암(호쉐크)은 바로 욥기 38:9의 흑암강보(아라펠 하툴라토[עֲרָפֶל חֲתֻלָּתוֹ])와 동일체다. '흑암'으로 번역된 아라펠^{출 20:21; 신 4:11; 왕상 8:12; 히 12:28}은 하나님의 영광을 둘러싸는 외피다.

10절은 하나님의 구체적인 바다 통제명령을 말한다. 하나님은 바다가 활동할 수 있는 한계(호크[חֹק])를 정하여 바다의 자의적인 범람을 봉쇄하기 위해 문빗장을 지르셨다.^{10절} 그리고 바다에게 명령하신다.[11절] "네가 여기까지 오고 더 넘어가지 못하리니 네 높은 파도가 여기서 그칠지니라."[9] 이 짧은 단락은 창세기 1:9을 생각나게 한다. 하나님은 천하의 물을 한 곳에 모아들인 후 뭍이 드러나게 하셔서 드디어 육상 거주 피조물들의 전성기를 여신다.

현재 바닷물 아래의 땅도 육지의 일부다. 욥기가 말하는 바다는 바다(태평양, 대서양, 인도양 등 5대양) 아래 땅과 6대륙 땅 전체를 배처럼 띄워 놓고 있는 '원시바다'를 가리킨다. 현재 5대양의 바닷물은 그 원시바다에서 나온 생명보양적인 물이다. 땅은 인간을 포함한 모든 피조물의 안전한 생명의 터전이요 보금자리다. 이 아름다운 땅을 하나님은 생명불모지인 원시바다에서 건져 올리신 후 그 원시바다에게 땅을 범람해 침수시키지 말라고 명하신다. 육상 피조물들의 보금자리를 범람시킬 정도까지 넘쳐서는 안 된다는 것이다. 지구 땅의 안전성과 안정성은 원시바다에 대한 하나님의 부단한 통제명령에 근거한다.[렘 5:22] 여기서 욥이 가진 땅 중심의 하나님 이해는 발전과 성숙의 여지가 있다는 함의가 도출된다. 욥은 지구 초점적인 하나님 이해에 머물고 있다. 원시바다 위에 땅을 창조하신 하나님의 관점에서 지구에서 일어나는 일을 생각해야 한다는 것이다. 하나님 지으신 세계는 백퍼센트 정밀하고 정확하게 죄인/악인에게는 고통과 징벌이, 의인에게는 영예와 상급(복)이 배분되는 법칙의 세계가 아니라, 바다가 흉용하게 범람하려는 기세를 갖고 덤벼드는 세계다. 법칙성과 우발성이 상호견인하는 세계다. 그래서 죄 없는 자에게도 고난과 하나님의 징벌처럼 보이는 재앙이 닥칠 수 있고, 벌써 망해야 하는 악인도 장수하며 후손까지 번영을 누리는 어처구니없는 일이 벌어질 수 있다는 것이다.

특히 8-11절의 하나님 답변에는 욥의 고난은 창조시에 남겨 두었던[10] 혼돈세력의 존재가 수행하는 모종의 활동이라는 암시적 언급이

있다. 인간이 사는 세상은 낙원이 아니라, 바다의 재범람 위험도 도사
린 곳이라는 것이다.[11] 4-11절에는 바다에 대한 시적 언급을 통해 하
나님이 혼돈세력의 공격에도 여전히 하나님을 경외하는 인간을 찾고
있음이 암시된다. 즉, 당신의 창조세계가 안전한지를 점검하고자 하
는 하나님의 자기평가적 모험 때문에 욥에 대한 사탄의 시험이 허락
되었다는 함의가 엿보인다. 창조시에 감금된 혼돈이 쇄도할 때 하나
님의 신실한 종이 그 혼돈을 향해 "이제 그만 물러가라"고 명하며 혼
돈바다를 다시 유폐시키는 활동을 계속 계승하기를 원하신다는 것이
다. 8-11절에 나오는 창조신화적 운문단편은 하나님의 창조세계가
절대로 안전한 영역이 아니라 혼돈세력의 도발에 노출된 세계라는
점을 암시한다. 혼돈세력의 활동 반경은 신명기적 죄와 벌의 법칙에
구애되지 않는다. 38:1-11은 창세기 1장의 완결적, 완료적 창조가 창
조 이야기의 전부라고 알고 있는 독자들에게 당혹스러운 신화적 단
계의 창조전투를 엿보게 해준다. 고난의 원인을 캐묻는 욥에게 38:8-
11이 하나님이 준비한 최선의 대답이 되는 이유는, 이 본문이 하나
님이 지으신 창조세계가 하나님을 대적하는 것처럼 보이는 준準자율
적인 혼돈세력의 우발적 침탈에 열려 있는 세상이라고 보기 때문이
다. 하나님은 당신의 창조비밀과 욥의 고난 원인을 모종의 함수관계
로 묶는 것처럼 보인다. 하나님은 욥이 바로 이 준자율적인 혼돈세력
의 피해자가 됨으로써 그것들을 다시금 억제하고 감금하며 창조질
서의 평화를 쟁취하는 사명을 수행하기를 기대하신다는 것이다.[12] 창
세기 1장의 창조기사나 이사야 40-55장의 창조신학적 진술은 야웨
하나님의 단독창조를 강조하지만, 시편, 예언서, 욥기 등에는 고대근
동 신화에 단골로 등장하는 창조전투를 상기시키는 운문적 파편이
다수 발견된다. 이 고대근동의 창조설화('에누마 엘리쉬'와 '우가릿 창
조설화')에 나오는 혼돈바다와의 전투를 '카오스캄프'Chaoskampf라고 부

른다. 카오스캄프 창조의 요지는 고대의 이방신들(마르둑이나 바알)이 혼돈세력과의 전투를 거친 후에 땅 창조를 이루었다는 사상이다. 그 것은 혼돈세력과 전쟁을 치름으로써 혼돈 상황을 질서정연한 세상으로 창조하신 창조주 신의 전투적 창조를 가리키는 신학이다. 카오스캄프를 언급하는 구약성경 구절은 이사야 51:9,[13] 욥기 38:8-11, 시편 74:12-17, 시편 104편, 이사야 17:12-14, 이사야 27:1 등이다. 특히 이사야 51:9-10은 당신의 구원받은 백성들을 위해 바다를 말리거나 깊은 곳(터홈)에 길을 만드는 하나님을 노래한다. "여호와의 팔이여, 깨소서. 깨소서. 능력을 베푸소서. 옛날 옛시대에 깨신 것 같이 하소서. 라합을 저미시고 용을 찌르신 이가 어찌 주가 아니시며 바다를, 넓고 깊은 물을 말리시고 바다 깊은 곳에 길을 내어 구속 받은 자들을 건너게 하신 이가 어찌 주가 아니시니이까."

또한 시편 74편에는 거대한 바다 원시생물을 죽여 들짐승의 양식으로 주셨다는 이야기가 나온다.[13-14절] "주께서 주의 능력으로 바다를 나누시고 물 가운데 용들의 머리를 깨뜨리셨으며 리워야단의 머리를 부수시고 그것을 사막에 사는 자에게 음식물로 주셨으며."[시 74:13-14] 결국 욥기 38:11[창 1:9]의 "무릇 물은 한 곳에 모여 있고 더 이상 범람하지 말라"는 이 명령은 하나님이 당신의 통치하에 들어오지 않는, 출렁거리는 바닷물을 육지처럼 잘 통제하고 장악할 태세를 늘 갖추고 있음을 시사한다.

결국 4-11절의 시문을 하나님의 1인칭 구술체로 쉽게 풀면 이런 뜻이 된다. "내가 바다 한복판에 땅의 기초를 놓는 것은 거대한 바다와의 싸움이었다." 시편 29편, 74편, 사 51장 등에 따르면, 하나님이 바다 위에 견고한 땅의 기초를 세우는 작업은 하나님 스스로도 감탄하실 대토목 공사였다. 바다라는 야생적 임의성(반역성) 위에 신실한 땅을 세우는 이 행위는 두 개의 다른 성향을 가진 피조물을 바탕으로 제3의 피조물을 만들어내는 고난도의 창조작업이었다. 하나님의 땅 창조는 바다처럼 가변하는 피조물 위에 견고한 신적 본성을 심은 행위였다. 물과 같은 인간(혹은 피조물)의 피조물적인 가변성 위에 신적 신실성을 이식하는 행위가 하나님의 창조였다! 물의 야생적 투쟁성과 물이 갖는 초활동성 위에 변하지 않고 항상 그 자리에 있는 땅을 세우는 일은 인간의 본성 위에 신의 본성을 세우는 것만큼 난해한 일이다. 요약하면, 4-11절은 죄 없는 자신이 왜 고난을 당하는가라는 욥의 질문에 대한 하나님의 시적이고 암시적 답변인 셈이다.

그렇다면 욥 같은 사람의 억울한 고난은 왜 왔는가? 하나님이 당신의 거룩한 본성을 인간에게 심으려고 하는 그 자체가 인간에게 고난의 원인이 된다. 하나님이 하나님의 형상을 따라 인간을 창조하여 인간에게 땅을 정복하고 다스리라는 사명을 주시는 순간, 고난의 내적인 원인이 만들어진다. 하나님이 만드셔서 아담에게 다스리고 정복하라고 주신 땅은 야생적 원시바다 위에 세워진 땅이다. 원시바다라는 거대하고 거의 반신적半神的인 세력, 의지, 에너지가 맹렬하게 활동하는 곳이 인간에게 주신 땅이다. 땅은 스바 사람의 약탈이 있고, 하늘의 번갯불이 내리치는 곳이다. 땅은 갈대아 사람들의 세 무리 공격이 일어나며 사방에서 가공할 만한 태풍이 와서 사람들과 가축 떼를 몰살시키는 공포스러운 시련의 장이다. 욥의 자녀들이 스바 사람이나 갈대아의 약탈을 촉발시킨 죄를 범한 것이 아니다. 그들이 하늘 번갯불과 세계 사방에서 불어오는 태풍의 공격을 초래한 악행자도 아니었다. 강력하고 낯선 사람들의 약탈과 강하고 무서운 자연의 공격이 쉼 없이 일어나는 세상에 하나님은 인류를 창조해 살게 하셨다. 이런 비극적 사고와 재앙은 인간의 죄 때문도 아니고, 하나님의 악의 때문도 아니다. 그것은 하나님이 지으신 세계의 내적 폭력성과 야생적 공격성과 관련되어 있다.[14] 인간은 이 거대한 자연의 야생성과 폭력성의 일부를 이루며, 강할 때는 약자를 침략하고 약할 때는 낯선 강한 자들에게 침략당한다. 욥의 고난은 하나님이 만드신 세계의 야생적 폭력성의 돌발적 표현이었다. 굳이 말하자면, 하나님과 인간의 거대한 존재론적 간격 때문에 생기는 고난이다. 욥의 고난은 욥의 죄에 대한 하나님의 징벌이 아니며, 욥의 경건을 질투하고 시기한 악마의 가해도 아니다. 사탄과 내기하다가 화가 난 하나님의 충동 조절 장애 때문도 아니다. 인간은 이처럼 야생적이고 울퉁불퉁한 세상에서 아무런 까닭 없이 하나님을 경외하고 살도록 부름받았다. 죄와 벌, 선과 악의 이진법 신학으로 살면서 하나님과 동행하기에는 세상은 대단히 복잡하고 위험한 곳이라는 것이다. 하나님 나라가 이 땅에 세워지려면, 물처럼 초활동적인 야생성, 반역성을 가진 바다 한복판에 욥 같은 신실한 인간들이 기둥처럼 솟아나야 한다. 그런 주춧돌 위에 하나님 나라의 항구적인 실재가 들어선다. 가변적인 피조물 위에 항구적으로 영속하는 하나님 나라가 서려고 할 때 욥 같은 사람이 필요하다. 기독교는 세상 모든 종교와 다르다. 세상 모든 종교는 인간이 신을 찾아 나선다. 인간의 욕구가 종교를 창조한다. 기독교는 정반대다. 하나님이 하나님 나라를 세울 주초와 반석 같은 사람을 찾는 이야기다. 기독교는 인간을 찾아오신 하나님에 대해 응답하는 인간의 수동적 능동의 활동이다. 하나님은 전심으로 당신을 찾는 자를 찾으신다. 전심으로 하나님을 찾는 자 누구인가? 절망적인 상황 속에서도 하나님을 굳게 붙드는 자들이다. 하나님은 땅에 하나님 나라를 세울 주춧돌로 이런 신실한 사람을 찾으신다. 완성된 하나님의 도성에 가면 그 도성을 떠받치는 열두 기초석을 볼 수 있는데, 그것은 열두 사도다. 그 열두 사도를 떠받치는 그 땅 밑 깊은 곳에 있는 반석은 예수 그리스도다. 땅에 하나님 나라를 세우는 과업은 피조물, 곧 가변적 질료 위에 불변의 질서를 세우는 일이다. 시시각각으로 변하는 인간적인 마음에 하나님 나라를 세운다는 것은 원시바다 위에 땅을 세우는 과업의 연장이다. 이 땅에 하나님 나라를 세우려고 하는 하나님의 시도가 창세기부터 요한계시록까지의 핵심 스토리다. 하나님이 땅에 하나님 나라를 세우려는 시도 가운데 욥의 고난이 발생했다. 욥의 고난은 하나님의 고난이고, 하나님 자신이 초래한 고난이며, 하나님이 책임져야 하는 고난이다. 욥이 마침내 하나님과 화해한다면 욥과 같은 사람을 통하여, 곧 죄도 없는데 저주받았지만 재활복구되고 부활된 욥 같은 사람이 하나님 나라의 주초가 된다. 이런 점에서 욥기는 아무 죄가 없었기에 인류를 위한 대속제물이 되셨던 예수 그리스도를 내다보는 책이다. 욥의 고통 그 자체가 타인의 죄를 속해 주는 속죄 효력을 행사하는 것은 아니지만, 그리스도 예수의 대속적인 고통을 예기한다는 점에서 욥기는 그리스도를 예기하는 예언서이기도 하다.^{16장, 19장 강해 참조}

이해할 수 없는 일들이 많이 일어나는 이 땅 • 12-21절

이 단락에서는 하나님의 또 다른 질문들이 연쇄적으로 쏟아진다. 하나님의 도덕적인 세계 통치를 의심하는 욥에게 하나님은 당신의 부지런한 세계 통치를 확신시킨다. 개역개정은 12절과 13절을 각각 독립적인 질문(문장)으로 보고 번역했는데, 히브리어 구문의 오독에 근거한 어색한 번역이다. 13절은 부정사 목적절로 이루어져 있으며 12절에 의해 견인되는 문장이다. 이 두 절을 함께 번역해야 한다. 이 두 절은 "욥, 너는 아침과 새벽에게 땅 끝을 붙잡고 악한 자들이 땅에서 떨쳐지도록 명령한 적이 있느냐"는 하나님의 질문이다. 직역하면 이렇다. "네가 너의 날 이래로 아침에게 명령하고 새벽에게 그 자리를 알게 하였느냐? 악인들이 그 땅에서 떨쳐지도록, 땅 끝을 붙잡도록!"^{12-13절}

아침과 새벽이 땅 끝을 붙잡도록 명령했느냐는 것이다. 13절의 상반절, "땅 끝을 붙잡는" 목적은 13절 하반절에서 표현된다. 바로 "악인들이 땅에서 끊어지도록!"이다. 히브리어 구문론의 기본 공식 중 하나는 등위접속사로 연결된 두 소절 중 앞 소절이 명령문일 때 그 등위접속사 뒤에 나오는 하반절은 목적절로 번역하는 것이다.^{예. 창 12:2} 땅 끝을 붙잡는 행동이 악인들을 땅에서 몰아내는 것과 무슨 관계가 있는지는 분명하지 않다. 여기에 새벽과 아침이 땅의 끝을 붙들어야 땅에서 악인들이 땅에서 근절될 수 있다는 함의가 있는데, 욥이 악인들을 근절하기 위해서 새벽과 아침에게 명령을 내릴 위치에 있지 않다는 것은 확실하다. 하나님 자신이 새벽과 아침에게 땅 끝을 붙들고 있으라고 명령했다는 함의가 두드러진다. 그 명령의 목적은 악인들의 근절이다. 14절은 하나님이 욥에게 하시는 질문의 연장이다. "욥이여! 그대가 아침과 새벽에게 명령하여, 곧 하나님의 강력한 악 심판이 나타나게 하여, 땅이 변하여 진흙에 인친 것처럼 기존 사회의 변혁과 전복을 실현했느냐?" 14절은 15절에서 좀 더 명료하게 부연된다. 독자들은 여기서 악인들에게 새벽이나 아침의 빛이 비치지 않도록 흑암 속에 투척한다는 그런 이미지를 상상한다. 14절은 악인들이 땅에서 추방되고 근절되는 이유는, 그들이 차지한 땅이 변하여 진흙 같이 뒤집혀지기 때문임을 말한다.¹⁵ 14절의 주어는 "땅"으로 추정된다. 14절의 첫 단어인 티트하페크(תִּתְהַפֵּךְ)는 '변하다' 등을 의미하는 하파크(הָפַךְ) 동사의 강세재귀(히트파엘)형 3인칭여성 미완료시제다. 강세재귀형은 주어가 스스로에게 모종의 영향을 미쳐 어떤 결과나 상태에 이르게 하는 행동을 묘사한다. 땅이 스스로를 진창으로 만든다는 말이다. "진흙에 인친 것 같이"라는 어구는 히브리어 커호메르 호탐(כְּחֹמֶר חוֹתָם)를 번역한 것이다. '호메르'(חֹמֶר)는 '진흙', '진창', '수렁'을 의미하는데 커(כְּ)는 '무엇처럼'을 의미하는 전치사이며, '호탐'(חֹתָם)은 '인장'을 의미한다. 호메르는 연계형이다. 따라서 직역하면, "땅이 인장印章의 진창(수렁, 진흙)처럼 스스로를 변질시켰다"라는 말이다. '인장의 진창(수렁)'이 무엇을 의미하는지는 정확하지 않으나, 여기서 땅이 쓸모없이 변했다는 의미 정도는 추출할 수 있다. 악인들이 땅에서 근절된 이유는 그들의 땅이 더 이상 농작물을 재배하기 힘들 정도로 진창으로 변했기 때문이라는 것이다. 고대 수메르 문명이 멸망할 즈음에 작성된 문서들에는 "땅이 소금밭으로 바뀌었다"는 표현이 자주 등장한다. 15절은 그 결과를 말한다. "그들의 빛이 악인들에게 차단되고 높이 쳐들린 팔은 분쇄되었다." 하나님이 악인들의 땅 추방과 근절 사역을 한 번도 게을리하지 않으신다는 것이다. 새벽과 아침, 곧 날마다 악인들을 땅에서 끊어내신다.시 7

16-17절은 욥이 도저히 발을 들여 놓은 적이 없는 바다와 죽음의 자리를 말한다. "네가 바다의 샘에 들어갔었느냐. 깊은 물(터홈) 밑으로 걸어 다녀 보았느냐"는 질문은 앞 단락 8-9절의 바다 언급과 같은 맥락에서 이해될 수 있다. 땅의 근원, 땅의 주초가 세워진 궁극 토대인 바다의 샘과 창세기 1:2의 그 깊은 물을 샅샅이 조사하면서 깊은 심연 속을 이리저리 걸어 다녀 보았느냐는 것이다. 17절의 사망의 문은 고대인들의 세계관을 반영하는 표현이다. 욥기 저자의 당시 세계관에 따르면, 산 자의 땅에서 음부로 내려가는 길에 문이 있었다. "사망의 문이 네게 정체를 드러냈느냐. 사망의 그늘진 문을 네가 보았느냐"는 질문은 하나님의 절대적 통치권이 미치는 범위의 한 예시 문이다. 산 자는 사망의 문까지 갈 수 없다. 당연히 욥은 사망의 문을 본 적도, 사망의 문이 욥에게 나타난 적도 없다. 욥이 아무리 참혹한 고통을 당했더라도 그가 생과 사를 가르는 경계선까지 끌려간 것이 아니었다. 하나님의 통치 영역은 산 자와 죽은 자의 경계를 다 포함한다는 말이다. 욥의 하나님 인식이 얼마나 제한적이고 파편적인지

를 환기시키는 질문이다.

18-21절은 측량할 수 없는 지구의 크기와 욥의 제한된 지식을 대조한다. 18절은 땅의 기초를 놓는 시점에 관한 질문을 잇는 질문이다. 하나님은 욥에게 땅의 너비를 측량할 수 있느냐는 질문을 추가하신다. 이상에서 제기된 모든 질문들에 대한 답변을 알거든 대답해 보라고 압박하신다. 욥이 스스로 얼마나 무지몽매한 자인지를 자각시키는 질문이다. 19절도 관련된 질문이다. "어느 것이 광명이 있는 곳으로 가는 길이냐. 어느 것이 흑암이 있는 곳으로 가는 길이냐." 광명과 흑암의 거소를 아는지 묻는 것이다. 이 질문은 창세기 1:3-4을 생각나게 한다. 빛과 어둠을 나누는 장면, 곧 빛을 낮에게 할당하고 어둠을 밤에게 할당해 주는 하나님의 창조사역을 상기시킨다. 광명과 흑암이 어디에 거하는지를 안다는 것은 사물의 외양에 집착하지 않는다는 것을 의미한다. 흑암의 외양을 한 빛도 있고, 빛의 모양을 띤 흑암도 있다. 빛 속에 흑암이 있고, 흑암 안에는 빛이 될 소질이 내포되어 있다.^{시 139:11-14} 하나님은 빛 가운데 계시면서도 또한 캄캄한 어둠 속에 거하신다. 빛과 어둠이 있는 곳을 아는 것은 거의 하나님이 어디 거하시는지를 아는 것과 같다. 20절의 "그"(그것)가 누구를 가리키는지는 분명하지 않다. 빛, 어둠은 모두 남성명사이니 둘 다 "그것"이 될 수 있다. 더 직접적으로는 19절 하반절의 남성명사는 '어둠'이기 때문에 "그것"을 어둠이라고 봐도 된다. 그렇다면 "너는 그(어둠)의 지경으로 그(어둠)를 데려갈 수 있느냐. 그(어둠)의 집으로 가는 길을 알고 있느냐"는 정도의 의미가 된다. 그런데 이 번역은 어색하다. 앞에서 우리가 주석한 것처럼 빛과 어둠의 통일체로서 하나님을 생각하면, "그"를 하나님이라고 추정할 수 있다. 욥기 23장에서 욥은 하나님이 어디에 거하시는지 그 거소를 알기를 갈망했다. 빛과 어둠을 통일시키시고 한곳에 품으신 하나님이 "그"일 수도 있다. 그렇다면, 20절은

"너는 하나님이 어디 계신지도 알고 있느냐"는 정도의 질문이다. 21절은 약간의 조롱이 담긴 질문이다. "네가 아마도 알리라. 네가 그 때에 태어났으리니 너의 햇수가 많음이니라." "그 때"는 하나님이 땅의 기초를 주초하고 빛과 어둠의 길을 정하던 그 때를 함의하는 것처럼 보인다. 욥이 모든 것에 통달한 듯한 지혜과시를 한 것에 대한 우회적인 질책이다. 21절의 논지는, "욥, 네가 오래 살았으며, 네 지혜가 부요하다고 확신하는구나. 너는 마치 하나님이 빛과 어둠을 나누는 시점부터 존재한 것처럼 행동하는구나"라는 우회적 책망이다.

비와 눈의 원천 • 22-30절

이 단락은 하나님 버전의 천문기상학 강론이다. 22절에서 하나님은 욥에게 "눈 곳간"에 들어가 본 적이 있으며, "우박 창고"를 본 적이 있는지 물으신다. 당연히 욥은 이런 것을 본 적이 없었을 것이다. 23절에서 하나님은 눈 곳간과 우박 창고의 용도를 말씀하신다. 눈 곳간과 우박 창고는 환난 때와 교전과 전쟁의 날을 위하여 하나님이 남겨 두신 비장의 무기라는 것이다. 하나님은 이집트 파라오왕국을 타격하기 위해 우박을 던지셨다. 24-29절까지 약 열 가지 질문이 연쇄적으로 쏟아진다. 천문기상학 질문들이다. 천문기후나 기상학은 인간의 통제 밖 영역이다. 인간은 지혜로운 것 같아도 지구에서 벌어지는 천문기상 현상의 시종을 제대로 이해하지 못한다. 하나님은 욥이 인간 사회에서 일어나는 좁은 의미의 윤리도덕적 정의 시비 등에 대해 많이 알았을지라도 하늘에서 일어나는 이 거대한 지구 기상현상에 대해서는 전혀 무지하다는 사실을 깨우치신다. 24절에서 하나님은 "광명이 어느 길로 뻗치며 동풍이 어느 길로 땅에 흩어지느냐"고 물으신다. 하나님은 답을 가르쳐 주시기 위해 물으시는 것이 아니다. 이 질문들을 던지는 것은 욥의 무지를 실토하도록 유도하기 위함이다. "누가"라고 묻는 질문의 답은 항상 하나님이다. 하나님의 일흔 가지 질문에서 답은 대개 두 가지다. 첫째, "아느냐"고 묻는 질문들에 대해서는 욥이 대답한다. "저 욥은 전혀 모릅니다." 둘째, "누가"라고 묻는 질문의 대답은, "저 욥은 아닙니다. 하나님이십니다"이다. 25절의 질문도 마찬가지다. "누가 홍수를 위하여 물길을 터 주었으며 우레와 번개 길을 내어 주었느냐." 답은 "하나님입니다"이다. "누가 사람 없는 땅에, 사람 없는 광야에 비를 내리며 횡무하고 황폐한 토지를 흡족하게 하여 연한 풀이 돋아나게 하였느냐."[26-27절] 이 질문에 대한 바른 대답은 "예, 하나님이십니다"이다. "비에게 아비가 있느냐."[28절 상반절] "아닙니다. 비를 만드신 분은 창조주 하나님이십니다." "이슬방울은 누가 낳았느냐."[28절 하반절] "하나님이십니다." "얼음은 누구의 태에서 났느냐. 공중의 서리는 누가 낳았느냐."[29절] "하나님이십니다." 30절은 하나님의 조화로 물은 얼어 돌 같이 굳어지고 깊은 바다의 수면도 얼어붙는 현상을 기술한다. 이 모든 질문들의 유일한 목적은 욥으로 하여금 무지를 자백하게 하는 데 있다.

하늘들을 채우는 피조물들에 대한 하나님의 지식과 욥의 무지 • 31-38절

이 단락에 나오는 질문들은 천체물리학 질문들이다. 질문의 목적들은 동일하다. 천체물리학 분야의 심화학습을 통해 욥에게 천문기상학 관련 지식을 전수하려는 것이 아니다. 욥의 무지 자백을 이끌어내기 위함이다. 이런 단락을 해석할 때 해석자는 각 질문에 대해 대답하려고 시도하기보다는 무지의 자백, 우리 지식의 파편성과 제한성을 깊이 자각시키는 데 초점을 맞추는 것이 바람직하다. 31절에서 하나님은 욥에게 묘성을 매어 묶을 수 있으며 삼성의 띠를 풀 수 있겠느

538

냐고 묻는다. 별자리는 고도로 정밀한 중력궤도의 균형으로 확정된다. 별들은 중력의 작용으로 허공에 매달려 있다. 32절도 같은 질문이다. "지구의 표면에 사는 욥, 너는 하늘을 채우는 별자리들을 각각 제때에 이끌어낼 수 있으며 북두성을 다른 별들에게로 이끌어 갈 수 있겠느냐"고 물으신다. 천문기상학 영역에서도 인간 욥은 무지를 실감했는데, 천체물리학 분야는 더 말할 나위가 없다. 욥의 대답은 "저는 할 수 없습니다. 하나님만이 하실 수 있습니다"였을 것이다. 33절에서 하나님은 "네가 하늘의 궤도를 아느냐. 하늘로 하여금 그 법칙을 땅에 베풀게 하겠느냐"고 물으신다. 하늘의 천체들이 땅을 주관하도록 하신 것이 하나님의 창조원리 중 하나였다. 하늘의 법칙이 땅을 지배하고 주관하도록 하셨다. 인간에게 하늘은 능력과 이해 밖의 초월이다. 땅은 하늘의 법칙 아래 있다. 하늘 법칙은 인간의 소관사항이 아니다. 지구 거주자 인간은 하늘에 대해 수동적일 수밖에 없다. 그래서 인간은 목소리를 구름에까지 높여 비가 쏟아지게 하거나 넘치는 물이 땅을 덮게 할 수 없다.³⁴절 비와 강수는 하늘이 주도권을 쥔 현상이다. 욥은 지구 거주자, 땅의 피조물이다. 땅이 하늘에게 영향을 일방적으로 끼치고 주관하지 못하듯이, 욥이 하나님의 영역에 침범해서, "하나님! 이렇게 행동하시지 않으면 하나님은 불의한 하나님이 됩니다"라고 선언할 수 있겠느냐는 의미다. 35절은 37장의 엘리후가 개진한 천문기상학을 이어받는다. 욥은 번개에게 사자를 보내어 순종 태세를 갖추도록 할 수 없다. 욥의 명령을 받고 번개가 욥에게 "우리가 여기 있나이다"라고 복종할 리 없다. 번개는 하나님의 명령 수하에 있지 인간의 수하에 있지 않다는 것이다. 36절에서 하나님은 심지어 "(피조물의) 가슴 속에 있는 지혜는 누가 준 것이냐. 수탉에게 슬기를 준 자가 누구냐"고 물으신다. 인간에게 어리석은 동물로 멸시받는 수탉도 하나님이 주신 슬기를 갖고 있다는 것이다. 37절은 다시 천문기상학 질문이다. "누가 지혜로 구름의 수를 세겠느냐. 누가 하늘의 물 주머니를 기울이겠느냐." 누가 비를 오게 하겠느냐는 질문이다. 38절은 창세기 2:6-7의 인간 창조를 암시하는 질문이다. "누가 티끌이 덩어리를 이루며 흙덩이가 서로 붙게 하겠느냐." 바로 하나님이다. 하나님은 티끌이 서로 엉겨 붙어 덩어리를 이루게 한 후에, 그 티끌 덩어리에 하나님의 숨결을 불어넣어 아담을 만드셨다. 이 모든 압도적인 질문들 거의 마지막 순서에 인간 창조의 과정에 관한 질문이 나온다는 것은 인간의 겸손한 위상을 암시한다. 인간은 엉겨 붙은 진흙덩어리요 티끌덩어리인데, 하나님과 맞서려고 해서는 안 된다는 것이다.

사자와 까마귀를 먹이시는 창조주 • 39-41절

이 단락의 주제는 사실 39장과 같다. 동물학에 관한 광범위한 질문들도 욥이 대답하기 힘들다. 불가능하다. 이 단락은 욥이 천문기상학, 천체물리학 분야 외에 동물들의 세계에 대해서도 전적으로 무지한 인간임을 드러낸다. 또한 창조주 하나님이 첫 인간 아담과 하와에게 주신 으뜸 사명이 동물들을 다스리는 과업이었다는 점을 고려하면, 욥의 무지는 아담 사명의 과업에 대한 태만일 수도 있다는 생각을 하게 만든다. 그런 점에서 창세기 1:28-30, 2:19-20, 시편 8:4-8, 104:10-27이 아주 중요한 진리를 말해 준다.

> 하나님이 그들에게 복을 주시며 하나님이 그들에게 이르시되 생육하고 번성하여 땅에 충만하라, 땅을 정복하라, 바다의 물고기와 하늘의 새와 땅에 움직이는 모든 생물을 다스리라 하시니라. 하나님이 이르시되 내가 온 지면의 씨 맺는 모든 채소와 씨 가진 열매 맺는 모든 나무를 너희에게 주노니 너희의 먹을 거리가 되리라. 또 땅의 모든 짐승과 하늘의 모든 새

와 생명이 있어 땅에 기는 모든 것에게는 내가 모든 푸른 풀을 먹을 거리로 주노라 하시니 그대로 되니라. ^{창 1:28-30}

고대 왕정 이데올로기에 따르면, 왕의 과업 중 하나가 백성을 먹이고 기르고 입히는 것이었다. 아담은 동물들을 다스리라는 과업을 받았다. 창세기 1:30은 동물들을 다스리는 과업 중 하나가 그들에게 먹을 것(푸른 풀)을 제공하는 것임을 시사한다. 시편 8:4-8은 창세기 1:28의 아담 과업이 왕적 과업임을 말해 준다. ^{시 80:17}

> 사람이 무엇이기에 주께서 그를 생각하시며 인자가 무엇이기에 주께서 그를 돌보시나이까. 그를 하나님보다 조금 못하게 하시고 영화와 존귀로 관을 씌우셨나이다. 주의 손으로 만드신 것을 다스리게 하시고 만물을 그의 발 아래 두셨으니 곧 모든 소와 양과 들짐승이며 공중의 새와 바다의 물고기와 바닷길에 다니는 것이니이다. ^{시 8:4-8}

그래서 창세기 2:19-20은 아담이 동물을 다스리는 과업을 수행하는 장면을 보여준다. 아담이 각 동물의 이름을 지어주는 장면이다. 이름은 본질이다. 동물의 이름 짓기는 동물에 대한 아담의 깊은 이해와 인식을 전제하고 수반한다. 욥이 동물들에 대해 모르는 것은 아담의 과업이 인류에게 충실히 전수되지 못하는 상황을 반영한다.

> 여호와 하나님이 흙으로 각종 들짐승과 공중의 각종 새를 지으시고 아담이 무엇이라고 부르나 보시려고 그것들을 그에게로 이끌어 가시니 아담이 각 생물을 부르는 것이 곧 그 이름이 되었더라. 아담이 모든 가축과 공중의 새와 들의 모든 짐승에게 이름을 주니라. 아담이 돕는 배필이 없으므로. ^{창 2:19-20}

하나님은 아담이 동물들의 이름을 어떻게 붙여 부르는지 예의주시하셨다. 아담이 동물을 잘 다스리는 것이 하나님의 초미의 관심사였다는 것이다. 아담은 하나님이 동물들을 다스리는 과정을 보고 학습하여 동물들의 왕적 돌보미가 되었어야 한다. 시편 104:10-27은 하나님이 동물들을 어떻게 먹이시고 입히시는지를 예시한다.

여호와께서 샘을 골짜기에서 솟아나게 하시고 산 사이에 흐르게 하사 각종 들짐승에게 마시게 하시니 들나귀들도 해갈하며 공중의 새들도 그 가에서 깃들이며 나뭇가지 사이에서 지저귀는도다. 그가 그의 누각에서부터 산에 물을 부어 주시니 주께서 하시는 일의 결실이 땅을 만족시켜 주는도다. 그가 가축을 위한 풀과 사람을 위한 채소를 자라게 하시며 땅에서 먹을 것이 나게 하셔서 사람의 마음을 기쁘게 하는 포도주와 사람의 얼굴을 윤택하게 하는 기름과 사람의 마음을 힘있게 하는 양식을 주셨도다. 여호와의 나무에는 물이 흡족함이여, 곧 그가 심으신 레바논 백향목들이로다. 새들이 그 속에 깃들임이여, 학은 잣나무로 집을 삼는도다. 높은 산들은 산양을 위함이여, 바위는 너구리의 피난처로다. 여호와께서 달로 절기를 정하심이여, 해는 그 지는 때를 알도다. 주께서 흑암을 지어 밤이 되게 하시니 삼림의 모든 짐승이 기어나오나이다. 젊은 사자들은 그들의 먹이를 쫓아 부르짖으며 그들의 먹이를 하나님께 구하다가 해가 돋으면 물러가서 그들의 굴 속에 눕고 사람은 나와서 일하며 저녁까지 수고하는도다. 여호와여, 주께서 하신 일이 어찌 그리 많은지요. 주께서 지혜로 그들을 다 지으셨으니 주께서 지으신 것들이 땅에 가득하니이다. 거기에는 크고 넓은 바다가 있고 그 속에는 생물 곧 크고 작은 동물들이 무수하니이다. 그 곳에는 배들이 다니며 주께서 지으신 리워야단이 그 속에서 노나이다. 이것들은 다 주께서 때를 따라 먹을 것을 주시기를 바라나이다. 시 104:10-27

그런 점에서 39절은 의미심장하다. 욥에게 사자를 돌볼 왕적 사명을 다했느냐고 물으시듯이, "사자를 위하여 먹이를 사냥하겠느냐. 젊은 사자의 식욕을 채우겠느냐"고 물으신다. 그것은 욥에게 당연히 불가능한 과업이다. 창조주 하나님은 사자들의 동선을 자애롭게 관찰하신다. 사자들은 하나님에게 먹을 것을 구하되^{시 104:21-22} 굴에 엎드리며 숲에 앉아 숨어 기다린다.^{40절} 하나님은 또한 공중의 새들도 권념하신다. 까마귀 새끼가 하나님을 향하여 부르짖으며 먹을 것이 없어서 허우적거릴 때에 그것을 위하여 먹이를 마련하는 이도 인간이 아니라 하나님이시다.^{시 104:10-27; 마 6:26}

메시지

욥기는 신학이면서 동시에 위대한 문학이다.[16] 욥기의 소재는 고대 동방의 마음속에서 일어난 신정론적 질문 사태이지만, 그 알짬 안에는 이스라엘 역사가 비유적으로 암시적으로 응축되어 담겨 있다. 욥기의 핵심적 전제 중 하나는 신에게 논쟁을 걸 수 있는 유일한 피조물이 인간이라는 주장이다. 인간은 신에게 복종하는 로봇이 아니라, 신의 논리와 논쟁을 벌이면서 신의 통치, 신의 정의를 의심하고 따져 물을 수 있는 유일한 피조물이라는 것이다. '만물의 영장'이라는 말은 신과 논쟁을 벌일 수 있는 상대자가 되었다는 의미를 가진다. 이런 의미에서 신과 부단한 논쟁을 통해 자신들의 역사를 지탱해 온 이스라엘 민족의 역사적 경험이 욥기 안에 반영되어 있다. 그런 점에서 욥기는 시편, 창세기, 이사야, 신명기 등과 함께 읽어야 한다. 욥기 안에는 사실상 이스라엘 민족의 독특한 집단경험이 들어 있기 때문이다. 앞에서 말했듯이, 바벨론 포로생활은 "우리 죄 때문에 일어난 재난이다"라고 주장한 신명기 역사가 신학에 대한 비판적 응답 내러티브가 욥기를 이끌어 간다. 바벨론 유배는 의롭게 산 사람에게 일어난 말할 수 없는 신비로운 고난이라는 해석이 신명기 역사가의 인과응보 신학에 비판적 보완을 제공한다. 이러한 욥기 주제와 비슷한 시편 주제는 37, 44, 73, 89편 등이다. 욥기는 우리가 이렇게 의롭게 살았는데, 뭘 잘못했다고 스바 사람과 하늘의 불, 갈대아 사람과 태풍으로 자녀들과 가축 재산을 모두 멸절하는가라며 항변하는 이스라엘 민족의 질문을 염두에 두고 이야기를 풀어 간다. 욥기가 바벨론 포로기를 거친 사람(들)에 의해 저작되었다는 유력한 증거 중 하나는 1:17의 세 무리의 '갈대아 약탈자들'에 대한 언급이다. 욥기 무대는 주전 약 18-16세기이다. 지금부터 약 3,800년 전 이야기다. 3,800년 전 고대사회 우스^{Uz}는 빈부격차와 갈등으로, 또 부당한 재판으로 약자의 아우성이 하늘을 찌르는 세상이었다. 이 사태는 바로 우리들의 이야기이기도 하다. 3,800년 동안 지구적 삶의 조건은 변하지 않았다는 것을 보여 준다. 주전 18세기 함무라비 때부터 아브라함이나 욥 때까지 부당한 재판의 억울함을 호소하는 신문고가 있었고, 성 밖과 안의 사람의 생활 수준에 큰 차이가 있었다. 한마디로, 불의하고 억울한 일들이 가득 찬 혼돈천지였다.

하나님의 천상어전회의와 지구를 동시에 병렬적으로 보여주는 욥기 1-2장은 산문散文이다. 산문은 대부분 과거 시제나 미완료(현재진행, 현재형)가 쓰인다. 욥기의 산문은 과거 시제 및 현재 시제로 쓴 이야기 구술체storytelling 단락이다. 3-41장은 운문韻文이다. 운문은 글자에 음보가 있고, 리듬이 있는 압축적 문장이다. 시문은 다양한 해석의 여지를 남겨 놓으며 압축적이고 암시적인 어구들이 자주 등장한다. 3-41장의 시문은 압축적으로 비유와 대구, 생략과 은유에 자주 호소하기 때문에 내용이 명료하지 않아 내용 파악도 쉽지 않다.

욥기 1-2장에는 하나님이 천상보좌에서 지상을 감찰하시는 장면이 나온다. 욥기 1-2장의 하나님은 지구 중심의 창조주다. 지구를 특별 주목하시고 인간의 동태를 세심하게 감찰하시는 하나님이다. 하나님은 지구 경영적이고 지구 주목적인 창조주다. 그런데 38장에서 하나님은 지구 중심의 감찰망을 우주적인 광활 영역으로 훨씬 넓게 확장하신다. 시간 영역에서도 현재시점에서 태초의 창조시점으로 거슬러 올라간다.

38장부터 하나님은 황량하고 광활한 우주를 무대로 말씀하신다. 지구를 창조하고 지구를 주목하시는 하나님은 우주 대허공에 중력끈으로 매달려 있는 무량대수의 별들을 만드신 분이다. 억, 조, 경, 대, 해까지 넘어서는 별들의 수는 무량대수이다. 하늘의 별은 우주의 먼지이며 인간은 우주의 먼지를 질료로 창조된 존재다. 하늘의 별들은 암석별과 가스별과 액체별(얼음별)로 나누어져 있다. 우주는 거리두기의 미학과 균형미로 안정을 유지한다. 무량대수만큼의 별과 천체를 만드신 창조주 하나님이 지구를 주목하고 있다는 사실은 전율을 일으킨다. 인간을 한없이 왜소하게 만드는 하나님의 거대함, 장엄함이 우주에 가득 차 있다. 지구에서 큰 자인 인간은 우주의 대황량 허공을 창조하신 하나님 앞에서 다시 한 점 먼지, 곧 무로 소실된다. 우주 천체물리학 시대 때 읽는 욥기는 완전히 지구 중심적 하나님, 지구 친화적 하나님, 지구 주목적 하나님 이해를 무한히 확장한다. 오늘날 천체물리학적 우주관이 알려진 시대에 욥기를 읽는 것은 감동적이다. 이런 많은 별 중에서 지구를 보시고, 그중에서도 몸무게가 60-70kg정도 밖에 안 되고, 키가 1m 60-70cm 밖에 안 되었을 고대인 욥을 유의해 보시는 하나님을 생각하며 또한 감격한다. 하나님은 우리가 상상할 수 없을 만큼 인간 중심적인 하나님임을 알 수 있다. 우리가 욥기 1장을 읽자마자 전율을 경험하는 이유는, 천지를 창조하신 하나님이 "내 종 욥을 유의하여 보았는가"라고 말씀하시는 한 마디 때문이다. "여호와께서 사탄에게 이르시되 네가 내 종 욥을 주의하여 보았느냐. 그와 같이 온전하고 정직하여 하나님을 경외하며 악에서 떠난 자는 세상에 없느니라." 하나님은 사람이 무엇이길래 인간의 행로에 관심을 보이시고, 인간의 하나님 경외 혹은 불경외 여부에 관심을 가지고 "내 종을 유의하여 보았느냐"고 말씀하실까? 하나님이 당신의 마음에 드는 종을 애타게 주목하신다는 사실이 우리를 전율시킨다. 욥기 1장부터 전율할 수밖에 없는 것이다.

그렇다면 하나님은 왜 지구 초점焦點적이시고, 지구 주목注目적이신가? 왜 하나님은 무량대수의 별을 만드시고, 지구의 시간에 당신의 동선을 맞추실까? 하나님은 창세기에서 지구적인 날들 7일에 맞추셔서 안식하기로 결정하신다. 어떻게 천지를 만드신 하나님이 지구의 시간에 맞추실 수 있는 것인가? 지구의 시간은 우주적 시간을 조율하는 그리니치 천문대와도 같다. 창세기 1장에서 하나님이 하루, 이틀, 사흘 이렇게 날 계산을 하시는 것을 보고 창조주께서 지구를 그리니치 천문대처럼 우주시간의 축으로 삼았다는 것을 알 수 있다. 크리스토퍼 놀란 감독의 2014년 개봉작 우주개척 영화 「인터스텔라」*Interstellar*는 우주에 가면 지구의 시간이 무의미하다는 것을 깨닫게 한다. 욥기 1장을 펴자마자 창세기를 떠올린다. 욥기 1장은 하나님이 천지 만물을 창조하신 후에 지구를 주목하시는 지구 초점적 하나님이 되셨고, 지구 시간에 자신을 맞추시는 하나님임을 보여준다. 그렇기 때문에 무량대수의 별들을 아는 현대 천체물리학의 시대에 사는 독자들은 우리 하나님이 인간의 삶에 지나치게 관심이 많다는 것을 금세 알 수 있다. 욥기 7장에서 욥이 하나님께 묻는다. "하나님은 인간에게 왜 이리 관심이 많으십니까? 왜 무량대수의 별들을 만드신 하나님이 다른 별들에 관심을 가지지 않으시고 우주에서 보이지도 않는 존재에 관심을 기울이십니까?" 이 질문의 숨은 뜻은, "전능하신 하나님은 우리를 무존재처럼 여겨야 마땅하다. 과연 우주의 먼지에 불과한 인간인 내가 나쁜 일을 한다고 해서 하나님과 온 피조세계에 무슨 상관이 있는가?"라는 것이다. 하나님의 초각성적 인간 주목과 감찰을 부담스럽게 여기는 인간의 속마음이 드러나는 질문이다.

이처럼 무량대수의 별을 만드신 하나님이 지구에 와서 지구와 지구 거주자 인간을 세밀하게 감찰하신다는 것은 상당히 문제가 된다. 하나님께서 인간의 행동이 우리가 상상하는 것보다 우주적 파장이 더 크다고 생각하신다면, 이것은 인간에게 심각한 문제가 아닐 수 없다. 그런데 하나님은 지구 거주자 인간의 생각과 행동이 창조주 하나님께 엄청나게 중요하다고 말씀하신다. 하나님은 천군 천사로 불리는 천상세계의 사역자들에게는 인간이 얼마나 중요한지를 이미 충분히 설명하신 것처럼 보인다. 천사들로 하여금 지구를 감찰할 사명을 주신 것을 볼 때, 지구는 하나님의 특별직할통치 영지처럼 대우받는다. 지구의 상황, 특히 지구 거주자인 인간의 삶이 하나님이 천상세계의 천군 천사에게 자신의 통치 대권을 자랑하고 입증하는 데 결정적으로 중요한 증거요 토대라는 것이다. 하나님은 하나님의 아들들이라고 불리는 그 영적 존재들에게 하나님을 참으로 경외하는 인간이 있다는 것을 입증하여 당신의 지구 통치가 효과적이며 성공적으로 관철되고 있으며, 하나님의 통치가 만물의 영장인 인간들에게 잘 수용되고 있음을 말하고 싶어 하신다. 이것이 또한 하나님이 천군 천사의 순종을 명하고 설득하는 교육적 범례가 될 것이기 때문이다. 지구에 대한 하나님의 통치 대권을 보고 천군 천사는 하나님께 순종을 바치는 것을 당연시했을 것이다. 그런데 하나님의 통치 대권이 지구에서 균열을 내면 천군 천사가 동요할 수 있다. 이런 상황은 하나님의 아들들이라고 불리는 천군 천사들의 순종/불순종을 좌우하는 결정적인 조건이 될 수 있다. 아나나 다를까, 욥기 1장 이전의 상황에서 사탄은 하나님께 "지구 통치는 안전합니까"라고 질문을 제기했을 것이다. 이런 맥락에서 하나님이 지구 통치가 안전하다고 말하고 싶어서 "내 종 욥"을 지목하신 것이다.

하나님은 인격적인 하나님이다. 자기의식적이며, 자기음미적이고 자기평가적이다. 하나님은 자기평가적인 분이라는 이 사실이 중요하다. 하나님이 자기에 대해서 평가하시고 자기평가에서 만족을 못하면 좋지 않다고 느끼신다. 하나님은 무생물이 아니라 인격적 존재이기 때문이다. 하나님온 스스로에 대해 만족하셔야 하는 인겨적인 하나님이다. 하나님은 다른 상대인격에 의한 평가를 의식하신다. 창조주 하나님께 평가를 내리는 다른 인격은 바로 인간이다. 하나님은 당신이 만든 피조물 인간이 하나님을 선한 창조주라고 인정해 주길 원하신다. 이것이 자기평가적 하나님의 고뇌다. 하나님은 전능하시고 능력이 많지만, 자기평가적이기 때문에 번뇌하고 자기 창조물 때문에 영향을 받으시는 겸손한 하나님이다. 창세기 1, 2장의 하나님은 자기평가적이며 겸손하신 하나님이다. 우주적 통치 대권을 가진 전능의 하나님이 인격적이시기 때문에 자기음미적이고, 자기를 스스로 정당화하셔야만 한다. 이런 하나님이 이스라엘을 만드신 하나님이다. 그리고 우리가 믿는 하나님은 우리가 하나님을 믿는 것을 보며 기뻐하신다. 히브리서 11장은 이 진리를 확증한다. 나 같이 허접한 피조물이 하나님을 믿어 준다고 과연 하나님이 기쁘시겠는가 하고 의문을 가지지만, 하나님은 나 같은 연약한 인간의 신실성을 기뻐하신다. "믿음이 없이는 하나님을 기쁘시게 하지 못하나니 하나님께 나아가는 자는 반드시 그가 계신 것과 또한 그가 자기를 찾는 자들에게 상 주시는 이심을 믿어야 할지니라."[히 11:6]

이런 지구 중심적인 하나님이 욥기 38장에서 욥의 시야를 시공간적으로 급격하게 확장시키신다. 하나님은 욥으로 하여금 황량하고 광활한 우주의 시좌視座에서 자신의 항변, 원통함, 억울함을 보도록 이끄신다. 왜 자신의 7남 3녀를 하루에 다 죽여 버리시고 자신의 명예를 음부에 집어 던지셨는지를 하나님께 목이 쉬도록 묻고 항의하는 욥에게, 하나님은 욥기 38장에서 수십 가지의 질문을 역으로 퍼부으신다. 왜 38장에서 하나님은 욥에게 질문을 퍼붓는 방식으로 욥의 질문에 대답하셨을까? 왜 하나님은 단도직입적으로 욥기 1:6-12의 진실을 말씀하시지 않았을까? 1-2장에 나오는 야웨 하나님과 38-39장에 나오는 야웨 하나님의 캐릭터가 왜 이렇게 달라져 있을까? 1-2장의 하나님은 모든 진심을 투명하게 계시하시는 분이다. 산문, 이야기체로 욥의 고난을 촉발시킨 논쟁을 주도하신다. 거기에서 욥의 고난을 촉발시킨 결정적인 계기는 하나님과 사탄의 논쟁이다. 그런데 왜 38장의 하나님은 거기에 대해 일언반구도 없을까? 이 두 하나님 이미지의 간극을 좁히는 것이 욥기 해석의 중대한 과제 중 하나가 될 것이다. 확실한 것은 38장부터 하나님은 뭔가 숨기고 있는 하나님인데, 시적 암시와 비유를 통해 말씀하시기에 하나님이 숨기는 그 비밀이 무엇인지 정확하게 파악하기 어렵다. 이 대답은 38장부터 41장까지의 질문의 종류와 질을 보면 만족스럽지 못하지만 어느 정도는 나올 수 있다. 4절부터 질문의 형식으로 하나님은 욥에게 대답하시기 시작한다.

"내가 네게 묻는 것을 대답할지니라. 내가 땅의 기초를 놓을 때에 네가 어디 있었느냐. 네가 깨달아 알았거든 말할지니라."욥 38:4 이 질문을 시작으로 쏟아지는 일흔 가지 질문들 중 어떤 질문에도 욥은 도저히 답변하지 못한다. 그러나 일흔 가지 질문세례가 다 끝난 후 욥은 놀랍게도 하나님의 대답을 들었다고 믿고 하나님과 화해하기 시작한다. 자신의 항변을 듣고 나타나 주신 하나님 자신이 욥에게 응답이 된 것이다. 하나님이 자신을 여전히 버리시지 않은 것을 확인한 욥은 안도하고 위로를 받는다. 42장을 보면, 욥은 전혀 다른 사람 같이 유순해져 있다. 욥과 하나님의 갈등이 너무 싱겁게 끝난다. 3-37장까지 욥과 친구들이 나눈 격렬한 논쟁과 욥의 항변에 비하면 결말부의 욥의 자세는 충격적으로 순응적이다. 이런 투항적인 욥에게 하나님은 엄청난 물질적인 복[42:12-16]으로 응답하시고 둘 사이에는 아무 일이 없었다는 듯이 행복한 평화가 감지된다. 도대체 욥에게 무슨 일이 일어났을까? 욥기 38장을 자세히 읽어 보면 어느 정도의 해명이 이뤄진다.

확실히 욥은 38장에서 하나님의 응답을 받았던 것으로 보인다.[17] 욥이 당한 고난의 원인은 창조질서의 비밀 중 일부라는 대답을 들었다. 38장부터 41장까지에 나오는 일흔 가지 정도의 질문은 우주 천문학, 우주 천체물리학, 기상학, 동물 생태학, 식물학, 인간심리학 질문들로서, 창조주적 직관과 통찰을 가져야만 답변이 가능한 질문들이다. 이런 모든 질문을 통해 주신 하나님의 대답을 풀어 쓰면 이렇다. "내가 굳이 말하자면, 이 세상 창조질서와 그 운행 원칙은 네가 생각하는 것처럼 단순한 죄와 벌이라는 이진법 신학이 아니다. 창조질서에는 수학적 논리나 법칙도 작동되지 않는 빈틈이 있다. 욥! 신명기 28장의 인과응보 신학으로는 네 고난의 원인을 해명할 수 없다. 네가 고난받는 이유는 창조의 신비에 속한 것이다.[특히 욥 38:8-11] 죄 없는 자도 고난을 받을 수 있다는 확률적 가능성은 창조질서의 일부임을 기억해라. 특히 욥기 38:8-11, 16, 34, 38을 깊이 묵상해 보라." 하나님이 창조하신 세계는 바다의 잠재적 범람(창조질서를 도발하는 우발적 사건)이 예상되기에 바다를 감금하고 억제하려는 하나님의 부단한 명령을 필요로 한다. "네가 여기까지 오고 더 넘어가지 못하리니 네 높은 파도가 여기서 그칠지니라."[11절] "네가 바다의 샘에 들어갔었느냐. 깊은 물 밑으로 걸어 다녀 보았느냐."[16절] "네가 목소리를 구름에까지 높여 넘치는 물이 네게 덮이게 하겠느냐."[34절] "티끌이 덩어리를 이루

며 흙덩이가 서로 붙게 하겠느냐."[38절]

특히 38절은 창세기 2:7의 아담 창조 장면을 떠올리게 한다. 38절은 티끌이 스스로 덩어리를 이루며 흙덩이를 붙게 한 것이 아니라, 하나님의 명령과 의지가 작동해서 티끌로부터 인간이 창조되었다고 주장한다. 인간 자체도 수학적 물리적 법칙에 매여 있는 것이 아니라 무궁한 하나님의 창조명령과 지혜의 산물이라는 것이다. 욥기 38:10-11이 보여주듯이 이 창조세계를 뒤흔드는 혼돈세력은 해안의 바위를 치는 파도 같은 존재다. 욥은 항상 "이제 그만 물러가 있으라"는 창조주의 명령을 듣고도 쉴 새 없이 파도치는 바다에서 세계의 정체를 본 것이다. 하나님이 지으신 창조질서는 혼돈세력의 침탈과 공격과 시위에 노출되어 있다. 이런 역동적인 땅 침수 위협 세력들의 쇄도에도 인간의 믿음과 순종, 진리 실천을 통해 의젓하게 지탱되는 질서가 바로 하나님이 주신 세상임을 깨달은 것이다. 욥은 자신의 부조리한 고난의 원인을 수학적-물리적 논리로는 풀지 못했으나, 죄와 상관없이 고난당하는 일이 창조질서에 속한 일임을 깨달았다. 심지어 하나님도 창조 시점부터 이 세상에는 죄와 상관없이 고난에 희생되는 사람이 생겨날 수 있다는 일을 예상했다는 것을 깨닫고 자신의 질문에 대한 답변을 들었다. 이처럼 하나님은 이 세상에 죄와 벌의 수학적 논리외에 자신의 죄와 상관없이 창조주의 창조섭리를 실현하기 위해 고난을 받는 자도 있을 수 있다는 또 다른 논리를 설정해 두셨다는 것이다. 여기에 그리스도의 대속적 십자가 고통과 고난을 예기케 하는 논리가 위력을 발휘할 상황이 조성된다.[욥 19:25-26] 죄 없이 고난당하면서도 하나님을 믿는 자야말로 이 창조세계가 악에게 사로잡혔다는 묵시론적 비관주의를 이기는 신앙의 선봉대인 것이다. 하나님의 대답은 이런 것이다. "내가 창조한 세계는 내가 깨어 있어서 세계를 통치하지만, 그 통치는 혼돈세력의 파도에 침식당하면서 지탱되는 통치다. 죄 없이 고난당하는 상황에도 불구하고 나 창조주 하나님을 믿어 주면 그것은 이 창조세계를 부정하고 하나님을 부인하려는 모든 무신론의 혼돈 물결로부터 이 세계를 지키는 일이 될 것이다." 욥은 까닭 없이 순수하게 하나님을 경배하는 인물이었기에 이런 시험을 이길 수 있었다. 욥은 자신도 갱생되고 회복되었을 뿐만 아니라, 자신을 그토록 무자비하게 공격하고 비난했던 친구들을 하나님께 화목케 하는 중재자로 격상되었다. 아마도 이런 하나님 경외 영성을 가진 욥기 저자나 그가 속한 집단에서 자신들이 받는 고난이 다른 사람들을 구원하는 대신적, 대표적, 심지어 대속적 고난이 될 수도 있다는 사상이 싹텄을 가능성이 있다. 이런 사상의 연장선상에서 이사야 53장의 대속적 고난감수 사상이 나왔을 것이다. 은혜로운 창조주 하나님은 죄와 벌의 인과응보 논리로는 도저히 구원받을 가능성이 없는 죄인들을 살려 주실 하나님의 히든카드로서 대속적 고난 신학을 창조질서의 일부로 설정해 두셨던 것이다.

하나님이 욥의 고난을 허용하신 이유: 1-2장의 야웨와
38-41장의 야웨는 같은 하나님인가?

왜 하나님은 사탄에게 욥을 시험해 보라고 허용하셨을까? 명시적인
답이 주어지지 않았기 때문에 우리는 욥기 전체를 읽고 신학적 추론
을 시도할 수밖에 없다. 그러나 한 가지 짚고 넘어가야 하는 사실은,
하나님이 욥에 대한 의심 때문에 욥을 시험해서 확신을 얻으려고 욥
을 시험에 던지신 것이 아니라는 것이다. 예를 들어, 건축가가 자신
이 지은 집이 얼마나 견고하게 지어졌는지를 검증하기 위해 이웃사
람에게 불도저를 타고 집을 들이 받아 보라고 요청한 것처럼 생각해
서는 안 된다는 것이다. 하나님이 자신 마음에 일어나는 의심을 불식
시키기 위해 욥을 시험하도록 사탄에게 허락하신 것이 아니다. 그렇
지 않다면, 욥의 시험은 사탄의 의심이 잘못되었다는 것을 입증하기
위한 것일까? 그렇다면 피조물에게 도발당해 또 다른 피조물을 일방
적으로 희생시킨 셈이 된다. 그것도 아니라면, 까닭 없이, 아니 마이
너스 까닭(욥이 당한 재앙처럼)에도 불구하고 하나님을 경외하는 인간
을 통해서만 하나님의 창조질서는 유지되도록 이 세계를 창조하셨기
때문일까? 즉, 물질적 복에 대한 반대급부로 하나님을 경외하는 거래
적이고 교환적인 관계가 아니라, 순전히 자발적으로 하나님을 경외
하는 인간만이 하나님 나라의 동역자가 될 수 있기 때문에 욥 시험을
허락하신 것일까? 하나님이 무슨 목적으로 욥이 시험받는 것을 허용
하셨을지에 관한 답을 찾는다면, 이 마지막 답변이 우리가 추론할 수
있는 최선의 대답이 될 것이다. 하나님은 아무런 반대급부를 기대하

지 않고 하나님의 하나님되심 때문에 하나님을 경외하는 인간을 찾으셨다는 것이다.

욥기 1-2장에 나오는 하나님은 욥에게 왜 재앙이 일어나게 되는지를 훤히 알고 계신다. 그런데 38-39장에 나오는 하나님은 1-2장의 하나님이 사탄과 나눈 산문적인 대화를 전혀 모르는 척 운문과 비유, 은유, 설의법적 수사의문문으로 욥에게 역질문을 퍼부으신다. 당신이 대답할 차례인데도 질문을 퍼붓는 형식으로 욥에게 '대답'하신다. 해석자는 1-2장의 하나님과 38-41장의 하나님 이미지 사이의 괴리가 왜 그렇게 큰지 대답해야 한다. 38-41장의 하나님의 운문적 대답, 질문들을 통해 하나님의 산문적 대답을 추론해야 하는 것이 해석자의 과업이다. 우리가 추론할 수 있는 하나님의 답변은 다음과 같다.

내가 만든 세상은 죄 있는 사람만 고통받는 세상이 아니다. 죄가 없어도 고난을 받을 수 있는 것이 내가 만든 야생적 지구다. 내가 만든 이 우주는 원인과 결과로 추론할 수 없는 고난이 많은 세상이다. 이 우주에서 일어나는 것은 하나의 원인과 하나의 결과로 설명할 수 없다.

하나님은 욥에게 당신이 던지신 일흔 가지 질문 중 어느 하나라도 대답할 수 있느냐고 역질문하시면서 당신의 세상 통치 원리와 논리의 복잡성을 암시적으로 강조하신다. 이 세계는 하나의 원인과 하나의 결과로 설명할 수 없는 것이 많다는 것이 하나님의 대답이다. 1장에서 하나님은 사탄에게 욥을 극한으로 시험해 보라고 하셨는데, 이것의 진정한 의미는 아무리 악의 공격으로 사지가 찢기는 고난을 겪어도 우리가 하나님을 믿어야 하는 순간이 있다는 것이다. 이 세계는 악에서 떠난 온전한 자도 하나님의 선하심과 공의로우심과 인자하심을 의심할 수밖에 없는 부조리한 일들이 도처에 발생하는 복잡계複雜界

554

라는 뜻이다.[1] 하나님은 사탄에게 7남 3녀를 잃어도, 온몸에 악창이 나도, 하나님의 선하심과 인자하심을 의심하지 않는 단 한 사람, 곧 우주를 지탱하는 당신의 동반자가 살아 있다고 확언하신다. 대적자의 도발적인 재앙에도 불구하고 무너지지 않는 견인불발堅忍不拔적이며 난공불락難攻不落인 욥의 신적 견고성, 이것이야말로 우주를 지탱하는 기둥이라는 것이다. 하나님은 이 세계에서는 아주 의롭고 정직한 사람도 극심한 고난에 노출되는 일이 있을 수 있음을 인정하신 것이다. 욥기 1-2장은 하나님이 사탄에게 욥을 시험하도록 허용하는 과정이 산문으로 묘사되어 있기 때문에 거부감이 드는 것이 사실이다. 그런데 하나님이 의로운 인간을 극한까지 몰아붙여 환난의 불꽃으로 단련시키는 방식으로 이 세상을 통치하시는 것도 사실이다. 이 과정에서 하나님은 이중적 도발을 받아들이신다. 먼저 하나님은 대적 천사의 무차별한 의인 공격 때문에 모욕당하신다. 또한 욥 같은 사람에게 욕설을 들으신다. 욥이 당하는 공격은 창조주 하나님께 일어난 공격이다. 욥에게 언어적 도발을 당한 하나님은 모욕당하신 하나님인 셈이다. 이처럼 의인이 고난을 당하면 하나님도 덩달아 모욕당하신다. 이 세계의 창조주는 '공의롭지 못한 하나님'이라고 소리치는 저항적 무신론자들의 비난과 야유를 초래한다. 그런데, 하나님은 이 모욕을 당한 후에 끝내 인정을 받길 원하신다. 극적인 부정을 거쳐 피조물로부터 극적인 대긍정, 궁극 긍정을 받기를 원하시는 것이다.

욥기에서 하나님이 바라시는 인간의 참 모습

이처럼 하나님은 당신의 궁극적인 공의와 사랑을 동시에 입증하기 위해 이중적으로 모욕당하기로 결심하셨다. 자신들에게 불리한 여건 속에서도 하나님을 끝까지 믿는 사람들을 데리고 새로운 세상, 진짜 하나님 나라를 만들기 원하셨다. 그래서 하나님은 악에서 떠나고 의로운 자가 사탄에게 그 존재가 파괴될 수준의 환난을 당하는 것을 허용하셨다. 그렇지만 왜 이런 일이 일어나는지는 인간의 관점으로는 설명할 수 없다. 지구적 시야에서는 이것을 합리적으로 설명할 수 없다. 왜 사탄이 욥을 이렇게 혹독하게 시험하는지 설명할 수 없기 때문에 하나님은 우주적 관점에서 당신의 창조원리 자체를 우회적으로 언급하시지 않을 수 없었다. 욥기 38장에서 하나님은 당신이 만든 세계가 슬럼프 테스트를 통해서 토목공학적 안정성이 있는지를 확인해 보고 싶은 마음을 가졌음을 암시하신다. 이 마음을 표현하기 위해 하나님은 당신의 땅 창조과정을 시적으로 묘사하신다.

먼저 하나님은 땅의 기초를 물 위에 세웠음을 강조하신다. 하나님이 만드신 생명 가득한 세계는 원래 바다 아래 잠긴 땅을 건져 올려 만든 가공물이라는 것이다. 그런데 이 땅은 바다로부터 절대적으로 안전한 곳이 아니라 여전히 으르렁거리는 바다의 흉용한 범람 가능성 아래 있는 영역이다. 땅이 법칙적 안정성의 세계라면, 물은 예측불가능한 우발성의 영역이다. 물 위에 세워진 땅이 인간이 사는 세상이다. 우발적이고 예측불가능한 물 위에 세워진 땅에서 예측불가적 존재인 인간은 하나님의 세계창조와 통치에 적응하는 법을 배워야 한다. 과연 인간은 하나님의 반대급부 때문이 아니라, 하나님의 하나님 되심 때문에 하나님을 경외할 수 있을까? 그런데 "전지全知하신 하나님이 꼭 테스트를 해봐야 하는가?"라는 질문이 제기될 수 있다. 이에 대하여 "그렇다"라고 대답할 수 있다. 하나님의 전지하심은 인간의 우발적 행동 때문에 놀랄 능력도 없는 기계적 전지함이 아니라, 예측 불가능한 인간의 행동을 보고 놀랄 능력이 있는 인격적 전지함이기 때문이다. 만약 인간이 부조리한 고통 속에서도 하나님을 믿을 때, 하나님이 놀라시기는커녕 "나는 원래 다 알고 있었다"라고 말씀하시며 시큰둥하게 반응하신다면, 하나님은 인격이 아니라 법칙으로 축소된다. 만약 하나님이 기계적으로 전지하셨다면 놀랄 필요도 없는 인공지능적 법칙에 불과할 것이다. 다행히도 하나님의 전지성은 인격적인 우발성에 대해서 놀랄 능력이 있는, 곧 인간에게 최적화된 전지성이다. 그래서 하나님은 욥이 극한으로 시험을 받을 때 하나님을 버리지 않을 것을 알고 있었더라도, 파란만장한 환난풍파에도 불구하고 지켜진 욥의 순전성을 궁극적으로 인정하시는 것이다.

　어떤 사람은 인간의 우발적 행동에 놀라시는 하나님을 보고 전지전능성이 훼손되는 것이 아닌지 의문을 품을지도 모른다. 예를 들어, 많은 유대인들은 욥기가 하나님의 전능성에 의심을 불러일으킨다며 싫어했다. 그러나 성경의 하나님은 자기의 위엄과 완전함을 고집하고 자랑하시는 것이 아니라, 인간의 필요에 자기를 맞추시는 하나님이다.[2] 이렇게 좋으신 하나님이 우리가 믿는 하나님이다. 욥기의 하나님은 절대주권적 명령으로 세상을 창조하시는 창세기 1장의 절대자 하나님임과 동시에 또한 창세기 2장의 시행착오적 창조주 하나님이시기도 하다. 하나님은 전지력과 예지능력 때문에 인간이 아무리 예측불가 수준으로 우발적으로 행동할지라도 그것마저 아실 수 있다. 그런데 하나님은 인간을 창조하신 후 인격적인 하나님이 되시기로 작정하셨다. 인간의 수준으로 당신을 겸손하게 낮추시는 인격적인 하나님이 되셨다. 그래서 인간이 미래를 알 수 없어 미래의 우발적인 사태에 놀라듯이, 신적 예지력을 가지신 하나님도 인간처럼 아직 발생하지 않을 미래에 대해 서스펜스를 느끼시고, 또 더 나아가 세상에서 일어나는 우발적인 사태를 보고 놀라실 수 있는 것이다. 하나님은 인간의 모든 우발적 행동을 미리 내다볼 수 있지만, 인간이 어떻게 행동할지를 모르는 지극히 인격적인 하나님이 되기로 결단하신 것이다. 욥을 시험하신 하나님은 시험해 보지 않고도 욥이 하나님을 경외하는 자요 악에서 떠난 의인임을 다 아는 전지한 하나님이셨다. 그러나 동시에 하나님은 인간의 의로움이 유지될 수 있을지 테스트해 보시는 실험적인 하나님이셨다. 그래서 하나님은 대적 천사로 하여금 가장 의로운 욥을 테스트하는 것을 허용하시는 것이다. 사탄으로 하여금 욥을 시험하도록 허용한 원리는 신학적 이진법으로 재단할 수 없이 다차원적인 복잡계 원리이다.

39장.

동물을 다스리는 데 무능한 인간,
동물의 삶에 무관심하고 무지한 인간 비판

39

¹산 염소가 새끼 치는 때를 네가 아느냐. 암사슴이 새끼 낳는 것을 네가 본 적이 있느냐. ²그것이 몇 달 만에 만삭되는지 아느냐. 그 낳을 때를 아느냐. ³그것들은 몸을 구푸리고 새끼를 낳으니 그 괴로움이 지나가고 ⁴그 새끼는 강하여져서 빈 들에서 크다가 나간 후에는 다시 돌아오지 아니하느니라. ⁵누가 들나귀를 놓아 자유롭게 하였느냐. 누가 빠른 나귀의 매인 것을 풀었느냐. ⁶내가 들을 그것의 집으로, 소금 땅을 그것이 사는 처소로 삼았느니라. ⁷들나귀는 성읍에서 지껄이는 소리를 비웃나니 나귀 치는 사람이 지르는 소리는 그것에게 들리지 아니하며 ⁸초장 언덕으로 두루 다니며 여러 가지 푸른 풀을 찾느니라. ⁹들소가 어찌 기꺼이 너를 위하여 일하겠으며 네 외양간에 머물겠느냐. ¹⁰네가 능히 줄로 매어 들소가 이랑을 갈게 하겠느냐. 그것이 어찌 골짜기에서 너를 따라 써레를 끌겠느냐. ¹¹그것이 힘이 세다고 네가 그것을 의지하겠느냐. 네 수고를 그것에게 맡기겠느냐. ¹²그것이 네 곡식을 집으로 실어 오며 네 타작 마당에 곡식 모으기를 그것에게 의탁하겠느냐. ¹³타조는 즐거이 날개를 치나 학의 깃털과 날개 같겠느냐. ¹⁴그것이 알을 땅에 버려두어 흙에서 더워지게 하고 ¹⁵발에 깨어질 것이나 들짐승에게 밟힐 것을 생각하지 아니하고 ¹⁶그 새끼에게 모질게 대함이 제 새끼가 아닌 것처럼 하며 그 고생한 것이 헛되게 될지라도 두려워하지 아니하나니 ¹⁷이는 하나님이 지혜를 베풀지 아니하셨고 총명을 주지 아니함이라. ¹⁸그러나 그것이 몸을 떨쳐 뛰어갈 때에는 말과 그 위에 탄 자를 우습게 여기느니라. ¹⁹말의 힘을 네가 주었느냐. 그 목에 흩날리는 갈기를 네가 입혔느냐. ²⁰네가 그것으로 메뚜기처럼 뛰게 하였느냐. 그 위엄스러운 콧소리가 두려우니라. ²¹그것이 골짜기에서 발굽질하고 힘 있음을 기뻐하며 앞으로 나아가서 군사들을 맞되 ²²두려움을 모르고 겁내지 아니하며 칼을 대할지라도 물러나지 아니하니 ²³그의 머리 위에서는 화살통과 빛나는 창과 투창이 번쩍이며 ²⁴땅을 삼

동물을 다스리는 데 무능한 인간, 동물의 삶에 무관심하고 무지한 인간 비판

킬 듯이 맹렬히 성내며 나팔 소리에 머물러 서지 아니하고 ²⁵ 나팔 소리가 날 때마다 힝힝 울며 멀리서 싸움 냄새를 맡고 지휘관들의 호령과 외치는 소리를 듣느니라. ²⁶ 매가 떠올라서 날개를 펼쳐 남쪽으로 향하는 것이 어찌 네 지혜로 말미암음이냐. ²⁷ 독수리가 공중에 떠서 높은 곳에 보금자리를 만드는 것이 어찌 네 명령을 따름이냐. ²⁸ 그것이 낭떠러지에 집을 지으며 뾰족한 바위 끝이나 험준한 데 살며 ²⁹ 거기서 먹이를 살피나니 그 눈이 멀리 봄이며 ³⁰ 그 새끼들도 피를 빠나니 시체가 있는 곳에는 독수리가 있느니라.

산염소와 사슴 • 1-4절

39장은 여덟 가지 동물들에 대한 자세하고 광범위한 지식을 바탕으로 욥에게 질문을 퍼부으시는 하나님을 보여준다. 이 질문들은 욥의 대답을 듣기 위한 질문이 아니라, 욥의 무지와 무능을 고통스럽게 경각시키는 질문들이다. 이 단락은 산염소와 사슴에 관한 질문들이다.

1절에서 하나님은 욥에게 산 염소들(히브리어 본문에는 복수형으로 표기)이 새끼 낳는('새끼 치다'는 '새끼를 낳다'의 의미) 때를 아는지, 그리고 암사슴들이 새끼를 낳으려고 몸을 비트는 것을 본 적이 있는지 물으신다. 2절의 개역개정 번역은 조금 이상하다. 개역개정은 "그것이"라는 주어를 억지로 만들어 "그것"이 산 염소를 가리키는지, 암사슴을 가리키는지 불명확하게 만들고 있다. 히브리어 본문에는 "그것"이라는 주어가 나오지 않는다. 직역하면, "너는 그것들이(여성복수 주어) 채우는 달수를 세고 있느냐? 그것들(여성복수 어미)의 새끼 낳는 때를 알고 있느냐?"이다. 여기서 주어와 '낳다'의 주어를 가리키는 부정사 연계형 어미가 모두 여성복수들이라는 사실이 중요하다. 1절에서 산 염소(야알레-살라[יַעֲלֵי־סָלַע])는 남성복수형이고, 암사슴들(아얄로트[אַיָּלוֹת])은 여성복수형이다. 따라서 2절에서는 하나님이 암사슴들이 몇 달 만에 만삭되는지, 그 낳을 때를 아는지를 물으신 것이다. 3절의 주어인 "그것들"은 3인칭 여성복수형이므로 암사슴들을 가리킨다. 3절의 히브리어 본문은 암사슴들의 해산 장면을 생생하게 묘사한다. 개역개정은 "그것들(암사슴들)은 몸을 구푸리고 새끼를 낳으니 그 괴로움이 지나가고"라고 번역하는데, 히브리어 본문을 직역하면 이렇다. "암사슴들은 스스로 몸을 구푸리고 새끼들(남성복수)이 (태를 찢고) 나오게 하며 그것들(3인칭 남성복수)의 탯줄들을 (자궁 밖으로) 내보낸다." "그 괴로움이 지나가고"라는 번역은 히브리어 어구 어디에서도 호응하는 요소가 없다. 아마 '내보내다'를 의미하는 샬라흐(שָׁלַח) 동사의 3인칭 여성복수 미완료 강세(피엘)형 터샬라흐나(תְּשַׁלַּחְנָה)를 그렇게 번역한 것으로 보이지만, 다소 무리한 의역이다. 4절은 암사슴이 큰 해산의 고통을 치르고 낳은 새끼가 독립해 가는 과정을 묘사한다. "그 새끼는 강하여져서 빈 들에서 크다가 나간 후에는 다시 돌아오지 아니하느니라." 가축으로 길들여지지 않는 야생동물인 사슴새끼는 자신을 길러준 그 야생 들판으로 돌아가지도 않는다. 자신의 생명을 준 어미는 물론이요 자신을 장성케 한 들판에 대해서도 애착을 느끼지 못하고 더 넓은 야생의 세계로 떠나, 어미나 어린 시절에 풀 뜯던 들판으로 되돌아가지 않는다. 4절의 요지는 결국 암사슴 새끼 같은 야생동물은 자신만의 생존의 길을 따르고 쉽사리 인간의 손에 길들여지지 않는다는 것이다.

야생당나귀 • 5-8절

이 단락은 들나귀의 자유분방한 야생성을 말한다. 5절은 하나님이 자유롭고 야생적인 들나귀를 사람들의 예속으로부터 풀어 놓아 자유롭게 하였으며, 빠른 나귀를 매어 놓은 끈을 풀어 주셨다고 한다. 들나귀가 가축이 되는 대신 야생적인 동물이 된 것이 하나님의 의도였다

동물을 다스리는 데 무능한 인간: 동물의 삶에 무관심하고 무지한 인간 비판

는 것이다. 하나님이 들을 들나귀의 집으로, 소금 땅을 그것들의 처소로 마련해 주셨다.⁶절 그래서 들나귀는 성읍에서 지껄이는 소리를 비웃는다. 자신은 자유롭다는 것을 즐긴다는 말이다. 들나귀에게는 가축이 된 집나귀를 부리는 사람이 나귀에게 질러대는 고함소리는 들리지 않는다.⁷절 대신 들나귀는 초장 언덕으로 두루 다니며 모든 각각의 푸른 풀을 찾는다. 창세기 1:30에서 하나님은 모든 푸른 풀을 동물들에게 음식으로 제공하셨기 때문이다.

들소 • 9-12절

이 단락은 들소의 자유분방함을 논한다. 들소는 인간(욥)을 위하여 일하지 않으며, 욥 같은 사람의 외양간에 머물지 않는다는 사실을 하나님은 설의법 질문 형식으로 가르치신다.⁹절 그래서 욥 같은 사람이 줄로 들소를 능히 매어 이랑을 갈게 할 수 없다. 들소가 인간을 위하여 인간이 끄는 대로 골짜기 평지밭에서 써레를 끌 리가 없다.¹⁰절 들소가 아무리 힘이 세어도 욥(인간)이 그것을 가축으로 길들여 그의 힘에 의지하며 인간의 노동 수고를 그에게 맡길 수 없다.¹¹절 그러므로 들소가 가축이 되어 곡식을 집으로 실어 오며 인간을 위해 타작마당에 곡식 모으기를 기대하면 의탁할 수 없다.¹²절 들소가 인간의 통제와 순치를 벗어나 자유분방한 야생성을 즐기듯이, 이 세상에는 단순화된 인간의 논리나 기대대로 전개되지 않는 야생적 현상이 많다는 것이다.

타조 • 13-18절

이 단락은 하나님께 육아지혜를 받지 못한 타조의 난폭함과 야생성을 논한다. 첫째, 타조의 비상능력 결핍이다. 13절은 타조가 날개를 가진 새지만 날지 못하는 상황을 말한다. 과연 타조는 기꺼이 날개를 치나 날지 못한다. 타조의 날개는 공중에 비상하는 것을 도와주는 학의 깃털이나 날개와 전혀 다르기 때문이다.¹³절 둘째, 타조의 후손 양육지혜 부족과 난폭한 육아법이다. 타조는 알을 낳아 그냥 땅에 버려두어 흙에서 더워지게 내버려 두고,¹⁴절 심지어 지나가는 사람들에게 그 알이 밟혀 깨지거나 들짐승에게 밟힐 것을 생각하지 않는다.¹⁵절 진화생물학의 일반원칙은, 모든 생명은 자기보존, 종족보존을 위해 최선의 행동을 한다는 것이다. 타조는 이런 원칙을 존중하지 않는다. 이런 위태로운 과정을 거쳐 설령 새끼들(히브리어 본문 복수형)이 태어난다고 하더라도 그 새끼들을 모질게 대한다. 그것들이 제 새끼가 아닌 것처럼 대한다. 결과적으로 새끼를 배고 낳았던 그 수고가 헛되게 될지라도 두려워하지 않는다.¹⁶절

17절은 타조가 왜 이렇게 행동하는지 그 이유를 말한다. 하나님이 타조로부터 지혜를 빼앗아 버리셨고(히브리어 본문의 뜻) 타조에게 육아총명을 주시지 않았기 때문이다. 18절의 히브리어 본문에는 "그러나"라고 번역할 만한 접속사가 없지만, 개역개정은 "그러나"라는 역접접속사로 시작한다. 굳이 접속사를 넣어야 한다면 "그러므로"가 추가될 수는 있다. 그런데 히브리어 본문 18절은 아무런 접속사가 없이 '때에는'이라는 부사어구로 시작한다. 히브리어 본문 18절의 직역은 이렇다. "날개 치며 으스대듯이 몸을 곧추 세울 때에는, 말과 그 위에 탄 자를 우습게 여긴다." 개역개정은 "뛰어갈 때에는"이라는 말을 추가하여 비교 영역을 무리하게 추가한다. 개역개정은 여기서 '달리는 능력' 비교에서 타조가 말과 그 탄 자를 비웃는다는 함의가 있다고 보는 것이다. 말과 그 탄 자를 타조가 비웃는 이유는 타조가 몸을 곧추세우면 말보다 키가 더 크게 되기 때문이라는 암시가 들어 있다. '으스대듯이'라고 사역한 히브리어 단어는 빠마롬(בַּמָּרוֹם)이다. 이 단어는

'높은 곳에서', '높이', '으스대며' 등으로 번역가능한데, 마롬(מָרוֹם) 자체는 '높다'는 뜻이 있다는 점에 주목해야 한다. 그래서 타조가 날개를 치며 몸을 곧추세웠더니 말과 그 탄 자를 아래로 내려다 볼 정도로 키가 커졌다는 의미를 읽을 수 있어야 할 것이다. 타조의 이런 습성이 왜 이토록 자세하게 논해져야 하는지 그 이유를 추론하기는 쉽지 않다. 욥이 모르는 동물의 세계의 한 예시인 것은 사실이지만, 타조의 습성 중 왜 유독 이 단락이 묘사하는 그런 특성이 길게 논해지는지는 판단하기 쉽지 않다. 타조 행태에 대한 하나님 강론의 목적은, 타조의 행태에 대해 인간 욥이 무지함을 자각시키기 위함이다. 또한 이 타조 강론은 타조의 어리석음에 대한 관찰을 통해 욥의 자기 성찰을 돕는 것처럼 보인다. 욥기 저자는 타조의 힘과 완력과 지혜 없음을 대조함으로써 타조가 자신을 태운 사람을 우습게 여길 정도로 무모하고 대담무쌍하다는 점을 부각시킨다. 타조는 자신의 힘을 과신한 나머지 으스대며 자신을 태운 자를 우습게 여기며 질주하는 어리석은 동물이며, 자신이 애써 낳은 새끼들을 함부로 다뤄 자신의 수고를 헛되게 만드는 어리석은 동물이라는 것이다. 상상력을 확장해 보자면, 타조 강론은 욥의 성찰을 촉발시키는 교훈처럼 들을 수도 있다. 상상력이 넘치는 독자들은 아마도 하나님은 타조 행태론을 통해 욥의 대담무쌍한 저항을 은근히 질책하는 것처럼 들을 수도 있을 것이다. 타조는 자신의 힘을 과시하고 욥은 자신의 의를 과신한다는 점에 무모하고 대담무쌍한 피조물이라는 것이다.

군마軍馬 ● 19-25절

이 단락은 군마의 용맹무쌍함을 다룬다. 19절에서 하나님은 말의 힘, 그 목에 흩날리는 갈기에 주의를 환기시키며 욥이 군마의 힘과 갈기를 제공했는지 물으신다. 20절도 부정적인 대답을 기대하는 질문이다. "그 위엄스러운 콧소리가 두려운 그 군마로 하여금 메뚜기처럼 뛰게 한 이가 욥, 그대인가?" 당연히 "아니다"는 대답을 기대하는 질문이다. 21-25절은 질문이 아니라, 군마의 용맹무쌍한 기세를 예찬한다. 군마는 골짜기에서 발굽질하고 자신의 힘을 기뻐하며 앞으로 나아가서 무기들의 공격을 맞이한다. 개역개정에서 "군사들"로 번역된 히브리어는 나셱(נֶשֶׁק)인데, 그것은 '무기들', '무장 도구들'을 의미한다. 적군들의 무기를 맞이한다는 말이다. 의역하면 '적군과 회전會戰을 벌인다'는 말이다. 군마는 두려움을 모르고 겁내지 아니하며 칼을 대할지라도 물러나지 않는다.22절 군마의 머리 위에서는 화살통과 빛나는 창과 투창이 번쩍인다.23절 23절은 말을 탄 자가 전장에서 교전하는 상황을 묘사한다. 군마는 전쟁통에 적군 진영이 내지르는 함성과 땅을 삼킬 듯이 맹렬히 성내며 불어대는 나팔소리에도 머물러 서지 않는다.24절 나팔소리가 날 때마다 힝힝 울며(히브리어 본문 '말하며') 멀리서 싸움 냄새를 맡고 지휘관들의 호령과 외치는 소리도 냄새 맡는다.25절2 군마 행태론의 요지는 타조 강론과는 약간 달라 보인다. 타조와 군마 둘 다 "두려움을 모르는 동물"이라는 점이다. 그러나 말은 하나님이 주신 힘으로 전쟁터에서 용맹을 발휘하는 소중한 동물로 묘사되지만, 어리석은 동물이라는 암시가 없다. 따라서 군마 행태론은 욥의 자기 성찰을 도와줄 법한 훈계적 요소가 잘 보이지 않는다.

매와 독수리 • 26-30절

39장의 마지막 단락은 매와 독수리에 관한 질문과 묘사다. 26절에서 하나님은 매가 떠올라서 날개를 펼쳐 남쪽으로 향하는 것에 욥의 지혜는 전혀 기여한 바가 없다는 점을 강조한다. 마찬가지로, 독수리가

동물을 다스리는 데 무능한 인간, 동물의 삶에 무관심하고 무지한 인간 비판

공중에 떠서 높은 곳에 보금자리를 만드는 것도 욥이 내린 명령을 따르는 행위가 아니다.[27절] 욥은 독수리에게 아무런 명령권도 없다. 독수리는 낭떠러지에 집을 지으며 뾰족한 바위 끝이나 험준한 데 살며,[28절] 거기서 먹이를 찾으려고 주위를 두루 살핀다. 독수리는 멀리서도 먹이를 찾아내는 엄청나게 좋은 시력을 갖고 있기 때문이다.[29절] 독수리는 새끼들도 피를 빤다. 새끼들도 사냥실력이 좋아서 직접 먹이를 사냥한다는 의미일 수도 있고, 혹은 독수리들이 피 묻은 사냥감들을 갖고 새끼들을 키운다는 의미일 수도 있다(참조. 창 15:11: 시체를 노리고 강습하는 솔개를 쫓아내는 아브람). 그래서 시체가 있는 곳에는 독수리가 있다.[마 24:28] 매와 독수리 강론도 욥의 동물지식의 부족을 깨우치는 면이 있지만, 직접적으로 욥의 무지와 어리석음을 깨우쳐 주려는 훈계적 요소는 분명하게 드러나지 않는다. 다만, 이 단락은 매와 독수리의 넓고 높은 활동과 이동 습성, 그리고 그것들의 생존기술 습득 등에는 욥이 기여한 바가 전혀 없음을 깨우쳐 준다는 점에서 욥의 자기 성찰을 촉구하는 면이 있다. 이런 점에서 욥은 동물세계에 대한 자신의 무지, 그리고 동물들을 다스리라고 하신 하나님의 창조명령에 복종하지 못하는 자신의 무능력을 인정하지 않을 수 없었을 것이다. 동물들에 대한 하나님의 자세한 강론은 동물을 위한 강론이 아니라, 욥을 향한 강론이라는 점에서 하나님의 동물 행태론 강의는 욥을 다소간 겸손하게 만들었을 가능성이 크다. 이 동물 행태론의 절정은 40장의 베헤못 강론과 41장의 리워야단 강론인데, 여기서는 하나님의 보다 명시적인 훈계가 두 최강 괴수에 대한 담론의 기능임을 짐작할 수 있다.

메시지

39장은 동물 생태학과 동물 행동론 강론이다. 38장의 땅의 기초공사

관련 담론 이후 38장의 나머지 강론은 우주 천문학, 기상학, 동물학에 관한 질문을 퍼붓고 대답을 요구하신다.[3] 39장에는 동물 생태학 분야에서 창조주적 직관과 통찰, 창조주의 자애롭고 유머러스한 동물 행태 평가 시선이 잘 드러난다. 동물들의 행태와 생태에 관한 이런 질문들이 욥이 물었던 질문, "왜 죄 없는 제게 이토록 가혹한 고난이 닥쳤습니까"에 대한 즉답은 아닐 수 있다. 이런 점에서 39장은 38장보다 훨씬 더 욥의 질문과 우활하고 느슨하게 연결된 것처럼 보인다. 38장에서는 우리가 나름대로 하나님의 답변을 유추해 볼 수는 있었다. "욥, 네가 고난당하는 이유는 내가 이 세계를 창조할 때 혼돈세력의 일부를, 혹은 혼돈세력을 완전히 제거하지 않고 일부러 남겨 놓았기 때문이다. 이 잠재적 반역세력이 잔존하는 한, 세상에는 하나의 법칙으로 해명되지 않는 일들이 일어날 수 있는 우발성의 영역이 있다. 물이 땅을 침범하는 일(홍수 같이)이 일어나듯이, 이 세계는 창조 질서가 갖는 찬연한 아름다움을 순식간에 물에 잠기게 만드는 가역적인 운동이 일어날 가능성이 여전히 있다. 내가 만든 우주는 뉴턴의 몇 가지 법칙으로 운행되는 세계가 아니다. 법칙의 자율성이 통제하는 닫힌 우주가 아니라, 양자물리학적으로 열린 우주다. 48포인트 굵은 글씨체와 같은 법칙이 전면에 나서기도 하지만, 8포인트의 흐린 글씨체와 같은 우발성과 임의성, 불확정성이 법칙 사이를 출렁거리며 활동하는 영역이다. 자율성, 우발성이 법칙보다 더 중요하다. 나는 완전히 자유로운 우발성을 갖고, 임의대로 행동하는 하나님일지언정 하나님을 끝까지 믿고 경외하는 사람을 찾는다. 따라서 내가 지금 이 세계를 완전히 통치하기 위해서는 까닭 없이, 자기유래적인 이유로, 곧 완전한 자유의지에 의해 순수하게 하나님만 경배하는 사람이 필요하다. 아무런 까닭 없이 하나님을 경외하는 사람만이 이 창조세계 혼돈을 제압할 수 있다."

39장은 창조질서 중 동물들에 대한 완벽한 지식, 왕적 지혜의 과시다. 이것이 어떤 점에서 욥의 질문에 대한 대답이 되는가? 답변이 아닌 것처럼 보이는 이 질문 공세가 욥에게 답이 되었다. 욥의 질문은 하나님의 정의로운 세계 통치에 관한 것이었다. 자신에게 일어난 일만 보면 하나님의 견고한 통치권에 대한 믿음이 흔들렸는데, 동물들에 대한 하나님의 자세한 지식을 들으면서 하나님의 세계 통치에 대한 의문이 풀렸다는 것이다. 다시 말해서 자기의 부조리한 고난의 원인을 섭리적, 수학적으로는 풀지 못했으나, 그것이 하나님의 정의의 일시적 중단도 아니고 오작동도 아니었다는 것을 깨달았다.

전체적으로 볼 때 하나님이 39장에서 제기한 질문 하나하나에 깊은 뜻이 있다고 보기는 힘들지도 모른다. 이런 질문들은 욥기가 쓰인 당시에 퍼져 있던 스무고개 말놀이 오락에나 나올 법한 질문들이다. 그럼에도 불구하고 39장을 통해 전달되는 하나님의 동물 지식과 애호 감정이 독자의 마음을 움직인다. 무엇보다도 산 염소와 암사슴, 들나귀, 타조, 군마, 매와 독수리 등 야생동물들에 대한 흥미로운 질문들이 놀랍다. 독자들은 인간이 동물을 다스리라는 명을 받은 만물의 영장인데도 동물들에 대해 아는 것이 너무 적다는 사실에 충격을 받는다. 『울지 않는 늑대』라는 책은 캐나다 극지방 공무원이 1년 이상 늑대 가족 옆에 움막을 지어놓고 늑대를 관찰한 동물생태 보고서다.[4] 저자는 늑대가 순록을 잡아먹어서 순록 개체수가 급감한다는 거짓 소문을 퍼뜨린 자들에 의해 늑대가 희생당하는 상황에 문제의식을 갖고 늑대를 근접 관찰하여 늑대가 순록은커녕 사람들도 거의 해치지 않는다는 사실을 발견했다. 13세기 이탈리아의 성자 성 프란체스코 또한 굽비오 산골짜기의 늑대를 만나 그를 감화시켜 사람을 해치지 않도록 했다는 전설이 있다. 동물에 대한 인간의 학대와 정복이 자행되는 오늘날 이 두 이야기는 감동적인 동물사랑과 보호 이야기다.

오늘날 4년 이상 지속되고 있는 코로나 바이러스감염증-19라는 보건위생 환난도 동물 생태권과 거주지를 침범한 인간의 죄악에 대한 동물 몸 숙주 COVID-19 바이러스의 공격임이 드러나고 있다. 인간은 동물을 가축화하거나 타자화하면서 부단히 동물을 학대하고 압제하고 유린해 왔다. 개의 조상은 배고픈 회색늑대다. 배고픈 늑대 부부가 와서 인간과 관계를 맺다가 가축이 되었다. 개는 가축화했다. 고양이도 가축화하거나 반려동물화했다. 개나 고양이에게 도시인들이 쏟는 병적 애착에 비해 동물 일반에 대한 인간의 이해는 얕고 파편적이다. 동물은 인간보다 먼저 지구에 살기 시작했지만, 인간에 의해 부단히 타자화되고 주변화되어 '낯선 자'가 되어 버렸다. 인간에게 고개를 숙이고 동거하기로 결단하지 않은 많은 개과 및 고양이과 야생동물들이 인간에게 타자화되어 혐오와 배척의 대상으로 전락했다. 종로구 관철동으로 먹을 것을 찾으러 왔다가 총에 맞아 죽은 멧돼지, 대전역을 가로질러 인간의 마을에 먹을 것을 구하러 왔다가 사살당한 멧돼지들은 우리를 슬프게 한다. 인간이 쳐 놓은 그물에 걸려 목숨을 잃는 고래들의 떼죽음도 우리를 슬프게 한다. 데이비드 애튼버러David Attenbourgh가 만든 10부작 환경보전 다큐멘터리 「우리의 지구」 Our Planet는 인간의 자연 착취와 동물 학대가 동물의 개체수를 얼마나 급감시켰는지를 슬프게 보도한다. 창세기 1장에서 하나님이 최초의 인간 아담에게 주신 사명은 문명 건설이 아니라 동물을 다스리라는 계명이었다. 그러나 인류사 자체가 동물 학대, 동물 착취와 타자화의 역사였음을 부인하기 힘들다.[5] 동물을 다스리라는 계명 수행을 위하여 하나님은 인간에게 하나님의 형상을 새겨 주셨다. "땅을 정복하고 동물을 다스리라"는 하나님의 계명은 동물의 가축화 명령도 아니요, 전 동물의 식용화 허용 칙령도 아니다. 동물들의 생존권을 보장하는 어질고 선한 통치 명령이다. 이 동물 통치를 명한 하나님의 인간 사명

규정에 따르면, 동물을 보살피고 그 필요를 충족시키는 행위가 다스림의 일부임이 분명해진다.시 104:10-27 인간의 동물 학대는 동물에 대한 무지에서 나온다. 존 스토트John Stott는 일생 동안 새를 사랑하고 연구한 신학자다. 콘라트 로렌츠Conrad Lorenz는 동물 행태학자로서, 동물들의 인격적 차원을 깊게 연구했다. 그의 『솔로몬의 반지』는 동물에 대한 인간의 이해를 깊게 하는 고전이다.6 인간의 동물 학대와 동물에 대한 타자화는 인류가 범한 큰 죄악이다.

그에 비해 하나님은 창조주로서 그들을 먹이시고 이 지구의 각종 처소에 그들의 보금자리를 챙겨 주시는 자상한 부성애와 모성애를 드러내신다. 암사슴은 새끼를 낳을 때 엄청 고생하지만 새끼는 이내 자립하여 어미품으로 돌아오지 않고 야생의 세계로 적응해 들어가 버린다. 들나귀가 왜 가축이 되지 않았는가? 들나귀는 야생성이 커서 인류가 가축화하는 데 실패했다. 들나귀는 자기를 가축화하려고 애쓰는 인간들을 조롱하고 가축화된 나귀를 민망하게 여긴다. 들소는 힘이 세어 가축화하면 인간에게 매우 유익하겠지만, 들소를 능히 순치시킬 사람이 없다. 들소는 인간이 씌우는 쟁기나 써레를 끌지 않으려는 야생성이 무척 강하기 때문이다. 타조는 왜 그렇게 거칠게 새끼들을 다루는가? 하나님이 지혜를 주시지 않아서 그렇다. 군마의 용맹 무쌍함을 묘사하는 구절들은 충격적으로 사실적이고 생생하다. 군마는 고함소리를 듣고도 싸움의 종류를 알고 싸움냄새를 맡고 자신을 멀리서 부르는 지휘관을 향해 위험을 무릅쓰고 돌진한다. 매가 날개를 펴서 남쪽으로 날아가는 것도 하나님의 지혜 덕분이다. 독수리는 낭떠러지 높은 곳에 집을 지어 놓고 사냥감을 찾는다. 멀리서도 먹이를 찾아내는 좋은 시력 때문이다. 모든 동물은 다 하나님이 주신 본성과 하나님이 특별히 주신 지혜와 능력으로 살아간다. 동물들은 하나님과 친밀하게 관련을 맺고 있다.

여덟 가지 동물들에 대한 각각의 묘사 단락은 그 자체로 기독교 영성 함양에 도움이 되지 않을 수도 있고, 또한 대단한 과학적 지식이나 정보를 제공하는 것이 아닐 수도 있다. 다만 욥기 저작 당시 고대인들이 현대인들에 비해 훨씬 풍부한 동물 애호감과 동물 행태나 생태에 관한 지식을 가졌다는 것을 알려 준다. 39장 동물 생태 각론은 재미있지만 설교하기는 어렵다. 그래서 39장의 모든 단락에 신학적 가중치를 주면서 의미 있는 교훈을 뽑아내려고 애쓸 필요는 없다. 어떤 성경 본문은 그 자체 단락만 읽어서는 크리스천 영성 함양에 도움을 주지 못하는 경우가 있다. 하지만 전체 맥락을 읽어보면 39장의 동물 생태학 강론에서도 우리는 배우는 바가 있을 것이다.

40장.

야웨의 폭풍우 강론2:

"네가 네 의를 세우려고 나를 악하다 하겠느냐?"

40

¹ 여호와께서 또 욥에게 일러 말씀하시되 ² 트집 잡는 자가 전능자와 다투겠느냐. 하나님을 탓하는 자는 대답할지니라. ³ 욥이 여호와께 대답하여 이르되 ⁴ 보소서, 나는 비천하오니 무엇이라 주께 대답하리이까. 손으로 내 입을 가릴 뿐이로소이다. ⁵ 내가 한 번 말하였사온즉 다시는 더 대답하지 아니하겠나이다. ⁶ 그 때에 여호와께서 폭풍우 가운데에서 욥에게 일러 말씀하시되 ⁷ 너는 대장부처럼 허리를 묶고 내가 네게 묻겠으니 내게 대답할지니라. ⁸ 네가 내 공의를 부인하려느냐. 네 의를 세우려고 나를 악하다 하겠느냐. ⁹ 네가 하나님처럼 능력이 있느냐. 하나님처럼 천둥 소리를 내겠느냐. ¹⁰ 너는 위엄과 존귀로 단장하며 영광과 영화를 입을지니라. ¹¹ 너의 넘치는 노를 비우고 교만한 자를 발견하여 모두 낮추되 ¹² 모든 교만한 자를 발견하여 낮아지게 하며 악인을 그들의 처소에서 짓밟을지니라. ¹³ 그들을 함께 진토에 묻고 그들의 얼굴을 싸서 은밀한 곳에 둘지니라. ¹⁴ 그리하면 네 오른손이 너를 구원할 수 있다고 내가 인정하리라. ¹⁵ 이제 소 같이 풀을 먹는 베헤못을 볼지어다. 내가 너를 지은 것 같이 그것도 지었느니라. ¹⁶ 그것의 힘은 허리에 있고 그 뚝심은 배의 힘줄에 있고 ¹⁷ 그것이 꼬리 치는 것은 백향목이 흔들리는 것 같고 그 넓적다리 힘줄은 서로 얽혀 있으며 ¹⁸ 그 뼈는 놋관 같고 그 뼈대는 쇠 막대기 같으니 ¹⁹ 그것은 하나님이 만드신 것 중에 으뜸이라. 그것을 지으신 이가 자기의 칼을 가져 오기를 바라노라. ²⁰ 모든 들 짐승들이 뛰노는 산은 그것을 위하여 먹이를 내느니라. ²¹ 그것이 연 잎 아래에나 갈대 그늘에서나 늪 속에 엎드리니 ²² 연 잎 그늘이 덮으며 시내 버들이 그를 감싸는도다. ²³ 강물이 소용돌이칠지라도 그것이 놀라지 않고 요단 강 물이 쏟아져 그 입으로 들어가도 태연하니 ²⁴ 그것이 눈을 뜨고 있을 때 누가 능히 잡을 수 있겠으며 갈고리로 그것의 코를 꿸 수 있겠느냐.

야웨의 폭풍우 강론2: '네가 네 의를 세우려고 나를 악하다 하겠느냐?'

히브리어 본문을 기준으로 보면 하나님의 강화는 모두 세 부분으로 구성된다고 볼 수 있다. 38:1은 '봐야안 아도나이 엘-욥'(וַיַּעַן־יְהֹוָה אֶת־אִיֹּוב)으로 시작된다. "그리고 야웨께서 욥에게 대답하셨다." 39장은 '아느냐'라는 질문으로 시작되니 독립 단락이라고 볼 수 없고 38장의 연장이라고 봐야 한다. 그래서 야웨의 대답 1부는 38-39장으로 구성된다고 봐야 한다. 40:1도 '봐야안 아도나이 엘-욥'으로 시작된다. 40:1-5이 야웨의 대답 2부인 셈이다. 40:6부터 다시 '봐야안 아도나이 엘-욥'이 나온다. 개역개정 41:1(히브리어 BHS 본문 40:25)은 앞 단락 리워야단 강화의 일부다. 그래서 41장은 독립 단락이 될 수 없다. 따라서 40:6에서 41장까지가 하나님의 대답 강화 3부가 되는 셈이다. 42:1은 다시 '봐야안 아도나이 엘-욥'으로 시작된다. 42장이 하나님의 대답 강화 4부라는 의미다. 봐야안(וַיַּעַן)은 '대답하다'를 의미하는 히브리어 동사 아나(עָנָה)의 와우연속미완료 3인칭 남성단수형이다. 와우연속미완료는 앞에서 이미 이뤄진 상황이나 발설이 완료된 상황을 계속 이어가는 구술화법이다. 38-39장의 하나님 대답은 욥과 세 친구, 그리고 엘리후의 강화를 다 듣고 그 상황을 이어받은 가운데 하나님이 주시는 대답이라는 말이다. 40-41장의 하나님 대답은 38-39장의 내용을 이어받는 가운데 주시는 대답인 셈이다. 40장에는 드디어 욥도 등장한다.

40-41장은 하나님의 창조주권 권능과시 강론으로서, 최강 괴수들을 통제하는 능력으로 가득 찬 하나님의 자기변호적 담론이다. 40장은 하나님의 대답 강화 2부를 도입한다. 개역개정 1절의 "또"는 히브리어 본문에 없는 말을 인위적으로 추가한 말이다. 1절의 히브리어 번역은 "여호와께서 욥에게 대답하셨다"이다. 앞서 말했듯이, 하나님

576

의 공세적 어조의 질문들은 욥에게 주시는 대답의 일부이다. 40장은 38-39장에서 하나님이 우주 천문학적 질문들, 기상학적 질문들, 그리고 동물 생태학 질문들을 욥에게 투하하신 목적을 명시적으로 말한다. 2절은 욥에 대한 하나님의 규정을 가장 정확하게 표현한다. 하나님이 보시기에 욥은 전능자와 다투는 트집 잡는 자이자 하나님을 탓하는 자다. 그래서 하나님께 대답할 책임을 진 자다. 히브리어 2절을 직역하면 개역개정보다 하나님의 의도가 더 잘 부각된다. 2절의 직역은 "전능자와 소송하기? 불평쟁이, 하나님을 책망하는 자, 그가 대답할지어다!"이다. 의문사 하(הֲ)와 '소송하다'를 의미하는 동사 립(רִיב)의 절대형 부정사 로브(רֹב)가 결합된 단어 '하로브'(הֲרֹב)가 2절의 첫 단어다. 히브리어 본문 2절 첫 어구는 '하롭 임-샤다이'(הֲרֹב עִם־שַׁדַּי)이다. '전능자와 소송하기?'라는 뜻이다. 이 어구 다음에 '불평쟁이', '트집쟁이'를 의미하는 이쏘르(יִסּוֹר)와 '책망자'를 의미하는 모키아흐(מוֹכִיחַ)가 나온다. 마지막 단어는 대답하다를 의미하는 아나(עָנָה) 동사의 칼미완료 3인칭 남성단수에 3인칭 여성목적 접미어가 붙은 야아넨나(יַעֲנֶנָּה)인데, 저시브(3인칭 명령)로 번역될 수 있는 단어다. 히브리어 본문 2절 전체를 번역하면 이렇다. "전능자와 소송하기? 불평하는 자, 하나님을 책망하는 자, 그가 그것에 대답할지어다!" 여기서 "그것"은 하나님이 물으셨던 모든 질문들을 통칭한다. 욥은 그저 트집 잡는 자가 아니요 하나님께 귀책사유를 물으며 소송을 걸었다는 것이다. 욥은 31:35에서 자신의 서명이 든 고소장을 제출하면서 전능자가 자신을 맞고소해도 된다고 선언하기까지 했다. 2절에서 알 수 있는 것은, 하나님이 욥을 필망징벌을 초래한 악인이라고 규정하시지 않고 하나님의 불공평 처사에 대들었던 소송쟁이 정도로 보며 질책하셨다는 것이다. 엘리후와 하나님이 다른 점도 이것이다. 엘리후는 악인필망론에 경사되어 욥의 강경한 하나님 도발언동을 격렬하게 단

죄했지만, 하나님은 욥이 하나님의 명쾌한 대답, 해명을 요청하는 그 태도를 문제삼으신다.[1]

이제 31장 이후에 처음으로 욥이 등장해 야웨께 대답한다. 3절 "보소서, 나는 비천하오니 무엇이라 주께 대답하리이까. 손으로 내 입을 가릴 뿐이로소이다." 4절 "비천하다"라고 번역된 히브리어 칼랄(칼랄)은 '비천하다'라는 개념보다 '가볍다', '경솔하다', '생각이 짧다'의 의미에 가깝다. "보소서, 제가 경솔했습니다." 욥의 사과는 간결하다. 자신이 전능자의 속생각, 도모의 깊이, 폭의 광대무변함과 심원함을 전혀 이해하지 못한 채 지구 중심적이고 우스 중심적인 신학 담론이 마치 하나님을 아는 지식의 전부인양 함부로 지껄였음을 뉘우친 것이다. 5절은 욥의 뉘우침의 최종적 성격을 강조한다. "내가 한 번 말하였사온즉 다시는 더 대답하지 아니하겠나이다." 히브리어 본문을 직역하면 욥의 단호한 태도가 더 잘 전달된다. "제가 한 번 말씀드렸습니다. 그리고 대답하지 않겠습니다. 두 번째로. 그리고 다시 대답하지 않으렵니다." 자신이 경박하고 경솔했음을 인정한 이 뉘우침에서 흔들리지 않겠다는 말이기도 하다.

대장부처럼 자세를 갖춰라, 다시! • 6-14절

이 단락은 하나님의 폭풍우 강론 2탄이다. 6절은 여기서부터 41장까지 이어지는 긴 질문 목록들이 야웨가 욥에게 주시는 답변의 일부임을 말한다. "그 때에"는 하나님이 욥의 사과를 받으신 직후의 어느 시점이다. 야웨께서 폭풍우 가운데에서 욥에게 대답하고 말씀하셨다. 폭풍우는 하나님의 강림이나 현존을 통고하는 시청각적 무대와 배경을 구성하는 장치다. 시내산 강림 때에 하나님은 폭풍과 흑암을 동반하고 이스라엘에게 나타나셨다. 7절에서 하나님은 욥에게

욥

"대장부처럼 허리를 묶고" 대답할 준비를 하라고 요구하신다. "내가 네게 묻겠으니 내게 대답할지니라." 38:3에서 하신 말씀의 반복이다. 8절에서 하나님은 당신의 핵심 관심사를 제기한다. "네가 내 공의(미쉬파트)를 부인하려느냐. 네 의를 세우려고 나를 악하다 하겠느냐." 8절의 히브리어 본문을 직역하면 하나님의 의도가 좀 더 섬세하게 전달될 수 있다. 8절은 의문사 하(ה)와 '정녕', '진실로'를 의미하는 부사어 앞(אף)이 결합된 의문사구(הַאַף)로 시작된다. "정녕 네가 의롭다고 행세하려고 내 정의(미쉬파트)를 공허하게 만들고 나를 잘못되었다고 하느냐?" "악하다 하겠느냐"라고 번역된 히브리어 타르쉬에니(תַּרְשִׁיעֵנִי)는 '악하다', '잘못되다' 등을 의미하는 동사 라샤(רָשַׁע)의 2인칭 남성단수 히필(사역)형이다. '누구에게 책임을 전가하다' 혹은 '누구로 하여금 책임을 지게 하다'라는 의미에 가깝다. 이렇게 번역해야 하는 이유는, 욥이 단 한 번도 '하나님을 악하다'고 노골적으로 비난한 일은 없었기 때문이다. 어떻게 번역하든 8절은 이것이 폭풍우 강화에서 하나님이 욥에게 제기하신 핵심질문이자 욥에게 제시한 핵심답변이다. 욥이 악인필망론을 들고 자신을 정죄하는 친구들과의 논쟁에서 자기 의를 주장하고 결백을 옹호하는 과정에서 하나님이 뭔가 불공평하며, 자신에게 일방적으로 폭력을 행사하셨다고 말한 적이 있다. 자신의 원통한 하소연을 하나님이 외면하는 상황을 두고 하나님께 항변하는 가운데 드러낸 도발적인 언동이었다.

9-14절은 욥에게 악을 일망타진하는 정의감과 정의실천을 발휘해 보라고 촉구하시는 하나님의 도전적인 권고를 담고 있다. 9절에서 하나님은 욥에게 "네가 하나님처럼 능력이 있느냐. 하나님처럼 천둥소리를 내겠느냐"고 물으신다. 하나님의 능력과 천둥소리는 하나님의 정의로운 세계 통치의 토대다. 10절에서 하나님은 욥에게 하나님처럼 스스로 위엄과 존귀로 단장하며 영광과 영화를 입을 것을 촉

구한다. 10절은 하나님을 거의 인간 수준으로 끌어내리거나 욥 자신을 하나님과 다툴 수 있을 정도로 자기 의를 확신했던 욥을 질책하는 말이다.

여기서 한 가지 의문이 든다. 왜 하나님은 욥이 당한 곤경을 단 한마디라도 먼저 위로하시지 않고 이렇게 공세적이고 당당하기만 하실까? 현대의 욥기 독자들은 너무 인간 중심적이어서 본문의 이런 하나님 중심의 논리에 선뜻 동의하기 어려울지도 모른다. 10절은 욥에게 너무 가혹하게 들리는 요구일 수 있다. 11절은 한 걸음 더 나간다. 11절은 엘리바스나 엘리후 같은 말투처럼 들린다. 11절 상반절에서 하나님은 욥에게 먼저 너의 분노의 범람을 멈추라고 말씀하신다. 11절 하반절부터 13절까지는 욥에게 과업을 부과하신다. 하나님은 욥에게 악인 일망타진 과업을 잘 수행해 보라고 요구하시는 것이다. "교만한 자를 발견하여 모두 낮추되 모든 교만한 자를 발견하여 낮아지게 하며 악인을 그들의 처소에서 짓밟을지니라. 그들을 함께 진토에 묻고 그들의 얼굴을 싸서 은밀한 곳에 둘지니라."^{11절 하반절-13절} 14절에서는 "욥, 네가 모든 세상의 교만한 악인들을 찾아 분쇄하고 유린하며 매장시킬 능력을 보인다면, 나는 네 오른손이 너를 구원할 수 있다고 인정하겠다"라고 말씀하신다. 욥은 악인들을 일망타진할 능력과 위엄이 없기에 그는 자신의 오른손으로 자기를 구원할 수 없다. 하나님은 욥의 무능고백을 이끌어 내신다. 욥의 의로운 삶이 가능했던 근원적 조건을 하나님이 마련해 주셨다는 함의가 여기에 있다. 욥은 의로운 자였으나 그의 의로운 삶을 가능케 했던 것은 하나님의 원천적인 정의 집행, 공의 실천을 관철시키는 세계 통치 능력 때문이라는 것이다. 자신의 억울하고 원통한 사연 때문에, 하나님의 공의를 부인하는 것은 논리적 비약이라는 것이다. 욥의 의로운 삶 자체도 하나님의 의로운 세계 통치의 결과라는 것이다.

이 단락은 육상생물 중 최강 괴수 베헤못에 대한 담론이다. 베헤못은 지상의 동물 중에서는 하마와 가장 유사한 동물이지만 하마는 아니다. 베헤못의 괴력은 신화적 어조로 과장되어 묘사되고 있다. 그렇게 거대한 베헤못도 욥 같은 인간처럼 하나님에 의해 창조된 피조물이다. 따라서 하나님의 절대강력 통제와 통치 대상이다. 가장 강력한 논쟁자인 욥은 베헤못과 은밀하게 비교되고 있다. 베헤못 담론의 요지는, 아무리 하나님께 도전하고 대들 만한 대의명분으로 무장했다고 하더라도 욥도 하나님께 순복해야 할 피조물이라는 것이다. 하나님의 베헤못 창조와 정복을 묘사하는 회화적 담론[40:15-24]에는 욥을 향한 하나님의 신적 교육 의도가 간취되고 있다. "베헤못과 욥 너희 둘 모두 같은 날 창조된[욥 40:15; 창 1:24-25] 하나님의 피조물이다."[3] 41장의 리워야단은 수생 거주 최강 괴수다. 리워야단 담론도 그 목적이 베헤못 담론과 같다. 아무리 하나님께 할 말이 많고 정당한 불평거리를 갖고 하나님께 도전하듯이 행동할지라도, 욥은 창조주 하나님의 절대 권능과 통치권에 순복해야 한다는 것이다. 결국 최강 괴수 담론의 목적은 하나님의 압도적인 권능, 통치력, 통제력을 부각시키는 데 있다. 이 세상의 어떤 잠재적인 반역세력도—그것이 아무리 최강 괴수급이라고 할지라도—하나님 앞에서는 아무것도 아니라는 사실을 강조하려는 것이다. 여기서 욥은 혹시 하나님이 자신을 최강 괴수급으로 여기시는 것은 아닌지 상념에 잠겼을 수는 있다(7:12, "내가 바다니이까. 바다 괴물이니이까."). 15절에서 하나님은 욥에게 직접 말씀하신다. 15절은 "제발 보라"라는 영탄발어사로 시작된다. 개역개정의 "이제"보다는 훨씬 더 생동감 있는 표현이다. "제발 보라, 욥이여!" 이런 의미다. "제발 보라, 내가 너처럼 만든 베헤못(하마)을! 그것은 소처럼 풀을 먹는다."

베헤못의 힘은 허리에 있고 그 뚝심은 배의 힘줄에 있으며,^{16절} 베헤못이 꼬리 치는 것은 백향목이 흔들리는 것 같고 그 넓적다리 힘줄은 서로 얽혀 있다.^{17절} 그 뼈는 놋관 같고 그 뼈대는 쇠 막대기 같다.^{18절} 16-18절까지는 무난하게 읽힌다. 세 절 모두 베헤못의 가공할 만한 위력을 말한다. 19절은 어렵다. 상반절은 "베헤못은 하나님이 만드신 것 중에 으뜸"이라고 되어 있는데, 히브리어를 직역하면 "그것은 능력자의 길들(다르케-엘[דַּרְכֵי־אֵל]) 중에서 첫째다"가 된다. 다르케는 '길'을 의미하는 데레크(דֶּרֶךְ)의 복수연계형이며, 엘(אֵל)은 여기서 하나님이라기보다는 '신적 존재', '능력자' 등을 의미한다고 봐야 한다.^{19절} "베헤못은 능력자의 길들(서열, 반열)에서 으뜸이다"라는 의미다. 19절 하반절도 상반절 못지않게 어렵다. "그것을 지으신 이가 자기의 칼을 가져 오기를 바라노라." 19절 하반절의 히브리어 본문을 직역하면, "그것을 지으신 이가 그의 칼을 가져오게 할 것이다"이다. 24절 때문에 19절을 "오직 하나님만이 베헤못을 칼로 제압해 죽일 수 있는 분이다"라고 해석할 수 있다.

20절은 모든 들짐승들이 뛰노는 산은 베헤못을 위하여 먹이를 낸다고 말한다. 개역개정 20절은 19절과 연결이 잘 되지 않는다. 히브리어 본문 20절은 이유접속사 키(כִּי)로 시작된다. 19절 하반절의 '칼' 언급에 대한 이유를 제시할 것으로 기대되는데, 20절은 19절의 이유를 제시하는 것처럼 보이지 않는다. 모든 산들이 베헤못을 위해 내는 음식은 무엇을 가리키는가? 들의 모든 짐승들이 웃고 떠드는 그 산에서 베헤못을 위해 무슨 먹거리가 난다는 말인가? 모든 짐승이 베헤못의 먹이란 말인가? 아니면 모든 산들이 산출하는 풀이 베헤못의 음식인가? 풀을 먹는 베헤못이 들짐승을 잡아먹을 리가 없을 텐데, 이 가능성도 크지 않아 보인다. 21절 이하에서 암시되듯이, 연못이나 호수 등 물 근처에 사는 베헤못이 산들에서 나는 풀을 먹는다는 말인가?

이처럼 20절도 쉽지 않은 절이다.

21절 이하는 베헤못이 주로 활동하는 근거지가 늪지대나 물이라고 말한다. 베헤못이 고래나 상어처럼 물에서만 사는 동물은 아닐지라도 대부분 연 잎 아래나 갈대 그늘에서나 늪 속에서 엎드려 지내므로,21절 연 잎 그늘이나 시내 버들이 베헤못을 덮어 주며 감싼다.22절 23절은 "보라"라는 영탄발어사로 시작한다. "보라, 강물이 소용돌이 칠지라도 베헤못은 놀라지 않고 요단 강 물이 쏟아져 그 입으로 들어가도 태연할 정도로 외부세력이나 공격자들을 전혀 두려워하지 않는다."23절 최강 괴수답다. 24절의 히브리어 본문과 개역개정은 상당히 다르다. 개역개정은 "베헤못이 눈을 뜨고 있을 때 누가 능히 잡을 수 있겠으며 갈고리로 그것의 코를 꿸 수 있겠느냐"라고 번역한다. NASB를 비롯한 일부 영어성경도 개역개정처럼 번역한다. 하지만 히브리어 본문에는 문두에 의문사가 없기 때문에 이런 설의법 문장으로 번역하기 어렵다. 또한 히브리어 본문의 주어는 3인칭 남성단수다. 여기서 '그'가 누구를 가리키는지 모른다. 하나님의 베헤못 강화 속에서 화자인 야웨에 의해 3인칭으로 불리는 '그'는 누구일까? 야웨 자신을 가리키는가? 아니면 베헤못 사냥꾼인가? 19절의 '그'와 24절의 주어 '그'는 동일인물인가? 19절의 '그'는 베헤못의 창조주인 야웨로 보는 것이 가능하다. 그래서 24절의 '그'도 또한 야웨를 가리키는 것이 가능하다. 다만 확실치 않아 여러 가지 질문들이 제기될 수 있다는 점은 부인하기 힘들다. 히브리어 본문 24절을 그대로 직역하면, "그는 두 눈을 가진 그를 포획한다. 덫으로 그는 코를 꿰뚫는다"이다. 영어 흠정역은 의문사 없이 위의 사역私譯처럼 번역한다. 이렇게 번역하면 베헤못이 창조주에 의해 도륙될 처지에 놓인 모습을 묘사하면서 베헤못 행태 묘사 단락이 끝난다. 인간이 도저히 감당할 수 없는 최강 괴수 베헤못도 창조주의 손에 포획되어 도륙될 신세로 전락한다는 말이다.

메시지

욥기 38장부터 42장은 간단한 담론으로 정리될 수 없는 복잡한 논리적 구조를 가지고 있다. 하나님은 욥기 38장부터 41장까지 약 70여 가지의 질문을 욥에게 퍼부으신다. 40장은 동물 행태학적 질문이며 41장은 최강 괴수 리워야단 포획 불가능 담론이다. 41-42장에도 각 동물들의 습성, 성향, 행태 등에 대한 질문이 끝없이 나온다. 욥기 38장에서 하나님이 욥에게 나타나기 전까지 욥은 동방 땅 우스라는 특수한 시공간에서 일어난 재앙 때문에 하나님의 공의를 의심하고 있었다. 만약 욥의 의심이 하나님과 자신의 일대일 관계에 한정된 것이라면, 그 의심은 타당하다고 볼 수 있다.

> 하나님! 도대체 저에게 왜 이러시는 겁니까? 지금 하나님이 제게 보여주시는 모습은 지금까지 제가 배웠던, 제가 알았던 하나님이 아닙니다. 지금 하나님은 저에게 너무 낯선 분입니다. 하나님의 행동이 너무나 일관성 없게 느껴집니다. 지금까지 저를 대우하고 평가하셨던 그 방법과 관련하여 볼 때, 지금 하나님이 제게 퍼부으시는 재앙과 심판은 부당합니다.

이처럼 하나님에 대한 의심을 욥 자신의 경험에만 한정시켰다면, 욥의 의심은 타당하다고 할 수 있다. 그런데 어느 순간부터 욥은 자신의 하나님에 대한 의심을 세상으로 확대시키며, 하나님의 정의롭고 견실한 세상 통치에까지 의문을 제기한다. 세상을 향한 하나님의 공의 통치 원칙이 무너졌고 이로 인해 세상은 악인의 손에 넘어갔다고 과장하여 하나님을 비난한 것이다. 자신에게 일어난 이 모순된 상황 앞에서 욥은 이 세계 전체가 악인의 손에 넘어갔다고 비판하며 하나님의 세상 통치 방식 자체를 의심하는 데까지 이른 것이다. 여기까지만 보면 욥은 하나님께 큰 죄를 범한 것이 맞고, 자신에게 재앙이 찾아왔다고 불평하며 하나님께 불경한 모습을 보이는 욥을 비난하고 회개를 촉구하는 세 친구들의 모습이 옳은 것처럼 보인다. 하지만 욥에게는 일반 세상 사람은 물론, 하나님 편에 서 있는 것처럼 보이는 세 친구들과도 다른 점이 있었다. 그것은 하나님의 공의를 의심했음에도 불구하고 욥 아내의 주장처럼 하나님을 욕하고 죽거나 저항적 무신론자의 길을 걷지 않았다는 사실이다. 오히려 하나님 앞에 무조건 고개 숙이는 세 친구들과는 달리, 자신이 익숙하게 알던 신학 패러다임으로는 도저히 이해할 수 없는 하나님께 집요할 정도로 따져 묻고, 항변하고, 저항하며 하나님의 대답을 촉구했다는 것이다. 그 결과가 하나님의 나타나 주심이며 하나님의 위로다. 욥기 42장을 보면 놀라운 반전이 일어난다. 전통 신학에 의지해 하나님의 행위를 무조건 옹호하며 변증하던 욥의 세 친구는 하나님께 책망받고, 하나님을 의심했던 욥의 행위는 옳다고 인정받은 것이다. 욥은 세 친구와는 다르게 자신이 알던 신학적 틀 바깥에서 행동하시는 하나님을 이해하기 위해서 몸부림쳤다. "하나님! 제가 배운 신학의 바깥 틀에서 행동하는 그 행동을 제가 어떻게 이해해야 하는지 말씀해 주십시오! 제게 나타나 주십시오!" 이렇게 하나님을 비판하고 따져 물으며 하나님의 추가적인 설명과 답변을 요구했던 욥의 태도를 하나님이 옳게 보셨다는 것이다. 반면, 욥을 향한 하나님의 부당해 보이는 공격을 어찌하든지 인습적 신학의 틀 안에서 정당화하면서 욥에게 비난을 퍼부었던 세 친구의 닫힌 신학 체계는 정당화되지 않았다. 신명기 역사가 신학의 폐쇄적 체제 안에 안주하며 하나님을 옹호하려고 했던 세 친구는 하나님께 책망받는 수준을 넘어 단죄된다. '하나님에 대해 옳게 말하지 못한 죄'를 범했다는 것이다. 과연 이것은 무엇을 의미할까? 하나님은 당신의 측량할 수 없는 지혜로 새로운 일을 하실 때마다 우리의 감정과 이성을 봉인한 채 무조건 복종하는 태도를 좋게 보시지 않는다는 것이다. 이 놀라운 반전은 욥의 세 친구처럼 신명기 신학의 폐쇄적 체제에 길들여진 우리에게 큰 도전이 된다. 질문할 때는 질문해야 하고, 따져 물을 때는 따져 물으며, 우리가 배운 신학 체제에 갇히지 않은 하나님을 이해하도록 노력하는 태도, 그 과정을 통해 신학 체제 바깥에서 행동하시는 하나님의 주권적 자유를 받아들일 수 있어야 한다는 것이다. 그래야 우리가 알고 있는 신학적 틀로 하나님의 행동을 설명하면서 사람을 함부로 판단하고 정죄하는 세 친구의 독선적 태도에서 벗어날 수 있다.

욥의 세 친구의 가장 큰 잘못은 하나님이 행하시는 새 일, 무한한 자유를 인정하지 않은 것이다. 이와 관련해 욥기와 함께 읽어 볼 좋은 책은 칼 바르트의 마지막 저작으로 알려진 『개신교신학 입문』이다.[4] 이 책에 "신학의 위협"이라는 장이 있다. "신학을 위협하는 분! 그 분은 바로 하나님이다." 바르트는 여기서 "참혹한 현실의 죄악, 인간 고통을 외면하는 관념으로 도피하는 신학, 구원의 재림에 몰두한 나머지 현재의 실존적 고통을 외면하는 신학에 대해 하나님은 침묵하신다"라고 말하며, 오히려 "신학적 숙고가 없더라도 상처입고 병든 자, 주린 자를 돌보는 자들이 오히려 하나님과 함께 있다"라고 주장한다. 즉, 전래 인습적인 신학의 틀 안에서 세계에서 일어나는 모든 일을 설명할 수 있다고 믿는 자기만족의 신학적 교조주의를 하나님이 위협하신다. 신학 자체의 위협은 하나님으로부터 온다는 뜻이다. 38-41장의 하나님 폭풍우 강론의 취지를 쉽게 풀면 이런 도전이 될 것이다. "욥, 네가 이토록 광대한 하나님을 한두 가지 신학 원리나 법칙으로 이해하려고 했는가? 어떻게 너는 내가 신명기 신학대로 행동하기를 원하고 잠언서가 말한 몇 가지 격률에 따라 행동하기를 기대하느냐? 누가 그렇게 행동해야만 하나님답다고 말했는가? 누가 나의 행동을 이렇게 규정했느냐?" 이런 도전적 질문 공세 앞에 욥은 침묵모드로 들어간다. 욥은 자신의 억울한 불행의 참혹성을 잊어버렸다. 왜? 하나님의 엄청나게 크심, 심원하심에 눈을 떴기 때문이다.

욥기 38장부터 42장에서 하나님은 욥의 시선을 동방 땅 우스에서 하나님의 창조 시점, 곧 천지를 창조하던 그 시점, 땅의 기초를 놓는 그 자리로 타임머신에 태워서 데려가신다. 그리고 하나님이 세계를 창조하시는 과정에서 나타난 엄청난 역동성을 압축적으로 말씀하신다. 욥이 죄와 벌이라는 신학적 이진법으로 감히 해명할 수 없는 요소들을 세세히 보여주신다. 하나님의 창조세계 안에 욥의 지식으로는 도저히 해명할 수 없는 일이 헤아릴 수 없을 정도로 많다는 것을 보여주신다. 바로 인간의 육안 시계視界를 멀리 벗어난 천체나 기상학적 현상은 물론이요 인간의 이웃으로 사는 동물들에 대한 욥의 무지를 경각시키신다. 41장은 하나님의 창조세계에 대해 거의 아는 것이 없는 욥이 하나님의 영역을 다 아는 것처럼 하나님의 권능이나 정의를 말로 도발한 태도를 질책한다. 이제까지 욥기의 등장인물들이 생각할 수 있는 욥의 고난 원인은 두 가지 중 하나였을 것이다. 첫째, 욥의 친구들이나 엘리후의 입장이다. '욥의 죄와 악행 때문에 초래된 하나님의 심판이다.' 둘째, 욥의 입장이다. '내 고난은 나의 죄와 악행에 대한 하나님의 심판일 리가 없다. 그렇다면 그것은 하나님의 정의 훼손이다.' 욥은 노골적으로 하나님의 정의 훼손을 주장하지는 않았으나 하나님을 고소할 태세로 고소장을 제출했다. 그러나 또 다른 이유가 가능하다. 셋째, 욥의 고난은 욥의 죄 때문도 아니요 하나님의 정의 오작동 때문도 아니다. 이 세계 안에 활동하는 신적 폭력성, 이 세계에 잔존하는 혼돈세력의 우발적 공격에 의한 사태일 가능성이 크다. 38장에서 하나님이 암시하신 대답이다. 욥의 고난은 이 세계 안에 잔존하는 혼돈세력, 즉 하나님의 통제 밖에 있는 것처럼 보이는 세력의 공격이라는 것이다.

38장에 이르기까지 욥은 셋째 가능성은 전혀 생각하지 못했다. 그래서 하나님께 다소 험악한 언사를 터뜨리며 공세적으로 돌진했다. 하나님은 전능자에게 트집을 잡아 하나님의 공의를 부정할 듯한 공세적인 육박을 해대는 욥을 책망하신다. 욥은 최강 괴수 베헤못 같은 기세로 하나님을 향해 돌진할 태세다. 베헤못 강론의 요지는, 최강 괴수 베헤못도 포획하는 절대강력을 가진 하나님께 도전하는 욥의 무모성을 질책하는 데 있다. 베헤못처럼 날뛰는 엄청난 야생 괴수처럼 "욥, 너도 내가 길들일 수 있다. 너도 풀을 먹게 하고 순치시킬 수 있다." 베헤못을 순치시키시는 하나님이 욥을 순치시키실 수 있다는 것이다. 하나님은 베헤못과 리워야단, 라합, 곧 거대한 최강 괴수들을 순치시키셨다. 하나님의 정의에 대한 욥의 불평과 항변은 창조주 하나님이 보시기에 베헤못의 요동이나 리워야단의 요동과 같다. 하나님은 무시무시한 바다 괴수도 길들였듯이 욥을 길들이실 수 있다.[5] 힘이 아니라 진리와 지혜로 욥을 설복하실 수 있다. 하나님의 더 큰 공의를 보여줌으로써 하나님은 욥의 항변을 극복할 수 있다는 말이다.

칼뱅에 따르면, 폭풍우 강론 중 동물생태 및 행태에 대한 하나님의 강론은 '짐승' 같이 미련한 인간 욥에게 호통치는 방식의 훈육 장면이다.[6] 칼빈은 이 하나님의 폭풍우 강론이 욥에게 일으킨 교육적 각인효과에 대해 이렇게 말한다.

우리는 너무 성급하게 말하지 않도록 합시다. 다시 말하면 우리는 본질상 우리에게 허락된 것보다 더 많은 것을 참견하는 악을 지니고 있습니다. 우리의 입을 닫아 두는 법을 배웁시다.……아무것도 아닌 죽을 인생이 자기 조물주를 평가하고 그 조물주더러 들으라고 하며, 하나님은 잠시 동안 침묵을 지키라는 식으로 나가는 것이 자연질서를 무너뜨리는 것이 아니면 무엇이겠습니까?[7]

41장.

최강 괴수 리워야단도 제압하지 못하는 인간이
어찌 감히 하나님께 대항하느냐?

41

¹네가 낚시로 리워야단(악어)을 끌어낼 수 있겠느냐. 노끈으로 그 혀를 맬 수 있겠느냐. ²너는 밧줄로 그 코를 꿸 수 있겠느냐. 갈고리로 그 아가미를 꿸 수 있겠느냐. ³그것이 어찌 네게 계속하여 간청하겠느냐. 부드럽게 네게 말하겠느냐. ⁴어찌 그것이 너와 계약을 맺고 너는 그를 영원히 종으로 삼겠느냐. ⁵네가 어찌 그것을 새를 가지고 놀 듯 하겠으며 네 여종들을 위하여 그것을 매어두겠느냐. ⁶어찌 장사꾼들이 그것을 놓고 거래하겠으며 상인들이 그것을 나누어 가지겠느냐. ⁷네가 능히 많은 창으로 그 가죽을 찌르거나 작살을 그 머리에 꽂을 수 있겠느냐. ⁸네 손을 그것에게 얹어 보라. 다시는 싸울 생각을 못하리라. ⁹참으로 잡으려는 그의 희망은 헛된 것이니라. 그것의 모습을 보기만 해도 그는 기가 꺾이리라. ¹⁰아무도 그것을 격동시킬 만큼 담대하지 못하거든 누가 내게 감히 대항할 수 있겠느냐. ¹¹누가 먼저 내게 주고 나로 하여금 갚게 하겠느냐. 온 천하에 있는 것이 다 내 것이니라. ¹²내가 그것의 지체와 그것의 큰 용맹과 늠름한 체구에 대하여 잠잠하지 아니하리라. ¹³누가 그것의 겉가죽을 벗기겠으며 그것에게 겹재갈을 물릴 수 있겠느냐. ¹⁴누가 그것의 턱을 벌릴 수 있겠느냐. 그의 둥근 이틀은 심히 두렵구나. ¹⁵그의 즐비한 비늘은 그의 자랑이로다. 튼튼하게 봉인하듯이 닫혀 있구나. ¹⁶그것들이 서로 달라붙어 있어 바람이 그 사이로 지나가지 못하는구나. ¹⁷서로 이어져 붙었으니 능히 나눌 수도 없구나. ¹⁸그것이 재채기를 한즉 빛을 발하고 그것의 눈은 새벽의 눈꺼풀 빛 같으며 ¹⁹그것의 입에서는 횃불이 나오고 불꽃이 튀어 나오며 ²⁰그것의 콧구멍에서는 연기가 나오니 마치 갈대를 태울 때에 솥이 끓는 것과 같구나. ²¹그의 입김은 숯불을 지피며 그의 입은 불길을 뿜는구나. ²²그것의 힘은 그의 목덜미에 있으니 그 앞에서는 절망만 감돌 뿐이구나. ²³그것의 살껍질은 서로 밀착되어 탄탄하며 움직이지 않는구나. ²⁴그것의 가슴은 돌처럼 튼튼하며 맷돌 아래짝

같이 튼튼하구나. ²⁵ 그것이 일어나면 용사라도 두려워하며 달아나리라. ²⁶ 칼이 그에게 꽂혀도 소용이 없고 창이나 투창이나 화살촉도 꽂히지 못하는구나. ²⁷ 그것이 쇠를 지푸라기 같이, 놋을 썩은 나무 같이 여기니 ²⁸ 화살이라도 그것을 물리치지 못하겠고 물맷돌도 그것에게는 겨 같이 되는구나. ²⁹ 그것은 몽둥이도 지푸라기 같이 여기고 창이 날아오는 소리를 우습게 여기며 ³⁰ 그것의 아래쪽에는 날카로운 토기 조각 같은 것이 달려 있고 그것이 지나갈 때는 진흙 바닥에 도리깨로 친 자국을 남기는구나. ³¹ 깊은 물을 솥의 물이 끓음 같게 하며 바다를 기름병 같이 다루는도다. ³² 그것의 뒤에서 빛나는 물줄기가 나오니 그는 깊은 바다를 백발로 만드는구나. ³³ 세상에는 그것과 비할 것이 없으니 그것은 두려움이 없는 것으로 지음 받았구나. ³⁴ 그것은 모든 높은 자를 내려다보며 모든 교만한 자들에게 군림하는 왕이니라.

리워야단 • 1-8절; BHS 40:25-32

이 단락은 히브리어 본문 BHS 판본의 40:25-32이다. 그것의 주제는 가공할 만한 리워야단의 위력이다. 1-7절은 모두 질문이다. 욥에게 "나는 할 수 없습니다"라는 대답을 기대하는 설의법 문장들이다. 야웨는 여기서 욥이 감히 하려고 하지 않고, 할 수 없는 과업들을 다소 지루하게 나열하신다. 욥은 낚시로 리워야단^{약어}을 끌어낼 수 없으며 노끈으로 그 혀를 맬 수도 없다.¹절 당연히 욥은 밧줄로 리워야단의 코를 꿸 수 없고 갈고리로 그 아가미를 꿸 수도 없다.²절 너무 강하고 거대한 괴수이기 때문이다. 그런 가공할 만한 괴수가 욥에게 와서 계속해 유순하게 간청하듯이 부드럽게 말할 리가 없다.³절 이런 무서운 괴수를 욥이 영원히 종으로 부리는 계약을 맺을 수는 더더욱 없다.⁴절 그래서 욥이 새를 가지고 놀 듯 리워야단을 갖고 놀 수 없으며, 자신의 여종들을 위하여 그것을 매어둘 수도 없다.⁵절 심지어 장사꾼들이 그것을 놓고 거래하거나 상인들이 그것을 나누어 가질 수도 없다.⁶절 욥이 결코 많은 창으로 그 가죽을 찌르거나 작살을 그 머리에 꽂아 포획해 분할해 팔 수 없다.[7절] 욥이 혹시 리워야단을 잡으려고 그 위에 손을 한번 얹어보기만 해도 너무나 무서워 다시는 리워야단과 싸울 생각 자체를 하지 못할 것이다.[8절]

리워야단을 포획하려는 시도의 무위성無爲性 • 9-32절; BHS 41:1-24

이 단락은 리워야단의 강력한 힘과 관련된 질문들(욥의 무능력을 자각시키는 질문들)로 구성되어 있다. 리워야단을 다루는 데 있어서 전혀 무력한 욥의 무능력을 부각시키는 질문들이다. 9절은 "보라"라는 영탄발어사로 시작한다. 개역개정은 "참으로"라는 부사어로 이 영탄발어사의 기능을 살리려고 한다. 9절의 주어는 히브리어 토할토(תֹּחַלְתּוֹ)인데, '희망'을 의미하는 토헬레트(תֹּחֶלֶת)에 3인칭 남성단수 속격접미사가 붙어 있어 '그의 희망'이라는 뜻이다. "그"는 누구이며, 희망은 무엇에 관한 희망을 가리키는 것일까? 8절에 비추어 해석해보면, "그"는 욥을 가리킨다. 이때 욥은 가상적인 상황에서 리워야단을 잡으려고 하는 사람을 가리킨다. 따라서 리워야단을 잡으려고 그 위에 손을 얹어 그것과 싸워 그것을 잡으려는 희망이다. 바로 토할토, '그의 희망'인 것이다. 8절 전체를 고려하면 9절이 말하는 토할토는 리워야단과 싸워 이기려는 희망이다. 이것이 '그의 희망'이라고 봐야 한다. 9절은 아예 리워야단을 잡아 싸워 이기려는 희망은 거짓된 것이라고 말한다. 9절의 하반절은 다소 어려운 문장이다. 의문사 하(הֲ)와 '심지어'를 의미하는 감(גַם)이 붙어 있는 하감(הֲגַם)으로 시작한다. 개역개정은 "그것의 모습을 보기만 해도 그는 기가 꺾이리라"고 번역하는데, 이것은 의문사 '하'를 반영하지 못한 번역이다. 의문사 '하'와 부정어가 함께 쓰이면, "그를 쳐다보기만 해도 기가 꺾이지 않겠느냐"

는 정도의 의미가 된다. "그를 보기만 해도 리워야단을 잡아 싸우려는 자가 기가 꺾이지 않겠는가?" 10절은 하나님이 왜 리워야단을 예시하는지 그 이유를 추정케 하는 구절이다. "아무도 리워야단을 격동시킬 만큼 담대하지 못하거든, 누가 내게 감히 대항할 수 있겠느냐? 리워야단보다 훨씬 더 강력하고 포획 불가능하고 대항불가한 하나님 앞에 맞서겠느냐?"는 의미다.[1] 하나님께 맞서서 따지는 욥을 겨냥한 말임이 분명하다.

리워야딘 담론의 핵심은 욥이 하나님께 대항해 고소하며 정의와 시시비비를 따지려는 태도 자체가 성립되지 않는다는 것이다. 욥은 리워야단부터 제압할 수 있어야 하나님께 나아가 일대일로 맞설 수 있다는 것이다. 11절은 하나님의 더 깊은 속마음을 표현한다. 개역개정의 11절 상반절 "누가 먼저 내게 주고 나로 하여금 갚게 하겠느냐"는 히브리어 본문을 다소 의역한 번역인데, 원의를 약간 흐린다. "누가 내게 대들어 그에게 보상하도록 하느냐?" 이것이 더 정확한 번역이다. "먼저 내게 주고"라고 번역된 히브리어는 히크디마니(הִקְדִּימַנִי)이다. 이것은 '앞에 나서다', '대들다'를 의미하는 동사 카담(קָדַם) 사역(히필)형 미완료 3인칭 단수에 1인칭 목적접미어가 붙어 있는 단어로, '내게 대들다'는 의미다. 11절의 하반절 "온 천하에 있는 것이 다 내 것이니라"라는 말은 욥이 누렸던 행복, 의로운 삶, 사회적 위신과 신망 등 모든 업적과 성취도 하나님의 은혜의 산물이며 주권적인 자원 배분과 지혜 배분 등의 결과라는 것이다. 하나님이 욥에게 주신 단란한 행복, 그의 사회적 신망이나 영향력 등도 하나님의 것이라는 말이다. 욥의 재산, 가족, 지혜와 의로운 삶, 사회적 성취와 업적 등 모든 것이 하나님의 절대주권적 처분 대상이 된다는 말이다.

다시 12절은 리워야단 강화로 돌아간다. 여기서 하나님은 리워야단의 지체와 그것의 큰 용맹과 늠름한 체구에 대하여 어떤 것도 숨기지 않을 것이라고 말씀하신다. 13절부터 14절 상반절까지 다시 질문이 제시된다. "누가 그것의 겉가죽을 벗기겠으며 그것에게 겹재갈을 물릴 수 있겠느냐. 누가 그것의 턱을 벌릴 수 있겠느냐." 아무도 리워야단을 통제할 수 없다는 것을 강조하는 설의법 문장들이다. 14절 하반절은 리워야단의 둥근 이틀이 얼마나 두려운지를 덧붙인다. 이 세 절의 요지는 엄청난 괴수, 정복 불가능한 거대한 리워야단을 하나님은 다루실 수 있다는 것이다. 하나님만이 리워야단을 길들이며 순치시키실 수 있다. 하나님은 그 리워야단을 노끈으로, 낚시로 포획하실 수 있다. 하나님이 이런 최강 괴수 리워야단을 통제하듯이, 리워야단 같은 욥 혹은 욥의 항변도 다스리실 수 있다는 것이다. 여기서 리워야단과 욥은 이중적으로 비교된다. 욥 자신 혹은 욥이 당한 재난 자체가 리워야단과 부분적으로 동일시된다. 리워야단이 세상을 두렵게 하는 무시무시한 바다 괴물이듯이, 이 세상에는 리워야단처럼 무시무시한 고난과 재난, 부조리한 일이 일어날 수 있다. 그런데 그것을 "나 하나님은 통제할 수 있다"는 뜻이다.

15-16절은 리워야단의 즐비한 비늘을 묘사한다. 리워야단은 그의 비늘을 자랑스러워한다. 너무 튼튼하게 봉인되어 창칼이 뚫을 수 없을 정도로 닫혀 있다.[15절] 비늘들이 너무 서로에게 달라붙어 있어 바람도 그 사이로 지나가지 못할 정도다.[16절] 리워야단의 비늘들이 서로 이어져 붙었으니 아무도 능히 나눌 수 없다.[17절]

18-32절은 리워야단의 가공할 만한 행태 및 신체 부위별 위력을 논한다. 리워야단이 재채기를 하면 빛이 발출되고, 그것의 눈은 새벽의 눈꺼풀 빛 같다.[18절] 그 입에서는 횃불이 나오고 불꽃이 튀어 나오며,[19절] 그 콧구멍에서는 연기가 나오니 마치 갈대를 태울 때에 솥이 끓는 것과 같다.[20절] 리워야단의 입김은 숯불을 지피며 그의 입은 불길을 뿜는다.[21절] 리워야단의 목덜미에서 느껴지는 힘은 보는 이로 하

여금 그 앞에서 절망하게 만든다.[22절] 리워야단의 살껍질은 서로 밀착되어 탄탄하며 움직이지 않는다.[23절] 리워야단의 가슴은 돌처럼 튼튼하며 맷돌 아래짝 같이 튼튼하다.[24절] 리워야단이 일어나면 용사라도 두려워하며 달아날 수밖에 없다.[25절] 설령 칼이 그에게 꽂혀도 소용이 없고 창이나 투창이나 화살촉도 리워야단의 살껍질에 아예 꽂히지 못한다.[26절] 리워야단은 쇠를 지푸라기 같이, 놋을 썩은 나무 같이 여긴다.[27절] 그래서 화살이라도 리워야단을 물리치지 못하겠고 물맷돌도 그것에게는 겨처럼 가볍게 처리된다.[28절] 리워야난은 몽둥이도 지푸라기 같이 여기고 창이 날아오는 소리를 우습게 여기며,[29절] 그 몸의 아래쪽에는 날카로운 토기 조각 같은 것이 달려 있고 그것이 지나갈 때는 진흙 바닥에 도리깨로 친 자국을 남긴다.[30절] 리워야단은 깊은 물을 솥의 물처럼 끓어오르게 하며 바다를 기름병 같이 다룬다.[31절] 리워야단의 뒤에서 빛나는 물줄기가 나오니 그것은 깊은 바다를 백발로 만들어 버린다.[32절] 백발은 리워야단이 뿜어내는 물줄기가 만드는 하얀 파도의 은유다. 리워야단은 하얀 파도를 쉴 새 없이 만들어 낸다. 백발처럼 흩날리는 파도는 바다를 항해하는 모든 사람들에게 극도의 공포와 혼돈을 의미한다. 즉, 리워야단은 바다의 깊은 곳을 소용돌이 치게 해 바다를 혼돈의 영역으로 만드는 괴력을 가지고 있다. 32절이 말하는 깊은 바다는 창세기 1:2의 "깊음"이라고 번역된 히브리어 터홈(תְהוֹם)이다. 터홈은 통제되지 않는 거대한 바다를 의미한다. 바다가 들끓어 용솟음치면 땅도 범람하고 위경에 빠진다. 욥은 3:8에서 자기가 태어난 날에 누군가 리워야단을 격동시켜 온 세상이 흑암천지로 변해 버렸더라면 좋았을텐데라고 희구했다.[2] 리워야단이 땅의 평화마저도 파괴할 괴력을 가졌다는 것이다. 하나님은 이 리워야단도 가볍게 통제하고 통치하실 권능을 갖고 계신다. 그런데 욥은 이런 엄청난 하나님께 대항하려고 하니, 이치에 맞지 않다는 것이다.

욥

리워야단도 제어하지 못하는 욥, 네가 어찌 감히 내게? • 33-34절; BHS 41:25-26

33-34절은 리워야단 강화의 핵심 요지를 말한다. 이 세상에는 리워야단과 비할 것이 없다. 두려움이 없는 최강 괴수 피조물로 창조되었다는 점에서 리워야단과 맞설 자가 없다.[33절] 리워야단은 너무나 강력하여 모든 높은 자를 내려다보며 모든 들짐승들[3]에게 군림하는 왕이다. 욥은 이런 초강력 거대피조물인 리워야단을 애완동물처럼[시 104:26] 다루시는 최강 절대자 하나님께 맞서는 중이었다. 리워야단도 인간에게 범접 불가, 도전불허의 최강 괴수 피조물인데, 이 리워야단의 창조주 하나님은 얼마나 더 인간에게 범접 불가, 도전 불허적인 상대인지를 욥은 깨달았어야 했다. 하나님의 절대적 통치 권능에 욥이 맞서는 것은 도저히 승산이 없는 대결이라는 것이다.

41

메시지

41장은 베헤못보다 더 강력한 난공불락의 피조물 최강 괴수 리워야단을 능히 포획하여 길들이시는 하나님의 초거대강력과 권능을 묘사한다. 41장의 주제는 40장의 베헤못 담론과 동일하다. 지금 욥이 당하는 창조질서의 일시적 와해와 붕괴가 리워야단일 수 있다. 원시바다가 땅을 침수시키는 상황이다. 혹은 욥 자신이 리워야단으로 보일 수 있다. 즉, 인간 욥이 길들여지지 않는 최강 괴수 같은 야생동물이라는 것이다. 욥 안에도 하나님의 창조주권을 순순히 인정하지 않으려는 반역적 저항성이 폭발하는 것으로 볼 수 있기 때문이다. 하나님의 정의를 좁은 시야로 재단하며 하나님의 정의를 의심하며 고소장을 쓰고 하나님께 돌진하는 욥에게서 리워야단의 반역적 저항에너지를 볼 수 있다.

하지만 하나님은 신명기 신학이 지배하는 우스 땅에서 태초의 시점으로 욥을 소환해 우주 한복판에서 우주를 통치하는 창조주의 대위엄의 시좌에 눈을 열게 하셨다. 그 결과 욥은 자신이 제기한 문제가 협소한 것이며, 거대한 창조주의 신비 앞에 자신이 하나님과 자신의 갈등을 신명기 역사가 신학이라는 좁은 시야로 재단하고 판단한 것을 회개한다. 욥은 죄를 짓고 회개한 것이 아니라, 고난을 당해 그것을 극복하는 과정에서 무례를 범했다. 레오 퍼듀는 욥기의 주제를 "너는 나에 대해서 정당하게 말하지 않았다"라는 표제어로 요약한다.[4] 퍼듀는 욥의 허물은 하나님에 대한 반역적 죄악이 아니라, 태도상의 무례임을 잘 지적했다.

결국 욥은 하나님의 신 현현에 직면해 자신의 강경하고 무례했던 논쟁 태도를 뉘우친다. 욥 친구들이 강요한 그 회개가 아니라, 하나님의 광활한 진리에 설복된 참회다. 그래서 욥이 순한 사람이 된 것이다. 욥이 순한 사람이 된 것은 리워야단이 하나님께 순치된 것과 같다. 리워야단이 코에 끼워짐은 욥의 코에 낚시나 재갈이 끼워짐과 같다. 욥은 하나님에게 낚인 리워야단과 같다. 이 점에서 리워야단과 욥은 부분적으로 동일시된다. 또한 욥에게 닥친 재난도 피조물의 야생적인 활동으로 일어난 어처구니없는 사태로서 리워야단 같은 면이 있다. 리워야단 자체가 자연과 세계 안에 내장된 신적 폭력성과 야생성의 상징이라는 점에서 그렇다.[5] 결국 하나님은 최강 괴수인 리워야단을 통제하듯이 욥을 통제하신다. 베헤못과 리워야단 담론의 취지는 40:9-10에 나와 있다. "네가 하나님처럼 능력이 있느냐. 하나님처럼 천둥소리를 내겠느냐. 너는 위엄과 존귀로 단장하며 영광과 영화를 입을지어다." 40:11-14은 이 논지를 부연한다. "욥, 너의 넘치는 노를 비우고 교만한 자를 발견하여 모두 낮추되 모든 교만한 자를 발견하여 낮아지게 하며 악인을 그들의 처소에서 짓밟을지니라. 그들을 함께 진토에 묻고 그들의 얼굴을 싸서 은밀한 곳에 둘지니라. 그리하면 네 오른손이 너를 구원할 수 있다고 내가 인정하리라." 여기서 하나님은 욥이 모든 교만한 자를 발견하여 낮추고 악인을 짓밟고 진토에 묻을 수 있다면 인정해 주겠다고 말씀하신다. 하지만 이것은 욥이 결코 할 수 없는 일이다. 이처럼 하나님은 욥의 능력으로 할 수 없는 과업을 던져 주심으로 욥을 겸손케 하신다. 40:15-20은 이 세상에는 욥이 결코 길들일 수 없고 감당할 수 없는 베헤못 같은 괴수가 존재하고, 이러한 야생적인 사나운 일들이 일어나고 있음을 욥에게 상기시키고 있다. 이 연장선상에서 41장에는 리워야단 괴수담론이 나온다.

40장에서는 베헤못과 욥을 비교했는데, 41장에 오면 하나님은 최강 괴수인 리워야단과 자신을 비교하신다. 이 세상에서 리워야단을 통제할 수 있는 존재는 아무도 없는데, 어떻게 리워야단과 비교할 없을 정도로 강한 하나님께 감히 욥이 맞서려고 하느냐는 것이다. 어떻게 감히 욥이 하나님의 행동을 함부로 판단하고 통제하려고 하느냐는 것이다. "네가 리워야단도 작살과 그물로 잡을 수 없거든 어떻게 감히 천지를 창조하신 하나님을 신명기 신학의 이진법이라는 그물로 잡으려고 하느냐"는 것이다. 어떻게 감히 욥이 신명기 신학의 이진법 창으로 하나님을 찌르고 하나님의 존재를 해부하려고 하느냐는 것이다. 시편 104:24-27은 리워야단에 대한 하나님의 능숙한 통제와 포획을 증거한다. "여호와여, 주께서 하신 일이 어찌 그리 많은지요. 주께서 지혜로 그들을 다 지으셨으니 주께서 지으신 것들이 땅에 가득하니이다. 거기에는 크고 넓은 바다가 있고 그 속에는 생물 곧 크고 작은 동물들이 무수하니이다. 그곳에는 배들이 다니며 주께서 지으신 리워야단이 그 속에서 노나이다. 이것들은 다 주께서 때를 따라 먹을 것을 주시기를 바라나이다."

시편 104:26은 세상의 최강 괴수로 군림하며 모든 생물들의 두려움과 공포의 대상인 리워야단을 하나님께 먹이를 구하는 온순한 가축으로 묘사하고 있다. 하나님이 지으시고 운영하시는 사파리에서 리워야단은 하나님이라는 사육사에 의해 사육되는 야생동물의 하나일 뿐이다. 최강 괴수 리워야단이 하나님 앞에서는 어항의 물고기와 다를 바 없고, 마당에서 키우는 애완동물과 다를 것이 없다. 그런데 욥이 본다면 기겁하고 기절초풍할 정도로 무서운 존재인 최강 괴수 리워야단보다 훨씬 더 크고 위대하고, 억만 배 이상 강한 초야생성을 가진 하나님을 어떻게 함부로 판단하고 재단할 수 있느냐는 것이다. 욥이 가진 그 보잘것없는 신학적 이진법의 그물과 창으로 하나님을 잡으려고 하느냐는 것이다.

　12절부터 34절은 최강 괴수 리워야단의 모습을 지루하게 느껴질 정도로 길게 묘사하고 있다. 그렇다면 최강 괴수가 길게 묘사되는 이유는 무엇일까? 34절("그것은 모든 높은 자를 내려다보며 모든 교만한 자들에게 군림하는 왕이니라")처럼 최강 괴수 리워야단은 세상에서 가장 높은 자들과 교만한 자들도 고개 숙여 복종시킬 수 있는 누구도 통제할 수 없는 최강의 존재이지만, 모든 만물을 창조하신 하나님 앞에서는 길들여진 온순한 가축에 불과하다는 것이다. 41장 저자는 여기서 억양법과 대조법을 통해 하나님의 위대한 권능과 위엄을 강조하는 것이다. 앞 장에서 베헤못을 세상의 재앙과 연결시킨 것처럼, 리워야단 역시 세상의 재앙과 연결시킬 수 있다. 리워야단이 욥에게 일으키는 두려움과 공포가, 욥에게 찾아온 재난의 두려움과 공포와 연결되는 것이다. 그래서 리워야단 같은 재난의 공포를 직면한 인간들은 한없이 나약해지고 무無가 될 정도의 자기 축소를 경험한다. 그런데 이 모든 것을 통제하시고 질서를 부여하신 창조주 하나님 앞에서 감히 인간이 함부로 입을 놀리고 하나님을 비난하고, 심지어 자신이 하나님보다 더 의롭다고 말하는 것이 타당할 수 있겠는가? 40장에 나오

욥

는 최강 괴수 베헤못 담론과 41장에 나오는 최강 괴수 리워야단 담론을 모두 거친 후, 욥의 입에서 나온 고백이 바로 42:5("눈으로 주를 보았다")이다. 앞서 언급했듯이 "눈으로 주를 보았다"는 것은 주체적, 자기 주관적, 능동적 인식에 의해 상대(하나님)를 축소시키고 파편화시켰다는 의미다. 그래서 우리는 절대 눈으로 본 것을 전부라고 생각하고 사실로 단정해서는 안 된다. 단정하는 순간, 다른 사람이 눈으로 본 주관적 이해와 충돌할 수밖에 없기 때문이다. 우리가 눈으로 보는 것은 지극히 주관적이고 부분적이고 파편적인 이해일 뿐이다. 하지만 욥이 42:5에서 "눈으로 주를 보았다"는 말은 그런 의미가 아니다. 여기서 욥이 눈으로 하나님을 보았다는 것은 "전체를 직관하였다!"는 것이다. 즉, 온전하신 하나님의 참 면모, 진정한 면모를 보고 하나님 앞에 두려워 떨며 회개할 수밖에 없게 된 상태를 의미한다. 하나님의 진정한 면모, 즉 너무 신비롭고 크시고 광대무변하시며, 인간의 말로 형용할 수 없는 압도적으로 크고 권능이 많으신 그 하나님을 보았음을 고백한 것이다. 이렇게 욥은 "눈으로 주를 보았다"고 고백함으로써, 이후 욥의 전 존재가 하나님께 순복할 수 있는 계기가 마련되었다. 그 결과는 참된 뉘우침이다. "그러므로 내가 스스로 거두어들이고 티끌과 재 가운데에서 회개하나이다."[42:6]

41

최강 괴수 리워야단도 제압하지 못하는 인간이 어찌 감히 하나님께 대항하느냐?

42장.

무지한 말로 이치를 가리는 자 욥과 하나님의 화해

42

¹ 욥이 여호와께 대답하여 이르되 ² 주께서는 못 하실 일이 없사오며 무슨 계획이든지 못 이루실 것이 없는 줄 아오니 ³ 무지한 말로 이치를 가리는 자가 누구니이까. 나는 깨닫지도 못한 일을 말하였고 스스로 알 수도 없고 헤아리기도 어려운 일을 말하였나이다. ⁴ 내가 말하겠사오니 주는 들으시고 내가 주께 묻겠사오니 주여, 내게 알게 하옵소서. ⁵ 내가 주께 대하여 귀로 듣기만 하였사오나 이제는 눈으로 주를 뵈옵나이다. ⁶ 그러므로 내가 스스로 거두어들이고 티끌과 재 가운데에서 회개하나이다. ⁷ 여호와께서 욥에게 이 말씀을 하신 후에 여호와께서 데만 사람 엘리바스에게 이르시되 내가 너와 네 두 친구에게 노하나니 이는 너희가 나를 가리켜 말한 것이 내 종 욥의 말 같이 옳지 못함이니라. ⁸ 그런즉 너희는 수소 일곱과 숫양 일곱을 가지고 내 종 욥에게 가서 너희를 위하여 번제를 드리라. 내 종 욥이 너희를 위하여 기도할 것인즉 내가 그를 기쁘게 받으리니 너희가 우매한 만큼 너희에게 갚지 아니하리라. 이는 너희가 나를 가리켜 말한 것이 내 종 욥의 말 같이 옳지 못함이라. ⁹ 이에 데만 사람 엘리바스와 수아 사람 빌닷과 나아마 사람 소발이 가서 여호와께서 자기들에게 명령하신 대로 행하니라. 여호와께서 욥을 기쁘게 받으셨더라. ¹⁰ 욥이 그의 친구들을 위하여 기도할 때 여호와께서 욥의 곤경을 돌이키시고 여호와께서 욥에게 이전 모든 소유보다 갑절이나 주신지라. ¹¹ 이에 그의 모든 형제와 자매와 이전에 알던 이들이 다 와서 그의 집에서 그와 함께 음식을 먹고 여호와께서 그에게 내리신 모든 재앙에 관하여 그를 위하여 슬퍼하며 위로하고 각각 케쉬타 하나씩과 금 고리 하나씩을 주었더라. ¹² 여호와께서 욥의 말년에 욥에게 처음보다 더 복을 주시니 그가 양 만 사천과 낙타 육천과 소 천 겨리와 암나귀 천을 두었고 ¹³ 또 아들 일곱과 딸 셋을 두었으며 ¹⁴ 그가 첫째 딸은 여미마라 이름하였고 둘째 딸은 굿시아라 이름하였고 셋째 딸은 게렌합북이라 이름하였으

니 ¹⁵모든 땅에서 욥의 딸들처럼 아리따운 여자가 없었더라. 그들의 아버지가 그들에게 그들의 오라비들처럼 기업을 주었더라. ¹⁶그 후에 욥이 백사십 년을 살며 아들과 손자 사 대를 보았고 ¹⁷욥이 늙어 나이가 차서 죽었더라.

회개하는 욥 • 1-6절

42장은 하나님은 명분을 얻고 욥은 실리를 얻음으로써 욥이 제기한 소송이 취하되는 갈등 종결을 다룬다. 2-6절은 욥의 긴 회개문이다. 1절은 이후부터 이어지는 말이 욥의 대답임을 분명히 한다. 대장부처럼 허리를 묶고 욥이 하나님께 드리는 대답인 셈이다. 2절에서 욥은 38-41장의 폭풍우 강론1, 2와 동물 통치 권능, 특히 베헤못과 리워야단에 대한 야웨의 제압 권능을 자세히 배우고 학습한 후, 자신이 하나님께 함부로 대들며 하나님의 정의로운 세상 통치에 시시비비를 따진 태도 자체에 대해 회개한다. 2절의 "주께서는"은 야웨를 가리키는 2인칭 단수대명사다. "나는 당신께서 못 하실 일이 없으며 어떤 것도 당신에게서 금지될 수 없다는 것을 이제 알았습니다."[1] 여기서 "알았습니다"라는 동사는 "아오니" 정도의 의미가 아니라, "이제 알았습니다"라는 의미가 강한 완료형이다. 3절은 욥 자신이 하나님께 대들고 직접 나타나 해명해 달라고 요구한 그 모든 언동의 본질을 말한다. 자기책임을 부각시키기 위해 욥은 설의법 문장을 구사한다. "무지한 말로 이치를 가리는 자가 누구니이까." 이 말은 38:2의 하나님 질문을 거의 축자적으로 인용한다. 거기서는 "어둡게"라는 말이 사용되고 여기서는 "가리는"이라는 단어가 사용되는 차이 정도만 있다. 38:2에서나 여기 모두 "이치"는 에차(עֵצָה)를 번역한 것이다. '에차'는 하나님의 창조원리, 세상 통치 원리나 계획, 그리고 하나님이 심사숙고 후에 내리시는 결정 등을 총칭하는 단어다. 욥은 하나님의 세상 통치를 신학적 이진법 연산체계로 축소시켜 이해했기 때문에, 죄 없는 자신이 악인들에게나 닥칠 법한 대파국적 재앙을 연쇄적으로 겪음으로써 억울하게 고난당하면서 하나님의 정의를 의심하고 따졌다. 3-31장까지 욥이 하나님에 대해 거칠게 대들고 항변하는 도발적인 발언들 모두가 하나님의 이치를 어둡게 하는 것이었다는 뜻이다. 하나님께 터뜨린 욥의 도발적 언사들 몇 개만 나열하면 다음과 같다.

전능자의 화살이 내게 박히매 나의 영이 그 독을 마셨나니 하나님의 두려움이 나를 엄습하여 치는구나.^{6:4}

일이 다 같은 것이라. 그러므로 나는 말하기를 하나님이 온전한 자나 악한 자나 멸망시키신다 하나니 갑자기 재난이 닥쳐 죽을지라도 무죄한 자의 절망도 그가 비웃으시리라. 세상이 악인의 손에 넘어갔고 재판관의 얼굴도 가려졌나니 그렇게 되게 한 이가 그가 아니시면 누구냐.^{9:22-24}

주께서 어찌하여 얼굴을 가리시고 나를 주의 원수로 여기시나이까.^{13:24}

이제 주께서 나를 피로하게 하시고 나의 온 집안을 패망하게 하셨나이다.……그는 진노하사 나를 찢고 적대시 하시며 나를 향하여 이를 갈고 원수가 되어 날카로운 눈초리로 나를 보시고……하나님이 나를 악인에게 넘기시며 행악자의 손에 던지셨구나. 내가 평안하더니 그가 나를 꺾으시며 내 목을 잡아 나를 부숴뜨리시며 나를 세워 과녁을 삼으시고 그의 화살들이 사방에서 날아와 사정 없이 나를 쏨으로 그는 내 콩팥들을 꿰뚫고 그는 내 쓸개가 땅에 흘러나오게 하시는구나. 그가 나를 치고 다시 치며 용사 같이 내게 달려드시니.^{16:7-14}

하나님이 나를 억울하게 하시고 자기 그물로 나를 에워싸신 줄을 알아
야 할지니라. 내가 폭행을 당한다고 부르짖으나 응답이 없고 도움을 간
구하였으나 정의가 없구나.……나를 향하여 진노하시고 원수 같이 보시
는구나. 19: 6-7, 11

하나님을 법정으로 데려가는 상상을 펼치는 언동 또한 묘하게 이중
적이다. 하나님을 고소할 수 밖에 없는 필연성을 주장하면서도, 자신
의 실제 법정 상황에서는 하나님을 과연 김딩할 수 있을 섯인지 스
스로 자문한다.

진실로 내가 이 일이 그런 줄을 알거니와 인생이 어찌 하나님 앞에 의로
우랴. 사람이 하나님께 변론하기를 좋아할지라도 천 마디에 한 마디도 대
답하지 못하리라.……하물며 내가 감히 대답하겠으며 그 앞에서 무슨 말
을 택하랴. 가령 내가 의로울지라도 대답하지 못하겠고 나를 심판하실 그
에게 간구할 뿐이며 가령 내가 그를 부르므로 그가 내게 대답하셨을지라
도 내 음성을 들으셨다고는 내가 믿지 아니하리라. 9:2-3, 14-16

너희들은 내 말을 분명히 들으라. 내가 너희 귀에 알려 줄 것이 있느니
라. 보라, 내가 내 사정을 진술하였거니와 내가 정의롭다 함을 얻을 줄 아
노라. 13:17-18

29-31장 전체는 사실상 하나님의 잔혹함과 공권력 남용을 고발하
는 듯한 절절한 결백 주장이며, 하나님의 고통처분 규탄문이다. 욥은
자신의 이런 언동들이 하나님께 트집 잡는 행동이며 무지한 말로 하
나님의 세상 통치 이치(에차)를 어둡게 했다는 점을 실토하고 자책
한 것이다.

3절 하반절은 "그러므로"라는 접속사로 시작된다. "그러므로 나는 분별하지 못하고 알 수도 없는, 내 이해 범위를 벗어나는 일들에 대해 자세히 논했습니다."[2] 개역개정에서 "헤아리기 어려운 일"이라고 번역된 히브리어는 '놀랍다', '희한하다' 등을 의미하는 상태동사 팔라(פָּלָא)의 니팔(수동) 여성분사 복수형인 니플라오트(נִפְלָאוֹת)이다. 개역개정은 복수를 단수로 바꿔 번역하는 경향이 현저한데, 여기서도 마찬가지다. 욥이 논한 일들은 단수가 아니라 여러 가지 사회 현상, 인생고 등이 포함된다. 4절 첫 소절의 히브리어 본문은 "제발, 들어주소서"로 시작한다. 하나님의 경청을 간청한 것이다. 둘째 소절은 1인칭 단수대명사 아노키(אָנֹכִי)로 시작한다. 1인칭 주어 '나'를 강조하는 화법이다. "다른 이가 아니라 제 자신이 이제 말씀드리고자 합니다." 셋째 소절은 욥의 질문이다. "제가 당신께 묻겠사오니, 제게 알게 하옵소서." 4절 이하에는 욥의 질문이 특별히 소개되지 않는다. 무슨 질문을 했는지 파악하기 어렵다. 42장의 나머지 부분에서 주어진 하나님의 응답을 볼 때 자신과 세 친구들의 논쟁이 과연 어떠했는지를 물었을 가능성, 이제 하나님이 자신을 어떻게 처분하실 것인지에 대해 물었을 가능성이 있다.

히브리어 본문 5절 상반절은 "귀에 들리는 것으로서" 정도의 의미다. "귀에 들리는 것으로서 제가 당신을 들었습니다." 이 소절은 청각 계시를 통해 하나님을 인식했다는 말이 아닐 것이다. 귀는 학습의 핵심 통로, 혹은 기관이다. 고대사회에서 귀는 공부의 핵심 기관이다. "제가 세상에서 배운 공부, 지혜, 학문 등에 의지하여 당신을 이해해 왔습니다. 저는 신명기 역사가의 신학, 곧 비례적인 인과응보 신학의 응벌론 틀에서 하나님을 인식하고 이해해 왔습니다." 이런 정도의 의미다. 귀는 중요한 지식 습득의 통로이지만, '듣는 것'에 의해 제한되기에 귀를 통해 얻은 지식은 항구적으로 확장되고 검증되고 비판적

무지한 말로 이치를 가리는 자 욥과 하나님의 화해

으로 성찰되어야 한다. 귀는 전통에 축적된 '인식체계'나 '원리'에 예속되기 쉽다. 5절 하반절은 '이제는'을 의미하는 히브리어 아타(עַתָּה)로 시작한다. "이제는 제 눈이 당신을 보았습니다." 욥기 23:3("내가 어찌하면 하나님을 발견하고 그의 처소로 나아가랴") 이후 욥의 한 가지 갈망은 전능자를 만나 보는 것이었다. 전능자라면 자신의 억울한 사연에 시원한 응답을 주실 것이라는 믿음이 있었기 때문이다. 하나님이 욥의 눈에 보였다는 것 자체가 욥의 요구, 갈망에 백퍼센트 응답해 주셨다는 의미다. 욥은 하나님의 얼굴이 자신을 향한 진노, 파멸, 조롱의 빛이 아니라, 자비, 이해, 공감이라는 사실을 보았다. 욥의 태도를 질책하셨지만, 그것은 욥의 성장과 성숙을 돕는 교육이지 징벌이나 단죄는 아니었다.[3] 광활하고 광대무변한 대우주의 창조자이자 통치자인 야웨가 욥의 눈에 나타나셨다는 것은 실로 엄청난 신적 겸손이자 사랑이며, 화해이자 투명한 소통이었다. 욥을 설득한 것은 하나님의 논리적 로고스가 아니라 하나님의 나타나 주심이었다. 우리가 깨달아야 할 것은 하나님이 인간의 눈에 보여주셨다는 것이 하나님의 엄청난 자기응축적 낮춤, 신적 겸허라는 것이다. 하나님이 사람에게 나타나신다는 것은 자신을 굉장히 수동화시키는 것이고, 누군가의 인식의 대상이 된다는 것은 스스로를 위험에 노출시키는 일이기 때문이다. 사실 욥에게 나타나신 하나님은 인간의 눈으로 포착할 수 없는 전체 절대자이시다. 그런데도 욥은 눈으로 하나님을 보았다고 주장한다.[42:5] 놀라운 사실은 하나님이 나타나셨는데, 욥이 하나님의 존재를 축소하거나 수동화시키지 않았다는 것이다. 욥이 자기 눈앞에 나타나신 하나님을 두고, 볼 수 없고 인간의 언어로 설명할 수 없는 신비한 하나님으로 재인식하는 것을 볼 때, 욥이 42:5에서 하나님 존재를 축소시키는 시각적 지배와 통제를 시도한 것이 아님을 알 수 있다. 여기에서는 하나님 존재의 비의성과 거룩성과 장엄성도 동시에 만족시키는 초시각적 하나님 봄^{visio Dei}을 의미할 것이다. 토마스 아퀴나스나 스콜라 신학자들이 그토록 원했던 하나님 관상^{觀想} 같은, 그 무엇인가에 근접하는 초시각적 하나님 봄일 가능성이 커 보인다. 하나님의 나타나 주심이 욥의 근원적 갈등을 총체적으로 충족시키는 절묘한 방법이었음이 곧 드러난다.

그 결과 전통의 시좌에 갇혀 하나님을 파편적으로 알던 데서^{욥 26:14} 벗어나 욥은 하나님의 또 다른 모습, 신학적 이진법보다 훨씬 더 복합적인 연산체계로 세계를 다스리시는 하나님을 보았다. 이 하나님의 '현존 보여주심'이 말로써 하는 대답을 훨씬 상회하는 대답이었다. "복되도다! 마음이 청결한 자들이여! 그들이 하나님을 볼 것이기 때문이다."^{마 5:8} 중세 스콜라 신학자들, 특히 토마스 아퀴나스의 일생 소원은 하나님을 보는 것^{visio Dei}이었다. 하나님은 재발견해야 할 영원한 원시림이며 신비한 하나님이라는 것이다. 마르틴 루터는 시편, 갈라디아서, 히브리서, 로마서를 4년간 연구한 후에 복음의 하나님을 새롭게 '본 후' 회개하고 복음의 사도가 되었다. 하나님은 당신이 의뢰하는 종들에게 당신을 '보여주신다.' 당신의 거룩한 현존을 경험하도록 '초청하신다.' 하나님의 거룩하고 인격적인 현존 자체가 욥에게 주신 하나님의 대답이었다. 욥은 하나님의 이 큰 겸손한 사랑과 긍휼로 인해 완전히 설복되었다. 하나님의 선행적인 자비와 긍휼만이 인간의 회개를 가능케 한다. "그러므로 내가 스스로 거두어들이고 티끌과 재 가운데에서 회개하나이다." 여기서 '회개하다'를 의미하는 히브리어 단어가 '죄악과 허물로부터 돌이키는 회개'를 표현할 때 사용하는 슙(שוב)이 아니라 '후회하다', '한탄하다', '마음이 풀려 누그러지다' 등을 의미하는 나함(נחם)이다. 욥은 세 친구와 엘리후가 요구하는 악행으로부터 돌이키는 의미의 회개를 한 것이 아니라, 자신이 하나님을 오해하고 한 언동을 뉘우치고 있는 것이다.[4] 자신의 억울함이 풀

무지한 말로 이치를 가리는 자 욥과 하나님의 화해

렸기에 하나님에 대해 감사드리고 하나님을 향한 자신의 무례한 언동을 뉘우칠 여유가 생겼다는 것이다.[5] 하나님의 먼저 나타나 주심으로 욥에게 일으킨 후속반응이 '욥의 뉘우침'이었다.

욥기의 서사적 대절정은 욥의 항변이 하나님의 알현을 초래한 순간이다. 욥의 항변이 갖는 신학적 정당성을 하나님도 인정했다. 불의한 세상을 보고 하나님께 소리치는 것은 신학함의 정당한 방편임을 인정받은 것이다. 이 신학적 정당성 때문에 구티에레스 같은 사람은 욥기를 저항 신학의 정전正典이라고 봤다. 하나님은 억울한 자의 저항을 받으시고 응답하신다. 그래서 구티에레스는 해방신학의 정당성은 욥에게 있다고 봤다. 억울하게 고난당한 죄 없는 농민들이 욥기에서 저항의 신학적 정당성을 읽어낸 것이다.

엘리바스와 두 친구에게 노하시는 야웨 • 7-9절

욥

이 단락은 욥과 세 친구의 세 차례에 걸친 논쟁에 대한 하나님의 관전 총평을 다룬다. 야웨께서 욥에게 이 말씀들(히브리어 본문은 복수형)을 하신 후에, 곧 욥의 태도를 문제삼아 질책하신 후 데만 사람 엘리바스를 꼭 집어 말씀하셨다.7절 상반절[6] 야웨는 욥에 대해서는 인격적 책망을 하셨으나, 그의 친구들에게는 "죄가 있다"고 선언하셨다. 그들에게는 속죄제사를 드려 죄 용서를 받아야 할 죄가 있다고 선언하셨다. 심지어 40장 첫 단락('욥에게 분노를 표명해도 될 상황'이라고 간주된다)과 여기에서 하나님이 욥에게 진노하셨다는 명백한 표현이 나타나지 않는다.[7] 욥기 38-41장에서 욥은 하나님께 대든 무례한 언동 때문에 대체적으로 질책을 받는 분위기에 지배당했는데, 어째서 결론 장인 42장에서 야웨는 결국 "욥이 옳았다"라고 선언하시는 것일까? 확실한 것은, 하나님의 진노는 욥이 아니라 욥의 친구들을 겨냥한다는 점이다. 7절 둘째 소절을 직역하면, "너와 네 두 친구에게 내 분노가 발동되었다"이다. 7절 셋째 소절은 이유접속사 키(כִּי)로 시작된다. "나에 대한 너희들의 말이 내 종 욥처럼 견실하지 않았기 때문이다." 개역개정에서 "옳지 못함이니라"고 번역된 히브리어는 너코나(נְכוֹנָה)인데 이것은 '굳게 세우다', '견실하게 하다', '튼튼히 하다' 등을 의미하는 동사 쿤(כּוּן)의 니팔(수동)분사형 여성단수다. 욥의 신실함 혹은 욥 논리의 견실함에 비해 욥 세 친구들의 하나님 옹호 주장은, 단지 옳지 못한 정도가 아니라 토대가 부실했다. 즉, 견실하지 못했다는 것이다. 안정되게 지탱되기 힘들었다는 말이다. 하나님을 절대자로 높이고 인간의 존엄을 파괴적으로 깎아내린 그들의 언어, 죄와 벌 이진법 신학으로 욥을 악인필망론의 틀로 이해하고자 하나님을 무자비한 절대자 천상군주로 묘사한 그들의 신학 논변은 부실했다는 것이다.

8절은 하나님의 해결책이다. 하나님은 친구들에게 속죄제를 드리라고 권고하신다. 너희는 수소 일곱과 숫양 일곱을 가지고 "내 종 욥에게" 가서 너희를 위하여 속죄용 번제를 드리라는 것이다. 1년에 한번 드리는 대속죄일에 대제사장이나 전체 회중이 자신의 죄를 속죄하기 위해 드리는 제물이 황소 한 마리라는 점을 고려하면, 욥의 세 친구들의 허물이 얼마나 중대한지를 짐작할 수 있다. 욥은 이들의 무자비하고 잔혹한 단죄와 비난의 희생자였다. 이들은 피해자 욥의 용서를 받아야 한다. 8절 둘째 소절에서 하나님은 내 종 욥이 화해 주도권을 진 피해자임을 밝히신다. "내 종 욥이 너희를 위하여 기도할 것인즉 내가 그를 기쁘게 받으리니 너희가 우매한 만큼 너희에게 갚지 아니하리라." "내가 그를 기쁘게 받으리니"라는 문장의 히브리어 구문 직역은 "내가 그의 얼굴을 들어 줄 것이다"이다. 욥의 중보기도 때문에 '너희들'의 우매무지함에 대해 책벌하지 않겠다는 것이다. 8절 셋째 소절은 욥의 친구들이 우매무지한 이유를 말한다. 이 셋째 소절도 키(כִּי) 접속사로 시작된다. 8절 셋째 소절은 7절 마지막 소절을 반복한다. "이는 너희가 나를 가리켜 말한 것이 내 종 욥의 말 같이 옳지 못함이라." 그래서 데만 사람 엘리바스와 수아 사람 빌닷과 나아마 사람 소발이 가서 야웨께서 자기들에게 명령하신 대로 행했다. 결국 야웨께서 욥의 얼굴을 세워 주셨다.^{비교. 창 4:4-5, 7}

하나님이 욥이 옳다고 선언하신 이유는, 응보의 법칙 그 이상의 하나님 통치 원리가 이 세상에 작동하고 있다고 끝까지 주장했기 때문이다.[8] 욥이 관철한 이 논리가 욥의 억울한 고난을 설명하는 힘을 갖고 있다. 우리는 끝내 욥을 의롭다고 선언하는 하나님의 처분을 보고 다음과 같은 결론을 내릴 수 있을 것이다. "그렇다. 욥의 고난은 죄와 상관없는 우발적 고난이다. 욥의 억울하고 부조리한 고난도 하나님의 세상 통치 원리 밖의 비상사태가 아니다. 이 고난은 목적이 있을 뿐이지 원인은 없다." 욥은 고난을 통해서 한층 더 광활하고 심오한 하나님의 세상 통치 원리에 영적인 개안開眼을 경험했다. '귀로 들었던' 하나님을 이제 '눈'으로 보는 단계에 올라갔다.

욥에게 갑절의 복을 주신 야웨 • 10-16절

이 단락은 신명기 역사가의 신학 원리, 곧 의인번성론을 재확증한다. 이런 점에서 욥기 저자는 욥의 항변과 하나님의 응답을 통해 신명기 역사가 신학의 정당성을 전복하고 해체하는 듯하다가 다시 신명기 역사가의 신학 원리로 욥의 재활복구를 정당화한다. 욥의 항변을 무력화하는 2차 해체주의적 전복을 시도한다.[9] 신명기 역사가의 의인번성론을 의심하던 욥은 그 교설에 따라 다시 중보자로 복귀하고 갑절의 물질적 복과 가족 번성, 사회적 위상 회복, 장수의 복을 누린다. 가장 중요한 차이점 중 하나는 딸들도 아버지의 기업을 상속받았다는 점이다. 슬로브핫의 네 딸처럼[민 27:1-7] 욥의 세 딸도 아들들처럼 아버지의 땅을 상속받았다.

욥이 다시 받은 갑절의 복은 그가 치른 맷값이 아니었다. 10절은 야웨가 주어로 나오는 상황절이다. 상황절은 앞에서[9절] 일어난 일들과 동시적으로 발생한 상황을 묘사하는 절이다. 앞의 상황은 욥이 그의 친구들을 위해 기도하는 상황이다. 욥이 친구들을 위해 중보기도 하는 바로 그 상황과 동시적으로, 야웨께서는 욥의 곤경(운세)을 돌이키시고 이전 모든 소유의 갑절을 욥에게 주셨다. 그의 모든 형제와 자매와 이전에 알던 이들이 다 와서 욥의 집에서 그와 함께 음식을 먹고 야웨가 그에게 내리신 모든 재앙에 관하여 그를 위하여 슬퍼하며 위로하고 각각 케쉬타 하나씩과 금 고리 하나씩을 주고 갔다.[11절] [10] 야웨께서 욥의 말년에 욥에게 처음보다 더 복을 주셨는데, 욥은 양 만 사천과 낙타 육천과 소 천 겨리와 암나귀 천을 소유하게 되었다.[12절] 또 아들 일곱과 딸 셋을 두었으며,[13절] 첫째 딸은 여미마라 이름하였고 둘째 딸은 긋시아라 이름하였고 셋째 딸은 게렌합북이라 이름하였다.[14절] 모든 땅에서 욥의 딸들처럼 아리따운 여자가 없었다.[15절] 욥은 딸들에게 그들의 오라비들처럼 기업을 주었다.[15절] 그 후에 욥은 백사십 년을 살며 아들과 손자 사 대를 보았고,[16절] 늙어 나이가 차서 죽었다.[17절]

이런 하나님의 추후 보상(다시 7남 3녀, 재산 갑절 증식, 사회적 위상 회복, 장수)이 욥의 억울함을 어느 정도 해소시켰는지는 불명확하다. 욥의 근본 질문이 명쾌하게 답변되지는 않았으나, 욥은 하나님의 이 처분에서 신원을 맛보았을 것이다. 문학에서는 갈등구조를 깔끔하게 해소하는 등장인물을 '기계로 만들어진 신'God out of machine이라고 말한다. 노드롭 프라이Northrop Frye는 한 이야기를 이끌어 가는 극적이고 중심적인 갈등 상황과 모순을 손쉽게 해치우는 전지전능한 신 같은 등장인물을 '데우스 엑스 마시나'Deus ex machina라고 부른다. 42장의 야웨

무지한 말로 이치를 가리는 자 욥과 하나님의 화해

하나님은 데우스 엑스 마시나 역할을 맡으신다. 처음 7남 3녀를 잃은 슬픔을 위로하기 위해 다시 7남 3녀를 주시고 재산은 갑절로 늘려 주신다. 이로서 욥기의 중심 갈등(하나님과 야웨의 갈등) 플롯은 해소되었다. 욥이 3장부터 37장까지 계속 사람에게 시달리다가 하나님이 직접 나타나시므로 엄청난 위로를 받았을 것이다. 하나님의 욥 대면과 알현 허락 자체가 욥이 찾던 대답이었기에 욥은 신학적으로도 억울함을 해소했다고 볼 수 있다. 하지만 욥이 새로 얻은 7남 3녀를 인하여 욥이 하나님의 일방적 재앙 때문에 잃어버린 7남 3녀의 죽음에 대해 느낀 비통함과 슬픔을 능히 극복할 수 있었을까? 욥이 새로 얻은 자녀들과 더 증대된 재산, 회복된 사회적 위상과 한층 더 견고해진 하나님과의 관계가 욥의 애통을 치유하고 그의 눈물을 닦아 주었을까? 아니었을 것이다. 그래서 욥도 만물을 새롭게 하시는 하나님의 최후 위로와 신원이 이뤄지는 백보좌 앞 심판을 기다려야 할 것이다. 계 21:3-7

내가 들으니 보좌에서 큰 음성이 나서 이르되 보라, 하나님의 장막이 사람들과 함께 있으매 하나님이 그들과 함께 계시리니 그들은 하나님의 백성이 되고 하나님은 친히 그들과 함께 계셔서 모든 눈물을 그 눈에서 닦아 주시니 다시는 사망이 없고 애통하는 것이나 곡하는 것이나 아픈 것이 다시 있지 아니하리니 처음 것들이 다 지나갔음이러라. 보좌에 앉으신 이가 이르시되 보라, 내가 만물을 새롭게 하노라 하시고 또 이르시되 이 말은 신실하고 참되니 기록하라 하시고 또 내게 말씀하시되 이루었도다. 나는 알파와 오메가요 처음과 마지막이라. 내가 생명수 샘물을 목마른 자에게 값없이 주리니 이기는 자는 이것들을 상속으로 받으리라. 나는 그의 하나님이 되고 그는 내 아들이 되리라.

42장에서 마침내 하나님이 욥과 화해하신다. 욥도 또한 하나님과 화해한다. 하나님은 명분을 얻고 욥은 실리를 챙겼다. 하나님이 직접 욥에게 현현하면서 욥을 위로하신다. 하나님의 직접 현현, 이것은 욥의 항변이 수용되었다는 뜻이다. 욥은 시종일관 하나님께 직접 나타나 해명해 달라고 요구했는데, 야웨 하나님이 진짜 나타나신 것이다. 욥의 항변이 거둔 가장 큰 성공은 하나님이 직접 나타나시게 했다는 것이다.[11] 비록 효과음을 동반하긴 했지만, 하나님은 욥의 눈에 나타나셨다. 어쨌든 하나님이 천둥번개의 효과음을 동반하면서, 욥에게 나타나서 나름대로 해명하셨다. 이 해명은 하나님이 명분을 얻으시는 과정이요, 욥은 실리를 챙기는 과정이다. 전반적으로 하나님의 폭풍우 현현과 강론을 통해 욥 항변의 집요성, 논리성, 감정적인 정당성, 마지막으로 폐쇄적 시좌성 등 모든 것이 드러났다. 38-41장의 요점은 욥의 신학적 시좌의 협애성을 드러내는 데 있다. 욥이 속한 제사장 정결 신학교, 신명기 역사가의 인과응보적 이진법 신학의 시좌가 파산되면서 욥은 새로운 신학에 입문했다. 신명기 역사가 신학, 제사장 정결과 거룩 신학에서는 죄 없이 고난당하는 현상은 납득이 불가능한 사태다. 그러나 38-41장에 열어 젖힌 우주적 대광활 신학에서는 이 수수께끼는 해명되었다. 욥은 그동안에는 초법칙적이고 우발적인 대황량 야생우주를 가르치는 하나님의 지혜 신학을 몰랐다. 38-41장에서 욥은 대황량 초법칙적 야생우주 신학에 입문했다.

'대황량 초법칙적 야생우주 신학'의 모토는 이것이다. "이 세계는 인과론적 법칙이 단일한 원리로 지배하는 영역이 아니다. 하나님의 무한한 야생성과 자유가 법칙적 안정화 과업과 동시에 작용하는 곳이다." 이것을 깨달은 후 욥은 더 이상 "나에게 죄가 없는데 왜 내가 고난당하는가"라고 하나님께 항변할 수 없었다. 하나님이 욥을 책망한 이유는, 욥이 하나님의 공의를 신명기 역사가의 신학 틀 안에서만 작동하는 좁은 공의로 이해했기 때문이다. 이것이 욥의 잘못이지 욥의 항변이 잘못은 아니었다. 하나님은 욥을 책망하면서도 욥은 친구들보다 더 옳다고 확증해 주었다. 욥의 시야는 좁았지만 항변 그 자체는 옳았다고 판결하신 것이다. 하나님은 욥에게 "미안하다"라는 말씀을 하시지 않았지만, 결국 욥에게 나타나셨다. 이것이 하나님의 마음의 표시 방법이다. 여기서 독자들은 질문할 수 있다. "하나님이 욥에 대해서 왜 좀 더 동정하는 모습을 보이시지 않는가? 하나님이 고난당한 욥에 대해서 한 마디라도 인도주의적 동정심을 표현하시면 안 될까?" 하나님의 나타나심에 하나님의 모든 말씀이 다 들어 있다. 하나님이 욥의 눈앞에 나타나신 것은 말로 된 위로보다 백퍼센트 더 묵직한 위로였다. 욥은 자신의 눈앞에 나타나신 하나님으로부터 진짜 원하는 위로를 받았다. 욥의 환난고생을 보고 눈물을 흘려주는 것보다 훨씬 더 의미 깊은 위로였다. 욥 친구들의 신학이 근본적으로 잘못되었기에 하나님께서 그들을 비판하신 것이 아니다. 그런 파편적이고 불완전한 신학으로 욥을 해부하고 그를 강제로 회개시키려고 했던 태도가 잘못되었다고 비판하셨다. 죄와 벌의 인과관계를 이진법으로 연산하는 신명기 신학이 항상 오류는 아니며 반드시 잘못된 신학도 아니다. 이 세상의 모든 고난은 욥기로만 설명할 수 있는 것도 아니다. 많은 사람들의 고난은 신명기 역사가 신학으로도 설명할 수 있다. 하지만 욥기의 고난 이해가 필요할 때가 있다. 다만 욥기를 가지고 신명기 역사가 신학을 대체할 수 있다거나 모든 고난에 대한 유일한 해석인 것처럼 접근하면, 그것 또한 욥의 세 친구와 같은 경직성의 오류를 범하는 셈이 될 것이다.

전체 결론

: 다시 생각해 보는 용기의 위치

욥기의 주제는 억울하고 부조리한 고통의 해소를 향한 항변과 강청이다. 하지만 욥기 자체의 주제는 단지 인간 고통의 원인과 목적 등에 관한 것이 아니다. 그것은 하나님의 인간 통치의 정당성에 관한 것이다. 인간은 하나님이 마련하신 집(세상)에 초청받아 살도록 부름받았으며, 하나님의 집을 잘 관리하고 보존해 하나님과 더불어 살 날을 예기豫期하는 존재다. 물질, 육체, 땅은 언젠가 하나님이 충만히 임재하고 현존하고 인간을 비롯한 모든 피조물들과 함께 거할 신적인 거소이다. 욥기 전체의 결론을 말하자면, 하나님은 창조주로서 인간이 다툴 수 없는 절대적인 의미의 자유와 주권적인 계획, 그리고 통치권과 통치 원리를 가지고 계신다는 것이다. 하나님은 절대적으로 자유로운 하나님이시다. 그런데 하나님은 당신의 거룩한 성품, 공평과 정의, 자비와 긍휼, 인애와 진실을 배반한 채 마음대로 뭐든지 하려거나 할 수 있는 절대자가 아니다. 하나님은 하나님의 성품을 거스르고 부정하면서까지 절대적으로 자유롭고 임의적인 절대군주가 될 수 없다. 하나님은 당신의 거룩한 성품대로 행하실 수밖에 없는 일편단심의 하나님, 영원히 자기동일적인 하나님이시다. 하나님은 하나님에게 매여 있다. 바로 이 사실 때문에 우리 인간은 하나님을 자기제한적 입헌군주에 가깝다고 본다. 우리는 하나님이 하나님의 성품에 매여 있다는 사실 때문에 영원한 우주적 안정감과 안도감을 누린다.

그래서 욥기는 죄와 벌의 이항대립을 넘는 하나님의 세계 통치의 정당성과 오작동 가능성을 동시에 천착하며, 부주제로 불의한 세계에 대한 인간의 항거권, 항변권리를 옹호한다. 한편으로 욥기는 죄는 반드시 고난을 자초한다는 보수적 신학을 극복하는 책이다. 하지만 이 극복은 부정이 아니다. 보완적으로 극복한다. 죄와 벌의 이항대립적 구조와 죄는 벌을 자초한다는 논리가 전적으로 틀린 교설은 아니다. 다만 모든 세계의 고난과 징벌적인 상황을 다 설명하지 못하는 것일 뿐이다. 창세기 3:17 "땅은 너로 인하여 저주를 받아"는 죄와 벌을 인과관계로 상응시키는 근거본문이다. 죄 짓고 벌받는 현상이 모세오경과 신명기 역사서 그리고 예언서 등에 일관되게 나타나며, 특히 사사기에서 아주 빈번히 나온다. 이스라엘 역사는 죄와 벌의 역사라고 해도 과언이 아니다. 죄와 벌의 논리는 신약에도 나온다. 그래서 죄와 벌의 이항대립적 구도가 이스라엘 역사의 대부분 통했지만 바벨론 포로기에 태어난 바벨론 포로 2-3세대에게는 통하지 않았다.

이처럼 바벨론 포로기 1세대는 자신들의 죄 때문에 유배당해 이역만리로 끌려갔다. 그러나 바벨론에서 태어난 2세대, 3세대는 자기 죄 때문에 온 것이 아니었다. 뭔가 다른 뜻이 있어서 자신들이 고난받는다는 사상이 싹트기 시작한 것이다. 이런 상황에서 이사야 53장이 나왔다. 이사야 53장은 바벨론 첫 세대에게서는 나올 수 없다. 죄 때문에 이방제국의 포로로 잡혀와 매를 맞는데, 어떻게 우리가 우리 죄와 상관없이 벌을 받는다고 말할 수 있었겠는가? 그러나 바벨론 2세대 일부는 실제로 자기 죄로 말미암지 않은 고난을 당했다. 욥기는 죄와 벌의 이항대립적 논리가 더 이상 작동하지 않는 상황, 곧 신비한 고난이 닥치는 상황에서 유래한 문서였다. 또는 그 상황을 설명하기 위해 나온 문서라고 할 수 있다. 이사야 53장이 나오는 신학적 환경과 욥기가 등장하는 신학적 환경이 그렇게 다르지 않았을 것이다. 욥기 같은 문서가 유통되려면 그 정신적 환경 자체가 이사야 53장 분위기일 수밖에 없다. 바벨론 포로 2세대부터 싹트기 시작한 대속사상과 욥기가 모종의 연관이 있을 수 있다. 적어도 죄와 벌의 이항대립적 구도가 작동하지 않는 신비적 고난의 시기와 욥기의 유통, 저작이 서로 연관되어 있다는 것이다.

심지어 인과응보적 죄와 벌의 이진법 신학체계라고 알려진 신명기 역사가 신학의 원천이라고 인정되는 신명기 안에도 자기 비판이 있다. 죄와 벌의 비례적인 관계에 따라 처분되는 인과응보 심판을 정당화하는 신명기 28장의 신명기 역사가 신학을 상대화시키는 구절이 있다. "여호와께서 또 진노와 격분과 크게 통한하심으로 그들을 이 땅에서 뽑아내사 다른 나라에 내던지심이 오늘과 같다 하리라. 감추어진 일은 우리 하나님 여호와께 속하였거니와 나타난 일은 영원히 우리와 우리 자손에게 속하였나니 이는 우리에게 이 율법의 모든 말씀을 행하게 하심이니라."^{신 29:28-29} 바벨론 유배상황을 가리키는 28절의 "오늘과 같다"라는 어구와 29절은 바벨론 포로민들의 목소리를 대변하고 있다. 특히 29절은 바로 바벨론 포로살이와 이산과 유랑의 환난이 하나님의 은밀한 일들을 촉진하는 데 동원되고 있다는 인상을 준다. 바로 이 지점이 이사야 53장 같은 신학과 욥기의 배아적 사고가 싹트는 곳일 것이다. 이런 점에서 신명기 역사가의 신학이 반드시 인과응보의 신학이라고만 말할 수는 없다. 거기에는 인과응보를 초월하는 은총의 영속성을 주장하는 신학도 있기 때문이다.

나사렛 예수의 부조리한 고난과 대속을 내다보는 욥의 고난

'욥의 고난'은 전통적인 교리로 볼 때는 하나님의 부조리요, 전통적인 신명기 역사가의 신학틀에 비추어 볼 때는 외견상으로는 하나님 편에서의 정의와 공의 원칙의 잠정적인 왜곡임에 틀림이 없다. 욥의 고난에서는 단선적인 차원에서 무조건 하나님이 공의롭다고 무미건조하게 되뇌이면 안 된다. 전통적인 교리로 볼 때 분명히 하나님이 잘못하고 계시고 실수하신 것이며, 자신의 공의와 정의로부터 이탈하고 계신 것이다. 곧, 부조리한 하나님으로 스스로 오해받는 상황에 당신을 노출하고 계시다는 점이 일단 수긍되어야 한다. 하나님은 부조리와 불합리를 허용하신다. 잠정적인 수준에서 그리고 더 깊고 신비로운 하나님의 공의, 자비, 구원계획을 보여주기 위한 압도적인 은혜가 임박했을 경우에 한해서만 하나님은 잠깐 불합리와 부조리를 허용하신다. 하나님께서는 하나님의 아들 예수를 피조물의 죄악되고 무차별적인 일방적인 음모와 공격의 희생물이 되게 하셨다. 이보다 더 놀랄 만한 부조리가 어디 있는가? 이보다 더 큰 불합리한 일이 어디 있는가? 이 엄청난 부조리와 불합리를 허용하는 유일한 이유는 무엇인가? '부활'이라는 훨씬 더 압도적인 공의와 은혜를 극적으로 선포하시기 위해서다.

하나님의 정의와 공의의 잠정적인 왜곡은 3일만 허용되었듯이, 이 지상에서 빚어지는 모든 억압적 부조리와 혐오스러운 불합리는 3일만에 하나님의 엄청난 은혜와 더 차원 높은 공의를 선포하는 현장이 된다. 하나님은 잠정적인 수준에서는 부조리한 하나님이시기도 하며, 잠정적으로는 불합리한 하나님이시기까지 하다는 것을 인정해야 한다. 하나님의 아들의 죽으심이라는 전무후무한 부조리 사건을 허용하시기 위한 원대한 계획 속에서 하나님은 욥의 부조리한 고난도 허용하셨다. 세계 안에 일어난 모든 부조리하고 불합리한 사건들은 하나님의 아들의 죽으심이라는 최악의 부조리한 사건에 준해서 해석될 때 그 의미가 규명될 수 있다. 하나님께서는 아담의 범죄 이후로 인류 역사가 이성대로, 율법적 공의대로, 상식대로 흘러가도록 내버려두지 않았다. 오히려 정반대로 벌거벗은 이성으로 볼 때 실족할 수밖에 없을 정도의 반이성적이고 반율법적인 일들이 많이, 그리고 자주 발생하도록 방치하셨다. 그것은 역사 속에 흐르는 지배적인 흐름이 이성이 아니라 반이성이며, 율법적인 공정성이 아니라 율법으로부터의 아득한 이탈이며, 양심이 아니라 양심에 대항하는 반역적 흐름이 더 지배적인 흐름임을 인간 스스로 깨닫도록 허용하시는 것이다. 즉, 역사 내로부터, 인간 내부로부터의 어떤 구원의 역사도 발생할 수 없음을 철저히 자각토록 하시기 위함이었다. 구원은 역사 바깥과 인간 바깥으로부터, 곧 초월적인 영역, 하나님으로부터 시작되어야 함을 믿게 하고 인식시키려고 역사하시는 것이다. 역사의 무한한 진보나 인간 이성의 산물인 과학과 문명의 발전이나 사회정치적 유토피아 프로그램으로부터는 어떤 구원도 기대할 수 없다는 것을 철저히 자각시키기 위해, 역사 안에서의 참담하고 당황스럽고 야수적이고 부조리한 사건들을 허용하시는 것이다. 욥의 경험은 이러한 하나님의 원대한 구원계획의 계시에 부분적으로 연루된 것이다. 욥의 '단편적인 부조리 체험'은 하나님의 아들 예수의 십자가 죽음이라는 '총체적인 부조리 체험'을 이해시키기 위한 서곡이며, 예수의 '부조리 체험'에의 부분적 참여인 것이다. 모든 부조리, 모든 불합리의 원형은 창조주가 피조물에게 반역당하고, 거절당하고, 마침내 죽임당하는 사건이다. 모든 부조리의 원형은 신적인 사랑,^{Agape} 곧 정복되지 않는 선 의지^{Unconquered good will}로 다가오시는 아버지 하나님을, 가장 철저한 잔인과 포악으로 무장한 패륜적 아들이 살해한 사건이다. 가장 부조리한 사건은 자기 목숨을 바쳐서 자기 백성을 사랑하고 보호하고 길러온 왕을 그 백성들이 배반하고 죽여 버린 모반사건이다. 나사렛 예수의 십자가 처형과 매장 사건은 이 우주 안에서 벌어질 수 있는 한 가장 불합리하고 부조리한 사건이다. 인간이 그토록 기대하고 신뢰하는 바 인간의 이성을 가장 심각하게 비틀고 유린한 사건이 바로 나사렛 예수의 십자가 처형과 고난 사건이다. 욥이 개인적으로 당

전체 결론: 다시 생각해 보는 욥기의 위치

한 부조리한 고난은 갈릴리 예수가 겪은 우주적으로 부조리한 고난의 한 단편적 측면일 뿐이다.[1]

욥기는 욥 자신의 개인적인 체험이지만, 동시에 이스라엘 민족의 신앙적 위기와 그 위기를 통한 하나님의 새로운 발견이라는 신앙의 승리를 기록한 민족적인 신앙 성장의 자서전이기도 하다. 고난의 광풍에서 토해내는 욥의 대사는 바벨론 포로생활 가운데 겪었던 이스라엘의 영적인 혼돈, 신앙의 위기와 그 가운데서의 신앙 성장을 정밀하게 표현해 주고 있다.

구약 전체에서 욥기가 차지하는 위치는 참으로 중요하다. 욥기는 유아기 이스라엘이 성년 이스라엘로 성장하는 가운데서 새롭게 발견한 하나님에 대한 신앙고백을 담고 있는데, 이것은 신약에 나오는 나사렛 예수의 '부조리' 사건, '십자가 구원 사건'을 이해하는 데 결정적인 실마리가 된다.

(1) 이스라엘의 하나님 이해는 유아기로부터 성숙기로 이동하는 유기체적인 성장을 거친다. 하나님의 계시는 역사적, 연령적(신앙 연령) 단계에 맞게 주어진다. 신앙의 유년주일학교 단계에 해당되는 광야 시절에는 하나님의 절대적인 보호와 먹이심, 인도하심이 두드러진다. 전반적으로 하나님의 주도권이 부각된다. 그러나 이스라엘이 성장할수록 하나님이 요구하는 의와 순종, 도덕의 수준도 높아진다. '광야 시절-왕국시대'까지는 전체적으로 이스라엘이 유년주일학교 수준의 신앙에 머물고 있다. 세계일반(만민)에 대한 책임적 인식도 희박하고, 하나님 이해도 율법주의적이고 단선적이다. 하나님도 주로 세계만민의 하나님이 아니라 선민, 택한 백성 이스라엘만의 하나님이라는 독선적, 배타적 의식이 복선처럼 깔려 있다. 그중에서 유년주일학교 시절의 이스라엘 신앙의 가장 현저한 특징 중의 하나는, 하나님이 율법을 잘 지키면 구원을 베푸시고 율법을 못 지키면 징벌을

가하신다는 역사관이었다. 이런 역사관이 가장 잘 피력된 곳이 신명기[28-29장]이기 때문에 학자들은 이것을 신명기적 역사관이라고 부른다. 그리고 여호수아-열왕기하까지를 신명기적 관점(율법적 인과응보사상)에 의해 쓰였기 때문에 '신명기적 역사서'라고 부른다. 이 '신명기적 역사서'는 신앙의 유년기 이스라엘에게 적합하고 필요한 하나님의 자기 계시였다.

(2) 그런데 이스라엘(북이스라엘, 남유다)이 주변 열강들인 앗수르와 바벨론에 의해 각각 멸망하고 포로생활이 시작되었다. 포로생활 초기에는 이스라엘의 멸망을 하나님의 율법을 지키지 못했기 때문에 받는 신명기적, 율법주의적 심판이라고 생각했다. 포로생활 중 회개하기만 하면 조기에 회복이 있을 것이라는 다소 낙관주의적 예언이 있었던 것도 사실이다. 그러나 포로생활은 2-3년 내에 끝나지 않았고 70여 년간이나 지속되었다. 많은 예언자들(예레미야, 이사야, 에스겔)은 이스라엘의 장기간 포로생활에 율법적 위반에 대한 하나님의 법적 심판 이외에 플러스 알파(+α)에 상응하는 적극적 뜻이 있음을 암시적으로 예언하기 시작했다. 특히 이사야 40-66장은 이스라엘의 오랜 포로생활이 율법 위반에 대한 하나님의 징벌 이상의 뜻이 있음을 여러 차례 언급하는데, 그중 이사야 53장 '고난받는 종의 노래'는 이스라엘의 고난이 세계만민을 위한 대속적, 대리적, 제사장적 고난이 될 수 있음을 예언했다. 욥기의 신학적 주장도 이사야 53장의 '의로운 종의 모호한 고난'이 세계구원을 위해 부조리하지만 불가피한 절차일 수 있음을 드러내고 있다.

욥기는 포로기나 그 이후 있었던 논쟁, 곧 이스라엘의 장기간 포로생활의 의미가 무엇인지에 대한 인습적인 신명기 신학과 새로운 신학 간에 있었던 논쟁 상황을 반영하고 있다. 욥기는 분명히 이스라엘의 고난에는 죄에 대한 심판 이상의 적극적 구원 경륜이 있음을 주장한 것이다. 욥기는 세계만민에 대한 선민 이스라엘의 책임적 관계가 무엇인지에 관한 깊은 고민에 대한 신학적 응답이며, 이사야 40-66장, 요나서 등과 함께 나사렛 예수의 '부조리 체험'과 '새 이스라엘 교회'의 탄생을 이해하는 데 결정적인 중요성을 제공해 준다.

(3) 욥기, 이사야 53장, 요나서 등에 나타난 '이스라엘의 고난' 의미에 대한 논의는 이스라엘의 묵시문학적 역사관에 의해 대체된다. 이스라엘의 부조리한 고난이 세계 구원을 위한 대리적, 대속적 고난일 수 있다는 '고난의 종' 역사관은 다니엘, 스가랴 등과 같은 묵시문학적 역사관에 의해 대체된다. 묵시문학적 하나님 이해는 '이스라엘'의 '고난의 종' 역사관이 나올 시절보다 더 참담하고 혹독한 고난의 때에 시작된 하나님 이해이며, 그에 따른 종말론적 역사 이해. 주전 2세기에 선민 이스라엘이 시리아의 안티오쿠스 에피파네스 4세에게 엄청난 대박해와 일방적인 살육을 당할 때 발생한 역사관이다. 이 세계는 개선의 여지가 없을 만큼 악마의 손에 완전히 점령되었기 때문에 오직 초월적인 하나님의 도래와 종말론적 심판에 의해서만 새 세계, 새 하나님 나라가 열린다는 주장이다. 이러한 묵시문학적 역사 이해는 '고난의 종' 역사관과 하나님 이해로 해명되지 않는 전혀 낯설고 새로운 상황을 타개하기 위한 계시였다. 이 종말론적, 묵시문학적 하나님 이해는 신약의 세례 요한과 나사렛 예수의 공생애 서두 메시지 "때가 찼고 하나님 나라가 가까웠으니 회개하고 복음을 믿으라"막 1:15를 이해하는 데 배경이 된다.

결국 구약에서는 '신명기적 역사관' → '고난의 종 역사관' → '묵시문학적 역사관'의 순서로 하나님 계시와 그 이해가 유기적으로 성장해가고 있음이 드러난다. 이 세 가지 하나님 이해는 예수님의 하나님 이해 안에서 발전적으로 융합되어 있다.

우주적인 안도감을 안겨주는 결론

이상에서 살펴본 것처럼, 욥기는 '하나님의 공의'라는 단선적 범주로는 해명되지 않는 '욥의 고난'을 통해, 임박한 하나님의 더 깊고 풍성한 '하나님의 공의와 자비'의 계시가 준비되고 있음을 주장한다. '더 깊고 풍성한 하나님의 공의와 자비'의 계시는 예수님의 십자가의 대속적 죽음을 통한 인류 구원 계획이다. 우리가 예수님의 보혈을 믿고 우리의 모든 죄로부터 구원받는 그 사실을 너무나 쉽게 당연시할지 모르지만 사실 그것만큼 부조리한 은혜, 불합리한 은혜가 어디 있겠는가? 이 우주적 부조리극에서 인류 구원의 복음이 탄생되었다는 사실이 믿기지 않을 정도로 나사렛 예수의 십자가 죽음을 통한 구원은 낯설고 기이하다. 이 세상에서 일어나는 부조리도 예수 안에서 인간을 향해 베풀어 주신 하나님의 은혜로운 부조리, 자비로운 불합리도 있다는 사실에 의해 균형이 잡혀야 한다. 인간을 향한 하나님의 사랑 아가페는 이성이나 이유, 조건에 근거하지 않는다. 이성, 이유, 조건을 초월하는 초이성적, 초합리적, 초율법적인 부조리 사건이다. 사랑은 심판을 뛰어 넘는다. 욥의 고난 속에 나타난 이 가공할 만한 부조리는 예수의 십자가의 대속적 고난과 그 속에 나타난 하나님의 부조리한 은혜 안에서 상쇄된다.[2]

주 · 참고문헌

주

서론

1. 요람 하조니는, 구약성경의 가장 큰 특징 중 하나는 질문함의 전통, 즉 하나님
    과의 논쟁과 토론을 칭찬하고 격려하는 것이라고 본다. 구약의 하나님은 "나에
    게 말대꾸하지 말라"고 엄명하신 분이 아니라, 불의와 부조리를 보고 울부짖기
    를, 논쟁을 걸어오기를 기대하신다는 것이다(요람 하조니, 『구약성서로 철학하기』,
    김구원 옮김 [서울: 홍성사, 2016], 88-90).
2. 일반적으로 한국교회에서는 구약성경을 모세오경과 예언서, 시가서, 역사서
    네 장르로 분류한다. 이것은 엄밀하게 말하면 정확한 분류가 아니다. 유대인
    랍비들의 오래된 구약성경 각 책 장르 분류 전통에 따라 구약학자들은 역사서
    라는 장르 대신 여호수아, 사사기, 사무엘상하, 열왕기상하 여섯 권을 예언서
    에 포함시켜 전기 예언서(the former prophets)라고 부른다. 이 여섯 권은 예언
    자적 관점으로 쓰여진 이스라엘 민족의 가나안 정착역사 통사이기 때문이다.
    이에 반해 대예언서에 포함되어 있는 다니엘서는 성문서로 분류된다. 따라서
    대예언서 세 권(이사야, 예레미야, 에스겔)과 소예언서 열두 권(호세아부터 말라기
    까지) 총 열다섯 권은 후기 예언서(the latter prophets)라고 불리며, 전기 예언서
    (여호수아-열왕기하)와 후기 예언서(이사야-말라기)를 모두 합하면 예언서는 총
    스물한 권이 된다.
3. 하경택, "욥기 연구사-2000년대 이후를 중심으로," 「구약논단」 58 (2012년 12
    월), 264-301. 하경택은 '질문과 응답의 구조' 안에서 욥기의 대지를 파악할 수

있음을 보여주었다.

4. 존 L. 벌퀴스트, 『페르시아 시대의 구약성서』, 우택주 옮김 (대전: 하기서원, 2019), 14장, 특히 358-371.

5. 욥기를 바벨론 유배의 원인에 대한 포로기의 신학적 논쟁의 맥락에서 해석하려는 학자가 니콜라스 톰 라이트(N. T. Wright)이다. 그는 이사야 40-55장의 '야웨의 종', 특히 53장의 고난받는 종에서 다니엘 7, 10-12장 등에서 박해당하면서 끝까지 의로움을 지키는 '야웨의 백성'을 볼 수 있다고 한다. 라이트는 욥기를 바벨론 유배를 죄책추궁의 관점에서 해석하는 주류 신학(신명기 역사가의 신학)에 대한 비판적 응답이라고 본다(N. T. 라이트, 『악의 문제와 하나님의 정의』, 노종문 옮김 [서울: IVP, 2008], 70-84).

6. 물론 욥기 등 지혜문서들을 사울 시대의 범-신성화된 현실 해석을 대체하는 다윗-솔로몬 시대의 세속주의 시대, 곧 이스라엘판 계몽주의 시대에 나온 작품이라고 보는 견해(Gerhard von Rad, *Wisdom in Israel*, trans. James D. Martin [London: SCM, 1972], 58-62)나 고대 수메르의 저항문학이나 바벨론 신정론의 빛 아래서 욥기를 이해하려는 시도도 가능하다: S. N. 크레이머(Kramer), "사람과 그의 신: '욥' 모티브의 수메르 버전," 제임스 B. 프리처드, 『고대 근동 문학 선집』, 강승일 외 공역 (서울: 기독교문서선교회, 2016), 660-666; 로버트 D. 빅스(Biggs), "바벨론 신정론," 프리처드, 『고대 근동 문학 선집』, 695-706. 이 두 입장을 취한다고 하더라도 욥기를 구약정경에 포함시킨 사람들은 바벨론 포로기 이후의 사람들이었으므로 욥기를 바벨론 포로기 이후에 벌어진 신학적 백가쟁명 시대의 맥락 안에서 해석해도 큰 어려움은 없다.

1장. 천상어전회의 논쟁의 희생자 욥

1. 하늘의 궁전과 참소하는 자로서 사탄의 역할이 나오는데, 욥기의 사탄은 악마는 아니다. 욥기의 사탄은 요한계시록의 사탄과는 다르다(Tremper Longman Ⅲ, *Job* [Grand Rapids, MI.: Baker Academic, 2012], 91).

2. 초대교회 교부들의 욥기 주석을 상속한 교황 그레고리 대제의 욥기 주석은 일관되게 욥기 1장의 사탄을 신약성경의 사탄과 동일시하여 해석한다(Gregory the Great, *Moral Reflections on the Book of Job: vol.1, Preface and Books 1-5*, trans. Brian Kerns [Collegeville, MN.: Liturgical Press, 2014], 77-90; Gregory the Great, *Morals on the Book of Job* [Oxford: John Henry Parker, 1844-1850]). "교만함으로 인해, 오래 전에 정죄되어 천사의 반열에서 추방된 사탄이 택함 받은 천사들 가운데 함께 있는지 질문하는 것은 매우 필수적인 일이다.……비록 그는 복된 지위를 상실했을지라도, 천사의 본성 자체를 빼앗긴 것은 아니기 때문이다. 야웨의 눈은

세상 모든 피조물 각각을 감찰한다. 악한 자들과 선한 자들 모두 하나님의 감찰 대상이다(잠 15:3)"(vol. 1 Book 2, para. 4).

3. 구약성경 내러티브 안에 생략기법이 사용된다. 어떤 내러티브는 그 전에 있었던 상황이었지만 이야기 전개과정에서 생략된 것을 줄거리 일부를 전제하고 읽어야 한다는 것이다(창 4장 가인의 아벨 살해 이야기). 이런 생략기법을 염두에 두고 욥기 1장을 읽으면 야웨가 충동적으로 분노하시는 하나님이 아님을 알게 된다. 하나님이 욥이라는 말을 먼저 꺼내신 것을 볼 때 사탄의 선제적 도발이 있었고, 그 도발로 인해 하나님의 응전이 있었던 것으로 추정된다.

4. 클린스도 욥에게 닥친 고난의 원인은, 하나님의 욥 평가가 정당함을 사탄에게 입증하려는 하나님의 의도라고 본다. "고난의 목적은 욥의 경건함에 대한 하나님의 평가를 증명하고, 그럼으로써 사심 없는 경건을 원하시는 하나님의 요구를 정당화하는 것이다"(데이빗 J. A. 클린스, 『욥기 1-20』, 한영성 옮김 [서울: 솔로몬, 2011], 204).

5. 이군호는 15절에서 '스바 사람들'에 대해서 언급한 것도 욥기 저작 연대를 주전 6세기 이후로 추정하는 실마리가 된다고 본다. 스바 사람들은 주전 532년 이후에 정체적 실체가 확립되었기 때문이라는 것이다(이군호, 『성서주석 욥기』 [서울: 대한기독교서회, 1998], 41).

6. 주전 18-16세기 족장시대에는 '낙타'가 가축 재산으로 상용화되지 않았기에 이 낙타에 대한 언급은 고대 이야기의 무대설정에 현대적 소품이 사용된 경우라고 보는 학자들도 다수 있다. 학자들에 따르면, 낙타 자체가 주전 14세기 이전의 고대근동 문서들에는 나타나지 않는다. 주전 13세기 이후의 상황을 다루는 사사기 6장에 낙타기동부대를 동원해 므낫세 곡창지대를 약탈하는 미디안 족속에 대한 언급이 있다.

7. '갈대아인'이라고 번역된 히브리어 카스딤(כשׂדים)은 주전 6세기 유프라테스강 상중류에 바벨론 제국을 세웠던 셈족을 지칭한다. 이 단어는 에스겔서와 다니엘서, 그리고 이사야 40-66장 등에 가장 빈번히 나타난다.

8. 이군호는 '갈대아인들'에 대한 언급은 욥기 서론 저작 연대를 주전 9-6세기로 추정하는 데 도움이 되는 실마리라고 본다(이군호, 위의 책, 101). 하경택 또한 '갈대아인들'에 대한 언급이 욥기의 포로기 이후(페르시아 시대) 저작설을 뒷받침하는 실마리라고 본다(『질문과 응답으로서 욥기 연구』 [서울: 한국성서학연구소, 2016], 62).

9. J. 제럴드 젠슨, 『욥기』, 한진희 옮김 (서울: 한국장로교출판사, 1997), 74.

10. 김회권, 『하나님 나라 신학으로 읽는 이사야 40-66장』 (서울: 복 있는 사람, 2020), 428-229.

11. 이후에 보설에서 자세히 다루겠지만 (보설 3. "구약신학의 전체 맥락에서 본 욥과 세

친구의 논쟁"), 주전 538년부터 바벨론 포로들이 귀환하자, 바벨론 귀환포로들을 하나님의 심판으로 징벌을 받은 자들이라고 보는 관점(사탄)과 하나님 나라와 그 의를 위하여 고난과 정화의 불꽃으로 정련을 받은 자들이라고 보는 관점(하나님)이 대립하고 있었다.

보설1. 왜 하나님은 사탄의 도발적 자극에 그토록 민감하게 반응하시는 것처럼 보일까?

1. 마르시온(Marcion)은 진노하기 잘하는 구약의 야웨 하나님과 사랑의 화신인 신약의 하나님은 전혀 다르다는 것을 부당하게 강조함으로써 구약성경 전체를 폐기하려고 했다. 심지어 그는 누가복음서와 바울 서신 몇 편을 제외하고 나머지 신약성경도 거부했다. 그래서 구약과 신약을 구분하되 특히 구약을 폐기하려는 입장을 마르시오니즘(Marcionism)이라고 부른다.
2. Abraham J. Heschel, *The Prophets* (New York: HarperCollins, 1962), 24-26; 혹은 아브라함 J. 헤셸, 『예언자들』, 이현주 옮김 (서울: 삼인, 2004), 370-371.
3. Jürgen Moltmann, *The Crucified God* (Minneapolis, MN.: Fortress Press, 1993), 1-6, 150-151. (『십자가에 달리신 하나님』 대한기독교서회)

주

2장. 그는 질고疾苦를 아는 자라

1. 부정적인 의미로 사용되는 '저주하다'를 의미하는 히브리어 동사는 킬렐(קִלֵּל, 레 20:9)이나 아라르(אָרַר, 신 27:16)이다.
2. 이 현대적 저항적 무신론의 계보의 윗자리에 프랑스 계몽주의 철학자 볼테르(『캉디드』)가 있고, 러시아 작가 도스토예프스키는 볼테르의 저항적 무신론을 동정하는 듯하면서도 비판한다. 그는 『카라마조프가의 형제들』에 나오는 주인공 중 한 명인 이반 카라마조프의 입을 통해 저항적 무신론을 소개한다. 이반은 이 소설에서 억울하게 죽은 유아들과 범죄자들에게 살해당한 어린 아들들의 끝없는 희생을 보고도 어떤 정의와 사랑도 베풀지 못하는 신의 무능에 좌절한 나머지 자신은 결코 '정의로운 하나님'의 존재를 믿을 수 없다고 항변한다('대심문관'). 이 항변의 논리가 너무 절절해 또 다른 주인공인 이반의 동생 알료샤 카라마조프의 변신론(辯神論=하나님을 변호하는 논리)이 더 허약해 보일 정도다. 그러나 도스토예프스키는 이 소설과 여러 다른 소설들을 통해 '악인은 처벌받고 의인이 선한 보상을 받는다'는 어설픈 종교적 공리주의의 약점을 잘 드러내면서도 무고한 고통 중에도 신앙을 포기해서는 안 된다고 말한다. 많은 도스토예프스키 연구가들이 인정하듯이, 도스토예프스키의 문학은 억울하고 무고

한 고통이 하나님에 대한 신앙을 포기하는 이유가 된다는 이반의 무신론적 주장에 대한 공식적인 답변이다(Vanessa Rampton, "Dostoevskii and the Book of Job: the Struggle to Find Faith," *Studies in Religion* 39/2[2010]: 216-217).

3. William L. Holladay, *Long Ago God Spoke: How Christians may hear the Old Testament today* (Minneapolis, IN.: Augsburg Publishing House, 1997), 23-25. 윌리엄 할러데이는 샐리 맥페이그의 은유론을 받아들여, 하나님 담론이 은유적일 수밖에 없음을 강조한다(Sallie MacFague, *Metaphorical Theology. Models of God in Religious Language* [Philadelphia: Fortress Press, 1982]). 어떤 언어체계도 하나님에 대해 말하기에는 충분하지 않다는 이유 때문에, "'하나님은 사랑이시다' 혹은 어떤 하나님에 대한 담론은 은유적일 수밖에 없다"라고 말한다(23).

4. 월터 브루그만(Walter Brueggemann)을 비롯하여 문학적 성서읽기에 단련된 학자들은 성서본문에서 하나님을 묘사할 때 신문기사식 사실 묘사가 아니라 인간의 상상력에 호소하는 문학적인 묘사를 한다고 주장한다. 하나님을 묘사할 때 동원된 문학적 비유나 상상력의 언어가 본문 밖에 실재하는 하나님을 곧바로 모사(模寫)하거나 표현하는 것이 아니라고 본다. "우리와 같은 현대 독자들로 하여금 구약성경 안에 있는, 하나님에 대해 확정된 주장들과 그것들과 겨루는 경쟁적 주장들 안으로 들어가도록 허용하는 은유를 창조하는 것은 상상력 넘치는 언어의 위력이다"(Walter Brueggemann et al., *A Theological Introduction to the Old Testament* [Nashville, TN.: Abingdon Press, 1999], 22).

보설 2. 욥기 1장을 이해하려면 욥기 –1장을 전제해야 한다

1. 욥기 1장은 이미 1장 상황 전에 전개된 이야기의 중간 부분이라는 점을 강조하기 위해 우리는 욥기 마이너스 1장(-1장)이라는 개념을 잠시 사용해 보고자 한다.

3장. 고통스러운 삶도 살 만한 가치가 있는가?

1. 스바 사람은 남아라비아 지역에 거주하는 유목민족(사 45:14; 겔 23:42)이거나 욥 6:19이 암시하듯이 데마 근처의 거주자들을 가리킨다. 스바와 데마는 주전 8세기 이후 앗수르 비문에서는 병렬적으로 나타날 때가 더러 있다(C. L. Seow, *Job 1-21: Interpretation & Commentary* [Grand Rapids, MI.: Eerdmans, 2013], 40).

2. 욥의 고난의 원인을 하나님의 무의식, 곧 하나님의 대극적 성품으로 설명하는 융은 정의와 사랑이 넘치는 하나님의 모습 뒤에는 크게 진노하며 폭력적인 하나님의 모습이 공존한다고 주장한다. 하나님 안에는 사랑의 요소와 폭력의 요

소가 모두 있다는 것이다. 융 사상의 독창성은 그가 하나님의 진노가 자기 성찰을 가져와 마침내 당신의 대극적 속성을 통일시키고, 인간과 화해시킬 중재자인 하나의 신-인간(Gottmensch), 곧 그리스도의 탄생을 가져온다고 주장하기 때문이다. 그에 따르면, 하나님의 진노는 신인간의 탄생과 피조세계의 구원에 필수적인 요소인 것이다(칼 구스타프 융, 『인간의 상과 신의 상』, 한오수 옮김 [서울: 솔, 2008], 297-448).

3. 개역개정은 낮과 밤의 대구를 말하는 구약성경 많은 경우에 '욤'을 "날"로 번역하는데, 그것은 어색한 번역이다(시 19:1-2도 '날과 밤'이 아니라, '낮과 밤'이다).

4. 개역개정은 8절의 첫 동사 이쿼부후(יִקְּבֻהוּ)에서 후(הוּ=3인칭 남성단수 목적접미어)가 낮을 가리키는데도 밤을 가리키는 것으로 생각하여 오역하고 있다. 8절을 직역하면, "낮을 저주하는 자들, 리워야단을 격동하는 전문가들이 그것(욤)을 저주할지어다" 정도이다.

5. Leo G. Perdue, "Job's Assault on Creation," *Hebrew Annual Review* 10 (1986): 307-308.

6. 저자와 달리, 욥이 낮과 밤 중에 밤을 예찬하는 것으로 해석하는 의견을 보려면 다음을 보라. Funlola Olojede, "'…What of the night?' Theology of Night in the Book of Job and the Psalter," *Old Testament Essays* 28/3(2015): 724-737.

7. Tobias Häner, "Job's Dark View of Creation: On the Ironic Allusions to Genesis 1:1-2:4a in Job 3 and their Echo in Job 38-39," *Old Testament Essays* 33/2 (2020): 266-284.

8. 3:3-10에서 "어둠"은 세 개의 히브리어 명사로 표현된다: 호쉐크(חֹשֶׁךְ, 4, 5, 9절), 찰마붸트(צַלְמָוֶת, 5절), 오펠(אֹפֶל, 6절).

4장. 엘리바스의 1차 변론: 부조리한 고난과 부조리한 하나님?

1. 많은 유대교 주석가들과 유대교 전통은 이 단락을 욥의 말로 읽고 3장 끝에 배치한다. 그 첫째 이유는 이 밤환상의 핵심 주장, 곧 "피조물은 창조주보다 더 거룩하거나 더 깨끗할 수 없다. 따라서 피조물 자체의 결함, 한계는 분명하다. 그런 점에서 피조물인 자신에게 가해진 심판적 재앙은 불가피하다"라는 주장은 다른 데서 한 욥의 발언, 혹은 욥의 속생각과 일맥상통하기 때문이다. 둘째는 4:11과 5:1의 흐름을 끊어놓기 때문이다. 5:1에 나오는 엘리바스의 "거룩한 자" 언급은 조롱의 맥락이다. 욥이 먼저 "거룩한 자"에 대한 언급을 했음을 전제할 때 엘리바스의 조롱은 더욱 신랄하고 정확하게 들린다(Mayer Gruber, "Job," in *The Jewish Study Bible* [Oxford: Oxford University Press, 2004], 1510-1513).

2. Gustavo Gutiérrez, *On Job: God-Talk and the Suffering of the Innocent*, trans.

Matthew J. O'Connell (Maryknoll, NY.: Orbis Books, 1987), 24, 73. 구티에레즈가 잘 지적하듯이, 욥은 자신의 절대적 의로움, 정결함을 주장하지도 않았으며, 죄가 없는 절대적 의를 소유했다고 주장하지 않았다.

5장. 욥을 억지로 회개시키려는 엘리바스의 조급한 충고

1. 현재 히브리어 맛소라 본문에는 부정사 연계형인 우프(עוף)라고 되어 있으나, 우리는 여기서 '새'를 의미하는 오프(עוף)라고 고쳐 읽었다. 현재 부정사 연계형은 이 구문에서는 전혀 맞지 않기 때문이다.

2. 욥기 산문인 1-2장과 42장에는 하나님은 '야웨'로 불리며 나타나고, 시문 3-41장에는 하나님이라는 단어와 호환되는 하나님 호칭 '전능자'(샤다이[שַׁדַּי])라는 단어가 사용된다. 여기 5:17에서 처음으로 전능자라는 단어가 사용된다. 창세기 17:1(창 49:24, 야곱의 전능자)과 출애굽기 6:3은 야웨라는 하나님 이름이 이스라엘에게 알려지기 전, 곧 아브라함, 이삭, 야곱에게는 '전능자'로 알려졌음을 말한다. 창세기 17:1의 음역과 직역은 이렇다. 아니 엘 샤다이 히트할레크 퍼파나이 붸흐예 타밈(אֲנִי־אֵל שַׁדַּי הִתְהַלֵּךְ לְפָנַי וֶהְיֵה תָמִים). 개역개정은 이렇게 번역한다. "나는 전능한 하나님이라. 너는 내 앞에서 행하여 완전하라." '엘 샤다이'는 약속 성취를 위해 항상 신실하고 변하지 않으시는 하나님이라는 의미다. 항구여일성의 화신이라는 뜻이다. 따라서 창 17:1에서 하나님이 "아브라함, 너도 일편단심자가 되어라"라고 요구하시는 것이다.

3. von Rad, *Wisdom in Israel*, 97-112.

7장. 내가 바다 괴물입니까? 왜 나를 고통의 심연에 감금하십니까?

1. Longman III, *Job*, 146.

2. 클린스, 『욥기 1-20』, 475.

3. '단련하다'라고 번역된 동사 바한(בָּחַן)은 '검증하다', '시험하다'의 뜻에 가깝다 (사 28:16 "시온에 둔 시험하는 돌").

9장. 까닭 없이 나를 치시는 하나님!

1. John E. Hartley, *The Book of Job* (Grand Rapids, MI.: Eerdmans, 1988), 173.

2. 장 폴 사르트르(Jean Paul Sartre, 1905-1980)는 무신론적 실존주의 사상을 대표하는 프랑스 작가이자 철학가이다. 무신론적 실존주의라는 것은 신의 존재와 상관없이 실존의 조건을 먼저 보고 사유를 진행하자는 것이다.

12장. 욥의 대답: 의롭고 온전한 자가 이웃의 조롱거리로 전락했구나!

1. 클린스, 『욥기 1-20』, 609, 614.
2. Longman III, *Job*, 193.
3. 이진법(二進法, binary)은 두 개의 숫자(1과 0)만을 이용하는 수 체계이다. 관습적으로 0과 1의 기호를 쓰며 이들로 이루어진 수를 이진수라고 한다. 이진법은 라이프니츠(Gottfried Wilhelm Leibniz)가 음양사상의 영향을 받아 발명했다. 컴퓨터에서는 논리의 조립이 간단하고 내부에 사용되는 소자의 특성상 이진법이 편리하기 때문에 이진법을 사용한다. 디지털 신호는 기본적으로 이진법 수들의 나열이며, 컴퓨터 내부에서 처리하는 숫자는 기본적으로 이진법을 이용하기 때문에 컴퓨터가 널리 쓰이는 현대에는 그 중요성이 더 커졌다.

13장. 욥의 대답과 기도: 친구들이여, 하나님을 위한답시고 불의를 옹호하지 말라!

1. 씨아우는 중복오사 가설을 비판하며 14절의 첫 단어 알-마(עַל־מָה)를 13절의 끝에 배치할 수 있다고 한다. 13-14절의 쌍을 이루는 단어들의 리듬이 자연스럽게 호응한다고 보기 때문이다(13절의 단어들의 자음은 유음인 r, m, n, l(하하리슈[הַחֲרִישׁוּ], 미멘니[מִמֶּנִּי], 아따쁘라[אֲדַבְּרָה], 야아보르[יַעֲבֹר], 알라이[עָלָי], 마[מָה])이며 14절은 ś, š(에싸[אֶשָּׂא], 쁘싸리[בְשָׂרִי], 아씸[אָשִׂים]/나프쉬[נַפְשִׁי], 쁘쉬나[בְשִׁנָּי])이다 (Seow, *Job 1-21*, 658).

2. 히브리어 본문 15절의 넷째 단어는 '부정어' 로(לֹא)이다. 개역개정은 이를 부정어로 번역하여 '나는 희망하지 않는다' 혹은 '나는 기다리지 않는다'로 읽었다. 그런데 맛소라 학자들이 추천하는 케레(읽기)는 '그에게'를 의미하는 로(לוֹ)로 읽는 것이다. 개역개정은 난외주에서 케레를 번역해 두고 있다. "그가 나를 죽이실지라도 나는 그를 의뢰하리니." 쿰란문서도 이렇게 읽는데 씨아우는 이 읽기를 반대하고, "그가 나를 죽이실지라도, 나는 기다리지 않을 것이다"라고 번역한다(Seow, *Job 1-21*, 90).

14장. 메아리 없는 욥의 장탄식: 나무와 달리 한 번 죽으면 소멸되는 인생의 허무함

1. 그런 점에서 14:13-15이 그리는 스올과 3:13-19에서 묘사되는 죽은 자들의 사회는 서로 다른 곳처럼 보인다. 3장에서 욥이 죽었더라면 속하게 되었을 법한 곳은 지상의 모든 부조리와 불평등의 고통이 더 이상 없는 절대평온의 영역처럼 보이기 때문이다. "그렇지 아니하였던들 이제는 내가 평안히 누워서 자고 쉬었을 것이니 자기를 위하여 폐허를 일으킨 세상 임금들과 모사들과 함께

주

있었을 것이요 혹시 금을 가지며 은으로 집을 채운 고관들과 함께 있었을 것이며 또는 낙태되어 땅에 묻힌 아이처럼 나는 존재하지 않았겠고 빛을 보지 못한 아이들 같았을 것이라. 거기서는 악한 자가 소요를 그치며 거기서는 피곤한 자가 쉼을 얻으며 거기서는 갇힌 자가 다 함께 평안히 있어 감독자의 호통 소리를 듣지 아니하며 거기서는 작은 자와 큰 자가 함께 있고 종이 상전에게서 놓이느니라"(욥 3:13-19).

2. 비록 가정법으로 번역하지 않더라도 "나의 죄를 감찰하지 아니하시나이까"라는 개역개정의 '의문문' 번역은 문맥상 부자연스럽다.

16장 욥의 대답: 높은 하늘에 계신 나의 증인, 나의 중보자

1. 참고. 전 1:3, 13; 2:10-11, 18-26; 3:9-13; 4:4-10; 5:15-19; 6:7; 8:15; 10:15; 시 10:14; 25:18; 73:5; 렘 20:18.

2. 히브리어 명사 싸헤드(שָׂהֵד)는 아람어일 것이라고 보는 견해가 있다. 창세기 31:47에서 야곱과 라반이 상호불가침 계약을 맺은 후 그 장소를 아람어로는 여갈사하두다, 히브리어로는 '갈엣'(גַּלְעֵד, 개역개정 갈르엣)이라고 불렀다. 씨아우는 아람어 여갈-사하두다(יְגַר שָׂהֲדוּתָא,=증거의 무더기)에서 히브리어 싸헤드의 뿌리를 본다(Seow, *Job 1-21*, 748).

19장. 욥의 대답: 나의 대속자가 마침내 땅 위에 서실 것이다!

1. 안근조, 『지혜말씀으로 읽는 욥기』 (서울: 감은사, 2020), 43.

2. "내 아내도 내 숨결을 싫어하며 내 허리의 자식들도 나를 가련하게 여기는구나"(욥 19:17)는 1-2장에서 7남 3녀 자녀 전부 다 몰살당했다고 말하는 부분과 충돌한다. 그래서 어떤 주석가들은 욥기 저작의 통일성을 의심하거나, 욥이 실존인물이라고 하면 말이 안 된다고 주장하기도 한다. 보수적 주석자들 중 더러는 "내 허리의 자식들"을 입양한 자녀들을 가리킨다고 보는데, 이는 무리한 상상이다.

3. 고엘의 역할과 의무를 더 세분화할 수 있다: (1) 한 가족의 잃어버린 구성원이나 재산을 되찾아주는 일(레 25:25-26; 민 5:8; 룻 2:20; 3:9, 12); (2) 법적 소송에서 가족 구성원을 옹호하고 변호하는 일(잠 23:11); (3) 불의한 죽음에 복수하기, 곧 친척의 원수를 갚아 주는 일(민 35:12, 19, 21)(Seow, *Job 1-21*, 823).

4. 노먼 하벨(Norman C. Habel, *The Book of Job* [OTL; Philadelphia, PA.: The Westminster Press, 1985], 306)의 해석을 받아들여 수정 보완하는 김준의 연구도 유사한 결론에 이른다. 다만 하벨이나 김준 둘 다 '상상 속의 고엘'이라고 한정

하는 데 그친다. 김준, "욥의 고엘, 천상의 중재자, 그리고 상상력(욥기 19:25)," 「구약논단」 24/1 (2018년 3월): 46-75(특히 72-75). 희한하게도 데이빗 클라인스는 이 고엘을 16:18-21에 언급되는 "증인", "변호자" 등과 동일시하면서 욥의 외침 자체가 의인화되어 자신을 구원할 친족이 된다고 주장한다(『욥기 1-20』, 892-899).

5. Enrique Nardoni, *Rise Up, O Judge*, trans. Charles Martin (Grand Rapids, MI.: Baker Publishing Group, 2014), 17.

6. 강철구, "욥의 하나님 이해: 욥의 질문과 하나님의 답변을 중심으로," 「구약논단」 63 (2017년 3월): 136-147.

7. 롤프 렌토르프, 『구약정경 개론』, 하경택 옮김 (서울: CLC, 2020), 602-603.

8. 씨아우도 인정하듯이, 유대교-기독교 주석가의 대다수가 욥이 기대하는 고엘이 하나님이라고 보거나, 일부 기독교 주석가들은 그리스도라고 본다(Seow, *Job 1-21*, 823).

9. 욥의 친구들(중세 유대인 주석가 Rashi는 "욥의 친구들"을 주어라고 판단함)이나 불특정 다수를 가상적 주어(비인격적 주어)로 보아 수동태로 번역한 사례들(탈굼)도 있다(Seow, *Job 1-21*, 825-826).

10. 클라인스도 이와 유사한 해석을 내놓는다. 26절의 히브리어 본문 부식을 고려해 그는 다음과 같이 번역한다. "그리고 그들이 나의 피부(혹은 가죽) 이것을 벗겨낸(혹은 두들겨 팬) 후에." 클라인스에 따르면, 주어는 "알려지지 않는 사람"이다. 그는 "이것"(여성명사)을 약간 수정하여 카조트("이렇게")로 읽어, "내 피부가 나로부터 이렇게 벗겨진 후에라도"라고 번역한다. 클라인스는 이 구절이 자기가 살아 있을 때 자기가 결백하다는 것이 증명되기를 열망하는 상황이라고 해석한다. "내가 아직 내 육체 가운데 있을 때에 하나님을 꼭 보리라"(『욥기 1-20』, 898-899). 대체로 본서의 해석과 일맥상통한다.

11. 7:5과 10:11에서도 가죽과 살은 평행적 대구를 이룬다: "내 살에는 구더기가 의복처럼 입혀졌고, 내 피부는 굳어졌다가 터지는구나"(7:5); "피부와 살을 내게 입히시며 뼈와 힘줄로 나를 엮으시고"(10:11); 참조. 겔 37:7-8은 뼈가 연결되고 그 위에 살이 오르고 그 위를 가죽으로 덮음으로써 죽은 자들을 소생시키는 하나님의 부활 소생 역사(役事)를 생생하게 묘사한다.

20장 소발의 2차 변론: 가난한 자를 학대하고 이웃의 집을 강탈한 악인의 최후

1. 에리히 프롬, 『자유로부터의 도피』, 김석희 옮김 (서울: 휴머니스트, 2012), 83-87. 반면에 독일 조직신학자 미하엘 벨커(Michael Welker)는 인간의 죄성에도 불구하고 여전히 하나님의 형상으로 창조된 모든 인간은 정의추구, 자유추구,

진리추구, 그리고 평화추구의 사명을 수행할 의무와 책임이 있음을 강조했다 (『하나님의 형상으로 창조된 인간. 영 인간학』, 김회권, 이강원 옮김 [서울: PCK, 2022], 1-14).

2. James B. Pritchard, *Ancient Near Eastern Texts relating to the Old Testament* (Princeton: Princeton University Press, 1969), 596-607. 대표적으로 루드룰 벨 네메키(Ludlul Bēl Nēmeqi ["I Will Praise the Lord of Wisdom"])는 욥기와 가장 유사한 작품이다. "나는 신에게 호소했으나 그는 그의 얼굴을 보여주지 않았다.⋯⋯ 내가 내 뒤를 돌아보니 박해와 고통이 있다. 나는 신에게 전제를 드리지 않은 자처럼 취급받는다.⋯⋯나는 이 모든 일들로 인하여 망연자실한 낙담에 빠져 있다. 나는 그것들의 의미를 이해할 수 없었다.⋯⋯치명적위 질병에 내게 다쳤고 사악한 바람이 지평선에서부터 불어왔다.⋯⋯내 무덤이 나를 기다리고 있으며, 내 장례를 치를 모든 장비들이 다 준비되어 있다"(596-598).

21장. 욥의 대답: 악인의 일시적 형통과 번성을 보고 실족할 필요가 없다!

1. 김회권, 『하나님 나라 신학으로 읽는 이사야 40-66장』, 414-427.
2. 예언자 이사야로부터 자신의 왕실에 대한 하나님의 미래 심판을 통보받고도 히스기야는 후대에 있을 심판을 대수롭지 않게 수용하는 듯한 말을 한다. "히스기야가 이사야에게 이르되 당신이 이른 바 여호와의 말씀이 좋소이다 하고 또 이르되 내 생전에는 평안과 견고함이 있으리로라 하니라"(사 39:8).
3. 개역개정은 21절의 히브리어 구문 접속사 키(כִּי)를 번역과정에서 무시하고 있다. 키(כִּי)는 '왜냐하면'을 의미하는 이유접속사 혹은 '정녕'이라는 부사어로 사용된다. '왜냐하면'이라고 번역하거나 '정녕'을 의미하는 부사어로 번역하나 의미상 차이는 없어 보인다. "왜냐하면 그의 달 수가 끝나는 상황에서(21절 하반절 상황절), 그의 집에 있는 그의 계획(기쁘신 뜻)이 무슨 의미겠는가?" 혹은 "정녕 그의 달 수가 끝나는 상황에서(21절 하반절 상황절), 그의 집에 있는 그의 계획(기쁘신 뜻)이 무슨 의미겠는가?" 키(כִּי)를 어떻게 번역하든 욥은 악인이 자기 당대에 하나님의 진노를 맛보아 알기를 바라고 있다.
4. Longman III, *Job*, 274.

23장. 욥의 대답: 아, 하나님을 발견하고 대면할 수 있다면 얼마나 좋을까!

1. 미-이텐(מִי־יִתֵּן)을 직역하면, "누가 줄 것인가?" 혹은 "누가 어떤 일이 일어나도록 상황을 조성할 것인가?"이다. 히브리어 관용어법으로 강력한 소망(if only!)을 피력할 때 사용되는 관용어구다. "아, 어떤 일이 일어나기를!"을 의미한다

(출 16:3; 신 5:22-29, 특히 29절; 시 14:7; 욥 6:8)(*BDB*, 566; Menaḥem Tsevi Ḳadari, "MI YITTEN in Biblical Hebrew," *Shenatôn ha-miḳrâ u-le-heḳer ha-mizraḥ ha-ḳadûm* 2 [1997]: 189-195).

2. Hartley, *The Book of Job*, 339-340.

3. 17절의 문두에 나오는 히브리어 접속사 키(כי)를 우리는 이유접속사로 본다.

4. 본서와 유사한 해석은 권지성의 해석에서도 발견된다(권지성, 『특강 욥기』 [서울: IVP, 2019], 164).

5. 존 힉, 『신과 인간 그리고 악의 종교철학적 이해』, 김장생 옮김 (서울: 열린책들, 2007), 156-157.

6. 김정용, "존 힉의 영혼형성 신정론," 「신학전망」 168 (2010): 137-144.

7. 김회권, 『내 백성을 위로하라』 (서울: 한국 성서유니온선교회, 2022), 155-191 (5장 "그가 찔림은 우리의 허물 때문이요 그가 상함은 우리의 죄악 때문이라").

24장. 온 세상에 넘치는 억울한 고난 희생자들

1. 히브리어 원문에서는 "빈 들이 그의 것이고 어린 것들을 위한 양식이다" 정도의 의미를 발견할 수 있다.

2. 김회권, 『청년설교 4』 (서울: 복 있는 사람, 2019), 99-102, 119-120. 24장 강해 일부는 이 책 79-123쪽에 빚지고 있다.

3. 슬라보예 지젝, 『죽은 신을 위하여』, 김정아 옮김 (서울: 길, 2007), 11-12, 198-201. 이 책은 기독교 비판 및 유물론과 신학의 문제를 다룬 책이다. 지젝은 기독교 문화 속의 유물론자를 자처하며, 진정한 변증법적 유물론자가 되기 위해 기독교적 경험을 되살려야 한다고 주장한다. 그는 야생적 생명력을 상실하고 소비사회에 깊이 가담해 사회적 전복능력을 상실한 현재의 기독교를 비판한다. 지젝은 또한 『무너지기 쉬운 절대성』, 김재영 옮김 (고양: 인간사랑, 2004)(11장 "자비의 원리", 12장 "그리스도의 떼어내기")과 『이데올로기라는 숭고한 대상』 등을 저술해 기독교 신앙의 공적 기능과 역할을 긍정적으로 논했다.

4. 지젝, 『죽은 신을 위하여』, 11.

5. 지젝, 위의 책, 199.

6. 지젝, 위의 책, 200.

7. 지젝, 위의 책, 202-203.

8. 지젝, 위의 책, 203-204. 기독교신학자 중 유사한 주장을 한 사람은 헨드리쿠스 베르코프(Hendrikus Berkhof)이다. "하나님의 존재에 대한 논의에서 가장 중요한 것은 이제 하나님의 속성-전지전능, 영원성, 지혜, 전지하심 등과 같은 신적 속성을 다루는 수준에서 한 발짝 멀리 떨어져야 한다. 이 모든 하나님의 신

주

적 속성들은 사실상 이스라엘의 하나님 경험과는 매우 낯설다. 예수님과 이스라엘 백성들은 하나님을 전지전능한 분으로 만난 적도 없고 시간적으로 무한한 영원하신 분으로 만난 적도 없고 또 능력이 엄청 많아서 뭐든지 할 수 있는 하나님을 만난 적이 없다. 그래서 오히려 이런 하나님의 속성에 대한 고전적인 신학적 논의는 전부 다 하나님의 일방적으로 강조된 초월적 신 개념에서부터 나온 영향일 뿐이지 계시로부터 나온 것이 아니다. 그래서 칼 바르트의 영향 아래서 이 세계의 이런 신학이 성경적인 영향력을 이런 추상적인 신 관념 신학에다 쏟아붓기 시작한 것 때문에 우리는 감사해야 한다. 칼 바르트가 아니었다면 성경 본문을 가지고 전통적인 토마스 아퀴나스적인 유신론을 비판적으로 재검토하는 길이 열릴 수 없을 것이다"(Hendrikus Berkhof, *Christian Faith: an introduction to the study of the faith* [Grand Rapids, MI.: W. B. Eerdmans Pub. Co. 1986], 133).

25장. 빌닷의 3차 변론: 인간 멸시천대를 통해 하나님을 높이는 신학의 천박성

1. Longman III, *Job*, 309-310.

26장. 욥의 대답: '하나님을 아는 지식'의 단편성을 인정하는 욥

1. 과학적으로 설명하면 땅을 위협하는 바다의 흉용함과 통제될 수 없는 역동성은 달과 태양이 만드는 인력 때문이다. 고대인들은 "바다"에서 피조물이지만 창조주에게 반역하는 성향을 여전히 보유하는 반(反)창조세력의 면모를 보았다(시 74:12-16; 욥 38:8-11).

2. 유대인 정신분석학자인 프로이드에 의해 발견되고 발전되어 온 인간의 '무의식'을 의미하는 것으로 보인다. 원시바다의 존재를 하나님 통치에 저항하는 인간의 내성과 연결('원시바다는 인간 마음의 메타포!')하는 정신분석학 심리학이 프로이드 같은 유대인 사상가들에게서 나왔다는 것은 우연이 아닐 것이다.

3. 탄닌(Tannin)은 구약에서 야웨에 의해 정복당한 혹은 도살당한 바다 괴물을 언급할 때 등장한다. 창세기 1:21("하나님이 큰 바다 짐승들과")과 이사야 27:1("그 날에 여호와께서 그의 견고하고 크고 강한 칼로 날랜 뱀 리워야단 곧 꼬불꼬불한 뱀 리워야단을 벌하시며 바다에 있는 용을 죽이시리라")은 탄닌에 대한 명시적이며 암시적인 언급들이다.

4. 롱맨 또한 본서와 같은 관점으로 욥의 "바다 유비" 관련 불평을 해석한다(Longman III, *Job*, 147).

보설 3. 구약신학의 전체 맥락에서 본 욥과 세 친구의 논쟁

1. 김회권,『인문 고전으로서의 구약성서 읽기』(서울: 박영사, 2021) 중 "바벨론 유배시대가 구약성서에 끼친 영향에 대한 다각적 분석," 419-472, 특히 450-461. 욥기 저작 연대에 대한 가설은 주전 10세기 저작 가설부터 주전 2세기 저작 가설까지 다양하나, 대체로 학자들은 누적적인 방증들에 의거해 욥기 저작 연대를 바벨론 포로기 혹은 포로기 이후 시대로 보고 있다(언어적, 주제적, 문학적 서사 전개 방식 등)(Habel, *The Book of Job*, 42).

2. 제럴드 젠슨은 포로기 시대에 저작된 욥기와 제2이사야서를 의미 있게 연결시킨다(독특한 어휘구사, 고난과 재앙 상황에서 소명과 사명을 모색하는 시도 등. 젠슨,『욥기』, 40-41). 권지성도 욥기와 제2이사야를 페르시아 시대의 예후다 서기관들의 문화의 빛 아래서 밀접하게 연결하여 해석하고 있다. 주제, 어휘, 외국자료 등에 대한 전문적 취급 등에서 두 책은 페르시아 시대 예후다 서기관들의 저작으로 볼 실마리가 많다는 것이다(Jiseong Kwon, *Scribal Culture and Intertextuality* [Tübingen: Mohr Siebeck, 2016], 225-227).

3. 여기서 바벨론 포로들의 음성을 들으려고 하는 학자가 레오 퍼듀이다(Leo G. Perdue, *Wisdom and Creation* [Nashville, TN.: Abingdon Press, 1994], 123-124). 퍼듀는 1-2장, 42장 산문 부분은 바벨론 포로기 이전에 저작되었을 수 있다고 보면서도, 3-31장은 바벨론 유배에 대한 당대의 특정 집단의 신학적 응답이라고 본다.

4. 김회권,『인문 고전으로서의 구약성서 읽기』, 432-435. 9강-2에 나오는 "바벨론 포로기의 의의: 대파국적 재난에 대한 다양한 응답"이 이런 상황을 다룬다. 이 논의는 부분적으로 피터 아크로이드,『이스라엘의 포로와 회복』, 이윤경 옮김 (서울: CLC, 2019), 3장 "사건에 대한 반응"(68-80쪽), 4장 "사건에 대한 반응(계속)"(81-95쪽)의 통찰에 빚지고 있다.

5. 신정론은 이 세상에 무고한 자의 고통, 인간의 죄 탓으로 돌릴 수 없는 악과 불의가 존재함에도 불구하고 하나님의 세계 통치는 여전히 정의롭고 하나님도 공정하시다고 주장하는 변증론의 한 갈래이다.

28장. 인간 경험과 취득 영역 밖에 있는 지혜와 명철

1. 클린스는 28:1-28을 엘리후의 넷째 강설(마지막)이라고 보아 37장 뒤에 배치하여 주석한다(데이빗 J. A. 클린스,『욥기 21-37』, 한영성 옮김 [서울: 솔로몬, 2009], 696-760[특히 696]).

2. 이 점에 대한 하벨의 통찰은 인상적이다. "광물을 캐는 활동은 자연의 영역에

주

서의 신비를 푸는 행위에 대한 범례이다. 광부의 보석채굴은 우주적 영역에서 더 깊은 수준에 있는 지혜를 캐내는 일과 평행을 이룬다.……신적 지혜가 발견될 수 있는 극한의 '한계영역'은 스올보다도 더 깊다. 그래서 어떤 광부도 도달할 수 없을 정도이다"(Habel, *The Book of Job*, 395-396).

3. 클린스 또한 본서와 유사하게 3절을 해석한다(『욥기 21-37』, 738-739).

4. 안근조도 28장의 기능에 대해 본서와 유사하지만 약간 다른 논평을 제시한다. "욥기 28장의 지혜시는 욥의 전통적 신앙의 울타리가 완전히 깨지고 갱신되는 결정적 순간을 우리에게 증언한다.……욥은 28:28의 여호와 경외와 악을 멀리하는 것에 대한 언급을 끝으로 그 질긴 기존의 신앙적 전통개념(인과응보 교리 등)의 끈을 놓게 된다"(『지혜말씀으로 읽는 욥기』, 243-244). 28장에 대한 안근조의 논평이 다소 과장되었다고 보지만, 일리는 있다고 본다.

5. 클린스는 본서와 유사한 논리로 욥기의 기독교적 읽기를 정당하게 평가하고 있다. "만일 욥의 친구들이 주장하는 전통적인 인과응보 교리로 예수를 판단한다면, 그는 죄인 중에 가장 큰 죄인이다. 예수의 죽음에 어떤 신학적 의미가 귀속될 수 있는 것은 오로지 욥기 전체에 의해 제시되는 무고한 고난이라는 개념을 끌어들일 수 있을 때뿐이다"(클린스, 『욥기 1-20』, 75).

30장. 자기 땅에서 추방된 비참한 천민들에게 조롱과 모욕을 당하는 욥: 전복된 세상

1. 이 사회적 비류에 대한 사회학적 연구를 보려면 조한근의 연구를 참조하라: 조한근, "'그 땅에서 쫓겨난 자(נִכְאָא מִן־הָאָרֶץ)'에 대한 사회학적 분석: 욥기 30:1-8을 중심으로," 「구약논단」 27/4 (2021): 84-117.

31장. 사회적 자비와 정의를 조화시켰던 의인 욥을 주목한 두 눈: 하나님과 사탄

1. 박영식, "칸트의 신정론과 신학," 「한국기독교신학논총」 58 (2008): 115-134.

2. 래리 워터스의 논문도 거의 동일한 결론에 이른다. Larry J. Waters, "Reflections on Suffering from the Book of Job," *Bibliotheca Sacra* 154 (October-December 1997): 436-451. "욥기는 억울한 고난을 당한 자가 하나님께 질문하고 하나님의 정의를 의심할 수 있으며, 신앙과 관련된 인생의 어려운 난제들을 직면한 가운데도 사랑의 하나님과 부서지지 않은 관계를 유지할 수 있으며, 개인적으로 당한 고난이건 집단적으로 당한 고난이건 그것에 대해 만족스러운 해결에 이를 수 있음을 보여준다"(437).

3. Gutiérrez, *On Job: God-Talk and the Suffering of the Innocent*, 47-49, 80, 102.

33장. 정곡을 찌르지 못하는 엘리후의 욥 비판

1. 렌토르프, 『구약정경 개론』, 68.

2. 학기드(הִגִּיד)는 '말하다'를 의미하는 히브리어 동사 나가드(נגד)의 히필 연계형 부정사다. 나가드는 '자세히 보고하다'의 의미가 강한 단어다.

3. '천사'로 번역된 히브리어는 말아크(מַלְאָךְ)이다. '중보자'라는 말은 '말하다', '해석하다', '비꼬다' 등을 의미하는 동사 리츠(ליץ)/루츠(לוץ)의 히필형 남성단수 분사 멜리츠(מֵלִיץ)이다. 23절 개역개정의 "그 사람"은 르아담(לְאָדָם)의 번역어다. "그 사람"이 아니라, 그냥 '사람'이다. 23절의 히브리어 구문은 "만일 일천 천사들 중에서 사람을 변호해 줄 한 천사가 그의 정당함을 자세히 말해 줄 수 있다면" 정도의 의미다.

4. 만프레드 외밍은 여기서 말하는 "천사"는 구원하시는 하나님에 대한 '은유'라고 본다. 결국 자신의 천사를 통해 고통받는 인간을 구원하신다는 메시지가 이 중보천사 구절의 참된 의미라고 본다(만프레드 외밍, "4장 엘리후의 심사숙고," 만프레드 외밍, 콘라드 슈미트, 『욥의 길』, 임시영 옮김 [서울: 대한기독교서회, 2017], 140-146).

34장. 다시 회개를 강요하는 엘리후

1. Jon D. Levenson, *Sinai and Zion: an entry into the Jewish Bible* (New York, NY.: HarperCollins, 1985), 209-211. (『시내산과 시온』 대한기독교서회)

37장. 천둥, 우레, 번갯불에서 하나님의 목소리를 듣는다고 주장하는 엘리후: 하나님의 폭풍우 담화 미리 흉내내기

1. 젠슨은 천문기상 현상이나 날씨에 근거해 하나님의 메시지를 발견한다고 주장하는 엘리후의 주장은 신학적 퇴보라고 본다. 엘리후는 천문기상 현상을 과도하게 단순화하여 하나님의 진노를 읽어내고 하나님의 불쾌를 파악할 수 있다고 하는데 이런 점에서 38장 이후의 하나님 강론보다 직설적이다(『욥기 21-37』, 697). 천둥에서 신의 진노를 듣는 것은 제우스 신화를 생각나게 하는데 그 다변요설에 비해 엘리후의 37장 강론도 과녁을 빗나간 화살처럼 보인다.

2. "완전한 지식의 경이로움을"이라고 번역된 히브리어 단어들은 미프러오트 터밈 데임(מִפְלְאוֹת תְּמִים דֵּעִים)이다. 미프러오트(מִפְלְאוֹת)는 '기적' 혹은 '기사'를 의미하는 미프라아(מִפְלָאָה)의 여성복수 연계형이며, 터밈(תְּמִים)은 '완전한'을 의미하는 타밈(תָּמִים)의 형용사 연계형이다. 터밈은 여기서 '완전한 자'를 의미한

다. 전체적으로 이 세 단어는 '지식들에 있어서 완전한 자의 기사들'이라고 번역된다.

3. 개역개정은 "겹겹이 쌓인 구름과 완전한 지식의 경이로움을"이라고 번역하는데 히브리어 본문에는 등위접속사가 없다. 히브리어 본문을 직역하면, "겹겹이 쌓인 구름, 지식에서 완전하신 분의 기사들을"이다.

4. 17절은 시간접속사 기능을 하는 아쉐르에 의해 견인되는 접속사절이지 독립적인 문장이 될 수 없다. 개역개정처럼 '왜?'라는 의미를 집어넣어 번역하는 것은 무리다. 한국어로 번역할 때 17절을 먼저 번역하는 것이 나아 보인다. "욥이여, 하나님이 남풍으로 땅을 진정시킴으로써 그대의 옷들이 따뜻해질 때(17절), 그대는 겹겹이 쌓인 구름, 곧 지식들에 관한한 완전하신 분의 기사(奇事)들을 아느냐?"(16절)

5. 18절의 개역개정은 히브리어 구문을 무리하게 군더더기를 붙여 번역하고 있다. "구름장들"이라는 단어는 생소하다. 구름장들이라고 번역한 히브리어는 '구름' 혹은 '하늘'을 의미하는 샤하크(שַׁחַק)의 남성복수형 쉬하킴(שְׁחָקִים)인데 '구름들'(하늘들)을 의미한다. 이 단어를 수식하는 후치형용사는 '강한', '견고한'을 의미하는 형용사 하자크(חָזָק)의 남성복수형 하자킴(חֲזָקִים)이다, 개역개정은 이 하자킴을 부사 '단단하게'로 번역하는데 이것은 부정확한 번역이다.

6. Waters, "Reflections on Suffering from the Book of Job," 448-449.

38장. 야웨의 폭풍우 강론1: 욥의 질문에 대한 우문현답愚問賢答인가, 동문서답東問西答인가, 소이부답笑而不答인가?

1. 개역개정의 "도량법"은 어색한 번역이다. 히브리어는 므마데(מְמַדֶּ)이다. '측량하다'를 의미하는 마다드(מָדַד)의 파생명사 메마드(מֵמַד)의 복수연계형으로 측량기구들을 가리킨다.

2. 힌두교의 카르마 사상(윤회와 업보)의 요지는, 모든 결과에는 반드시 원인이 있으며 현재의 삶은 반드시 과거의 행위(카르마)의 결과라는 것이다. 이 업보설은 생사의 반복적 순환, 곧 윤회사상과 연관된다. 업보가 있는 한 시작도 끝도 없이 반복되는 윤회의 속박에서 벗어나는 것이 힌두교의 궁극적 목표다.

3. 이군호 또한 욥기 주석 결론에서 유사한 결론에 도달한다. "만일 하나님이 예측이 가능하고 인간에게는 책임을 지시는 분이라면 그런 하나님은 하나님이시기를 포기해야만 된다. 우리는 조용한 신뢰의 태도로 하나님께 스스로 행동하시도록 자유를 드려야만 한다"(이군호, 『성서주석 욥기』, 384).

4. Jon D. Levenson, *Creation and the Persistence of Evil* (Princeton, NJ.: Princeton University, 1988), pp. xx-xxvii, 3-25.

5. Gerhard von Rad, *Old Testament Theology*. Vo1. 1 (trans. D. M. G. Stalker; San Francisco: Harper Collins, 1965), 143.

6. *ANET*, 60-72, 501-503.

7. von Rad, *Old Testament Theology*, 143-144.

8. 38장의 많은 논의는 김회권, 『청년설교 4』, 105-116쪽에 빚지고 있다.

9. 젠슨은 여기서 '바다'를 1-2장의 사탄과 동일시한다. "바다와 사탄은 한정된 공간만을 받았으며, 그 이상을 받지 않았다(1:12과 2:6을 38:11과 함께 참조)"(젠슨, 『욥기』, 309).

10. Levenson, 위의 책, 11, 15, 122, 159 (endnote 3), 173 (endnote 7). '바다'를 첫 창조 후에 남겨진 잔존세력이라고 보는 레벤슨과는 달리 또 다른 학자들은 8-11절의 '바다'를 하나님의 창조사역과 관련시키기보다는 창조질서 안에 존재하는 하나님 대항세력으로 축소 해석하는 경향을 보인다. 하경택도, "바다는 이스라엘 주변 세계나 구약성경에서 전통적으로 창조세계를 보존하기 위해 하나님이 패배시켜야 하는 적대적인 세력으로 간주된다"라고 말하면서도 욥기 38장의 "바다는 하나님의 대등한 적수가 아니라 커다란 갓난아이"라고 논평한다(하경택,『욥기』[서울: 한국장로교출판사, 2018], 427-429). 이런 해석은 하나님이 한갓 '갓난 아기' 같은 바다를 제어하고 유폐한 당신의 사역을 스스로 대단한 성취라고 자축하는 분위기와는 어울리지 않는다. 하나님은 바다 유폐, 감금, 통제명령 자체를 하나님의 엄청난 성취라고 자축하며 천사들의 경탄을 자아낸 업적이라고 평가하신다.

11. Samuel E. Balentine, *Job* (Macon: Smyth & Helwys. 2006), 645. 발렌타인에 따르면, 세상은 이 바다의 존재 때문에 그 자체로 낙원이 아니며, 하나님의 부단한 바다억제를 통해 하나님의 통치가 백퍼센트 구현되는 '거룩한 성전'을 창조하는 하나님의 계속창조 노동의 터전이다.

12. 안근조 또한 욥 38-41장에서 하나님이 인간에게 부여한 창조질서 보존사명이 발견된다고 본다("창조에 나타난 구원신앙-시편 8편과 욥기 38-41장의 비교연구," *Canon & Culture* 15/2 [2021년 10월], 45-76[특히 66-67]).

13. *ANET*, 61-68, 501-504(에누마 엘리쉬); Frank M. Cross, *Canaanite Myth and Hebrew Epic* (Cambridge, MA.: Harvard Univ. Press, 1997), 108, 144. 크로스는 이 책에서 우가릿 바알신화의 관점에서 바다 괴물의 역할을 해석한다. 이에 반해 골딩게이는 바다 괴물은 초강대국을 가리키는 은유라고 본다(John Goldingay, *The Message of Isaiah 40-55* [London: T & T International, 2005], 431-433).

14. von Rad, *Wisdom in Israel*, 263-319. "하나님의 지혜는 인간이 소진적으로 이해할 수 없을 만큼 스펙트럼이 크다. 욥의 고난은 하나님의 지혜 안에서 이루어진다. 낮과 밤이 사촌이고 빛과 어둠이 쌍둥이다. 어느 쪽이 좋고 나쁜 것이

주

아니다. 이사야서 45:7에 따르면 환난과 평안도 하나님이 창조하셨다. 창조질서 안에는 신적 폭력이 있다. 질서정연해 보이는 창조질서 이면에는 우발적, 야만적, 어두운 면이 감춰져 있다. 신적 야만(divine brutality)은 신적 온유(divine benevolence)와 대립되면서 균형을 이루고 있다. 둘은 서로 다른 것이 아니다. 너른 바다와 높은 산의 아름다움과 폭력성은 둘 다 이 세계의 구성요소이다."

15. 안근조는 '새벽' 구절에 대한 해석을 통해 하나님의 세계 통치는 빛과 어둠의 이원적 영역에서 이뤄지는 것이 아니라, 빛도 아니고 어둠도 아닌 새벽의 여명 같은 신비로운 통치 양상을 띠기도 한다는 점을 강조한다. 안근조, "욥기 38:12-15에 나타난 새벽 여명의 신학적 의미," 「神學硏究」 69 (2016년 12월), 7-31. 이 논문에서 안근조는 '새벽' 말씀이 신정론의 인과응보 교리에 실망한 이들에게 처방책을 제공해 준다고 본다. "전통적 인과응보 이론은 빛 또는 어둠과 같이 분명히 드러나는 하나님의 정의이다. 하나님의 세상 다스리심의 신비를 설명하기에는 너무 제한적이고 율법적이다. 새벽 여명은 신비의 안개 속에 감추어 있으면서도 분명한 빛의 방향으로 진행한다. 샤하르(새벽, שַׁחַר) 신정론은 욥기 전체에 대한 이해뿐만 아니라 하나님 앞에 선 인간의 정체성과 사명에 관련하여 보다 진전된 이해를 우리에게 제공하고 있다.······본문 38:12-15은 하나님의 세상 다스리심에 관하여 자유하신 하나님과 성실하신 하나님을 가르쳐준다"(26-27). 하나님은 인과론에 매인 하나님이 아니라, 빛도 아니고 어둠도 아닌 영역을 갖고 계신 자유의 하나님이라는 것이다.

16. 욥기가 근현대 유럽문학에 끼친 영향은 다대(多大)하다. 욥기는 부조리 문학, 비극, 실존주의 문학, 문학심리학 등 많은 분야에 광범위한 영향을 끼쳤다. 문학으로서 욥기를 다룬 다양한 문학작품들을 소개하고 분석한 글은 다음 책이다: Leora Batnitzky and Ilana Pardes, "The Book of Job: Aesthetics, Ethics, and Hermeneutics," in Leora Batnitzky and Ilana Pardes (eds.), *The Book of Job* (Berlin et al.; De Gruyter, 2015), 1-8.

17. 노만 하벨은 하나님의 폭풍우 강론과 동물 행태 및 생태학 강론이 욥의 질문("왜 죄 없는 나에게 징벌의 고통을 내리시나요? 하나님의 정의는 어디 있습니까?")에 대한 답변이 되었다고 본다(Habel, *The Book of Job*, 533-534). 하나님은 욥의 무례한 태도를 문제삼았으나, 그의 일관된 주장 자체를 단죄하지 않았고 오히려 나타나 주셨다.

보설 4. 하나님이 욥의 고난을 허용하신 이유: 1-2장의 야웨와 38-41장의 야웨는 같은 하나님인가?

1. 하경택, 『질문과 응답으로서의 욥기 연구』, 281. 하경택은 오트마르 켈(O. Keel)

의 글을 길게 인용한다. 하나님의 폭풍우 강론(창조담론, 우주 천문기상 담론, 동물 행태 담론)은 이 세계가 욥과 그 친구들이 고수하는 인간 중심주의적인 닫힌 체계가 아닐 뿐만 아니라, 인과관계가 없는 고난이 닥친다고 해서 하나님의 공의를 쉽게 부정해서도 안 되는 광활하고 복잡한 영역이라는 점을 강조한다.

2. 하나님의 전능은 인간이 자유로운 만큼 억제되고 은닉된다. 하나님은 인간을 존엄한 자유의지자로 만들기 위해 스스로 전능억제적인 하나님이 되신다 (Gutiérrez, *On Job: God-Talk and the Suffering of the Innocent*, 77-78).

39장. 동물을 다스리는 데 무능한 인간, 동물의 삶에 무관심하고 무지한 인간 비판

1. 개역개정의 1절 하반절의 "새끼 낳는 것"은 부정확한 번역이다. 1절 하반절을 직역하면, "암사슴의 몸부리치는 것을 본 적이 있느냐?"이다. 오히려 상반절의 경우에는 "산 염소의 새끼 낳는 때"라고 번역해야 한다.

2. 25절의 하반절에는 동사가 하나밖에 없다. '냄새를 맡다'라는 의미를 가진 야리아흐(יָרִיחַ)이다. "지휘관들의 호령과 외치는 소리"를 "듣다"가 자연스럽기는 하나, 히브리어 본문에는 "듣다"라는 동사가 나오지 않는다. 25절 하반절에 주동사는 하나, 야리아흐 밖에 없다. 그래서 "군마는 지휘관들의 호령과 외치는 소리도 맡는다"라고 번역해야 한다.

3. 김정우, 『구약통전』(서울: 이레서원, 2002)의 욥기 해설에 따르면, 하나님 말씀(38-41장)의 주지는, 하나님의 창조질서는 우주적인 관점에서 하나님의 신실한 공의, 지혜, 전능을 반영하는 것이다. 세상의 어떤 부분도 하나님의 주권 밖에 있는 것이 없다. 결국 하나님 말씀(38-41장)은 욥에게는 질책성 답변이라는 것이다. 칼빈주의적 신학 영향이 반영된 욥기 해석의 사례로 보인다.

4. 팔리 모왓, 『울지 않는 늑대』, 이한중 옮김 (파주: 돌베개, 2003).

5. 앤드류 린지, 『같은 하나님의 피조물 동물 신학의 탐구』, 장윤재 옮김 (대전: 대장간, 2014), 역자 서문과 저자 서문(11-48쪽) 및 1장, "종교 그리고 동물의 고통에 대한 감수성"(49-60쪽)은 인류역사가 동물학대와 살해의 역사였음을 고통스럽게 상기시킨다.

6. 콘라트 로렌츠, 『솔로몬의 반지』, 김천혜 옮김 (서울: 사이언스북스, 2000).

40장. 야웨의 폭풍우 강론2: "네가 네 의를 세우려고 나를 악하다 하겠느냐?"

1. 롱맨은 여기서 하나님이 욥을 질책했을 뿐, 욥의 소송이나 항변에 응답하시지 않았음을 강조한다(Longman III, *Job*, 452-453). 하나님이 2절에서 욥을 책망하시는 이유는, 이유 없는 부조리한 고통이나 환난에도 인간이 마땅히 보여야 할

바른 태도는 침묵과 순종임을 가르치시기 위함이라고 본다. 이 점은 본서의 입장과 다르다. 우리는 2절의 하나님 질책에도 불구하고 42장에서 욥이 하나님에 대해 옳게 말했음을 확증하는 하나님의 최종평가를 발견한다. 하나님은 부조리한 고통을 당하고도 욥이 침묵 속에 순종하기만을 기대하시거나 요구하셨다고 볼 어떤 본문상의 실마리도 찾을 수 없다.

2. BHS 히브리어 본문은 40장이 32절을 갖고 있다. 그런데 개역개정은 히브리어 본문 40:25을 41:1로 삼는다. 즉, BHS 40:25-32은 개역개정의 41:1-8에 해당하는 것이다. 본서에서는 개역개정을 따라 히브리어 본문 욥기 40:25을 개역개정 41:1로 간주해 주석한다.

3. Habel, *The Book of Job*, 564-565.

4. 칼 바르트, 『개신교신학 입문』, 신준호 옮김 (서울: 복 있는 사람, 2014), 145-157. 바르트는 네 가지 신학의 위기(더 이상 하나님의 말씀이 들리지 않는 상황)를 말한다: (1) 신학자(목회자)가 하나님의 이름을 망령되이 일컬을 때 하나님은 침묵하신다; (2) 비본질적인 이유로, 곧 허영심으로 다른 신학자와 그리스도인들을 파괴하고 공격하고 그리스도의 몸을 찢을 때 하나님은 침묵하신다; (3) 참혹한 현실의 죄악, 인간 고통을 외면하는 관념으로 도피하는 신학, 구원의 재림에 몰두한 나머지 현재의 실존적 고통을 외면하는 신학에 대해 하나님은 침묵하신다(신학적 숙고 없이 상처입고 병든 자, 주린 자를 돌보는 자들이 오히려 하나님과 함께 있다); (4) 교회를 세상으로 인도해서 세상을 섬기는 봉사를 촉진시키지 못하는 신학에 대해 하나님은 침묵하신다.

5. 톰 라이트는 베헤못과 리워야단에 대한 하나님의 장광설은 악한 피조물들에 대한 하나님의 주권을 강조하는 담론이라고 보는 해석을 비판한다. 욥기 38-41장이 "'여기를 봐라. 나는 하나님이다. 나는 힘이 굉장히 세다. 그러니 너희는 잠자코 있으라'고 말하려는 것도 아닙니다"(라이트, 『악의 문제와 하나님의 정의』, 79).

6. 존 칼빈, 『욥과 하나님』, 서문강 옮김 (서울: 지평서원, 2010), 487-491.

7. 칼빈, 위의 책, 504.

41장. 최강 괴수 리워야단도 제압하지 못하는 인간이 어찌 감히 하나님께 대항하느냐?

1. 리워야단 담론의 취지에 대한 본서의 해석과 유사한 해석은 권지성에게서도 발견된다(권지성, 『특강 욥기』, 321).

2. Habel, *The Book of Job*, 574.

3. 개역개정은 34절의 마지막 세 단어 콜-쁘네-샤하츠(כָּל־בְּנֵי־שָׁחַץ)를 "모든 교만

한 자들"이라고 번역하지만, 문맥상 "모든 들짐승들"이라고 번역하는 것이 더 낫다. 샤하크는 '교만'을 의미하기도 하지만 '들짐승'을 의미하기도 하기 때문이다.

4. Perdue, *Wisdom and Creation*, 123-192.

5. 하경택의 해석도 본서의 입장과 유사하다. 욥의 친구들이 "그들의 지혜로 접근할 수 있는 질서 잡힌 '완전한' 세계를 주장하였다면, 욥은 단지 혼돈만을 볼 수 있었다.……그러나 질서 잡힌 '완전한' 세계를 주장했던 친구들은 이 세계에 야생성과 엄청난 파괴적인 힘을 발휘하는 혼돈의 세력이 있음을 인정해야 했다"(하경택, 『욥기』, 458).

42장. 무지한 말로 이치를 가리는 자 욥과 하나님의 화해

1. 히브리어 본문의 자음본문(케티브)에는 '알다'라는 동사(야다[יָדַע])의 2인칭 단수완료형(야다타[יָדַעְתָּ])으로 되어 있으나 추천된 읽기용 본문(케레)에는 1인칭 야다티(יָדַעְתִּי)로 되어 있다. 우리는 맛소라 학자들의 추천대로 1인칭 케레를 취한다.

2. "말했다"라고 번역된 히브리어는 힉가드티(הִגַּדְתִּי)인데 이 단어는 '자세히 말하다'를 의미하는 동사 나가드(נָגַד)의 1인칭 히필(사역)완료형이다. '자세히 보고하다', '자세히 나열하듯이 말하다' 등을 의미하는 동사이다.

3. Michael V. Fox, "The Meanings of the Book of Job," *Journal of Biblical Literature* 137/1 (Spring 2018): 7-18.

4. 김기석 또한 유사한 해석을 제시한다. "이때의 회개는 구체적인 잘못에 대한 돌이킴이라기보다는 자신의 유한함과 무지함에 대한 인정일 겁니다"(『아! 욥』 [의왕: 꽃자리, 2016], 417).

5. 하나님의 욥 책망에는 욥이 하나님의 정의를 의심하고 따지는 행동이 죄라는 어떤 함의도 없다. 욥이 자신의 죄를 뉘우치기 위해 속죄제를 드려야 할 필요도 없었다. 오히려 욥의 친구들은 속죄제사로 그 죄를 용서받아야 한다. 그런 점에서 하나님이 욥의 항변을 '죄'라고 단죄하고 그에게 회개를 촉구했다고 보는 이군호의 해석은 다소 지나치다. "욥은 하나님을 정당하지 못하다고 비판하는 것은 죄가 된다는 것을 배웠다. 우리는 하나님의 뜻과 지혜에 도전하는 것이 잘못이라는 것을 배워야 한다"(이군호, 『성서주석 욥기』, 383). 이런 점에서 우리는 욥기 42장 첫 단락에 대한 이군호의 해석과 달리 우리는 여기서 하나님이 결국 욥의 항변의 정당성을 인정했다고 해석한다.

6. 클라인스에 따르면 욥기 32-37장은 에필로그(42장)보다 더 후대에 욥기에 추가되었기 때문에 엘리후에 대한 하나님의 질책언급이 없다고 주장한다(데이빗 J.

주

A. 클린스, 『욥기 38-42』, 한영성 옮김 [서울: 솔로몬, 2014], 362).

7.   Samuel E. Balentine, *Have You Considered My Servant Job?* (Columbia, SC.: The University of South Carolina Press, 2016), 203.

8.   클린스, 『욥기 38-42』, 378.

9.   데이빗 클린스는 욥기에 대한 이런 해체주의적 읽기를 적절하게 수행한다. David J. A. Clines, "Deconstructing the Book of Job," in Clines, *What Does Eve Do to Help? and Other Readerly Questions to the Old Testament* (JSOTSup, 94; Sheffield: JSOT Press, 1990), 106-123 (특히 112, 122-123).

10.   일부 학자들은 족장시대(창 33:19; 수 24:32)의 은화였을 것으로 추정되는 케쉬타가 여기에 언급된 것을 보고 욥기가 바벨론 포로 이후 시대에 기록되었다는 가설을 반박한다. 이것은 욥기 저자의 의고체 문제(archaism)를 고려하면 설명된다. 의고체(擬古體)는 어떤 후대 저자가 자신이 기록하는 이야기가 오래전에 유래된(저작된) 것임을 은근히 과시하기 위해 의도적으로 옛날 문체나 관습 등을 부각시키는 저작 기법이다. 오래전의 고대사회를 배경으로 스토리를 쓰는 후대의 저자는 자신의 이야기가 신빙성 있는 이야기임을 은근히 과시하기 위해 의고체를 구사한다. 바벨론 포로기 이후의 신학을 대표하는 욥기 저자가 옛날에 일어났던 일인 것처럼 믿게 하려고 의고체를 구사한 것이다. 양의 숫자를 기준으로 재산 규모를 측정하는 풍속에 대한 언급도 의고체 문제의 일부다.

11.   욥기는 불의한 고통을 고쳐 달라고 항변하는 것이 하나님의 역사개입을 촉발시키는 계기가 됨을 보여준다는 점에서 해방신학이나 민중신학의 의의를 재평가하도록 도와준다(Gutiérrez, *On Job: God-Talk and the Suffering of the Innocent*, 101). 씨아우도 구티에레즈를 인증하며, 욥기의 신학적 무게는 불의에 대한 인간항변의 정당성에 있다고 본다(*Job 1-21*, 90). 반면에 만프레드 외밍은 42장 결론부에서 하나님이 욥을 옳다고 선언하는 돌연한 발언이 41장에서 나오는 하나님의 욥 질책을 무효화하는 것처럼 보인다는 점에서 하나님의 욥 칭의 발언이 당혹스러운 쟁점임을 인정하면서, 이 하나님의 욥 칭의 발언은 불의한 고난에 저항하는 욥의 항변의 전적 수용과 인정을 의미한다고 보는 본서와 씨아우의 입장과 약간 다른 해석을 보인다. 외밍은 하나님이 욥의 항변의 정당성을 인정했다기보다는 스스로 돌이켰다고 본다. 즉, 42장에서 하나님은 스스로에게 저항하는 이미지를 만들고 있다고 본 것이다. 그는 하나님의 욥 칭의 발언이 하나님에 대한 욥의 발언 자체를 칭찬하는 말이 아니라, 욥이 하나님께로 말을 거는 말걸음에 대한 칭찬이었다는 것이다(외밍, "종착지," 『욥의 길』, 214-215). 이것이 하나님을 향한 항변을 하나님이 수용하고 옳게 여겼다고 보는 입장과 무슨 차이가 있는지 분명치 않다.

전체 결론: 다시 생각해 보는 욥기의 위치

1. 마가렛 수스만은 욥기에서 나치에 의한 대량학살(홀로코스트)을 경험한 유대인들의 운명을 찾아냈으며, 욥이 대변하는 유대인들은 억울하고 부조리한 고통으로 망가지고 부서진 인류의 본질적 운명을 대표한다고 보았다(Margarete Susman, *Das Buch Hiob und das Schicksal des jüdischen Volkes* [*The Book of Job and the Destiny of the Jewish People*] [2nd.; Zurich: Steinberg, 1948]).

2. 이와 관련한 양명수의 해석도 본서의 주장과 일맥상통한다. 그는 무고한 자들의 고난은 세상의 죄를 지고 가는 어린양의 이미지를 생각나게 한다고 말한다(274). "고난당하는 의인들은 자기도 모르게 대속의 역할을 하고 있는 것이리라. 욥은 스스로 원해서 그런 대속자가 된 것이 아니다.……그러나 의인들은 은연중에 세상 짐을 대신 지는 역할을 수행하는 것이다"(양명수, 『욥이 말하다』 [서울: 복 있는 사람, 2022], 275).

참고문헌

강철구. "욥의 하나님 이해: 욥의 질문과 하나님의 답변을 중심으로." 「구약논단」 63 (2017 년 3월): 136-147.

권지성. 『특강 욥기』. 서울: 한국기독학생회출판부, 2019.

김기석. 『아! 욥』. 의왕: 꽃자리, 2016.

김정용. "존 힉의 영혼형성 신정론." 「신학전망」 168 (2010): 137-144.

김정우. 『구약통전』. 서울: 이레서원, 2002.

김준. 욥의 고엘, 천상의 중재자, 그리고 상상력(욥기 19:25). 「구약논단」 24/1 (2018년 3 월): 46-75.

김회권. 『청년설교 4』. 서울: 복 있는 사람, 2019.

_____. 『하나님 나라 신학으로 읽는 이사야 40-66』. 서울: 복 있는 사람, 2020.

_____. 『인문 고전으로서의 구약성서 읽기』. 서울: 박영사, 2021.

_____. 『내 백성을 위로하라』. 서울: 한국 성서유니온선교회, 2022.

라이트, 니콜라스 톰. 『악의 문제와 하나님의 정의』. 노종문 옮김. 서울: IVP, 2008.

렌토르프, 롤프. 『구약정경 개론』. 하경택 옮김. 서울: CLC, 2020.

로렌츠, 콘라트. 『솔로몬의 반지』. 김천혜 옮김. 서울: 사이언스북스, 2000.

린지, 앤드류. 『같은 하나님의 피조물 동물 신학의 탐구』. 장윤재 옮김. 대전: 대장간, 2014.

모왓, 팔리. 『울지 않는 늑대』. 이한중 옮김. 파주: 돌베개, 2003.

바르트, 칼. 『개신교신학 입문』. 신준호 옮김. 서울: 복 있는 사람, 2014.

박영식. "칸트의 신정론과 신학." 「한국기독교신학논총」 58(2008): 115-134.

벌퀴스트, 존 L. 『페르시아 시대의 구약성서』. 우택주 옮김. 대전: 하기서원, 2019.

벨커, 미하엘. 『하나님의 형상으로 창조된 인간. 영 인간학』. 김회권, 이강원 옮김. 서울: PCK, 2022.

아크로이드, 피터. 『이스라엘의 포로와 회복』. 이윤경 옮김. 서울: CLC, 2019.

안근조. "욥기 38:12-15에 나타난 새벽 여명의 신학적 의미." 「神學硏究」 69 (2016년 12월): 7-31.

_____. 『지혜말씀으로 읽는 욥기』. 서울: 감은사, 2020.

_____. "창조에 나타난 구원신앙-시편 8편과 욥기 38-41장의 비교연구." *Canon & Culture* 15/2 (2021년 10월): 45-76.

양명수. 『욥이 말하다』. 서울: 복 있는 사람, 2022.

외밍, 만프레드, 슈미트, 콘라드. 『욥의 길』. 임시영 옮김. 서울: 대한기독교서회, 2017.

융, 칼 구스타프. 『인간의 상과 신의 상』. 한오수 옮김. 서울: 솔, 2008.

이군호. 『성서주석 욥기』. 서울: 대한기독교서회, 1998.

젠슨. J. 제럴드. 『욥기』. 한진희 옮김. 서울: 한국장로교출판사, 2007.

조한근. "'그 땅에서 쫓겨난 자(נִכְאוּ מִן-הָאָרֶץ)'에 대한 사회학적 분석: 욥기 30:1 – 8을 중심으로." 「구약논단」 27/4 (2021): 84 – 117.

지젝, 슬라보예. 『무너지기 쉬운 절대성』. 김재영 옮김. 고양: 인간사랑, 2004.

_____. 『죽은 신을 위하여』. 김정아 옮김. 서울: 길, 2007.

칼빈, 존. 『욥과 하나님』. 서문강 옮김. 서울: 지평서원, 2010.

클린스, 데이빗 J. A. 『욥기 1-20』. 한영성 옮김. 서울: 도서출판 솔로몬, 2011.

_____. 『욥기 21-37』. 한영성 옮김. 서울: 도서출판 솔로몬, 2009.

_____. 『욥기 38-42』. 한영성 옮김. 서울: 도서출판 솔로몬, 2014.

프롬, 에리히. 『자유로부터의 도피』. 김석희 옮김. 서울: 휴머니스트, 2012.

하경택. "욥기 연구사-2000년대 이후를 중심으로." 「구약논단」 58 (2012년 12월): 264-301.

_____. 『질문과 응답으로서 욥기 연구』. 서울: 도서출판 두란노, 2016.

_____. 『욥기』. 서울: 한국장로교출판사, 2018.

하조니, 요람. 『구약성서로 철학하기』. 김구원 옮김. 서울: 홍성사, 2016.

힉, 존. 『신과 인간 그리고 악의 종교철학적 이해』. 김장생 옮김. 서울: 열린책들, 2007.

Balentine, Samuel E. *Job*. Macon, GA.: Smith & Helwys, 2006.

_____. *Have You Considered My Servant Job?* Colombia, SC.: University of South Carolina, 2015.

Batnitzky, Leora & Pardes, Ilana. "The Book of Job: Aesthetics, Ethics, and Hermeneutics," 1-8. In Leora Batnitzky and Ilana Pardes (eds.). *The Book of Job*. Berlin et al.: De Gruyter, 2015.

Berkhof, Hendrikus. *Christian Faith: an introduction to the study of the faith*. Grand Rapids, MI.: W. B. Eerdmans, 1979.

Brueggemann, Walter et al. *A Theological Introduction to the Old Testament*. Nashville, TN.: Abingdon Press, 1999.

Clines, David J. A. "Deconstructing the Book of Job." In *What Does Eve Do to Help? and Other Readerly Questions to the Old Testament*. Sheffield: JSOT Press, 1990, 106-123.

Cross, Frank M. *Canaanite Myth and Hebrew Epic*. Cambridge, MA.: Harvard Univ. Press, 1997.

Fox, Michael V. "The Meanings of the Book of Job." *Journal of Biblical Literature* 137/1 (Spring 2018): 7-18.

Goldingay, John. *The Message of Isaiah 40-55*. London: T. & T. International, 2005.

Gregory the Great. *Moral Reflections on the Book of Job. Preface and Books 1–5*, vol. 1. trans. Brian Kerns. Collegeville, MN.: Liturgical Press, 2014.

_____. *Morals on the Book of Job*. Oxford: John Henry Parker, 1844-1850.

Gruber, Mayer. "Job." in *The Jewish Study Bible*. Oxford: Oxford University Press, 2004, 1510-1513.

Gutiérrez, Gustavo. *On Job: God-Talk and the Suffering of the Innocent*. trans. Matthew O'Connell. New York, NY.: Orbis Books, 1987.

Habel, Norman C. *The Book of Job*. OTL; Philadelphia, PA.: Westminster Press, 1985.

Häner, Tobias. "Job's Dark View of Creation: On the Ironic Allusions to Genesis 1:1-2:4a in Job 3 and their Echo in Job 38-39." *Old Testament Essays* 33/2 (2020): 266-284.

Hartley, John E. *The Book of Job*. Grand Rapids, MI.: Eerdmans, 1988.

Heschel, Abraham J. *The Prophets*. New York: HarperCollins, 1962. (『예언자들』 삼인)

Holladay, William L. *Long Ago God Spoke: How Christians may hear the Old Testament today*. Minneapolis, IN.: Augsburg Publishing House, 1997.

Ḳadari, Menaḥem Tsevi. "MI YITTEN in Biblical Hebrew." *Shenatôn ha-miḳrâ u-le-heḳer ha-mizraḥ ha-ḳadûm* 2 (1997): 189-195.

Kwon, Jiseong James. *Scribal Culture and Intertextuality*. Tübingen: Mohr Seibeck, 2016.

Levenson, Jon D. *Sinai and Zion: an entry into the Jewish Bible*. New York, NY. : Harper Collins, 1985. (『시내산과 시온』 대한기독교서회)

_____. *Creation and the Persistence of Evil*. Princeton, NJ.: Princeton University, 1988. (『하나님의 창조와 악의 잔존』 새물결플러스)

Longman Ⅲ, Tremper. *Job*. Grand Rapids, MI.: Baker Academic, 2012. (『욥기 주석』 CLC)

MacFague, Sallie. *Metaphorical Theology. Models of God in Religious Language*. Philadelphia: Fortress Press, 1982.

Moltmann, J. *The Crucified God*. Minneapolis, MN.: Fortress, 1993. (『십자가에 달리신 하나님』 대한기독교서회)

Nardoni, Enrique. *Rise Up, O Judge*. trans. Charles Martin. Grand Rapids, MI.: Baker Publishing Group, 2014).

Noth, Martin. *The Deuteronomistic History*. JSOT Sup 15; Sheffield: JSOT Press, 1982.

Olojede, Funlola. "'...What of the night?' Theology of Night in the Book of Job and the Psalter." *Old Testament Essays* 28/3 (2015): 724-737.

Perdue, Leo G. "Job's Assault on Creation." *Hebrew Annual Review* 10 (1986): 295-315.

_____. *Wisdom & Creation*. Nashville, TN.: Abingdon Press, 1994.

Pritchard, James B. *Ancient Near Eastern Texts relating to the Old Testament*. Princeton, NJ.: Princeton University Press, 1969. (『고대 근동 문학 선집』 기독교문서선교회)

Rampton, Vanessa. "Dostoevskii and the Book of Job: the Struggle to Find Faith." *Studies in Religion* 39/2 (2010): 216-217.

Seow, C. L. *Job 1-21:* Interpretation & Commentary. Grand Rapids, MI.: Eerdmans, 2013.

Susman, Margarete. *Das Buch Hiob und das Schicksal des jüdischen Volkes (The Book of Job and the Destiny of the Jewish People)*. 2nd.; Zurich: Steinberg, 1948.

von Rad, Gerhard. *Wisdom in Israel*. trans. James D. Martin. London: SCM, 1972.

_____. *Old Testament Theology*. Vol. 1. trans. D. M. G. Stalker. San Francisco: Harper Collins, 1965.

Waters, Larry J. "Reflections on Suffering from the Book of Job." *Bibliotheca Sacra* 154 (October–December 1997): 436–451.